USA Südwesten

Natur & Wandern

Magda Rüegg
Heinz Staffelbach

Impressum

Magda Rüegg, Heinz Staffelbach
USA Südwesten - Natur & Wandern
1. Auflage 2000
ist erschienen im
Reise Know-How Verlag, Hohenthann

ISBN 3-89662-169-6

Lektorat und Ko-Autor Kapitel Reisepraxis
Hans-R. Grundmann

Gestaltung
Umschlag: Manfred Schömann/Köln;
Günter Pawlak, Peter Rump/Bielefeld
Hans-R. Grundmann
Satz und Layout: Hans-R. Grundmann; Markus Hempel/Aachen
Fotos: siehe Verzeichnis auf Seite 613
Kartographie: Heinz Staffelbach, Elsner & Schichor/Karlsruhe

Druck
Engelhard & Bauer GmbH
Käppelestr. 10
76131 Karlsruhe

Dieses Buch ist in jeder Buchhandlung in Deutschland, Österreich und der Schweiz erhältlich. Die Bezugsadressen für den Buchhandel sind

- Prolit Gmbh, 35463 Fernwald
- AVA Buch 2000, CH-8910 Affoltern
- Mohr Morawa GmbH, A-1230 Wien
- Barsortimenter

Wer im lokalen Buchhandel Reise Know-How-Bücher nicht findet, kann diesen und andere Titel der Reihe auch direkt beimVerlag bestellen oder über den Büchershop unter den Reise-Know-How Internetadressen

Adresse: Birchhof, CH-8409 Winterthur; Fax (0041) 52 2422435

Naturerlebnis und Wandern im Südwesten der USA

REISE KNOW-HOW®

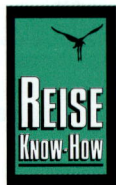

Zu diesem Buch

Wenn Sie unberührte Natur erleben und genießen wollen, wenn Sie gerne Tiere beobachten und Ihnen Wandern, Biken oder Raften Spaß machen, dann ist dieses Buch richtig für Sie. Es beruht auf insgesamt fast sechs Jahren Reise- und Outdoor-Erfahrung in den Naturlandschaften zwischen Pazifik und Rocky Mountains.

In diesem Führer werden neben populären Nationalparks und -monumente des US-Südwestens auch viele weniger bekannte, häufig aber ebenso spektakuläre Gebiete behandelt. Dabei sind alle großen Ökosysteme vertreten: **Küste, Wüste, Prärie und Hochgebirge**.

Im ersten Teil des Buches finden Sie zunächst eine generelle Beschreibung der Naturlandschaften des Südwestens und alles, was Sie wissen sollten, bevor Sie mit Sack und Pack die Zivilisation hinter sich lassen. Dazu gehören auch jede Menge **praxiserprobte Tipps** für Wanderungen, Tierbeobachtung und Camping und – nicht zuletzt – fürs sichere und gesunde Nachhausekommen.

Jedes der insgesamt **14 Unterwegskapitel** in 4 Großräumen ist identisch aufgebaut. In einem ersten Teil liefert es alle Informationen für die praktische **Planung des Besuchs** im jeweiligen Gebiet. Der zweite, umfangreichste Teil ist ein **detaillierter Naturführer** mit allem Wissenswerten zu Flora, Fauna, Ökologie und Geologie. Separate Essays und Exkurse zu interessanten Themen vertiefen das Verständnis für die Besonderheiten der Region. Im dritten Teil sind **die besten Wanderungen** beschrieben – vom leichten 2-Stunden-Wanderspaziergang (auch für Kinder) über ganztägige Gipfelbesteigungen bis zum mehrtägigen *backpack trip*. **Übersichtskarten** zeigen die Routenverläufe, **Höhenprofile** (bei Wanderungen mit Höhenunterschieden über 400 m) den Grad der zu erwartenden Anstrengung. Besonders besuchenswerte Parks, Wildnis- und Naturschutzgebiete in der **Umgebung** des Hauptziels werden jeweils am Kapitelende vorgestellt.

Im abschließenden **Serviceteil** finden Sie alle generellen Informationen und geldsparende Hinweise für Vorbereitung und Planung Ihrer USA-Reise und für das "Durchkommen" unterwegs, dazu einen **Anhang** mit zusätzlichen Adressen und nützlichen ***Websites***.

Dieses Buch ist auch (ein bißchen) ein **ökologischer Reiseführer**. Umweltrelevante Hintergrundinformationen, Hinweise und Tipps (z.B. *low-impact camping*) finden sich in allen Kapiteln.

Jede Reise belastet die Umwelt. Wenn Sie sich Zeit nehmen und ausgewählte Ziele in Ruhe genießen, ist das umweltverträglicher als das oft zu beobachtende Hetzen von Nationalpark zu Nationalpark und macht das Reiseerlebnis gleichzeitig intensiver.

In diesem Sinne wünschen Ihnen eine gute Reise

Magda Rüegg und Heinz Staffelbach

Inhaltsübersicht

Zum Aufbau der Reisekapitel im Teil 2

Die nebenstehende ausführlich bis in alle Unterpunkte gehende Gliederung für die *Point Reyes National Seashore* ist beispielhaft für den Aufbau der 14 Regionen-Kapitel. Sie sind im Prinzip identisch strukturiert, zeigen aber spezifische Unterschiede im Detail.

Auf den Seiten 4-8 wurde für die folgenden Kapitel auf die Listung von immer gleichlautenden Abschnittsüberschriften verzichtet. Ebenso fehlen dort die in die Kapitel integrierten Themen und Übersichten. Sie sind insgesamt auf Seite 10 zusammengestellt.

Inhaltsübersicht

Inhaltsübersicht

Inhaltsübersicht

Essays und Sonderthemen zu Natur und Umwelt

NATURERLEBNIS und WANDERN im Südwesten der USA

Naturerlebnis und Wandern

Südwesten der USA – Land der Kontraste

Kaum ein Reiseführer, zu welcher Gegend der Erde auch immer, der nicht den Reiz ihrer Kontraste beschwört. Eine strapazierte Kennzeichnung also, dennoch trifft sie auch auf den Südwesten der USA zu. Aber nicht nur:

Monotonie der Weite

Denn da gibt es riesige, eher monotone Landschaftsbilder etwa des *Great Basin*: gut 700 km Luftlinie wie von Basel nach Hamburg sind es beispielsweise von Las Vegas bis in die Nordwestecke Nevadas oder von Reno nach Salt Lake City, Strecken durch Einsamkeit und Hitze, für die man zwei Reisetage schon veranschlagen muß. Scheinbar endlos geht es auf schnurgeraden *Highways* durch wüstenartige Senken und – alle ein, zwei Stunden – gewunden über Höhenzüge.

Noch großräumiger sind die aneinander anschließenden Wüsten im äußersten Süden. Fast die doppelte Distanz liegt zwischen Barstow in Südkalifornien und Carlsbad im Südosten von New Mexico. Auch dort das gleiche Muster: weite Becken und Ebenen, nur hier und da unterbrochen durch einen Gebirgsrücken. Statt des im *Great Basin* allgegenwärtigen *Sagebrush* (Beifuß) dominieren Kreosotbusch, Kaktus und Steppengras die karge Vegetation.

Ist es nicht gerade die unglaubliche Weite, die uns so fasziniert, weil wir an fein ziselierte und säuberlich aufgeräumte Landschaften gewöhnt sind? Wer kommt nicht zurück aus den USA und schwärmt von der erlebten Größe des Landes, von den Fahrten auf Straßen bis zum Horizont oder den Nächten unter einem funkelnden und so viel größeren Wüstenhimmel.

Kontraste auf kürzester Distanz

Das andere Extrem im Südwesten sind Gebiete, in denen sich ein halbes Dutzend Landschaftsformen verquirlt haben. Zum Beispiel in Südkalifornien. Da sind zuerst der Pazifik und die Küste und dann die Berge der *Coast Ranges*, die immerhin auf Höhen über 3000 m klettern. Von der mexikanischen *Baja California* streckt sich die Colorado-Wüste über die Grenze bis zur Mojave-Wüste hinter der südlichen *Sierra Nevada* mit grünen Wäldern und schneebedeckten 4000er-Gipfeln. Und ganze 130 km entfernt vom höchsten Berg der USA außerhalb Alaskas, dem *Mount Whitney*, liegt der tiefste Punkt des Landes im hitzeflirrenden *Death Valley* 85 m unter Meereshöhe.

Oder nehmen Sie Salt Lake City. Da nähert man sich von Westen der Stadt durch die *Great Salt Lake Desert* vorbei an topfebenen Salzpfannen und sieht hinter der Stadt die *Wasatch Mountains* aufragen, in der Höhe eine alpine Landschaft mit Pappeln, Fichten, Bächen und Bergseen. Östlich davon erstrecken sich wieder trockene Ebenen und Canyonlandschaften mit Steinkiefern und Wacholder.

Am Island Lake in den Uinta Mountains/Utah

Naturerlebnis hautnah

Um die fantastische Natur des Südwestens zu erleben, geht nichts über Wanderschuhe, Rucksack und Zelt. Zwar wird es in manchen Nächten bei Kälte, Wind und Schnee schon mal ungemütlich, aber zur richtigen Jahreszeit sind die Bedingungen meist erfreulich. Und Plätzchen gibt es, davon können wir in Europa nur träumen.

in den *Rocky Mountains*

Da wäre zum Beispiel der *Campground* am *South Mineral Creek* bei Silverton in den Colorado Rocky Mountains in einem wunderschönen Bergtal. Abends, nach einer Wanderung durch den herbstlich gefärbten Wald sinkt man in seinen Campingstuhl, legt die schweren Beine hoch und genießt ein saftiges Steak vom Feuer, während sich die Berge im Osten in der Abendsonne rot färben.

Naturerlebnis und Wandern

im *Island in the Sky* der *Canyonlands*

Unvergeßlich sind uns die Nächte auf einem Platz beim *Green River Overlook* im *Canyonlands National Park*. Nur ein paar Minuten sind es von dort zum Rand der vom Fluß tief eingekerbten Schlucht, von dem man abends einen der dramatischsten Ausblicke hat, den wir im Westen kennen. Bis zu den rötlich schimmernden *Abajo Mountains* weit im Süden und den *Henry Mountains* im Südwesten spannt sich eine zerfressene Mondlandschaft mit Canyons, Türmen und Klippen. Immer schneller wandern kurz vor Sonnenuntergang die Schatten über das Gestein, klettern die Felsen hoch, und decken dann die ganze Landschaft zu. Bald wird es kalt auf fast 2000 m Höhe, aber erst mit dem letzten Licht mag man zurück zum Zelt.

unter *Redwoods*

Ganz anders ist das Erlebnis des *Redwood Parks*. Vier, vielleicht fünf Meter Durchmesser hat der Stamm einer mächtigen *coast redwood*, neben dem wir unser Zelt aufschlagen. Nach einem frühen Abendessen wandern wir um eine größere Lichtung, die *Elk Prairie*, und schauen den *Roosevelt Elks*, einer Hirschart, beim Äsen zu und bleiben, bis das Mondlicht die Szenerie unwirklich beleuchtet.

Wir freuen uns auf den *Brown Trail*, unseren liebsten Wanderweg in diesen magischen Wäldern mit Bäumen, die wie herkulianische Säulen aus dem Dunkel des Waldbodens in den Himmel steigen.

in der Wüste von Nevada

Von den *Redwoods* in die Wüste, einen größeren Kontrast kann man sich kaum vorstellen. Im *Great Basin* in Nevada, irgendwo zwischen Ely und Tonopah, wird es Abend, und wir fahren durch eine kurzes aber heftiges Gewitter. Es ist alles *public land* dort, freies Land, und so schlagen wir unser Zelt einfach irgendwo mitten zwischen duftenden *sagebrush*-Büschen auf, mindestens 100 mi entfernt von der nächsten Siedlung, und genießen die Stille, während weiter hinten an der Bergflanke ein Regenbogen in den dunklen Himmel steigt.

in der *High Sierra*

Von der Wüste Nevadas ist man rasch in der *High Sierra*. Zwei Tage haben wir bis zum Thousand Island Lake gebraucht. Wir sind vom June Lake unweit des *Yosemite Park* mit vielen Umwegen hinaufgekraxelt und haben über dem See ein schönes Plätzchen fürs Zelt gefunden. Noch vor Sonnenaufgang sind wir aus den Federn, steigen etwas höher und finden einen pefekten Felsen zum Hinsetzen und Warten. Schnell wird es heller und die Berge der *Ritter Range* beginnen im Morgenlicht zu leuchten. Unten auf dem See mit den unzähligen Inseln ist es noch dunkel, aber das Licht der *Sierra Nevada* funkelt bereits auf dem ruhigen Wasser. Es wird wieder einen perfekten Sommertag geben.

Die Naturlandschaften zwischen Pazifik und Rocky Mountains

Coast Mountains

Entstehung

Eine fast ununterbrochene Kette von Gebirgen zieht sich von Feuerland bis Alaska entlang der gesamten amerikanischen Westküste. Zwischen Mexico und Alaska werden diese – mit wenigen Ausnahmen – einfach als ***Coast Ranges*** oder ***Coast Mountains*** bezeichnet. Ihre Entstehung verdanken sie dem Druck der (tektonischen) Pazifischen Platte auf die Nordamerikanische Platte. An deren Westrand wurden dadurch die Gesteinsschichten zusammengestaucht und in die Höhe gepreßt. In der nördlichen Hälfte Kaliforniens, zwischen San Francisco und Oregon, erreichen die Berge im Küstenbereich nur gerade mal 900 m Höhe, im Landesinneren klettern sie aber bald auf über 2000 m, und der *Mt. Shasta*, knapp 100 mi von der Küste entfernt, bringt es sogar auf 4300 m.

Pazifikküste

Die Pazifikküste ist überwiegend steil und felsig, wird aber unterbrochen von einigen breiten Flußmündungen, Dünensystemen und Halbinseln mit Stränden. Die größte von ihnen ist die Point Reyes Peninsula nördlich von San Francisco; sie steht unter der Bezeichnung ***Point Reyes National Seashore*** ganz unter Naturschutz. Die *Seashore* ist in Kalifornien der interessanteste Ort, um das Meeres- und Küstenökosystem, aber auch Habitate an Land, wie z.B. Wälder oder Marschen, kennenzulernen.

Im zentralen Kalifornien reichen die Coast Ranges bis an den Pazifik

Naturerlebnis und Wandern

Küstenklima

Kalte Meeresströmungen (badefreundliche Wassertemperaturen gibt es daher erst in Südkalifornien) und die darüberliegenden kühlen Luftmassen bewirken an der nordkalifornischen Küste ein **ausgeglichenes Klima**, so daß sich die Jahreszeiten nur wenig unterscheiden – die Sommer sind kühl, die Winter kaum kälter. Die mittleren Tagestemperaturen variieren zwischen 10°C und 13°C. Außerdem ist es dort – mit bis zu 2,5 m Niederschlag jährlich – ausgesprochen feucht. Im Sommer hängen oft dicke Nebel über der Küste. Wegen des abschirmenden Effekts der Berge ist diese klimatische Zone jedoch recht schmal und reicht nicht weit ins Landesinnere, wo die jahreszeitlichen Schwankungen mit trockenen, heißen Sommern und kälteren Wintern stärker ausgeprägt sind.

Redwood Forests

Das spezifische Küstenklima hat nur in Kalifornien – im Bereich zwischen Santa Cruz (80 mi südlich San Francisco) und Oregon – den prominentesten Vertreter der Pflanzenwelt, die ***Coast Redwood*** (Küstensequoie) überleben lassen. Überall sonst ist es ihr seit der letzten Eiszeit einfach zu heiß und trocken geworden.

Die ***Redwood Forests*** sind die eindrucksvollsten Wälder in einem Band gemäßigten Regenwalds, das sich von Kalifornien bis Alaska zieht. Neben den *Redwoods* findet man in den nordkalifornischen Wäldern über 20 weitere Nadelbaumtypen sowie einen artenreichen Unterwuchs mit Rhododendren, Azaleen, *salal*, *huckleberry* (Buckelbeere), *fern* (Farnkraut), *sorel* (Sauerkleeart) u.a.

Lediglich kleine Reste der einst riesigen *Redwood*-Wälder haben den Kahlschlag vieler Dekaden überlebt. Davon ist heute etwa die Hälfte in *Redwood Parks* geschützt. Die größten befinden sich nördlich von Santa Cruz, an der ***Avenue of the Giants*** (Straße #101) zwischen Leggett und Scotia und vor allem im ***Redwood National Park*** und benachbarten ***State Parks*** zwischen Orick und Crescent City.

Das Erlebnis der "Kathedralen der Natur" ist nicht minder intensiv als das meilentiefer Canyons oder dramatischer Bergketten.

Central Valley

Eine echte Unterbrechung erfahren die *Coast Ranges* nur nordöstlich von San Francisco/Oakland durch das gemeinsame Delta des Sacramento und San Joaquin River, die in die San Pablo Bay münden. Ihr Wasser und das aller anderen in der Sierra Nevada entspringenden Flüsse wird im ***Central Valley*** intensiv genutzt. Diese ca. 75 km breite und 700 km lange Schwemmebene auf einer Höhe von maximal 150 m ist eine der fruchtbarsten und produktivsten landwirtschaftlichen Regionen der Vereinigten Staaten. Dort sind die Sommer heiß, die Winter aber mild.

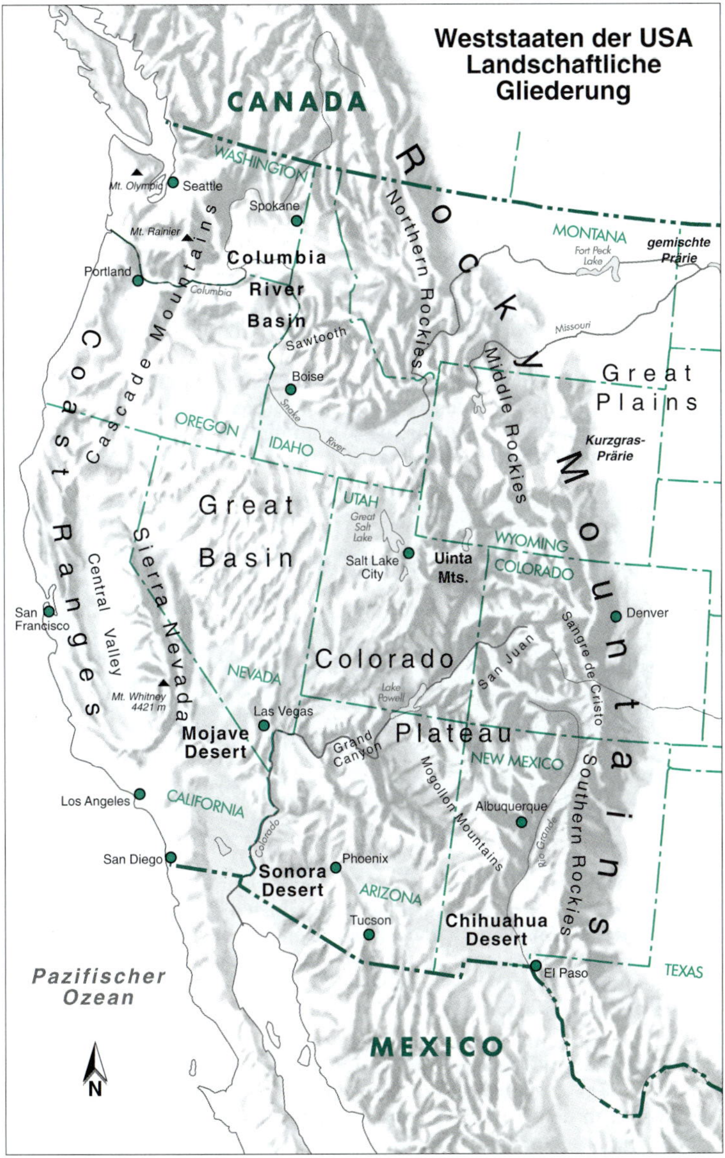
Weststaaten der USA
Landschaftliche Gliederung
CANADA
WASHINGTON
Mt. Olympic
Seattle
Spokane
Mt. Rainier
Portland
Columbia
Columbia River Basin
Cascade Mountains
Coast Ranges
Northern Rockies
Rocky Mountains
MONTANA
Fort Peck Lake
gemischte Prärie
Missouri
Sawtooth
Boise
Snake River
OREGON
IDAHO
Middle Rockies
Great Plains
Kurzgras-Prärie
Great Basin
UTAH
Great Salt Lake
Salt Lake City
Uinta Mts.
WYOMING
COLORADO
Denver
Sierra Nevada
Central Valley
San Francisco
Mt. Whitney 4421 m
NEVADA
Colorado Plateau
San Juan
Sangre de Cristo
Lake Powell
Las Vegas
Mojave Desert
Grand Canyon
NEW MEXICO
Mogollon Mountains
Southern Rockies
Los Angeles
CALIFORNIA
Colorado
Albuquerque
Rio Grande
San Diego
Phoenix
Sonora Desert
ARIZONA
Tucson
Chihuahua Desert
El Paso
TEXAS
Pazifischer Ozean
MEXICO
N

Die ursprünglich natürliche Vegetation, die einer *mixed prairie* (➪ Seite 28) ähnelte, hat nur noch an wenigen Stellen überlebt. Fährt man heute durch die ausgedehnten Obst-, Gemüse- und Weinkulturen, ist schwer vorstellbar, daß auf diesen Flächen noch vor relativ kurzer Zeit *needlegras* (Federgras) überwog und *grizzly, wolf, tule elk* (Wapiti-Hirsch) und *pronghorn antelope* (Gabelbock) lebten.

Sierra Nevada

Kennzeichnung

Östlich des *Central Valley* steigt das Gelände zunächst relativ sanft an, bis es schließlich in vielen 4000er-Gipfeln der ***Sierra Nevada*** kulminiert und an der Ostseite abrupt abfällt. Die *Sierra Nevada* ist mit einer Länge von etwa 650 km und einer Breite zwischen 100 km und 130 km die größte zusammenhängende Gebirgsformation der USA außerhalb Alaskas. Sie erstreckt sich in Fortsetzung der Kaskaden – einer Kette, die sich von Nordkalifornien durch ganz Oregon und Washington bis nach British Columbia zieht – nach Südosten und läuft in der Nähe von Bakersfield in die *Mojave Desert* aus.

Blick auf die nach Osten steil abfallenden Berge der Sierra Nevada

Die *Sierra Nevada* holt sich aus den von Westen kommenden Luftmassen soviel Niederschlag (bis 1,8 m jährlich), daß sie im Winter unter **Rekordmengen Schnee** liegt (daher auch die Bezeichnung "Schneegebirge"). Damit läßt sie das *Great Basin* (➪ unten) auf ihrer Ostseite, wo stellenweise nur noch 13 cm Regen fällt, zur trockenen *high desert* werden.

Für **Sommer- und Herbstwanderungen** können Sie im Westen der USA wohl kein besseres Gebirge finden als die Sierra Nevada. Während die Kaskaden weiter nördlich bekannt für kräftige Schauer sind und sich in den *Rockies* Sommergewitter oft täglich auf die *Hiker* stürzen, gibt`s in der Sierra viel Sonne und wenig Regen.

Landschaften zwischen Pazifik und Rocky Mountains

Nationalparks und Wildnis

Die Landschaft der *Sierra Nevada* ist mit nackten Granitdomen, glitzernden Bergseen, Wasserfällen, *giant sequoias* (Mammutbäumen) und *old-growth forests* (Urwäldern) von fast magischer Schönheit und blieb – im Gegensatz etwa zum *Central Valley* – **ökologisch relativ intakt**. Die *Showpieces* der *Sierra* sind ***Yosemite*** und ***Sequoia/ Kings Canyon National Park***. In deren Umfeld befinden sich außerdem eine ganze Reihe von ***Wilderness Areas***, wo der Naturschutz noch strenger gehandhabt wird als in den Nationalparks.

Zusammen ergeben diese Gebiete eine Fläche der Superlative, die ***High Sierra***, eine 11.300 km^2 große ***roadless area***. Dieser Bereich ohne jegliche Besiedelung und Straßen ist der zweitgrößte seiner Art im Kernland der USA (hinter der Region *River-of-no-Return* in Idaho/Montana). Der Rest der *Sierra Nevada* unterliegt als ***National Forest*** ebenfalls einem gewissen Schutz, wenngleich darin Holzwirtschaft betrieben wird, und sogar Kahlschlag nicht ungewöhnlich ist.

Bevorzugen Sie die Infrastruktur eines Nationalparks mit *Visitor Center*, gut angelegten Campingplätzen, *Viewpoints* und gekennzeichneten Wanderwegen, dann ist der ***Yosemite Park*** die beste Wahl für den Besuch der Sierra Nevada. Suchen Sie aber ruhigere, wildere Gebiete mit wenig Infrastruktur, aber mit ebenso spektakulärer Landschaft, so ist die ***Ansel Adams Wilderness*** richtig.

Wüstengebiete

Kennzeichnung

Wie bereits erwähnt, geht die *Sierra Nevada* auf ihrer Ostseite ziemlich abrupt in das ***Great Basin*** über, eine der vier großen Wüsten*) im amerikanischen Westen. Weiter südlich erstreckt sich die ***Mojave Desert***, an die sich in Arizona und New Mexico die ***Sonora*** und die ***Chihuahua Desert*** anschließen. Zusammen bedecken diese Wüsten 1,3 Mio. Quadratkilometer, das sind 8% der Gesamtfläche der USA.

Wüstenklima

Die Unterschiede zwischen den vier Wüsten rühren vor allem daher, daß die Niederschläge zu verschiedenen Jahreszeiten fallen. Das *Great Basin*, eine ***cold desert***, erhält einen Großteil ihres Nieder-

*) Wüsten entstehen dort, wo im Jahr weniger als 25 cm Niederschlag fällt, und es so heiß, sonnig und/oder windig ist, daß mehr als diese Wassermenge verdampfen kann. Früher beschränkte man sich bei der Definition einer Wüste nur auf den Niederschlag. Erst später realisierte man, daß zusätzlich die Verdampfungsrate berücksichtigt werden muß. Denn eine Niederschlagsmenge, die etwa im kühlen Nordwest-Europa noch Wälder wachsen läßt, reicht in den Tropen gerade für eine semiaride, steppenartige Vegetation.

schlags als Schnee im Winter, wenn Fronten vom Pazifik ins Landesinnere ziehen. In die *Mojave Desert* im südlichen Kalifornien bringen dieselben Fronten Regen. Diese Wüste gehört – wie auch *Sonora* und *Chihuahua* – zu den ***hot deserts***.

Im Frühling verschiebt sich das Zentrum der Schlechtwetterzonen über dem Pazifik nach Norden, und sein Einfluß schwächt sich ab. Dann gibt`s Platz für Tiefdruckgebiete aus dem Golf von Mexico. Von dort kommt in der Zeit von Frühling bis Herbst der sog. Sommer-Regen in der *Chihuahua Desert*. Im Gegensatz zu den sanften, andauernden Regenfällen im Winter besteht dieser meist aus kurzen, heftigen Wolkenbrüchen. Die *Sonora Desert* liegt zwischen beiden Einflußzonen und erhält sowohl Winterregen vom Pazifik als auch Sommer-Gewitter aus dem Südosten.

Das Fantastische im Südwesten der USA ist, daß Wüstengebiete und Gebirge oft nahe beisammen liegen, ideal zum Ausweichen, wenn`s unten zu heiß oder oben zu kühl wird. Und ohne langwierige Weiterreise kann man in ein oder zwei Wochen völlig unterschiedliche Landschaften kennenlernen und erleben.

Great Basin

Die ***Great Basin Desert*** erstreckt sich mit Ausnahme des südlichen Zipfels um Las Vegas über ganz Nevada und noch etwas in die Nachbarstaaten Oregon und Utah hinein. Die Bezeichnung bezieht sich darauf, daß der größte Teil des Gebietes keinen Abfluß zum Meer besitzt. Ein Geländemodell zeigt große Ähnlichkeit mit einem Waschbrett: etwa 200 relativ schmale und lange Bergketten laufen in regelmäßigen Abständen von Nord nach Süd. Sie empfangen den Großteil des Niederschlags (bis 890 mm), der dann in die dazwischenliegenden, viel trockeneren Ebenen läuft, dort verdampft und alkalische Salzpfannen hinterläßt.

Mehr als 200 meist relativ schmale Gebirgszüge (Mountain Ranges) durchziehen das Great Basin. Hier die South Snake Range, im Vordergrund der big sagebrush (Beifuß).

Das in den Ebene am meisten verbreitete Gewächs ist der *sagebrush* (Beifuß). An den Berghängen wachsen *piñon* und *juniper* (Steinkiefer und Wacholder), weiter oben Wälder mit *Douglas fir* (Douglas-Tanne), *Engelmann spruce* (E-Fichte) und *bristlecone pine* (Grannenkiefer). Fast das gesamte *Great Basin* ist ***public land***. Ausdrückliche Schutzgebiete wie Nationalparks o.ä. existieren nur wenige.

Naturschutz in Nevada

Der ***Great Basin National Park*** umfaßt in erster Linie die hoch aufragende *South Snake Range*, aber kaum Fläche in den umliegenden Ebenen. Während der *National Forest Service* in den 30er- bis 50er-Jahren in anderen Staaten des US-Westens zahlreiche *Wilderness Areas* einrichtete, gab es in **Nevada** bis 1989 mit der *Jarbidge Wilderness* in der nordöstlichen Ecke gerade mal ein einziges geschütztes Wildnisgebiet. Mittlerweile sind es immerhin 14. Auch bei Umweltschutzgruppen war das *Great Basin* lange vernachlässigtes Stiefkind. Langsam erkennt man jetzt aber den Wert dieser ursprünglichsten und unberührtesten Region in den gemäßigten Breiten der nördlichen Hemisphäre. Nevada ist heute der Staat mit den nach Kalifornien meisten *roadless areas* über 400 km^2 und dem größten *National Forest* (*Toiyabe*) außerhalb Alaskas.

Nevada gibt sich heute Mühe, den Besuchern auch ***the other side*** des Staates schmackhaft zu machen, der eben nicht nur Kasinos und die dem kommerzialisierten Spaß verschriebenen Retortenstädte bietet, sondern auch reizvolle Natur. Die auf der Karte eher öde wirkenden Strecken durch Nevada zum/vom *Great Basin Park* (Straßen #6 oder #50) überraschen z.B. mit einer tollen, überaus abwechslungsreichen Straßenführung mitten durchs *Great Basin*.

Mojave Desert

Südlich des *Great Basin* liegt die *Mojave Desert*. Sie umfaßt einen Großteil der Wüstengebiete im Süden Kaliforniens und Nevadas und im nordwestlichen Arizona. Stellenweise fällt das Land bis unter den Meeresspiegel ab: der mit 86 m unter NN tiefste Punkt der Vereinigten Staaten befindet sich im *Death Valley National Park*. Aber insgesamt überwiegen weite Plateaus auf etwas über 1000 m Höhe, aus denen einzelne relativ niedrige Gebirgszüge ragen. Von ihnen ziehen sich gigantische ***bajadas***, Schwemmflächen aus erodiertem Gebirgsschutt, in die Ebenen hinein.

Die Sommertemperaturen klettern hier oft bis 50°C; die offiziell (im *Death Valley)* gemessene **Rekordtemperatur** beträgt 57°C (134° F). Wo es Wasser gibt, wird nichtsdestoweniger sogar Landwirtschaft betrieben. War im *Great Basin* der *sagebrush* (Beifuß) die charakteristische Pflanze, sind es in der *Mojave* der *creosote* (Kreosotebusch) und der *joshua tree*. Daneben gedeihen dort verschiedene Kaktus- und Yucca-Arten.

Joshua Tree im gleichnamigen Nationalpark in der Mojave Desert

Wüstenschutz

In Südkalifornien steht ein Großteil der *Mojave* dank des *California Desert Protection Act* unter Naturschutz. Bereits seit längerem existieren ***Death Valley*** und ***Joshua Tree National Park***, der in seinen tieferen Lagen bereits zur *Sonora Desert* gehört. Für viele Südwest-Besucher entpuppt sich der *Joshua Tree Park* als echter Höhepunkt der Reise. Kein Wunder, bietet er doch botanisch viel Interessantes, skurrile Felsformationen und Super-Campingplätze.

Im Bereich *Joshua Tree* gibt es eine größere Zahl von ***roadless areas*** mit Flächen von 500 km^2 bis 1500 km^2 und das neue weitläufige Naturschutzgebiet ***Mojave National Preserve***.

Nicht alle betrachten die artenreiche Wüste als besonders schützenswert. Für die Militärs war die schwach besiedelte und abgelegene *Mojave Desert* gerade recht für Atombomben-, Flugkörper- und Panzertests. Das am meisten umstrittene Gebiet ist der ***Nevada Test Site***, etwa 100 km nordwestlich von Las Vegas, der nach unzähligen Bomben- und Kernwaffenversuchen eher einer Kraterlandschaft auf dem Mars als der *Mojave* ähnelt.

Ganz erstaunlich ist, wie schnell man im – über weite Strecken dicht besiedelten – Südkalifornien und auch im Süden Arizonas die Zivilisation hinter sich lassen kann. Ein paar Minuten nur von den Straßen entfernt fühlt man sich in der roh gemeißelten Landschaft zwischen stoisch ausharrenden Kakteen und kümmerlichen Büschen und Gestein wie 1000 km weg von allem.

Sonora Desert

Über zwei Drittel der *Sonora Desert* gehören zu Mexico (im Bereich der *Baja California* und im Teilstaat Sonora). Das restliche Drittel bedeckt den Südwesten Arizonas und reicht bis nach Kalifornien hinein. Sie liegt zwischen *Mojave* und *Chihuahua Desert* in einem Gebiet besonderer geologischer Vielfalt mit über 2 Mrd. Jahre alten präkambrischen Felsen bis zu wenig mehr über 1000jähriger vulkanischer Lava. Als subtropische Wüste ist sie prinzipiell artenreicher als Orte in gemäßigteren Zonen. Neben der Zahl der Arten ist auch die Formenvielfalt in der *Sonora* bemerkenswert.

Kakteenparks

Prunkstück der Sonora-Vegetation ist der mittlerweile unter Naturschutz stehende **Saguaro-Kaktus**. Daneben gibt es weitere Kakteenarten, Sträucher wie den *palo verde* (Parkinsonie), *creosote* (Kreosotbusch) und *ocotillo* (Kerzenstrauch), Gräser und Blumen.

Spezielle Schutzgebiete in der *Sonora Desert* sind der ***Saguaro National Park***, der ***Tucson Mountain Park*** und das ***Organ Pipe Cactus National Monument*** (an der Grenze zu Mexico). Die ersten beiden sind ideal, um die *Sonora Desert* kennenzulernen. Dort gibt`s einen der dichtesten *Saguaro Forests*, einen herrlichen *Campground* zwischen Kakteen (➪ Seite 216), Wanderwege, das einmalige *Arizona-Sonora-Desert Museum* und die Großstadt Tucson ganz in der Nähe.

Eine der urwüchsigsten Regionen der *Sonora* ist die an *Organ Pipe* angrenzende riesige *Cabeza Prieta National Wildlife Refuge*. Etwas weiter nördlich liegt das *Kofa National Wildlife Refuge* mit einer *Wilderness Area* von über 2000 km^2 Ausdehnung.

Organ Pipe und Saguaro Kakteen in der Sonora Desert

Naturerlebnis und Wandern

Chihuahua Desert

Obwohl die größte Wüste Nordamerikas, ist die *Chihuahua Desert* zwischen den südlichsten Gebirgen der amerikanischen *Rockies* und den Ketten *Sierra Madre Oriental* und *Occidental* am wenigsten bekannt. Sie bedeckt überwiegend mexikanischen Boden, aber auch den westlichsten Zipfel von Texas und besitzt Ausläufer im Süden von New Mexico und im südöstlichen Arizona.

Entlang des Rio Grande reicht sie bis auf etwa 300 m hinunter, typischerweise liegt sie in den USA aber auf Höhen zwischen ca. 1000 m und 1300 m. Die Winter sind dort kühl (in über 100 Nächten im Jahr fällt das Thermometer unter den Gefrierpunkt), die Sommer jedoch lang und heiß. Ganze 20 cm Jahresniederschlag fallen wolkenbruchartig zwischen Juli und Oktober.

Das typische Landschaftsbild der *Chihuahua Desert* besteht aus weiten Ebenen, den *bajadas* (➪ oben), und isolierten Bergketten, den ***sky islands***, die zu den wichtigsten Habitaten gehören. In den *bajadas* gedeihen vor allem *mesquite* und *creosote*, aber auch Kakteen und Yuccas. In den höheren Lagen finden sich ausgedehnte *grasslands*, und in den Bergen, z.B. ***Guadalupe*** (Texas) und ***Chiricahua Mountains*** (Arizona), Eichen- und Wacholderwälder.

Im Gegensatz zu vielen überlaufenen Nationalparks kann man im ***Chiricahua National Monument*** in den gleichnamigen Bergen oft ganz für sich deren eigenartige Felsformationen bewundern, durch kühle Eichenwälder wandern und ohne Gedränge den Sonnenuntergang auf dem *Sugarloaf Mountain* genießen.

Colorado Plateau

Kennzeichnung

Das *Colorado Plateau* auf einer Höhe von 1.500 m bis 2.100 m zwischen Formationen der *Rocky Mountains* in Utah und Colorado, *Great Basin* in Nevada und Wüsten in Arizonas und Neu-Mexikos Süden erinnert kaum an eine Hochebene im Wortsinn. Es handelt sich um Teilareale unterschiedlichster Charakteristik, ein riesiges Mosaik aus Ebenen, *Mesas, Buttes, Canyons* und Klippen, gleichwohl geologisch gesehen um eine Insel der Ruhe in einem Meer turbulenter tektonischer Aktivität. Ganz ungeschoren ist aber auch dieses Plateau nicht davongekommen: das mächtige Sedimentgestein wurde hier und dort gebogen oder zerbrochen, von Vulkanschloten durchlöchert und von Flüssen zerfressen. Ganz besonders vom **Colorado River**, der – zusammen mit San Juan und Green River – die ***Canyonlands*** formte und mit einer "Sandstrahl-Ladung" von bis zu 500.000 Tonnen pro Tag eine bis zu 29 km breite und 1,75 km tiefe Schlucht, den ***Grand Canyon***, entstehen ließ.

Klima und Vegetation

Mit durchschnittlichen Jahresniederschlägen um die 50 cm gilt das Gebiet des *Colorado Plateau* botanisch als **Halbwüste**. Die Sommer sind heiß mit häufigen Gewittern und Wolkenbrüchen, die Winter kalt mit Regen oder Schnee. In den tieferen Lagen dominiert *sagebrush* (Beifuß), daneben können sich gerade noch vereinzelte Grasbüschel, Büsche, Yuccas oder auch Kakteen halten. Am verbreitetsten sind Zwergwälder aus *two-needle piñon pine*, einer Steinkieferart, und verschiedenen Wacholderarten (*juniper*). In isolierten Gebirgen, z.B. *Abajo, Ajo* und *Henry Mountains*, und hoch gelegenen Ebenen, gedeihen Wälder mit *Ponderosa pine* (Gelbkiefer), *Douglas fir* (Douglas-Tannen), *Engelmann spruce* (Engelmannsfichten) und *subalpine fir* (Felsengebirgstannen).

Nationalparks

Viele der spektakulären Felslandschaften des *Colorado Plateau* wurden zu Nationalparks oder -monumenten erklärt. Im südlichen Utah sind das in erster Linie ***Zion***, ***Bryce Canyon***, ***Capitol Reef***, ***Canyonlands***, ***Arches*** und ***Grand Staircase-Escalante***, im Nordosten Arizonas der ***Canyon de Chelly***. Vom *Lake Powell* an der Grenze zu Utah bis zum *Lake Mead* (vom Colorado River gespeiste riesige Stauseen) erstreckt sich der ***Grand Canyon National Park***. In New Mexico bzw. Colorado liegen der ***Chaco Culture National Historic*** und der ***Mesa Verde National Park*** im Randbereich des *Colorado-Plateau*.

Schon diese Konzentration an Nationalparks zeigt, daß dort etwas Spezielles "los" sein muß. Tatsächlich findet man in diesem Gebiet geologische Besonderheiten, Aussichten und Wanderrouten, die absolut einmalig sind. Manche der Landschaftsformen im US-Westen gibt es auch in Europa in der einen oder anderen Variante. Aber eine vergleichbar ausdrucksstarke Region wie das *Colorado Plateau* existiert nur in den USA.

Ein Traum für Fotografen: red rock country auf dem Colorado-Plateau

Naturerlebnis und Wandern

Rocky Mountains

Größtes Gebirgssystem

Die *Rocky Mountains* sind das größte Gebirgssystem Nordamerikas. Dabei handelt es sich nicht um eine zusammenhängende Kette von Bergen, wie z.B. im Fall der europäischen Alpen. Vielmehr bestehen die *Rockies* aus vielen langgestreckten Gebirgszügen, aber auch aus großen, kompakten Massiven, die durch Hochebenen voneinander getrennt sind. Während die meisten von ihnen in Nord-Süd-Richtung verlaufen, bilden die ***Uinta Mountains*** im nordöstlichen **Utah** mit ihrer Ost-West-Ausrichtung eine der wenigen Ausnahmen.

Attraktiv zum Wandern macht die ***Uinta Mountains***, daß sie nicht flächendeckend *"uphill both ways"* strukturiert sind. Während man in anderen Teilen der *Rockies* oft große Höhenunterschiede überwinden muß, bieten die *Uintas* (besonders im Bereich um den *Mirror Lake Highway*) ein flacheres, aber landschaftlich trotzdem reizvolles Terrain, aus dem pittoresk einzelne Felstürme aufragen. In ihrer Umgebung finden sich völlig unterschiedliche Landschaftsformen: die alpinen *Wasatch Mountains* und die *Great Basin Desert* bei Salt Lake City und Canyons, Hochplateaus, und Hügellandschaften im Süden und Osten.

Die größten und höchsten Teilgebirge der *Rockies* mit 53 Gipfeln über einer Höhe von 14.000 ft. (4.267 m) – beherbergt **Colorado**.*)

Die südlichen *Rockies*

Die **Ketten der südlichen *Rocky Mountains*** (*Sangre de Cristo, San Juan, Sacramento, Organ, Guadalupe Mountains u.a.*) laufen von Colorado durch New Mexico und das südwestliche Texas bis hinunter nach Mexico, nordwärts reichen sie bis Wyoming (*Medicine Bow Mountains, Gore Range*). Sie sind relativ trocken; sogar in höheren Lagen fallen "nur" ca. 100 cm Niederschlag, ein großer Teil davon als Schnee im Winter. Die Vegetationszonen reichen von gras- und beifuß-bewachsenen Ebenen und Tälern über montane und subalpine Wälder bis zur alpinen Tundra. Ausgedehnte, fast noch unberührte Bereiche bieten größeren Säugern wie Wapiti- und Maultierhirschen, Dickhornschafen, Pumas (Berglöwen) und Schwarzbären nahezu ideale Lebensräume.

---

*) Anders als in den stark erschlossenen Alpen ist das Urbild der wilden, unberührten Bergwelt mit glasklaren Gewässern, dunklen Wäldern und schroffen Gipfeln in den *Rockies* noch über weite Strecken erhalten geblieben (trotz unzähliger Ferienhaussiedlungen und so mancher Meile *logging roads*). Dort kann man immer noch in totaler Einsamkeit irgendwo am Seeufer sein Zelt aufstellen, mit dem Kanu hinauspaddeln und unter klarem Himmel am prasselnden Feuer die gerade gefangenen Forellen genießen.

Naturschutz

Der größte Teil der *Rocky Mountains* steht unter der Verwaltung des ***National Forest Service*** (➪ Seite 31). Mit dem ***Rocky Mountain National Park*** gibt es lediglich einen Nationalpark in der Gebirgswelt von Colorado und New Mexico. Dafür existieren mehrere Dutzend *Wilderness Areas*, darunter die ***Pecos Wilderness*** bei Santa Fe, die ***Wheeler Peak Wilderness*** bei Taos und die riesige ***Weminuche Wilderness*** in den *San Juan Mountains*. Die Region um Santa Fe ist nicht nur ökologisch bedeutsam (hier treffen sich *Rocky Mountains*, Prärie und *Chihuahua Desert*), sondern – als Schmelztiegel von *Hispanics*, *Pueblo*-Indianern und Anglos – auch kulturell interessant.

Spätes Frühjahr in den Rocky Mountains

Great Plains

Die *Great Plains* ziehen sich östlich der Rocky Mountains in einem 800 km breiten Band von Canada bis nach Mexico. Diese Ebenen sind nur teilweise "flaches Land". Überwiegend entsprechen sie dem Bild der *rolling prairie*, in langen "Wellen" hügeliger Prärie. Die Prärien werden unterbrochen von einigen Canyons, *buttes* (kleinen Tafelbergen), sog. *badlands* ohne landwirtschaftlichen Wert und einigen wenigen Gebirgen wie den ***Black Hills*** in South Dakota. Die *Plains* entstanden aus Schuttablagerungen der *Rocky Mountains*, was auch ihre nach Osten – von 1600 m in Denver bis auf 300 m in Kansas City – abfallende Höhe erklärt.

Die *Great Plains* bilden den westlichsten Teil der **Prärie**, deren ***grasslands*** sich einst bis zu den Großen Seen erstreckten. Im Schatten der *Rockies*, wo nur gerade um die 30 cm Niederschlag im Jahr fällt, findet man die sog. *shortgrass prairie*. Daran schließt sich die *mixed prairie* an und noch weiter im Osten mit bis zu 100 cm jährlichen Niederschlägen die *tallgrass prairie*, die Hochgras-Prärie.

Das Klima in den *Great Plains* ist semiarid kontinental mit Jahresmitteltemperaturen von 7°C-14°C je nach Region. Die Winter sind kalt und trocken, die Sommer warm bis heiß. Typische Gräser sind dort *buffalo, grama* und *wheat grass*, daneben wachsen aber auch Wildblumen, Buschwerk und vereinzelt Bäume. Insgesamt ist die Vegetation bei 6-7 trockenen Monaten im Jahr nicht gerade üppig und kann den Boden nicht flächendeckend schützen.

Von den einst gewaltigen Bisonherden verbleiben nur noch kleine Restbestände; das häufigste große Säugetier ist heute die *pronghorn antelope* (Gabelbock).

Die Prärien werden mehrheitlich landwirtschaftlich genutzt; nur wenige Gebiete unterliegen einem Naturschutz, so z.B. im Nordosten von New Mexico das *Kiowa National Grassland*, in Colorado die *Comanche* und vor allem die ***Pawnee National Grasslands***.

Trotzdem kann man hier eine Weite der amerikanischen Landschaft erleben, eine Größe des Himmels wie nirgendwo sonst im Westen.

Im Regenschatten der Front Range beginnt abrupt die Prärie

Public Lands und Ökologie

Die *Federal Agencies*

Geschichte und Situation heute

Mit der Ausdehnung der Vereinigten Staaten nach Westen nahmen Siedler das neue Land rasch in Besitz, begannen mit seiner landwirtschaftlichen Nutzung und erwarben so – nach unterschiedlichsten Regeln – vom Staat das private Eigentum an der jeweiligen Scholle. Die Welle der Einwanderung brach sich aber buchstäblich an den *Rocky Mountains.* Nur Trapper und Goldsucher wagten sich zunächst in die – bis auf die Indianer – menschenleere Berg- und Wüstenwelt des "Wilden Westens" und führten später die Trecks der Neusiedler über Gebirge und durch unwirtliche Trockengebiete ins gelobte Land Oregon oder Kalifornien.

Mancher blieb zwar auf dem weiten Weg dorthin in den fruchtbaren Regionen der intermontanen Ebenen hängen, aber **große Teile des amerikanischen Westens gingen –** im Gegensatz zur Situation im Osten und Mittleren Westen – **nicht in Privathand über**, sondern verblieben im Eigentum des *federal government.*

Diese ***public lands*** gehören im allgemeinen Bewußtsein dem amerikanischen Volk, für das die Regierung stellvertretend Verwaltung und ggf. auch Bewirtschaftung übernommen hat. Im Gegensatz zu Europa weisen Schilder mit Aufschriften wie *You are entering/leaving public land* explizit auf Staatsland hin. Oder es heißt am Straßenrand unter Hinweis auf die Art der Länderei *Welcome to the Santa Fe National Forest* oder *Leaving the BLM Escalante Resource Area.* Land in **Privatbesitz** ist meist mit unübersehbaren Tafeln wie *Private Property, No Trespassing*! (Privater Besitz, kein Durchgang) gekennzeichnet, oft sogar förmlich von Warnschildern "eingemauert", ein Relikt aus der Pionierzeit, als man sein frisch erworbenes Eigentum noch gegen jeden und alles verteidigen mußte.

Für Besucher im US-Westen ist es in manchen Situationen hilfreich, etwas über die verschiedenen ***agencies*** zu wissen, die staatlichen Administrationen also, welche die *public lands* verwalten:

National Park Service (NPS)

Der NPS ist die "grünste" unter den *federal agencies.* In der Zielsetzung des NPS steht der Schutz von Ökosystemen, Naturschönheit und -denkmälern klar an erster Stelle. Gleichzeitig soll er auch den Bedürfnissen seiner Eigentümer, der amerikanischen Bevölkerung, gerecht werden, die samt ausländischen Gästen in Jahr für Jahr größerer Zahl in die Nationalparks strömen – eine oft schwierige, in manchen Fällen fast unmögliche Aufgabe.

Naturerlebnis und Wandern

Die vom *NPS* verwalteten Gebiete sind nicht nur *National Parks*, sondern auch *National Monuments, National Sea-/Lakeshores, Battlefields, Historic Sites/Memorials* und *Recreation Areas*. Die über 370 Einrichtungen des NPS reichen vom historisch bedeutsamen Gebäude bis zum 28.000 km² *Gates of the Arctic National Park*. Alle zusammen addieren sich zu einer Fläche von über 320.000 km². Mit nur wenigen Ausnahmen ist in ihnen *hunting* (Jagen), *grazing* (Beweidung), *mining* (Bergbau) und *logging* (Holzeinschlag) untersagt.

Entsprechend der Zielvorgabe hat der NPS seine Einrichtungen stärker als die anderen *federal agencies* intensiv auf Besucherinformation und -bewältigung ausgerichtet. Die – oft hervorragenden – ***Visitor Center*** (Besucherzentren) des NPS liegen zentral oder gleich an den Hauptzufahrten. Dort gibt es Bücher und Karten, Ausstellungen, Diashows oder Videos und aktuelle Informationen zu Serviceeinrichtungen und Aktivitäten. Und immer hilfsbereite *Ranger*, die mit Auskünften und Rat und – im Notfall – auch Tat bereitstehen.

Nationalparks und-monumente etc. kosten bis zu $20 **Eintritt** für die Wagenladung (Pkw/Kleinbus bis 7 Personen), überwiegend aber $3-$10. Radfahrer, Wanderer oder Busreisende entrichten $2-$5 pro Person. Wer mehrere Nationalparks mit dem Auto besucht, ist mit dem ***Golden Eagle Passport*** für $50 am besten bedient. Er berechtigt ab dem Ausstellungsmonat **für 12 Monate** (nicht nur Kalenderjahr) zu freiem Eintritt in sämtliche Einrichtungen des NPS. Er kann bei Einfahrt oder in den Besucherzentren der Parks etc. erworben werden.

Alle Nationalparks und die meisten Nationalmonumente verfügen über Campingplätze. In der Regel ist das **Campen** nur auf diesen offiziellen *Campgrounds* gestattet. Fürs *backcountry camping* abseits der Straßen sind die Regelungen von Park zu Park unterschiedlich und reichen von "generell verboten" über "nur mit kostenloser/-pflichtiger Anmeldung" in angelegten Zeltplätzen im Hinterland bis zu "erlaubt ohne Einschränkungen und Kosten".

Visitor Center vor grandioser Kulisse im Capitol Reef National Park.

United States National Forest Service (USFS)

Der erst 1905 ins Leben gerufenen USFS ist mit dem Management von 156 *National Forests* und 18 *National Grassland*s beauftragt, wobei erstere 98% der insgesamt verwalteten 770.000 km² ausmachen. Ein Grundpfeiler seiner Arbeit ist die ***multiple-use sustained-yield***-Idee, deren Wurzeln im europäischen System der intensiven Waldnutzung liegen. Im Klartext sagt diese: der Wald soll so bewirtschaftet werden, daß er auf alle Ewigkeit vielfältig genutzt werden kann. Aber damit befindet sich der USFS in einer ständigen Zwickmühle zwischen konträren Ansprüchen der unterschiedlichen am Wohlergehen des Waldes interessierten Gruppierungen (Holzverwerter, Umweltschützer, Rancher, Jäger, Lokalpolitiker etc. etc.)

Daß in den Nationalforsten *logging, mining, hunting, grazing* und *off-road vehicles* (ORV) erlaubt sind, ist allzu häufig mehr als offensichtlich. So werden denn auch die Schilder mit der Unterzeile *Land of Many Uses* an den Grenzen der *National Forests* von Umweltschützern gerne zu *Land of Many Abuses* abgeändert.

In früheren Jahren verstand sich der USFS in erster Linie als forstwirtschaftliche Institution zur Sicherstellung einer kontinuierlichen Holzproduktion. Heute steht er massiv unter Druck, auch ökologischen Aspekten Rechnung zu tragen. Stichworte dazu sind z.B.: Schutz der verbliebenen ***old-growth forests*** (Urwälder), des Habitats von ***threatened*** oder ***endangered species*** (gefährdeter und bedrohter Arten) und von letzen ***roadless areas*** (straßenlosen Gebieten).

Viele *National Forests* bieten ähnlich attraktive Naturschönheit und/oder interessante geologische und andere Besonderheiten wie die Nationalparks, zählen aber nur einen Bruchteil an Besuchern. Mit einigen Ausnahmen verfügen sie über keine aufwendigen *Visitor Center*, aber über ***Ranger Stations***, in denen man alle wichtigen Informationen erhält (Karten, Wanderwegbeschreibungen, Liste der verfügbaren *Campground*s, Wettervorhersagen etc.), die vor einem Aufbruch in die Wildnis per pedes, Mountain Bike oder Kanu geklärt sein sollten.

Die zahllosen, oft herrlich in die Natur eingebetteten **Campingplätze** in *National Forests* füllen sich – außer im Umfeld großer Nationalparks – selbst in der jeweiligen Hauptsaison bei weitem nicht so rasch wie in den Parks, und sind bei einigem Abstand zur nächsten Asphaltstraße nur selten voll belegt. Dafür gehören sie überwiegend zur Einfachkategorie ohne fließend Wasser und sind nur mit Plumpsklos ausgestattet.

Wichtig zu wissen ist: im *National Forest* darf nicht nur auf offiziellen *Campgrounds*, sondern im *Prinzip* überall gezeltet werden, soweit nicht Verbotsschilder (*Camping prohibited*) an bestimmten Stellen ausdrücklich das Gegenteil bestimmen.

Naturerlebnis und Wandern

Bureau of Land Management (BLM)

Das BLM kümmert sich quasi um den verbleibenden "Rest" der *public lands*, um Land, das nicht attraktiv genug war, um von Siedlern in Beschlag genommen zu werden, nicht bewaldet genug, um dem *Forest Service* unterstellt zu werden, und nicht spektakulär genug, um als Nationalpark oder -monument in Frage zu kommen. Dem BLM blieben damit "minderwertiges" Weideland, Wüsten und Halbwüsten. Das aber ist nicht wenig, nämlich eine Gesamtfläche von rund 1,4 Mio.km², die fast auschließlich in den 11 Weststaaten und Alaska zusammenkommen.

Mehr und mehr stellt sich heute heraus, daß sich unter den BLM-Ländereien so manches Juwel versteckt, sowohl unter Aspekten kommerzieller Ausbeutung wie auch, was Naturschönheit betrifft. Zwar arbeitete das BLM lange Zeit vor allem mit Ölfirmen, Bergwerksgesellschaften und Ranchern zusammen und verdiente sich damit die schöne Verballhornung seines Namens in *Bureau of Livestock and Mining* ("Büro für Viehhaltung und Bergbau"). Aber viele BLM-Gebiete sind auch ausgesprochen populär bei Naturfreunden, Hikern und Bikern. So befindet sich etwa das noch ziemlich neue *Grand Staircase-Escalante National Monument* überwiegend auf BLM-Land und wird auch vom BLM verwaltet.

Wilderness Areas können Teil von National Parks oder von National Forests sein, aber auch der Aufsicht von BLM oder USF&WS unterliegen

Damit mauserte sich das BLM vom reinen *Business Partner* für *Rancher, Oil-* und *Mining Companies* zu einer Agentur, die auch – durch entsprechenden Ausbau vieler Areale (*Hiking Trails*, Badestrände, Picknick- und Campingplätze, *Bike Trails*, ORV-Zonen) – Freizeitaktivitäten unterstützt und gleichzeitig durchaus ökologische Interessen vertritt. Es gibt schon manches ***Visitor Center*** des BLM, das denen kleinerer Nationalparks nicht nachsteht. Auch auf BLM-Land ist "wildes" **Camping** in der Regel erlaubt.

United States Fish and Wildlife Service (USF&WS)

Der USF&WS ist für eine Gesamtfläche von über 360.000 km^2 mit über 700 Naturschutzgebieten (*National Wildlife Refuge*) verantwortlich. Die *Wildlife Refuges* ("Wildschutzgebiete") wurden zum Schutz von Zugvögeln, gefährdeten Tierarten, speziell auch Meeressäugern und Fischen eingerichtet. In einzelnen Staaten heißen die entsprechenden Agenturen gelegentlichen ein bißchen anders, z.B. *Department of Game and Fish* oder *Division of Wildlife.* Manches *Wildlife Refuge* ist ein "Geheimtip": wild, wenig Besucher und ideal für Tierbeobachtungen.

Wilderness Areas

Eine spezielle Umweltschutz-Errungenschaft in den USA sind die ***Wilderness Areas***, für die es in Europa kaum Vergleichbares gibt. Nach mehr als hundert Jahren Besiedelung und Ausbeutung begannen die Amerikaner nach dem zweiten Weltkrieg, sich stärker für die natürliche Schönheit ihres Landes zu interessieren. Man realisierte, daß es neben Nationalparks noch andere Naturräume gab, die es zu schützen galt, sollten sie nicht eines Tages kommerzieller Nutzung und Spekulation zum Opfer fallen. Mit dem ***Wilderness Act*** von 1964 (!) schuf der Kongress zunächst 54 Wildnisgebiete. Eine ***Wilderness Area*** ist so etwas wie ein Nationalpark, besitzt aber in der Regel keine Serviceeinrichtungen irgendwelcher Art. Dort gibt es gemäß der einfachen, aber fast revolutionären Grundphilosophie ("... *an area where the earth and its community of life are untrammeled by man, where man himself is a visitor who does not remain. ...*" – "ein Gebiet, wo die Erde und ihre Lebensgemeinschaft nicht vom Menschen gestört wird, wo der Mensch selbst ein Besucher ist, der dort nicht bleibt ...") keine Straßen, kein *Visitor Center*, keine *Viewpoints*, keine Autos, nur ursprüngliche, wild belassene Natur. Selbst unmotorisierte Vehikel (Fahrräder) sind dort strikt verboten, in vielen *Wilderness Areas* sogar Wegmarkierungen verpönt. Nichtsdestoweniger ist **Zeltcamping** im allgemeinen erlaubt, wenn auch teilweise beschränkt auf bestimmte Zonen.

Heute umfaßt das ***National Wilderness Preservation System*** etwa 660 Einheiten mit einer Gesamtfläche von mehr als 420.000 km^2.

Fast zwei Drittel davon sind Teilflächen der *National Forests*, der Rest liegt in Nationalparks oder auf Land, das vom BLM oder dem USF&WS verwaltet wird.

Anschriften

Für Informationsmaterial, Fragen, Anregungen, Vorschläge etc., die nicht spezifische Regionen, Staaten oder Nationalparks betreffen, kann man sich an die Organisationen direkt wie folgt wenden.

National Park Service, *Public Inquiries*, 1849 C Street NW, Washington, DC 20240, © (202) 208 4747, Fax: individuelle Parks auf der *Website*, email: nps_webmaster@nps.gov, *Website*: www.nps.gov

US Forest Service, *Department of Agriculture, Public Affairs Office*, PO Box 96090, Washington, DC 20090, © (202) 205-1760, Fax 0885, email: oc/wo@fs.fed.us, *Website:* www.fs.fed.us.

Bureau of Land Management, *Office of Public Affairs*, 1849 C Street NW, Room 5600, Washington, DC 20240, © (202) 452-5124, email: woinfo@blm.gov, *Website:* www.blm.gov.

US Fish and Wildlife Service, *US Department of the Interior, Office of Public Affairs*, 18th and C Streets NW, Washington, DC 20240, © (202) 208-5634 oder © (303) 275-2320, email: web_reply@fws.gov, *Website:* www.fws.gov.

Umweltschutzorganisationen (*Conservation Groups*) in den USA

Auch nach der Rückkehr von einer USA-Reise muß der Kontakt zu den besuchten Regionen nicht abbrechen. Eine schöne Möglichkeit ist, einer amerikanischen Umweltschutzgruppe/-organisation beizutreten. Damit erhält man nicht nur regelmäßig Post mit interessanten Neuigkeiten, sondern kann durchaus selbst in gewissem Umfang aktiv werden und mitarbeiten.

Die *Big Ten*

Big Ten nennt man die 10 größten Umweltschutz-Gruppierungen der USA, von denen einige mehrere Millionen Mitglieder haben. Sie verfügen über separate *chapters* (Sektionen) in den meisten US-Staaten, teilweise auch über *local groups* in größeren Städten, und versenden regelmäßig Zeitschriften oder *Newsletter* an ihre Mitglieder. Einige der Magazine sind auch in Buchhandlungen und sogar in Supermärkten erhältlich. Größere Organisationen veröffentlichen darüberhinaus Naturführer (z.B. *Audubon*), Reiseführer und Bildbände (z.B. *Sierra*). Die *Big Ten* sind überwiegend in Washington vertreten und leisten dort intensive Lobby-Arbeit, (nicht nur) in den USA eine notwendige und oft einzig wirksame Methode, um auf nationaler Ebene etwas zu erreichen.

Public Lands und Ökologie/Umweltschutzorganisationen

Hier die wichtigsten der *Big Ten*, wobei für Europäer Beitritt und ggf. Mitarbeit am ehesten bei einer der ersten vier in Frage kommt:

Die ***National Audubon Society*** – 700 Broadway, New York, NY 10003, ✆ (212) 979-3000, Fax 3188, email: webmaster@audubon.org, *Website:* www.audubon.org – begann 1905 als Vogelschutz-Gruppe, setzt sich heute aber in den gesamten USA für kritische Ökosysteme und bedrohte Tierarten ein. Neben ihrer Zeitschrift *Audubon* veröffentlicht sie auch Naturführer und Bestimmungsbücher.

Nature Conservancy – *International Headquarter,* 4245 North Fairfax Drive, Suite 100, Arlington Virginia 22203-1606, ✆ (703) 841-5300, *Website:* www.tnc.org – leistet hervorragende Arbeit mit Modellcharakter, wenn es um den Schutz von Artenvielfalt und Lebensräumen geht. Ihre geniale Taktik: Land kaufen, unter Schutz stellen und unter entsprechenden Auflagen wieder verkaufen. Zeitschrift: *Nature Conservancy Magazine.*

Der ***Sierra Club*** – 85 Second Street, San Francisco, CA 94105-3441, USA, ✆ (415) 977-5500, Fax 5799, email:information@sierraclub.org, *Website:* www.sierraclub.org – wurde bereits 1882 von *John Muir* gegründet, ist aber damit durchaus nicht in die Jahre gekommen. Er sorgt für ein intensives Lobbying auf dem Gebiet "Schutz der Umwelt" und organisiert für Mitglieder u.a. geführte Reisen. *Sierra Club Books* publiziert zahlreiche Bücher; die Zeitschrift *Sierra* des Clubs erscheint alle 2 Monate.

Die ***Wilderness Society*** – 900 Seventeeth Street NW, Washington, DC 20006, ✆ (202) 833-2300, Fax (202) 429-3958, *Website:* www.wilderness.org – hat sich erfolgreich dem Motto *"In wilderness is the preservation of the world"* verschrieben. Hervorragende Publikationen, u.a. die vierteljährliche Zeitschrift *Wilderness.*

Der ***World Wildlife Fund*** (***WWF***) – 1250 24th Street NW, Washington, PO Box 06555, DC 20077, ✆ 1-800-225-5993, Fax (202) 293-9211, *Website:* www.wwf.org – hat in den USA eine andere Ausrichtung als bei uns. Er setzt sich dort vor allem für die Regenwälder in Südamerika, Asien und Afrika ein.

Die ***National Wildlife Federation*** – 8925 Leesburg Pike, Vienna, VA 22184, ✆(703) 790-4000, Fax (703) 432-7332, *Website:* www.nwf. org – ist mit über 5 Mio. Mitgliedern eine der größten Organisationen, sie leistet wertvolle Arbeit beim Schutz von Lebensräumen für Tiere.

Greenpeace USA – 1436 U Street NW, Washington, DC 20009, ✆ (202) 462-1177, Fax 4507, email: greenpeace.usa@wdc greenpeace. org, *Website:* www.greenpeace.org – ist die einzige der *Big Ten,* die auch mal schlagzeilenträchtige Kommando-Aktionen unternimmt, wenn es um bedrohte Tiere (z.B. Wale), toxische Abfälle oder Kernwaffentests geht.

Weitere interessante Gruppen

Neben diesen großen gibt es in den Staaten noch eine Vielzahl von **mittleren und kleinen Gruppen**. Einige setzen sich auf nationaler Ebene für ein bestimmtes Thema ein, andere agieren eher lokal oder regional, dafür mit einem breiteren Fokus:

Die ***American Hiking Society*** – 1422 Fenwick Lane, Silver Spring, MD 20910, © (301) 565-6704, Fax 6714, *Website:* www.americanhiking.org – verfolgt die Interessen der Wanderer und unterstützt den Bau von Fernwanderwegen, z.B. den *coast to coast trail*. Dabei ist viel freiwillige Arbeit der 300.000 Mitglieder gefragt.

American Rivers – 1025 Vermont Ave NW, Suite 720, Washington, DC 20005, © (202) 347-7550, Fax 9240, email: amrivers@amrivers.org, *Website:* www.amrivers.org – ist die schlagkräftigste Gruppe, wenn es um den Schutz der Flüsse geht. Mit Lobbying und *volunteer*-Projekten soll sie bereits 32.000 km Flußlauf gerettet und Bauprojekte im Umfang von $25 Mrd.verhindert haben.

Die ***Defenders of Wildlife*** – 1101 14th Street NW #1400, Washington, D.C. 20005, © (202) 682-9400, Fax 1331, email: info@defenders.org, *Website:* www.defenders.org – setzen sich mit Courage für Tierarten und Lebensräume ein. Eines ihrer bekanntesten Projekte ist die Wiedereinführung des Wolfes im Westen.

Die ***National Parks and Conservation Association*** (***NPCA***) – 1776 Massachusetts Avenue NW, Washington, DC 20036, © (202) 223-6722, Fax 0650, email: npca@npca.org, *Website:* www.npca.org – ist eine private Gruppe, die für die Schutzgebiete des *National Park Service* arbeiten (*Fundraising*, Publikationen etc.). Ihre Zeitschrift *National Parks* erscheint sechsmal jährlich.

Die ***Save-the-Redwoods League*** – 114 Sansome Street, Room 605, San Francisco, CA 94104, © (415) 362-2352, Fax 7017, email: saveredwoods@igc.org, *Website:* www.savetheredwoods.org – setzt sich seit 1911 voll für den Schutz der letzten Redwood-Wälder ein.

Die ***Student Conservation Association*** – PO Box 550, Charlestown, NH 03603, © (603) 826-4301, Fax (603) 543-1828, email: internships@sca-inc.org, *Website:* www.sca-inc.org – ist zwar klein, aber trotzdem interessant, da sie *volunteer*-Einsätze in *National Parks, Wildlife Refuges* und *National Forests* vermittelt.

Die ***National Park Foundation*** – 1101 17th Street NW, Suite 1102, Washington, DC 20036, © (202) 785-4500, email: ask-npf@nationalparks.org, *Website:* www.nationalparks.org – ist eine private Gruppierung, welche die Nationalparks durch *fundraising*, Information und *volunteer programs* unterstützt.

Die ***Southern Utah Wilderness Alliance*** (***SUWA***) – 1471 South 1100 East, Salt Lake City, UT 84105-2423, © (801) 486-3161, Fax 4233, email: suwa@suwa.org, *Website:* www.xmission.com/~suwa – setzte sich mit Erfolg für die Errichtung des *Grand Staircase-Escalante National Monument* ein. Heute ist ihr wichtigstes Ziel die Realisierung einer 5,7 Mio. *acres* großen *Red Rock Wilderness* in Südutah.

Für das ***Center for Marine Conservation*** – 1725 DeSales St NW, Washington, DC 20036, © (202) 429-5609, Fax (202) 872-0619, email: Kroy@cenmarine.org, *Website:* www.cmc-ocean.org (Büro auch in San Francisco) – steht der Schutz des Meeres, seiner Bewohner (besonders der gefährdeten und bedrohten Arten) und der Küstenökosysteme im Vordergrund der Aktivitäten. Mehrere Publikationen.

Die ***Forest Guardians*** – 1413 Second Street, Suite One, Santa Fe, NM 87505, © (505) 988-9126, Fax 8623, email: swwild@fguardians.org, *Website:* www.fguardians.org – kämpfen mit Power für den Schutz der *National Forests* in New Mexico und Arizona.

Die ***Sky Island Alliance*** – 1315 Coal Ave SE, Albuquerque, NM 87106, © (505) 243-5319, Fax 3477, email: skisland@lobo.net, *Website:* www.lobo.net/~skisland – setzt sich für die Artenvielfalt und Lebensräume in den *sky islands* im südöstlichen Arizona ein.

Save America's Forests – 4 Library Court SE, Washington, DC 20003, © (202) 544-9219, *Website*: www.saveamericasforests.org – ist eine Koalition von 110 *conservation groups* und betreibt viel Lobbying für die Erhaltung der Wälder. Mit gleichnamigem *Newsletter.*

American Wildlands – 40 East Main #2, Bozeman, MT 59715, © (406) 586-8175, Fax 8242, email: amwild@wildlands.org, *Website*: www.wildlands.org – betreibt im Westen und in Alaska Programme zum Schutz von kritischen Ökosystemen und bietet das Reiseprogramm: *eco-adventures.*

Spezialisten

Der ***High Uintas Preservation Council*** – PO Box 72, Hyrum, Utah 84319, © (801) 245-6747, email: hupc@xmission.com, *Website*: www.hupc.org – ist eine kleine Gruppe im Kampf gegen *logging,* Straßenbau und *Mining* vor allem in den *Uinta Mountains.*

Die ***California Wilderness Coalition*** – 2655 Portage Bay East, Suite 5, Davis, CA 95616, © (916) 758 0380, Fax 0382, email: info@calwild.org – koordiniert Schutzbemühungen für *Wilderness Areas* in Kalifornien.

Die ***Colorado Environmental Coalition*** – 1536 Wynkoop St #5c, Denver, CO 80202, © (303) 534-7000, Fax 7063, *Website*: www.cecaction.org – koordiniert Schutzbemühungen in Colorado.

Friends of Nevada Wilderness – c/o Ian Myers, 200 Bartlett St, Reno, NV 89512, © (702) 348-1759, Fax 1986, *Website*: www.nevadawilderness.org – koordiniert Schutzbemühungen für *Wilderness Areas* in *National Forests* in Nevada.

Hiking in Amerika - Alles zum Thema Wandern

Wanderwege

Auf Wanderungen im Südwesten der USA findet man alle Arten von ***hiking trails***: gut angelegte und unterhaltene Wanderwege, mit erläuternden Tafeln versehene ***nature trails*** (Naturlehrpfade) und zahlreiche kaum erkennbare, manchmal ganz verschwindende Pfade über Stock und Stein und brückenlose Flüsse. In felsigem Gelände markieren oft ***cairns***, kleine Steinhaufen, den ansonsten nur schwer zu identifizierenden Weg. Speziell in *Wilderness Areas* werden *Trails* häufig nur spärlich gekennzeichnet. Immerhin sind die ***trailheads***, die Ausgangspunkte für Wanderungen, generell gut ausgeschildert.

Nur erfahrene Wanderer wagen sich auf die ***routes***; unmarkierte und meist unsichtbare Routen im Gelände. Sicherer Umgang mit Karte und Kompaß ist dann natürlich vorausgesetzt.

Neben den kürzeren *half-day-* und *day hikes* (1/2-Tages und Tages-Wanderungen) kann man in den meisten in diesem Buch beschriebenen *National Parks, State Parks* und *Wilderness Areas* auch ***backpack trips*** (Mehrtageswanderungen mit Rucksack und Zelt) unternehmen.

Ein Ziel kompromißloser ***Backpacker*** ist die Vollendung eines der großen **Fernwanderwege**. Besonders beliebt sind der ***Pacific Crest National Scenic Trail*** von der kanadischen Grenze durch Kaskaden und Sierra Nevada bis nach Mexico, der ***John Muir Trail*** nur durch die Sierra Nevada, der im Verlauf teilweise dem ersteren entspricht, sowie der ***Colorado Trail*** von Denver nach Durango.

Besonders unerschrockene und zähe Abenteurer nehmen den ***Continental Divide Trail*** in Angriff, welcher der kontinentalen Wasserscheide durch Montana, Wyoming, Colorado und New Mexico folgt.

Wanderwegbeschreibungen in diesem Buch

Alle Wanderempfehlungen dieses Buches – vom 2-Stunden-*Trail* bis zur Mehrtageswanderung – basieren ausnahmslos auf persönlicher Erfahrung der Autoren.

Die jeweilige **Übersichtskarte** eingangs der Wanderkapitel zeigt nur den ungefähren Verlauf aller in einem Gebiet beschriebenen Wanderungen. Sie ist zur Orientierung gedacht und selbst für relativ kurze, als einfach deklarierte Wege nur in wenigen Fällen ausreichend. Vor Ort (*Visitor Center, Ranger Station*) erhält man aber ausnahmslos geeignete Wanderkarten, für die populärsten Tageswanderungen in den Nationalparks meist sogar in das – üblicherweise allen Besuchern ausgehändigte – Gratismaterial integriert. Manchmal liegen auch an Ausgangspunkten der Wanderungen einfache Wegskizzen bereit – gratis oder gegen geringe Gebühr. Für längere, speziell Mehrtages-Wanderungen, lohnt sich auf jeden Fall der Kauf einer guten, möglichst topographischen Karte, ➪ folgenden Abschnitt.

Die **tabellarischen Übersichten** über die jeweils empfohlenen Wege nennen vorab die wichtigsten Daten. Die in der Tabelle angegebenen **Gesamtdistanzen** beziehen sich bei one-way-Wanderungen auf Hin- und Rückweg, während die ausführliche Fassung den Weg natürlich nur einmal beschreibt und damit nur über die halbe Distanz geht. Alle **Kilometerangaben** beruhen auf den Eintragungen in den vor Ort erhältlichen Karten, wurden aber auf jeder Wanderung überprüft und ggf. korrigiert. Die **Wanderzeiten** beziehen sich auf ein durchschnittliches Lauftempo mit "Verschnaufpausen", in flachem Gelände ca. 4 km/Stunde. Je 100 m Steigung wurden 15 min hinzugerechnet. Für längere Pausen und Fotostopps muß zusätzlich Zeit addiert werden.

Eine **Wanderung** wurde dann als "**einfach**" eingestuft, wenn sie ohne wesentliche Steigungen eher kurz ist und damit meist auch für Kinder geeignet erscheint. Wanderungen **mittleren** Schwierigkeitsgrades beziehen sich auf größere Distanzen und/oder Höhenunterschiede, die aber Durchschnittswanderern keine Probleme bereiten sollten. Als **"schwierig"** sind anstrengendere Wanderungen kategorisiert, die wegen ihrer Länge, der großen Höhenunterschiede und/oder des rauhen Geländes eine gute Kondition erfordern.

Alle Vorschläge sind auch für Leute geeignet, die nicht gerne klettern und an zu steilen Hängen von Höhenangst geplagt werden (Ausnahmen: *Angels Landing* im *Zion* und *Half Dome* im *Yosemite Park*).

Kleine Überraschungen machen Wanderungen erst richtig spannend

Wanderkarten

Wie erwähnt, kommen in allen ***National Parks*** (selten in ***National Forests***) kostenlose Parkkarten und/oder Parkzeitungen zur Verteilung (an der Einfahrt und/oder im *Visitor Center*), die meist auch die wichtigsten Wanderwege zeigen. Für längere Wanderungen geht es aber nicht ohne eine detailreichere Wanderkarte. Wer nicht gerade eine Fernwanderung vorhat, die lange vorbereitet werden muß, oder zu Hause bestimmte Wanderungen schon mal im voraus mental durchgehen möchte, sollte sich **Karten erst in den USA anschaffen**. Denn die gibt`s dort **günstiger** (und in der Regel in größerer Auswahl als bei uns) in *Visitor Centers, Ranger Stations, Book Stores* und *Map Shops*. **Genauere Angaben** zur jeweils passenden Karte für die beschriebenen Regionen bzw. Wanderungen finden sich in den Abschnitten ***Kurzinfos Outdoors*** aller Gebietskapitel.

Karten lassen sich auch direkt beim Hersteller bzw. der ausgebenden Institution beziehen, aber dabei ist mit Lieferfristen und meist recht hohen Versandkosten zu rechnen:

Die günstigen ***Forest Service Maps*** sind zum Wandern nicht sonderlich geeignet, denn sie besitzen keine Höhenlinien und sind auch nicht schattiert, dafür sind Privatland und *public lands* speziell markiert: ***USDA Forest Service***, *Public Affairs Office* Map Sales, 517 Gold Avenue SW, Albuquerque, NM 87102) oder direkt bei den Stationen der einzelnen Nationalforste.

Die Karten des ***US Geological Survey*** sind zwar sehr genau (Höhenlinien, keine Schattierung), oft aber 30-40 Jahre alt: ***USGS Information Service***, Box 25286, Denver, CO 80222, Fax (303) 202-4693, email: infoservice@usgs.gov, *Website*: www.usgs. gov.

Am meisten verbreitet sind die ***Trails Illustrated Maps***. Trotz oft ungenau eingezeichneter *trails* und bisweilen falsch vermerkter Maßstäbe (!) gehören sie zu den besten auf dem amerikanischen Markt:

Trails Illustrated, PO Box 4357, Evergreen, CO 80437, © (303) 670-3457, Fax 3644, *Website*: www.trailsillustrated.com.

Die Wanderkarten der ***Earthwalk Press*** sind vergleichbar, stehen aber zur Zeit nur in einer kleineren Auswahl zur Verfügung: ***Earthwalk Press***, 2239 Union St, Eureka, CA 95501. Zu beziehen z.B. auch beim *Adventures Traveller Bookstore*, © (802) 860 6776, Fax 6667.

Nur für wenige Gebiete gibt es gute topographische Karten, die mit Meßtischblättern oder schweizerischen Landeskarten vergleichbar sind. Dazu gehören die Karten von ***Tom Harrison Cartography*** z.B. für *Point Reyes* und Santa Fe – Falmouth Cove/San Rafael, CA 94901, ©/Fax (415) 456-7940, *Website*: www.tomharrisonmaps.com.

Wer **Karten vor der Reise** schon hier kaufen möchte, wendet sich am besten direkt an die Spezialisten:

Deutschland: ***Därr Expeditionsservice***, Theresienstr. 66, 80333 München, © 089/282032, Fax 089/282825, email info@daerr.de, *Website*: www. daerr.de.

Schweiz: ***Travel Book Shop*** (mit hervorragender Beratung durch Frau Gisela Treichler), Rindermarkt 20, 8001 Zürich, © 01-252 38 83, Fax 01-252 38 32, email info@travelbookshop.ch, aufwendig gestaltete *Website*: www. travelbookshop.ch.

Österreich: ***Freytag & Berndt***, Kohlmarkt 9, 1010 Wien, © 01-533 8686, Fax 01-252 38 32, email mapping@freytagberndt.at.

Gefahrenhinweis am 3 m breiten Trail im Arches Park (Devils Garden)

Orientierung unterwegs

Eine **gute topographische Karte** (*topo map*) ist ihr Gewicht in Gold wert. Mit ihrer Hilfe kann man die Schwierigkeit einer Wanderung abschätzen, die beste Route herausfinden, Sümpfe vermeiden sowie Wasser und potentielle Zeltplätze finden. Und das Risiko, sich zu verirren (nicht alle Wege und Abzweigungen sind markiert) ist damit viel geringer. Da sich örtliche Gegebenheiten verändern können (Felsstürze blockieren Wege und bilden neue Seen, Biberdämme überschwemmen kleine Täler etc.) sollte man möglichst erst kürzlich überarbeitete Karten verwenden, und eventuell mit einem *Ranger* die geplante Route besprechen.

Höhenlinien liefern wichtige Informationen über das Gelände. Je enger sie zusammenliegen, umso steiler wird es. Bei senkrechten Felswänden und steilen Klippen liegen die Höhenlinien fast aufeinander. V-förmige Höhenlinien mit einem Fluß mittendurch, deuten auf ein Tal hin, wobei die Spitze des V auf höher liegenden Grund zeigt. Ebenen werden durch weit auseinanderliegende Höhenlinien angezeigt.

Spätestens im weglosen Gelände oder bei schlechten Sichtverhältnissen braucht man einen **Kompaß**. Den muß man natürlich zu gebrauchen wissen. Die Kompaßnadel zeigt auf den magnetischen Nordpol (z.Zt. bei den Königin-Elisabeth-Inseln im Nordpolarmeer westlich von Grönland), während die Karte auf den geographischen Norden ausgerichtet ist. Normalerweise ist auf der Karte die **magnetische Abweichung** vermerkt, was die Korrektur vereinfacht. Wenn z.B. die Abweichung mit 28° Ost angegeben ist, liegt der wahre geographische Norden 28° **westlich** der magnetischen Kompaßnadel. So beträgt z.B. die Abweichung für den *Rocky Mountain National Park* in Colorado ca. 11° Ost, für den *Canyonlands National Park* und das *Escalante National Monument* in Utah ca. 13° Ost und für den *Yosemite National Park* in Kalifornien ca. 16° Ost.

Permits

Permits sind bei **Mehrtageswanderungen** in stärker frequentierten Nationalparks, *National Monuments, Wilderness* Areas und *National Forests* üblich. Sie stellen eine Art **Nutzungserlaubnis** dar, die überwiegend gratis in den *Ranger Stations* bzw. in *Visitor Centers* oder speziell eingerichteten ***Backcountry Offices*** erhältlich sind. Vereinzelt sind sie auch bei besonders populären Ganztagswanderungen vorgeschrieben.

Ranger, nicht nur als Permitaussteller freundlich und hilfsbereit

Die Ausstellung der *permits* verfolgt mehrere Zwecke:

- Sicherstellung, daß Wanderer über Verhaltensregeln und Gefahren informiert werden
- Statistik: wieviele Besucher nutzen bestimmte Wege und Zonen?
- Schutz vor einem übermäßigem Besucherandrang (etwa im *Yosemite National Park*), indem für gewisse Wege/Gebiete nur eine beschränkte Anzahl *permits* pro Tag erteilt werden (*trail quotas*).

Im allgemeinen erhält man ein *permit* frühestens am Vortag der geplanten Wanderung nach der Regel *first-come-first-served*. In stark besuchten Gebieten mit limitierten *permits* stehen Wanderer, speziell an Wochenenden, oft früh am Morgen dafür an.

Immer häufiger kann aber ein Teil der verfügbaren *permits* gegen Gebühr im voraus reserviert werden. (➪ ✆ der zuständigen *Visitor Center* bzw. *Ranger Station* in den entsprechenden Kapiteln). Auch wenn es heißt, daß alles ausgebucht sei, lohnt es sich, am Vorabend oder am Morgen des geplanten Trips noch einmal persönlich nachzuhaken, denn oft werden reservierte *permits* kurzfristig abgesagt (***cancellations***) oder werden ohne Absage nicht abgeholt. Die frei werdenden *permits* erhält, wer zufällig als erster danach fragt.

Sicherheit unterwegs

Es lohnt sich immer, über Kurzwanderungen von wenigen Stunden hinausgehende **Wanderpläne** mit einem *Ranger* im jeweiligen *Visitor Center* oder in der zuständigen *Ranger Station* zu **besprechen**. Sie/er kennt den Zustand der Wege (*trail conditions*), den Wetterbericht (*weather forecast*), weiß, ob es kürzlich Probleme mit Bären gab, und wo man trinkbares Wasser findet. Bei Mehrtages- oder schwierigen Tageswanderungen kann man mit vielen V*isitor Centers* und Ranger Stations sogar vereinbaren, daß ein **Suchkommando** ausgesandt wird, falls man sich nach Ablauf der vereinbarten Frist nicht zurückgemeldet hat. Die Frist sollte eine Reserve beinhalten, z.B. geplante Rückkehr ist Dienstag Abend, Suche soll Mittwoch Nachmittag beginnen. Die **rechtzeitige Zurückmeldung**, die persönlich, telefonisch oder mit Hinterlassung einer Notiz am abgemachten Ort erfolgen kann, **ist natürlich absolut unerläßlich**, damit nicht vergeblich Suchtrupps aufgeboten werden (kann arg ins Geld gehen!).

Ein ***permit*** oder eine Registrierung am *trailhead* (*self registration*) bietet keinen derartigen Schutz, sondern dient nur der Statistik.

Wanderausrüstung

Wir werden häufig gefragt, ob man Ausrüstungsgegenstände besser daheim oder in den USA kaufen sollte. Generell ist dies sicher auch eine Zeitfrage. Wenn der Urlaub nur gerade 3 Wochen dauert, will man nicht noch Zeit in amerikanischen Sportgeschäften verlieren.

Außerdem findet man in Europa u.a. auch qualitativ hochstehende Outdoorartikel europäischer Marken, die drüben nicht zu haben sind, weil die Hersteller den Sprung über den Atlantik noch nicht geschafft haben. Speziell für feste **Wanderschuhe**, die schließlich noch eingelaufen werden wollen, ist die Auswahl in Europa wesentlich besser. In den USA findet man dafür leichte Trekking-Schuhe/Sandalen in größerer Auswahl.

Bei amerikanischen Produkten (*The North Face, Coleman, Jack Wolfskin* etc.) lohnt sich ein Preisvergleich. So zahlt man z.B. in den USA für das **North Face Nebula-Zel**t $355 netto (ohne *Tax* oder Versandkosten), in der Schweiz aber SFr 765, etwa 30% mehr.

Der Kocher ***Coleman Peak 1 Feather 400*** kostet $42, hier Sfr 98. Dafür muß man in den USA für den Rucksack ***Arc Teryx Bora*** (40 l) $200 hinblättern, bei uns aber nur Sfr 195.

Eine der bekanntesten **Outdoor-Ketten** in der USA ist **REI**, die auch weltweitenVersand bietet (***Website***: **www.rei.com** oder Katalog anfordern bei: ***REI International Department***, PO Box 1700, Sumner, WA 98390-0900, © in den USA: 1-800-426-4840). REI hat eine große Auswahl an qualitativ hochwertigen Sportartikeln zu fairen Preisen, die das Herz jedes Outdoor-Enthusiasten höher schlagen lassen. Überzeugt haben uns Kundendienst und ***money back guarantee***. So brachten wir ein Paar Schuhe nach 3 Monaten (!) in eine REI-Filiale in einem anderen Staat zurück und erhielten ohne Diskussion das Geld dafür. ***REI-Shops*** finden Sie u.a. in Albuquerque, Berkeley, Denver, Phoenix, Reno, San Diego und Salt Lake City.

Eine vergleichbare Quelle für Outdoor-Artikel ist das Versandhaus ***L.L. Bean*** (***www.llbean.com***, © .207 552 6879 oder © 1 800 441 5713)

Auch die großen amerikanischen Warenhausketten (***K-Mart, Wal Mart, Target*** etc.) verfügen über ein gewisses Angebot an Outdoor-Artikeln. Gängige gute Markenprodukte (z.B. *Coleman*-Kocher und *Coolboxes*) gibt es dort preiswert. Abzuraten ist von Billigware; sie taugt meistens nichts, z.B. gilt das für Zelte.

Wander- und Zeltausrüstungen kann man in vielen Sportläden (wie REI) auch mieten oder reparieren lassen.

Fazit: Wer nicht viel Zeit hat, kauft qualitativ gute Ausrüstung besser in Europa. Falls Sie aber nach bestimmten amerikanische Produkte suchen, lohnt sich der Preisvergleich via Internet oder Katalog und ggf. Nutzung des Versandhandels.

Damit Sie auf Ihren Wanderungen für alle Situationen gut gerüstet sind, haben wir ein paar Empfehlungen zusammengestellt. "Immer-Artikel" sollten Sie wirklich stets dabei haben, während "eventuell" heißt: je nach persönlichen Präferenzen und – als noch akzeptabel empfundenem – Gewicht des Rucksacks.

Was mitnehmen?	Halb- bis Ganztageswanderung	Mehrtageswanderung	Kommentar
Karte (möglichst topographisch)	immer	immer	Wegweiser haben meist Seltenheitswert
Kompaß	eventuell	immer	
Getränke und Verpflegung (inkl. Abfalltüte)	immer	immer	Speziell in großen Höhen oder bei ungewohnten Anstrengungen sollte für reichlich Kalorien- und Flüssigkeitszufuhr gesorgt werden. Auf Mehrtageswanderungen immer für mindestens 1 Tag Reserve mitnehmen (Schlechtwetter!)
Wasserentkeimer	eventuell	immer	➪ Seite 60, Stichwort "Sicheres Trinkwasser"
Regenzeug	immer	immer	Nachmittagsgewitter kommen im Sommer in vielen Gebieten häufig vor. Schützt auch vor Wind (Auskühlung) bei der verdienten Gipfelrast
Taschenmesser	immer	immer	
Erste Hilfe	immer	immer	Pflaster, Verbandszeug, Schmerztabletten, Desinfektionsmittel, ggf. Pinzette und Salbe gegen Insektenstiche, Ekzeme, Sonnenbrand
Rettungsdecke, Streichhölzer bzw. Feuerzeug	eventuell	immer	Damit kann man notfalls auch eine Nacht im Freien überstehen
Sonnencreme, -brille, -hut	immer	immer	In Höhenlagen ist die Sonneneinstrahlung oft äußerst intensiv
T-Shirt/Unterhemd zum Wechseln, Pullover	immer	immer	Nach einem schweißtreibenden Aufstieg friert man in nassen Kleidern schnell
Taschenlampe	eventuell	immer	

Was mitnehmen?	Halb- bis Ganztages-wanderung	Mehrtages-wanderung	Kommentar
Taschentücher	eventuell	eventuell	Neben Naseputzen ideal zum Abtrocknen, Verbinden, Filtern etc.
Fernglas und Kameraausrüstung	eventuell	eventuell	
Regendichte Rucksackhülle	eventuell	immer	
Insektenmittel	immer	immer	Stark gebietsabhängig
Wanderstöcke	eventuell	eventuell	Speziell hilfreich bei Knieproblemen oder bei schwerem Gepäck
Zelt		immer	Bei Mücken-/Ameisen-plage, Regen schläft man nicht gut ohne.
WC-Papier und Plastikschaufel (evt. Plastiktüte)	eventuell	immer	Fürs "feste" Geschäft muß man ein Loch graben. Bisweilen ist Vorschrift, gebrauchtes WC-Papier wieder mitzunehmen!
Sack und Schnur zum Aufhängen von Lebensmitteln		immer	Nur in Bärenregionen (➪ im folgenden Text, Stichwort "Bären")
Kocher (evtl. mit Zusatztank), Pfanne, Besteck, Putzzeug		immer	Schnell und sicher warmes Essen/Tee etc. vor allem, wenn Holz-feuer verboten sind.
Schlafsack, Schlafunterlage		immer	Daune ist leichter, Synthetik trocknet schneller
Kleidung und Socken zum Wechseln		immer	Lange Unterwäsche zum Schlafen ist leicht, warm und bei Kälte hochwillkommen
Warme Mütze und Handschuhe	eventuell	eventuell	Bei mögl. Temperatur-stürzen sehr nützlich
Toilettenartikel, Handtuch		immer	Biologisch abbaubare Seife verwenden
Lesestoff, Kartenspiel		eventuell	Praktisch bei Schlecht-Wetter im Zelt.

Pack Trips mit Lasttieren

Ein Rucksack für eine Mehrtageswanderung kann ganz schön schwer sein. Auf ***pack trips*** mit Pferden, Mauleseln, Lamas oder Ziegen, die von sog. ***outfitters*** (nicht ganz billig) angeboten werden, braucht man seine Ausrüstung nicht selbst zu tragen. Adresslisten von *outfitters* liegen in den *Visitor Centers* aus und finden sich auch in den Gratisbroschüren (*vacation guides*) der einzelnen US-Staaten.

Zwei Arten von *pack trips* sind zu unterscheiden:

- Im Fall von ***drop camps*** oder ***drop trips*** bringt der *outfitter* das Gepäck zu einem vereinbarten Punkt in der Wildnis, dem *base camp*, hilft vielleicht noch beim Zeltaufbau und überläßt dann seine Kunden ihrem Schicksal. Nach einer vereinbarten Zeit holt er alles wieder ab. *Base camps* sollten in der Nähe von Wasser liegen und günstige Ausgangspunkte für Tageswanderungen sein.
- Bei ***guided pack trips*** übernimmt der *outfitter* die Führung und kocht für seine zahlenden Gäste. Dabei werden entweder feste oder wechselnde Camps errichtet.

Welche Tiere eignen sich? **Pferde** können am meisten Gewicht und ggf. auch noch einen Reiter tragen, erfordern aber viel Arbeit, werden schnell nervös und tragen stark zur Wegerosion bei. Die zuverlässigeren, aber manchmal störrischen ***Mulis*** verursachen ähnlich viel Arbeit und Wegerosion wie die Pferde. Die beweglicheren **Lamas** können nicht soviel tragen, sind aber besser an alpine Verhältnisse angepaßt. Nach einem *pack trip* mit **Ziegen** kommen für uns nur noch diese Tiere in Frage. Sie können 20-25 kg, besonders große Exemplare bis 45 kg, tragen, sind intelligent, neugierig, pflegeleicht, manchmal anhänglich und sogar verschmust. Obendrein sind sie ideal in alpinem Gelände und erklettern z.B. problemlos steile Geröllhalden, wo Pferde und sogar Lamas keine Chancen mehr haben.

Ziegen sind bei schwerem Gepäck ideale Lasttiere

Naturerlebnis und Wandern

Low-impact; Wandern und Zelten, spurlos ...

Auf unseren Wanderungen waren wir immer wieder überrascht, wie unberührt auch populäre, also relativ stark frequentierte *Wilderness Areas* wirkten. Die Amerikaner erkannten schon früh, daß es einen langfristigen Schutz der Natur und ungetrübtes Vergnügen nur geben kann, wenn die Besucher so wenig Spuren wie möglich hinterlassen. Zum spurlosen Wandern und Zelten – in den USA heißt das **leave no trace** oder **low-impact camping** – gibt es jede Menge Prospekte und Faltblätter. Hier einige Tips, die helfen sollen, dieses Ziel zu erreichen

Unterwegs

- Bleiben Sie auf den vorgegebenen Wegen, um unnötige Erosion zu vermeiden.
- Falls Sie eine unberührte Wiese überqueren oder über Tundra gehen müssen, versuchen Sie, auf unbewachsene Stellen – Fels oder Sand – zu treten oder über Schnee zu laufen. Falls mehrere Leute ein empfindliches Gebiet ohne vorgegebenen Weg durchqueren, verteilen Sie sich, damit kein Trampelpfad entsteht.
- Füttern Sie keine Tiere.
- Vermeiden Sie unbedingt das Aufscheuchen von Tieren. Besonders im Winter oder während der Aufzucht der Jungtiere können sich die Tiere keine Energieverschwendung leisten.

Am Rastplatz

- Hinterlassen Sie keine Abfälle (*"Pack it in, pack it out ..."*: trag\` es \`rein, trag es \`raus. Klartext: die volle Coladose muß leer wieder mit zurück)! Vergraben ist keine gute Idee, die Nasen der Tiere sind in der Regel zu fein! Bringen Sie einen kleinen Abfallsack mit. Viele Naturfreunde sammeln auch Abfall gedankenloser Wanderer ein. Es hört sich zwar verrückt an, sich um den Abfall anderer Leute zu kümmern, aber es ist ein gutes Gefühl, die Natur um eine Ladung Flaschen und Büchsen erleichtert zu haben.
- Nehmen Sie einen Kocher mit und verzichten Sie auf ein Holzfeuer. Falls das zu schwer fällt, benutzen Sie eine bereits existierende Feuerstelle. Notfalls machen Sie ein "spurloses" Feuer. Dazu graben Sie eine kleine, flache Grube und halten die entfernten Grassoden bzw. die Erde zur Wiederverwendung zusammen. Lassen Sie das Feuer nicht groß werden und verbrennen Sie das Holz zu feiner Asche. Bevor Sie gehen, decken Sie die Grube mit der Erde bzw. den Grassoden wieder zu und renaturalisieren Sie die Stelle. So geben Sie der Vegetation eine Chance und vermeiden verbrannte Böden. **Immer gilt**: nur totes, am Boden liegendes Holz verwenden und sicherstellen, daß das Feuer vollständig erloschen ist, bevor Sie den Platz verlassen

Es muß nicht immer Gipfelstürmen sein – "cloudwatching" ist entspannend und gibt neue Kraft für den nächsten steilen Trail

- Waschen Sie sich oder das Geschirr (falls nötig) mindestens 60 m entfernt von Gewässern, und holen Sie dazu das Wasser mit einem Behälter. Verteilen Sie Waschwasser über den Boden. Verwenden Sie nur biologisch abbaubare Waschsubstanzen.
- Erledigen Sie Ihr "Geschäft" ebenfalls mindestens 60 m entfernt von jeglichem Wasserkörper. Graben Sie dazu ein ca. 20 cm tiefes Loch, welches Sie nachher wieder gut mit Erde oder Steinen zudecken. Kleine, leichte Plastikschaufeln können Sie in Camping-/Spielwarenabteilungen von *Wal Mart, K-Mart* etc. kaufen ($1-$2).

Übernachten

- Auch ihr Zelt sollte mindestens 60 m vom Weg und von Wasserläufen oder Seen entfernt stehen.
- Suchen Sie sich einen Platz mit keiner oder mit nur wenig Vegetation, der unter einem Zelt und Ihren Aktivitäten nicht allzu sehr leidet, etwa eine sandige oder steinige Stelle, oder ein Plätzchen unter einem Nadelbaum.
- Verzichten Sie auf Abflußrinnen ums Zelt; sie sind oft noch Jahre später zu sehen. Ihr Zelt ist dichter als Sie denken.
- Begrenzen Sie Ihren Aufenthalt an derselben Stelle, damit sich die Vegetation leichter wieder erholen kann.

Kurz: Zelten Sie spurlos oder hinterlassen Sie den Platz sauberer, als Sie ihn angetroffen haben. Das ist tatsächlich möglich!

Nun viel Spaß in der Wildnis!

AUF ALTEN PFADEN

Essay von Bill Helmer, Ranger des National Park Service

Ich glaube, wir können viel darüber lernen, **wer** *wir sind, indem wir verstehen,* **wo** *wir leben. Wie kamen wir überhaupt hierher? Wer war hier vor uns? Was hat sich seither verändert, und was hat sich erhalten, im Land und in den Leuten?*

Eine Möglichkeit, Antworten auf diese Fragen zu finden, bietet sich auf alten Verkehrswegen (old trails). In den letzten 20 Jahren habe ich über 800 Meilen auf indianischen und historischen Routen in der Mojave und Sonora-Wüste zurückgelegt. Ich wanderte auf dem Old Spanish Trail von Los Angeles ins südliche Utah, auf dem Mojave Trail von Needles nach Daggett (das Gebiet ist heute die Mojave National Preserve) und auf Teilen des Camino del Diablo in Südwest-Arizona.

Anhand von Kopien historischer Tagebücher verglich ich die früheren Bedingungen mit den heutigen. Ich trank aus denselben Quellen, auf die sich Menschen und Tiere seit Jahrtausenden verlassen haben. Nachdem ich die physische und kulturelle Geographie jeder Wüstenregion studiert hatte, wanderte ich langsam, Meile um Meile, und konzentrierte mich auf Veränderungen in der Landschaft, und auf die veränderte Art, mit der Menschen diese Räume wahrnahmen:

... über Schwemmfächer wandern, die durch die Kraft der Wolkenbrüche entstehen, dazwischen ist es knochentrocken, ... von Quelle zu Quelle wandern, diesen Juwelen fließenden Wassers unter cottonwood (Baumwollpappeln) und willow (Weiden), blühende mesquite voller surrender Insekten, ... ich stelle mir die Meldeläufer der Mohave und Chemehuevi-Indianer vor, welche die Früchte der mesquite und chia als Proviant mit sich tragen, und Muschelschalen-Perlen, um zu handeln, ... in den vielsagenden Spuren des desert fox und der mountain sheep, ... als ich mich so dahinschleppte, Schritt auf Schritt, mit Schmerzen im linken Knie, fühlte ich die Pioniere mit ihrenWagen, die sich durch die unbekannte Wüste kämpften, versuchten, diese Öde für immer hinter sich zu lassen, und "Shenandoah, I long to see you..." sangen auf dem Weg in den Westen, um dort ein neues Leben zu beginnen, sich immer noch nach Neuem sehnen ...

Ich erinnere mich, wie ich auf dem Old Spanish Trail Piniennüsse aß, kurz vor Las Vegas. Im Verkehr und in der Hektik konzentrierte ich mich auf die alte Quelle, die verborgene Seele von Las Vegas, jetzt (zeitweise) versiegt, begraben unter der unbegrenzten Phantasiewelt. In Sichtweite der alten cottonwood-Bäume dann, trank ich Wasser aus dem Hahn in einem Fast-food Restaurant, während das Rauschen des Freeway mit dem Rascheln der cottonwood-Blätter verschmolz. Wann befreien wir die natürlichen Wasser wieder aus ihrem Grab? (...) Was können wir tun? Wohin gehen wir?

Finde die alten Wege, auch wenn es nur ein Anfang ist – ihre Spuren gibt es immer noch im Land, in den Erinnerungen der Alten, und in den alten Büchern und Karten, in den Sammlungen jeder Bibliothek des Landes. Eine Vorstellung davon, was einmal war, kann uns helfen, das zu erreichen, was möglich ist.

"Minimum-impact" in Wüsten und bei archäologischen Stätten

Die Wüste macht zwar – mit ihren öden Ebenen, den Felswänden, den Felsbrocken und den zähen Bewohnern – einen unver-wüstlichen Eindruck. Dieser Eindruck täuscht jedoch. In Wahrheit ist die Wüste ein sehr **empfindliches Ökosystem**. Werden Pflanzen einmal beschädigt, erholen sie sich oft kaum noch. Die folgenden Tips sollen Ihnen helfen, die Schönheit der Wüsten im Südwesten zu erleben und sich daran zu erfreuen, ohne sie zu beeinträchtigen.

Beim Wandern

- Bleiben Sie möglichst auf dem Weg und ansonsten auf Fels, lockerem Sand oder in ausgetrockneten Flußbetten (*wash*). So schonen Sie die kryptiobiotische Kruste, die den Sand zusammenkittet.
- Wandern Sie nur in kleinen Gruppen.

Beim Campen

- Schlagen Sie Ihr Zelt nur auf unbewachsenen Stellen auf (z.B. *slickrock*, losem Sand, Flußbetten, sofern keine *flashflood*-Gefahr besteht, ➪ Seite 59) und ggf. dort, wo offensichtlich immer wieder gecampt wurde und daher nichts mehr kaputtgehen kann.
- Mindestens 60 m Abstand von Wasser einhalten. Nähern Sie sich Gewässern möglichst nicht mehr ab der Dämmerung. Dann sind Tiere auf ungestörten Zugang angewiesen.
- Waschen Sie sich oder das Kochgeschirr nie in *potholes* (Wasserpfützen in Felsvertiefungen; die Lebewesen, die in ihnen leben, reagieren sehr empfindlich auf Verunreinigungen, wie z.B. Hautfette oder Sonnencreme). Sollten Sie Wasser aus einem Bach verwenden, schütten Sie das verschmutzte Wasser in guter Entfernung zum Wasserlauf auf Sand oder Kies .
- Verzichten Sie möglichst auf ein Feuer. In der Wüste gibt es sehr wenig totes Holz, und dieses ist oft Lebensraum für manches Tier. Nehmen Sie einen Kocher mit. Geht es nicht ohne Feuer, bauen

Sie keinen Steinring, sondern einen aus Sand. Noch besser: verwenden Sie ein rundes Stück Blech, eine *fire pan*, als Unterlage. Entfachen Sie auch keine Feuer in Alkoven und Höhlen; schon viele indianische Felszeichnungen sind unter häßlichen Verrußungen begraben worden.

Auf dem stillen Örtchen

- Im Wüstensand gibt es kaum Organismen, die menschlichen Kot abbauen können. Er durch Wärme und Sonnenlicht nur getrocknet. Wählen Sie für Ihr Geschäft ein Plätzchen an der Sonne oder in der Nähe von Büschen/Bäumen. Es sollte in jedem Fall minimal 60 m von Wegen, Zeltplätzen und vom Wasser entfernt sein. Graben Sie dazu ein Loch von mindestens 10-15 cm Tiefe. Verbrennen Sie das WC-Papier, oder nehmen Sie es in einer Plastiktüte mit.

Bei archäologischen Stätten

- Speziell auf dem *Colorado Plateau* gibt es immer noch eine Unmenge von indianischen Ruinen, Felszeichnungen und andere Artefakte – relativ unberührt und ungeschützt – in abgelegenen Canyons. Unbeabsichtigte Beschädigungen verursachen an ihnen oft mehr Schaden als beabsichtigter Vandalismus. Seien Sie darum besonders vorsichtig.
- *Stop, look and think*! heißt die Devise, wenn Sie sich einer archäologischen Stätte nähern. Betrachten Sie sie aus einiger Entfernung; treten Sie nur näher oder hinein, falls es einen eindeutigen Weg gibt. Bei vielen der historischen Indianer-Dörfer oder Ruinen gibt es einen "Abfall-Hügel", der heute nur noch als – meist bewachsene – Erhebung erkennbar ist. Treten Sie nicht auf solche Hügel, die Archäologen u.U. wertvolle Erkenntnisse liefern können.
- Campen Sie nicht in oder in der Nähe von Ruinen, was übrigens auch illegal wäre.
- Berühren Sie Felszeichnungen und -gravuren nicht. Die Fette auf Ihrer Haut zerstören mit der Zeit die Kunstwerke.Belassen Sie Artefakte, auch kleine Tonscherben, die Sie finden, an Fundort.
- Bedenken Sie, daß viele Stätten nicht nur von archäologischen Interesse sind; für die Indianerstämme sind sie Teil ihrer Geschichte und haben oft eine religiöse Bedeutung. Behandeln Sie daher diese Stätten mit entsprechendem Respekt.

Kurzregel

Falls Sie vor lauter Tips und Regeln (mit denen wird man auch unterwegs noch reichlich eingedeckt) am Ende gar nicht mehr wissen, was nun richtig, was falsch ist, hilft die allumfassende Kurzregel:

*"**Leave no trace"!***, hinterlassen Sie keine Spuren!

Ruinen der Anasazi-Indianer (Hovenweep National Monument)

Tiere und wir

Nahe, näher – weg! Einige Tips für Tierbeobachtungen

Da hat man sich so lange auf den Urlaub gefreut und gerade auch auf die Möglichkeiten der Tierbeobachtung und läuft während der Wanderung dann doch oft in Gedanken versunken, schaut wieder mal auf ... und sieht gerade noch den Elch im Wald verschwinden.

Bei Beachtung folgender Hinweise brauchen Sie nicht mehr nur auf Glücksfälle zu hoffen, sondern Sie erhöhen Ihre Chancen, Tieren zu begegnen, damit ganz erheblich:

- Bevor Sie aufbrechen: Machen Sie sich vertraut mit dem möglichen Verhalten der Tiere, denen Sie eventuell begegnen werden.
- Ein gutes Fernglas (und eventuell eine Lupe für die kleineren Lebewesen) erhöhen die Erfolgsquote beträchtlich und ermöglichen zusätzliche Einblicke in das Verhalten von Tieren. Bei einer Rast kann man in aller Ruhe die Berghänge z.B. nach Dickhornschafen, Bären und Wapiti-Hirschen absuchen.
- Wo sich zwei oder mehrere Habitate berühren, finden sich auch mehr Tierarten ein. Am erfolgsversprechendsten sich deshalb z.B. Waldränder, Lichtungen, See- und Flußufer.
- Die besten Tageszeiten sind früher Morgen und Abend (vor und nach der Dämmerung), wenn sich die Zyklen der tages- und nachtaktiven Tiere überschneiden. Am wenigsten Erfolg wird man an heißen Nachmittagen haben, wenn viele Tiere – in Verstecken oder gut getarnt – rasten. Die Ausnahme bilden Wasservögel und Meeressäuger, die den ganzen Tag über aktiv sind.

Naturerlebnis und Wandern

- Nehmen Sie sich genügend Zeit und setzen Sie sich an einem geeignet erscheinenden PLatz bequem hin. Viele Tiere werden durch schnelle Bewegungen verscheucht, gewöhnen sich aber an die menschliche Präsenz, wenn Sie sich ruhig verhalten.
- Vögel besitzen eine gute Farbwahrnehmung, weshalb gewiefte Ornithologen Kleidung tragen, die mit der Umgebung optisch leicht verschmilzt. Säugetiere hingegen sind meist farbenblind, aber sie reagieren stark auf Bewegungen, und ihr Geruchssinn ist äußerst ausgeprägt. Deshalb sollte man auf duftende Kosmetika/Parfum verzichten und sich Säugetieren nur gegen den Wind nähern.

Das Beobachten von Tieren ist spannend und abwechslungsreich. Nur sollte man dabei **Rücksicht** walten lassen. Tiere, die während der Futtersuche häufig gestört werden, finden oft nicht genügend Nahrung. Dies schwächt sie und kann schließlich zum Tod führen. Muttertiere, die von ihren Jungen getrennt werden, kehren manchmal nicht mehr zu diesen zurück.

Menschen stören Tiere auch beim Paaren. In England schrumpfte die Zahl einer Seeschwalbenpopulation (*terns*) von 40.000 auf 24 Exemplare, da sie zu oft von Vogelbeobachtern gestört wurden. Es gäbe noch viele weitere Beispiele.

Tiere mit Rücksicht beobachten, kommt aber nicht nur den Tieren zugute. Anstatt die Tiere nur auf der Flucht zu sehen, haben Sie die Chance, ihr natürliches Verhalten zu studieren. Und, vergessen wir`s nicht, gewisse Tiere haben Zähne ...!

Allgemeine Hinweise

- Respektieren Sie alle Lebewesen als Mitbewohner der Erde. Tiere können nicht "nach Hause" gehen wie wir. Dort, wo wir sie finden, <u>ist</u> ihr zu Hause.
- Beobachten Sie Tiere unbemerkt aus der Distanz. Als gute Faustregel für größere Tiere gilt ein Abstand von 100 m. Gebrauchen Sie Ferngläser oder Teleobjektive, um "näher" heranzukommen.
- Falls Sie sich Tieren nähern wollen, tun Sie es ruhig und langsam. Stoppen Sie, wenn Sie bemerkt werden.
- Wenn die Tiere nervös wirken oder ihr Verhalten verändern, sind Sie zu nahe. Entfernen Sie sich lautlos.
- Falls das Tier flüchtet, waren Sie viel zu nah! Bitte vorsichtiger.
- Füttern Sie keine Wildtiere und gebrauchen Sie keine Köder, um sie anzulocken. Das ist im übrigen in den USA meistens verboten.
- Lassen Sie Ihre Haustiere zu Hause, ihr Geruch könnte Wildtiere aufschrecken. Und ein verängstigtes wildes Tier könnte Ihr Tier verletzen. Ein Hirsch etwa kann mit seinen Hufen mit Leichtigkeit einen Hundeschädel zerschmettern.

- Vermeiden Sie ein Zertrampeln von empfindlichen Habitaten wie Moore, Wiesen, alpine Tundra etc. Bleiben Sie auf den Wegen. Falls kein Weg vorhanden ist, treten Sie auf Felsen oder Schnee.
- Bilden Sie Fahrgemeinschaften oder benützen Sie öffentliche Verkehrsmitteln, um ein Naturgebiet zu erreichen. Dies spart nicht nur Geld und reduziert Umweltbelastungen, es gibt Ihnen auch die Möglichkeit, sich zu entspannen und sich innerlich auf Ihre "Expedition" vorzubereiten.

Beobachten von Vögeln

- Verhalten Sie sich ruhig und vermeiden Sie schnelle Bewegungen. Sie werden das natürliche Verhalten der Vögel besser beobachten können, wenn Sie unbemerkt bleiben.
- Einige ehrgeizige Vogelbeobachter verwenden Tonbandaufnahmen mit Vogelstimmen um Vögel anzulocken. Dies verwirrt die Tiere und könnte sie aus ihrem Revier vetreiben.
- Nähern Sie sich nie einem bewohnten Nest. Vogeleltern, welche wiederholt aufgescheucht werden, geben ihre Eier oder Jungen manchmal endgültig auf. Die Nestlinge etwa des *mountain plover* (Regenpfeifer) sterben innerhalb weniger Minuten, wenn sie schutzlos der Sonne ausgesetzt sind.
- Nahaufnahmen von Nestern mit Eiern oder Nestlingen verstoßen gegen den Ehrenkodex verantwortungsvoller Naturfotografen.

Beobachten von Meerestieren

- Nähern Sie sich nie einem Meeressäugetier. Ein spezielles Schutzgesetz in den USA, der *Marine Mammal Protection Act*, verbietet die Annäherung auf weniger als 100 Fuß (ca. 30 m). Manchmal lassen die Weibchen ihre Jungen am Strand, um im Ozean Nahrung zu suchen. Manche glauben dann fälschlicherweise, die Jungtiere seien verlassen worden. Halten Sie sich nicht in ihrer Nähe auf. Andernfalls traut sich die Mutter nicht, zu ihrem Jungen zurückzukehren. Wenn Robbenmütter (*seals*) zu lange oder zu oft von ihren Babys getrennt werden, kann keine enge Bindung zwischen ihnen entstehen, und die Mutter verläßt ihr Junges. Geraten Seeelefanten (*elephant seals*) in Panik, flüchten diese Kolosse ins Wasser – dabei wurde schon manches Jungtier zerdrückt.
- Robben liegen oft am Strand, um sich aufzuwärmen. Wenn Sie den Tieren zu nahe kommen, müssen sie sich ins kalte Wasser retten.
- Beim Aufstöbern von Lebewesen in Gezeitenbecken (*tide-pools*) sollten Sie keine Steine entfernen, da viele dieser Tiere von ihrem Schutz abhängig sind. Lassen Sie die Tiere, wo sie sind. Beobachten Sie sie, aber berühren Sie sie nicht.
- Geben Sie acht, wohin Sie treten – versuchen Sie, auf blankem Fels oder im Sand zu bleiben.

Sollte dem Squirrel abgewöhnt werden: Klautour auf dem Zeltplatz. Viele Tiere werden davon krank.

Tiere füttern - oder besser doch nicht?

Beinahe unwiderstehlich sind sie schon, die niedlichen Eich-, Erd- und Streifenhörnchen (*squirrel, chipmunks*), wenn sie mit ihren schwarzen, kleinen Äuglein und fast wie im Gebet verschränkten Vorderpfötchen vorm Picknicktisch auf herabfallende Krümel warten. Trotzdem sollte man sie, in ihrem eigensten Interesse, grundsätzlich nie füttern. Einige Gründe, und die gelten nicht nur für die kleinen Nager, sondern für alle Tiere, sind:

- Wie wir Menschen sind Tiere auf ihre ganz spezielle Nahrung angewiesen, um gesund zu bleiben. Die Minerale, Vitamine und Nährstoffe, die sie benötigen, sind nur in ihren traditionellen Nahrungsmitteln in der richtigen Kombination enthalten. Geröstete Erdnüsse, Brot, Chips und andere humanoide Erfindungen schmecken zwar, sind aber auf die Dauer für ihren Körper ein Graus.
- Einige Tiere stopfen sich zwar nur allzu gerne mit den menschlichen Gaben voll. Im Winter aber, wenn diese Quelle versiegt, können sie sich nicht mehr selbst durchschlagen und verenden.
- Tiere können Menschen verletzen, die sie füttern.
- Tiere können Flöhe (Pest!) und andere äußerst unwillkommene Krankheitsträger auf den Menschen übertragen.

- "Erfahrene" Bettler unter den Tieren halten sich gerne in der Nähe von Straßen auf, wo sie dann oft niedergewalzt werden.
- Geben Sie den "Zeltplatzbanditen" keine Chance. Lassen Sie nie Lebensmittel oder Abfall frei herumliegen. Bären sind stark genug, um Autos aufzubrechen, wenn sie darin etwas Duftendes gerochen haben. Tiere fressen auch Verpackungen. Bei Autopsien von toten Rehen fand man in ihren Eingeweiden unverdaubares Plastikmaterial, das die Aufnahme von lebenswichtigen Nährstoffen verhinderte – die Tiere waren trotz reichlich vorhandener Nahrung verhungert.
- Werden die kleinen Bettler und Banditen zur Gefahr, müssen sie oft getötet werden.

In Kürze: ***A fed animal is a dead animal***; auf Deutsch, aber weniger klangvoll: Ein gefüttertes Tier ist – bald – ein totes Tier.

Gefahren und Überleben in der Wildnis

Unterkühlung

Mit ***hypothermia*** ist auch im Sommer nicht zu spaßen. Es genügt, naß zu werden und einem kalten Wind ausgesetzt zu sein. Erschöpfung und Alkohol beschleunigen den Prozeß zusätzlich. Der ***wind chill factor*** beschreibt die auskühlende Wirkung des Windes. Je nach Außentemperatur lassen schon Windgeschwindigkeiten von 16 km/h die subjektive Temperatur um 6° bis 16° C sinken. Je tiefer die Temperatur, und je stärker der Wind, desto schneller verliert der Körper Wärme. **Symptome** einer Unterkühlung sind kalte Hände und Füße, unkontrolliertes Zittern (nimmt später ab), Müdigkeit, stolpern, undeutliches Sprechen, und schließlich Halluzinationen und Bewußtlosigkeit. Bei einem Absinken der Kerntemperatur des Körpers auf 26° bis 28°C kommt es zum Tod durch Herzflimmern.

Effektive Temperaturen in Abhängigkeit von Außentemperatur und Windgeschwindigkeit

	Windgeschwindigkeit (km/h)					
	8	16	24	32	40	48
Außentemperatur:	subjektiv-effektive Temperaturen (°C):					
10°C	9	4	2	0	-1	-2
4°C	3	-2	-6	-8	-9	-11
-4°C	-6	-13	-17	-20	-22	-24
-12°C	-14	-23	-28	-31	-34	-36

Naturerlebnis und Wandern

Unterkühlung verhindern

Unterkühlung läßt sich relativ einfach verhindern durch guten Regen- und Windschutz. Thermalwäsche oder Wolle tragen, die isolieren, auch wenn sie durch Schwitzen oder Regen naß geworden sind. Hingegen erhöht nasse Baumwolle den Wärmeverlust um bis zu 200%! Nasse Sachen sofort wechseln (d.h. auf längeren Wanderungen immer trockene Reservewäsche mitnehmen). Kopf bedecken (einen Großteil der Körperwärme verliert man über die Kopfhaut!). Genügend Kalorien und Wasser zu sich nehmen.

Betroffene sollten so schnell wie möglich **an einen trockenen, windgeschützten, warmen Ort** gebracht werden. Allenfalls Zelt aufstellen, Opfer abtrocknen und, wenn nötig, in den Schlafsack stecken. Wenn das Opfer bei vollem Bewußtein ist, warme Getränke einflößen. Im schlimmsten Fall sollte eine gesunde Person mit in den Schlafsack kriechen, um das Opfer zu wärmen – dies scheint am besten zu wirken, wenn beide nackt sind, da Kleidung isoliert. Und schließlich alles tun, um das Opfer wach zu halten, damit es nicht ins Koma rutscht und stirbt.

Höhenkrankheit

Auf Meereshöhe beträgt der Normal-Luftdruck 760 mm Hg und die Sauerstoffkonzentration 21%. Auf 12.000 Fuß Höhe (ca. 3600 m) beträgt der Luftdruck nur 480 mm Hg; entsprechend "verdünnt" ist dort auch der Sauerstoff; d.h., pro Atemzug gelangen etwa 40% weniger in die Lungen.

High-Altitude Sickness kann jeden treffen, der zu schnell auf Höhen über 2000 m aufsteigt. Unter 2000 m.ü.M. ist die menschliche Leistungsfähigkeit dagegen in der Regel kaum eingeschränkt.

Erste **Anzeichen** von **Höhenkrankheit** sind Müdigkeit, Kopfschmerzen, Übelkeit, Erbrechen, Atemlosigkeit, Schwindelgefühle und Schlaflosigkeit. Diese Symptome können bei ausreichender Rast und durch das Essen zuckerhaltiger Nahrungsmittel (Schokolade, Früchte) vorübergehen. Am sichersten ist es, sich sofort **in tiefere Lagen** zu begeben, so tief, bis man sich wieder besser fühlt. In eher seltenen Fällen können Lungenödeme – die Lunge füllt sich mit Flüssigkeit – oder Gehirnödeme entstehen. Beides kann tödlich sein, wenn nicht sofort Sauerstoff verabreicht wird bzw. man nicht rasch auf unter 600 Höhenmeter absteigen kann.

Sonne

Die Sonnenstrahlung ist in der Höhe besonders intensiv. Empfehlenswert sind Sonnencremes mit einem Schutzfaktor von mindestens 20, sowie ein Hut, der auch vor Sonnenstich schützen kann. Viel trinken (die *Ranger* raten: 4 Liter pro Tag) und die heißesten Stunden im Schatten verbringen.

Flashfloods

Es heißt, daß in der Wüste mehr Menschen ertrinken als im Meer. Ende 1997 wurden 13 Touristen das Opfer einer *flashflood* im *Lower Antelope Canyon* bei Page/Arizona. Sie besuchten den Canyon, nachdem `zig Kilometer entfernt ein starkes Nachmittagsgewitter niedergegangen war. Dadurch hatte sich ein *wash* (ausgetrocknetes Flußbett) in einen reißenden Fluß verwandelt, dessen Wasser zeitversetzt durch die enge Schlucht tosen würde. Die Besucher ahnten bei lokal gutem Wetter nichts davon, und niemand warnte sie, obwohl diese Gefahr vor Ort durchaus bekannt war. Bei Ankunft der meterhohen Flutwelle gab es im engen Canyon kein Entrinnen mehr.

Vor allem im Juli und August sind in einigen Regionen im Südwesten **Nachmittagsgewitter** an der Tagesordnung. Deshalb unbedingt die Warnungen der *Ranger* beachten und Wanderungen durch enge Schluchten nur am Morgen und bei sicheren Wetterverhältnissen machen. Immer nach Fluchtmöglichkeiten Ausschau halten. In der Wüste niemals in einem *wash* campen. Außer Menschen und Zelten wurden auch schon Autos von den reißenden Fluten weggespült.

Im Sommer besonders gefährlich: eine durch (auch weit entfernte) Gewitter verursachte Flutwelle (flashflood) kann durch solche Schluchten (sog. slot canyons) rasen und sie innerhalb kürzester Zeit meterhoch mit Wasser füllen

Naturerlebnis und Wandern

Gewitter

Die Gewitter bringen auch Blitzschlag mit sich. **Blitze** suchen sich gerne herausragende, **exponierte Objekte** aus. Deshalb so schnell wie möglich hinunter von exponierten Berggipfeln und -kämmen, und wegbleiben von großen Felsbrocken, alleinstehenden Bäumen sowie Wasserflächen und Wiesen. Am sichersten ist es in einem Auto – aber das ist ja hoffentlich weit weg – sonst im Schutz eines Waldes. Auf einem baumlosen Plateau sollte man alle metallenen Gegenstände außer Reichweite bringen (inkl. Wanderstöcken, Eispickel, Fotostativen etc.) und sich flach auf dem Boden legen – aber nicht, wenn es regnet und der Boden durchnäßt ist (leitet den Strom). In diesem Fall bleibt nichts anderes übrig als zu kauern – die Schuhsohlen bieten eine gewisse Isolation.

Auch **Zelte** sind blitzschlaggefährdet. Wenn das Gewitter nah ist, und das Zelt exponiert steht, ist man im Freien besser dran – lieber naß als verkohlt. Bei einem Blitzschlagopfer ohne Atmung und Puls sofort Wiederbelebungsmaßnahmen (künstliche Beatmung und Herzmassage) einleiten.

Sicheres Trinkwasser

Leitungswasser auf Campingplätzen mag zwar nicht immer gut schmecken (Chlor etc.), ist aber unbedenklich. Anders sieht es in der Wildnis aus. Mag der Fluß oder der See noch so sauber scheinen, im Wasser tummeln sich mit einer hohen Wahrscheinlichkeit dennoch Krankheitserreger.

Der bekannteste ist ***Giardia lamblia***, welcher ***Giardiasis*** (in Südamerika "Montezuma's Rache" genannt) verursacht. Die Symptome, die manchmal erst Tage später auftreten, sind Durchfall, Blähungen, Magenkrämpfe, Appetitlosigkeit, Übelkeit. Sie können bis zu sechs Wochen dauern und während Monaten immer wieder ausbrechen. Bei richtiger Diagnose kann diese Krankheit medikamentös behandelt werden. Besser ist es aber, sich gar nicht erst anzustecken.

Die sicherste Methode, Viren, Bakterien und andere Mikroorganismen abzutöten ist, das Wasser kurz **kochen zu lassen**. In den USA überall erhältlich sind **chemische Wasserentkeimer** auf Chlor- (*chlorine*) oder Jod-Basis (*iodine*), die dem Wasser aber einen unangenehmen Geschmack verleihen.

Das in Europa erhältliche ***Micropur*** auf Silberbasis ist dagegen geruchslos. Chemische Mittel sind aber gegen Viren und einige Amöbenarten machtlos, deshalb nur bei klarem Wasser verwenden. Sehr praktisch, wenn auch etwas schwerer, sind **Wasserfilter** (*portable water filter*), mit denen man rasch relativ keimfreies Trinkwasser produzieren kann. Auf der Packung sollte speziell vermerkt sein, daß der Filter auch für *Giardia* und Parasiten undurchlässig ist.

Nicht berühren - *Poison Ivy* und *Poison Oak*

Poison ivy (Toxicodendron radicans, Gift-Sumach) und ***poison oak*** (Toxicodendron diversiloba, Gifteiche) sind sich sehr ähnlich. Ein altes Sprichwort lautet *"**Leaves of three, leave it be**"*. Beide haben **dreiteilige, glänzende Blätter**, das mittlere ist meist länger als die Seitenteile. Manchmal ist die Dreiteilung nicht klar ersichtlich, nur ein großes Blatt erkenntlich. Im Spätsommer wachsen braune oder weißliche, gefurchte Beeren (6 mm Durchmesser), welche nach der Reife abfallen. Im Herbst werden die Blätter leuchtend rot und fallen danach ab.

Poison oak, die an der Westküste (bis Arizona) gedeiht, wird weiter östlich durch *poison ivy* abglöst. Beiden kommen in schattigen bis lichten Wäldern vor, sowie an Flußufern, in kühlen Canyons und feuchten Schwemmgebieten. Böse Zungen bezeichnen *poison oak* gerne als den *State Tree* von Kalifornien, da er dort fast überall vorkommt. Diese Pflanze sondert einen öligen Saft ab, auf den viele Menschen allergisch reagieren. Das auch nur flüchtige Berühren der Pflanzen kann schmerzhafte Hautausschläge, Jucken und Ekzeme hervorrufen. Beim Verbrennen kann der Rauch Augen und Lungen stark irritieren. Betroffene Hautstellen sofort mit viel kaltem Wasser und Seife abspülen, dann *Calamine Lotion* (Zinkbasis) oder Cortison-haltige Salben auftragen. Gruppenmitglieder nicht berühren, und Kleider und/oder Gegenstände, die mit der Pflanze in Berührung gekommen sind, gut waschen.

Bären generell

Es ist ein besonderes Gefühl, in einem Gebiet zu wandern, wo es noch Bären gibt. Plötzlich nimmt man seine Umgebung viel bewußter wahr, lauscht besser auf Geräusche und achtet auf kleinste Bewegungen. Um es vorwegzunehmen; die **Wahrscheinlichkeit**, beim Wandern im Südwesten **Probleme mit einem Bären zu haben, ist gering**. Mehr Leute sterben durch Angriffe des "besten Freundes des Menschen", den Hund, als durch Bären. Während der 10-Jahres-Periode von 1984 bis 1994 wurden in allen Nationalparks der USA lediglich drei Menschen von Bären getötet, wahrscheinlich durch Braunbären bzw. *grizzlies*). In derselben Zeitspanne starben in den Nationalparks 531 Besucher durch Ertrinken, und 474 bei Verkehrsunfällen (Zahlen vom *Safety Office* des *National Park Service*).

Im Südwesten gilt der größere und aggressivere ***grizzly*** (Braunbär, *Ursus arctos horribilis*) als ausgerottet. Nur im Norden (*Yellowstone, Glacier, Cascades National Parks* und in Kanada) konnte er sich noch halten. Deshalb konzentriert sich dieser Abschnitt auf den *black bear* (Schwarzbär, *Ursus americanus*), dessen Fellfarbe allerdings von schwarz bis blond reichen kann. (Die Verhaltensregeln für *Grizzly*-Begegnungen sind grundsätzlich andere!)

Schwarzbären

Schwarzbären ernähren sich größtenteils vegetarisch. Ihren Bedarf an tierischen Proteinen decken sie mit Insekten. Sie sind aber auch Opportunisten und verschmähen ein Tierkadaver nicht. Menschen gehören nicht auf ihren Speisezettel – aber die mit leckeren Sachen gestopften Rucksäcke schon. Bären hassen Überraschungen. Wenn Sie in einer Bärenregion unterwegs sind, macht es daher Sinn, bei unübersichtlichen Wegstrecken laute **Geräusche zu machen**, um die Bären vorzuwarnen (Bärenglocken, Singen, Pfeifen, Sprechen).

Nähern Sie sich nie einem Bären. Bei Jungbären ist die Mutter selten weit weg; ihr ausgeprägter Schutzinstinkt läßt sie auf jede mögliche Bedrohung angreifen. Schwarzbären sind ausgezeichnete Kletterer, exzellente Schwimmer und können mit einer Geschwindigkeit von bis zu 40 km/h rennen, deshalb ist flüchten zwecklos. **Langsam den selben Weg rückwärts gehen** heißt die Devise; manchmal hilft dabei ruhiges Zureden. Gerät man in die mißliche Lage, einen Bären vom Weg oder aus dem Zeltplatz verscheuchen zu müssen, sollte man ihn mit kleinen Steinen, Tannenzapfen etc. bewerfen und gleichzeitig laut schreien, Hände klatschen, Töpfe zusammenschlagen etc. Dabei steht man am besten eng zusammen, um eine große, einschüchternde Figur zu bilden. Im seltenen Fall eines Angriffs muß man kämpfen. Da sich Schwarzbären auch von Kadavern ernähern, ist "totstellen", wie es bei *Grizzlys* empfohlen wird, kontraproduktiv.

Bären haben gute Spürnasen – deshalb nie etwas Duftendes (inkl. Sonnencreme, Zahnpasta, Apotheke etc.) oder Eßbares im Zelt lassen oder den Rucksack unbeaufsichtigt liegen lassen. Auf vielen Zeltplätzen gibt es dafür metallene Kisten oder Masten, an denen man Rucksäcke aufhängen kann. Für Mehrtageswanderungen kann man in einigen *Ranger Stations* und *Visitor Centers* ***bear-proof containers*** (tragbare, bärensichere Behälter) mieten oder kaufen. Ohne einen solchen muß man alles in Bäume hochziehen. Da die Bären dazugelernt haben, ist in gewissen Gebieten nur noch die komplizierte ***counterbalance*-Methode** sicher:

Zuerst muß alles **Material auf zwei Säcke gleichmäßig verteilt** werden (z.B. Ruck- oder Abfallsäcke). Dann bindet man einen Stein an das eine Ende einer mind. 15 m langen Schnur und wirft diesen über

So auffällig sind Trails selten beschriftet: Schwarzbär im Skigebiet

einen hohen, tragfähigen Ast. Der Stein wird entfernt und mit einem der zwei Säcke ersetzt. Dieser Sack wird ganz zum Ast hoch gezogen.

Nun den **zweiten Sack** (oder ein Gegengewicht) möglichst hoch an das andere Ende der Schnur anbinden. Den Rest der Schnur so im Sack verstauen. daß nur das mit einer Schlinge versehene Schnurende noch heraushängt. Mit dem Wanderstock oder einem Stecken den zweiten Sack hinaufstoßen, bis er auf gleicher Höhe (idealerweise 4-5 m) mit dem ersten ist. Die Säcke sollten außerdem mindestens **3 m vom Baumstamm entfernt** sein!

Klingt aufwendig, und ist es auch, zumindest beim ersten Mal. Nur bleibt einem gar nichts anderes übrig. Ein Spezialtip: Bereits beim Suchen nach einem Zeltplatz Ausschau nach einem geeigneten Baum halten, und die ganze Prozedur nicht erst beim Dunkelwerden beginnen – dann ist alles doppelt so schwierig.

Um die Säcke wieder herunterzuholen, steckt man den Stock in die vorbereitete Schlinge und zieht. Vorrats- und der Kochplatz sollten mindestens 50 m vom Zelt entfernt sein.

Falls keine Bäume vorhanden sind, hängt man alles über eine steile, von oben unzugängliche, etwa 5 m hohe Klippe oder versteckt die Vorräte in einen mindestens 1 m tiefen und max. 15 cm breiten Felsspalt. Nur Waschbären und Eichhörnchen kommen da `ran.

Pumas bzw. Berglöwen

Mountain lions oder *cougars* (Puma) kommen zwar in vielen Gebieten im Westen vor, **Attacken auf Menschen sind aber extrem selten**. Wir haben während drei Jahren nie einen *mountain lion* gesehen (wurden aber bestimmt oft beobachtet). Die folgenden Ratschläge sollen mit entsprechender Vorsicht genossen werden. Einzelpersonen oder Kinder sind am gefährdetsten, deshalb lieber mit anderen Personen wandern und zusammenbleiben. Nähern Sie sich einem Puma nie, lassen Sie ihm vielmehr genügend Fluchtmöglichkeiten. Nie davonrennen, sonst schreit man ihm förmlich zu: "Hallo, ich bin ein Beutetier". Ruhig stehenbleiben oder langsam rückwärts zurückweichen, Kleinkinder auf den Arm nehmen. Wenn der Puma

Sind uns mit ihren Sinnen haushoch überlegen:
Pumas beobachten in der Regel uns Menschen, und nicht umgekehrt.

aggressiv wirkt, eng zusammenstehen und versuchen möglichst groß zu wirken (z.B. mit einer Jacke oder Decke). Steine werfen, mit den Armen fuchteln und laut schreien kann auch helfen. Greift der *cougar* an, kann man nur noch **kämpfen** – mit allen zur Verfügung stehenden Mitteln (Taschenmesser, Pfefferspray, Steine).

Giftige Schlangen und Reptilien

Klapperschlangen (*rattlesnakes*) kommen im Südwesten relativ häufig vor. Sie verraten ihre Präsenz mit ihrer Rassel am Schwanzende. So unglaublich es klingt: etwa 90% der Unfälle mit Klapperschlangen geschehen, weil jemand eine Schlange fürs Photo oder zum Herumzeigen berührt und aufhebt. Denn normalerweise ziehen sich alle Schlangenarten zurück, wenn sich Menschen nähern. Falls trotzdem mal eine in der Sonne liegen bleibt, macht man einfach einen großen Bogen um sie herum. Beim Klettern oder Picknick im felsigen Gebiet immer aufpassen, wohin man Hände, Füße oder Hintern plaziert.

Der **Biß** der Klapperschlange ist für gesunde, erwachsene Personen **selten tödlich**, kann aber für Kinder gefährlich sein. In etwa 50% der Fälle wird nur wenig oder gar kein Gift injiziert. Falls ein **Arzt innerhalb einer Stunde** zur Stelle sein kann, sitzenbleiben und entspannen. Bewegung läßt das Gift schneller im Körper zirkulieren. Das Töten (und Mitnehmen) der Schlange hilft dem Arzt bei Diagnose und Wahl der richtigen Behandlung.

Vom Aufschneiden der Wunde und Aussaugen des Giftes und ähnlichen Methoden aus Wild-West-Filmen ist generell **abzuraten**; es ist sehr schwierig, sie korrekt anzuwenden, und leicht ist der Schaden größer als der Nutzen. Die Bißwunde sollte man, sofern möglich, tiefer als das Herz halten, um die Verbreitung des Giftes zu verlangsamen. Hilfreich ist ein Druckverband zwischen Bißwunde und Herz, etwa 3 cm von der Bißwunde entfernt. Die Blutzirkulation darf aber nicht komplett abgeschnitten und auch nicht zu lange verlangsamt werden. Wenn man laufen muß, nur behutsam bewegen mit vielen Pausen.

Wer häufig in abgelegenen "Schlangengebieten" unterwegs ist, sollte lernen, Schlangenbisse beurteilen zu können. Die giftigste Schlange ist die rot-gelb-schwarz gestreifte, aber extrem scheue *coral snake (Korallenschlange)*, die normalerweise vor Menschen flieht.

Die einzigen **giftigen Eidechsen** auf dem amerikanischen Kontinent sind das *Gila monster* (Gila-Krustenechse) und die verwandte *Mexican beaded lizard* (Skorpions-Krustenechse), beide nachtaktiv in Wüsten und Halbwüsten. Trotz dramatischer Todesszenen in einigen Produkten der Filmindustrie ist der Biß dieser Echse nur sehr selten tödlich. Im Gegensatz zu Schlangen wird das Gift nicht injiziert, sondern fließt in die offene Wunde, während die Eidechse an ihrem Opfer herumnagt.

Skorpione

Ein weiterer gefährlicher Bewohner der Wüsten, den man auch auf verlassenen Erdstraßen und unter Steinen findet, ist der **Skorpion**. Einige Arten, wie der nur 6-7 mm große *centruroides scorpion* (C. Sculpturatus), besitzen ein starkes Gift, das in seltenen Fällen für Menschen tödlich sein kann. Da hilft nur noch der Arzt. Um unerfreuliche Begegnungen mit Skorpionen zu vermeiden, dreht man besser keine Steine um und schaut aufmerksam, wohin man greift oder sich setzt. Schuhe, die draußen vor dem Zelt standen, sollte man vor dem Anziehen gut ausschütteln.

Insekten

Neben den berüchtigten **Moskitos** gibt es auch noch ***black flies*** (sog. Krieblemücken), ***horse flies*** (Bremsen), **Wespen** (*wasps*), **Zecken** (*ticks*) und die sogenannten ***no-see-ums***, fast unsichtbare Kleinfliegen, die in alle Körperöffnungen kriechen. Vom Herbst bis Frühling und in den Wüstengebieten blieben wir meistens verschont. Aber je nach Jahreszeit und Gebiet können einen die Moskitos gelegentlich zur Raserei treiben. Sie sind besonders schlimm in den Bergen nach der Schneeschmelze.

Wichtig sind gute Moskitonetze an Motorhome und Zelt, und lose, hochgeschlossene Kleidung, denn eine hungrige Mücke sticht problemlos durch enganliegende T-Shirts und Hosen. Insektenschutzmittel kauft man am besten in den USA – in allen Supermärkten, *drug stores* und Sportgeschäften. Hautverträgliche, natürliche Insektenschutzmittel wie Citronella-Produkte wirken mäßig bis gut, müssen aber in kurzen Abständen immer wieder neu aufgetragen werden (wenn man beim Laufen schwitzt so etwa alle 10 min!).

Wirklichen Schutz gegen Mücken bietet nur die Chemie, sprich der Wirkstoff **DEET** (N-N-diethyl-meta-toluamide). Je höher der Anteil von DEET (von 5% bis 99%), desto stärker und länger (mehrere Stunden) wirkt das Mittel. Es darf aber nicht mit synthetischen Materialien in Kontakt kommen – ein mit DEET bedeckter Plastikkugelschreiber begann, uns förmlich zwischen den Fingern dahinzuschmelzen. Auch sollte man hochkonzentriertes DEET nicht über längere Zeiträume auf der Haut lassen, da es möglicherweise das Nervensystem angreift. Also so wenig wie möglich verwenden. Es soll anscheinend weniger schädlich sein, eine 30 -40-Prozent Lösung alle 3 Stunden aufzutragen, anstatt eine 100-Prozent Lösung alle 8 Stunden. Um auch gegen Fliegen, Bremsen und Bienen (*bees*) geschützt zu sein, hilft ein *Multi-Repellent*, welches neben dem DEET z.B. auch R236 (Di-n-propyl-isocinchoneronate) enthält.

Literatur zur Reisevorbereitung

Natur

Western Forests, *The Audubon Society Nature Guides*, Stephen Whitney, Alfred A. Knopf Inc.

Deserts, *The Audubon Society Nature Guides*, James A. MacMahon, Alfred A. Knopf Inc.

Grasslands, *The Audubon Society Nature Guides*, Lauren Brown, Alfred A. Knopf Inc.

Pacific Coast, *The Audubon Society Nature Guides*, Bayard H. McConnaughney, Evelyn McConnaughney, Alfred A. Knopf Inc.

The Southern Rockies, *A Sierra Club Naturalist's Guide*, Audrey DeLella Benedict, *Sierra Club Books.*

The Desert of the Southwest, *A Sierra Club Naturalist's Guide*, Peggy Larson, Sierra Club Books.

The Pacific Northwest, *A Sierra Club Naturalist's Guide*, Stephen Whitney, *Sierra Club Books.*

The Sierra Nevada, *A Sierra Club Naturalist's Guide*, Stephen Whitney, *Sierra Club Books.*

Land above the trees, a guide to american alpine tundra, Ann H. Zwinger, Beatrice E. Willard, *Harper & Row.*

The Mysterious Land, a naturalist explores the four great deserts of the southwest, Ann H. Zwinger, E.P. Dutton, *Truman Talley Books*

The Great Southwest Nature Factbook, *a guide to the region's remarkable animals, plants and natural features*, Susan J. Tweit, *Alaska Northwest Books.*

Die ***Audubon Society*** gibt zudem eine Serie von ***Field Guides*** heraus, unter ihnen die Bände ***Birds, Mammals, Reptiles and Amphibians, Seashore Creatures, Trees*** und ***Wildflowers***.

Umwelt

This is Your Land, A Guide to North America's Endangered Ecosystems, Jon Naar, Alex J. Naar, *Harper Perennial.*

The Big Outside, *a descriptive Inventory of the Big Wilderness Areas of the US*, Dave Foreman and Howie Wolke, *Harmony Books.*

Cadillac Desert, *the American West and its disappearing water*, Marc Reisner, *Penguin Books.*

The Desert Reader, *Peter Wild,* Ed. University of Utah Press.

Desert Solitaire, *a season in the wilderness*, Edward Abbey, *Ballantine Books.*

In Buchhandlungen in den USA findet man zahllose weitere Sachbücher und auch prosaische Texte zum Thema Umwelt.

Naturerlebnis und Wandern

Outdoor & Reisen

Durch den Westen der USA, H.-R. Grundmann, Reise Know-How, jährlich neu; **das** reisepraktische Handbuch für Individualisten.

Reiseführer Natur - USA,
Wolfgang Bittmann, Brigitte Fugger, BLV Verlagsgesellschaft.

USA Nationalparks Natur-Reiseführer,
Fritz Hohermuth, Marianne Runge, acadia.

Fodor's National Parks of the West,
Herausgeber Paula Consolo, *Fodor's Travel Publications Inc.*

AAA Tour Books Arizona&New Mexico und ***California&Nevada***, Allgemeine touristische Sehenswürdigkeiten, zugleich ausführliche Hotelführer ab Mittelklasse. Für Mitglieder auch europäischer Automobiclubs gratis in den Büros der *American Automobil Association*.

The Sierra Club Guide to the Natural Areas of New Mexico, Arizona and Nevada, John Perry, Jane Greverus Perry, *Sierra Club Books*.

The Sierra Club Guide to the Natural Areas of Colorado and Utah, John Perry, Jane Greverus Perry, Sierra Club Books.

The Sierra Club Guide to the Natural Areas of California,
John Perry, Jane Greverus Perry, *Sierra Club Books*.

America`s Wilderness, *the complete guide to more than 600 National Wilderness Areas*, Buck Tilton, *Foghorn Press*.

America`s Secret Recreation Areas, *Your Travel Guide to the Forgotten Wild Lands of the BLM*, Michael Hodgson, *Foghorn Press*.

Rail Ventures, *The comprehensive guide to Rail Travel in North America*, Jack Swanson, Editor, *Rail Ventures Publishing*.

Detaillierte **Bücher zu einzelnen Staaten und Regionen** gibt es u.a. von *Moon Publications* und *Lonely Planet*. *Falcon Press* verlegt die ***Wildlife Viewing Guides*** für Einzelstaaten, Bücher für Wanderer (z.B. ***Hiker's Guide to ...***) und *Mountain Biker* (***Mountain Biker's Guide to ...***). In Reisebuchhandlungen (vor allem in den USA) ist die Zahl der *Hiking*- und *Outdoor Books* nahezu unüberschaubar.

Indianer

The Native Americans, *an Illustrated History*,
David Hurst Thomas, Jay Miller, Richard White,
Peter Nobokov, Philip J. Deloria, *Turner Pusblishing Inc.*

The People, Indians of the American Southwest,
Stephen Trimble, *Sar Press*.

Indian Country, Peter Matthiessen, *The Viking Press*.

In großen US-Buchhandlungen, speziell in Städten des Südwestens, findet man viele weitere Titel zum Thema ***Native Americans***.

DIE SCHÖNSTEN LANDSCHAFTEN und NATIONALPARKS zwischen PAZIFIK und ROCKY MOUNTAINS

PAZIFIKKÜSTE und SIERRA NEVADA

Point Reyes National Seashore

Redwood National und State Parks

Yosemite National Park
mit Anselm Adams Wilderness

Point Reyes National Seashore

Wale, Wellen, Wiesen vor den Toren San Franciscos

Zwei Welten

Im *Point Reyes National Seashore* treffen zwei Welten aufeinander. Die erste präsentiert sich als liebliche **Hügellandschaft** mit grasenden Kühen, weiten Wiesen mit kräftig leuchtenden Blumen und Wäldern an den Flanken des 428 m hohen Mount Wittenberg.

Die zweite Welt ist bedeutend dramatischer. Eine wilde, rauhe **Küste**, wo die Wellen des Pazifik unablässig auf weiten Sandstränden auslaufen oder auf Felsklippen donnern. *Harbor seals* (Seehunde), *sea lions* (Seelöwen) und *elephant seals* (Seelefanten) wärmen sich am Strand oder auf einem Fels oder spielen im kalten Wasser. **Tausende von Walen** *(whales)* ziehen hier zweimal jährlich auf ihrer langen Wanderung zwischen *Alaska* und der *Baja California* vorbei. Meeresarme, weite Flußmündungen und Lagunen bieten unzähligen Wasservögeln Schutz und Nahrung. Auf der Halbinsel lebt auch noch eine kleine Herde der seltenen *tule elks* (Tule Hirsche).

Naturschutzgebiet Point Reyes NS

Die geschützte Halbinsel ist einer der besten Plätze der Westküste Nordamerikas, um Meeres- und Küstenökosysteme zu studieren. Sie wurde 1962 zur *National Seashore* erklärt, um das einmalige Landschaftsbild und den Lebensraum für die Tiere zu erhalten. Sie umfaßt heute ca. 280 km². Zwischen der Küste und den *Farallones-Inseln* liegt eines der produktivsten Meeresökosysteme im östlichen Pazifik, das ***Gulf of the Farallones National Marine Sanctuary***.

An den felsigen Küstenabschnitten offenbaren sich dem Besucher in den ***tide pools*** (Gezeitenbecken, ➪ Seite 79) faszinierende Lebensgemeinschaften en miniature: Muscheln, Krebse, Seesterne und Seeanemonen klammern sich an die Felsen, wo sie bei Flut pausenlos von mächtigen Wellen gepeitscht werden und bei Ebbe der heißen und austrocknenden Sonne ausgesetzt sind. Unablässig sind sie auf der Suche nach Eßbarem und dabei ständig auf der Hut, um nicht selbst in einem Rachen zu verschwinden.

Die *Point Reyes National Seashore* ist auch ein **Mekka für Vogelbeobachter**. Mehr als 400 Arten sind hier registriert worden. Und bei über 830 Pflanzenarten kommen auch Botaniker auf ihre Kosten.

Erdbebenregion

Für geologisch Interessierte: Der ***San Andreas Graben***, wo die pazifische und nordamerikanische Kontinentalplatte aufeinandertreffen, läuft – von der *Tomales Bay* bis zur *Bolinas Lagoon* – am Ostrand der Halbinsel entlang, ➪ Seite 83. Das Epizentrum des Erdbebens im Jahre 1906, das seinerzeit halb San Francisco vernichtete, befand sich nach neuesten Erkenntnissen im Ozean südlich der *Bolinas Lagoon*.

Point Reyes National Seashore - Karte Seite 77

Besiedelung

Das Gebiet des heutigen *National Seashore* war für viele tausend Jahre Heimat der ***Coast Miwok Indians***. Sie jagten, fischten und sammelten Früchte, ohne dabei Land und Meer ernsthaft zu belasten oder zu zerstören. 1579 kam es zum ersten Konkakt mit Europäern, als *Sir Francis Drake* für 5 Wochen in der (heutigen) *Drakes Estero Bay* weilte. Am 6. Juli 1603 mußte hier der spanische Seefahrer *Don Sebastian Vizcaino* während eines Sturmes ankern. Bei der Weiterreise passierte er die felsige Landzunge und nannte sie *La Punta de los Reyes* (Königsspitze), da gerade Festtag der Heiligen Könige war.

Mit der **Ankunft der Spanier** und anderer europäischer Siedler kam das Ende für die *Miwok*-Indianer. Sie wurden gezwungen, ihren traditionellen Lebensstil aufzugeben, vermochten aber nicht, die Lebensart der Weißen zu übernehmen. Viele erlagen eingeschleppten Krankheiten wie Masern und Pocken. Heute erinnert nur noch ein rekonstruiertes Dorf beim Besucherzentrum der *National Seashore* an die friedliche Kultur der *Miwoks*.

Reiseplanung

Anreise

Zug

Amtrak bringt Sie bis San Francisco; von dort geht es weiter nach *Point Reyes* mit Bus oder Mietwagen. (Die *Amtrak*-Züge fahren indessen nur bis Oakland oder Emeryville am Ostende der *San Francisco Bay Bridge*; ein *Amtrak-Motorcoach* befördert die Passagiere ins Zentrum von San Francisco). Züge von und nach Emeryville/Oakland verkehren jeweils einmal täglich auf den Routen Chicago–SFO (über Denver, Salt Lake City, Reno), San Diego/Los Angeles–SFO und Seattle–SFO. Mehrmals täglich fahren Züge von/nach Reno, Sacramento und San José.

Bus

Greyhound-Busse mit Ziel San Francisco fahren zum zentral gelegenen *Terminal*. Von dort geht es mit *Golden Gate Transit* Bus #65 (2x täglich) zur *Point Reyes Seashore*, Haltestellen beim *Bear Valley Visitor Center* und in Olema. Auskünfte unter © (415) 923-2000.

Flugzeug

San Francisco International Airport und *Oakland International Airport* sind beide gleich weit (ca. 70 mi) von *Point Reyes NS* entfernt.

Mietwagen

Alle großen Verleihfirmen unterhalten Stationen in San Francisco, Oakland und teilweise auch in Berkeley.

Anfahrt

Von Süden/San Francisco: Über den *Freeway* #101 *North* (*Golden Gate Bridge*) bis San Rafael, dann westlich ***Sir Francis Drake Boulevard*** (ca. 35 mi). Eine Anfahrt auf der sehr kurvenreichen #1 über Tamalpais Valley, Stinson Beach und Bolinas ist landschaftlich viel reizvoller, aber weiter.

Von Norden erreicht man *Point Reyes* bei Anfahrt auf der #101 über die ***Petaluma Road*** (ab Petaluma) und die ***Point Reyes Road*** (ebenfalls zeitaufwendige Strecke) oder direkt auf der Küstenstraße #1.

Klima und Reisezeit

Nebel macht die Landschaft besonders fotogen. Monterey cypress bei der Upper Pierce Ranch (➪ Wanderung 6, Seite 98)

Das Klima auf der *Point Reyes* Halbinsel wird stark vom Pazifik beeinflußt. Die Sommertemperaturen sind deutlich niedriger als im Inland, die Winter regnerisch, aber nicht wirklich kalt. Regenreichste Monate sind **Dezember bis März**, dann sind auch Wale und Vögel am besten zu beobachten. Der Zeitraum **April bis Oktober** ist **fast niederschlagsfrei**, Nacht- und Morgennebel bringen in dieser Periode andererseits viel Feuchtigkeit für die Vegetation (und ins Zelt) und ermöglichen stimmungsvolle Fotos. Zwischen **Juli und September** liegt die äußere Halbinsel häufig unter dichtem Nebel – sie gilt als der zweitnebligste Ort des Kontinents!

Dafür ist es im Gebiet östlich des Küstengebirges (hier die *Inverness Ridge)* zur gleichen Zeit meist sonnig und warm. Da das Wetter sich häufig sehr kurzfristig ändert, können Sie das ganze Jahr gutes (oder weniger gutes) Wanderwetter haben. **März bis Juni**, wenn das Wetter mild und relativ sonnig ist, eignen sich besonders als Wandermonate, aber auch der **Späterbst** nach der Nebelzeit.

Der Westzipfel der Halbinsel ist einer der windigsten Orte an der Westküste Nordamerikas – wer dort einen Drachen steigen läßt, muß aufpassen, daß er nicht selbst in die Luft geht.

Point Reyes National Seashore - Karte Seite 77

Infrastruktur

Alle 4 Campingplätze innerhalb der *National Seashore* sind *hike-in-campgrounds*, die sich nur zu Fuß erreichen lassen. Sie können bis zu zwei Monate im Voraus reserviert werden: © (415) 663-8054. Das dafür erforderliche ***permit*** ist gegen Gebühr im *Bear Valley Visitor Center* erhältlich. Außerdem gibt es *Campingplätze* in *Olema* und im nahen *Samuel P. Taylor State Park,* ➪ Seite 100.

Ein ***International Hostel*** befindet sich auf dem Gelände der *National Seashore*. In den umliegenden Ortschaften existieren zahlreiche *B&B's, Inns* und Restaurants. Selbstversorger werden im *Palace Market* in *Point Reyes Station* gut bedient; weitere Läden findet man in Inverness und Olema.

Informationen

Das *Bear Valley Visitor Center* ist das größte Besucherzentrum für *Point Reyes* (an der *Bear Valley Road*, westlich von *Olema*, © 415 663-1092), weitere sind das *Kenneth C. Patrick Visitor Center* an der *Drakes Bay*, © (415) 669-1250, und das *Point Reyes Lighthouse Visitor Center* am Ende des Sir Francis Drake Blvd.

Anschrift: *Superintendent, Point Reyes National Seashore*, Point Reyes Station, CA 94956.

Informationen zu Unterkünften, Restaurants, Shopping etc. in San Rafael bei der *Chamber of Commerce,* © (415) 454-4163.

Whale Watchers erfahren im *Visitor Center* oder über die *Whale-Watch Hotline,* © (415) 474-3385, der *Oceanic-Society* in *San Francisco* alles über die aktuelle Situation.

Kurzinfos Outdoors

Permits

Fürs (Mehrtages-)*Backpacking* und *Camping* benötigt man *Permits,* die Gebühren (*fee*) kosten. Sie sind erhältlich im *Bear Valley Visitor Center*. Zeltplätze im Hinterland sollte man besser im Voraus reservieren (bis zu 3 Monate), © (415) 663-1092 *(Visitor Center)* oder direkt © (415) 663-8054, Fax 1597 *(backcountry camping information)*. Campen ist nur auf offiziellen Plätzen erlaubt. Offene Feuer sind dabei untersagt; man muß seinen Gas- oder Benzinkocher mitbringen.

Schwimmen und sogar Waten ist sehr gefährlich zwischen *Tomales Point* und *Point Reyes Lighthouse* (Gegenströmungen, Brecher und *sneaker waves*, die sich völlig überraschend weit auf den Strand werfen); ➪ auch Foto übernächste Seite.

Prägen Sie sich im *Visitor Center* ein, woran man die Gifteiche (*poison oak)* erkennt, und tragen Sie stets lange Hosen.

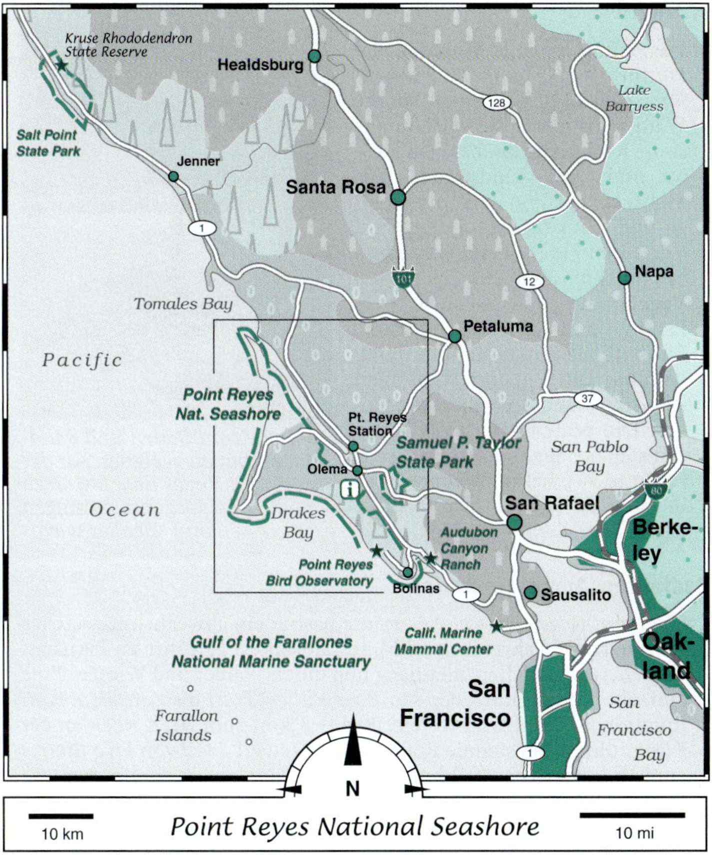

Coastal Sagebrush *Beifuß*	California Oakwoods *Kalifornischer Eichenwald*
Tule Marshes *Tule-Marschen*	Pine - Cypress Forest *Kiefern-Zedern-Wald*
California Steppe *Kalifornische Steppe*	Redwood Forest *Redwood-Wald*
Fescue - Oatgrass *Festuca-Danthonia-Grasland*	California Mixed Evergreen Forest *Kalifornischer, gemischter, immergrüner Wald*
Chaparral *Buschland (Macchia-ähnlich)*	Separate Karte

Wandern

Nicht zum Baden und Sandburgenbauen geeignet: An der Point Reyes Beach warten Haie, Gegenströmungen und sneaker waves

Das ca. 180 km lange **Wegenetz** der *Point Reyes NS* bietet für jeden etwas: sanfte Hügel, Berge, dichte Wälder, Wiesen, Seen, Sümpfe, steile Klippen hoch über dem Pazifik und lange Sandstrände. Die Mehrzahl der *Trails* hat nur wenige und dann mäßige Steigungen. Vergessen Sie Ihr **Fernglas** nicht – es gibt hier nicht nur bis zu 400 Vogelarten, sondern auch viele Land- und Meeressäugetiere. Einige Teilstrecken führen durch privates Land – dort muß man sich strikt an die Wegführung halten. Die besten *tide pools* befinden sich bei der *Sculptured Beach* (➪ Seite 97), beim *Duxbury Reef* in Bolinas und an der felsigen Küste beim *Chimney Rock*.

Radfahren, Mountain Biking

Die *Point Reyes National Seashore* besitzt ein abwechslungsreiches **Wegenetz** für Fahrräder und Mountain Bikes. Es führt zu Estuaren und Flüssen, an Klippen entlang und durch Wälder und Wiesen. Eine einfache Route läuft über den *Bear Valley Trail* bis zur *Glen Trail Junction* (5,3 km), von wo ein Pfad (1,3 km) zum *Arch Rock* an der Küste führt. Eine steilere Route ist der *Stewart Trail* von *Five Brooks* zum *Wildcat Camp* (9,2 km). In den *Visitor Centers* sind kostenlose Karte und Informationsblatt zum Mountain Biking erhältlich.

In der *Philip Burton Wilderness* (innerhalb der *National Seashore)* sind Fahrräder nicht erlaubt. Achtung Raser: Die Höchstgeschwindigkeit auf Wanderwegen beträgt 15 mph (24 km/h), auch auf Schußfahrten! Fahrräder können u.a. bei **Cycle Analysis**, Main St, Point Reyes Station, gemietet werden: ✆ (415) 663-9164.

Reiten

Über 160 km des Wegenetzes sowie die meisten Strände stehen auch Reitern offen – wie wär's mit einem Ausritt in der Brandung im Licht der untergehenden Sonne? Das *Visitor Center* hält *Trail Map* und ein Informationsblatt bereit. *Five Brooks Ranch*, 9001 *Hwy* #1, Olema, bietet stunden-, halbtage- oder tageweise Ausritte: ✆ (415) 663-1570.

Tide pooling – Safari im Gezeitentümpel

Wo Land, Wasser und Luft aufeinandertreffen hat die Natur eine der vielfältigsten und eindrucksvollsten Lebensgemeinschaften geschaffen: **Gezeitenökosysteme**. Dauerndem Wellenschlag und wechselweise der Hitze, der Kälte und der Trockenheit ausgesetzt, behauptet sich eine faszinierende Welt von Pflanzen und Tieren. Bei Ebbe ist es am günstigsten, diese Welt zu erforschen.

Tide pooling ist besonders an felsigen Küstenabschnitten lohnenswert. Hier werden die verschiedenen Zonen deutlich, die übereinandergeschichtet sind, jedoch stufenlos ineinander übergehen. Man nennt dies die **vertikale Zonierung**. Die wichtigsten Zonen sind die Spritzwasserzone *(splash zone)*, die obere Litoralzone (*upper littoral zone,* ist nur bei der höheren der zwei täglichen Fluten unter Wasser), die mittlere Litoralzone (*midlittoral zone,* wird zweimal täglich überflutet und freigelegt) sowie die untere Litoralzone (*lower littoral zone,* die nur bei der tieferen der zwei täglichen Ebben freigelegt wird).

An der **oberen Grenze** haben die Pflanzen und Tiere u.a. **mit der Austrocknung zu kämpfen**. Die Braunalge *Fucus vesiculosus* ist ein eindrucksvolles Beispiel für die Anpassungsfähigkeit: bei Ebbe kann sie bis zu 91% des Wassers verlieren. Sie wird dabei richtig brüchig, nimmt dabei aber keinen Schaden. Da aber praktisch alle Gezeitenorganismen evolutionär von Meereslebewesen abstammen, sind sie nicht vollständig an das Leben an der Luft angepaßt und können nicht allzu lange außerhalb des Wassers überleben. Ein weiteres Problem in den oberen Zonen sind die **Temperaturschwankungen**. In *tide pools* können Temperaturen sprunghaft zwischen Ofen und Kühlschrank wechseln. Messungen in einer *California mussel* (Miesmuschelart) auf einem Felsen ergaben, daß die Temperatur in ihrem Inneren bei Ebbe in kurzer Zeit von 11°C (Temperatur des Meerwassers) auf 28°C anstieg. In Gezeitenbecken wurden sogar schon 38°C gemessen!

In den **unteren Zonen** werden die Organismen von anderen Umweltbedingungen in Schach gehalten. Es sind dies u.a biologische Faktoren wie etwa der Wettbewerb um Nahrung und Platz. Beobachten Sie, wie etwa die *leaf barnacles* (Entenmuschelart) oder die *California mussels* um das kleinste Plätzchen Fels kämpfen, an die sie sich heften können. Nicht zu vergessen sind auch gefräßige Raubtiere ... Trotzdem haben zahlreiche Pflanzen und Tiere gelernt, in der dauernden Brandung, in Trockenheit und Temperaturschocks und unter hungrigen Räubern zu überleben.

Einige typische Organismen in den verschiedenen Zonen sind:

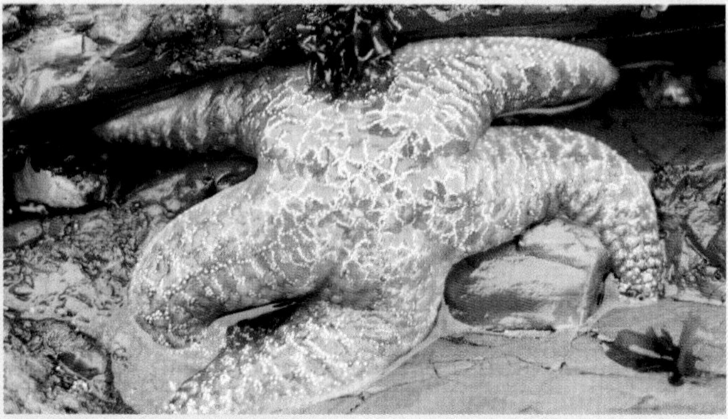

Der ochre sea star knackt mit seinen kräftigen Armen auch die härtesten Muscheln

Spritzwasserzone:	Mehrere Arten von *barnacles* (Seepocken, Muscheln), *periwinkles* (Strandschnecken), *rock louse* (Laus)
Obere Litoralzone:	*Ribbed limpets (*Napfschnecken*), acorn barnacles, turban snails* (Schneckenarten), *hermit crabs* (Meereseinsiedlerkrebs) und *shore crabs* (Krabbenart), *red algae* und *rock weed* (Rotalgen und Seetang).
Mittlere Litoralzone:	*Sea stars* (Seesterne), *california mussels, aggregated anemones* (Seeanemonen), *mossy chitons* (Molluskenart), *purple shore crabs, goose barnacles* (Entenmuschelart) und *rock weeds.*
Untere Litoralzone:	*Kelp crabs* (Krabbenart), *giant green anemone, purple sea urchins* (Seeigelart), *bat stars* (Seesternart), *sea hare* (gefleckter Seehase), *sea palm* (Seepalme), *feather boa* (Tangart), *winged kelp* (Kelp oder Seetang) und *surfgrass.*

Zwei besonders auffällige Bewohner, die Sie sicher sehen werden, sind der *ochre sea star* und die *giant green anemone.* Der ***ochre sea star*** (*Pisaster ochraceus*) ist der **"Muschel-Terminator"**. Diese Tiere überfallen Muschelkolonien oft gruppenweise und knacken die Festungen mit roher Gewalt. Mit ihren kräftigen Armen umklammern sie die Muscheln und zerren und pressen solange, bis die Schalen bersten. Um ans fleischige Innere zu gelangen, stülpen sie ihren Magen aus ihrem Körper, umfassen die Muscheln und verdauen sie, bevor sie sie sich einverleiben. Solche "Tischmanieren" mögen etwas grob erscheinen, haben aber einen ökologischen Sinn: die Seesterne verhindern damit, daß die Muscheln größere Felsflächen monopolisieren.

Die ***giant green anemones*** (*Anthopleura xanthogrammica*, ➪ Foto im Farbteil) haben blaugrüne Tentakeln und einen runden, trichterförmigen Mund. Sie erreichen einen Durchmesser von 13-18 cm. Wenn sie sich zusammenziehen, ist nur noch eine weiche Halbkugel sichtbar. Die leuchtend grüne Farbe rührt von symbiotischen Algen her, die in ihrem Gewebe leben, und von Pigmenten. Anemonen, die an schattigen Plätzchen leben, sind blasser. Die Anemonen fressen alles, was an ihren Tentakeln haften bleibt und sie verschlingen können: Krabben, Fische und sogar abgelöste Muscheln. Falls Sie sich überwinden und die Tentakeln sanft berühren, spüren Sie ein Prickeln auf der Haut – es sind die *Nematocyten*, klebrige Haare, die explodieren können. Einige Anemonenarten legen sich ein dichtes **Kieselsteinkleid** zu. Bei Ebbe sind die Tiere dann kaum noch als solche zu erkennen und zudem bestens gegen die Sonne geschützt.

Die leaf barnacles, eine Entenmuschelart, fühlen sich auf wellengepeitschten Felsen so richtig wohl

Point Reyes National Seashore - Karte Seite 77

Kanu, Rafting

Kayaker bevorzugen die *Tomales Bay* – das Wasser ist hier wärmer und bedeutend ruhiger als in der *Drakes Bay*. Kayaks kann man u.a. bei ***Tamal Saka***, ***Tomales Bay Kayaking***, 19225 *Hwy* #1 in Marshall (10 mi nördlich von Olema) mieten: © (415) 663-1743.

Besondere Tipps

Relaxing

Für ein erfrischendes Bad oder einen faulen Tag im Sand eignet sich der ***Tomales Bay State Park***, © (415) 669-1140, am besten. Hier ist es nicht nur weniger windig, auch das Wasser ist wärmer als an der *Limantour* oder *Drakes Beach*.

Für Kids

In der ***Morgan Horse Ranch*** hinter dem *Bear Valley Visitor Center* können Kinder dem Hufschmied bei der Arbeit oder den Pferden beim Training zuschauen. Auf dem kurzen ***Earthquake Trail***, einem Lehrpfad über Erdbeben, der beim *Visitor Center* startet, gibt es ebenfalls einiges zu bestaunen und zu bewundern.

Für Gourmets

Haben Sie genug von Sandwich und Chips und sehnen Sie sich nach einem gediegenen Essen an weiß gedecktem Tisch? Das ***Olema Inn & Restaurant*** im Zentrum von *Olema* verfügt über eine ausgezeichnete Küche (Schweizer Köche): © (415) 663-9559.

Literatur und Karten

Point Reyes National Seashore, *A Hiking and Nature Guide*,
Don Martin, Kay Martin, Martin Press.

The Natural History of the Point Reyes Peninsula,
Jules G. Evens, Point Reyes National Seashore Association.

National Audubon Society Nature Guides, *Pacific Coast*,
B.H. McConnaughey, E. McConnaughey, Alfred A. Knopf Inc.

Marine Mammals of California,
Robert T. Orr, Roger C. Helm, University of California Press.

Coastal Wildflowers of the Pacific Northwest,
Elizabeth L. Horn, Mountain Press Publishing Co.

The Coast Miwok Indians of the Point Reyes Area,
Sylvia Barker Thalmann, Point Reyes National Seashore Assoc.

Marin County, Lake Tahoe Bike Map, *Trails Illustrated No. 505*

Trail Map of Point Reyes National Seashore and Vicinity,
Tom Harrison, Cartography.

Die Natur rund um Point Reyes NS

Geologie

Jenseits des San Andreas-Grabens

Am 18. April 1906 "sprang" die *Point Reyes-Halbinsel* in kürzester Zeit volle 6 m nach Norden, was **eines der schwersten Erdbeben** in der Geschichte auslöste, das große Beben von San Francisco. Es verdeutlichte, welche enormen Kräfte in dieser Region im Spiel sind.

Entlang der als *San Andreas* Grabens bezeichneten "Nahtstelle" zwischen pazifischer und nordamerikanischer tektonischer Platte verschiebt sich erstere langsam nach Nordwesten. Die **Kontinentalplatten** sind bis zu 100 km dick und "schwimmen" auf dem flüssigeren Erdmantel. Verkeilen sich die Platten ineinander, baut sich ein gewaltiger Druck auf. Wenn er sich entlädt, "springen" die Platten. Der *San Andreas-Graben* läuft von der *Tomales Bay* durchs *Olema Valley* zur *Bolinas Lagoon* und trennt die *Point Reyes-Halbinsel*, die zur pazifischen Platte gehört, vom Festland auf der nordamerikanischen Platte.

Diese Bewegungen sind bei weitem nicht abgeschlossen. Geologen schätzen, daß die Halbinsel sich einst 450 km weiter südlich befand – sie hat also schon eine längere Reise hinter sich. Und sie bewegt sich immer noch mit ca. 5 cm pro Jahr. Hält diese Bewegung weiter an, wird die Halbinsel eines Tages zu einer Insel, nach Nordwesten weitertreiben und schließlich mit Alaska kollidieren.

Auf der Ostseite des Grabens findet man in den *Franciscan Layers*, nach oben gedrückten Schichten, 150 Mio. Jahre altes Serpentingestein. Es entstand am Grunde eines Ozeans. Westlich des Grabens liegen jüngere, neozoische Gesteine auf einem 100 Mio. Jahre alten Fundament. Ihre Schichtung ist in den Klippen in der *Drakes Bay* und beim *Lighthouse* gut sichtbar.

Pflanzen und Tiere

Das Beste aus zwei Welten

Im *Point Reyes National Seashore* findet man in allen Zonen eine ungewöhnliche Artenvielfalt. Zusätzlich hält jede Jahreszeit ihre eigenen "Spezialitäten" und Überraschungen bereit.

Waldarten

Nur wenige Gebiete in Nordamerika sind mit einer vergleichbar vielfältigen Pflanzenwelt gesegnet wie die 260 km^2 dieser Halbinsel. Auf der *Inverness Ridge* etwa kommen **zwei Waldtypen** vor. Am Nordende, beim *Mt. Vision*, gibt es große Bestände von *bishop pines* (Stachelkiefern). Diese Bäume sind für ihre Fortpflanzung auf Feuer angewiesen: das Harz in den Zapfen schmilzt in der Hitze und setzt die Samen frei. So kam es zuletzt Oktober 1995 zu einem Waldbrand auf einer Fläche von fast 50 km², womit fürs Erste für Nachwuchs gesorgt wäre. Am Südende der *Inverness Ridge* stehen hauptsächlich Douglas-Tannen. Sie bilden den südlichsten Ausläufer eines Waldes, der einst ununterbrochen bis nach Kanada reichte.

Weiden und Marschen

Im nördlichen Teil des *National Seashore* winden sich die Wanderwege durch **hügeliges Weideland**. Die Haltung der auffallend großen Viehbestände wurde trotz der Schaffung des Schutzgebietes weiterhin erlaubt. Die saftigen Wiesen sind von einigen Buschgruppen, die hauptsächlich aus *coyote brush* bestehen, unterbrochen.

An der Küste gedeiht das *european beach grass* (Sandhalm) besonders gut. Er wurde aus Australien eingeführt und hat das einheimische *dune grass* weitgehend verdrängt. Trotz Landwirtschaft, Straßen und Dämmen sind noch **größere Salzmarschen** zu finden, etwa in der *Tomales Bay*, der *Bolinas Lagoon*, im *Limantour Estero* und dem *Drakes Estero* (Estero=Estuar). Die *Olema Marsh* ist hier das ausgedehnteste Süßwassermarschland.

Vogelparadies

Dank des gemäßigten Klimas, der Vielfalt an Lebensräumen und der Lage an der Küste ist das *National Seashore* ein Paradies für Vögel und Vogelfreunde. Mehr als 430 Arten wurden bisher verzeichnet, und jährlich kommen neue "Entdeckungen" hinzu. Die Hälfte der Arten gilt als selten oder sogar extrem selten. Zu den verbreiteten Seevögeln gehören 15 Arten *gulls* (Möwen), *common murres (*Trottellumme*)*, Kormorane, Braunpelikane und Enten. *Surf scoter* (Brillenente) und die *greater scaups* (Bergente) fischen in der *Tomales Bay* nach Heringen. Unter den Raubvögeln finden sich die großen *turkey vultures* (Truthahngeier), *red-tailed hawks* (Rotschwanzbussarde), *ospreys* (Fischadler) und *american kestrels (*Buntfalken), die nur wenig größer

An Tagen mit guter Thermik nicht so nahe zu sehen: dann läßt sich der turkey vulture (Truthahngeier) stundenlang von den Luftmassen tragen, um Beute aufzuspüren. Der bis zu 180 cm breite Vogel ist in den gesamten USA verbreitet.

als eine Amsel sind. Im Frühling und Herbst besuchen viele Zugvögel die Halbinsel, wie etwa *hummingbirds* (Kolibris), *swallows* (Schwalben) oder die *black brants* (Ringelgänse).

Pacific harbor seals (Gemeine Seehunde) verbringen viel Zeit am Strand. Dabei können sie sich nach langen Streifzügen im kalten Pazifik wieder etwas aufwärmen. Aus diesem Grund sollte man ihnen nie so nahe kommen, daß sie ihr Verhalten ändern müssen.

Meeressäuger

Zu den **häufigsten Säugetieren** gehören *gray fox* (Graufuchs), *racoon* (Waschbär), *weasel, skunk* (Stinktier), *bobcat* (Rotluchs), *black-tailed deer* (Schwarzwedelhirsch), *fallow deer* (Dammhirsch), eingeführt aus dem Mittelmeerraum, *axis deer* aus Ceylon und *tule elk*, der auf der schmalen Halbinsel beim *Tomales Point* zu finden ist. An der Küste kann man mehrere große Meeressäuger beobachten: Seehunde, See-Elefanten und Kalifornische Seelöwen, die sich oft am Strand unterhalb des *sea lion overlook* beim *Lighthouse* sonnen. Während ihre Zahlen seit den 70er-Jahren zunahmen, haben die des *northern sea lion* (Stellers Seelöwe) seit den 50er-Jahren abgenommen. Dafür könnte es verschiedene Gründe geben: hohe "Kindersterblichkeit", Futterkonkurrenz mit den *California sea lions*, Verschmutzung mit Organochloriden oder der Zusammenbruch der Sardinenpopulation um 1945. *Northern fur seals* (Seebären) sind nur sehr selten von der Küste aus zu sehen.

Höhepunkt für die meisten Tierbeobachter ist zweifellos die Sichtung eines Wals. Etwa **12.000-17.000 Grauwale** *(gray whale)* kommen hier zweimal jährlich vorbei. Sie pendeln zwischen den nährstoffreichen Gewässern in Alaska und den Brutgebieten in der *Baja California* und vor der Küste Mexikos. Seltener sieht man hier Blau-, Finn-, Sei- und Buckelwale (*humpback whales*), Tümmler (*harbor porpoises*) und Killerwale (*orcas*).

Point Reyes National Seashore - Karte Seite 77

Umwelt

Lebensraum für Meerestiere

Das *Point Reyes National Seashore* ist entlang der dicht besiedelten kalifornischen Küste einer der besten Lebensräume für Meeresbewohner. Zusätzlich liegt zwischen der *Drakes Bay* und den *Farallones Islands* – wie bereits eingangs erläutert – eines der vielfältigsten marinen Ökosysteme im östlichen Pazifik, das ***Gulf of the Farallones National Marine Sanctuary***. Ein weiterer Superlativ: die *Point Reyes Beach* gehört mit einer Länge von 18 km zu den längsten, unverbauten Sandstränden Nordamerikas.

Erholung von Arten

Nach einer langen Periode erbarmungsloser Jagd haben viele Vögel und Meeressäuger in den letzten Jahrzehnten ein regelrechtes Comeback geschafft. Der Grauwal etwa, um 1900 fast ausgestorben, hat wieder die Hälfte der ursprünglichen Population von ca. 30.000 erreicht. Der Blauwal war ebenfalls bis an die Grenze der Ausrottung gejagt worden. 1960 verblieben weltweit weniger als 1.000 Exemplare des wahrscheinlich größten Tieres, das je auf der Erde lebte. Dank der Schutzbemühungen haben sich auch seine Zahlen wieder erhöht. Die Sardinenpopulation, die um 1945 nach massiver Überfischung zusammenbrach, erholt sich zur Zeit ebenfalls langsam.

Invasion der "Exoten"

Eines der größten ökologischen Probleme, mit denen sich die *Ranger* der *National Seashore* konfrontiert sehen, ist die Vielzahl **exotischer Pflanzen und Tiere**, welche die einheimische Flora und Fauna verdrängt. Im Frühling sind die gelben Blüten des *french broom* und des *scotch broom* (beides Besenginsterarten) allgegenwärtig. Die Büsche trotzten bisher allen Eindämmungsversuchen. Andere exotische Gewächse sind *thistles* (Disteln) und *harding grass*. Eukalyptusbäume wurden aus Australien eingeführt und haben gigantische Ausmaße erreicht. Im Jahr 1960 grasten noch 10.000 Stück Vieh im nördlichen Teil der Halbinsel. Ihre Zahl wurde zwar bis Ende der 80er-Jahre auf rund die Hälfte reduziert, aber dieser **Bestand übersteigt dessen Tragfähigkeit** immer noch um das Doppelte. Der *Park Service* versucht daher, die Zahl weiter zu reduzieren.

Brutgebiet Marschen

Beweidung, Abholzung (und damit ansteigende Sedimentfrachten in den Bächen) sowie Straßenbau beeinträchtigten die Salzwasser- und Süßwassermarschen. Die *Olema*-Marsch gehört zu den **wertvollsten Vogelhabitaten** in der Region; hier findet man Brutvögel, viele Wintergäste und Zugvögel. Mehr als 40 Vogelarten brüten in den Erlen- und Weiden-Wäldern und in den Salzwassermarschen zwischen dem *Bear Valley Visitor Center* und der *Tomales Bay*.

Biodiversität

Grizzlies am Strand

Während sich die Bestände einiger Meeressäuger erholen konnten, verschwanden andere Tiere vollständig von den grasigen Hügeln und den dunklen, feuchten Wäldern. Vor 1800 waren noch ***grizzlies*** zu beobachten, wie sie sich an gestrandeten Walen an der *Limantour Beach* vollfraßen! Das Verbreitungsgebiet des ***californian condor*** erstreckte sich einmal bis zur Grenze Oregons. Beiden Tierarten wurde von den europäischen Siedlern die Lebensgrundlage – gestrandete Wale, Hirsche, und möglicherweise auch Antilopen – entzogen. Der ***short-tailed albatros*** (Kurzschwanzalbatross) war noch im 19. Jahrhundert recht häufig. Heute überlebt gerade eine kleine Population auf einer Insel bei Japan.

Bedrohte Arten

Im *Point Reyes* leben heute fast 50 gefährdete oder bedrohte *(threatened or endangered species)* oder als selten klassifizierte Tierarten. Zu ihnen gehören **mehrere Walarten**, *silver* und *coho salmon* (**Silberlachs**), *guadalupe fur seal (*Pelzrobbenart), *northern sea lion (Steller`s Seelöwe), marbled murrelet (*Marmelalk), *mountain plover* (Bergregenpfeifer), *brown pelican* (Braunpelikan), *california clapper rail* (Klapperralle), *peregrine falcon* (Wanderfalke), aber auch weniger auffällige Kreaturen wie etwa der *Globose dune beetle*, eine Käferart, oder der *California red-legged frog*, eine Froschart. Zudem gedeihen hier mehr als 30 seltene Pflanzenarten. Die seltensten unter ihnen sind die *Tidestrom's lupine*, eine Lupinenart, der *Point Reyes meadowfoam*, eine Sumpfschnabelart, die *Sonoma spineflower* und die *beach layia*.

Ein snowy egret (Schmuckreiher oder Amerikanischer Seidenreiher). Die bis 1 m langen Vögel kommen auch am Atlantik und im Landesinneren vor und sogar im tropischen Amerika.

Common murres - Höhenflüge und Tiefschläge

Stormy Stack, *Point Resistance* und die Felsen unter dem *Lighthouse* sind die bevorzugten Aufenthaltsplätze der *common murres*, der Trottellummen. Diese Vögel von ungefähr der Größe eines amerikanischen *football* gehören zur Familie der *Alcidae* (Alken) und sind – ökologisch gesehen – das **Gegenstück zu den Pinguinen** der Antarktis. *Common murres* verbringen einen Großteil ihres Lebens auf dem Meer, wo sie Fischen und Garnelen nachstellen. Für das Brutgeschäft versammelt sich die Kolonie dicht gedrängt auf geschützten Felsen und Klippen, möglichst außer Reichweite von Räubern.

Eine Besonderheit sind die **birnenförmigen Eier** – diese Form verhindert, daß die Eier über den Klippenrand rollen. Etwa drei Wochen nach der Geburt stürzen sich die Jungvögel – sie können noch nicht einmal fliegen! – aus einer Höhe von bis zu 15 Metern ins Wasser. Zuerst schwimmend, später fliegend, folgen sie ihren Eltern zu den Überwinterungsplätzen.

Die Brutkolonien reagieren extrem empfindlich auf Störungen. Die Annäherung eines Menschen genügt, um die ganze Kolonie in die Flucht zu schlagen. Die freigelegten Eier sind dann eine leichte Beute für Möwen.

Das **Schicksal der *common murres*** in der Region um San Francisco ist auf Gedeih und Verderben mit dem Verhalten des Menschen verbunden. Die Naturgeschichte der Vögel steht in engem Zusammenhang mit der Kulturgeschichte des Menschen. Vor der Ankunft der ersten Robbenjäger im Jahr 1807 besiedelten geschätzte 400.000 *common murres* die Farallones Inseln, etwa 30 km vor *Point Reyes*. Ihre Zahl schrumpfte bis 1968 auf etwa 6.000. Wie konnte es zu einem Zusammenbruch kommen, der fast 99% des Bestandes tilgte?

Nach 1854 blühte das **Geschäft privater Eier-Firmen**. Sie sammelten in 25 Jahren an die 12 Millionen Eier der *common murres.* Kein Wunder, daß die Vogelpopulation stark darunter litt. Erst als 1880 eine Hühnerfarm in *Petaluma* eröffnet wurde, die die Frühstückstische in San Francisco günstiger und einfacher beliefern konnte, ließ der Druck auf die Vögel nach. Dann aber kamen neue Gefahren. Die Bedeutung San Franciscos als **Hafenstadt** nahm stark zu. Vorbeifahrende Öltanker spülten ihre Tanks regelmäßig mit Meerwasser. Unzählige Meeresvögel verendeten in den chronischen, rücksichtslosen Ölverschmutzungen. Die Zahl der *common murres* sank zwischen 1930 und 1960 auf wenige Tausend . Zusätzlich kam es zu immer mehr Störungen durch Menschen und Haustiere, und weitere Katastrophen forderten ihre Opfer: 1967 und 1968 Vergiftungen, ein großer Ölteppich 1971, und DDT-Verschmutzung, die zu dünnen, brüchigen Eierschalen führte.

Im Jahr **1969** erklärte der *US Fish and Wildlife Service* die Inseln zum Naturschutzgebiet, einem ***National Wildlife Refuge***. Resultate wurden bald sichtbar. Die Kolonie der *common murres* vermehrte sich von 6.000 auf 88.000 Vögel. Es schien, als habe man die Rettung geschafft. Dann jedoch folgten – einer Verschwörung gleich – **fast zur selben Zeit drei Tiefschläge**: Zunächst tauchten in den frühen 80er-Jahren Fischer aus Südostasien mit den ersten ***gill nets*** auf, langen, kleinmaschigen Treibnetzen, die in einer bestimmten Tiefe alles "abschöpften", was nicht durch die Maschen schlüpfen konnte. Meistens wurde aus der "Ernte" nur *Halibut* (Heilbutt) verwendet, alle anderen gefangenen Meerestiere galten als sog. *non-target species.* Alleine im Jahre 1983 ließen schätzungsweise 25.000 Trottellummen in solchen Netzen ihr Leben. Zahlreiche Robben, Seelöwen und Tümmler verendeten auf dieselbe Weise.

In den Jahren 1976, 1980, 1982/83 und 1998 schlug dann **El Niño** zu. El Niño ist eine regelmäßig wiederkehrende Gegenströmung vor der Westküste Südamerikas, die zu abnormal hohen Temperaturen führt und die Produktivität des Ozeans vermindert. 1984 wurden unzählige *common murres* tot an die Strände zwischen *Monterey* und *Point Reyes* gespült – als Folge eines **Öllecks** in einem Großtanker. Hätte sich die Vogelkolonie zwischen 1969 und 1982 nicht erholt, hätte sie diese drei Katastrophen möglicherweise nicht überlebt. Seither sind die Zahlen wieder gestiegen und lagen 1998 bei etwa 85.000.

Erst mußten Tausende von Vögeln und andere Tiere ihr Leben lassen, bevor ein zumindest teilweises **Verbot der Treibnetze** durchgesetzt werden konnte. Ihre Nutzung ist heute im Meeresgebiet um die *Point Reyes National Seashore* und die *Farallones Islands* streng untersagt. Die Gefahr durch Ölteppiche oder andere menschengemachte umweltschädigende Einflüsse ist damit indessen nicht gebannt.

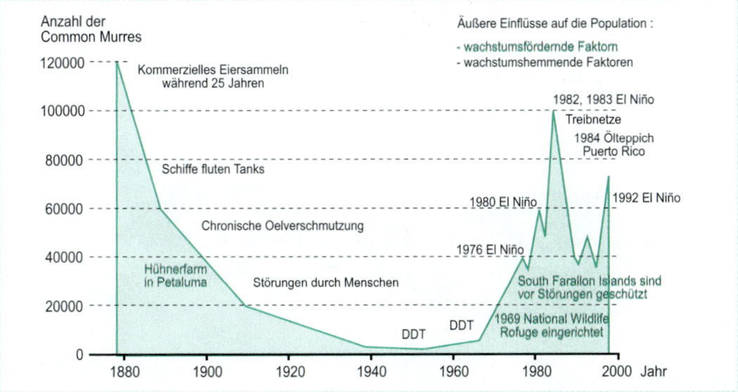

Über Robben und andere Verwandte des Wiesels

Noch vor nicht allzulanger Zeit glaubte man, Robben gehörten wie Seelöwen und Wale zu den Fischen. Schließlich waren sie perfekt an das Leben im Wasser angepaßt. Erst später erkannte man, daß es sich bei ihnen um **Säugetiere** handelte, die im Verlaufe der Evolution in den Ozean zurückgekehrt waren. Zu den ***pinnpeds*** ("gefiederten Füßen") gehören **3 Familien**:

- die ***eared seals*** (Ohrenrobben) umfassen den ***Guadalupe fur seal***, eine Pelzrobbe, und den ***California sea lion*** und sollen eng mit den Bären (!) verwandt sein. Sie erschienen vor etwa 22 Mio. Jahren im Miozän und haben sich seither über beide Hemisphären verbreitet.
- Die zweite Familie hat nur ein einziges Mitglied, das **Walroß**.
- Der dritten Familie der ***earless*** oder ***true seals*** gehören der *pacific* ***harbor seal*** (Seehund) und der ***northern elephant seal*** (Seelefant) an. Diese Tiere haben wahrscheinlich denselben Urahn wie das Wiesel! Die ersten Exemplare der *true seals* erschienen vor etwa 14 Mio. Jahren im Nordatlantik. Vor etwa 3 Mio. Jahren fanden sie den Weg vom Atlantik über das Nordpolarmeer in den Pazifik.

Die recht stabile **Seehund-Population** auf der *Point Reyes-Halbinsel* ist mit ca. 2.500 Tieren die **größte in Kalifornien**. Auf den *Farallones Islands* ist der Bestand seit der ersten Geburt eines Jungen dort im Jahre 1974 stark gewachsen. Die hellbeigen, grauen oder braunen Tiere haben charakteristische Flecken auf dem Rücken und erreichen eine Länge von 1,2 m -1,7 m. Je nach Jahreszeit bevorzugen sie verschiedene Stellen zwischen *Tomales Bay* und dem *Duxbury Reef* bei *Bolinas*. In der Nacht und bei Flut suchen sie im Ozean nach Nahrung. Ihre Körpertemperatur können sie nicht über längere Zeit im kalten Wasser aufechterhalten. In den Mittagsstunden oder bei Ebbe nehmen sie deshalb gerne ein wärmendes Sonnenbad am Strand. Da die Tiere sehr scheu sind, sollten Sie sich nie auf unter 100 m nähern. Es würde auch gegen das Gesetz verstoßen. Müssen die Robben zu häufig ins kalte Wasser fliehen, unterkühlen sie sich, und es besteht sogar die Gefahr, daß Mütter ihre Jungen verlassen.

Ein Erlebnis ist die Sichtung eines **Seelefanten**. Die Männchen erreichen eine wahrhaft kolossale Länge von 6,7 m (22 ft.) und haben eine charakteristische Schnauze, die weit über die Unterlippe herunterhängt. Ihr Gewicht von bis zu 3,6 Tonnen (8.000 *pounds*) und ihr oft aggressives Verhalten sind gute Gründe, in sicherem Abstand zu diesen Tieren zu bleiben. Bei den erbitterten Kämpfen zwischen rivalisierenden Männchen um ein Harem fließt oft ziemlich viel Blut.

Zum Zweck der **Tranölgewinnung** wurde der *northern sea elephant* einst von Walfängern erbarmungslos abgeschlachtet. Die Tierart galt als ausgestorben, bis im Jahre 1892 eine kleine Population von etwa 20 Exemplaren auf der *Guadalupe-Insel* vor der *Baja California* entdeckt wurde. Dank der Schutzbemühungen durch die Regierungen der Vereinigten Staaten und Mexikos konnten die Tiere bald wieder ihre angestammten Brutgebiete besiedeln: 1930 die Inseln vor der Küste Südkaliforniens, 1961 *Año Nuevo State Reserve* (südwestlich von San José) und ab 1972 die *Farallones Islands*. *Point Reyes* ist heute der nördlichste Punkt ihres Verbreitungsgebietes. 1972 wurde das erste Junge an der Drakes Bay der *Point Reyes NS* geboren.

Leider sind den Tieren einige Plätze wieder verlorengegangen – zu häufig sind die Störungen durch Touristen und ihre Hunde. Darum erwägt die Parkverwaltung eine Sperrung zusätzlicher Zonen. Damit stünden die Chancen auf eine stabile Population See-Elefanten auf der *Point Reyes-Halbinsel* zu Beginn des neuen Jahrtausends gut.

Wandern

Die besten Wanderungen im Gebiet der Point Reyes NS

Region *Bear Valley Visitor Center*

No	Trailbezeichnung	Länge	Schwierigkeit	Kurzbeschreibung
1	***Arch Rock***	13,3 km	leicht	Eine einfache Wanderung durch dichten *Douglas fir forest* zum *Arch Rock*, einem Felsvorsprung, durch den der *Coast Creek* in den Pazifik fließt.
2	***Mt. Wittenberg***	8,7 km	mittel	Auf einem recht steilen Weg durch Wälder und Wiesen auf den höchsten Punkt der *Inverness Ridge*. Guter Aussichtspunkt.
3	***Glen Camp – Arch Rock***	18,5 km	mittel	Mehrtageswanderung, Beschreibung ⇨ unten

Region *Limantour*

No	Trailbezeichnung	Länge	Schwierigkeit	Kurzbeschreibung
4	***Sculptured Beach***	6,8 km	leicht	0 m.ü.M., 0 m Steigung - ein Spaziergang am Sandstrand zu einem der besten Plätze fürs *tide pooling*.
5	***Muddy Hollow Trail***	15,9 km	mittel	Die beste Wahl für Salzmarschen, Estuare, die Küstenprärie und Buschvegetation an der Küste. Lohnenswert für Vogelfreunde.
6	***Tomales Point***	16,0 km	mittel	Durch sanfte Hügellandschaft (Gras- und Buschland) an die nördlichste Spitze der Halbinsel. Gute Chance, Tule-Hirsche zu sehen.

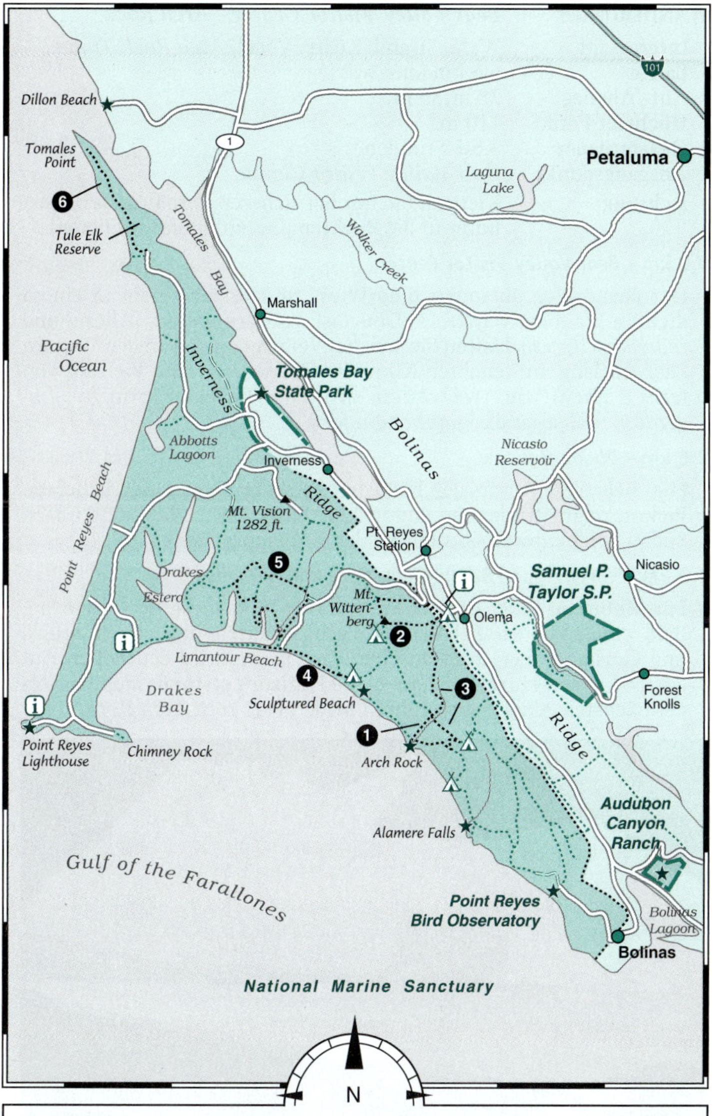

Point Reyes National Seashore

Point Reyes National Seashore - Karte Seite 77

WANDERUNG 1 ***Bear Valley Visitor Center – Arch Rock***

Interessant	Wald, Strand, Küste, Vögel, *Arch Rock Tunnel*
Länge	6,6 km (*one-way*)
Auf-/Abstieg	78 m/85 m
Höchster Punkt	110 m
Gesamtdauer	3,5-5 Stunden
Ausgangspunkt	*Bear Valley Visitor Center.*
Achtung	Klettern Sie nur bei sicheren Verhältnissen hinunter in die Buchten (Gezeitentafel studieren).

0,0 km - *Bear Valley Visitor Center*

Der ebene Weg überquert eine Wiese und verschwindet in einem dichten Wald aus *bay trees (*Douglas), *western maples* (Ahorn) und *red alders* (Erlen). Halten Sie sich bei Verzweigungen an den Weg am Bach entlang. Im feuchten Klima im Tal gedeiht eine Vielzahl von *ferns (*Farnen), wie etwa *western sword fern* (Schwert Farn), *five-finger fern* und sogar das *giant chain fern*.

2,6 km - *Divide Meadow*

Hier haben Sie bereits den höchsten Punkt erreicht, einen beliebten Picknickplatz (Bänke und Plumpsklo). Ehrgeizige ziehen weiter nach Süden, leicht abwärts durch Wälder und Lichtungen.

5,0 km - Verzweigung *Baldy, Glen, Bear Valley Trails*

Für Mountain Biker ist hier Endstation – Bike-Gestelle vorhanden. Bald weitet sich das Tal, der Wald geht in Busch- (u.a. *coyote brush*) und Grasland über; das Rauschen des Ozeans wird deutlicher. Auf einem kleinen Hügel wird der blaue Horizont erstmals sichtbar. An der nächsten Abzweigung führen beide Pfade zum *Arch Rock*.

Beim Arch Rock hat sich der Coast Creek einen Tunnel gegraben

6,6 - km *Arch Rock*

Hier hat sich der *Coast Creek* einen Tunnel durch einen großen Felsvorsprung gegraben. Auf dem Fels läßt sich die ganze Weite des Pazifik erfahren, Sie können die kühle Brise genießen, Robben, *common murres* und andere Tiere beobachten. Mit etwas Klettern gelangt man über einen schmalen, steilen Weg zum Strand hinunter. Bei Ebbe ist auch der Tunnel im *Arch Rock* sichtbar. Sehen Sie aber unbedingt in der Gezeitentafel nach, wann die Flut kommt, bevor Sie sich auf den Weg nach unten machen und achten Sie auf heimtückische *sneaker waves* (unerwartete übergroße Wellen).

Zurück zum Ausgangspunkt

Der weite Bogen der Limantour und Drakes Beach, ganz im Hintergrund der Point Reyes mit dem Lighthouse und einem Visitor Center

Wanderung 2	***Bear Valley Visitor Center – Mount Wittenberg***
Interessant	Panoramablick über die die NS, Wald, Tiere
Länge	8,7 km (Rundweg)
Auf-/Abstieg	397 m
Höchster Punkt	429 m
Gesamtdauer	3,5-5 Stunden
Ausgangspunkt	*Bear Valley Visitor Center.*
Variante	Via *Meadow Trail* zurück zum Ausgangspunkt.

0,0 km - *Bear Valley Visitor Center*

Nach ca. 300 m auf dem *Bear Valley Trail* zweigt der *Mt. Wittenberg Trail* (oder *Sky Trail*) nach rechts ab (Westen). Zunächst geht es noch gemächlich durch dichte Douglas-Tannen und Eichenwald bergauf. Bald wird`s aber bedeutend steiler. In einigen Lichtungen, in denen im Frühling eine Vielzahl von Blumen blüht, öffnet sich der Blick auf die grünen Hügel jenseits des *Olema Valley*. Neben vielen Vögeln bevölkert eine große Zahl von Rehen den Wald. Vom Bergrücken hat man eine weite Sicht auf den Pazifik; über einen kurzen Abstecher nach rechts (Norden) erreicht man den Gipfel.

3,5 km - Mt. Wittenberg

Der Berg ist der höchste Punkt der *Inverness Ridg.* Er bietet einen schönen Blick über das *Olema Valley*, die weißen Küstenklippen, *Point Reyes*, die *Drakes Estero* und natürlich den Pazifik. Steigen Sie von der Gipfelkuppe wieder zum Hauptweg ab und folgen Sie dem *Z-Ranch Trail*, entlang der offenen Westflanke des *Mt. Wittenberg*.

5,0 km - *Horse Trail*

Wieder nach rechts (Osten) halten. Der *Horse Trail* führt hier recht steil bergab durch dichten Wald – **Vorsicht**: *Poison Ivy* (Giftsumach, ➪ Seite 61). Unten im *Olema Valley* rechts (südlich) abbiegen und an der *Morgan Horse Farm* vorbei **zurück** zum *Visitor Center*.

8,7 km - *Bear Valley Visitor Center*

Im dichten Douglas Fir Forest auf der Inverness Ridge

WANDERUNG 3	***Bear Valley VC – Glen Camp – Arch Rock***
Interessant	Wald, Strand, Küste, Vögel
Länge	18,5 km (Rundweg)
Auf-/Abstieg	367 m
Höchster Punkt	241 m
Gesamtdauer	in 6-8 Stunden, **besser 2 Tage backpacking**
Ausgangspunkt	*Bear Valley Visitor Center*

Am ersten Tag geht's gemütlich vom *Visitor Center an* einem Bach entlang und durch Wald zur *Divide Meadow* bis zum Ende der Schotterstraße. Hier links (östlich) halten und durch dichten Wald zu einem beinahe verlandeten Teich; gleich dahinter können Sie im *Glen Camp* Ihr Zelt aufschlagen. Am zweiten Tag durch Wald und Buschland zur Küste. Die letzten 2,5 km sind recht steil, bieten aber eine großartige Aussicht auf den Pazifik. Zurück zum *Visitor Center* auf dem *Bear Valley Trail*, ➪ Wanderung 1.

Wanderung 4	***Limantour – Sculptured Beach***
Interessant	Meerestiere, Strand, Küste, *Tidepooling*
Länge	3,4 km (*one-way*)
Auf-/Abstieg	0 m
Höchster Punkt	0 m
Gesamtdauer	2-3 Stunden (ohne *Tidepooling*)
Ausgangspunkt	Vom *Visitor Center* via *Bear Valley Road* ans Ende der *Limantour Road*.
Achtung	*Tidepooling* ist nur möglich bei Ebbe (Gezeitentafel im *Visitor Center*).

0,0 km - *Limantour Trailhead*

Machen Sie sich etwa 2 Stunden vor Niedrigwasser auf den Weg. So erreichen Sie die *Sculptured Beach* rechtzeitig und haben genügend Zeit zum Erforschen und Zuschauen. Der Weg führt an einigen Klippen vorbei und ist völlig problemlos – Sie können je nach Lust und Laune 30 cm über oder unter Meeresniveau wandern. Gleich hinter dem zweiten durchwateten Bach beginnt die *Sculptured Beach*.

3,4 km - *Sculptured Beach*

Bei Ebbe kann man hier Krabben, Anemonen, verschiedene Seesterne, Muscheln, Schnecken, Algen und vieles andere finden. Oft werden Sie auch von neugierigen Robben im Meer beobachtet. Bitte aufpassen, wohin Sie Ihre Füße setzen, um keine Tiere oder sich selbst zu verletzen. Und nicht das auflaufendeWasser vergessen.

Zurück auf demselben Weg

Wanderung 5	***Limantour – Estero – Muddy Hollow Trail***
Interessant	Feuchtgebiete, Vögel, Blumen
Länge	15,9 km (Rundweg)
Auf-/Abstieg	241 m
Höchster Punkt	76 m
Gesamtdauer	5-7 Stunden
Ausgangspunkt	Vom *Visitor Center* via *Bear Valley Road* ans Ende der *Limantour Road*
Achtung	Nach starkem Regen macht dieser Weg seinem Namen alle Ehre.

0,0 km - *Limantour Trailhead*

Auf dem *Estero Trail* geht es zuerst vom Parkplatz rechts (Westen) auf einem Damm in die Marsch. Vogelfreunde bleiben womöglich schon hier stecken: Silberreiher, Reiher (*heron*), Pelikane, Rotschultersperlinge (*red-winged blackbird*) und viele andere Wasser- und Strandvögel tummeln sich hier oft.

Fortsetzung Estero Trail

Bei der nächsten Kreuzung links halten, dann über eine Brücke und einen Hügelzug mit gutem Ausblick übers Meer. Auf der anderen Seite, am *Glenbrook Creek*, hält sich ein Wäldchen mit *wax myrtles* (Gagelstrauch oder Wachsmyrte), Weiden, Eukalyptus und Erlen. Verkohlte Baumstämme erinnern an einen großen Brand am Mount. Vision im Oktober 1995. Weiter geht es nach Süden durch Prärie mit vereinzelten *coyote brushes*. Nach einem kurzen Anstieg auf einer alten Farmstraße führt der Weg nach Norden und wird flacher.

6,2 km - Kreuzung *Estero* und *Glenbrook Trail*

Wollen Sie hier 3 km einsparen, halten Sie direkt nach Norden zum *Muddy Hollow Trail* (dann rechts). Andernfalls biegen Sie nach links (Westen) ab, und schon bald stehen Sie über der Mündung des *Estero de Limantour*, mit einer Vielzahl von Vögeln und Meeressäugern. Lediglich die Kühe, die manchmal durch die Sümpfe waten und pflatschen, passen nicht ganz ins Bild (Privatland).

8,0 km - *White Gate Trail*

Rechts (nordöstlich) halten. Der Weg steigt langsam an und führt an einem schönen Teich vorbei.

9,4 km - *Muddy Hollow Road*

Erneut nach rechts (Osten) und über die *Muddy Hollow Road* bis zum *Muddy Hollow Trailhead*. Hier wieder nach rechts (Südwesten) zurück zum *Limantour-Parkplatz*. Dieser Wegabschnitt ist bei Vogelfreunden sehr beliebt. Besonders im Winter kann man hier viele Zugvögel beobachten. Nach starken Regenfällen wird es hier recht schlammig und naß, wie der Name schon sagt. Am Wegrand wachsen Erlen, Weiden, Farne und Blumen. An einem kleinen See entlang zurück zum Parkplatz.

15,9 km - *Limantour Trailhead*

Wanderung 6	***Upper Pierce Ranch - Tomales Point***
Interessant	Strand, Küste, Tiere, Panorama
Länge	8,0 km (*one-way*)
Auf-/Abstieg	73 m/146 m
Höchster Punkt	146 m
Gesamtdauer	4-7 Stunden
Ausgangspunkt	Auf dem *Sir Francis Drake Blvd.* nach *Inverness*, dann rechts auf die *Pierce Point Road* bis zum Ende
Achtung	An den Klippenrändern ist Vorsicht geboten: Abrutschgefahr

Kurz nach dem Start zum Muddy Hollow-Trail fällt der Blick zurück auf die Limantour Beach

0,0 km - *Upper Pierce Ranch*

Der breite Weg beginnt bei der 1858 erbauten *Upper Pierce Ranch* mit mächtigen *Bishop pines*. In der direkt dahinter liegenden *Tule Elk Range* kann man leicht diese Hirsche beobachten. Pumas, obwohl viel seltener, wurden auch schon gesichtet. Der Weg schwingt sich in einigen langgezogenen Auf und Abs über die Hügel, mit dem Pazifik links und der *Tomales Bay* rechts. Im Frühling schmücken unzählige Blumen die Wiesen. Nach rund 3 mi erreichen Sie eine Gruppe knorriger *Bishop pines* und Eukalyptus Bäume; hier stand früher die *Lower Pierce Ranch*.

6,4 km - *Bird Rock*

Lohnenswert ist ein kurzer Ausflug auf schmalem Pfad zu einem Aussichtspunkt über dem *Bird Rock*. Mit einem Feldstecher wird bald klar, wie der Fels zu seinem Namen kam. Links davon hat das Meer ein *blowhole* in einen Felsen gefräst – unter bestimmten Strömungsbedingungen schießt das kanalisierte Wasser zischend durch das Loch in die Höhe. Von dort geht es zurück zum Hauptweg; der wird nun rasch sehr sandig und windet sich durch eine dichte Buschlandschaft mit *bush lupines* (Lupinenart), *coyote brush* etc. hinunter zum *Tomales Point*.

8,0 km - *Tomales Bluff*

Genießen Sie hier – am nördlichsten Punkt der *Point Reyes* Halbinsel und hoch über dem Meer – den Blick über Pazifik, *Bodega Bay* und *Tomales Bay*. Vor dem *Tomales Bluff* tummeln sich manchmal Robben und Grauwale, während die Felsen von Kormoranen und Trottellummen besiedelt sind. Vorsicht am Klippenrand!

Zurück auf demselben Weg

ZIELE IN DER UMGEBUNG DER POINT REYES NS

Samuel P. Taylor State Park

Kennzeichnung

Etwas versteckt hinter der *Bolinas Ridge* liegt dieser kleine (10,5 km^2) *State Park*, der zum Schutze eines ***Redwood Forest*** errichtet wurde. Der Großteil des Waldes ist kein Urwald mehr, sondern Sekundärwald (*second growth*). Nur wenige Baumgruppen überlebten die Abholzungsorgie des 19. Jahrhunderts. Eine Halbtageswanderung führt durch die eindrucksvollsten Bestände. Nach den Winterregen suchen Siberlachs (*coho salmon*) und Regenbogenforelle (*rainbow trout*) im *Lagunitas Creek* nach geeigneten Laichplätzen. Mit dem Mountain Bike können Sie den Park auf der Trasse einer stillgelegten Schmalspurbahn erkunden. Dies ist ein Teil des sog. ***Cross Marin Bike Trail***. Beim *Devil's Gulch Campground* (mit Pferdegehege) beginnt ein schöner 3-km-***Trail*** an einem kleinen Bach entlang durch einen Wald mit *Douglas Fir*, Lorbeerbäumen *(bay laurel)* und Südeichen.

Einer der reizvollsten Orte an der Sonoma-Küste ist der Salt Point State Park.

Umgebung der Point Reyes NS

Anfahrt, Camping

Von *Olema* bzw. von der #101 (San Rafael) geht es über den *Sir Francis Drake Boulevard* zum *State Park.* Er liegt liegt 6 mi von *Point Reyes Station* entfernt und kostet den üblichen Eintritt für den *day-use.* Der *State Park* verfügt über einen Campingplatz für Zelte und Wohnmobile (*Group Campground* separat). Reservierung ➪ Seite 556.

Information

Samuel P. Taylor State Park, PO Box 251, Lagunitas, CA 94938, ✆ (415) 488-9897.

Salt Point State Park

Kennzeichnung

Der ***Salt Point State Park*** gehört landschaftlich zu den ***top spots*** **der Sonoma-Küste**, wenn nicht ganz Kaliforniens. Skurril ausgefressene Felsen und *bishop pines* (Stachelkiefern) verleihen der Szenerie die **Magie eines japanischen Aquarells**. Im Park gibt es für unterschiedlichste Interessen etwas zu sehen oder zu tun. Botaniker besuchen den *pigmy forest* (Zwergwald) mit absurd verkrüppelten Kiefern, Zypressen und *Redwoods* (Küstensequoias). Es kann Jahrhunderte dauern, bis die Zwergbäume ein fingerdickes Stämmchen bilden. Auch Taucher, Kayakfahrer, Sonnenanbeter (Sandstrände), *whale watchers,* Naturfotografen und Wanderer (einige kürzere Wanderwege) kommen im *Salt Point Park* auf Ihre Kosten. *Tide pools* sind dort ebenfalls zu finden.

Anfahrt, Camping

Der *Salt Point State Park* liegt ca. 60 mi nördlich von *Point Reyes Station* am Highway #1. Er kostet den üblichen Eintritt für den *day-use* und verfügt über zwei Campingplätze, Reservierung ➪ Seite 556.

Information

Salt Point SP, 25050 Hwy #1, *Jenner* CA 95459, ✆ (707) 847-3221.

Audubon Canyon Ranch, Point Reyes Bird Observatory, Marine Mammal Center

Wer sich speziell für die Tierwelt an Kaliforniens Pazifikküste interessiert, findet in der Nähe der *Point Reyes NS* einige außergewöhnliche Institutionen, deren Besuch lohnt:

Audubon Canyon Ranch

In der *Audubon Canyon Ranch,* die zur *Bolinas Lagoon Preserve* gehört, sind *great blue herons* (amerikanische Graureiher) und *great egrets* (Silberreiher) zu beobachten, wie sie in den Baumkronen von *Redwoods* ihre Jungen aufziehen. Im Frühling kann man von einer

Plattform mit fest installierten Teleskopen in die Nester von bis zu 100 brütenden Paaren gucken. Wanderwege führen durch verschiedene Ökozonen: Gras- und Buschland an der Küste, Nadelwälder, *Redwood Groves* (Haine), Uferzonen.

Bird Observatory

Das *Point Reyes Bird Observatory* ist ein privates Forschungsinstitut am südlichen Ende des *National Seashore*. Dort darf man beim Einfangen, Ausmesssen, Wägen und Beringen von Vögeln zuschauen. Einen knappen Kilometer vom *Observatory* entfernt liegt der ***Palomarin Trailhead***, der Zugangspunkt zum Wegenetz im südlichen Teil der *National Seashore*. Besonders empfehlenswert ist die Wanderung zu den ***Alamere Falls*** (Baden im *Bass Lake* möglich).

Mammal Center - Tierhospital

Das ***Marine Mammal Center*** auf den *Marin Headlands* gehört zu den ungewöhnlichsten Tierspitälern der Welt. Jedes Jahr werden hier von Spezialisten und zahlreichen freiwilligen Helfern Hunderte von Meeressäugetieren gerettet, gesundgepflegt und wieder in die Freiheit entlassen. Das sind vor allem verwaiste *California sea lions* und *seals*, die sich in Netzen verfangen hatten.

Ein spezieller Kunde ist ***Humphrey***, ein *humpback whale* (Buckelwal), der schon mehrfach gestrandet ist und in Schwerstarbeit wieder ins rettende Wasser geschleppt werden mußte. Durch eine Katarakt-Operation konnte sogar einem erblindeten See*elefanten* das Augenlicht wieder geschenkt werden.

Besucher sind im *Center* willkommen und können an Vorführungen und Programmen teilnehmen oder nur die Ausstellung besuchen.

Anfahrt

Audubon Canyon Ranch: südlich von *Point Reyes Station* via Highway #1 (11mi); *Point Reyes Bird Observatory*: westlich von *Bolinas* an der *Mesa Road* (17 mi); *Marine Mammal Center*: von *Sausalito* via *Alexander Ave* und *Bunker Rd* nach Westen (36 mi).

Informationen

Für alle drei Ziele empfiehlt es sich, vor einem Besuch telefonisch die aktuellen Öffnungszeiten zu erkunden:

Audubon Canyon Ranch – *Bolinas Lagoon Preserve*, 4900 Hwy #1, Stinson Beach, CA 94970, ✆ (415) 868-9244, *Website*: www.egret.org.

Point Reyes Bird Observatory, 4990 Hwy #1, Stinson Beach, CA 94970, ✆ (415) 868-1221, *Website*: www.prbo.org.

Marine Mammal Center an der Bunker Road, *Marin Headlands, Golden Gate National Recreation Area*, Sausalito, CA 94965, ✆ (415) 289-7325, *Website*: www.tmmc.org.

Die letzten Riesen an Kaliforniens Küste

Geographie

Die ***Redwood Parks*** (*Redwood National Park* und die *State Parks Prairie Creek, Del Norte Coast* und *Jedediah Smith*) bilden einen etwa 80 km langen, schmalen Streifen an der Küste Nordkaliforniens. Felsige Buchten, Flußdeltas, Sandstrände und wildromantische Lagunen verleihen dieser Küste ihren ganz eigenen Charakter. Das Küstengebirge schießt vielerorts direkt aus dem Ozean in die Höhe (bis 900 m) und besteht aus einem Labyrinth von Hügeln, Tälern, Schluchten und Gipfeln. Der **Smith River**, letzter großer ungezähmter Fluß Kaliforniens, durchquert den nördlichen Teil der Parks und wurde zu Recht als ***Wild and Scenic River*** klassifiziert. Gleichzeitig ist ein riesiges Gebiet von der Grenze mit Oregon bis hinunter in die Nähe von Klamath als ***Smith River National Recreation Area*** unter Naturschutz gestellt, ➪ Karte Seite 105.

Redwood Forests

Die Redwood-Wälder zählen zu den magischsten Orte in Nordamerika

Nur dort, wo die Nebel im Sommer das Landesinnere erreichen und Feuchtigkeit bringen, gedeihen die *Redwood Forests*. Dunkel und kühl ist es hier. Gigantische Stämme streben dem Licht entgegen. Hoch oben verschmelzen die Äste mit dem Himmel, der blau durchschimmert. Manche Bäume stehen hier seit Christi Geburt und länger.

Viele Parks im amerikanischen Westen beeindrucken mit tiefen Canyons oder imposanten Berggipfeln. In den *Redwood Forests* ist das **Naturerlebnis weniger spektakulär, dafür subtiler und vielleicht daher noch intensiver**.

Redwood Parks - Karte Seite 105

Ehrfurcht vor den Giganten

Wenn man, kurzlebig wie eine Eintagsfliege und winzig wie ein Käfer, an den Füßen der gewaltigen Bäume steht und der Blick den unendlich langen Stämmen folgt, kommt ein Gefühl der Ehrfurcht auf, wird einem die eigene Bedeutungslosigkeit bewußt.

Tatsache ist, daß die ***Coast Redwoods*** (*Sequoia Sempervirens*, Küstensequoie) die Hauptattraktion der *Redwood National* und *State Parks* sind. Kein Wunder, bei ihren Ausmaßen: Der ***Dyerville Giant*** etwa wog um die 900 t und war 115 m (377 ft) hoch – der höchste je gemessene Baum der Welt. Manche Bäume erreichen einen Durchmesser von 6-7 m und werden bis zu 2.200 Jahre alt.

Tier-und Pflanzenwelt

In diesen Parks kommen **850 Pflanzenarten und über 200 Tierarten** vor. Im Frühsommer leuchtet auf dem dunklen Waldgrund das Rosa der blühenden **Rhododendren**. **Farne** in allen Formen und Variationen bilden einen schönen Farbkontrast zu den rotbrauen Baumrinden. Die großen, anmutigen *Roosevelt elks* (Hirsche) grasen gerne im Bereich der *Elk Prairie* oder an der *Gold Bluffs Beach*, während *black bears* das Gebiet um den *Redwood Creek* bevorzugen. Mit ein wenig Glück und Geduld können Sie an der Küste Grauwale, Robben und Seelöwen beobachten. Über **370 Vogelarten**, darunter viele Zugvögel unterwegs auf dem *pacific flyway* (eine der großen Zugvogelrouten) wurden bereits registriert. Es erstaunt daher nicht, daß dieses Naturparadies in den 80er-Jahren zum *World Heritage Site* und zu einer ***International Biosphere Reserve*** erklärt wurde.

Ureinwohner

Die ersten den Historikern bekannten Bewohner des Gebietes waren die ***Tolowa-, Yurok-, Chilula- und Hupa-Indianer***. Trotz der von weißen Siedlern eingeführten Krankheiten, üblen Massakern und diversen Versuchen, die "Wilden" zu zivilisieren, überlebten diese Stämme, wenn auch nur in Reservaten. ***Jedediah Smith,*** der berühmte ***Mountain Man***, kartographierte die *Redwood*-Küste im Jahr 1828 als erster. Im Jahre 1855 löste die Gier nach dem "Roten Gold" (der *redwoods*) einen kurzlebigen Goldrausch ab – das Abholzen der *Redwood*-Wälder begann. Was über Jahrtausende dort wuchs, wurde innerhalb weniger Jahrzehnte mit Äxten und Sägen vernichtet. Von der ursprünglichen *Redwood*-Waldfläche von über 8.000 km^2 (2 Mio *acres*) blieben gerade noch 3,5 % übrig. Dank der Bemühungen der ***Save-the-Redwoods-League*** wurden die ersten *State Parks* in den 20er-Jahren errichtet. 1968 entstand der *Redwood Nationalpark* und wurde 1978 vergrößert. 1994 vereinbarten der *National Park Service* und das *California Department of Parks and Recreation*, die vier benachbarten *Redwood Parks* gemeinsam zu verwalten.

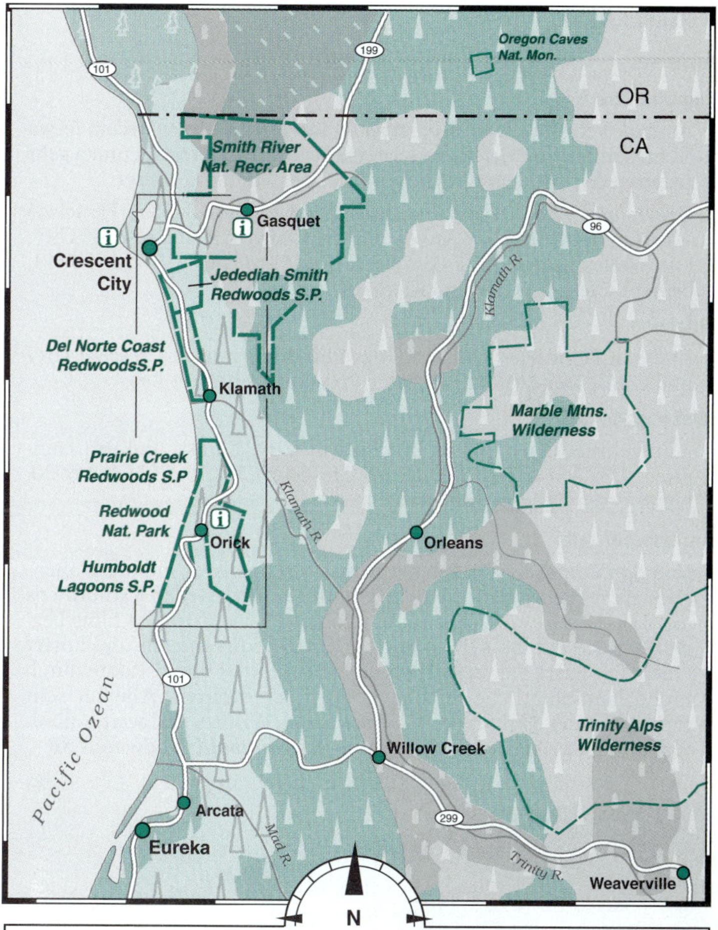

Redwood Parks und Umgebung

5 km | 3 mi

Redwood Forest *Redwood-Wald*	California Mixed Evergreen Forest *Kalifornischer, gemischter, immergrüner Wald*
Spruce-Cedar-Hemlock Forest *Fichten-Zedern-Hemlocktannen-Wald*	Mixed Conifer Forest *Gemischter Nadelwald*
Cedar-Hemlock-Douglas Fir Forest *Zedern-Hemlocktannen-Douglastannen-Wald*	Montane Chaparral *Gebirgsbuschland (Macchia-ähnlich)*

Redwood Parks - Karte Seite 105

Reiseplanung

Anreise

Zug und Bus

Amtrak betreibt einen ***Motorcoach-Service*** zwischen **Arcata** (etwa 33 mi südlich von Orick) und San Francisco. Von Arcata/Eureka geht es entweder mit dem *Greyhound* oder per Mietauto weiter.

Greyhound verkehrt zweimal täglich auf der Strecke San Francisco –Portland mit Stops in Arcata, Orick, Klamath und Crescent City. Die lokale Buslinie ***RCT***, *Redwood Coast Transit*, © (707) 464-9314, bedient Crescent City und Klamath.

Flugzeug

Von San Francisco bestehen Flugverbindungen nach Crescent City und zum *Eureka/Arcata Airport*. Von dort weiter per Bus.

Mietwagen, Taxi

Autovermietungen gibt es in Crescent City, Eureka und San Francisco. *Del Norte Taxi Service* in Crescent City, © (707) 464-6030, bietet einen 24-Stunden-Service.

Anreise per Auto

Von *San Francisco* aus gelangt man am schnellsten auf der großenteils als *Freeway* geführten #101 in die Nordwestecke Kaliforniens (ca. 335 mi bis *Orick*). Die oft empfohlene Küstenstraße #1 (bis Leggett, wo sie auf die #101 stößt) ist extrem kurvenreich und kostet einen Tag Extra-Fahrzeit. Über die Attraktivität dieser Route durch rauhe landschaftliche Schönheit läßt sich streiten. Allemal sehr reizvoll ist der Verlauf der #101 bereits ab Willitts und weiter nördlich durch die ***Avenue of the Giants*** des ***Humboldt Redwoods SP***.

Im Laufe des Morgens lösen sich die Nebel meist auf. Hier im Bereich des Hidden Beach Trail

Praktische Informationen

Klima und Reisezeit

Das Küstenklima ist sehr ausgeglichen; mit extremen Temperaturen braucht man in Nordwestkalifornien kaum zu rechnen.

Von **Juni bis August** (in der Hochsaison) ist es angenehm warm und trocken. Ber sonnige wechseln sich mit Nebeltagen ab. Der Nebel löst sich jedoch meist gegen Mittag auf, bevor er am späteren Nachmittag – vom Pazifik kommend – wieder die Hänge hinaufkriecht.

Die **Herbsttage** sind kühler, dafür heiter – eine ideale Zeit für Wanderungen. Die **Regenzeit beginnt im November** und dauert bis zum April. Schnee fällt hier nur selten.

Im **Frühling** weht zwar häufig ein starker Wind, aber sonniges, klares Wetter und eine grandiose Blumenpracht trösten darüber hinweg. Zwischen April und Juli blühen die Rhododendren. Im Landesinneren sind die Sommer wärmer, trockener und seltener neblig.

Infrastruktur

Die ***Redwood State Parks*** verfügen über gute Campingplätze. Von Mai bis September empfiehlt sich Reservierung für *Jedediah Smith, Mill Creek* (toller Platz in einem wieder hochgewachsenen Areal voller 3-5 m dicker und meterhoher Redwood Stümpfe aus Einschlägen vor 100 Jahren) und *Elk Prairie Campgrounds,* ➪ Seite 126. Beim *Gold Bluffs Campground* am Strand gilt *first-come-first served.*

Im **Nationalpark** gibt es fünf einfache *walk-in-Campgrounds* (mit Auto nicht unmittelbar erreichbar). In den *Visitor Centers* erhält man die dafür notwendigen ***permits*** kostenlos, solange noch Platz ist.

Hotels, Motels, *B & B's*, private **Campingplätze**, Restaurants und Läden findet man in/bei Orick, Klamath (& Glen) und Crescent City.

Informationen

Die Verwaltung der Parks befindet sich in Crescent City: ***Redwood National and State Parks Headquarter***, 1111 2nd Street, Crescent City, CA 95531, © (707) 464-6101 (diese Nummer gilt auch für die anderen *Visitor Centers*), ganzjährig geöffnet.

Weitere ***Visitor Centers*** sind:

Hiouchi Information Center (geöffnet Mai–Oktober) und ***Jedediah Smith Redwood State Park VC*** (*Memorial* bis *Labor Day*), beide etwa 10 mi nordöstlich von *Crescent City* an der #199. ***Chamber of Commerce*** in Crescent City: 1001 Front St, © (707) 464-3174.

Redwood Information Center, 1 mi südlich von Orick, ganzjährig geöffnet. ***Prairie Creek Visitor Center***, 6 mi nördlich von Orick am *Newton B. Drury Scenic Parkway*, geöffnet *Memorial* bis *Labor Day*, und die ***Orick Chamber of Commerce***, 121161 Hwy #101 in Orick, © (707) 488-2885.

Redwood Parks - Karte Seite 105

Kurzinfos Outdoors

Permits

Der Eintritt in den *Redwood Nationalpark* ist gratis. Dafür zahlt man für den Besuch der *State Parks* eine ***day-use fee***, wobei das Tagesticket für alle Parks der Region gilt. Camping ist nur auf offiziellen Plätzen erlaubt. *Permits* für Mehrtageswanderungen gibt es in allen *Visitor Centers* (kostenlos, außer für Übernachtungen innerhalb des *Prairie Creek Redwoods State Park*). Für eine Mehrtageswanderung speziell ins *Redwood Creek Basin* und für die Zufahrt zum ***Tall Trees Grove*** mit dem Auto benötigt man *Permits*, die nur im ***Redwood Information Center* südlich von Orick** erhältlich sind.

Wandern

Über 240 km Wanderwege führen durch märchenhaften Urwald, an ungezähmten Flüssen, langen Sandstränden und felsigen Küsten entlang. Die Wege sind überwiegend in gutem Zustand und ohne krasse Höhenunterschiede. Auf dem ***Coastal Trail*** kann beinahe die ganze Länge der Parks durchwandert werden – natürlich sind auch Teilstrecken möglich. Die meisten Wanderwege mittlerer bis kürzerer Länge bietet der *Prairie Creek State Park*. Mehrere Naturlehrpfade bringen den Besuchern die Ökologie der *Redwoods* auf interessante Art und Weise näher, z.B. der ***Lady Bird Johnson Grove Nature Loop*** an der *Bald Hills Road* im *Redwood National Park* und ***Nature Trails*** bei den *Elk Prairie* und *Jedediah Smith Campgrounds*.

Radfahren, Mountain Biking

Auch per Fahrrad lassen sich die majestätischen *Redwood Forests* erfahren. Außer den Straßen dürfen Biker auch einige der Wanderwege nutzen (Karte in den *Visitor Centers*). Der *Last Chance*-Abschnitt des ***Coastal Trail*** (ca. 9,6 km *one-way*) ist auch für Fahrräder geöffnet (die meisten anderen Abschnitte des *Coastal Trail* sind für Fahrräder gesperrt). Oder versuchen Sie die folgende, 32 km (20 mi) lange Rundtour, sofern Ihnen steilere Aufstiege nichts ausmachen: Start beim *Lost Man Creek Trailhead* und dann über den *Holter Ridge Bike Trail* und auf der *Bald Hills Road* zurück zum *Trailhead*. Die nahegelegene ***Smith River National Recreation Area***, nordöstlich der Parks, verfügt über ein Waldstraßennetz von über 420 km, das auch fürs Biking offensteht. **Vermietung in Crescent City**, z.B. bei ***Escape Hatch***, 960 3rd Street, © (707) 464-2614.

Reiten

Zwei Tagesausflüge führen über den *Little Bald Hills* und den *Mill Creek Horse Trail* südlich des *Jedediah Smith State Park*. Von Orick aus kann man meilenweit und tagelang im *Redwood Creek Basin* reiten. Bei ***Tall Tree Outfitters***, 3 mi nördlich von Orick bei den *Orick Rodeo Grounds*, kann man Ausritte unterschiedlicher Länge buchen; 1100 Drydens Road, © (707) 488-5785 oder © (707) 465-4227.

Kanu, Rafting

Kajaking, Kanufahren oder *White Water Rafting* sind populär auf dem *Smith River*, dem *Klamath River* und dem *Redwood Creek*. Die Schwierkeitsstufen bewegen sich von Klasse I (einfach, z.B. Teile des *Smith River*) bis zur Klasse V (extrem schwierig, z.B. auf dem *Redwood Creek*). Im *Visitor Center* des ***Jedediah Smith State Park*** findet man zeitweise Angebote für **geführte Kajaktouren**. Aufblasbare Kajaks können in ***Hiouchi*** gemietet werden. ***White Water Rafting*** und Kajak-Trips auf *Klamath* und *Smith River* und anderen Flüssen arrangiert ***Aurora River Adventures***, 151 Kineta Rd in Willow Creek, © 1-800-562-8475 und © (530) 629-3843.

The joy of canoeing ...

Besondere Tips

Relaxing

Falls sich nach einer Woche Urwald Moos und Algen auf Ihnen festgesetzt haben: im *Fred Endert* ***Indoor Swimming Pool*** in *Crescent City*, 1000 Play St, © (707) 464-9503, werden Sie alles wieder los. Sollten Sie lieber einen *leopard shark* (Haiart) streicheln wollen, besuchen Sie die ***Ocean World*** (Aquarium) in Crescent City, 304 Hwy #101, © (707) 464-3522.

Für Kids

Wasserratten und Staudammbauer kommen am *Smith River* im *Jedediah Smith-Campground* auf ihre Kosten. Nachmittags finden in allen *State Parks Junior Ranger*-Programme für 7-12-Jährige statt.

Redwood Parks - Karte Seite 105

Für Kids

Freitag- und Samstagabend gibt es Lagerfeuer-Romantik für Kinder und Erwachsene (hoffentlich singen Sie gerne ...) Details über die Programme (Themen, Zeit, Ort) erfährt man in den *Visitor Centers* oder auf den Anschlagtafeln der Campingplätze.

Für Gourmets

Im Süden: *Rolfs Park Cafe* (an der #101, ca. 2 mi nördlich von Orick, ✆ (707) 488-3841) serviert neben deutscher Küche Hirsch-, Büffel- und Wildschweingerichte. **Im Norden**: Schauen Sie dem Hafenbetrieb zu, während Sie Meeresfrüchte oder *Fish & Chips* genießen: ***Chart Room Marina*** in Crescent City, 130 Anchor Way, ✆ (707) 464-5993.

Literatur und Karten

Die Redwood Parks der Nordküste,
Führer durch die Parks, Jerry and Gisela Rhode

California Redwood Parks and Preserves,
A Guide to the Redwood Parks and a brief history of the efforts to save the Redwoods, John B. Dewitt, Save the Redwoods League

The Hiker's Hip Pocket Guide to the Humboldt Coast,
Bob Lorentzen, Bored Feet Publications

Marine Mammals of California,
Robert T. Orr, Roger C. Helm, University of California Press

Coastal Wildflowers of the Pacific Northwest,
Elizabeth L. Horn, Mountain Press Publishing Co.

Redwoods, *The Worlds Largest Trees*,
Jeremy Joan Hewes, Smithmark Publications

Redwood Region Flower Finder, Phoebe Watts, Nature Study Guild

Pacific Coast Fern Finder,
Glenn Keator, Ruth M. Heady, Nature Study Guild

Pacific Coast Tree Finder, Tom Watts, Nature Study Guild

Plants of the Coast Redwood Region, Kathleen Lyons, Mary Beth Cooney-Lazaneo, Howard King, Looking Press

Roadside Geology of Northern California, David D. Alt, Donald W. Hyndman, Mountain Press Publishing Company

Jedediah Smith and the Opening of the West,
Dale L. Morgan, University of Nebraska Press

Redwood National Park, North Coast State Parks, Smith River NRA
Trails Illustrated Topo Maps No. 218

Map of Prairie Creek, Del Norte Coast, Jedediah Smith Redwoods State Parks, North Coast Redwood Interpretive Association

Die Natur in den Redwood Parks

Geologie

Die Kunst der kreativen Kollision

Stellen Sie sich eine dick mit Eis bedeckte Bucht in der Arktis vor. Im Frühling, wenn es wärmer wird, bricht das Eis in große Schollen auseinander. Starke, beständige Winde blasen sie ans Ufer, wo sie sich auftürmen. Ein ähnlicher Prozeß führte zur Bildung der **Küstengebirge** in Nordkalifornien. Sedimente auf dem Meeresboden und das darunter liegende Fundament aus Basaltgestein wurden durch Magmaströme im Erdinnern an die Oberfläche gepreßt, und in Richtung der Nordamerikanischen Platte gestoßen. Das Basaltgestein wurde dann so tief unter die Nordamerikanische Platte gequetscht, daß es schmolz, wieder aufstieg und die granitigen ***Batholite*** der heutigen *Sierra Nevada* bildete. Die Meeresbodensedimente hingegen erlitten ein anderes Schicksal. Sie türmten sich – wie Eisschollen – am Rande des Kontinentes auf. Die gegenwärtigen Küstengebirge in Nordkalifornien entstanden aus der zuletzt hinzugekommenen "Scholle" aus Sandstein und Schlamm (*mudstone*).

Mit dieser Vorgeschichte überrascht es nicht, daß die Gesteine von Nordkalifornien zu den "verquirltesten" der USA gehören. Die hier zu findende **Komplexität** ist wahrscheinlich der Alptraum jedes Geologen, machte aber die Region zu einem Paradies für Kristallsucher und Gesteinssammler. Bis etwa 16 km ins Inland besteht ein großer Teil des Küstengebirges aus diesem Sandstein und ***siltstones***. Östlich dieser Linie findet man metamorphe Serpentine. Ebenfalls metamorphen Ursprungs sind die Schiefergesteine (*shists*) in der *Redwood Creek*-Region. An der ehemaligen Flußmündung des Klamath River (südlich der heutigen Stelle) liegt die ***Gold Bluff Formation***. Die in dieser Schicht gefundenen dünnen Goldpartikel, waren Auslöser des kalifornischen Goldrausches Mitte des 19. Jahrhunderts. Diese aus dem früheren Meeresboden entstandene reichhaltige Erde ernährt seit Millionen von Jahren die *Redwoods.*

Pflanzen und Tiere

Die Herren des Nebels

Verbreitung der Redwoods

Die ***Sequoias*** (*Redwood*, eine Gattung aus der Familie der *Taxodiaceae*) und verwandte Arten in der nördlichen Hemisphäre waren bereits in der Jura Epoche (vor 190-136 Mio. Jahren) weit verbreitet. Das milde, feuchte Klima des Tertiärs (vor 67-2 Mio. Jahren) war für sie ideal. Schleichende Klimaveränderungen führten jedoch in vielen Gebieten zu Dürreperioden im Sommer; die Temperaturunterschiede zwischen Sommer und Winter wuchsen.

Die Spezies verloren immer mehr an Boden. Nur drei Mitglieder der Familie *Taxodiaceae* überlebten in drei Regionen, in denen sowohl die Feuchtigkeit als auch milden klimatischen Bedingungen noch an das Tertiär erinnern. Der ***Coast Redwood*** (Küstensequoie, *Sequoia sempervirens*) gedeiht **im nebelgetränkten kalifornischen Küstengürtel** zwischen *Santa Cruz* und der Staatsgrenze zu Oregon (z.B. in den *Redwood National* und *State Parks* wie auch in weiteren *State Parks* weiter südlich). Der ***Giant Sequoia*** (Mammutbaum oder auch Riesensequoie, *Sequoiadendron giganteum*) hält die Stellung in der **Sierra Nevada** (z.B. *Yosemite, Sequoia* und *Kings Canyon National Parks*). Die dritte und kleinste Spezies, der ***Dawn Redwood*** (*Metasequoia glyptostroboides*) galt als ausgestorben, bis man 1944 noch intakte Bäume in einer einsam Region in China entdeckte.

Am Fuß einer 5 m dicken und 100 m hohen Coast Redwood zu stehen, ist ein besonderes Erlebnis

Lebensbedingungen der Redwoods

Der ***Coast Redwood*** wächst in einem 1,5 bis 16 km breiten Gürtel entlang der nordkalifornischen Küste und ist buchstäblich das herausragendste Mitglied der dortigen Pflanzenwelt. Da er den direkten Kontakt mit salzhaltiger Luft nicht verträgt, bildet die Sitkafichte oft eine Pufferzone zwischen *Redwoods* und Ozean. Nur wo sich die kühlen, feuchten Finger des Nebels durch die Täler ins Landesinnere schleichen, können *Redwoods* wachsen – manchmal sogar bis zu 120 km von der Küste entfernt. Am besten gedeihen sie entlang von Flüssen, in Schwemmebenen und in gut bewässerten Tälern. Der sommerliche **Nebel ist überlebenswichtig**; er wirkt kühlend und trägt ein Äquivalent von bis zu 30 cm Niederschlag während der Trockenperiode bei. Im Gegensatz zu anderen Nadelbäumen besitzt der *Coast Redwood* **keine Wurzelhaare**, um effizient die Bodenfeuchtigkeit aufzunehmen. Dadurch ist es ihm unmöglich, an trockeneren Orten Fuß bzw. Wurzel zu fassen.

Die höchsten Bäume der Welt

Die *Coast Redwoods* sind überaus gesunde Bäume und praktisch resistent gegen Pilzbefall und Insektenplagen. **Keine bisher bekannte Baumkrankheit** kann einem ausgewachsenen *Redwood* ernsthaft gefährlich werden (außer der *Profititis* mit der Holzindustrie als Virenträger). Dank einer dicken, harzfreien Rinde übersteht er sogar Feuersbrünste und überlebt Blitzeinschläge. Bei Verletzungen oder nach Überschwemmungen sprießt er erneut aus den sogenannten ***burls***, großen "Holzgeschwüren" am Stamm. Dank dieser Lebenskraft erreichen die Bäume unter entsprechend günstigen klimatischen Bedingungen unglaubliche Höhen. Mit 114,9 m (377 ft.) hält der bereits erwähnte ***Dyerville Giant Redwood*** den Rekord des höchsten je gemessen Baumes der Welt. Obwohl sie nicht so alt werden wie die massiven ***Giant Sequoias*** in der Sierra Nevada oder die *bristelcone pines* (Grannenkiefern) mit bis zu 4.900 Jahren, erreichen sie mit **2.200 Jahren** doch ein äußerst ehrwürdiges Alter.

Andere Arten

Die mächtigen Bäume sollten nicht ganz von kleineren Schönheiten ablenken: Auf dem feuchten Boden gedeihen u.a. viele Farne

An einigen Stellen haben die *Coast Redwoods* alle anderen Baumarten verdrängt. Sonst findet man *Douglas Fir, Sitka Spruce* (Sitka Fichte in Küstennähe), *western hemlock* (westamerikansche Hemlocktannen) und den *madrone* mit einer rötlichen Rinde. Trotz der Dunkelheit unter dem Walddach der Riesen gedeihen zahlreiche Pflanzen auf dem **Waldboden**. *Redwood sorrel* oder *oxalis* (Sauerkleeart) bildet dicke grüne Teppiche. *Sword ferns* (Schwertfarne) werden bis über 2 m hoch. Der einheimische Rhododendron blüht von etwa April bis Juli. Und für Schleckermäuler gibt es im Spätsommer verschiedenen Beerenarten: *thimbleberries,* eine Brombeerenart, *blackberries* und *huckleberries.*

Tiere im *Redwood Forest*

Lassen Sie sich nicht von der vermeintlichen Tierarmut im *Redwood Forest* täuschen. Mit ein bißchen Geduld und scharfem Blick werden Sie viele Tiere entdecken. Die über **350 Vogelarten**, die hier rasten oder heimisch sind, werden auch ehrgeizige Vogelliebhaber für eine Weile beschäftigt halten. Verschiedene *thrushes* (Drosseln), *winter wrens* (Zaunkönige) und *ospreys* (Fischadler) sind in den Schwemmebenen zu beobachten. Der blauschwarze *Steller's jay* (Haubenhäher), drei Arten *warbler* (Waldsänger), *ravens* (Raben) und *hawks* (Habichte) kommen im Park häufig vor. Eher selten sieht man den *great blue heron* (Blaureiher), *brown pelicans, pileated woodpeckers* (Schwarzspecht), *spotted owls* (Fleckenkäuze) und *marbled murrelets* (Marmelalken). Braun-graue *Douglas squirrel* (Hörnchenart) rasen die Bäume hinauf und hinunter. *Mountain lion, black bears* (Pumas, Schwarzbären) und *black-tailed deer* (Schwarzwedelhirsch, eine Unterart des Maultierhirsches/*mule deer*) bekommt man fast nie zu Gesicht. *River otter, mountain beaver* (Stummelschwanzhörnchen) und *minks* (Nerze) suchen die Nähe von Bächen und Flüssen. Das bekannteste Tier der *Redwood Parks*, das mit seinem Erscheinen oft für Verkehrsstaus sorgt, ist die majestätische Hirschart der *Roosevelt Elks*.

Die Roosevelt Elks haben sich an die menschlichen Besucher schon ziemlich gewöhnt – hier am Elk Prairie Loop Trail

An der Küste

Eine ganz andere **Tierwelt** findet man an der **Küste**. Hier haben Sie gute Chancen, Robben (*seals*) und Seelöwen (*sea lions*) beim Spiel, der Futtersuche oder beim Sonnenbaden zu beobachten. **Grauwale** (*gray whales*) kommen 2x jährlich auf ihrer Reise zwischen den Futtergründen in Alaska und den Geburtsstuben in der *Baja California* hier vorbei. Um diese gewaltigen Tiere zu sehen, sollten Sie entweder in der Zeit November bis Januar (südliche Wanderung) oder März bis Mai (nördliche Wanderung) nach ihnen Ausschau halten. An der Mündung des *Klamath River* wurde auch schon beobachtet, daß eine Gruppe von jungen Grauwalen das ganze Jahr dort verbringt.

Racoon (Waschbär)

Umwelt
Überlebende des Kettensägemassakers

Raubbau

Es überrascht nicht, daß die ausgezeichnete Qualität des *Redwood*-Holzes und die schiere Größe der Bäume seit ihrer Entdeckung Holzfäller angelockt hat. Die **Redwoodwälder** wurden nicht als lebendes Ökosystem betrachtet, sondern als willkommene Holz- und Geldquelle. Von den **ursprünglich mehr als 8.000 km^2** stehen heute – wie erwähnt – nur noch mickrige **280 km^2**. Und der Raubbau geht außerhalb der Schutzgebiete weiter – inklusive Kahlschlag. Die vielen ***logging trucks*** voller Baumstämme, die über den Hwy #101 donnern, sind Zeugnis für die offenbar anhaltende Nachfrage nach dem dauerhaften Redwoodholz und die ungebrochene Bereitschaft der Holzindustrie, sich den damit erzielbaren Profit nicht entgehen zu lassen.

Das Fällen der Bäume hat weitreichende **ökologische Folgen**. U.a. ist der bloßgelegte Boden vollständig der Erosion ausgeliefert mit der Folge, daß weggespülte Sedimente Bäche und Flüsse langsam versanden. Das wiederum führt zu einer Reduzierung der Laichplätze für Lachse. Die Lachspopulation hat bereits drastisch abgenommen.

Jüngste Erfolge

Immerhin wurden in jüngster Zeit erhebliche Anstrengungen zur Renaturisierung des Gebiets unternommen. Allein die Verwaltung des *Redwood National Park* hat in den letzten Jahren etwa **1,4 Mrd US$ für den Ankauf zusätzlicher Areale ausgegeben**, darunter auch degradierte und zum Teil bereits kahlgeschlagene Zonen. Ein Jahresetat von US$45 Mio steht für laufende Maßnahmen zur Verfügung. Zum Beispiel wurden eine Sägerei am *Redwood Creek* entfernt, Waldstraßen stillgelegt und mit der Wiederaufforstung begonnen. In den Schutzgebieten wächst in vielen Bereichen, wo die Bäume schon verschwunden waren, wieder ein junger *Redwood Forest* heran.

Auch **die Laichgründe erholen sich** langsam. *Chinook* und *silver salmon* (Königs- und Silberlachs) sind wieder zu einigen ihrer alten Laichplätze zurückgekehrt.

Kahlschlag und Aufforstung: eine Erfolgsstory

Bevor die Europäer über Nordkalifornien hereinbrachen, bedeckten riesige *Redwood Forests* die Küstengebirge. Die ersten Holzfäller sahen darin ein **unerschöpfliches Holz-Reservoir**. Denn zwei erfahrene Axtschwinger brauchten mindestens 5 Tage, um einen dieser Baumriesen zu fällen. Aber dann wurden die Kettensägen erfunden. Das "rote Gold" der Küste krachte immer schneller auf die Erde. Als sich in den 50er- und 60er-Jahren des 20. Jahrhunderts das Tempo der "Ernte" stark beschleunigte, wurden vermehrt Stimmen laut, die den Schutz der verbliebenen Wälder forderten. Es dauerte aber noch mehrere Jahre, bis der amerikanische Kongress 1968 den ***Redwood National Park*** aus der Taufe hob.

Das Gebiet des neuen Nationalparks war mitnichten eine jungfräuliche Wildnis. Die **Folgen des bereits über ein Jahrhundert währenden Raubbaus** waren überall zu spüren. Im *Redwood Creek* Basin, gerade außerhalb des Parks, wurde weiter gerodet, obwohl allgemein bekannt war, daß dieses Flußtal besonders erosionsgefährdet ist. Übrig blieb ein Schlachtfeld, eine öde, baumlose Landschaft, durchschnitten von mehreren 1.000 Meilen Waldstraßen für die *Logging Trucks*. In Winterstürmen können dort bis zu 250 cm Regen fallen. Keine Pflanzendecke war mehr da, die den Boden vor der Wucht der Wassermassen schützte; die Erosionsrate stieg auf über 3.000 t pro km^2 und Jahr. Die Flüsse und Bäche schwemmten das erodierte Material in und durch den *Redwood National Park*. Die Schlamm- und Erdmassen verbreiterten die Bachbetten und zerstörten die Lebensräume der Fische. Die Lage mußte erst katastrophale Ausmaße annehmen, bis auch die Politiker einsahen, daß vielleicht doch etwas unternommen werden sollte.

1978 verabschiedete der Kongreß den ***Redwood National Park Expansion Act***, als dessen Konsequenz zur ursprünglichen Fläche von 235 km^2 (58.000 acres) 194 km^2 (48.000 acres) hinzugefügt wurden. Ein Novum für einen Nationalpark: Ein großer Teil der zugekauften Flächen war Kahlschlaggebiet! Zusätzlich richtete man eine 121 km^2 (30.000 acres) große **Pufferzone im *Redwood Creek Basin*** ein. In dieser Zone arbeiten die *Ranger* des Nationalparks eng mit den Landbesitzern und Holzfällern zusammen, um stromabwärts gelegenes Parkgelände zu schützen. Aber allen Beteiligten war klar, daß auch diese Maßnahmen nicht genügten. Die unzähligen Waldstraßen und Traktorspuren sorgten weiter für Erosion. Die tonnenschwere Kahlschlagmaschinerie verdichtete den Boden, die oberste Erdschicht ging verloren und die Pflanzendecke wurde vernichtet. All dies veränderte die Absorption und den natürlichen Fluß des Wassers. Ständige Erdrutsche waren die Folge.

Daher begann man mit einem ehrgeizigen **Rehabilitationsprojekt** zur Erosionskontrolle. Das Endziel war die Wiederherstellung eines gesunden, natürlichen Waldes, des Flußsystems und der Lebensgemeinschaften. Unnötige **Straßen wurden entfernt** und die Landschaft den ursprünglichen Konturen angepaßt, Bäche und Flüsse in ihre historischen Wasserläufe zurückverlegt. Man errichtete Wasserbarrieren, deckte gefährdete Stellen mit Stroh ab und befestigte sie.

Schließlich war alles vorbereitet für die stärkste Waffe gegen die Erosion: die **Wiederbegrünung**. Pflanzen mit einem feinverteilten faserigen Wurzelwerk sollten die Erdoberfläche zusammenhalten. Große Oberflächenwurzeln hindern Steine am Wegrollen, während andere Pflanzen den Boden mit ihren tiefergehenden Wurzeln fest verankern. Eine andere, niedriger wachsende Vegetation fängt die Wucht des Regens auf. Zu guter Letzt werden Bäume wie Roterlen, Douglastannen und – natürlich – *coast redwoods* gepflanzt.

Diese Maßnahmen waren so erfolgreich, daß Förster aus aller Welt den Nationalpark besuchen. Es wird zwar noch einige Jahrhunderte dauern, bis auch die letzten Narben des Raubbaus verschwunden sein werden und *Redwood Forests* wieder große Flächen bedecken, aber das Projekt ist ein mutiger Schritt zur Wiederherstellung eines der beeindruckendsten Ökosysteme in Nordamerika.

Gefährdete Arten
Rotbeinige Frösche und scheue Fische

Vielfältige Lebensräume

Dank der Topographie und des besonderen Klimas findet man in den *Redwood Parks* überraschend vielfältige Lebensräume. Viele dieser **Habitate** sind Zufluchtsorte für bedrohte und gefährdete Tier- und Pflanzenarten. *Sperm whales* (Pottwale), *right whales* (Glattwale), *gray whale*s (Grauwale), *finback whales* (Furchenwale) und *humpback whales* (Buckelwale) ziehen alljährlich an der **Küste** vorbei. Auch der seltene Fisch *tidewater goby*, eine Grundelart, und die *Steller's sea lions* leben im Meeresgebiet vor Nordkalifornien.

Vogelarten

In die **Dünen und Lagunen** zieht es **seltene Vögel**, wie den *brown pelican*, die *Aleutian canada goose (*Kanadagans - Lakes Earl/Talawa), den *bald eagle* (Weißkopfseeadler entlang der Flüsse) und den *peregrine falcon* (Wanderfalken). In der Dünenlandschaft brütet auch der rarer werdende *western snowy plover* (Schneeregenpfeifer). Der *marbled murrelet* (Marmelalk) und der *northern spotted owl* (Fleckenkauz) geben sich nur mit intaktem **Urwald** *(old-growth forest)* zufrieden, allenfalls noch mit alten, urwaldähnlichen Sekundärwäldern.

Rote Listen

Alle diese Tiere finden sich auf der landesweit geltenden Liste für bedrohte und gefährdete Arten. Daneben gibt es im Park noch manch andere Bewohner, die auf den **roten Listen des *State of California*** auftauchen *(threatend, endangered, of special concern)*. Da sind etwa der *osprey*, der *black-shouldered kite* (Weißschwanzaar), *northern harrier* (Hudsonweihe), verschiedene Falken-, Habicht- und Eulenarten sowie der *merlin*. Die *pallid bat* (blasse Fledermaus) und die *Townsend's western big-eared bat* (Fledermausart) leben in Höhlen, hohlen Baumstämmen oder in alten Minentunneln und verfallenen Gebäuden. Schlecht sieht es für einige Amphibien und Reptilien aus, z.B. die *western pond turtle* (Schildkröte), den *Del Norte salamander*, den *tailed* und *northern red-legged frog* (Froscharten).

Konsequenzen

Soll man sich jetzt freuen, daß hier noch so viele bedrohte Kreaturen vorkommen? Oder beklagen, daß viele von ihnen am Rande des unwiderruflichen Abschieds stehen? Tatsache ist, daß außerhalb der Schutzgebiete die Lebensräume dieser Tiere weiterhin großflächig zerstört werden. **Viele Tierarten brauchen aber weiträumig intakte Landschaften zum Überleben**. Um ihre Existenz langfristig zu sichern, darf man sich nicht nur auf den Schutz durch *National* und *State Parks* verlassen. Die Idee des Umweltschutzes muß auch außerhalb der Parkgrenzen umgesetzt werden, z.B. in den Wäldern, in den Städten, in der Landwirtschaft und im täglichen Leben.

Der Artenschutz wird in den USA oft konsequenter angewendet als bei uns: eingezäuntes Nest eines Snowy Plover (Schneeregenpfeifer)

Old-growth forest: Was den Wald zum Urwald macht

Im Laufe der letzten Jahre und sogar Jahrzehnte standen in den USA Urwälder (*old-growth forests*) im Zentrum des Interesses von Umweltschutzverbänden, Gerichtsprozessen, Regierungsstudien – und Kettensägen. Für viele sind sie **einmalige Ökosysteme, Quellen der Inspiration und Inbegriff des Magischen in der Natur**. Für andere sind sie Holz, Dollars und Jobs. Für die Tiere und Pflanzen sind sie schlicht ihr Zuhause. Der Fleckenkauz oder der Marmelalk sind beispielsweise ohne den Urwald zum Aussterben verdammt.

Was ist eigentlich ein Urwald? Nach einigen hundert Jahren ungestörten Wachstums entwickelt ein Wald bestimmte Eigenschaften, welche ihn von einem von Menschen genutzten Wald, wie er bei uns in Mitteleuropa überwiegend zu finden ist, deutlich unterscheiden. Da sind einmal die großen, alten lebenden Bäumen. **Alte und junge Bäume** verschiedener Arten wachsen nebeneinander, wobei ihre Kronen mehrere "Stockwerke" bilden. Die alten Bäume sind häufig mit Moos und Flechten bedeckt. Die Feuchtigkeit des feinen Nebels kann mit Hilfe des mehrstufigen Laubdaches gespeichert werden. Eine Vielzahl von Blumen, Kräutern und Büschen bildet das Untergeschoß *(understory)*. Stellen Sie sich als Kontrast eine 10-jährige Rottannenplantage vor, wie sie in Mitteleuropa gang und gäbe ist. Die dünnen, hohen Stämme der gleichaltrigen Bäume stehen dicht gedrängt nebeneinander – wie Spaghetti in einer Dose. Kaum ein Quentchen Sonnenlicht erreicht den nadelbedeckten Boden, kaum eine Blumen kann hier wachsen, und Tiere sind an diesem ungastlichen Ort nur selten zu finden.

Es gibt noch weitere Kriterien für einen Urwald wie z.B. große, tote Bäume. Diese **Baumskelette *(snags)*** können über 200 Jahren aufrecht stehen bleiben. Mit der Zeit verlieren sie immer mehr Zweige und Äste. Damit erreicht mehr Sonnenlicht den Boden, was vielen Baumsprößlingen das Wachstum erst ermöglicht. Baumskelette sind **die am intensivsten genutzten Objekte** im Wohnungsmarkt des Urwaldes. Fischadler bauen ihr Nest zuoberst auf der Baumspitze. Eine große Zahl von Vögeln zieht ihre Jungen in den Baumhöhlen auf. *Raccoons* (Waschbären), *skunks* (Stinktiere) und *bobcats* (Rotluchse) verkriechen sich bei schlechtem Wetter in großen Löchern oder Mulden im Stamm, und Schwarzbären haben manchmal ihren Bau in einer Erdhöhle zwischen den Baumwurzeln. Eine Studie zeigte, daß bis zu 79 Tierarten ihre Jungen in diesen *snags* aufziehen. All dies ist in gesunden Bäumen unmöglich. Ein Baum hat damit zum Zeitpunkt seines (natürlichen) Todes gerade erst die Hälfte seiner ökologischen Funktion erfüllt.

Früher oder später fallen die ***snags*** um – und jetzt wird`s erst richtig interessant. Während der **200 bis 500 Jahre dauernden Verwesungszeit** dient der Baumrest unzähligen Insekten, Würmern, Vögeln und Säugetieren als Unterschlupf oder Nahrung. *Pacific tree frogs* (Laubfrösche) und verschiedene Salamanderarten finden zwischen der sich ablösenden Rinde und dem Holz Unterschlupf. Zaunkönige bauen ihre Nester im Wurzelgeflecht. *Blue grouse* (Rauhfußhuhnart) und *snowshoe hares* (Schneeschuhhasen) verstecken sich gerne in gut geschützten Mulden unterhalb des liegenden Stammes. S*quirrel* (Hörnchen) vergraben ihre überzähligen Samen im weichen Holz. Nährstoff wie etwa Phosphor werden wieder freigesetzt. Die Baumleichen sind auch **Wasserspeicher** – manchmal läßt sich das vermodernde Holz wie ein Schwamm auswringen. Dieses Wasser ist mit den in ihm aufgelösten Nährstoffen während Trockenzeiten Gold wert. Wenn tote Bäume aus Wäldern weggepflegt werden (wie es ja vielerorts in Europa üblich ist) verschwinden damit – gemäß einer Studie – auch mindestens 20% der Tierarten.

Einen Urwald erkennt man auch an den **Bächen und Flüssen**. Diese sind nicht durch Ingenieure perfekt geformte und sauber gepütztelte Kanäle, sondern **ein wunderbares Chaos**. Baumstämme fallen eben auch in den Bach. Dank dieser natürlichen Blockaden entstehen abwechselnd Teiche und Stromschnellen, was dem Leben im Fluß nur förderlich ist. Fische finden geschützte Laichplätze. Mineralien und andere Bodennährstoffe werden in stillen "Badewannen" deponiert, statt flußabwärts fortgespült zu werden. Hinuntergeschwemmte Äste, Nadeln und Blätter werden von den natürlichen Barrikaden aufgehalten und von Mikroben an Ort und Stelle wiederverwertet. Bis zu 85% des organischen Materials in Waldbächen kann von gefallenen Bäumen herrühren.

Das also macht den Wald zum Urwald: mehrere Stockwerke mit Bäumen unterschiedlichen Alters, große stehende Baumskelette, große gefallene Baumstämme und tote Bäume in Bächen und Flüssen. Einzelne dieser Merkmale können auch in jüngeren Wäldern vorkommen. Aber nur der Urwald hat sie alle. Mit dieser **"Ur-Check-Liste"** können Sie einen Urwald leicht von einem herkömmlichen Wald unterscheiden. Mit der Zeit "sieht" man den Urwald nicht nur, man "spürt" ihn. Leider stellt man dabei auch fest, wie wenig Urwald wir in Mitteleuropa noch haben.

Früher oder später fragen sich viele Besucher eines *Redwood Forest*, was denn die riesigen Stämme vor dem Umstürzen bewahren mag? Ganz einfach: die Giganten haben sich zu einem ***Joint Venture*** zusammengeschlossen. Indem sie ihr flaches Wurzelsystem miteinander verflechten, stabilisieren sie sich gegenseitig. Wenn ein Baum entfernt wird, werden seine Nachbarn viel anfälliger fürs Umkippen.

Noch eine interessante Geschichte: Manchmal ließen Holzfäller einzelne alte Bäume stehen. Diese verloren aber schon bald ihre Äste, litten unter Wurzelzerfall und fielen schließlich Stürmen zum Opfer. Was war passiert? Der fast vollständige Kahlschlag hatte das Klima um den Baum verändert. Statt angenehm kühl und feucht war es plötzlich heiß und trocken, auch war der Baum nun viel stärker der Erosion und dem Wind ausgesetzt. **Alleinstehende *Redwood*-Bäume starben innerhalb von 15 Jahren**. Sie können nur gedeihen, wenn sie Teil eines Waldes mit seinem eigenen Mikroklima sind.

Nur langsam realisieren wir, wie wenig wir über die komplexen Zusammenhänge in einem Wald wissen. Die Diskussionen um die Gründe des Waldsterbens hat dies recht deutlich gezeigt. Was die Natur während vieler tausend Jahre schuf, kann heute innerhalb weniger Tage vernichtet werden. Die Holzindustrie argumentiert, daß die verschwundenen Wälder wieder aufgeforstet würden. Nur ersetzt eine Baumplantage keinen Urwald. Wenn`s so einfach wäre!

Umgestürzte, verrottende Bäume gehören zu jedem gesunden Wald

Der Marmelalk oder: warum ein Meeresvogel auf Urwald angewiesen ist

Jahrzehntelang gelang es keinem Ornithologen, das Geheimnis des Marmelalks (*Brachyramphus marmoratus marmoratus*) zu lüften. Der kleine Meeresvogel wurde zwar häufig an der nordkalifornischen Küste gesichtet, aber **niemand wußte, wo er nistete**. Erst 1974 entdeckte ein Waldarbeiter zufällig ein Nest dieses Vogels. Es befand sich 45 m über dem Erdboden in einer gewaltigen Douglastanne, 8 km vom Ozean entfernt. Wie sich herausstellte, nisten diese Vögel nur in Nadelbäumen eines küstennahen Urwaldes. Die Höhe der alten Bäume schützt sie vor Räubern und macht auch das Landen und Starten einfacher für die eher rundlichen und plumpen Vögel. Und nur die Urwaldriesen haben die breiten Äste, die sie für ihr Nest brauchen. Da die ***marbled murrelets*** nur unter dem Schutz der Dunkelheit – also frühmorgens und spätabend – zwischen dem Ozean und dem Urwald hin- und herfliegen, erstaunt es nicht, daß ihre Nistgewohnheiten lange ein Rätsel blieben.

Marbled murrelets gehören wie die *puffins* (Papageientaucher) und die Trottellummen zu der **Familie der *Alcidae* (Alken)**. Der kleine Meeresvogel wird etwa 25 cm lang und paßt sein Gefieder der Jahreszeit an: im Winter ist es oben dunkelgrau und unten weiß, während es im Sommer braun und weißgrau marmoriert, eben *marbled* ist. Die Vögel haben Schwimmfüße, scharfe schwarze Schnäbel und spitze Flügel. Man sieht sie meist alleine. Ihre Nahrung holen sie sich an der Küste, in Flußmündungen und Kanälen: kleine Fische wie Heringe oder wirbellose Tiere. Mit ihren schmalen, kräftigen Flügeln können sie mühelos unter Wasser schwimmen.

Zum **Nisten** fliegt der Vogel bis 80 km weit ins Landesinnere. In den Baumwipfeln des Urwalds sucht er natürliche Plattformen wie moosbedeckte breite Äste, einen Mistelklumpen oder ein geeignetes, verlassenes Vogelnest. Auf Redwoodbäumen wird`s ein bißchen spartanisch, denn dort wächst normalerweise kaum Moos, so legen die *murrelets* ihr Ei direkt auf den blanken Ast. Um ihr "Nest" vor Regen, Sonne und Räubern zu schützen, plazieren sie es unter einen überhängenden Ast. (Ein kleiner Prozentsatz dieser Spezies brütet auch in der Tundra Alaskas oder auf Gletschermoränen.) Das Weibchen legt ein **einziges, blaßgrünes Ei** mit braunen Tupfen.

Mit scharfem Auge oder einem guten Feldstecher sieht man die Vögel manchmal in der Dämmerung in und über den Bäumen kreisen. Dabei stoßen sie ein lautes, hohes "Keer keer" aus, ähnlich wie eine Möwe. Das Elternpaar wechselt sich alle 24 Stunden beim Brüten ab, immer vor der Morgendämmerung. Bis die Sonne aufgeht, wird der abgelöste Vogel bereits die Küste erreicht haben.

In Kalifornien fliegt der Marmelalk auch außerhalb der Brutzeit von April bis September zwischen beiden Habitaten hin und her. Während etwa 30 Tagen wird das Ei von den Eltern ausgebrütet, dann muß der Nistling für weitere 30 Tage gefüttert werden. Anschließend wird der Jungvogel sich selbst überlassen: eines Tages springt er von seinem Ast und fliegt direkt zum Ozean in ein selbständiges Leben.

Wegen ihrer **Abhängigkeit von Urwäldern** ist der Bestand des *marbled murrelet* dramatisch gesunken. In Kalifornien, wo 90% der Urwälder bereits zerstört wurden (und die Existenz der restlichen 10% in Frage gestellt ist), fiel die Zahl dieser Meeresvögel von einst etwa 60.000 auf 8.000, anderen Berichten zufolge sogar auf nur 2.000-3.000. Die Schätzungen sind ungenau, denn die Vögel nisten nur in alten, hohen Nadelbäumen. Die Äste von "Baumjünglingen" unter 175 Jahren sind einfach zu schmal, um ein Ei darauf zu legen.

Leider verfangen sich immer wieder Vögel im Ozean in feinmaschigen Schleppnetzen. Da sie viel Zeit im Wasser verbringen, sind sie auch durch Öl gefährdet. Ein Tankerunglück am "falschen" Ort könnte die kleine kalifornische Population leicht vernichten. Die motorisierten, lärmenden Wassersportarten, die verstärkte Besiedelung der Küste etc. vertreiben sie ohnehin von ihren Jagdgründen.

1992 wurde der Marmelalk vom kalifornischen Staat zur gefährdeten *(endangered)* Tierart erklärt. Im selben Jahr listete die Bundesregierung die Unterart als bedroht *(threatened)*. In der Zwischenzeit ist eine Kontroverse entstanden, ob der Schutz von Urwald genügt, oder ob auch das Meeresumfeld geschützt werden muß. Einige wohl eher der Holzindustrie nahestehende Kritiker finden es unnötig, die Nistplätze im Urwald speziell zu schützen. Sie argumentieren, daß die Gebiete, die man zum Schutz des Fleckenkauzes separiert hat, auch dem *marbled murrelet* zu gefallen haben. Und das, obwohl dort das Holzfällen (!) und andere störende menschlichen Aktivitäten, die den Vogel vertreiben können, erlaubt sind. Auch lockt der Holzschlag die natürlichen Feinde der *marbled murrelets* an, wie zum Beispiel Raben, Krähen und Haubenhäher, was dem Überleben der Spezies nicht gerade förderlich ist.

WANDERN

Die besten Wanderungen in den Redwood Parks

Südlicher Teil: Region *Prairie Creek*

No	Trailbezeichnung	Länge	Schwierigkeit	Kurzbeschreibung
1	***Elk Prairie Rundweg***	4,9 km	leicht	Auf einem Naturlehrpfad geht es am *Prairie Creek* entlang und um die *Elk Prairie* herum. *Roosevelt Elks* sind oft in Sichtweite.
2	***Brown Creek Trail***	5,3 km	mittel	Vielleicht die beste der kürzeren Rundwanderungen: Majestätische *Redwood*-Haine und grüne Vegetation.
3	***Fern Canyon – Miners Ridge***	17,9 km	mittel	Urwald, Sekundär-Wald, Flüsse, ein Canyon voller Farne und Strand.
4	***West Ridge – Coastal Trail – Miners Ridge***	25,4 km	mittel	Mehrtageswanderung, ➪ Beschreibung unten

Mittlerer Teil: Region Klamath

5	***Hidden Beach Trail***	11,5 km	mittel	Eine der besten Küstenwanderungen: blühende Wildblumenwiesen, Urwald bis ans Meer, einsamer, wilder Strand, Meeressäuger.

Nördlicher Teil: Region *Jedediah Smith State Park*

No	Trailbezeichnung	Länge	Schwierigkeit	Kurzbeschreibung
6	***Stout Grove***	9,4 km	leicht	Am Ufer des Smith River entlang zu einem der schönsten *Redwood* Bestände im Urwald.
7	***Mill Creek – Nickerson Ranch Trail***	16,8 km	mittel	Entlang eines kleinen Nebenarmes des *Smith River* in einen abgelegeneren Teil der *Redwood*-Wälder.

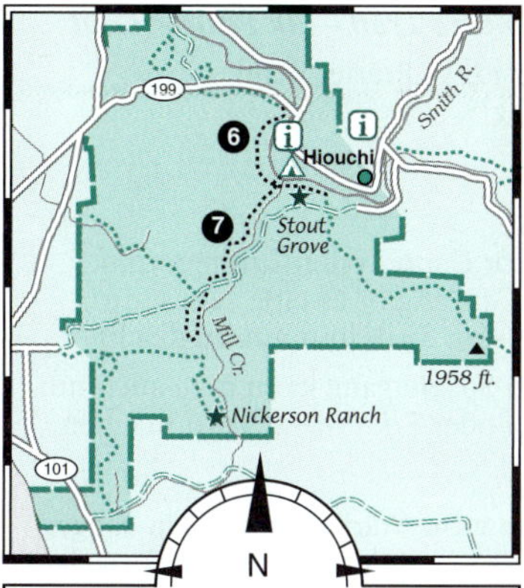

Jedediah Smith
Redwoods State Park

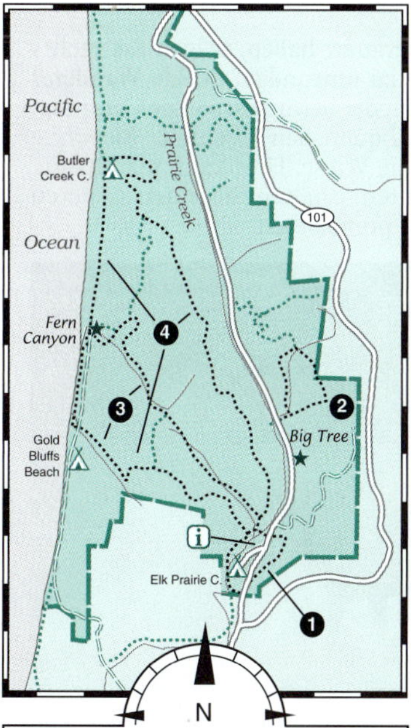

Prairie Creek
Redwoods State Park

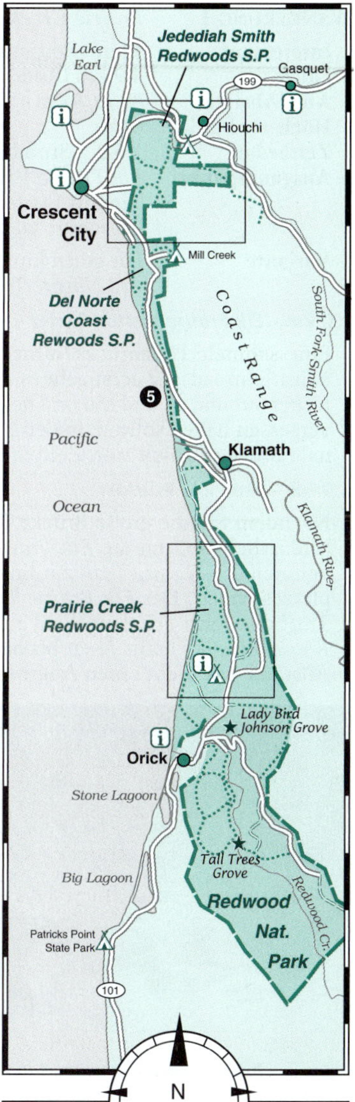

Redwood Parks

Wanderung 1 ***Prairie Creek Nature Trail – Elk Prairie Trail***

Interessant	Tiere (*Roosevelt elks*), Prärie, Wald
Länge	4,9 km (Rundweg)
Auf-/Abstieg	88 m/34 m
Höchster Punkt	61 m
Zeitbedarf	1,5-2,5 Stunden
Ausgangspunkt	*Elk Prairie Visitor Center* oder *Campground* **Tip**: Im *Visitor Center* gibt es eine sehr gute Broschüre zu diesem *Trail* (nur auf Englisch)
Variante	Für einen kurzen Spaziergang kann man auch nur den *Nature Trail* oder *Elk Prairie Trail* machen.

0,0 km - *Elk Prairie Visitor Center*

Eine schmale Holzbrücke führt Sie zum Start dieses 2 km langen Naturlehrpfades. Zuerst geht es – dem Lauf des *Prairie Creek* nach – locker auf und ab und hin und her. Falls Sie Ihr Buch oder die Kamera vergessen haben sollten: in der Nähe des Stops #14 führt eine saisonale Brücke zurück zum Zeltplatz.

1,9 km - Stop 24, Brücke

Nachdem Sie die große Brücke überquert haben, biegen Sie rechts (südöstlich) ab, um die *Elk Prairie* zu umrunden. (Müde Wanderer nehmen den *Nature Trail* zur linken, der beim *Site* 65 des Campingplatzes endet). Der *Elk Prairie Trail* quert den *Jogging & Bicycling Trail* und führt aus dem Wald auf die Wiese. Hier kann man häufig *Roosevelt elks* beim Äsen beobachten – halten Sie einen sicheren Abstand, um nicht einen Angriff zu provozieren.

Die Roosevelt Elks (Hirsche) sind die größten Säugetiere im Park. Die besten Chancen, sie zu beobachten, bestehen beim Elk Prairie Campground, bei der Gold Bluffs Beach und der Big Lagoon

2,5 km - Parkstraße

Auf der anderen Straßenseite geht es wieder in den Wald hinein, dann gemächlich bergauf, bald mit Aussicht über die *Elk Prairie*. Hier stehen u.a. *redwoods*, *Sitka spruce*, *western hemlock* und *big leaf maples* (Grossblättriger Ahorn), und im Unterwuchs *sword fern* (Schwertfarn) und *California bay laurels*, eine Lorbeerart. Der Weg führt mit einigen Auf und Abs an Wiesen und *redwoods* vorbei, und passiert schließlich das Wohnviertel der *Park Ranger*.

4,3 km - *Cathedral Trees* Kreuzung

Hier nach links abbiegen (nachWesten). Der Weg durchquert einen kleinen Tunnel unter der Parkstraße und bringt Sie zurück zum

4,9 km - *Elk Prairie Visitor Center*

Wanderung 2 — *South Fork – Rhododendron – Brown Creek Trail*

Interessant	Pflanzen, gurgelnde Bäche, kühle Redwood-Haine
Länge	5,3 km (Rundweg - Favorit der Autoren!)
Auf-/Abstieg	177 m
Höchster Punkt	256 m
Zeitbedarf	2-3 Stunden
Ausgangspunkt	Ca. 2 mi nördlich des *Elk Prairie Visitor Center* auf der Ostseite des *Drury Scenic Parkway*.

0,0 km - *South Fork Trailhead*

Nur wenige Schritte abseits der stark befahrenen Parkstraße taucht man in die Ruhe des Urwalds ein. Der Weg windet sich entlang des *Brown Creek* durch *Redwood*-Giganten, deren Baumkronen wie Berggipfel in den blauen Himmel ragen. Der Waldboden ist dicht mit *sword* und *deer fern* (Schwert- und Rippenfarn), *salal* und anderen Pflanzen bedeckt. Eine üppige Vegetation gedeiht auch am Bachufer.

0,3 km - *Brown Creek Trail Kreuzung*

Geradeaus weiter. Der Weg klettert einen Hang hinauf und verläßt den *Brown Creek*. *Redwood sorel*, eine Sauerkleeart, *trillium* (Dreiblatt, Waldlilie), und *huckleberries* wachsen dort. Ein paar Spitzkehren bringen Sie auf einen Grat, dann wird der Weg wieder eben.

1,4 km - *Rhododendron Trail*

Links abbiegen. Im Frühling verzaubern die pinkfarbenen Blüten der Rhododendren den dunklen Wald. Auf engen Kurven geht es steil wieder abwärts und anschließend auf und ab, an großen *Redwoods* vorbei. Nach der Überquerung einer Holzbrücke über den *Brown Creek* verläuft der Weg einigermaßen eben.

3,3 km - *Brown Creek Trail*

Links abbiegen und weiter am gurgelnden *Brown Creek* entlang, der sich durch dichte Farnbestände windet. Ein kleiner, aber lohnender Abstecher führt Sie über eine alte Holzbrücke nach links zu einem eindrucksvollen *redwood grove.* Dieser Ort wurde *Carl Schenck*, dem Gründer der ersten amerikanischen Forstschule, gewidmet. Auf der Plakette zu seinen Ehren steht das schöne Zitat: *Forestry is a great thing, but love is better* (Forstwirtschaft ist gut, aber Liebe noch besser). Von den vielen Meilen, die wir durch die *Redwood Parks* wanderten, hat uns dieser Abschnitt am besten gefallen. Delikate *iris* (Schwertlilie, Iris) und *huckleberries* gedeihen am Bachufer. Bei der nächsten Kreuzung rechts (nach Westen) abbiegen und

5,3 km - *zurück zum South Fork Trailhead*

WANDERUNG 3 — *James Irvine Trailhead–Fern Canyon–Miners Ridge*

Interessant	Wald, *Fern Canyon*, Strand, Küste
Länge	17,9 km (Rundweg)
Auf-/Abstieg	216 m
Höchster Punkt	183 m
Zeitbedarf	6-8 Stunden
Ausgangspunkt	*Elk Prairie Visitor Center*
Variante	Beim Pazifik wieder durch den *Fern Canyon* zurück, dann aber rechts (südwestlich) auf den *Clintonia Trail* abbiegen und via *Miner's Ridge Trail* zum *Visitor Center* zurückkehren.

0,0 km - *Elk Prairie Visitor Center*

Nach kurzer Wegstrecke auf der anderen Seite der Brücke über den *Prairie Creek* (hinter dem *Visitor Center*) stehen Sie mitten in einem uralten *redwood forest*. Neben *redwoods* mit einem Durchmesser von über 5 m wachsen auch *Sitka spruce*, *Douglas fir*, *maple* (Ahorn) und einige *tan oaks*. Der Pfad *(James Irvine Trail)* schlängelt sich Richtung Nordwesten durch die Baumriesen, bleibt aber in der Nähe des *Godwood Creek*. Je tiefer Sie in das Tal eindringen, desto leiser wird das Gurgeln des kleiner werdenden Flusses. Ohne Mühe erreicht man die Wasserscheide (höchster Punkt der Wanderung), und auf der anderen Seite geht es sachte abwärts zum Ozean. Der *Clintonia Trail* zweigt links (Südwesten) ab. Folgen Sie weiterhin dem *James Irvine Trail* auf den Spuren von Tausenden von Goldsuchern, die 1851 ihr Glück an der Mündung des Home Creek suchten.

6,3 km - *Baldwin Bridge*

Wo ein Bach von Norden in den Home Creek fließt, überquert die *Baldwin bridge* eine tiefe, enge Schlucht. In der Mitte der Brücke laden Sitzplätze zur Rast ein. Das Rauschen eines nahen Wasserfalls, das Gurgeln des Flusses und rundherum Urwald –welch ein Plätzchen! Kurz darauf zweigt der *Friendship Ridge Trail* nach rechts (Norden) ab, unser Weg führt aber weiter nach Westen zum Ozean. Die nächste Abzweigung nach links bringt Sie über ein paar steile Stufen durch einen Erlenwald hinunter zum *Fern Canyon*. Ein wenig talaufwärts liegt die *Alexander Lincoln Prairie*, wo die *Gold Bluffs*-Zeltstadt in den Goldrauschjahren um 1850 stand.

7,1 km - *Fern Canyon*

Ein weiterer Höhepunkt: Der Home Creek mäandriert hier durch eine enge, wilde Schlucht mit 15 m hohen, dicht von Farnen überwachsenen Wänden. *Sword fern* (Schwertfarn), *deer fern* (Rippenfarn), *wood, five-finger* (Fünffingerfarn) und *lady fern* – vielleicht entdecken Sie noch mehr Arten? Um diesen magischen Ort richtig zu erleben, gibt`s nur eins: `rein ins Wasser und durch den Flußs waten (je nach Wasserstand bleibt Ihnen sowieso nichts anderes übrig). Je näher Sie der Mündung kommen, um so mehr Leute werden Ihnen begegnen, gibt es doch einen Parkplatz ganz in der Nähe. Für ein kurzes Stück muß man der Straße nach Süden folgen, kann aber beim kleinen Parkplatz nach rechts zum Strand hinunterlaufen.

7,6 km - Strand

Auf dem James Irvine Trail

Weg mit den nassen Schuhen und barfuß weiter! Für ca. 2 km geht es jetzt über den Sandstrand nach Süden. Manchmal wird man von neugierigen Robben aus dem Wasser beobachtet. Nach ca. 30 min. sollten Sie Ausschau halten nach dem *Beach Campground* (hinter einer Düne - mit WC). Vom Zeltplatz aus geht`s für ein paar hundert Meter nördlich über die Straße zum *Miners Ridge Trail*, welcher rechts (südöstlich) von ihr abzweigt. Dieser Weg folgt zuerst dem *Squashan Creek* durch Sekundärwald. Nach etwa 1,6 km dreht er nach Nordosten und erklimmt die *Miners Ridge*. Riesige *Redwoods* wachsen auf beiden Seiten des Pfades.

13,9 km - *Miners Ridge*

Dort zweigt auch der *Clintonia Trail* nach links ab - gehen Sie weiter geradeaus. Auf der Südseite erkennt man eine Lichtung ohne richtig große Bäume, ein sich langsam erholender Kahlschlag der 60er-Jahre. Nun geht es (fast) nur noch abwärts! Kurz vor dem *Visitor Center* stoßen Sie auf den *Nature Trail* (dort ist uns ein Schwarzbär begegnet!). Nach links geht es über die Brücke zum *Visitor Center* und nach rechts zum *Campground*.

17,9 km - zurück am *Elk Prairie Visitor Center*

WANDERUNG 4 — *West Ridge – Coastal Trail – Miner's Ridge*

Interessant	Wald, Strand, Küste, Canyon
Länge	25,4 km (Rundweg)
Auf-/Abstieg	317 m
Höchster Punkt	256 m
Zeitbedarf	7-10 Stunden, **besser 2 Tage *backpacking***
Ausgangspunkt	*Prairie Creek Visitor Center*

Ab dem *Visitor Center* folgt der Weg einem nach Norden laufenden Hügelkamm durch Urwald (*coast redwoods*) und *Douglas fir*. Nach vielem Auf und Ab steigt der Pfad zum Pazifik hinunter. Übernachten kann man im ***Butler Creek Campground***.

Häufig hält sich eine Herde *Roosevelt elks* am Strand auf. Folgen Sie am nächsten Tag der Küste nach Süden bis zum spektakulären *Fern Canyon* (➪ Seite 129). Der Pfad windet sich durch den *Canyon* und bringt Sie auf dem *James Irvine Trail*, der Hauptroute der Goldsucher Mitte des 19.Jahrhunderts, zurück zum *Visitor Center*.

WANDERUNG 5 — *Klamath Overlook – Hidden Beach Trail*

Interessant	Strand/Hidden Beach, Küste, Blumen, Tiere
Länge	5,8 km (*one-way*)
Auf-/Abstieg	0 m/158 m
Höchster Punkt	171 m
Zeitbedarf	3-5 Stunden
Ausgangspunkt	Auf dem Hwy #101 nördlich von *Klamath* auf die Requa Road nach Westen abbiegen. Von dort noch ca. 2.5 mi zum *Klamath Overlook*.

0,0 km - Trailhead beim *Klamath Overlook*

Die steile, grasüberwachsene Landspitze thront hoch über der Flußmündung des *Klamath River*, in der drei große *spires* (Felsnadeln) aus dem Meer ragen. Eine ganz besondere Stimmung herrscht hier manchmal frühmorgens, wenn die ersten Sonnenstrahlen durch den Nebel dringen. Der Weg führt ein Stück weit die steile Grasflanke hinunter und schmiegt sich anschließend den Hang entlang. Halten Sie Ausschau nach einer Gruppe von Grauwalen (*grey whales*), die sich hier manchmal das ganze Jahr über aufhält. Das Gebell der *sea lions* (Seelöwen) tief unten in der Brandung wird Sie für kurze Zeit auf Ihrem Weg durch Wiesen und Fichten- und Erlenwald begleiten. Nach 1,2 km folgt ein weiterer, steiler Abstieg. Ansonsten ist der Weg eher eben und führt durch *Sitka spruce forest* mit einem dichten Unterwuchs aus *ferns*, *salmonberries* (prächtigen Himbeeren), und *huckleberries* sowie durch blumenübersäte Wiesen.

4,6 km - *Hidden Beach*

Ein lohnender Abstecher! Hinter einem Streifen mit Geröll folgt der sandige Strand, der mit riesigen Treibholzstücken übersät ist. Einige Felsen ragen aus der schäumenden Brandung. Fotografen verschießen hier mühelos mehrere Rollen. Zurück zum Hauptweg.

5,8 km - *False Klamath Rock Overlook*

An diesem grandiosen Aussichtspunkt können Sie ggf. umkehren oder noch den *Yurok Nature Trail Loop* anhängen. Dieser *Weg* führt am *Lagoon Creek pond* (Teich) vorbei, wo man *herons* und *egrets* (Reiherarten), *ducks* und vielleicht sogar *river otter* und *mountain beaver* (Stummelschwanzhörnchen) beobachten kann.

Zurück geht es auf demselben Weg

Wanderung 6	***Hiouchi Bridge – Stout Grove***
Interessant	Wald mit den massivsten *Redwood Trees*, Fluß
Länge	4,7 km (*one-way*)
Auf-/Abstieg	24 m/30 m
Höchster Punkt	61 m
Zeitbedarf	3-4 Stunden
Ausgangspunkt	Von Crescent City geht es auf der Straße #199 nordöstlich. Der *Trail* beginnt auf der Westseite der *Hiouchi Bridge*, südlich des *Highway*. Die Anfahrt ist auch über die sehr schöne durch *Redwoods* geführte Howland Hill Rd. möglich. **Hinweis**: Im Sommer verbindet eine saisonale Fußbrücke über den *Smith River* den *Jedediah Smith Campground* mit dem *Stout Grove Trail.*

0,0 km - *Trailhead*

Zuerst wandert man auf dem *Hiouchi Trail,* der etwas erhöht dem südlichen Ufer des *Smith River* folgt. Dank des dichten Waldes verliert sich das Rauschen des Verkehrs vom *Highway* rasch. Die Vegetation ist ziemlich dicht, nur ab und zu öffnet sich der Blick auf den Fluß. Nur wenige Trampelpfade führen an sein Ufer hinunter. Unter den *redwoods* gedeihen hier *sourel* (Sauerklee), *ferns, trillium, huckleberries* und Rhododendren, aber auch *poison oak* (Gifteiche!). Der Weg ist voller Überraschungen, windet sich hin und her, auf und ab, überquert Bäche und führt sogar durch eine ausgebrannte *redwood*.

3,0 km - *Stout Grove Trail*

Ein paar Stufen bringen Sie zum Fluß hinunter. Den Mill Creek quert man entweder trockenen Fußes über einen saisonalen Steg oder "ebenerdig" (und naß, wie es bei uns im Mai der Fall war). Auf der anderen Seite dann steht er, einer der eindrucksvollsten *redwood groves* überhaupt. Der *Stout Tree*, etwa 1.700 bis 1.800 Jahre alt, ist mit 104 m (341 ft) der höchste Baum in diesem Hain. Seine imposanten Nachbarn sind aber kaum von ihm zu unterscheiden. Hier nahm die Geschichte der *Redwood National* und *State Parks* mit weniger als 0,2 km^2 geschütztem Gebiet ihren Anfang. Ein lohnenswerter Rundweg führt durch den *Stout Grove*. Im Schatten der Giganten ist es sehr dunkel, als ambitionierter Fotograf sollten Sie unbedingt ein Stativ mitnehmen!

4,7 km - Loopende

Im Sommer wird ein Steig über den Smith River installiert, damit man vom Zeltplatz im Jedediah Smith Park zum Stout Grove gelangen kann

Wanderung 7	***Jedediah Smith Campground – Mill Creek – Nickerson Ranch Trail***
Interessant	Wald, Fluß, Pflanzen
Länge	8,4 km (*one-way*)
Auf-/Abstieg	76 m/40 m
Höchster Punkt	73 m
Zeitbedarf	5-8 Stunden (weniger begangener *Trail)*
Ausgangspunkt	Am *Campground*: Saisonale Fußbrücke über den *Smith River* in der Nähe des Stellplatzes #83.
Variante	Falls die Brücke nicht installiert sein sollte, starten Sie bei der *Hiouchi Bridge* (➪ Wanderung 6). Dafür sind etwa 6,5 km zusätzlich für Hin- und Rückweg zu laufen. Auf dem Rückweg sollten Sie bei ausreichend Zeit auch noch den *Stout Grove* besuchen.

0,0 km - *Jedediah Smith Campground*

Überqueren Sie die saisonale Fußbrücke über den Smith River (nur im Sommer), und steigen Sie danach die Treppe hinauf. Etwa 100 m rechts (westlich), dann südlich kommen Sie zum *Mill Creek Trail.* Der Weg folgt in 10-20 m Höhe dem Nordufer des rauschenden Mill Creek. Er windet sich durch *redwood forest* und durch dichte Ufervegetation, passiert mit Moos überwachsene, gestürzte Baumriesen und überquert einige kleine Bäche.

4,5 km - *Howland Hill Road*

Nach Erreichen der *Howland Hill Road* bleibt man für etwa 200 m auf der Schotterstraße, nimmt dann aber den nach links abzweigenden Fußpfad, welcher – wenngleich in einiger Höhe – der Uferlinie des Mill Creek folgt. Nachdem Sie die Straße noch zweimal überquert haben, geht es weiter nach Süden. Manchmal hört man noch schwach das Klagen der Nebelhörner hören, während man am Fluß sitzt und die Sonne genießt. Große, im Wasser liegende Stämme, Pools, und Riesenwurzeln, die ins Wasser hängen, kennzeichnen den *Mill Creek*, ein besonders schönes Beispiel für einen naturbelassenen Urwaldbach.

7,4 km - *Nickerson Ranch Trail*

Der Pfad dreht scharf nach Norden und kommt wieder zur *Howland Hill Road*. Der ausgedehnte Redwoodhain und der niedrige Unterwuchs aus Farnen ermöglichen dort interessante Fotos.

8,4 km - Loopende

Es geht auf gleichem Weg zurück oder etwas schneller auf der herrlich durch Redwoods geführten *Howland Hill Road*

Naturschutzgebiete in der Umgebung der Redwood Parks

Lakes Earl and Tolowa State Park

Kennzeichnung

Der *Lake Earl Park*, ein beliebter **Rastplatz von Zugvögeln auf ihrer Reise auf dem *pacific flyway***, ist ein weiteres Paradies für Vogelfreunde. Viele *canvasback ducks* (Prärietafelenten) überwintern dort sogar. Die Vielzahl der Lebensräume sorgt für Abwechslung: Sümpfe, Feuchtgebiete, Sanddünen, Strand, Wald – mehrheitlich Sitkafichten und Föhren. Die beiden über einen schmalen Kanal miteinander verbundenen Seen Lake Earl und Lake Tolowa bilden eine seichte **Lagune**. Aber bei heftigen Stürme kann der Pazifik die Sandbarriere durchbrechen und den **Lake Tolowa** überfluten. Dank der gelegentlichen Vermischung von Süß- und Salzwasser entsteht **nährstoffreiches Brackwasser**, das zwar nicht gerade zum Schwimmen einlädt, aber gut für die dichte Vegetation ist. Diese wiederum zieht Tausende von Zugvögeln an.

Der **Lake Earl** besteht hauptsächlich aus Süßwasser – er wird durch den Jordan Creek und andere kleine Flüsse gespeist. Ein **32 km langes Wegenetz** mit meist flachen, manchmal sandigen Pfaden macht die Erkundung zu Fuß oder allenfalls per Fahrrad einfach. Wildblumen blühen in Frühling und Frühsommer. Zugvögel lassen sich während ihrer Hauptreisezeit **zwischen Oktober und Mai** am besten beobachten. Küstenvögel, Stelzvögel und Enten sieht man besonders gut vom *Cadre Point* oder *Teal Point* aus (ganzjährig). Oft kreisen Raubvögel am Himmel, manchmal sonnen sich Robben am Strand.

Snowgeese (Schneegänse)

Anfahrt

Der 20 km^2 große *State Park* liegt nur wenige Meilen nördlich von *Crescent City*. Vom Highway #101 fährt man auf den *Northcrest Drive* in Richtung Nordwesten und biegt nach ca. 1,5 mi links ab auf die *Old Mill Road*; auf ihr sind es weitere 1,5 mi.

Camping

Ein primitiver *walk-in-Campground* (kein Trinkwasser) befindet sich an der *Kellogg Road*, ein Pferdecamp südwestlich des Parkplatzes *Pala Road*. Für deren Benutzung zahlt man im *Jedediah Smith* oder *Mill Creek State Park*. Für eine Reservierung und die Kombination des Nummernschlosses (für die Zufahrt) muß man die Verwaltung des Parks anrufen: ✆ (707) 464-6101, Apparat 5151.

Informationen

Lakes Earl & Tolowa State Park, 1375 Elk Valley Road, Crescent City, CA 95531, ✆ (707) 464-6101, Apparat #5101.

Humboldt Lagoons State Park

Kennzeichnung

Südlich des *Redwood National Park* liegt der *Humboldt Lagoons State Park. Sein* 7,8 km^2 großes Areal umfaßt vier Lagunen oder vielmehr **eingeschlossene Flußmündungen** mit einer vielfältigen Flora und Fauna. An der Küste gedeihen *saltgrass*, *beach pea* und *sand verbenas*, während man weiter im Inland Sitkafichte, Küstensequoien und Roterlen findet. Die bis zu 6 m tiefe ***Big Lagoon*** ist – der Name sagt es – die größte der vier Lagunen und zugleich die südlichste. Der Wasserspiegel kann dort innerhalb weniger Stunden um bis zu 2,5 m sinken, wenn die Sandbarriere am Ozean durch heftige Winterstürme oder durch eine Springflut durchbrochen wird. Die geschützte, über 5 km^2 große Lagune eignet sich gut zum Kanu- oder Kajakfahren. Empfehlenswert sind auch ein Spaziergang auf der mit Treibholz bedeckten Landzunge oder eine längere Wanderung von der *Agate Beach* zum *Patrick's Point*.

Die ***Dry Lagoon*** wurde von den ersten Siedlern trockengelegt. Heute erobern aber Marschpflanzen das ehemalige Farmland zurück. Hier lassen sich gut **Wasservögel** beobachten. Die ***Stone Lagoon*** ist so populär bei Kanu- und Kajakfahrern, daß ein ***boat-in-campground*** am entfernten Ufer errichtet wurde. Bei Winterstürmen kann es auch hier vorkommen, daß der Pazifik die Sandbarriere überspült.

Die ***Freshwater Lagoon*** wurde durch die Straße vom Ozean getrennt und so zum Süßwasserteich. Dieser Abschnitt der #101 verwandelt sich im Sommer in eine eher unansehnliche meilenlange "Wohnmobil-Allee", da das **Campen** dort **nur $5** kostet.

Einige Tips zu Ihrer Sicherheit: Prüfen Sie immer die Gezeitentafel (in den *Visitor Centers*), bevor Sie die Strände oder Landzungen besuchen, damit Ihnen der Rückweg nicht durch die Flut abgeschnitten wird. Vorsicht bei Sandbänken, in die der Ozean bereits Breschen geschlagen hat. Die Sandbarrieren brechen leicht in sich zusammen.

Anfahrt

Der Park liegt 3 mi südlich von Orick. Die Ausschilderung auf der #101 zwischen *Orick* und *Patrick's Point* weist auf die ***Lagoons*** hin. Nur für den Besuch der ***Big Lagoon*** wird eine ***day-use-fee*** erhoben.

Camping

Einfache Campingplätze findet man bei *Dry* und *Stone Lagoon*, ✆ (707) 488-2041, im *Big Lagoon County Park*, ✆ (707) 445-7651 und bei der *Freshwater Lagoon* (dort unmittelbar an der Straße, ➪ oben).

Informationen

Humboldt Lagoons State Park, 15330 Hwy #101, Trinidad, CA 95570, ✆ (707) 488-2041. *Visitor Center* an der #101 bei der *Stone Lagoon*.

Smith River National Recreation Area (Six Rivers National Forest)

Kennzeichnung

Die 1.236 km² große, landschaftlich besonders abwechslungsreiche *Smith River National Recreation Area (NRA)* liegt innerhalb des *Six Rivers National Forest* und grenzt an die Ostseite des *Jedediah Smith Redwood State Park*. Sie umfaßt einen Teil der ***Siskiyou Wilderness*** mit einem der schönsten Urwälder des amerikanischen Nordwestens. Mehr als 500 km des (bislang) von menschlichen Eingriffen unberührten *Smith River* fließen durch dieses Gebiet und machen es zum **Herzen des größten *wild and scenic river*-Systems der USA**.

Wassersportarten wie Kanu-, Kajakfahren, *White Water Rafting* etc. sind auf dem *South Fork* ganzjährig möglich, vom Herbst bis Frühling auch auf dem *Middle Fork* und dem *North Fork* des Flusses. *Redwood*-Urwald, *douglas, white* und *red fir, tan oak* (Südeichen) und *alder* (Erlen) wachsen im steilen Terrain. Die Landschaft besteht aus einem verschlungenen Labyrinth von Tälern, Hügelkämmen, Canyons und Bergen. Delikate Blumen wie *golden lilies* und *lady slipper* (Frauenschuh) gedeihen im Schatten der Bäume. Einzigartig ist hier die weltweit **außergewöhnliche Vielzahl von Nadelbäumen** (Koniferen) – bis heute wurden mehr als 20 Arten endeckt.

Weiter oben werden Sie für den Aufstieg mit klaren Bergseen, Wiesen und fantastischen Ausblicken auf den Pazifik und die umliegenden Berge belohnt. Mehr als 300 Tierarten, unter ihnen Schwarzbär und Fischotter *(river otter)*, kommen in der *NRA* vor. Wanderern steht ein **großes Wegenetz** zur Verfügung, das bei 60 m über Null beginnt und bis zu einer Höhenlage von 1.800 m. reicht. Mountain Bikers können Gerät und Ausdauer auf über 400 km *Forest Roads* testen. An ruhigen Abschnitten des *Smith River* gibt es herrliche "Schwimmlöcher" und kleine Strände an den Ufern fürs Sonnenbad.

Zugang

Von *Crescent City* geht es nördlich über die #101, dann östlich auf der Straße #199 zur NRA. Von *Crescent City* sind bis zur westlichen Grenze des Gebietes nur ca. 10 mi.

Camping, Permits

Vier gut ausgestattete und fünf primitive Campingplätze warten innerhalb der *NRA*. Außerdem darf man nach Beschaffung eines *campfire permit* überall im Gelände campen; das *permit* ist kostenlos erhältlich bei der *Ranger Station* in Gasquet und in den *Visitor Centers* der *Redwood National* and *State Parks*.

Information

Smith River National Recreation Area *(NRA)* ***Headquarters***, *Six Rivers National Forest, Gasquet Ranger Station*, PO Box 228, Gasquet, CA 95543, ✆ (707) 457-3131.

Europäische Nadelbäume würden ihnen nur etwa bis zur "Hüfte" reichen: Coast Redwoods am Smith River im Jedediah Smith Redwoods State Park

Der Yosemite Park ist für seine Hunderte von Metern hohen Wasserfälle berühmt. Sie sind im späten Frühjahr während der Schneeschmelze am eindrucksvollsten.

Yosemite National Park mit Anselm Adams Wilderness

Schaustück und touristische Achillesferse der Sierra Nevada

Yosemite Valley

Der über 3000 km² große ***Yosemite*** (**sprich *Jo-sé-mi-ti***) ist einer der attraktivsten und gleichzeitig vielseitigsten Landschaftsparks Nordamerikas. Sein populärster Teilbereich ist das malerische, tief in den Granit der *Sierra Nevada* eingeschnittene ***Yosemite Valley***. Auf welcher der Zufahrten (➪ Seite 142) Besucher auch immer den *Yosemite* erreichen, sie alle landen auf derselben Straße ins Hochtal (1.200 m).

Ziemlich unvermittelt ist man dann mittendrin im grünen *Yosemite Valley*, einemTalkessel wie aus einem *Fantasy*-Roman, eingefaßt von senkrechten Wänden: links ragt der ***El Capitán*** in die Höhe (2.307 m/ 7.569 ft), ein Granitmonolith mit 1.100 m (3.593 ft) schierer Wand, und rechts stürzt das Wasser der ***Bridalveil Falls*** in mehreren Stufen 620 m in die Tiefe. Noch zwei weitere der 10 höchsten Wasserfälle der Welt findet man hier, die dreistufigen ***Yosemite Falls*** (740 m), und die ***Sentinel Falls***, die es immerhin auch noch auf 600 m Fallhöhe bringen. Sie alle speisen den Merced River, einen der größten Wasserläufe im 2.700 km langen Flußsystem des Parks. Im Hintergrund schließt das markante Felsprofil des mächtigen ***Half Dome*** die magische Welt des *Yosemite Valley* ab.

Probleme des Tals

Auf den ersten Blick erkennt man – außer zu besonders verkehrsreichen Zeiten – kaum, daß dieses Tal einer der "heimgesuchtesten" Plätze des amerikanischen Westens ist. Ein Großteil der ca. 4 Mio. Besucher jährlich beschränkt seinen Aufenthalt im Nationalpark auf das nur etwa 7 mi² große *Valley*. Denn dessen Schönheit ist dramatisch, wiewohl Verkehrsstaus, Benzindunst und dicht besetzte Massen-*Campgrounds* an manchen Tagen den Blick dafür – zumindest vorübergehend – ein wenig trüben mögen.

Tioga Road Bereich

Als einzige Straße durchquert die ***Tioga Road*** den Park in Ost-West-Richtung (nur ab ca. Ende Mai bis Mitte Oktober durchgehend offen, ➪ Seite 144). Vom Tal steigt sie langsam durch dichten Wald auf die Hochebene, passiert tief eingeschnittene Seitencanyons und gibt weiter oben den Blick frei auf Bergspitzen und einige der rund 1.600 Seen des Parks. Die von Gletschern polierten Wände der Granitdome werfen die helle kalifornische Sonne zurück. Dort sieht und fühlt man, warum die *Sierra Nevada* auch ***Range of Light*** genannt wird. Auf über 2.400 m (8.000 ft) Höhe erreicht man die ***Tuolumne Meadows***, ausgedehnte subalpine Wiesen. Nördlich davon befindet sich eine weitere Schlucht, tiefer als das *Valley* und relativ wenig beachtet, der ***Grand Canyon of the Tuolumne River***. Am ***Tioga Pass***

– zugleich die Ostein-/ausfahrt des Nationalparks – erreicht man mit 3.031 m (9.945 ft) den höchsten Punkt der Straße durch den Park. Sie fällt von der Paßhöhe steil und unendlich lang ab und läuft über Geröllhalden entlang dem *Lee Vining Creek* hinunter in die größte der amerikanischen Wüsten, das *Great Basin*, ➪ Seite 20.

Tioga Lake am Spätnachmittag mit Mammoth Peak im Hintergrund

Flora und Fauna

Die *Tuolumne Meadows* nehmen zwar nur 4% der überwiegend bewaldeten Parkfläche ein, aber mehr als 40% der rund 1.400 Pflanzenarten der Sierra kommen dort vor. Da der Nationalpark von 600 m bis fast 4.000 m Höhe mit entsprechend unterschiedlichen Klimazonen reicht, gibt es zahlreiche Habitate. Von 78 Säugetierarten bekommt man *mule deer* (Maultierhirsche) und Schwarzbären (*black bear*) vergleichsweise häufig zu Gesicht; aber selbst für die Sichtung der verbreitetsten der 247 Vogelarten benötigt man Geduld.

Geschichte

Menschen sind schon lange Teil des *Yosemite*-Ökosystems, einige prähistorische Stätten 3.000-4.000 Jahre alt. Verschiedene Stämme der ***Miwok*-Indianer** bewohnten das Gebiet, während ***Paiute*** aus dem *Great Basin* und andere Stämme nur zeitweise hierher kamen. Ab 1849 überfluteten Goldsucher die *Sierra Nevada.* Auseinandersetzungen mit den Indianern blieben dabei nicht aus. Der Staat Kalifornien sandte daraufhin in der Logik jener Zeit Soldaten, um die Indianer niederzuwerfen. Das in diesen Kämpfen geschlagene und dezimierte Volk der *Miwok*s verblieb zwar in der Region, aber 1930 wurde das letzte Indianerdorf aus dem *Yosemite Valley* entfernt. Die Nachkommen der Urbevölkerung leben heute außerhalb des Parks.

Bereits 1864 stellte Präsident *Abraham Lincoln* das *Yosemite Valley* und den *Mariposa Grove*, einen Hain voller Sequoia-Baumriesen, unter Schutz. In der ungeschützten *High Sierra* trampelten aber nach wie vor riesige Viehherden herum. Dem **visionären Naturschützer und Poeten *John Muir*** ist zu verdanken, daß schon **1890 der *Yosemite National Park*** eingerichtet wurde. Den Kampf gegen den Bau eines Staudamms verlor er dennoch: 1913 wurde der *Raker Act* verabschiedet, als dessen Folge der *Tuolumne River* gestaut und ein wunderschönes Tal überflutet werden durfte. Das *Hetch Hetchy Reservoir* im Nordwesten des Parks liefert bis heute Trinkwasser nach San Francisco.

Abseits des Tourismus

Wer den Touristenströmen im *Valley* ausweichen oder entfliehen möchte, hat dafür zwei grundsätzliche Möglichkeiten: Erstens das ***Backcountry im Yosemite***. Fast 95% der Parkfläche sind *Wilderness Areas*, aber weniger als 2% der Parkbesucher gelangen dorthin!

Und dann gibt es die ***Anselm Adams Wilderness*** in südlicher Nachbarschaft zum Nationalpark, 925 km^2 pure *High Sierra*, mit weiten Wäldern, unzähligen Bergseen und Bächen, Gletschern, zackigen Gipfeln und dem 4.010 m (13.157 ft) hohen *Mount Ritter*. ***Pacific Crest*** und ***John Muir Trails*** laufen beide durch diese *Wilderness*. Die Landschaft dort steht der im Park in nichts nach, und die Besucherzahlen sind noch geringer als im Hinterland des *Yosemite*.

Reiseplanung

Anreise

Zug

Amtrak betreibt einen ***Coach Service***, der zweimal täglich vom Bahnhof in **Merced** (südwestlich des Parks) zur ***Yosemite Lodge*** im *Valley* fährt. Merced erreicht man per Eisenbahn von San Francisco und Oakland, von Las Vegas (Umsteigen in Bakersfield) und auch gut von Südkalifornien aus (San Diego, Los Angeles).

Bus

Von **Merced** fährt außerdem ***VIA Adventures/Gray Line Yosemite***, © (209) 752-5211 oder © 1-800-842-5463, 3x täglich ins *Yosemite Valley* ab *Amtrak Station* und Stop am *Airport* der Stadt. Busse verkehren auch ab Fresno, © (209) 384-1315 oder © 1-800-369-PARK.

Merced erreicht man per ***Greyhound*** von Los Angeles, Sacramento und San Francisco/Oakland mehrmals täglich, teilweise mit direktem Anschluß an den Bus ins *Yosemite Valley*. Für die Weiterfahrt gilt allerdings kein *Greyhound Pass*; sie kostet $22 pro Strecke.

Zur ***Anselm Adams Wilderness*** gelangt man über June Lake Junction und das Touristenzentrum Mammoth Lakes. ***Greyhound*** bedient einmal täglich die **Route Reno–Las Vegas** mit Stops an beiden Punkten. ***Alpine Adventures***, © (760) 934-7188, unterhält von Mammoth Lakes und June Lake einen Zubringerservice zu den *Trailheads*.

Flugzeug

Die parknächsten internationalen Flughäfen sind Oakland und San Francisco. Regionale Airports gibt es in Fresno und Merced.

Mietwagen

Alle bekannten ***Rental Car Companies*** haben Stationen in San Francisco, Oakland und Sacramento. Die wichtigsten von ihnen sind auch in Merced, Fresno und Mammoth Lakes vertreten.

Anfahrt *Yosemite Park/Anselm Adams Wilderness*

Von **San Francisco** zum *Yosemite National Park* (ca. 180 mi) geht es über die *San Francisco Oakland Bay Bridge* und Oakland am besten auf der ***Interstate* #580**. Die ebenfalls mögliche I-680 kommt bei einigen Mehrmeilen dann in Frage, wenn kurz hinter – bzw. auf der Rückfahrt – vor San Francisco noch einmal gecampt werden soll: der ***Mount Diablo State Park*** verfügt über einen umwerfend schön gelegenen ***Campground*** mit Weitblick über die *Bay*.

Ab ***San Francisco Int`l Airport*** fährt man rascher auf der *San Mateo Bridge* über die südliche *Bay* und von dort zur I-580.

Auf die **Straße #120**, kürzeste und **schönste *Yosemite*-Zufahrt**, stößt man rund 70 mi östlich von San Francisco. Sie führt zur *Big Oak Flat Entrance Station*. Trotz einiger Mehrmeilen erreicht man das *Yosemite Valley* **am schnellsten** auf dem ***Freeway* #99** über Modesto/ Merced und dann auf der gut ausgebauten **#140 über Mariposa**, das westliche Haupteingangstor zum Nationalpark in den *Foothills* der *Sierra Nevada*. Es ist mit Motels, Hotels, *Lodges* und Restaurants voll auf den *Yosemite*-Tourismus ausgerichtet. Von dort geht es rasch zum *Arch Rock Entrance* bei El Portal.

Aus südlicher Richtung (***Sequoia NP***, **Los Angeles** - Anfahrt über I-5 und *Freeway* #99) führt ab Fresno die **Straße #41 über Oakhurst**, Besucherauffangsort wie Mariposa weiter nördlich, zum *South Entrance* zwischen der Parksiedlung *Wawona* und dem *Mariposa Grove*.

Zum Osteingang, dem ***Tioga Pass Entrance*** in 3.000 m Höhe, gelangt man ebenfalls auf der #120, die bei Lee Vining am Mono Lake die Nord-Süd-Route #395 kreuzt. Letztere verbindet auf der Ostseite der *Sierra Nevada* Los Angeles und Reno.

Der sog. ***June Lake Loop*** – Straße #158 – zweigt 5 mi südlich von Lee Vining von der #395 ab. Die beschriebenen Wanderungen in die ***Anselm Adams Wilderness*** starten alle am Silver Lake an der #158.

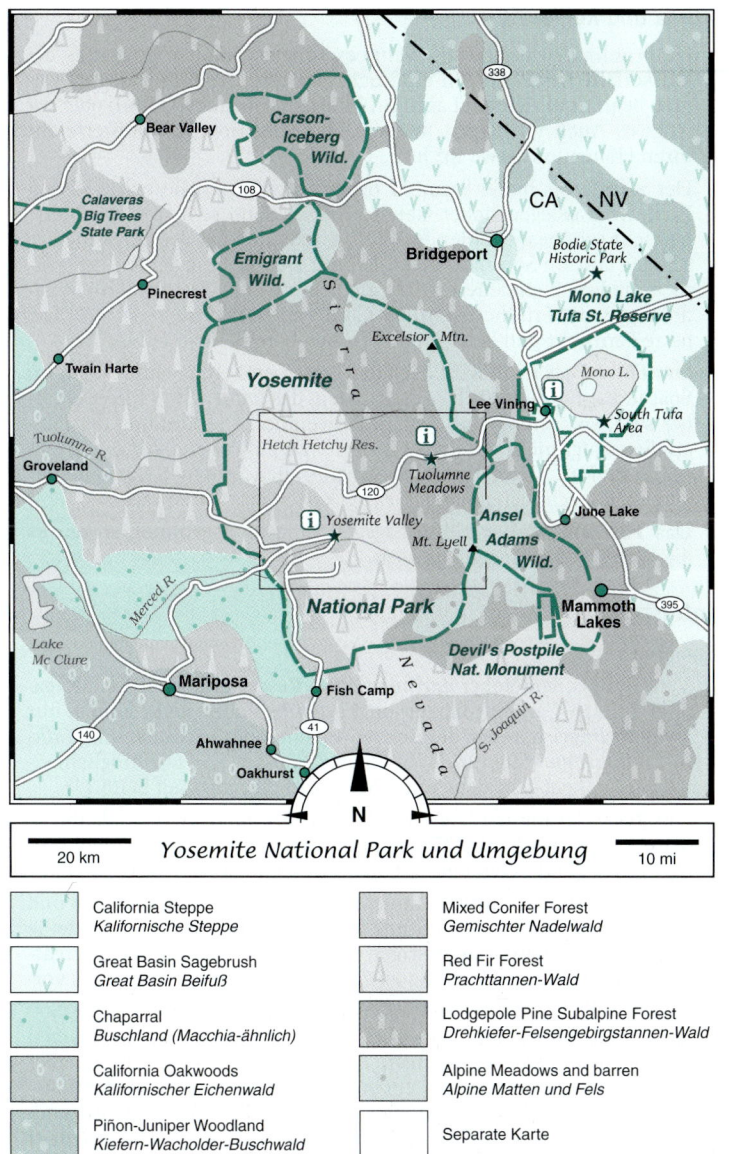

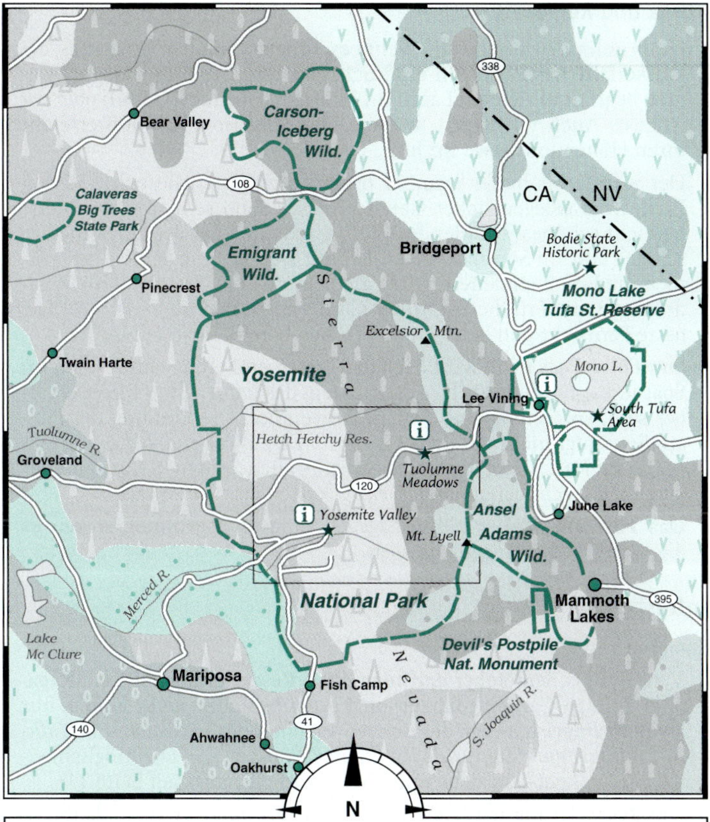

20 km — *Yosemite National Park und Umgebung* — 10 mi

- California Steppe — *Kalifornische Steppe*
- Great Basin Sagebrush — *Great Basin Beifuß*
- Chaparral — *Buschland (Macchia-ähnlich)*
- California Oakwoods — *Kalifornischer Eichenwald*
- Piñon-Juniper Woodland — *Kiefern-Wacholder-Buschwald*
- Mixed Conifer Forest — *Gemischter Nadelwald*
- Red Fir Forest — *Prachttannen-Wald*
- Lodgepole Pine Subalpine Forest — *Drehkiefer-Felsengebirgstannen-Wald*
- Alpine Meadows and barren — *Alpine Matten und Fels*
- Separate Karte

Klima und Reisezeit

Im Frühling, während der Schneeschmelze, sind naturgemäß die **Wasserfälle** des Parks am eindrucksvollsten. Die Blütezeit der Blumen beginnt in tieferen Lagen im Mai, ganz oben erst im Juli oder gar August. Auch wichtig zu wissen: Die Moskitopopulation erreicht ihren Höhepunkt etwa im Juni.

Der warme bis heiße Sommer bringt die meisten Besucher in den Park; trotz gelegentlicher Gewitter ist es dann sehr trocken. Meist herrscht schönes, strahlendes Wetter, lediglich 5% des Jahresniederschlags fällt im Sommer! Nach *Labour Day* Anfang September nehmen die Besucherzahlen rapide ab. Dann ist die Zeit ideal für Wanderungen: der Frühherbst bringt klare, warme und mückenlose Tage, beste Fernsicht und kalte, in den Höhen bereits frostige Nächte.

Die ***Tioga Pass* Road** wird nach den ersten größeren Schneefällen im Spätherbst für den Winter geschlossen; das kann schon Mitte Oktober sein, spätestens aber Anfang November. Die Öffnung der Paßstraße erfolgt nicht vor dem *Memorial Day Weekend*, oft genug erst später im Juni. Denn die *Sierra Nevada*, auch *Snowy Range* genannt, ist eine der schneereichsten Gebirgsketten Nordamerikas.

Das ***Yosemite Valley*** bleibt dagegen ganzjährig geöffnet, soweit es die Wetterbedingungen zulassen.

Infrastruktur

Camping

Von Mai bis September darf man ohne Reservierung auf freie Kapazität auf den Campingplätzen im *Yosemite Valley* nicht hoffen; nur als **Zeltcamper** hat man die Chance auf ein freies Plätzchen im ***Walk-in-Campground Sunnyside*** *(first-come-first-served)*. Die Möglichkeiten für *Backpackers* siehe unter Stichwort *"permit"* auf Seite 148.

Die **Reservierung** wird seit 1998 durch ***Biospherics*** gehandhabt, ➪ Seite 556, ✆ **(800) 436-7275**. Man benötigt eine Kreditkarte, die sogleich mit den Kosten belastet wird, wenn die Reservierung klappt.

Ein ***Reservation Counter*** befindet sich vor Ort im *Curry Village* und an der *Tioga Road* für *Tuolumne Meadows*. Dort besteht eine kleine Chance, Plätze aus kurzfristigen Absagen und *No-Shows* zu ergattern, für *Tuolumne Meadows* ist z.T. eine *same-day-reservation* vorgesehen, die bei Ankunft morgens vor 9 Uhr manchmal klappt.

Wer im *Tal* unterkommen möchte, sollte sich zuerst nach den Plätzen *Lower/Upper River* erkundigen. Sie waren die besten, wurden aber bei einer Überschwemmung vor einiger Zeit zerstört. Bei Redaktionsschluß dieser Buches war noch unklar, ob überhaupt eine Instandsetzung erfolgen soll. Die anderen Plätze im *Valley* (***Lower/Upper***

Pines) sind insgesamt weniger erfreuliche Massen-*Campgrounds*. Ebenfalls reservieren lassen sich ***Hogdon Meadow*** am Westeingang (*Big Oak Flat*), ***Crane Flat*** an der Abzweigung der Tioga Road und ***Wawona*** an der Straße #41.

Allesamt viel reizvoller sind die Campingplätze an der *Glacier Point Road* (**Bridalveil Creek**) und im Bereich *Tioga Road* (**White Wolfe, *Tamarack Flat*** und ***Yosemite Creek***), wobei die letzten beiden nicht für *Motorhomes* geeignet sind. Bei früher Ankunft hat man dort auch im Sommer noch Chancen unterzukommen (*first-come-first-served*).

Östlich des Parks, insbesondere zwischen *Tioga Pass* und Mono Lake gibt es mehrere am Wildbach gelegene ***National Forest*** und ***Regional Campgrounds***, die vormittags oft noch nicht voll belegt sind. Bei den Plätzen in der Höhe müssen **Zeltcamper** daran denken, daß sogar bestem Wetter selbst im Juli/August kühle, oft frostige Nächte folgen.

Feste Quartiere

Für alle Arten von festen Unterkünften von der einfachsten ***Tent Cabin*** ohne Bad auf dem Campingplatz über verschiedene ***Lodges*** in Wawona und an der *Tioga Road* bis zur Luxussuite im rustikalen ***Ahwahnee Hotel*** sind die ***Yosemite Concession Services*** zuständig; telefonische Reservierung unter © **(559) 252-4848**.

Die Übernachtungskosten liegen von Mai bis Oktober auf hohem Niveau, ab ca. $45 für die fest aufgebauten Zeltkabinen bis über $250 im ***Ahwahnee***. Direkte Faxnummer dieses teuren, aber sehr schönen Hotels: (209) 456-0542.

Die nächsten Orte **außerhalb des Parks** mit Motel-/Hotelkapazität sind **Mariposa** (Straße #140), **Fish Camp** und **Oakhurst** (Straße #41). **Lee Vining** am Mono Lake besitzt nur eine Handvoll Motels.

Schwarzbär mitten im Campground im Yosemite Park auf der Suche nach Eßbarem. Ein derartiges Bild sollte dort eigentlich nicht mehr möglich sein, ➪ *Seite 62f.*

Ansel Adams Wilderness

In den Bereichen June Lake und Mammoth Lakes findet man zahlreiche privat betriebene (vor allem June/Silver Lake) und wunderbar gelegene ***National Forest Campgrounds***.

Im Wintersportort Mammoth Lakes gibt es eine dichte **Motel- und Hotelinfrastruktur**, die im Sommer oft nicht voll ausgelastet und daher relativ preiswert ist. Sogar ein **Jugendhotel**, das ***Davison Street Guest House***, ist vorhanden, © (760) 924-2188. Im Bereich June Lake ist die Auswahl mit etwa einem Dutzend Quartieren etwas geringer.

Das ***Mammoth Visitor Center*** und gleichzeitig ***Ranger Station*** des ***Forest Service*** liegen kurz vor dem östlichen Ortseingang an der Straße #203. Man ist dort bei Unterkunfts- und Campingfragen in guten Händen, © (888) GO-MAMMO(TH) oder © (760) 924-5500.

Versorgung

In und um den *Yosemite Park* herum zahlt man nicht nur ziemlich hohe Preise für die Unterkunft, sondern auch die **Versorgung** ist recht bis sehr **teuer**. Der zentrale **Supermarkt** im *Yosemite Valley* (im sog. *Village*, große Parkplatzproblematik) zeichnet sich zudem oft durch lange Schlangen aus; die Läden in den Bereichen *Wawona, Crane Flat* und *Tuolumne Meadows* verfügen nur über begrenzte Sortimente. Es macht Sinn, sich bereits weit vor der Einfahrt in den Nationalpark mit allem einzudecken, da auch die parknächsten Supermärkte in Oakhurst, Mariposa, Lee Vining und Mammoth Lakes nicht eben zu den preiswerten gehören.

Sierra Nevada oberhalb Olmsted Point (Tioga Road): Blick auf den tiefblauen Tenaya Lake.

Ähnliches gilt für ***Fast Food*** und **Restaurants**: Im Park existiert auch dafür nur eine relativ begrenzte, teure Infrastruktur, in Oakhurst, Mariposa und Mammoth Lakes dagegen die in den USA übliche Gastronomie vom *Coffee Shop* bis zum *full-service Restaurant*.

Transport im Park

Im *Yosemite Valley* verkehrt ganzjährig ein **kostenloser Pendelbus** in kurzen, regelmäßigen Abständen zwischen Yosemite und Curry Village (wo sich auch der zentrale Großparkplatz befindet), den *Campgrounds* und den *Trailheads* für Wanderungen.

Nur im Sommer fährt auf der Hochebene ein ***Shuttle-Bus*** von den *Tuolumne Meadows* (Campingplatz, Besucherzentrum) zum populären *Tenaya Lake*. Zweimal täglich setzt er seine Fahrt zum *Tioga Pass* fort. Ebenfalls nur im Sommer bestehen *Shuttle-Services* zwischen Wawona/*South Entrance* und dem *Mariposa Grove* (im Parksüden) sowie ein *Hiker's Bus-Service* vom *Valley* hinauf nach den *Tuolumne Meadows* und zum *Glacier Point* (einmal täglich). Alle diese Busse sind kostenpflichtig.

Informationen

Besucherzentren

Das größte ***Visitor Center*** im ***Yosemite Valley*** (beim *Village*) ist ganzjährig täglich geöffnet, © (209) 372-0200. Nur saisonal besetzt sind die ***Information Stations*** *Big Oak Flat* und *Wawona* sowie das kleine *Tuolumne Meadows Visitor Center*. Die **Anschrift** lautet: *National Park Service*, Information Office, PO Box 577, Yosemite, CA 95389, © (209) 372-0265.

Info-Material

An jeder Einfahrt bekommen Besucher die **Nationalpark-Karte** und generelle Informationen sowie den zeitungsähnlich aufgemachten, aktuellen ***Yosemite Guide***. Die Zeitung enthält alle Details zu Verkehrsregelungen, Transport, Unterkünften und Versorgungseinrichtungen und zum großen **Aktivitäten- und Vortragsprogramm**. In diesem Nationalpark gibt es relativ viel **Material in deutscher Sprache**.

Hot-Lines

Das *Yosemite Area Traveler Information System* **YATI** besteht neben ***Website*** (**www.yosemite.com**) und ***Highway Advisory Radio***, das innerhalb eines Gebietes von 30.000 km^2 funktioniert (Frequenzhinweise an den Straßen), aus dem **Service-Telefon 1-900-454-YOSE** und ***Touch Screen Kiosks*** in den Ortschaften rund um den Park. An ihnen lassen sich allgemeine und aktuelle Informationen vom Bildschirm abrufen. **Informationen vom Band** unter © **(209) 372-0200**.

Wilderness Infos

Auskünfte bezüglich Mehrtageswanderungen im Nationalpark erhält man unter der ***Wilderness Information***, © (209) 372-0745.

Für die ***Anselm Adams Wilderness*** sind kompetent das ***Forest Service Visitor Center*** am Mono Lake bei Lee Vining, © (760) 647-6525, und die ***Mammoth Lakes Ranger Station***, © (760) 924-5500. Geographisch noch näher dran liegt die ***June Lake Loop Chamber of Commerce***, © (760) 648-7584.

Kurzinfos Outdoors

Permits

Für Mehrtageswanderungen benötigt man im *Yosemite* ein ***Permit***. Viele Wege unterliegen Quotenregelungen, davon lassen sich 50% zwischen 2 Tagen und maximal 24 Wochen im voraus reservieren. Reservierungstelefon: © (209) 372-0740, Anschrift: *Wilderness Reservations*, PO Box 545, Yosemite, CA 95389. Die verbleibenden 50% der Tagesquote werden auf der Basis *first-come-first-served* vergeben, frühestens am Tag vor dem Start. Mit einem gültigen *permit* darf man die Nacht vor dem Start auf einem Gruppenzeltplatz *(walk-in-campground)* im *Valley* oder *Tuolumne Meadows* verbringen.

Auch für Mehrtageswanderungen in der ***Anselm Adams Wilderness*** benötigt man ein kostenloses *Permit* (für viele Routen bestehen ähnlich wie im *Yosemite* Maximalquoten). Allerdings kostet die Reservierung eines *permits* (mindestens 2 Tage bis zu 6 Monate im Voraus) eine Gebühr. Nicht vergebene *permits* sind am Tag vor dem Start der Wanderung in der *Ranger Station* erhältlich. Kontakt: ***Wilderness Reservations***, PO Box 430, Big Pine, CA 93513. © (888) 374 3773 und © (760) 938 1136; Fax (760) 938 1137.

Wandern

Mit 1350 km Wanderwegen im *Yosemite Park* und zusätzlich dem Wegenetz in der *Anselm Adams Wilderness* ist die Auswahl und Vielfalt so groß, dass Sie problemlos eine Wanderschuhsohle "durchlaufen" können. Einige der Wege folgen bewaldeten Flußufern, zwängen sich durch enge Canyons oder führen Sie durch die Gischt eines Wasserfalls. Andere erklettern Granitdome oder eine Bergspitze mit umwerfendem Rundblick. Funkelnde Bergseen, gesäumt von blumenreichen Wiesen und vor Bergzacken im Hintergrund garantieren "Aaahs" und "Oohs" bei der späteren Diashow.

Der ***John Muir Trail***, ein klassischer Fernwanderweg in der *Sierra*, beginnt im *Yosemite Valley*, durchquert die *Anselm Adams Wilderness* und endet nach ca. 320 km beim höchsten Berg der USA außerhalb Alaskas, beim *Mt. Whitney* in der *John Muir Wilderness*. Wem das zuwenig ist: Der ***Pacific Crest Trail*** führt von der kanadischen Grenze über die Höhen und erloschenen Vulkane der Kaskaden und durch die gesamte *Sierra Nevada* – einschließlich *Yosemite Park* und *Anselm Adams Wilderness* – bis nach Mexico.

Was Sie wissen sollten: viele Wege in der Sierra sind aus geologischen Gründen recht sandig, und da *horse packing* sehr beliebt ist, sind sie auch häufig stark ausgetreten und "gedüngt".

Das Netz der Wanderwege im Yosemite ist über 1300 km lang. Wem das noch nicht genügt, kann den Pacific Crest Trail unter die Füße nehmen, der von Canada bis nach Mexico führt.

Radfahren, Mountain Biking

Das *Yosemite Valley* erkundet man am besten mit dem Fahrrad. Weitgehend ebene 13 km Radweg stehen zur Verfügung. Einfache Drahtesel ohne Gangschaltung kann man ganzjährig bei der *Yosemite Lodge* und im Sommer beim *Curry Village* mieten. Die Mietfahrräder dürfen nur im *Valley* verwendet werden. Und auch sonst darf man mit Bikes nur auf asphaltierten Radwegen und Straßen verkehren – auf den Wegen für Fußgänger und Reiter und auch in der *Anselm Adams Wilderness* sind Räder nicht gestattet. Wer sein Bike mitgebracht hat und genügend Gänge besitzt, könnte sich auch die ***Tioga*** oder ***Glacier Point Road*** hochkämpfen. Trotz der teilweise fantastischen Aussicht machen diese Straßen aber keinen besonderen Spaß, da sie streckenweise sehr eng, steil und das Territorium der unzähligen Autos und *Motorhomes* sind.

Reiten

Früher konnte man sich an vielen Stellen im ***Yosemite Park*** auf ein Pferd schwingen. Das Angebot wurde aber eingeschränkt. Aktuelle Auskünfte unter © (209) 372-8348. Auch an den Rezeptionen der Hotels im Park und im *Visitor Center* kennt man die Situation.

Die ***Anselm Adams Wilderness*** ist sehr beliebt bei *horse packers*. Mehrere *Outfitter* offerieren Trips verschiedener Länge in die *Wilderness*; dank der kräftigen Tiere müssen die Teilnehmer der teuersten solcher Touren hoch zu Roß nicht einmal auf weißgedeckte Tische, Wein zum Essen und Solarduschen verzichten. Zentrale Information für ***Pack Trips*** in die *High Sierra* unter ✆ (760) 873-8405.

Kanu, Rafting

Der dann ruhige und relativ warme **Merced River** ist im Sommer ein äußerst populäres Revier fürs *Inner Tubing*, ein entspanntes Dahingleiten durch die Mäander des Flusses im großen Badering oder in kleinen Schlauchbooten. Das Erlebnis *Yosemite Valley* erhält aus dieser Perspektive eine zusätzliche, ganz andere Dimension. *Inner Tubes* und Boote kann man im *Curry Village* mieten.

Mietboote gibt es auch am **Silver** und **June Lake** an der gleichnamigen *Loop Road* östlich der *Anselm Adams Wilderness*. Unter diesem Aspekt noch erheblich reizvoller sind die **Twin Lakes** hoch über Mammoth Lakes in einmaliger Lage (Lake Mary Road; identische Anfahrt wie *Campgrounds*). Im Sommer sind sie warm genug zum Schwimmen. Verleih von Schlauch- und anderen Booten direkt dort.

Wintersport

Vergessen Sie für einen Winterbesuch alles, was Sie über den ***Yosemite*** wissen – **dann ist er ein anderer Park**. Eine ungewohnte Ruhe liegt im Winter über der Sierra Nevada: keine Verkehrsstaus, keine Busladungen voller Videotouristen, kein abendlicher Grillfeuer-Smog im Tal. Den dann wie verzauberten Park entdeckt man am besten mit Schneeschuhen, Langlauf- und Tourenskiern. Im Bereich ***Badger Pass*** an der *Glacier Point Road*, dem ältesten **Skigebiet** Kaliforniens mit Sesselliften und einfachem Gelände für Familien, werden kostenlose Schneeschuhtouren angeboten. Die Ausrüstung kann vor Ort gemietet werden. Für Langläufer gibt es 560 km Langlaufloipen und Straßentrassen. Bei guten Wetter- und Skibedingungen verkehrt ein kostenloser Pendelbus zwischen *Yosemite Valley* und *Badger Pass*.

Auf der Ostseite der Sierra befinden sich unweit der ***Anselm Adams Wilderness*** die June Lake und Mammoth Lakes Skigebiete. Letzteres ist eines der größten Kaliforniens mit einem ausgedehnten Skizirkus rund um den Mammoth Mountain.

Besondere Tips

Relaxing

Man muß im *Yosemite* nicht unbedingt Wände erklimmen und Flüsse bezwingen: Das ***Yosemite Art Activity Center*** offeriert kostenlose Kurse für Kinder und Erwachsene in Zeichnen, Malen und

Fotografieren – täglich ab Frühjahr bis zum Herbst im Freien. Das *Center* befindet sich im im *Yosemite Village* im Gebäude der Bank.

Für Kids

Ihre Kinder haben immer noch zuviel Energie? Vielleicht kann da ein erfrischendes Bad Abhilfe schaffen! Sollte der Merced River noch oder schon zu kalt sein: ***Swimming Pools*** gibt es im *Curry Village*, © (209) 372-8324 und bei der *Yosemite Lodge*, © (209) 372-1250 (beide im *Valley*, nur in den Sommermonaten).

Brauchen Sie noch weitere Beschäftigungsideen? Im *Happy Isles Nature Center* (Ostende des *Yosemite Valley*) und im *Tuolumne Meadows Visitor Center* kann man ***Explorer Packs*** ausleihen (gegen ein kleines Pfand). Das sind kleine Rucksäcke gefüllt mit bebilderten Bestimmungsbücher, Blätter mit interessanten Aufgaben, Lupe, Maßstab, etc. – einfach alles, um einen jungen Naturforscher glücklich zu machen. Mangelnde Englischkenntnisse sollten dem Spaß nicht im Wege stehen.

Für Gourmets

An teuren Restaurants herrscht im ***Yosemite Valley*** kein Mangel. ***Degnan's Pasta Palace*** hat noch vernünftige Preise, © (209) 372-8381.

Nach anstrengendem Abstieg aus der ***Anselm Adams Wilderness*** ruht man herrlich im heimeligen ***Carson Peak Inn*** aus und genießt die gute Küche – zwischen *June* und *Silver Lake*, © (760) 648 7575.

Literatur und Karten

Yosemite National Park, *A Natural-History Guide to Yosemite and its Trails*, Jeffrey P. Schaffer, Wilderness Press.

The complete guidebook to Yosemite National Park,
Steven P. Medley, Yosemite Association.

A Sierra Club Naturalist's Guide,
The Sierra Nevada, Stephen Whitney, Sierra Club Books.

Wildflowers of Yosemite, Sierra Press.

The Yosemite, John Muir, Sierra Club Books,
Yosemite Official National Park Handbook.

Geology of the Sierra Nevada,
Mary Hill, University of California Press.

History of the Sierra Nevada,
Francis P. Farquhar, University of California Press.

Yosemite National Park, *Trails Illustrated Map #206*.

A Guide to the Anselm Adams Wilderness,
Inyo National Forest, Sierra National Forest, Forest Service.

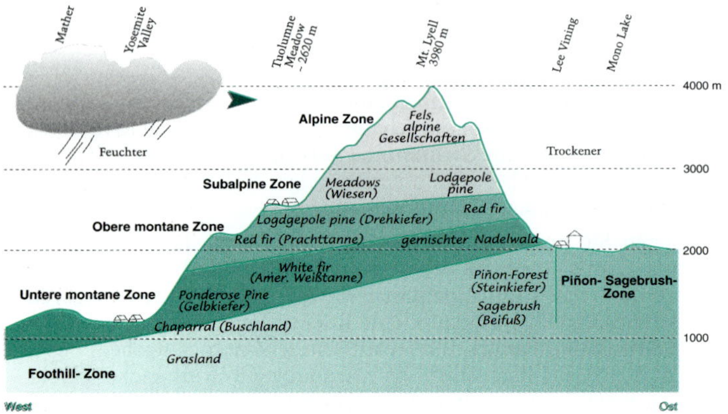

Die Natur in der Sierra Nevada

Geologie

Dome und halbe Dome

Entstehung

Mit einer Länge von 640 km (400 mi) und einer Breite von bis zu 130 km (80 mi) ist die ***Sierra Nevada* die längste kontinuierliche Gebirgskette** der USA außerhalb Alaskas (die *Rocky Mountains* sind zwar länger, bestehen aber aus vielen mehr oder weniger getrennten Gebirgszügen). Doch trotz dieser gewaltigen Ausmaße ist die *Sierra Nevada* erdgeschichtlich noch sehr jung. Ihre Entstehung begann erst vor etwa 10 Mio. Jahren, während die Erde immerhin schon 4.500 Mio. Jahre auf dem Buckel hat. Die **Kollision der pazifischen mit der nordamerikanischen Platte** drückte Teile der Erdkruste an Bruchzonen entlang in die Höhe. Die nördliche *Sierra* wurde dabei hauptsächlich auf ihrer Ostseite angehoben, deshalb fällt das Gebirge auf der Westseite viel sanfter ab. Die südliche *Sierra Nevada* entstand zwar zwischen den zwei Bruchzonen an der West- und Ostseite, aber auch dort sind die Auftürmungen am Ostrand höher – einer Schußfahrt vom *Tioga-Pass* nach *Lee Vining* ist schon so manche Fahrradbremse zum Opfer gefallen, während man an den Westhängen überwiegend gemütlich abwärts rollen kann.

Der Großteil dieser Hebungsprozesse begann sogar erst vor 700.000 Jahren. Die Hebungen sind auch heute noch nicht abgeschlossen. Während eines Bebens im *Owens Valley* (nahe Bishop, an der Straße #395) im Jahre 1872 soll die Ostflanke des Gebirges rund 4 m in die Höhe geschnellt sein – innerhalb nur weniger Minuten!

Am jungen Gebirge setzte sofort die **Erosion** ein. Auf der Westseite frästen die Flüsse tiefe *Canyons*, wie etwa im Verlauf des heutigen *Yosemite Valley*, während sie auf der viel steileren Ostseite kürzere *Canyons* schufen und an der "Mündung" der Flüsse im *Great Basin* den Schutt fächerförmig ablagerten. Wäre es allerdings bei diesen Hebungen und Erosionen geblieben, würde man heute im *Valley* kaum ein Plätzchen finden, um auch nur ein Zelt aufzuschlagen. Erst die **Gletscher**, welche die *Sierra Nevada* vor 2,7 Mio. bis vor 10.000 Jahren bedeckten, erweiterten die einst V-förmigen schmalen Täler zu ihrer heute typischen U-Form.

Granitbildung

Half Dome und *El Capitan* gelten als **die größten exponierten Granitmonolithen der Welt**. Wie entstanden sie?

Das Granit-Material entstammt der pazifischen Platte, deren Ostrand bei der Kollision mit der nordamerikanischen Platte unter diese und in die Tiefe gepreßt wurde und dabei zu Magma schmolz (vor rund 225-80 Mio. Jahren). Teile des Magmas stiegen hoch und traten in Vulkanen an die Erdoberfläche, andere Teile erstarrten in der Tiefe als sog. ***Sierra-Batholite***.

Mit der Zeit wurden die über diesem Granit-Batholith liegenden Gesteinschichten abgetragen.

Unter dem nachlassenden Druck sprengte der Granit zwiebelschalenartig runde Schichten von seiner Oberfläche ab. So entstanden zuerst eine gewellte Landschaft und – nach und nach – die steilen Felsdome, welche für den *Yosemite Park* so typisch sind.

Half Dome, der bekannteste unter den Granitdomen im Park.

Pflanzen und Tiere
3.000 m Artenvielfalt

Habitate

Eine limber pine (Nevada-Zirbelkiefer)

Der *Yosemite Nationalpark* ist fast so etwas wie **ein Schauhaus der *Sierra Nevada***. Mit Höhenlagen, die von ca. 600 m bis fast 4.000 m reichen, sind im Park die meisten Habitate der *Sierra* vereinigt. Mindestens 1.374 Gefäßpflanzen gedeihen in ihm sowie zahlreiche Farne, Moose und Flechten. Fast 80% des Parks sind von Wald bedeckt, 4% ist *chapparal* (Buschland), und weitere 4% sind Wiesen. Interessant ist, daß fast alle Wald- und *chapparal*-Gemeinschaften nicht nur an periodische Feuer angepaßt, sondern für ihren Weiterbestand sogar auf diese angewiesen sind. Die häufigsten Waldgemeinschaften sind der gemischte Nadelwald mit *white fir* (Silbertanne), *ponderosa pine* (Gelbkiefer), *Jeffrey pine* (Jeffrey-Kiefer) und *giant sequoia* (Mammutbaum), außerdem gibt es *red fir forests* (Prachttanne), *lodgepole pine* (Drehkiefer) und subalpine Wälder. Die Vegetation in der ***Ansel Adams Wilderness*** ist sehr ähnlich, nur daß dort oben die Lebensgemeinschaften der Tieflagen im Westen des Parks naturgemäß fehlen.

Sequoia – Mammutbaum

Die berühmteste Pflanze der *Sierra Nevada* ist der ***giant sequoia***, der Mammutbaum (*Sequoiadendron giganteum*), **das größte Lebewesen der Erde** (die ***coast redwoods***, ➪ Seite 103ff, sind zwar höher, aber weit weniger massiv). Sie sind Relikte von 40 *Sequoia*-Arten, die vor etwa 60 Mio.Jahren in der Nordhemisphäre zu finden waren. Im Park gibt es drei ***groves*** (Haine – Ansammlungen besonders großer Exemplare): ***Mariposa, Tuolumne*** und ***Merced***. Am besten erschlossen und eindrucksvollsten ist der *Mariposa Grove* in der Südwestecke des Parks. Der älteste Mammutbaum im *Yosemite Park* ist mit 2.700 Jahren der *Grizzly Giant (*Höhe 64 m (209 ft), Durchmesser am Fuß 10,6 m). Er steht im *Merced Grove.*

LODGEPOLE PINE

Die *Lodgepole Pine* wirkt so unscheinbar, daß man den Baum gerne übersieht, obwohl er z.B. rund um die meisten Campingplätze im Nationalpark sehr häufig ist. Er ist schlank, kerzengerade, nicht sehr hoch und besitzt eine typische "*Corn Flakes*-Rinde". Die Bäume wachsen oft in großen Beständen, eng gepackt wie Streichhölzer in der Schachtel. Sie gedeihen sowohl in wassergesättigten Böden als auch auf vertrockneten, sonnigen Hängen. Sie verkrallen sich auf scheinbar purem Fels und widerstehen, gebückt und zwergenhaft auf ausgesetzten Graten dem unablässigen Wind. An anderen Orten wiederum erreichen sie beachtliche Größen von bis zu 30 m.

Die Drehkiefer (*Pinus contorta*) wächst in der nördlichen *Sierra* zwischen 1.800 m und 2.400 m und in der südlichen Sierra zwischen 2.400 m und 3.400 m. In den unteren Lagen findet man sie im *red fir forest* (Prachttannen-Wald) und weiter oben im *mixed conifer forest* (im gemischten Nadelwald). Auf Felsen und in Tälern und Becken der subalpinen Zone ist sie oft die einzige Baumart. Höher oben gesellen sich *whitebark pine* (weißstämmige Zirbelkiefer) und *mountain hemlock* (Gebirgshemlocktanne) dazu. Sie ist die einzige heimische Kiefernart in der Sierra mit nur zwei Nadeln pro Bündel.

Die *lodgepole pine* überlebt, wo es anderen zu feucht ist, etwa in wassergesättigten Wiesen, aber auch, wo es anderen zu trocken ist, z.B. auf südexponierten Hängen. Je nach Feuchtigkeit im Boden kann der Baum den Wasserumsatz hoch- oder herunterfahren. Höchst erstaunlich ist, wie die *lodgepole pine* in vollem Sonnenlicht sprießen und wachsen kann. Mit dieser Eigenschaft sind Drehkiefern oft die ersten Bäume, die etwa durch Feuer **verwüstete Gebiete wieder neu besiedeln** (ein anderer derartiger Pionierbaum ist der *aspen tree*). Da unter solchen Bedingungen alle Bäume etwa gleichzeitig mit dem Wachstum beginnen, ergibt sich häufig ein uniformer, gleichaltriger Bestand. Ihr "Erfolg" wird ihnen aber früher oder später zum Verhängnis, denn in ihrem Schatten können nun andere Baumarten Fuß fassen. Im *Yosemite* sind dies oft *red firs* (Prachttannen). Sie überragen irgendwann die *lodgepole pines, rauben* ihr das Licht und zwingen sie so in die Knie. In den *Rocky Mountains* sind es *subalpine fir* (Felsengebirgstanne) und *Engelmann spruce* (Engelmannsfichte), die auf gleiche Art und Weise die *lodgepole pine* ausschalten.

Häufig fallen *lodgepole pines* auch **Blitzschlägen** zum Opfer. In einem großen Drehkiefern-Wald sieht man oft die dürren Spitzen der Blitzschlagopfer. Mit ihrer dünnen Rinde und dem leicht brennbaren Harz sind sie auch bei kleinen Bodenfeuern schnell "Feuer und Flamme". Das Feuer zerstört aber nicht nur, es läßt auch das Harz in den Zapfen schmelzen und setzt so die Samen für die nächste Generation frei.

Nach einem Feuer sind die *lodgepole pines* also besonders gut auf die "Neubesiedelung" verwüsteter Flächen vorbereitet.

Wer auf Wanderungen im Gebiet des jungen *Tuolumne River* unterwegs ist, sieht nicht selten größere Flächen toter, von der Sonne gebleichter *lodgepole pines.* Dafür sind nicht etwa Feuer oder Blitzschlag, sondern die Raupe des ***lodgepole needle-miner*** verantwortlich. Alle zwei Jahre im August legt die Motte ihre kleinen Eier in alte Nadeln. Während der folgenden zwei Jahre wechseln die Raupen vier mal den Futtertrog, d.h. suchen sich junge, frische Nadeln. Dies ist der Gesundheit des Baumes natürlich nicht gerade förderlich. Im zweiten Frühling dann verpuppen sie sich, um im Frühsommer als erwachsene Motten herumzuflattern und den 2-Jahreszyklus wieder neu zu starten.

Was hält diese gefräßigen Tiere davon ab, die *lodgepole pines,* die ihre "Lebensversicherung" sind, völlig kahl zu fressen? Glücklicherweise gibt es Vögel, die sich von ihnen ernähren, und mehr als 40 parasitische Insekten, u.a. kleine Wespen *(wasps)*, deren Larven diejenigen der Motten verspeisen. Trotzdem kann es alle paar Jahre zu einer Bevölkerungsexplosion kommen, die im Extrem ein Jahrzehnt oder gar länger andauert. Zwischen 1947 und 1965 etwa waren mehr als 200 km^2 Wald bei den *Tuolumne Meadows* davon befallen. Der Einsatz von DDT, und später *Malathion,* erwies sich wieder einmal als ökologische Kurzsichtigkeit; die Insektizide töteten auch natürliche Feinde der Motten, z.B. Vögel und Larvenparasiten. Selbst große Epidemien bedeuten eigentlich keine generelle Bedrohung für die Drehkiefernwälder der *Sierra Nevada. Lodgepole pine* und *needle-miner* sind vielmehr seit Jahrmillionen beste Raufbrüder (im Fachjargon heißt dies Ko-evolution), und beide gehören zum natürlichen Ökosystem.

Der subalpine lodgepole pine-Wald (Drehkiefer) ist die häufigste Waldgesellschaft im Nationalpark

Vielfalt der Fauna

Im Park leben 78 Säugetier-, 247 Vogel-, 17 Amphibien- (abnehmend, siehe unten), 22 Reptilien- und 11 Fischarten sowie zahllose Wirbellose, darunter **17 Moskitoarten**. Häufig anzutreffende Säuger sind *mule deer* (Maultierhirsch), *squirrel* (Hörnchen) *chipmunk* (Streifenhörnchen) und der *Koyote*.

Manche schlaflose Nacht bei Zeltcampern verursacht zweifellos der *black bear* (Schwarzbär). Nur zwischen Mitte Dezember und Anfang April hat man nichts zu befürchten; dann ziehen die Bären sich in ihre Höhle zurück. ***Campground Bears***, die gerne Campingplätze nach Essensresten durchkämmen, müssen manchmal, wenn sie gefährlich werden, getötet werden. Die Blechkisten auf allen *Campgrounds* im *Yosemite* und anderswo machen da schon Sinn. Die Camper sind gehalten, alle Nahrungsmittel und alles, was auch nur den kleinsten Hauch eines Geruches haben könnte (z.B. Zahnpasta!) immer in die Metallkisten zu verbringen. (➪ Foto Seite 145).

Unter den kleinen **Säugern** findet man *racoons* (Waschbären), *skunks* (Stinktiere), *red fox* (Rotfuchs), *marmots* (Murmeltier), *squirrels* und *chipmunks*. Häufige **Vögel** sind *Steller's jay* (Haubenhäher), *Clark's nutcracker* (Kiefernhäher), *woodpecker* (Specht), *hermit thrush* (Einsiedlerdrossel), *mountain bluebird* (Berghüttensänger), *mountain chickadees* (Gambelmeise) und *dipper* (Wasseramsel). Seltener sind da schon *bald eagle* (Weisskopfseeadler), *peregrine falcon* (Wanderfalke), *blue grouse* (Moorhuhn) und *great gray owl* (Bartkauz).

Umwelt
Frösche statt Restaurants!

Roadless Areas

Zusammen schützen die *Ansel Adams* und die *John Muir Wilderness* sowie die Nationalparks *Sequoia/Kings Canyon* und *Yosemite* ein Gebiet von fast 10.000 km^2; das entspricht etwa der Hälfte Nordrhein-Westfalens oder einem Viertel der Schweiz. Es ist damit das **zweitgrößte straßenlose Gebiet** in den USA außerhalb Alaskas (die größte *roadless area* liegt mit mehr als 13.000 km^2 im zentralen Idaho). Trotz dieser Ausdehnung ist das Gebiet nur eine Insel im noch viel größeren kalifornischen "Meer" aus Landwirtschaft, *Highways*, Viehherden, Kahlschlägen, wuchernden Städten und Sommerhaussiedlungen. Erstaunlich erscheint dabei, daß der *Yosemite Park* bisher lediglich eine Tierart verloren hat, nämlich den Braunbären (*Grizzly*). Fraglich ist aber trotzdem, ob solche **Naturinseln** genügen, um langfristig die biologische Vielfalt auf dem Kontinent zu erhalten (im schon viel länger und dichter besiedelten Westeuropa ist es vermutlich schon zu spät, sich über derart große, straßenlose Gebiete überhaupt Gedanken machen zu können.)

Parkbelastung

Aber auch innerhalb des Nationalparks ist der Druck der ressourcen- und erholungshungrigen Konsumgesellschaft überdeutlich spürbar: es gibt dort Golfplatz, Skigebiet, 2 Tennisanlagen, 4 Swimming Pools, 5 Tankstellen, 15 Abfalldeponien, 51 Läden und Restaurants, 421 km (262 mi) Straßen und 3354 Parkplätze, nicht eingerechnet die inoffiziellen Abstellflächen am Straßenrand. Über 3.000 Personen arbeiten im Park. Der *National Park Service* sieht sich mit der fast unmöglichen Aufgabe konfrontiert, 4 Mio.Besuchern jährlich ein erholsames Nationalpark-Erlebnis zu bieten, und gleichzeitig die Natur für künftige Generationen zu erhalten.

Maßnahmen

Aber der *Park Service* blieb nicht untätig, denn die Situation wurde zu problematisch. Für Mehrtageswanderungen im Hinterland muß man sich heute – wie oben erläutert – eine *Permit* holen bzw. ergattern. War es in den 70er-Jahren nicht ungewöhnlich, beim Zelten im Hinterland an einem "einsamen" See bis zu 200 Nachbarn zu haben, braucht man heute nur noch mit etwa 20 zu rechnen. Aus dem Tal sollen Straßen und Gebäude verschwinden. Die Überschwemmungen der Jahre 1996 und 1997 kamen dem *Park Service* gar nicht so ungelegen. Und im *Valley Implementation Plan* (VIP) wird auch über das Problem **Verkehrsinfarkt** nachgedacht. Mögliche Lösungen sind Leichtzüge verschiedenster Bauart (z.B. *light rail*), Schwebebahnen oder erdgasgetriebene Busse. Schon lange Zeit liegen solche Pläne und Wunschlisten der *Ranger* auf den Tischen, aber es fehlte das Geld oder die Einsicht der Politiker.

Luftverschmutzung

Eines der größten ökologischen Probleme jedoch erreicht nicht mit Geheul und V8-Maschine den Park, sondern schleicht sich lautlos und unsichtbar. Das *San Joaquin Valley* und die *Bay Area* rund um *San Francisco* "beliefern" den Park regelmäßig mit verdreckter Luft. Die kalifornischen Grenzwerte für Ozon werden in den heißen Sommermonaten an mehreren Standorten immer wieder überschritten. Luftverschmutzung heißt nicht nur, daß man vom *Half Dome* aus den *El Capitán* gelegentlich nur noch umrißartig im grauen Dunst ausmachen kann. Fast ein Drittel der Nadeln der *ponderosa* und *jeffrey pines* zwischen 1.200 m und 1.800 m sind beschädigt, sie verfärben sich gelb und fallen ab.

Amphibiensterben

Und dann gibt es noch dieses "Phänomen", eine Tragödie eher, die erst kürzlich entdeckt wurde, kaum systematisch untersucht wird, und auch nicht in der Parkzeitung erscheint: das Amphibiensterben. Wie der *Chief Scientist* des Parks berichtete, waren früher richtige

Froschkonzerte in den Feuchtgebieten im Park keine Seltenheit. Heute ist es dort meist totenstill. In den letzten Jahrzehnten verzeichneten alle Amphibienarten im Park einen markanten Rückgang – 40%-60% der Arten sind kurz vor dem Verschwinden. Die Gründe sind nicht bekannt. Ist es saurer Regen, erhöhte UV-Strahlung, sind es Pestizidrückstände, eingeführte Fische, oder ist es gar ein natürlicher Zyklus?

Schwarzbären müssen nicht schwarz sein. Dieser Jungbär stöberte unbekümmert im Tuolumne Meadows-Zeltplatz umher. Ihm muß beigebracht werden, daß es bei Menschen nichts Eßbares zu holen gibt. Nur dann kann er noch lange durch die Wälder streifen.

Bedrohte Arten
Zuwenig und Zuviel

Biologische Vielfalt

Warum ist die biologische Vielfalt in den geschützten Gebieten in der *Sierra Nevada* von solch großer Bedeutung? Sie ermöglicht uns, Tiere, Pflanzen und deren Lebensgemeinschaften zu sehen, die in der Kulturlandschaft nicht mehr vorkommen. Ökologen können natürliche Populationen quasi im Urzustand studieren, praktisch unbeeinflußt vom Menschen. Vor allem aber hilft die Vielfalt, Tier- und Pflanzenarten so gut wie möglich zu erhalten. Und diese haben ihren besonderen Wert nicht darum, weil man sie bestaunen kann oder studieren oder jagen und essen. Sie sind wertvoll um ihrer selbst willen, unabhängig von uns, einfach, weil es sie gibt, weil sie unsere Mitbewohner auf dem Planeten Erde sind.

Braunbär und Dickhornschaf

In Sachen Artenvielfalt gibt es im *Yosemite Park* beides: Zuwenig und Zuviel. Bis vor kurzem fehlten zwei Arten im Park: der ***brown bear*** (Braunbär oder *Grizzly*) und das ***bighorn sheep*** (Dickhornschaf). 1986 wurde eine Herde von 27 *bighorn sheep* aus dem Gebiet des *Mount Baxter* weiter südlich im Park wieder eingeführt. Bis 1998 war diese Population auf über 100 Tiere angestiegen. Den Braunbären gibt es in ganz Kalifornien nur noch auf der Flagge, und es ist fraglich, ob er es bei der hohen Bevölkerungsdichte und der Zerstörung und Zerstückelung der Landschaft je wieder hierher schafft. Früher streifte er noch durch das *Central Valley*, heute intensiv bewirtschaftetes Farmland, und man traf ihn sogar an der Küste.

Bedrohte Arten

Im Park leben zwei Tierarten, die auf der US-weiten Liste der bedrohten und gefährdeten Tierarten stehen. Nach einer Abwesenheit von rund 35 Jahren entdeckte man 1978 wieder brütende ***peregrine falcons*** (Wanderfalken) auf dem *El Capitán*. In der ganzen *Sierra Nevada* gibt es nur einige wenige Brutpaare. Ihr schlimmster Feind sind nach wie vor Organochlor-Pestizide, die zu dünnen und brüchigen Eierschalen führen.

Eine kleine Anzahl von ***bald eagles*** (Weißkopfseeadler) verbringt den Winter am *Merced River* und einigen Seen.

Staatlich geschützte Tiere im Park umfassen die *great gray owl* (Bartkauz), den *Swainson's hawk* (Präriebussard), den *willow flycatcher*, (Weidentyrann), den *Sierra Nevada red fox* (Rotfuchs) und den *California wolverine* (Vielfraß). Daneben gibt es im Park noch Dutzende von "Kandidaten" für US-weite rote Listen.

Eingeführte Arten

Ein oft übersehenes Problem sind eingeführte Arten *(introduced species)*. Mehr als 150 nicht-heimische Pflanzenarten kommen im Park vor. Viele von ihnen verdräng(t)en einheimische Arten, auf die wiederum bestimmte Tiere angewiesen sind. Auch "exotische" Tiere gibt es; viele wurden eigens für Jäger ausgesetzt, z.B. *white-tailed ptarmigans* (Weißschwanzschneehuhn). Aber *Turkeys* (Truthähne) wanderten von selbst in den Park ein.

Verheerenden Schaden richteten eingeführte **Fische** an, die man in den letzten 100 Jahren für Angler in Seen und Flüssen freisetzte. Natürlicherweise gab es im Park in den Seen oberhalb 1.200 m überhaupt keine Fische. Dort, wo einheimische Fische vorkommen, haben sie heute einen sehr schweren Stand gegen die Eindringlinge. Das Aussetzen von "Sportfischen" wurde zwar 1991 beendet, aber es dürfte noch viel Zeit vergehen, bis das natürliche Gleichgewicht wieder hergestellt sein wird.

Winter - Überleben bei 22 m Schnee

Im April 1776 stand Pater *Pedro Font*, ein franziskanischer Missionar der Anza-Expedition, auf einem Hügel bei San Francisco. Weit im Osten erblickte er eine "immense, baumlose Ebene", und dahinter ***una gran sierra nevada***, eine große, verschneite Bergkette. Ein passender Name. Im Winter 1906/1907 fielen in Tamarack zwischen *Lake Tahoe* und *Yosemite* 22,4 m Schnee, für viele Jahre Weltrekord. Der Durchschnitt beträgt immer noch beachtliche 11,6 m (38 ft). Oberhalb von 1.800 m fällt praktisch der gesamte Jahresniederschlag als Schnee vom Himmel. Im Sommer herrscht dafür meist perfektes Wetter.

Wir haben es leicht mit unseren geheizten Häusern, dicken Wollmänteln und Vorräten. Wie aber werden die Tiere mit derartigen Wintern fertig? Das Schlimmste sind nicht die Temperaturen; in der *Sierra Nevada* ist es im Vergleich zu den knochensplitterkalten Wintern der nördlichen Rocky Mountains sogar fast "gemütlich warm". Und viele Tiere legen sich sich ja Winterfedern oder -fell zu. Ernster ist das Nahrungsproblem. Die Arten haben dafür ganz unterschiedliche Lösungsstrategien entwickelt. Die drei wichtigsten sind: **Wegziehen, sich durchwursteln oder alles verschlafen**.

Einige **Vogelarten verlassen die *Sierra Nevada***, wenn der Winter naht. *Hammonds' flycatcher* (Tannentyrann), *calliope hummingbird* (Sternelfe) und *hermit thrush* (Einsiedlerdrossel) überwintern in Mexico oder Guatemala. Der *spotted sandpiper* (Drosseluferläufer) bleibt immerhin in den USA, unten an den Sandstränden und in den Feuchtgebieten am Pazifik. Die *mountain bluebirds* (Berghüttensänger) ziehen sich ins *Central Valley* oder ins Tiefland im Osten der Sierra zurück. Die Dickhornschafe, die auf Grünzeug angewiesen sind, suchen die *sagebrush*-Ebenen (Beifuß) an der Ostseite der *Sierra* auf, während man die Maultierhirsche im Winter auf beiden Seiten des Gebirges in den Tieflagen findet.

Die **zweite Strategie** ist – wie gesagt – sich durchzuwursteln. Viele Vogelarten überwintern im *red fir forest*, und noch mehr tun dies in den tiefer gelegenen Wäldern. Wovon ernähren sie sich? Die Nahrung etwa des *Williamson's sapsucker* (Kiefernsaftlecker), das Harz der *lodgepole pine*, ist im Winter hart gefroren; er weicht dann auf Insekten aus. Auch die unüberhörbaren Schwärme der ***mountain chickadees*** fressen Insekten, Larven und Puppen, u.a. massenhaft Larven der *lodgepole needle-miners*. Die *brown creepers* (Andenbaumläufer) haben es auch auf Insekten abgesehen; unermüdlich klettern sie an den Bäumen spiralförmig hinauf und wieder herunter. Andere Vögel ernähren sich von Kiefernüssen oder den Beeren der *juniper* (Wacholderbüsche).

Ein Vogel harrt im Winter nicht nur aus, sondern klettert im Herbst sogar in höhere Lagen. Das ***blue grouse*** (Felsengebirgshuhn) verbringt den Sommer in den Nadelmisch- und *Red Fir*-Wäldern, wechselt aber für den Winter in die obere montane Zone. Den **Höhenrekord** allerdings hält der *rosy finch* (Rosenbauchschneegimpel), den man sogar im Winter oberhalb der Baumgrenze findet. Auch die meisten Säugetiere bleiben im Winter aktiv. *Pikas* (Pfeifhasen), *deer mice* (Hirschmäuse) und *tree squirrel* (Baumhörnchen) zehren von ihren Vorräten, die sie im Sommer angelegt haben. Die *Pocket gopher* (Taschenmaulwürfe) ernähren sich von Wurzeln und Pflanzenteilen, auf die sie bei ihren unterirdischen Expeditionen stoßen. Das *porcupine* (Baumstachelschwein) verbringt den Winter hoch in einem Nadelbaum und frißt dessen Rinde.

Gewicht zulegen und Sonne geniessen! Yellowbellied marmots (eine der sechs Murmeltierarten in Nordamerika) beginnen ihren Winterschlaf manchmal schon im August.

Eine **dritte Strategie** ist der **Winterschlaf**. *Marmot* (Murmeltiere), *ground squirrel, chipmunk* und *western jumping mouse* (Mausart) fahren ihren Stoffwechsel drastisch herunter. Die Körpertemperatur fällt auf nur wenige Grad über derjenigen des Bodens, der Atem ist flach, und das Herz pumpt nur ein paar Mal pro Minute. So halten es die Tiere dank ihrer in Form von Fett angelegten Energiereserve 7-8 Monate lang aus.

Langläufer oder Schneeschuhläufer mag interessieren, ob sie denn auf ***black bears* (Schwarzbären)** gefaßt sein müssen. Obwohl die sich in eine Höhle zurückziehen, machen sie doch keinen richtigen Winterschlaf. Körpertemperatur und Atmung bleiben fast normal. Man könnte eher sagen, daß sie den Winter zu verschlafen versuchen – bis sie z.B. von einem Pechvogel auf Skiern aufgeweckt werden. Dann können die Petze genauso mürrisch und übellaunig wie wir sein, wenn der Wecker wieder mal viel zu früh losrasselt.

Wandern

Die besten Wanderungen im Yosemite Park

(Übersicht und Karte nächste Seite)

Wanderung 1	***Happy Isles Nature Center – Vernal/Nevada Falls***
Highlights	Wasserfälle, Wildwasser, Panoramablick
Länge	9,8 km (Rundweg)
Auf-/Abstieg	600 m
Höchster Punkt	1.829 m
Gesamtdauer	5-7 Stunden
Ausgangspunkt	*Shuttlebus Stop* #16 im *Yosemite Valley*
Hinweis	Der *Mist Trail* kann recht glitschig sein; gutes Schuhprofil hilft. Bei hoher Wasserführung ggf. Regenschutz mitnehmen, sonst wird man klatschnaß in der Sprühdusche bei den *Vernal Falls*.

0,0 km - *Happy Isles Nature Center*

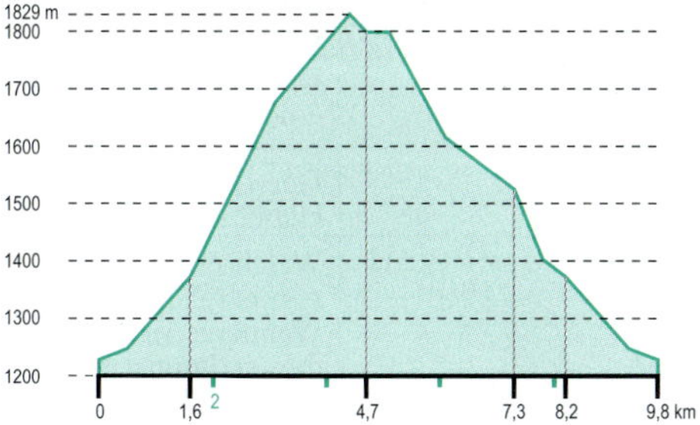

Hinter dem *Nature Center* geht es über die Brücke (Meßstation für den Wasserstand) und dann auf asphaltiertem Weg relativ steil bergauf am Ostufer des *Merced River (*hier noch Wildbach) entlang zur

1,6 km - *Vernal Falls Bridge*

Von dort fällt der Blick erstmalig auf die gleichnamigen Fälle, im Hintergrund sieht man den *Mount Broderick* (links) und *Liberty Cap* (rechts). WC und Nottelefon gleich neben der Brücke. Nach weiteren ca. 300 m zweigt der *Mist Trail* nach links ab (hier kommen Sie später wieder zurück). Halten Sie sich aber rechts auf dem hier durchlaufenden Teilstück des *John Muir Trail*. Bald trennt sich die Spreu vom Weizen der Wanderer, denn der steile Zick-Zack-Weg klettert endlos den Südhang des Canyon hoch. Immerhin ist es unter *Douglas fir* und *gold-cup oaks* (Eichenart).schattig. Bei der nächsten Weggabelung wieder rechts halten. Endlich flacht der Weg ab, und eine eindrucksvolle Aussicht auf *Half Dome*, *Liberty Cap* und *Mount Broderick* öffnet sich.

Übersicht über die besten Wanderungen im *Yosemite NP* und in die *Anselm Adams Wilderness*

#1 und #2 ab Yosemite Valley, #3-#5 Bereich Tuolumne Meadows

No	Trailbezeichnung	Länge	Schwierigkeit	Kurzbeschreibung
1	***Vernal Falls Nevada Falls***	9,8 km	anstrengend	Spektakuläre, aber auch sehr beliebte Wanderung zu zwei eindrucksvollen Wasserfällen. Beste Zeit während und nach der Schneeschmelze.
2	***Half Dome***	30,6 km	anstrengend	Wahrzeichen des Yosemite *Valley*. Ein Muß für manche, zu steil und anstrengend für viele. Extrem lohnenswert!
3	***Elizabeth Lake***	7,4 km	leicht	Kurze Wanderung zu einem schön gelegenen Bergsee am Fuß des *Unicorn Peak*.
4	***Lembert Dome***	8,4 km	mittel	Der *Lembert Dome* ist einer der leichter zu besteigenden Granitdome. Der *Dog Lake* am Weg eignet sich zum Baden.
5	***Cloud`s Rest***	24,2 km	anstrengend	Welch ein Name für einen Berg! Relativ wenig Wanderer nehmen sich diesen Berg mit fantastischer Rundsicht vor.

Anselm Adams Wilderness (Start am June Lake Loop, ➪ Karte Seite 172)

No	Trailbezeichnung	Länge	Schwierigkeit	Kurzbeschreibung
6	**Waugh Lake**	24,8 km	anstrengend	Zu einigen künstlichen, aber sehr schönen Seen in der *High Sierra*. Teilweise recht steil.
7	**Clark Lakes**	16,5 km	anstrengend	Weg mit Sicht auf die Zacken der *Ritter Range*; Blumenteppich und reizvolle Seen belohnen den Wanderer
8	***Thousand Island Lake***	27,6 km	anstrengend	Mehrtageswanderung, No.6 und No.7 in kombinierter Form.

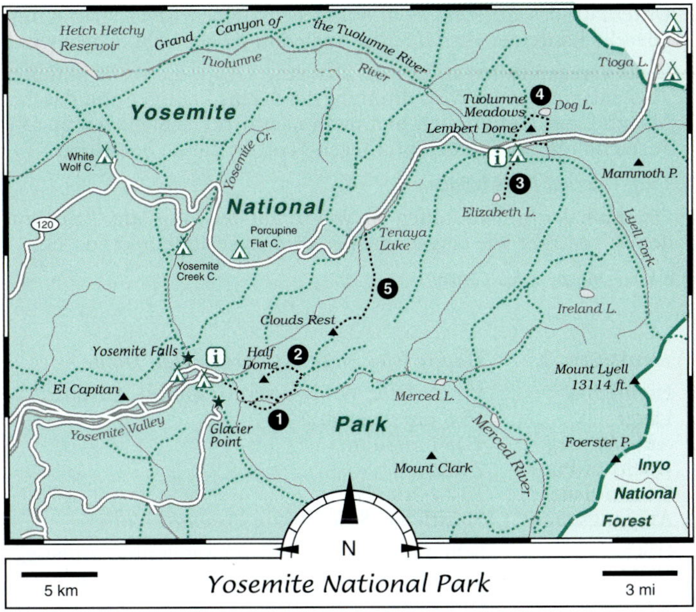

4,7 km - *Nevada Falls* (178 m Fallhöhe)

Leicht schwindlig kann es einem nach dem 600 m-Aufstieg schon werden, wenn man da an der Felskante steht, über der das Wasser der *Nevada Falls* in die Tiefe stürzt. Ein Schild warnt mit klaren Worten: *"If you fall over the cliff, you will die"*. Über den Fällen haben sich in sicherer Distanz Pools gebildet, in denen man die Hitze des Aufstiegs abspülen kann, zugleich herrliche Plätzchen für Picknick und Sonnenbad.

Zurück nach unten geht es nun auf dem *Mist Trail,* der sich auf der Nordseite der Fälle (WC) in die Tiefe schlängelt – vorbei an den *Diamond Cascades* und über eine Brücke bei den *Silver Apron-Cascades* (WC) hinunter zum grün schimmernden

7,3 km - *Emerald Pool/Vernal Falls* (95 m Fallhöhe)

Das Wasser von oben ergießt sich in diesen Pool in breitem Strom über eine glatte abgerundete Felsfläche. Mutige nutzen die Fläche als Wasserrutsche. Man darf im übrigen für ein erfrischendes Bad sein Badezeug nicht vergessen, denn "ohne" baden geht selbt hier oben nicht. Am Ufer des glasklaren Pools kann man ebenfalls herrlich ausruhen.

Unterhalb des *Emerald Pool* stürzt der Merced River sich abrupt über die Kante der *Vernal Falls*. Auch dort ist Vorsicht angebracht.

Links von den Fällen steigt man über eine Treppe die Wand hinunter – bei entsprechender Wasserführung durch eine kräftige Sprühdusche. Manch einer kämpft sich hier dann ziemlich erschöpft durch. Die Bezeichnung *Mist Trail* (Sprühregen-Pfad) ist nur zu berechtigt.

8,2 km - *Vernal Falls Bridge*

Oberhalb der Brücke stoßen Sie wieder auf den *John Muir Trail*; auf demselben Weg wie bergauf geht es zum Ausgangspunkt zurück.

9,8 km - *Happy Isles Center*

WANDERUNG 2 — *Happy Isles Nature Center – Half Dome*

Highlights	Wasserfälle, Wildwasser, Grandiose Ausblicke
Länge	15,3 km (*one-way*)
Auf-/Abstieg	1.484 m/30 m
Höchster Punkt	2.682 m
Gesamtdauer	10-14 Stunden
Ausgangspunkt	Shuttlebus-Stop #16 im *Yosemite Valley*
Hinweis	Sehr anstrengend als Tageswanderung! Aufstieg auf den *Halfdome* ist nichts für Leute mit Höhenangst.

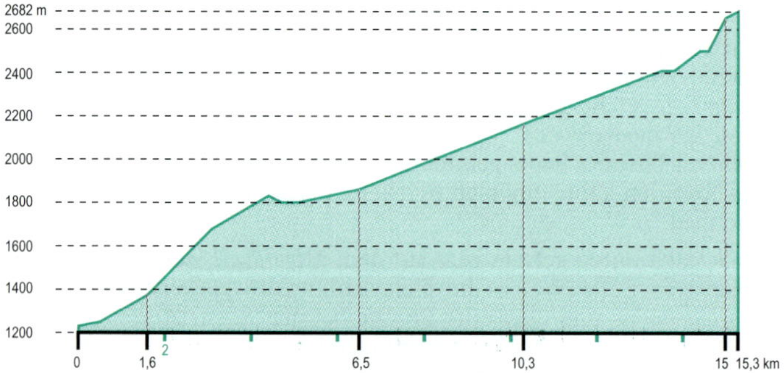

0,0 km - *Happy Isles Nature Center*

Siehe Wegbeschreibung Wanderung 1

1,6 km - *Vernal Falls Bridge*

Man kann zunächst auch den *Mist Trail* hinauf zu den Vernal/ Nevada Falls nehmen und über den *John Muir Trail* zurückkehren.

4,7 km - *Nevada Falls*

Der Weg führt von den *Nevada Falls* leicht aufwärts in nordöstliche Richtung am *Merced River* entlang durch einen Wald mit *lodgepole, sugar* und *yellow pine*. Nach Passieren eines Teichs verläuft der Weg flacher und man erreicht die

6,5 km - Weggabelung am *Little Yosemite Valley*

Das eigentliche *Little Yosemite Valley* liegt noch ein bißchen weiter oben. Dort befindet sich ein *backcountry campground* (mit Plumpsklo und Bärenkisten); *permit* erforderlich. Zum *Half Dome* halten Sie sich aber links (nordöstlich), wo der Weg über einen bewaldeten Ausläufer des *Liberty Cap* führt.

10,3 km - Verzweigung Sunrise Creek

An diesem Wegdreieck links (nordwestlich) abbiegen. Von da ab wird's steiler und der Wald lockerer, *red firs* ersetzen die *white firs*. Nach weiteren etwa 2,4 km erreicht man ein kleines Plateau, von dem aus erstmalig der Blick auf die Ostseite des *Half Dome* fällt. Im Norden sieht man den *Quarter Dome*, und im Nordosten *Clouds Rest*. Der Weg klettert nun in steilen Kehren bis zum eigentlichen Granit des *Half Dome* hinauf, wo der Aufstieg auf den Felsblock mit bis zu 47° Neigung wartet.

Nur für Schwindelfreie ein Genuß: das Fixseil auf den Half Dome. Im Sommer wird eine regelrechte Leiter montiert.

15,0 km - Aufstieg auf den *Half Dome*

Der Weg nach oben ist mit Seilen "gesichert". Probieren Sie erst einmal und setzen Sie den Aufstieg nur fort, wenn Sie auf den unteren Metern kein unsicheres Gefühl entwickeln. Unter einem Fels lagern meist viele alte Handschuhe - sie helfen bei Auf- und Abstieg. Die Drahtseil-"Geländer" und Fußtritte sind in der Regel von Mai bis Oktober installiert. Außerhalb dieser Zeit baumelt lediglich das Drahtseil über dem blanken Fels.

15,3 km - Auf dem Gipfelplateau

Geschafft! Das Gipfelplateau ist so groß, daß man dort leicht ein Dutzend Fussballfelder abstecken könnte. Wie das Murmeltier hier hochkam, das uns begrüßte, ist uns immer noch ein Rätsel. Genießen Sie die 360°-Rundumsicht, den schwindelerregenden 1.500 m-"Tiefblick" ins *Valley* hinunter und den Blick hinüber zum 2.307 m hohen (7569 ft) *El Capitán.*

Zurück auf demselben Weg oder ab Nevada Falls via Mist Trail wie in Wanderung 1 beschrieben.

Wanderung 3	***Tuolumne Meadows – Elizabeth Lake***
Highlights	Seen und alpine Sierra Nevada
Länge	3,7 km (*one-way*)
Auf-/Abstieg	277 m
Höchster Punkt	2.898 m
Gesamtdauer	3-4 Stunden
Ausgangspunkt	*Tuolumne Meadows Campground* an der *Tioga Pass Road.* Im Sommer *Hikers Bus,* aktuelle Abfahrtszeiten beim *Visitor Center.*

0,0 km - *Tuolumne Meadows Campground*

Der Weg zum *Elizabeth Lake* beginnt beim *Group Campground* und kreuzt den in Ost-West-Richtung verlaufenden *Tenaya Lake Trail,* der hier auf einem kurzen Teilstück mit dem Verlauf des *John Muir Trail* übereinstimmt. Er klettert zunächst beständig durch einen Wald mit hauptsächlich *lodgepole pines.* Auf etwa halber Strecke kommt man zum gurgelnden und rauschenden *Unicorn Creek,* der Wanderer bis fast zum See begleitet. Nach etwa 240 m Höhendifferenz (800 ft) flacht der Weg ab; größere Wiesen weisen darauf hin, daß das Tagesziel nicht mehr weit ist.

3,5 km - Elizabeth Lake

Dieser idyllische, subalpine See – einer der schönsten im *Tuolumne Meadows*-Gebiet – liegt in einem von einem Gletscher geschaffenen Becken am Fuß des auffälligen *Unicorn Peak.* Den *Johnson Peak* sieht man weiter im Osten, und die *Johnson Ridge* im Süden. Der Weg folgt für eine Weile dem Seeufer, läuft dann aber aus. Herrliche Plätzchen fürs Picknick gibt es hier zuhauf.

Zurück auf identischem Weg

Beim Elizabeth Lake

WANDERUNG 4	***Tuolumne Meadows – Dog Lake – Lembert Dome***
Highlights	Seen, Panoramaaussichten, Geologie
Länge	8,4 km (Rundweg)
Auf-/Abstieg	259 m
Höchster Punkt	2.871 m
Gesamtdauer	3,5-4,5 Stunden
Ausgangspunkt	*Lembert Dome Trailhead* (Parkplatz), etwa 5 min zu Fuß vom *Tuolumne Meadows Campground* an der *Tioga Road*.

0,0 km - *Lembert Dome Trailhead*

Hinter dem *Trailhead* verschwindet der Weg in einem *lodgepole pine forest* und klettert stetig bergauf.

1,6 km - Weggabelung *Lembert Dome/Dog Lake*

Zunächst geradeaus weiter zum *Dog Lake* (der *Lembert Dome* wird auf dem Rückweg erklettert). Kurz davor zweigt links ein Weg zu den *Young Lakes* ab, hier rechts (östlich) halten. Schon bald kommt man zu Lichtungen, die im Sommer mit Bergblumen übersät sind. Nach kurzer Strecke erreicht man das Zwischenziel

1,9 km - *Dog Lake*

Der *Dog Lake* ist im Hochsommer ein perfekter See für ein erfrischendes Bad, relativ warm und nicht sehr tief. Wunderbar, sich dort unter dem tiefen Blau des Sierra-Himmels auf dem Rücken treiben zu lassen oder den vorbeiziehenden Wolkenkissen zuzuschauen. Im Osten sieht man *Mount Lewis* (3.748 m), *Mount Gibbs* (3.890 m) und *Mount Dana* (3.979 m).

Vom Dog Lake geht es zurück zur Weggabelung und von dort zum *Lembert Dome*: links, also nach Osten halten, die Route läuft zunächst leicht abwärts.

Es gibt keinen offiziellen, markierten Weg auf den *Lembert Dome*, also heißt es: *Find your own trail*. Die Ostflanke ist aber nicht besonders steil, und nur einmal muß man ein bißchen kraxeln.

4,2 km - *Lembert Dome*

Von oben hat man eine spektakuläre Rundsicht über die *Tuolumne Meadows*, die *Cathedral Range* im Süden (mit *Cathedral, Unicorn* und *Johnson Peak*) und *Mount Dana* und *Kuna Crest* im Osten. Man sieht sogar etwas vom *Grand Canyon of the Tuolumne River*.

Nur erfahrene und sichere Bergwanderer sollten vom Domgipfel den direkten Abstieg zum Lembert Parkplatz wagen. Unproblematischer ist es, der eigenen Spur zurück zum Hauptweg zu folgen, dann weiter zur *Tioga Road* und auf ihrer Südseite zurück zum

8,4 km- *Lembert Dome-Trailhead*

WANDERUNG 5 — *Tenaya Lake – Cloud's Rest*

Highlights	Seen, alpines Panorama, Geologie
Länge	12,1 km (*one-way*)
Auf-/Abstieg	611 m/85 m
Höchster Punkt	3.025 m
Gesamtdauer	8,5-11,5 Stunden
Ausgangspunkt	*Sunrise Trailhead*, an der *Tioga Road* am Westende des *Tenaya Lake*. Kostenloser Shuttle zwischen *Tuolumne Meadows* und *Tenaya Lake* (Stop #10); gebührenpflichtiger Bus vom *Valley* hinauf zu den *Tuolumne Meadows*.

0,0 km - *Sunrise Trailhead*

Gemütlicher Start: auf einem breiten Weg geht es an Teichen und Wiesen vorbei über den *Tenaya Creek* und durch lockeren *lodgepole pine forest* mit vereinzelten *red fir, whitebark pine* (weißstämmige Zirbelkiefer) und *mountain hemlock*. Frühaufsteher sehen hier häufig *mule deer*. Nach etwa 1,6 km wird es ernst; steil klettert der Weg nun über gut 2 km auf die felsige Ostschulter des *Clouds Rest*, mit vielen Zick-Zacks, aber immerhin auch einigen schattenspendenden Bäumen und prächtigem Blick hinunter auf den blauen *Tenaya Lake*. Im Südwesten erkennt man den *Tenaya Canyon*, eines der ausgedehntesten der diversen schroffen Granitgebiete des *Yosemite.* Am Wegrand wachsen *buttercup* (Hahnenfuß), *paintbrush* (Kastillea), *lupine* (Lupine, Wolfsbohne) und andere Blumen.

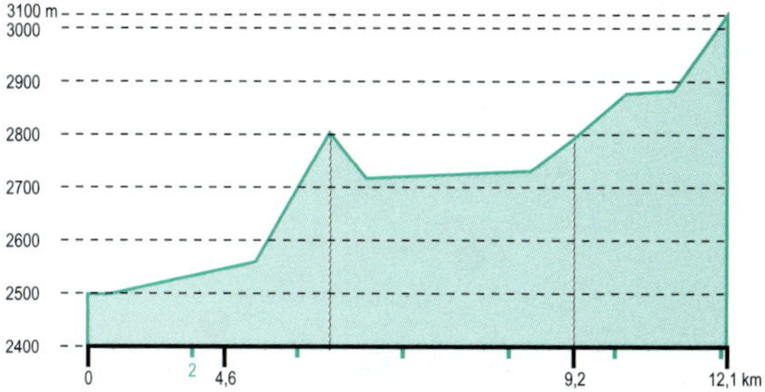

4,6 km - Weggabelung zu den Sunrise Lakes

Angekommen auf der Paßhöhe zweigt der Weg nach links ab (östlich) zu den kleinen *Sunrise Lakes* (ca. 1 km eine Strecke). Halten Sie aber geradeaus (südlich). Über einige *switchbacks* (Spitzkehren) geht es hinunter zu einem schönen Teich. Der Weg wird eben und steigt dann allmählich wieder durch lockeren Wald über einige Bäche. In diesem eher feuchten Gebiet fühlen sich insbesondere *paintbrush, mountain aster* (Asternart), *larkspur* (Rittersporn), *buttercup, lupine* und *penstemon* (Bartfaden) wohl. Weiter oben wird es trockener mit lockerem Wald und knorrigen, verdrehten *western white pines*.

9,2 km - Verzweigung zum *Clouds Rest*

Hier rechts (westlich) halten und über den Grat den Gipfel des *Clouds Rest* bezwingen. Das letzte Stück ist schmal und felsig, mit Abgründen zu beiden Seiten. Aber selbst wer auf exponierten Wanderwegen gelegentlich weiche Knie entwickelt, schafft diese Passage.

12,1 km - *Clouds Rest*

Auf dem Gipfel ist es wieder recht breit, ein kleines Plateau wartet mit genug Platz, um sich und das Picknick auszubreiten. Neben ein paar Büschen und Blumen fristen hier einige *whitebark pines* (weißstämmige Zirbelkiefer) und *Jeffrey pines* ein karges Dasein. Genießen Sie die Aussicht, sie gehört zu den besten im Park: im Südwesten steht der *Half Dome* (mit Fernglas erkennt man leicht Bergsteiger am Fixseil), im Osten sieht man *Cathedral Range, Merced River* und *Merced Lake*, im Südosten *Clark Range* und ein scheinbar endloses, bewaldetes Plateau im Süden. Auch eine der höchsten ununterbrochenen Felswände der Welt ist von *Clouds Rest* aus sichtbar: die 1500 m hohe Granitwand des *Tenaya Canyon*.

Zurück auf identischem Weg

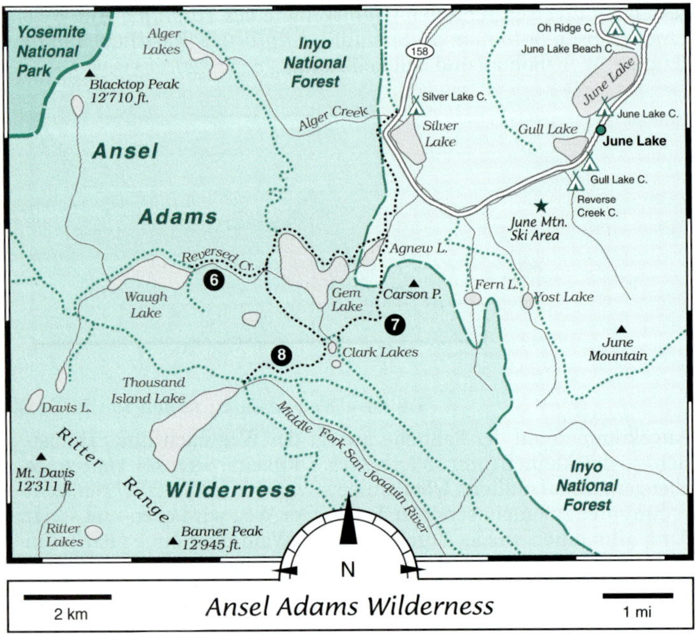

Wanderung 6	***Silver Lake – Waugh Lake***
Highlights	Seen, alpines Panorama
Länge	12,4 km (*one-way*)
Auf-/Abstieg	725 m/61 m (Profil auf Seite 174)
Höchster Punkt	2.877 m
Gesamtdauer	9,5-12,5 Stunden
Ausgangspunkt	*Rush Creek Trailhead* am Nordende des *Silver Lake* (*June Lake Loop, Straße #158*)

0,0 km - Silver Lake, *Rush Creek Trailhead*

Ohne Pardon geht es steil und sonnig gleich 400 m hoch zum *Agnew Lake*, nur ganz unten ist es in einem *aspen grove* schattig. Tragen Sie einen schweren Rucksack, bringen Sie diesen Abschnitt am besten in den kühlen Morgenstunden hinter sich. Werfen Sie aber trotzdem mal einen Blick zurück über den *Silver Lake*, den *Gull Lake* und zum *Reversed Peak* (2887 m/9473 ft). Der Weg kreuzt zweimal die Trasse einer Drahtseilbahn (sie dient leider nur dem Materialtransport für ein Kraftwerk).

4,1 km - Agnew Lake

Ein Weg zweigt hier nach links ab (südöstlich); er führt über die *Spooky Meadow* zu den Clark Lakes. Halten Sie sich aber rechts. Es geht an der Westseite des Stausees entlang. Nach weiteren steinigen und sandigen 200 Höhenmetern erreicht man oben den

5,6 km - Gem Lake

Welcome in the High Sierra. Von hier sieht man den vergletscherten *Mount Lyell* (3997 m/13114 ft). Weiter führt der Pfad – etwas erhöht über dem *Gem Lake* – in einer Folge von *Ups* und *Downs* über einen felsigen Abhang mit *sagebrush* und nur vereinzelten Bäumen. Nach Überquerung einer Brücke über einen rauschenden Bach erreicht man wieder kühlen, dichten Wald.

8,4 km - Verzweigung zum Alger Lake

Am Ende des *Gem Lake* links (südwestlich) halten. Hier läuft der Weg wieder angenehm eben; man passiert Teiche und Wiesen.

9,9 km - Verzweigung zu den Clark Lakes

Rechts (westlich) halten und dem *Rush Creek* hinauf zum Waugh Lake folgen, zuerst durch Wald, später durch offenes felsiges Gelände.

12,4 km - Waugh Lake

Auch dies ist ein Stausee, hat man den Damm aber hinter sich gebracht, steht der Waugh Lake in nichts einem funkelnden, natürlichen Sierra See nach. Im Südwesten erheben sich die imposante *Ritter Range* und der *Rodger Peak* (3956 m/12978 ft), im Westen *Mount Lyell*. Etwa 3 km weiter oben verläuft der *Pacific Crest Trail*. In nordwestlicher Richtung klettert er über den *Donohue Pass* in den *Lyell Canyon* im *Yosemite Park*.

Zurück auf identischem Weg

Beim Waugh Lake. Der John Muir Trail führt über den Donohue Pass in den Yosemite National Park auf der anderen Seite des Felsgrates

Das **Höhenprofil** bezieht sich gleichzeitig auf die **Wanderungen 6 und 7** und die darauf aufbauende nebenstehende **Mehrtageswanderung 8**

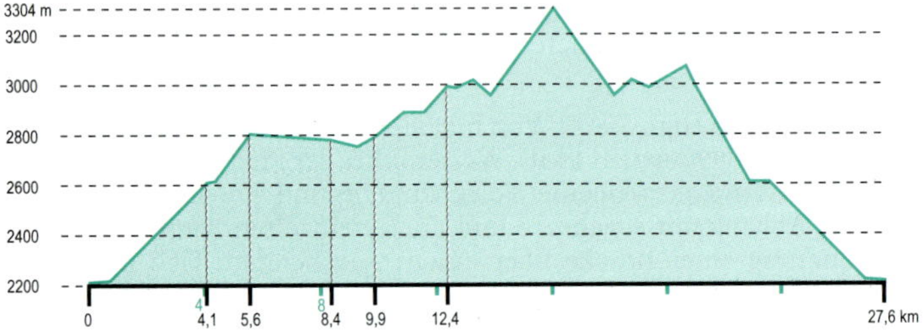

WANDERUNG 7	***Silver Lake – Clark Lakes***
Highlights	Seen, alpines Panorama
Länge	8,2 km (*one-way*)
Auf-/Abstieg	860 m/85 m
Höchster Punkt	3.072 m
Gesamtdauer	8-11 Stunden
Ausgangspunkt	*Rush Creek Trailhead* am Nordende des *Silver Lake* (*June Lake Loop, Straße #158*)
Variante	Zurück via *Gem Lake*.

0,0 km - Silver Lake, *Rush Creek Trailhead*

Bis zum Agnew Lake wie Wanderung 6

4,1 km - Agnew Lake

aber vor dem Stausee links abbiegen, einige Gebäude passieren und entlang des Ostufers des *Agnew Lake* laufen. Bald geht es steil nach oben im Zickzack über die Geröllhalde an der Westflanke des *Carson Peak*. Tief unter Ihnen liegen *Gem* und *Agnew Lakes*. Endlich wird der Weg wieder eben, ein Bach sprudelt nebenher. In einer steilen Talschüssel zur Linken liegt die *Spooky Meadow*, die "gespenstische Wiese". Noch einmal klettert der Weg auf eine Paßhöhe; oben gibt es kleine Seen und unzählige Blumen. Bald erkennt man die *Ritter Range* und den 4.010 m hohen *Mount Ritter*.

8,2 km - Clark Lakes

Eine ganze Reihe kleinerer Seen, einige eher Teiche, drängeln sich unter dem *Agnew Pass*. Sie sind umgeben von Wiesen und wenigen Bäumen.

Zurück auf identischem Weg

(Wer unten ohne Gummiknie ankommt, ist in Topkondition).

WANDERUNG 8	***Silver Lake – Thousand Islands Lake***
Highlights	Seen, alpines Panorama
Länge	27,6 km (Rundweg; hier beschrieben für 3 Tage)
Auf-/Abstieg	1.366 m
Höchster Punkt	3.304 m
Gesamtdauer	13-17 Stunden (optimal für 2-3 Tage)
Ausgangspunkt	*Rush Creek Trailhead* am Nordende des *Silver Lake (June Lake Loop, Straße #158)*
Hinweis	Zelten nicht erlaubt innerhalb 800 m des *Thousand Islands Lake Abflusses.*

Dieser Mehrtagestrip ist weitgehend eine Kombination aus den beiden vorstehenden Wanderungen .

Über den langen und anstrengenden Aufstieg via *Agnew Lake* erreicht man den *Gem Lake* (➪ Wanderung 6) mit schönen Plätzen zum Campen. **Am zweiten Tag** geht's um den Gem Lake herum hoch zu den Clark Lakes unter dem *Agnew Pass* und weiter über einen Paß zum *Thousand Islands Lake*. Den Weg begleiten viele Bäche, Teiche und Wiesen. Eine Viertelstunde nördlich oberhalb des Sees gibt es wunderschöne Plätzchen fürs Zelt mit spektakulärer Aussicht.

Am dritten Tag zurück via *Badger Lakes* und *Summit Lake* über den *Agnew Pass* und via *Spooky Meadow* und *Agnew Lake* zum Ausgangspunkt.

Horse Packing ist in der Sierra Nevada sehr beliebt. Da werden dann Tische und Stühle und sogar Duschen mitgeführt. Hier Szenerie kurz vor dem Thousand Islands Lake, im Hintergrund der Banner Peak (12.945 ft, 3.946 m)

Weitere Ziele rund um den Yosemite Park

Mono Lake und Mono Basin Scenic Area (*Toyabe National Forest*)

Kennzeichnung

Mit über 700.000 Jahren gehört der Mono Lake zu den ältesten Seen in Nordamerika. Er bedeckt etwa 155 km^2 und liegt im gleichnamigen Becken am Ostrand der *Sierra Nevada.* Er besitzt keinen natürlichen Abfluß. Sein Wasser ist deshalb sehr salzig. Gespeist wird er von überwiegend unterirdischen Zuflüssen aus der *Sierra Nevada.* **Tufatürme, -nadeln** und **-knollen** aus **Kalziumkarbonat** an den Ufern wie unter Wasser und vulkanische Krater im See und in der Umgebung (die letzte Eruption erfolgte vor nur 600 Jahren) sind Anziehungspunkte für Geologen und Fotografen gleichermaßen. Die ungewöhnlichen, skulpturengleichen Formationen entstanden durch Ablagerungen der hochdrängenden Quellflüsse. Sie wuchsen im Laufe der Jahrtausende aus dem Wasser bzw. wurden durch den sinkenden Wasserstand seit den 40er-Jahren des 20. Jahrhunderts freigelegt.

Der Mono Lake und das ihn umgebende *Mono Basin* ist eine **Oase für unzählige Tiere**. Einige Organismen haben sich so erfolgreich angepaßt, daß sie sich im salzig alkalischen Wasser ganz wohl fühlen. Die Nahrungskette im See beginnt mit Grünalgen: *Brine shrimp* (Garnelenart) und *brine fly* (Fliegenart) stopfen sich mit den Algen voll und landen ihrerseits in den Mäulern von mehr als 80 Vogelarten. Etwa 800.000 *eared grebes* (Schwarzhalstaucher) rasten hier auf ihrem Durchflug. Und im Frühjahr kommen an die 50.000 *California gulls* (Möwen) von der Küste herüber. 90% der Population dieser Vögel in Kalifornien schlüpfen am Mono Lake aus dem Ei. Der *snowy plover* (Schneeregenpeifer), eine gefährdete Vogelart, brütet ebenfalls in der Region.

Tufaformationen im Mono Lake. Über 80 Vogelarten kommen hier vor.

Geschichte einer Rettung

Die Geschichte eines der größten **Erfolge im Habitat-Schutz** in den USA ist mit dem Mono Lake verbunden. 1941 entdeckte das durstige Monster Los Angeles den See. Das *Los Angeles Department of Water and Power* begann, aus seinen Zuflüssen Wasser abzuzapfen und in breiten Kanälen über Hunderte von Meilen nach LA zu leiten. Die ökologischen Konsequenzen konnte jedermann voraussagen; sie stellten sich prompt ein: Der Wasserspiegel sank, und der Salzgehalt stieg auf das Mehrfache der Normalwerte. Feuchtgebiete am Ufer trockneten aus, die Koyoten erreichten trockenen Fußes die Brutkolonien der Vögel. Der erhöhte Salzgehalt tötete viele Organismen im See, auf welche die Zugvögel angewiesen waren.

In Protest gegen die Zerstörung der natürlichen Grundlagen der Mono Lake Region wurde 1978 das ***Mono Lake Committe*** gegründet. Es war zunächst eine "David gegen Goliath-Situation". Das Komitee verfügte im ersten Jahr über ganze $4.867, aber auch über unendlich viel Energie. Man organisierte Medienspektakel wie etwa eine jährliche "**Wasserrückführungs-Zeremonie**", bei der Kübel mit Wasser aus dem glitzernden Zierbecken vor dem Hauptquartier der Wasserbehörde in Los Angeles (DWP) zurück zum See getragen wurde. Mehr und mehr Leute begriffen, um was es ging. Während eines 16 Jahre währenden Kampfes wurde das DWP in ein Netz aus wissenschaftlichen Studien, Expertisen und Klagen verwickelt. Dann einigten sich 1994 alle Parteien auf einen Plan zum Schutz der Zuflüsse des *Mono Lake*, der den Seespiegel während den nächsten 20 Jahre wieder um gut 5 m (17 ft) steigen lassen soll. Zum ersten Mal in der Geschichte Kaliforniens verzichtete der Mensch auf die Wasserentnahme zugunsten der Gesundheit eines Ökosystems. Seither profitierten noch andere Flüsse von diesem neuen, aber im Interesse des Staates und seiner Bevölkerung liegenden Denkansatz, z.B. *Sacramento* und *Lower American River* und das *San Joaquin Delta.*

Wer sich für die weitere Entwicklung des Tauziehens zwischen Wasserverbrauchern und Ökologie interessiert, findet die ***latest news*** des ***Mono Lake Committee*** im *Web* unter: **http://www.monolake.org**.

Zugang

Ein großes **Visitor Center** des ***National Forest Service*** liegt nur wenig außerhalb nördlich von Lee Vining an der Straße #395 im Uferbereich. Vom Park- und Picknickplatz des ***Mono Lake County Park***, ca. 2 mi weiter nördlich, führt ein Holzbohlenweg über sumpfige Uferareale zu den ***Tufas*** (Tuffstein) am und im tiefblau-grünen Wasser. Ein weiteres Gebiet voller ***Tufaformationen*** ist die ***South Tufa Reserve*** am Südufer ca. 10 mi von Lee Vining entfernt; Anfahrt über die #395, dann #120 nach Osten. Dort ist der Zugang etwas geregelter unter *Ranger*-Führung mit Erläuterungen.

Infrastruktur

In Lee Vining existiert eine begrenzte Infrastruktur aus einer Handvoll Motels, Restaurants und Shops. **Campingplätze** gibt es weder direkt in Lee Vining noch in der *Mono Basin Scenic Area*, aber an der Straße #120 hinauf zum Tioga Pass und weiter südlich am *June Lake Loop* und im *Inyo National Fores*t.

Informationen

Mono Lake Tufa State Reserve, PO Box 99, Lee Vining, CA 93541, © (760) 647-6331. ***Mono Basin National Forest Scenic Area***, PO Box 429, Lee Vining, CA 93541, © (760) 647-3044. ***Mono Lake Committee Information Center*** und ***Lee Vining Chamber of Commerce*** unübersehbar mit *Bookshop* in Lee Vining © (760) 647-6595.

Emigrant und Carson-Iceberg Wilderness (*Stanislaus National Forest*)

Kennzeichnung

Diese beiden benachbarten *Wilderness Areas* im *Stanislaus National Forest* schließen nördlich an den *Yosemite Park* an. Charakteristisch für die ***Emigrant Wilderness*** (454 km²) sind große Flächen gletschergeschliffenen Granits, steilaufragende Gipfel, tiefe Canyons und viele populäre Bergseen auf Höhen zwischen 1.800 m und dem 3.527 m hohen *Leavitt Peak*. Noch **einsamer** ist die ***Carson-Iceberg Wilderness***. Sie umfaßt eine Fläche von 643 km² beidseitig der Wasserscheide. In ihr findet man ein Dutzend 12.000er-Gipfel (3658 m und darüber), rauhe Granitzacken und -klötze, steile Grate und enge Täler. Etwa ein Viertel der Fläche liegt oberhalb der Baumgrenze.

In den Wäldern beider Gebiete wachsen hauptsächlich *sugar*, *Jeffrey*, *lodgepole* und *western white pine*, sowie *red* und *white fir*. Mehrere Flüsse haben ihren Ursprung dort. Der ***Pacific Crest Trail*** folgt der östlichen Grenze der *Emigrant Wilderness* und läuft dann für weitere 42 km durch die *Carson-Iceberg-Wilderness*. Etwa 320 km Wander- und Reitwege führen durch beide Gebiete; sie sind in der Regel nur von Juli bis einschließlich September schneefrei.

Zufahrt

Man erreicht beide *Wilderness Areas* auf der Straße #108, die südlichste der drei die *Sierra Nevada* überquerenden Routen zwischen *Yosemite Park* und Lake Tahoe. Anfahrt über die #395 oder (von Westen aus) über Jamestown/Sonora.

Permits

Fürs Campen im Hinterland sind (kostenlose) *Permits* erforderlich. Man erhält sie in der *Summit Ranger Station* in Pinecrest (an der Straße #108, ca. 20 mi westlich der *Wilderness Areas*).

Angrenzende Gebiete

Infrastruktur

Entlang der #108 gibt es eine ganze Reihe von *NF-Campground,* die nächsten Motels und Shops in Twain Harte und Sonora auf der West- sowie Bridgeport auf der Ostseite der *Sierra.*

Informationen *Wilderness Areas*

Stanislaus National Forest, 19777 Greenley Rd, Sonora, CA 95370, © (209) 532-3671, oder ***Summit Ranger District # 1***, Pinecrest Lake Rd, Pinecrest, CA 95364, © (209) 965-3434.

Devil's Postpile National Monument

Kennzeichnung

Vor etwa 600.000 Jahren drang basaltische Lava aus einer Verwerfung am Ostrand der *Sierra Nevada* hervor und ergoß sich weit ins heutige *San Joaquin River Valley.* Die Lava füllte das Tal bis zu einer Höhe von 210 m. Offensichtlich kühlte die Masse sehr schnell und gleichzeitig ab, denn nur so kann die Bildung von **5-, 6- und 7-eckigen bzw. -seitigen vertikalen, dicht gepackten Säulen** erklärt werden.

Die zu regelmäßigen Basaltsäulen erstarrte Lava im Devils Postpile National Monument füllte das San Joaquin Valley einmal mehr als 200 m hoch

Später schoben sich Gletscher über die Strukturen. Sie zerstörten einen Großteil davon. Was übrig blieb, ist ein pittoresker geologischer Aufschluß aus Säulenbasalt, ➪ Foto umseitig. Oberhalb der Säulen läuft man über deren Enden, die – wie auf einem gefliesten Küchenboden – Flächen regelmäßig geformter Sechsecke bilden.

Der Fußweg vom Bus-Haltepunkt (Parkplatz) dorthin beträgt nur ca. 500 m, so daß man samt einer Besteigung des "Scheiterhaufens des Teufels" und fürs Verweilen/Fotografieren nicht mehr als maximal 1 Stunde benötigt. Ein Weiterlaufen bis zu den ***Rainbow Falls*** lohnt nur bedingt. Sie sind nicht sensationell, aber der Weg am Fluß entlang ist hübsch und kann bei Start am Straßenendpunkt oberhalb des *Postpile etwas* verkürzt werden.

Das flächenmäßig recht kleine Nationalmonument (3.2 km^2) gibt aber mehr her als nur diese ganz interessante geologische Kuriosität und einen klaren Gebirgsfluß mit Wasserfall.

Der ***Campground*** im *Monument* und die Plätze im umgebenden *National Forest* bilden gute Ausgangspunkte für Wanderungen in die *Ansel Adams Wilderness*. Viele Bergseen liegen pittoresk **an der Basis der steilen Zacken der alles überragenden *Ritter Range***, ➪ Seite 174.

Zufahrt

Zum ***Devils Postpile National Monument*** geht es quer durch das große Skisport- und Ferienzentrum Mammoth Lakes auf der Minaret Road bis zur *Mammoth Mountain* Talstation für Seilbahn und Lifts. Die Fortführung der Straße – steil – hinunter zum Nationalmonument ist von etwa Mitte Juni bis *Labour Day* für den allgemeinen Verkehr gesperrt. Ein (teurer) ***Shuttle Bus*** befördert die Besucher ins Tal. Ausgenommen von der Buspflicht sind Camper: eine Reservierung für einen der ***NF/NM-Campgrounds*** dort unten gibt es in der *Ranger Station* östlich von Mammoth Lakes, aber auch direkt an der Einfahrt-Kontrolle am *Mountain Inn* Parkplatz.

Infrastruktur

Mammoth Lakes verfügt über eine dichte Infrastruktur mit zahlreichen Motels, Hotels, Supermärkten und Restaurants. Rund um den weiträumigen Ort finden sich – außer im Tal beim *Postpile* – viele weitere Campingplätze, teilweise in prima Lage, ➪ Seite 146.

Informationen *Devil`s Postpile*

Devil's Postpile National Monument, c/o *Sequoia and Kings Canyon National Parks*, Three Rivers, CA 93271, ✆ (209) 565-3341.

Näher liegt das ***Mammoth Lakes Visitor Center***, PO Box 148, Mammoth Lakes, CA 93546, ✆ (760) 924-5500 oder *toll-free* ✆ (888) GO-MAMMO(TH), unmittelbar an der Ortsufahrt. Es fungiert zugleich als Info-Center des *Forest Service*.

WÜSTEN-LANDSCHAFTEN

Joshua Tree National Park

Saguaro National Park

Chiricahua National Monument

Eigenartige Formationen in der Mojave (Alabama Hills bei Lone Pine/CA)

Joshua Tree National Park

Heiss, trocken, kalt: Extreme in den Mojave und Colorado Wüsten

Bezeichnung Joshua Tree

Frühe spanische und mexikanische Forscher nannten ihn respektlos *cabbage tree (*Kohlkopfbaum), andere wenig schmeichelhaft "den abstoßendsten und widerwärtigsten Baum im Pflanzenreich". Die Mormonen gaben dem bizarren "Baum" mit den wildwuchernden Ästen den Namen ***Joshua Tree***. Er erinnerte sie an den biblischen Propheten Joshua, wie er seine Arme flehend zum Himmel reckt.

Charakteristik

Der 3.238 km² große *Joshua Tree National Park* liegt etwa 160 km östlich von Los Angeles und zieht nicht nur dank seiner Baumkakteen, sondern auch wegen seiner erstaunlichen geologischen Formationen Millionen von Besuchern an. Granit-Monolithe, einige einsam in der Landschaft stehend, andere malerische Haufen bildend, weite, sanft geneigte Schwemmebenen (*Bajadas*), zerklüftete Berge, Sanddünen, Palmenoasen und anderes mehr bilden ein Eldorado für Kletterer, Fotografen, Geologen, Wanderer und Botaniker.

Ökosysteme

Zwischen dem höchsten Punkt im Park, dem 1.773 m (5.814 ft) hohen *Quail Mountain*, und dem *Pinto Basin* auf etwa 300 m (1.000 ft) liegen fast 1.500 Höhenmeter. **Unterschiedlichste Ökosysteme** und eine große Zahl von Pflanzen- und Tierarten kennzeichnen das Gebiet: mehr als 200 Vogelarten, über 40 Säugetierarten – unter ihnen das scheue *desert bighorn sheep (*Wüstendickhornschaf) und der immer gut getarnte *mountain lion* (Puma) – und 40 verschiedene Sorten Reptilien und Amphibien. Ausgedehnte Bestände des *Joshua Tree*, des bekanntesten Vertreters der ***Mojave Wüste***, einer sog. *high desert*, findet man in der westlichen Parkhälfte auf über 900 m (3.000 ft). Dort ist es feuchter und kühler als in angrenzenden, tiefer gelegenen Arealen. Die botanisch vielfältigere ***Colorado* Wüste**, eine *low desert*, beginnt unterhalb 900 m. Neben dominierendem *creosote (*Kreosot-Busch) gedeiht dort eine Vielfalt an Kakteen und Sträuchern wie etwa *ocotillo* und *smoke tree* (Kerzen-/Perückenstrauch). Ca. im Bereich 600-900 m treffen in der **Übergangszone** *(transition zone)* beide Wüstentypen in einer Art ökologischem Schmelztiegel aufeinander. Fünf Fächerpalmen-Oasen bilden mit einer Vielzahl an Vögeln und Pflanzen ein eigenes Ökosystem. Sie konnten sich an Stellen entwickeln, wo Wasser auf oder nahe der Oberfläche natürlich vorkommt.

Besiedelung

Trotz der unwirtlichen Lebensbedingungen war das Gebiet des heutigen Nationalparks des öfteren über lange Zeitabschnitte bewohnt.

Joshua Tree National Park - Karte Seite 187

Vor mehreren tausend Jahren lebten die ***Pinto* Indianer** im damals fruchtbaren, heute ausgetrockneten *Pinto Basin*. Mehrere indianische Stämme sammelten dort auf ihren Wanderungen Pinienkerne, die Früchte der Kakteen und sog. *Mesquite*-Bohnen. *Serrano* und *Chemehuevi*-Stämme lebten bei der *Oasis of Mara*, wo heute das *Oasis Visitor Center* steht. Petroglyphen, Felsmalereien und andere Artefakte erinnern bis heute an diese Kulturen.

Ein California juniper (Wacholder) behauptet sich in einer Felsspalte

Parkgründung

Ende des 19. Jahrhunderts entdeckten und nutzten Forscher, Bergleute und Rancher dieses Gebiet. Die Einführung des Automobils erhöhte die Besucherzahlen dramatisch – mit verheerenden Folgen für die *Joshua Trees* und die Kakteen. Die Bäume wurden als makabre Nachtbeleuchtung angezündet oder anders verstümmelt, während zahlreiche Kakteen Sammlern zum Opfer fielen. Nachdem einige Kakteenarten beinahe ausgerottet waren, wurden im Jahre 1936 dank einer Kampagne von *Minerva Hoyt* 3.340 km^2 (825.000 *acres*) als *National Monument* unter Naturschutz gestellt, wiewohl man das Gebiet auf Druck von Bergbaufirmen in den 50er-Jahren wieder um ein volles Drittel reduzierte. Im Herbst 1994 setzte der amerikanische Kongress den ***California Desert Protection Act*** in Kraft. Dieses Wüstenschutzgesetz sorgte u.a. für die Umwandlung des *Joshua Tree National Monument* in einen *National Park* und dessen Erweiterung auf die heute wieder 3.238 km^2 (800.000 acres). Etwa 75% des Nationalparks sind als *Wilderness* ausgewiesen, was auf einen verstärkten Naturschutz hinausläuft.

Praktische Informationen

Reiseplanung

Anreise

Zug

Die parknächsten *Amtrak*-Stationen, befinden sich in Palm Springs, etwa 30 mi südwestlich der Haupteinfahrt in den Park bei Joshua Tree, und in Indio, ca. 24 mi westlich des Südeingangs. Beide Orte liegen an der Route Los Angeles–Orlando über Phoenix/New Orleans (3x wöchentlich) und Los Angeles–Chicago (4x wöchentlich). Von Palm Springs bzw. Indio geht es – hat man sein Bike nicht dabei – nur per Mietwagen oder Taxi weiter, ➪ folgenden Abschnitt.

Bus

Der *Joshua Tree Park* ist auch per Bus kaum besser zu erreichen. Hier die Fakten: ***Greyhound/Trailways*** verkehrt mehrmals täglich auf den Routen Los Angeles–El Paso via Phoenix und Los Angeles–Calexico an der mexikanischen Grenze via *Salton Sea Beach* mit Stops in Palm Springs und Indio. Zwar verbinden dann ***Desert Stage Lines***, ✆ (760) 251-6162, Palm Springs mit Yucca Valley, Joshua Tree (Westzufahrt) und Twentynine Palms (Nordeingang), sowie ***MBTA, Morongo Basin Transit Authority***, ✆ (760) 367-7433 oder ✆ 1 800 794-6282, die Städte im Norden und Westen des Nationalparks, aber in den Park hinein kommt man nur mit Fahrrad, Taxi oder Mietauto. Taxi: *Alpha Yellow Cab*, Twentynine Palms, ✆ (760) 367-1976.

Flugzeug

Der nächste *International Airport* ist Los Angeles. Von dort fliegt man bei Bedarf per Flugzeug weiter zum *Palm Springs Regional Airport*.

Mietwagen

Die bekannten Vermieter haben eine Vertretung in Palm Springs, kleinere *Car Rentals* findet man auch in Yucca Valley, Twentynine Palms, z.B. die Firma *Enterprise Rent-A-Car*, ✆ (760) 367-3385, und in Indio, ✆ (760) 347-0045.

Den hätten wir gespalten. Breadloaf rock, nun in zwei Stücken

Joshua Tree National Park - Karte Seite 187

Von Los Angeles zum *Joshua Tree Park* sind es je nach Ausgangspunkt und Ziel ca.120-150 mi via *Interstate* #10, die direkt am Südeingang vorbeiläuft. Ab Palm Springs führt die Straße #62 über endlose Meilen kommerzieller Infrastruktur (Morongo Valley bis Joshua Tree) zum West- und Nordeingang.

Klima und Reisezeit

Im *Joshua Tree National Park* herrscht ein typisches Wüstenklima. Beste Reisezeit sind die Monate Oktober bis Mai. Den meist angenehm warmen Tagen (T-Shirt-Wetter) folgen kalte Nächte, in denen die Temperaturen auch schon mal unter den Gefrierpunkt sinken. Mit windigen und kalt-trüben Tagen ist durchaus zu rechnen. Der Frühling (März bis Mai) zieht die meisten Besucher an. Die Campingplätze können sich dann – vor allem an Wochenenden – schnell füllen. Mit Glück erwischen Sie eines der seltenen Jahre, in denen die Wüste sich in einen farbenprächtigen Blumenteppich verwandelt (abhängig vom Regen und der Temperatur der vorangehenden Monate und Jahre). Dann blühen möglicherweise auch die *Joshua Trees* (variiert zwischen Februar und April).

Von Ende April bis Oktober klettern die Temperaturen oft bis 40°C. Lokale Gewitter, welche die gefürchteten *flash floods (*Flutwellen in sonst trockenen Flußbetten) auslösen können, kommen im Juli und August häufig vor – Vorsicht in engen Tälern! Mit stark windigen Tagen – einem Alptraum für Fotografen – muß man das ganze Jahr über rechnen.

Camping, Unterkunft, Essen

Im Nationalpark gibt es neun überwiegend fantastisch gelegene und hervorragend angelegte, wenn auch sanitär primitive ***Campgrounds***. Außer den Plätzen *Black Rock Canyon, Indian Cove* und *Cottonwood Springs,* die allesamt nicht an der Straße durch das *Wonderland of Rocks* (➪ Seite 206) liegen, sind sie **gratis**. Wasser ist nur bei den *Visitor Centers* und gebührenpflichtigen Plätzen verfügbar. Für sie ist eine Reservierung möglich über *Biospherics*, ➪ Seite 556.

Zahlreiche Motels, Hotels, Restaurants und Supermärkte säumen die Straße #62 zwischen Morongo Valley und Twentynine Palms.

Informationen

Oasis Visitor Center beim Nordeingang: ✆ (760) 367-5500, Fax 6392; Anschrift: *Superintendent, Joshua Tree National Park*, 74485 National Park Dr, Twentynine Palms, CA 92277-3597.

In den parknahen Orten: *Chamber of Commerce* Twentynine Palms ✆ (760) 367-3445. *Chamber of Commerce* Yucca Valley ✆ (760) 365-6323. *Chamber of Commerce* Joshua Tree, ✆ (760) 366-3723.

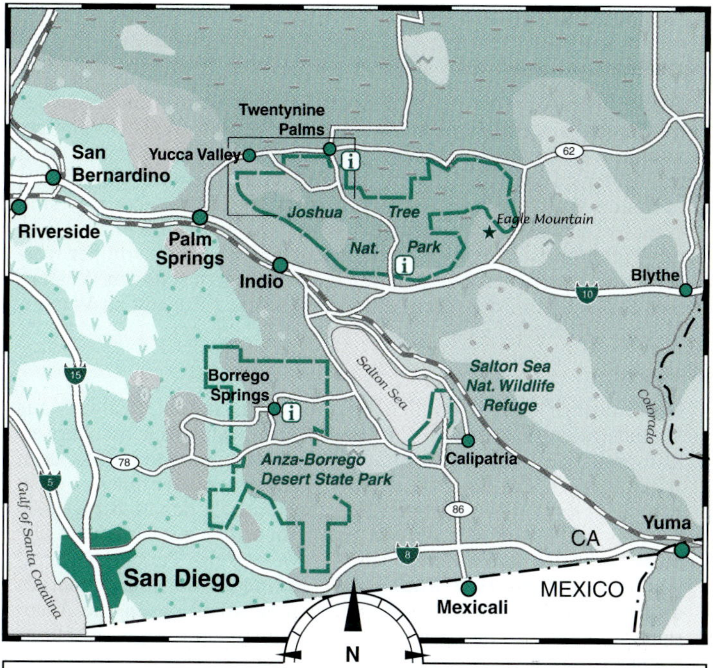
Twentynine Palms
San Bernardino
Yucca Valley
Riverside
Palm Springs
Indio
Joshua Tree Nat. Park
Eagle Mountain
62
Blythe
10
15
Salton Sea
Salton Sea Nat. Wildlife Refuge
Colorado
Borrego Springs
78
Anza-Borrego Desert State Park
Calipatria
5
Gulf of Santa Catalina
86
Yuma
CA
8
San Diego
MEXICO
Mexicali
N
30 km
20 mi

Joshua Tree National Park und Umgebung

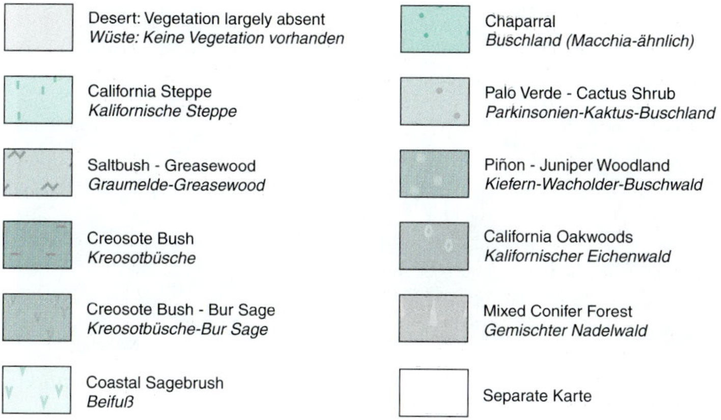
Desert: Vegetation largely absent
Wüste: Keine Vegetation vorhanden
Chaparral
Buschland (Macchia-ähnlich)
California Steppe
Kalifornische Steppe
Palo Verde - Cactus Shrub
Parkinsonien-Kaktus-Buschland
Saltbush - Greasewood
Graumelde-Greasewood
Piñon - Juniper Woodland
Kiefern-Wacholder-Buschwald
Creosote Bush
Kreosotbüsche
California Oakwoods
Kalifornischer Eichenwald
Creosote Bush - Bur Sage
Kreosotbüsche-Bur Sage
Mixed Conifer Forest
Gemischter Nadelwald
Coastal Sagebrush
Beifuß
Separate Karte

Kurzinfos Outdoors

Permits

Für Mehrtageswanderungen muss ein Formular (gratis) an einem der *trailheads* ausgefüllt und in den Kasten für Selbstregistrierung geworfen werden. Man darf überall im Gelände campen, sofern man mindestens 1 mi von Straßen, 150 m von Wegen und 400 m vom nächsten Wasserloch entfernt ist. Lagerfeuer im *backcountry* sind verboten. Ebenfalls untersagt ist das Camping in *day use areas*. Diese mit Picknicktischen ausgestatteten Zonen für Tagesausflügler wurden auch geschaffen, um Wildtieren, speziell dem scheuen Wüstendickhornschaf, in der Nacht einen ungestörten Zugang zu Wasserlöchern zu ermöglichen.

Wandern

Im Labyrinth der Felsknollen herumkraxeln, durch "Wälder" aus *Joshua Trees*, Kakteen und *Creosot*-Büschen wandern, einen Berg erklimmen oder sich unter einer Fächerpalme in einer der Oasen schlafen legen, das etwa 84 km lange Wanderwegenetz macht`s möglich. Vom kurzen Naturlehrpfad bis zur Route für den Mehrtagestrip ist alles vorhanden, nur Wasser muß man selber mitschleppen. Die meisten *Trails* laufen durch den Nordwesten des Parks. Der Fernwanderweg ***California Riding and Hiking Trail*** führt ebenfalls durch den *Joshua Tree Park*. Erfahrenen Wüstenfüchsen, die Abenteuer und Einsamkeit suchen, steht außerdem ein riesiges, wegloses Gebiet zur Verfügung.

Es lohnt sich, den **Feldstecher** einzupacken, um die zahlreich vorkommenden Vögel und anderes besser beobachten zu können.

Der Campingplatz bei den Jumbo Rocks ist ein idealer Ausgangspunkt für Wanderungen in den Park.

Radfahren, Mountain Biking

Fahrradfahren ist nur auf den Straßen erlaubt (ca. 90 mi asphaltiert und 110 mi geschottert). Interessante Schotterstraßen sind die *Pinkham Canyon Road* (20 mi), die beim *Cottonwood Springs Visitor Center* beginnt, die kurze *Geology Tour Road* westlich des *Jumbo Rock Campground* und die *Old Dale Road* (23 mi), die den Park in Nord-Süd-Richtung quert. **Fahrradvermietungen** findet man in Palm Springs und Yucca Valley.

Wintersport

Ab und zu fällt sogar in den Bergen des *Joshua Tree Park* Schnee. Der schmilzt aber meist schnell. Die nächsten Reviere für Skifahrer, Langläufer und Schneeschuhwanderer findet man in der ***San Jacinto Wilderness*** fast 2.500 m über Palm Springs (erreichbar mit einer der höchsten Seilbahnen der Welt: Die ***Aerial Tramway*** verkehrt ganzjährig 8/10–20/21 Uhr alle 30 min, $17) und in der Umgebung von Big Bear oder Arrowhead im ***San Bernardino National Forest***.

Besondere Tips

Relaxing

Hier kann man es noch erleben, das typisch amerikanische *Drive-In Theater* (Autokino): ***Smith's Ranch Drive-In***, 4584 Adobe Road, Twentynine Palms, © (760) 367-7713. Oder wäre Ihnen *Bowling* lieber? ***The Bowladium***, 73768 Gorgonio Dr, Twentynine Palms, © (760) 367-9502, mit *Coffee Shop* und *Cocktail Lounge*.

Tips für Kids

Austoben und Planschen können die Kleinen im ***Luckie Park Swimming Pool*** in Twentynine Palms (nur Sommer), © (760) 367-5777.

Gourmet

Das ***Twentynine Palms Inn Restaurant*** inmitten einer Oase, 73950 Inn Ave, Twentynine Palms, © (760) 367-3505, verwöhnt die Gäste seit 1928 mit Fleisch-, Fisch-, Geflügel- und *Vegi-Food*.

Literatur und Karten

On foot in Joshua Tree, *A comprehensive hiking guide*,
Patty A. Furbush, M.I. Adventure Publications.

Joshua Tree National Park, *A Visitors Guide*,
Robert Cates, Live Oak Press.

The California Deserts, Edmund C. Jaeger, Stanford University Press

Joshua Tree National Park, *Trails Illustrated Topo Map* No. 226

Recreation Map of Joshua Tree National Park,
Tom Harrison Cartography.

Joshua Tree National Park - Karte Seite 187

Die Natur im Wüstenpark

Geologie
Verwerfungen und Fächerpalmen

Transverse Range

Der *Joshua Tree National Park* liegt am östlichen Rand der *Transverse Range*, der **einzigen von Ost nach West verlaufenden Gebirgskette** in Kalifornien. Die einzelnen Höhenzüge im Park sind relativ niedrig und durch breite Talbecken voneinander getrennt. Einige große und Hunderte von kleinen Verwerfungslinien (Gräben) durchkreuzen den Park wie Messerschnitte in einem Küchenbrett. Der berühmt-berüchtigte **San Andreas-Graben** läuft entlang der südwestlichen Parkgrenze, südlich der *Little San Bernardino Mountains*.

Oasen

Entlang dieser Verwerfungen wurden enorme Felsmassen in die Höhe gepreßt. Hätten Sie in den letzten 800 Mio. Jahren hier gecampt, wäre Ihr Zelt mindestens 10 mal im Ozean untergegangen und wieder aufgetaucht. Die Fächerpalmenoasen im Park verdanken ihre Existenz diesen Verwerfungen. Sind diese wasserundurchlässig, wirken sie wie Dämme, und das Grundwasser steigt an. Wo es bis zur Erdoberfläche hinaufgedrückt wurde, konnten Oasen entstehen.

Formationen

Für Sportkletterer und Geologen besonders interessant sind die riesigen, abgerundeten **Felsbrocken aus Monzogranit**. Vor etwa 130 Mio. Jahren wurde die *Farallon-Platte* der Erdkruste in den heißen Erdmantel hinuntergestoßen. Das Gestein schmolz und stieg wieder in der Form von magmatischen Blasen (Intrusionen) auf. Mit der Erosion der darüberliegenden Schichten (Pintogneiss und Meeressedimente) wurden diese Gesteinsblasen freigelegt. Die Erosion formte diese zu photogenen, runden Felsbrocken und kerbte Höhlen aus. Am besten sieht man dies bei den *Campgrounds Jumbo Rocks, Hidden Valley* und generell im *Wonderland of Rocks*.

Bodenbeschaffenheit

Beim Wandern im Park fällt einem bald das knirschende Geräusch unter den Füßen auf. An vielen Orten gibt es anstelle von Erde nur noch eine **Schicht aus Quartzit-Sand**. Vor Millionen Jahren, als noch etwa 80% mehr Regen fiel, war das Gebiet mit einer fruchtbaren Erdschicht bedeckt. Die Trockenheit sorgte aber für eine starke Erosion. Und so gibt es heute fast nur noch schlechte Böden. In der östlichen Parkhälfte dominiert angeschwemmtes Material ohne eigentliche Bodenstruktur. Richtigen Boden findet man nur noch im großen Becken der *Covington Flats*.

Alle Wüstengebiete sind extrem empfindlich. Es kann Jahrhunderte dauern, um die Spuren eines einzigen Off-Road-Fahrzeuges zu tilgen und den verletzten Boden zu heilen.

Joshua Tree National Park: ungewöhnlichste Felsformationen, skurrile joshua trees, meist blauer Himmel

Pflanzen und Tiere

Leben in der Todeszone

Viele Leute verbinden Wüste mit lebloser Einöde – möglichst rasch durchfahren ist ihre Devise. Andere sehen auch bei einem kurzen Halt schon einige der faszinierenden Pflanzen und Tiere. Aber nur, wer sich etwas mehr Zeit nimmt, kann die überraschend reiche Flora und Fauna für sich entdecken.

Um einen Eindruck der Lebensvielfalt zu erhalten, muß man natürlich nicht alle **850 Pflanzenarten** im Nationalpark gesehen haben. Ein paar Tage Wandern und Beobachten genügt schon. Schnell wird man dann erkennen, daß es große Unterschiede zwischen den Pflanzengesellschaften im Talboden und in den kühleren Bergen gibt.

Low Desert

Wie bereits erwähnt, stößt man im *Joshua Park* auf zwei Wüstentypen. Unterhalb von etwa 900 m (3.000 ft) liegt die ***Colorado Desert*** (ihrerseits Teil der *Sonora Desert*). Das *Pinto Basin*, aber auch ein Großteil der *Eagle* und *Coxcomb Mountains* gehören dazu. Diese sog. *low desert* wird dominiert von *creosote*, *mesquite*, *yucca*, *ocotillo* und Kakteen. Unter günstigen Bedingungen wachsen dort auch *catclaw*, eine Akazienart, *palo verde* (sog. Parkinsonie) und eine *desert willow* genannte Weide mit langen, dünnen, bohnenähnlichen Früchten. Nach ergiebigen Frühlingsregen sprießen zahlreiche einjährige Gräser. Dann liegt auch der eigenartig würzige Geruch des *creosote* in der Luft. Da es auf dieser Höhe in der Regel zu keinen Nachtfrösten kommt, findet man in der *Colorado Desert* mehr Pflanzenarten als in der höher gelegenen *Mojave Desert*. Einen speziellen, aber seltenen Lebensraum in dieser Wüste schaffen die **Sanddünen** im *Pinto Basin*.

High Desert

Die ***Mojave Desert*** liegt auf über 900 m. Diese *high desert* findet man hauptsächlich im westlichen Parkgebiet, z.B. in den *Little San Bernardino Mountains*, im *Lost Horse* und *Queen Valley* und im Bereich der *Campgrounds Jumbo Rocks, Indian Cove* und *Black Rock Canyon* In dieser Höhe fällt mehr Regen, und es ist bedeutend kühler als in der *low desert*.

Für Experten

In der Hochwüste gibt es 3 Pflanzengesellschaften: die *Mojave mixed steppe* (mit *joshua trees, galleta-* und *needle grass*), den *blackbrush scrub* mit *blackbrush, Mojave yucca, joshua tree, Californian juniper* (Wacholder-Art) und das *Mojavean piñon-juniper woodland* mit *piñon pine* (Nußkiefer), *scrub oak* (eine buschartige Eiche) und *California juniper*. Die größten Bestände von *Joshua Trees* stehen in den *Covington Flats* sowie in den Regionen *Lost Horse* und *Queen Valley*. In der Übergangszone der beiden Wüsten ist die biologische Vielfalt sogar noch größer.

Fan Palm Oasis

Wo genügend Grundwasser nahe an die Erdoberfläche dringen kann, bilden die **Fächerpalmen-Oasen** ein eigenes Ökosystem. Die *California Washingtonia* oder *California fan palm* erreicht eine Höhe von fast 20 m. Die *Forty-nine Palms Oasis* und die *Oasis of Mara* beim nördlichen *Visitor Center* oder die *Lost Palms Oasis* (➪ Wanderung #4, Seite 208) sind gute Beispiele dafür.

Wo nahe an der Oberfläche Grundwasser vorhanden ist, konnten sich Fächerpalmenoasen bilden (Cottonwood oasis)

Blütezeit

Abhängig von der Niederschlagsmenge und den Durchschnittstemperaturen in Herbst und Winter verwandeln blühende Sträucher, Sukkulenten und Blumen die Landschaft im Frühjahr in ein farbenfrohes Mosaik. Die **Blütezeit** kann in tiefer gelegenen Gebieten bereits im Februar beginnen, und in höher gelegenen Regionen im März oder April. Leider kommen wirklich spektakuläre Blüten nur etwa alle 20 Jahre vor – die letzte außergewöhnliche Blütezeit fand 1995 statt. Aber auch in "normalen" Jahren ist die blühende Wüste sehenswert. Häufigere Wildblumenarten sind die *bigelow coreopsis,* (Mädchenauge), *sand verbeña/phacelia* (Bienenbrot), *evening primrose* (Nachtkerze), *blazing star, purple lupine* (Lupine, Wolfsbohne) und *locoweed* (Tragant).

Wirbeltiere

Multitalent und Überlebenskünstler Coyote: man trifft ihn in Nordamerika fast überall

Etwa **350 Wirbeltierarten** leben im Park. Größere Säugetiere wie das Wüstendickhornschaf, Maultierhirsche, Pumas und Rotluchs (*bobcat*) sieht man eher selten. Häufiger kommen kleine Säugetiere wie Mäuse, *woodrats* (Buschschwanzratten), *chipmunks* (Streifenhörnchen), *white-tailed antelope ground squirrel* (Erdhörnchenart), *black-tailed rabbit* (Kalifornischer Eselhase) und zwei Arten von Füchsen vor. Gut angepaßt an den Lebensraum *Campground* haben sich Kojoten und *cottontails* (Kaninchen). Etwa ein Dutzend Fledermausarten bevölkert den Nachthimmel. Trotz Trockenheit überleben hier auch eine Kröten- und Froschart: die *red-spotted toad* und der *California treefrog*. Unter den diversen kleinen Eidechsenarten ist der *side-blotched lizard* ein häufiger Wegbegleiter. Außerdem leben noch 19 Schlangenarten im Park.

Vogelarten

Über 270 Vogelarten sind Dauergäste oder Durchreisende im *Joshua Tree Park*, der an einer der großen Zugvogelrouten zum *Salton Sea* im *Coachella Valley* liegt. Der Park bietet willkommene Rastplätze für erschöpfte Zugvögel – besonders bei stürmischem Wetter. Häufig sieht man *gambel's quail* (Helmwachtel), *black-throated sparrow* (Schwarzkehlammer), *scrub jay* (Buschhäher), *common raven* (Kolkrabe), *road runner* (Rennkuckuck) und dazu verschiedene Arten des *wren* (Zaunkönig).

Joshua Tree National Park - Karte Seite 187

Umwelt

Die guten Nachrichten

Immer gibt es sowohl gute als auch schlechte Nachrichten über ein bestimmtes Gebiet. Hier zunächst das Positive:

Luft, Licht und Biodiversität

Verglichen etwa mit Los Angeles ist die **Luftqualität** im Park sehr gut. Auch die *light pollution* ("Lichtverschmutzung", ein Begriff und Gedanke zugleich, der bei uns noch kaum Fuß gefaßt hat) ist minimal – dort strahlen und funkeln die Sterne noch richtig am dunklen Firmament, während man in den hellerleuchteten Großstädten nur noch einen schwachen Abglanz des Sternenhimmels kennt.

Die **Biodiversität** des Parks ist relativ gut erhalten. Bevor das Gebiet 1936 unter Schutz gestellt wurde, litt es unter den Auswirkungen von Bergbau und Viehzucht und der Raubzüge von "Kakteeenliebhabern". *Devil's Garden*, ein Areal, das einst die höchste Konzentration von Kakteen in Kalifornien besaß, war bereits 1930 buchstäblich leergefegt. Bis heute hat sich das Gebiet davon noch nicht wieder vollständig erholt.

Auch der **Tierwelt** geht es nicht schlecht, "nur" zwei Arten fehlen, die *pronghorn antelope* (Gabelbock) und der C*alifornian condor*.

Kalifornischer Wüstenschutz

Wie eingangs erwähnt, wurde 1994 der ***California Desert Protection Act*** zum Schutz der Wüsten in Kraft gesetzt. Dieses Gesetz war einer der größten Siege der Umweltschutzbewegung (respektive des gesunden Menschenverstandes) über landgierige Unternehmer und Baulöwen (*developer*). Dank des neuen Gesetzes wuchs die Zahl der Schutzgebiete (Nationalparks, -monumente, *wilderness areas*) in den

Wurden einst rücksichtslos ausgegraben: Kakteen aller Art. Hier ein beavertail cactus.

Wüsten Südkaliforniens im Jahre 1994 auf 69. Die in der Nähe des *Joshua Tree National Park* gelegene, riesige *Mojave National Preserve* z.B. umfaßt 5.666 km² (1,4 Mio *Acres*). Der *Death Valley National Park* ist nun dank einer Vergrößerung auf ca. 13.760 km² (3,4 Mio *Acres*) der größte Nationalpark der USA (ohne Alaska Parks). Die *California Desert Conservation Area* umfaßt beinahe alle kalifornischen Wüsten und dürfte dafür sorgen, daß sich die weitere Ausdehnung der Städte und *Highways* in Grenzen hält.

Aber: Kein Park ist eine Insel

Früher war alles noch einfacher: man nehme ein landschaftlich außergewöhnliches und touristisch erschließbares Gebiet, erkläre es zum Nationalpark, und, voilà, die Natur ist für immer und ewig geschützt, wie hinter unsichtbaren, aber undurchdringlichen Grenzen.

4.000 Gefahren

Heute sieht es etwas anders aus: **Nach hundert Jahren Forschung, Tourismusboom und Bevölkerungsexplosion** realisiert man, daß die Gesundheit eines Nationalparks auch vom Zustand des umliegenden Landes abhängt, ähnlich wie die Gesundheit eines Organs vom Gesamtorganismus. Die negativen Auswirkungen von Bergbau, Rodungen oder immer weiter wachsender Städte in der Nachbarschaft machen nicht an den Parkgrenzen halt. 1979 schlug deshalb die *National Parks and Conservation Association (NPCA)* mit dem Artikel ***No Park is an Island*** Alarm. Auf Verlangen des US-Kongresses erstellte daraufhin der *National Park Service (NPS)* den Report ***State of the Parks***. Diese Studie nannte mehr als 4.000 Gefahren: Bergbau, Luftverschmutzung, Kahlschlag, Erosion, radioaktiven Müll etc.

Luftverschmutzung

Der *Joshua Tree National Park* macht hier keine Ausnahme. Da ist zuerst die Luftverschmutzung: Der **Moloch Los Angeles** mit seinen 13 Mio. Einwohnern liegt nur etwa 160 km westlich. Eine ziemliche Distanz, könnte man meinen. Aber wenn die Windrichtung ungünstig ist (und das ist sie häufig), werden die Abgase von Millionen von Autos über den *Gorgonio Pass* in den Park geblasen. Dabei entsteht aus den Stickoxiden (NO_x) und flüchtigen organischen Verbindungen (VOC) das giftige Ozon (O_3). Kritisch wird es jeweils im Sommer, wenn hohe Temperaturen und starke Sonneneinstrahlung die Ozonbildung beschleunigen. (Paradoxerweise sind Ozonkonzentrationen in Großstädten häufig niedriger als in der Umgebung, weil die Luft dort meist eine so dicke Suppe aus Dreck und Gasen ist, daß das Ozon gebunden oder zerlegt wird.) Das Ozon kann die äußeren Zellen von Pflanzen wie dem *squawbush* (Weißer Hartriegel) zerstören, die Pflanze stirbt langsam ab. Damit darben auch die *desert bighorn sheep*, die sich hauptsächlich von dieser Pflanze ernähren.

Nicht überall ist die Mojave Wüste so kompromißlos geschützt wie hier.

Siedlungsdruck

Ein zweiter Punkt ist der Siedlungsdruck: Südkalifornien ist fast ein Synonym für den ***american way of life*** mit seinen Einkaufszentren, Tankstellen, zehnspurigen *Freeways* und Zweitwohnungen, die sich immer weiter in die Wüste fressen. Der damit verbundene Wasserverbauch, die Luft-, Licht- und Lärmverschmutzung steigen und der Lebensraum von Tieren und Pflanzen wird weiter eingeschränkt.

Abfallproblem

Ein wichtiger weiterer Punkt ist der Abfall. Los Angeles bringt nicht nur dicke Luft in den Park. Seit Jahren wird diskutiert, **in den *Eagle Mountains* die größte Abfallhalde der Welt** zu errichten, die mit drei Seiten an den Park grenzen würde. Dort sollen möglicherweise über die nächsten 70-100 Jahre 20.000 Tonnen Abfall pro Tag(!) entsorgt werden. Ein ähnliches Projekt, der ***Bolo Station Landfill***, ist in der Nähe von *Amboy* südlich der *Mojave National Preserve* geplant. Als wäre so ein gigantischer Abfallberg nicht schon schlimm genug, erfordert der tägliche Transport und die Entsorgung solcher Mengen zahlreiche schwere, laute und stinkige Maschinen. Man weiß bereits heute, dass beim *Bolo Landfill* die kalifornischen Luftqualitäts-Standards für Stickoxide (NOx), Schwebepartikel (PM 10) und reaktive organische Gase (ROG) überschritten würden. Um den hohen Wasserbedarf zu decken, würde der ohnehin schon niedrige Grundwasserspiegel weiter angegriffen. Eine Deponie neben dem *Park* gefährdet auch die **Tierwelt** im Park selbst. Abfallberge ziehen Heerscharen von Raben an, die jungen Wüstenschildkröten, Leckerbissen für die Vögel, auflauern und diese Spezies weiter dezimieren würden.

Wie diese Beispiele zeigen, haben Schutzgebiete – unter ökologischen Gesichtspunkten – keine Grenzen: was immer "draußen" passiert, geschieht auch "drinnen".

Umweltprobleme und bedrohte Arten

Gefährdete Arten
In kleinen Schritten zur Ausrottung

Kategorien

Pflanzen und Tiere sterben nicht einfach aus. In der Terminologie des *U.S. Fish and Wildlife Service* gibt es ***threatened*** (bedrohte), ***endangered*** (gefährdete), ***rare*** (seltene) und ***sensitive*** (empfindliche) ***species*** (Arten). Zusätzlich unterscheidet man ***category 1 species***; die kurz davor sind, als bedroht oder gefährdet gelistet zu werden, und ***category 2 species***, die für eine Listung vorgeschlagen wurden, über die aber noch weitere Informationen benötigt werden.

Bedrohte Pflanzen

Im *Joshua Tree Park* gibt es eine **Kategorie-1-Pflanze**, die *Little San Bernardino Mountain Gilia* mit delikaten weißen Blüten, und einige **Pflanzen der Kategorie 2**, wie den *foxtail cactus*, das *California ditaxis*, das *rock pennyroyal*, eine Poleiminzenart, und das *Parish's daisy*, eine Maßliebchenart. Zusätzlich gibt es acht Pflanzenarten, die in separaten Listen des Staates Kalifornien aufgeführt sind. Die Fächerpalmen Oasen etwa sind Heimat vieler Pflanzen, die sonst nirgendwo im Park vorkommen.

Bedrohte Tiere

Sogar zwei **in ganz Nordamerika bedrohte Tierarten** leben im Park: die ***desert tortoise*** (Wüstenschildkröte) und eine Krötenechse, die ***flat-tailed horned lizard***. Neben diesen kommen einige Arten der Kategorie 2 und der kalifornischen Liste vor: der *chuckwalla*, eine bis zu 40 cm lange Eidechse, der *Colorado desert fringe-toed lizard*, der *prairie falcon* (Wanderfalke), die *California horned lark* (Ohrenlerche), der *eagle mountain scrub jay*, ein Buschhäher, der *loggerhead shrike* (Raubwürger), die *Palm Springs pocket mouse*, eine Taschenmausart, der *badger* (Dachs) und mehrere Fledermausarten: *California leaf-nosed bat* (Blattnase), *pallid bat* (Blasse Fledermaus) *Townsend's western big-eared bat* und die *California mastiff bat*.

Der "California desert protection act" und verschiedene Schutzprogramme sollen ihr wieder Auftrieb verleihen: desert tortoise oder Wüstenschildkröte, ➪ *auch Essay auf Seite 202.*

Joshua Tree und Creosote – Star und *Gobernador*

Jedes Fußballteam hat seinen Star. Er ist der beste oder auffälligste Spieler, sein Name steht für das Team. Auch viele Nationalparks besitzen ihre "Star-Pflanze": die *Sequoia,* die *Redwood,* den *Saguaro Cactus.* Keine Frage, wer der Star ist im *Joshua Tree Park*!

Im Fußballteam gibt es auch die unbekannteren Spieler, die Arbeitspferde, die heimlichen Stars. Sie schießen vielleicht keine Tore, machen aber diese erst möglich. Im *Joshua Tree National Park* (und in vielen anderen Wüstengebieten im Südwesten) ist ein Busch der ungekrönte Herrscher, der ***creosote***. Dominant zwar, aber unscheinbar. Die Mexikaner haben ihn ***Gobernador*** getauft: "Gouverneur".

Der bis 2,5 m hohe ***creosote*** (Kreosot, *Larrea tridentata*) ist die erfolgreichste und in den heißen, trockenen Regionen Nordamerikas **am weitesten verbreitete Wüstenpflanze**. Der Busch hat ein unspektakuläres Äußeres. Seine gräulichen, verdrehten Äste mit kleinen Blättern schießen unordentlich aus dem Wurzelwerk. Sogar unter günstigsten Bedingungen ist sein Laubwerk so mager, daß er kaum Schatten wirft, unter den sich Wüstentiere zurückziehen könnten. Die zweigeteilten Blätter sind mit einer in der Sonne glänzenden Wachsschicht bedeckt, die den Feuchtigkeitsverlust vermindert. Überhaupt hat diese Pflanze eine ganze Reihe **erstaunlicher Anpassungen** an das harte Wüstenleben entwickelt.

Blühender Kreosotbusch: "The desert smells like rain" soll ein Indianer gesagt haben. Nach einem Regen liegt der angenehme Duft des creosote bush in der Wüstenluft. Gerüche vermögen Erinnerungen am besten zu wecken, intensiver noch als Fotos.

So variiert die Blattgröße mit dem Grad der jeweils vorhandenen Feuchtigkeit von 4 mm bis 28 mm. Während einer Dürre wirft der *creosote* viele Blätter ab und läßt Ast für Ast absterben. Die neugebildeten, erst teilweise entwickelten **Blätter** behält er. Sie **können bis zu 50% Wasserverlust überleben** und sorgen für einen aktiven Stoffwechsel. Während Nutzpflanzen bereits bei einem negativen Wasserpotential von –10 bis –15 bar (Maßeinheit für Wasserstreß) zu welken beginnen, kann der *creosote* sogar –120 bar (was einem negativen Druck von 288 kg^2/cm^2 entspricht) überstehen. Die Pflanze als ganzes ist damit in der Lage, lange Dürreperiode zu überleben.

Normalerweise entwickelt der Busch ein flaches Wurzelwerk, er läßt aber bei Bedarf auch zusätzliche, tiefreichende Pfahlwurzeln wachsen. Häufig reproduziert er sich rein vegetativ, also ohne Befruchtung. Die inneren Äste sterben ab, dafür wachsen neue Wurzeln und Äste in den äußeren Bereichen nach. Auf diese Weise entstehen **genetisch identische Busch-Ringe** (Klone) mit bis zu 20 m Durchmesser. Mittels der Carbon-14-Messung (Bestimmung des Alters von Pflanzen mit Kohlenstoff-Isotopen) entdeckte man einen *creosote* in der Nähe von Yuma, der bereits **18.000 Jahre auf dem Buckel** hatte! Der Samen dieses Methusalems muß damit in den feuchten Jahren nach der letzten Eiszeit gekeimt haben und ist demnach so alt wie die Mojavewüste selbst.

Dank dieser Anpassungen, welche keine andere Wüstenpflanze in vergleichbarem Ausmaß besitzt, konnte der *creosote* ein Gebiet von ca. 85.000 km^2 (21 Mio. *acres*) besiedeln. Man findet ihn sowohl im *Death Valley* unterhalb der Höhe des Meerespiegels als auch auf Bergspitzen auf 2.600 m Höhe. 12 Monate ohne Regen machen ihm nichts aus, aber auch am Rande von Prärien mit 500 mm Niederschlag pro Jahr fühlt er sich wohl. Er kommt **in allen nordamerikanischen Wüsten** vor, der *Chihuahua*, der *Sonora*, der *Mojave* und im *Great Basin*.

Für die Indianer im südlichen Kalifornien war die Wüste mit ihren Pflanzen und Tiere Wohnung, Supermarkt und Apotheke in einem. Der ***creosote*** war ihr **Antibiotikum-Lieferant**. Ein Pulver aus den Blättern mit nachgewiesener antibakterieller Wirkung wurde bei Schnittwunden, Schürfungen und Verbrennungen angewendet. Ein Gemisch aus zerdrückten Ästen und Wasser half gegen Rheumaschmerzen. In Schwitzhäusern wurden bei Atmungsproblemen die Dämpfe der kochenden Blätter inhaliert. Heute studieren Pharmakologen eine Substanz des *creosote*, die NDGA (*Nordihydroguaiaretic acid*) auf ihre mögliche krebshemmende Wirkung.

Obwohl also der *Gobernador* eine der erfolgreichsten Wüstenpflanzen Nordamerikas ist, heißt der offizielle Star des Parks klar ***Joshua Tree***. Dieser Baum ist Symbol der ***Mojave Desert***. Der grotesk wirkende, an einen Kaktus erinnernde Baum wächst nur auf einer Höhe

zwischen 50 m und 1.500 m über dem Meer. Sein Verbreitungsgebiet deckt sich ziemlich genau mit der Ausdehnung dieser Wüste. *Joshua Trees* können Frost gut widerstehen. Es scheint sogar, daß sie einige kalte Winternächte benötigen, um sich richtig zu entwickeln. Obwohl viele Bücher den Baum immer noch den Liliengewächsen zuordnen, gehört er korrekterweise zu den **Agaven**. Der größte jemals gemessene *Joshua Tree* ist 10,4 m hoch und steht auf der östlichen Seite der *San Bernardino Mountains*.

Eine faszinierende Beziehung besteht zwischen dem *Joshua Tree* und der **Yucca Motte** (*Tegeticula*). Die **Pollen des Baumes** sind klebrig und können nicht vom Wind fortgetragen werden, wohl aber durch Insekten. Irgendwann in der Evolutionsgeschichte entschied sich die Yucca Motte, diese Aufgabe zu übernehmen. Sie bildet kleine Pollen-Bällchen und bringt diese zu anderen *Joshua Tree*-Blüten. Als Gegenleistung kann sie ihre Eier in die Fruchtknoten des Baums legen. Die ausgeschlüpften Larven ernähren sich von dessen entwickelten Samen. Einige davon bleiben jeweils übrig und können zu einem neuen Baum heranwachsen. Auf diese Art profitieren sowohl *Joshua Tree* als auch die Yucca Motte von der Zusammenarbeit, eine typische Symbiose.

Sein merkwürdiges Aussehen mit den in alle Himmelsrichtungen ragenden Aesten hat der *Joshua Tree* u.a. dem *yucca weevil* (*Scyphophorus yuccae*), einem Käfer der *Curculionidae*-Familie, zu verdanken. Dessen Larven fressen die Wachstumsknospen des Stammes und forcieren ihn zu den abenteuerlichen Verzweigungen. Zu neuem Astwachstum kommt es auch durch neue Blüten. 25 Vogelarten nisten im Baum, z.B. *northern flicker* (Goldspecht), *ladder-backed woodpecker* (Texasspecht), *flycatcher* (Fliegenschnäpper), *house wren* (Hauszaunkönig) und *american kestrel* (Buntfalke).

Wenn der Baum fällt (sein flaches Wurzelwerk bietet kaum Halt bei starken Winden), beginnt eine **neue Phase seines Lebenszyklus**`. Er wird nun von einer ganz neuen Schar von Tieren bevölkert. Termiten und Käfer leben im weichen Holz, zersetzen dieses langsam und geben dadurch die Nährstoffe dem Boden zurück. Die *desert night lizard* (Yucca-Nachtechse), die zu den kleinsten Eidechsenarten Amerikas gehört, lebt im Wirrwarr der vertrockneten Blätterklumpen, wo sie sich hauptsächlich von Termiten ernährt. Buschschwanzratten bauen ihre Nester an der Basis von größeren Bäumen. Dank des *Joshua Tree*, welcher zahlreichen Eidechsen und Nagetieren eine Wohnung bietet, wissen auch Rotschwanzbussard, amerikanischer Uhu (*great horned owl*) und Schlangen, wo sie ihre Nahrung fürs tägliche Überleben finden.

Diese Wechselbeziehungen unter den verschieden Arten zeigt auf schöne Weise, wie in der Natur alles zusammenhängt (dabei geht es meist um "fressen oder gefressen werden" – *have lunch or be lunch*). Die alten *Cahuilla-Indianer*, die in dieser Region lebten, erklärten denselben Tatbestand mit anderen Worten: "Ein Geist lebt in allen Dingen, Felsen, Eidechsen, Kreosotebusch und Adler".

Vergegenwärtigen Sie sich einmal all die Tiere, deren Leben mit dem *Joshua Tree* verbunden sind. Welch ein Unterschied zu einem isolierten *Joshua Tree* in einem Designer-Topf in einem sterilen Vorstadt-Garten in Los Angeles! Keine Eidechsen verstecken sich in seinen Blättern, kein Falke ruht sich auf einem Ast aus, keine Yucca Motte gewährleistet die Vermehrung, und keine Termiten werden am Ende den Baum der Erde zuführen. Wenn all dies nicht vorhanden ist, fehlt dann nicht auch ein großer Teil der wahren Natur des *Joshua Tree*?

Unangefochtener Star in der Mojave Wüste: Der Joshua Tree

ÜBERLEBENSKÜNSTLER WÜSTENSCHILDKRÖTE (Foto Seite 197)

Vor etwa 67 Millionen Jahren änderte sich das Klima auf der Erde dramatisch. Es brachte das abrupte Ende der Dinosaurier, der Giganten des damaligen Tierreiches. Eine kleine, unauffällige Kreatur aber **überstand den Klimaschock**; sie paßte sich an die veränderten Umweltbedingungen an und überlebte bis zum heutigen Tag. Es handelt sich um die *Desert Tortoise* (*gopherus agassizii*). Das Tier wird etwa 45 cm lang und ist leicht erkennbar an seinem hohen, domförmigen Panzer und seinen kurzen, gebogenen, ledrigen Beinen. Erwachsene Männchen unterscheiden sich von den Weibchen durch einen längeren, gekrümmten Panzerfortsatz unterhalb des Kopfes.

In freier Natur können Wüstenschildkröten 50 bis 100 Jahre oder sogar älter werden. Obwohl sie einen unbeholfenen und schwerfälligen Eindruck erwecken, wenn sie mit unendlicher Geduld über den sandigen Boden kriechen, sind sie ein Wunderwerk der Anpassung an das harte Wüstenleben. Anders als die meisten anderen Reptilien kann die Wüstenschildkröte **überleben, ohne jemals einen Schluck Wasser zu trinken**. Gras, Kakteen und niedrigwachsende Pflanzen versorgen sie mit der notwendigen Feuchtigkeit. Natürlich sagt auch sie nicht nein, wenn sich eine Gelegenheit zum Wasserschlürfen ergibt. Und dann langt sie auch kräftig zu. Forscher beobachteten eine Wüstenschildkröte, die 43% ihres Gewichts trank. In ihrem privaten Wassertank, der Blase, kann sie bis zu einen Liter Wasser speichern. Stickstoffhaltige Körperabfälle werden als hochkonzentrierte Urinsäure – in fester Form – entsorgt.

Als Kaltblütler können sich die Wüstenschildkröten nicht selber auf normale Betriebstemperatur bringen, sondern sind dazu auf Solarenergie angewiesen. Da die Sonne eine unbeständige Wärmequelle ist – zu heiß im Sommer, zu kühl im Winter – paßt sich der **Lebensrhythmus der Schildkröten** an die jährlichen Temperaturschwankungen an. Die Tiere überwintern bis zu 9 Monate im Jahr. Sie ziehen sich in bis zu 2,5 m tiefe **Erdhöhlen** zurück – einige sollen sogar bis zu 9 m tief sein. Um der Sommerhitze zu entkommen, verkriechen sie sich in kleinere Erdlöcher von 0,5-1,5 m Länge. Dank dieser Anpassungen können Wüstenschildkröten sogar an extrem trockenen Stellen in der Sonora und Mojave Wüste überleben.

Die besten Chancen, Wüstenschildkröten zu sehen, hat man von März bis Juni und von September bis Oktober. Allerdings kommen auf einen Quadratkilometer im Schnitt gerade mal zwei dieser Tiere und dazu noch mit fast perfekter Tarnung.

Heute steht die Wüstenschildkröte **vor ihrem härtesten Überlebenskampf**. Nachdem sie erfolgreich so viele Millionen Jahren durchgehalten hat, liegt es nun in der Hand der Menschen, wie lange sie noch überleben wird. Man schätzt, daß die Größe ihrer Population in den letzten 50 Jahren um 90% gesunken ist. In der westlichen Mojave Wüste nahmen die Zahlen zwischen 1980 und 1989 um 50% ab. Für diesen Rückgang gibt es keinen spezifischen einzelnen Grund, sondern ein ganzes Bündel davon, die meisten sind menschlichen Ursprungs. Dazu gehören die Zerstörung des Schildkröten-Habitats (durch rasant wachsende urbane Zonen und die Ausdehnung von Weideland), das Wildern, um den Haustierbedarf zu decken (in den USA ist Wildern angeblich die zweitgrößte Schwarzmarktindustrie), Straßenverkehr, Off-Road-Fahrzeuge und eingeschleppte Krankheiten. So wurde wahrscheinlich durch Wiederfreisetzung einst gefangener Haus-Schildkröten eine auf die Atmungsorgane wirkende tödliche Krankheit auf die freilebenden Tiere übertragen.

1990 wurden die Wüstenschildkröten vom *US Fish and Wildlife Service* als "bedrohte Tierart" aufgelistet. Dies bedeutet bis zu $ 50.000 Strafgeld und/oder 1 Jahr Gefängnis für das Töten, Fangen, aber auch für die Aussetzung von zahmen Schildkröten, welche möglicherweise Krankheitsträger sind.

Nur, die Listung als "bedrohte Tierart" allein rettet die Spezies nicht vor dem Aussterben. *Das Bureau of Land Management* entwickelte deshalb einen flächendeckenden, sich auf vier Staaten erstreckenden Plan zur Rettung der Wüstenschildkröte. Alle Aktivitiäten auf Ländereien unter Verwaltung des BLM (z.B. Bergbau, Weiderechte), müssen demnach überprüft werden, wobei Biologen die Habitate und Populationsgrößen überwachen. Außerdem wurden spezielle **Schildkrötenschutzgebiete** errichtet.

Das Überleben der Art hängt aber nicht nur von staatlichen Agenturen, sondern auch vonden Besuchern der Wüste ab. Beachten Sie deshalb folgende **Verhaltensregeln**:

- Berühren Sie keine Wüstenschildkröte. Unter Stress entleeren die Tiere ihre Blase und verlieren damit ihre Lebensversicherung, den Wasservorrat. Fotografieren Sie nur ohne Blitz.
- Keine Regel ohne Ausnahme: Falls Sie eine Wüstenschildkröte auf einer befahrenen Straße sehen, bringen Sie sie bitte in Sicherheit. Nähern Sie sich von vorne, damit das Tier Sie sieht, heben Sie es vorsichtig an den Seiten des Panzers hoch, und tragen Sie es in ein straßenfernes Gelände – und zwar möglichst in die Richtung, in die sie kriechen wollte – und setzen Sie sie in derselben Laufrichtung ab. Damit verhindern Sie, daß die Schildkröte neuerlich auf die Straße zusteuert!
- Eigentlich selbstverständlich: Nehmen Sie kein freilebendes Tier mit nach Hause, und setzen Sie niemals eine zahme Schildkröte aus. Beide Tatbestände sind obendrein strafbar.

Wandern

Übersicht: Die besten Wanderungen im *Joshua Tree NP*

No	Trailbezeichnung	Länge	Schwierigkeit	Kurzbeschreibung
1	***Barker Dam Nature Trail***	1,7 km	leicht	Kurzer, abwechslungsreicher Weg ins *Wonderland of Rocks*, zu einem Teich und indianischen Petroglyphen.
2	***Wonderland of Rocks***	12,4 km	leicht	Über eine *bajada* geht es zu einem Labyrinth aus Felsknollen und Canyons, und einer Gruppe von Weiden im *Wonderland of Rocks*.
3	***Ryan Mountain***	6,2 km	mittel	Steiler Pfad zu einem der besten Panoramapunkte im Park. Oben sieht man manchmal Wüstendickhornschafe.
4	***Lost Palm Oasis***	12,8 km	mittel	In der tiefgelegenen Colorado Wüste geht es über Hügel und sandige *washes* zu einer schattigen Palmen-Oase.
5	***Boy Scout Trail***	23,4 km	mittel	Mehrtageswanderung, Beschreibung ⇨ unten

Auf keinem der Wege gibt es unterwegs Trinkwasser

Wanderung 1 ***Barker Dam Nature Trail***

Interessant Lehrpfad mit Erläuterungen, Pflanzen, Wüste
Länge 1,7 km
Auf-/Abstieg 0 m auf Höhenlage 1292 m
Zeitbedarf +/- 1 Stunde
Ausgangspunkt Vom *Hidden Valley Campground* Schotterstraße Richtung Südosten, dann den Schildern zum *Barker Dam* folgen.

Variante Start am *Hidden Valley Campground* für einen 5 km langen Rundweg, der an der Bulletin-Tafel im Loop C beginnt und den *Barker Dam Nature Trail* kreuzt. Da der Pfad wenig begangen wird, sollte man Kompaß und Karte mitnehmen.

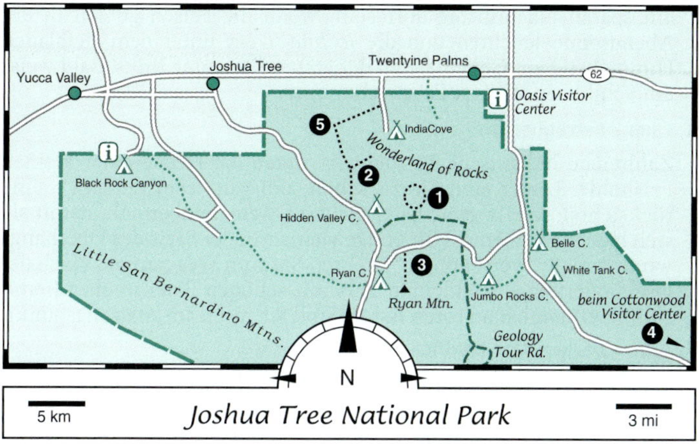

0,0 km - Barker Dam Trailhead

Der gut markierte, flache Weg windet sich durch einen Canyon im sog. ***Wonderland of Rocks***. Höhepunkte für Botaniker sind die *turbinella oak* und *parry nolina*, eine Eichen- bzw. Nolinaart. Auf Tafeln erfahren Sie alles Wesentliche über Tiere und Pflanzen des Gebiets.

Am Barker Dam Nature Trail

0,5 km - Barker Dam und See

Der Damm links wurde einst von Ranchern gebaut. Der dadurch entstandene kleine See entwickelte sich zu einer wichtigen Lebensquelle für Zugvögel und andere Tiere. Die Goldfische, die sich unkontrolliert vermehrten, sind leider keine Fata Morgana. Der *Park Service* versucht mit allen Mitteln, diese Exoten loszuwerden, da sie die einheimische Fauna und Flora gefährden. Nach einer kurzen Abwärtskletterei erreichen Sie den Damm. Dank des Wassers gedeihen hier Weiden, Rohrkolben (*cattails*) und Graumelde (*saltbush*) prächtig. Der Weg schwenkt wieder nach Süden und führt in das wunderschöne *Piano Valley* hinein. Fotografen sollten am späten Nachmittag dort sein, wenn die Felsen golden in der Abendsonne leuchten und die *Joshua Trees* unter dem tiefblauen Himmel stehen. Gehen Sie an der ersten Kreuzung links. Bald weist ein Schild den Weg zu Felszeichnungen.

1,3 km - Petroglyphen

Zahlreiche indianische *Petroglyphs* zieren die Decke einer kleinen Felshöhle. Leider sind Sie zu schön, um ganz echt zu sein – eine rücksichtslose Filmcrew hat viele der Originale übermalt, damit sie sich besser abheben ... Nur einige wenige an der Basis des Überhangs wurden nicht "verschönert". Kehren Sie zum Weg zurück. Nach der Durchquerung eines kleinen Tals mit schönen Bärentrauben (*manzanita*, erkennbar an roten Ästen) sind Sie rasch am Ausgangspunkt.

1,7 km - Barker Dam Trailhead

WANDERUNG 2 *Park Boulevard - Wonderland of Rocks - Willow Hole*

Interessant	Wüstenlandschaft und -pflanzen, ungewöhnliche Felsformationen, Canyon
Länge	6,2 km (*one-way*)
Auf-/Abstieg	40 m/34 m
Höchster Punkt	1.271 m
Zeitbedarf	3-5 Stunden
Ausgangspunkt	Auf der rechten Seite des *Park Boulevard*, 3,7 km nordwestlich des *Hidden Valley Campground.*

0,0 km - Wonderland Backcountry Tafel

Der sandige, aber leicht erkennbare Weg führt vom Parkplatz aus geradewegs zu den im Norden sichtbaren großen Felsformationen. Dieses Gebiet ist ein gutes Beispiel für die *Mojave* Wüste mit *Joshua Trees, Mojave Yuccas*, Kakteen und *Chollas*, einer Opuntienkaktusart, aber auch einigen *piñon pines* (Steinkiefern), *junipers* (Wacholder) und Eichen. Aufgetürmte Felshaufen liegen verstreut in den sonst flachen Schwemmfächern. Weit im Westen leuchtet der im Winter schneebedeckte Gipfel des *San Gorgonio Mountain.*

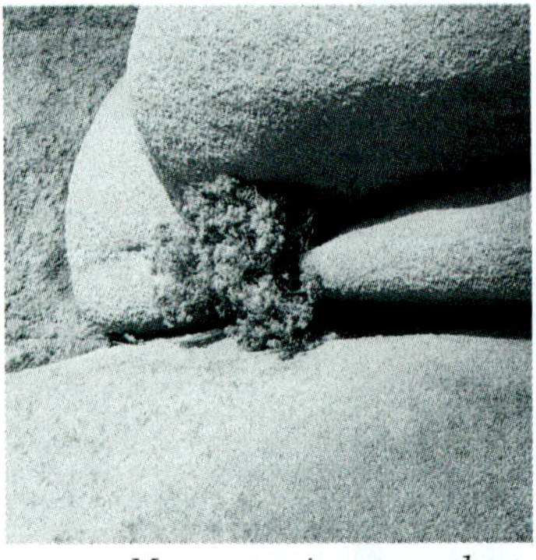

Monzogranit entstand aus aufgeschmolzenen und als Blasen wieder aufsteigenden Erdkrustenplatten.

2,3 km - Indian Cove Kreuzung

Halten Sie sich rechts. Der Weg dreht allmählich nach Osten und führt in das ***Wonderland of Rocks***. Mit seinen Türmen, Buckeln, Knollen, Scharten und Schlitzen ist das Gebiet für viele d i e Attraktion des Parks und tatsächlich sehr eindrucksvoll.

4,0 km - Sattel

Von hier an folgen Sie unzähligen Windungen von versandeten Bachbetten, immer tiefer ins Märchenland der Felsen hinein, von allen Seiten beobachtet von steinernen Wächtern, Gnomen und Riesen.

6,2 km - Willow Hole

Im *Willow Hole*, einem engen Canyon, kann sich Wasser sammeln. Dank des kostbaren Nass` gedeihen dort Weiden und andere Pflanzen. Nach längeren starken Regenfällen bildet sich ein Teich, der Tiere anlockt.

Gleicher Weg zurück

WANDERUNG 3	***Park Boulevard - Ryan Mountain***
Interessant	Wüstenlandschaft, Panoramablick
Länge	3,1 km (*one-way*)
Auf-/Abstieg	323 m
Höchster Punkt	1.665 m
Zeitbedarf	2-4 Stunden
Ausgangspunkt	Auf dem *Park Boulevard* zwischen *Ryan* und *Sheep Pass Campground*
Variante	Der *Ryan Mountain* kann auch vom *Sheep Pass-Campground* aus erklommen werden (ca. 800 m zusätzlich pro Weg).

0,0 km - Ryan Mountain Trailhead

Nehmen Sie sich zuerst ein bißchen Zeit, die Indianerhöhlen südwestlich des *Trailhead* zu erkunden. Einige Mörser-Vertiefungen im Fels sind das letzte Relikt ihrer einstigen Bewohner. Der Weg zum *Ryan Mountain* führt durch zwei große Felsbrocken und steigt dann beständig die Westseite des Berges hinauf. Einige Treppenstufen helfen an den steilsten Stellen. Halten Sie Kamera oder Feldstecher bereit: nicht selten grasen *desert bighorn sheep* (Wüstendickhornschafe) auf den Hängen und Graten des *Ryan Mountain*. Im Winter sieht man in der Ferne die schneebedeckten Gipfel des *San Gorgonio* und *San Jacinto Mountain*. Mit zunehmender Höhe ersetzen *Mojave Yucca* und *Juniper* (Wacholder) die *Joshua Trees*. Der Weg windet sich um den Berg und kommt in ein V-förmiges Tal. Auf dem kühleren und feuchteren nordwärts gerichteten Hang können sich einige Kiefern halten.

1,5 km - Sattel

Nach dem Bergsattel läuft der Weg in einer großen Kurve aufsteigend durch ein trichterförmiges Becken. Mit jedem Schritt tauchen im Osten weitere Bergketten auf.

3,1 km - Ryan Mountain

Ein kleiner Steinhaufen markiert den 1.665 m (5.461 ft) hohen Gipfel. Ein fantastisches **360°-Panorama** entschädigt für den steilen Aufstieg. Unter anderem sehen Sie von dort oben das *Pinto Basin*, die *Queen, Hidden* und *Lost Horse Valleys* sowie die *San Bernardino* und *San Jacinto Berge* im Westen.

Auf gleichem Weg zurück

Am Mount Ryan stehen die Chancen, desert bighorn sheep zu sichten, besonders gut.

WANDERUNG 4 ***Cottonwood Spring Oasis - Lost Palm Oasis***

Interessant	Oasenvegetation, Wüstenlandschaft und -pflanzen
Länge	6,4 km (*one-way*)
Auf-/Abstieg	180 m/150 m
Höchster Punkt	1.049 m
Zeitbedarf	3-5 Stunden
Ausgangspunkt	Südöstlich des *Cottonwood Springs Visitor Center* (ausgeschildert). Sehr heiß im Sommer.
Variante	Beim Start ab *Cottonwood Campground* kann man entweder 800 m zur *Cottonwood Spring Oasis* wandern oder über den *Mastadon Peak* zur *Lost Palm Trail*-Kreuzung gehen.

0,0 km - Cottonwood Spring Oasis

Vom Parkplatz aus geht es geradewegs hinunter in den Schatten der gewaltigen Fächerpalmen der Oase. Die Palmen und Baumwollpappeln wurden wahrscheinlich von ersten Goldsuchern und Siedlern gepflanzt, um einen schattigen Rastplatz zu schaffen. Ein paar Meter weiter weist ein Schild den Weg zu tiefen Mahllöchern in hartem Fels. Unzählige Generationen von Indianern haben hier *Mesquite*-Bohnen und andere Samen gemahlen.

0,2 km - Cottonwood Spring

1,0 km - Mastodon Peak Kreuzung

Der Weg zur Linken führt auf den *Mastodon Peak*. Gehen Sie aber geradeaus. Der abwechslungsreiche *Trail* klettert über einige Hügel, durchquert (meist) trockene Flußbetten und läuft an Felshaufen vorbei. Von einigen hochgelegenen Punkten reicht der Blick bis *Salton Sea* und den *Eagle Mountains*. Hier sind Sie in der *Colorado* Wüste; statt *Joshua Trees* wachsen *mojave yuccas*, *teddybear* oder *jumping chollas*, einige Kreosot-Büsche und Kerzensträucher. Hinter Meilenpfosten 3 führt der Pfad in ein sandiges, von steilen Felswänden begrenztes Flußbett (*wash*) hinunter, danach geht es wieder aufwärts.

6,0 km - Aussichtspunkt

Vom Canyonrand erkennt man nun tief unten die *Lost Palms Oasis*, sowie eine weitere Oase, die direkt gegenüber am Berghang klebt.

6,4 km - Lost Palms Oasis

Mit über 100 Fächerpalmen gehört sie zu den größten Oasen im Park. Das offene Wasser zieht scharenweise Vögel an, und mit Glück kann man hier sogar das scheue Wüstendickhornschaf beobachten. Genießen Sie den Schatten und die kühle Luft und nehmen Sie sich Zeit, den Canyon mit seiner Flora und Fauna zu erkunden.

Auf identischem Weg zurück

WANDERUNG 5	***Indian Cove - Wonderland of Rocks (Boy Scout Trail)***
Interessant	Wüstenlandschaft/-pflanzen, Canyon, Geologie
Länge	11,7 km (*one-way*)
Auf-/Abstieg	415 m/15 m
Höchster Punkt	1.268 m
Zeitbedarf	7-10 Std, besser **2 Tage mit Übernachtcamp**
Ausgangspunkt	Etwa 600 m südlich der *Indian Cove Ranger Station* von der Straße #62 auf die *Indian Cove Rd.* Sehr heiß im Sommer.
Variante	*Willow Hole*: Biegen Sie links (Osten) an der Kreuzung ab, ca. 11 km von *Indian Cove* (➪ Wanderung 2 *Wonderland of Rocks*).

Der ***Boy Scout Trail*** quert zunächst eine flache *bajada* und folgt dann einem sandigen, trockenen Flußbett zwischen Felsbrocken. Die Berge nähern sich auf beiden Wegseiten und der Pfad folgt dem mäandrierenden, engen Canyon. Nach ein paar Kilometern dreht er nach Süden ab und klettert steil hinauf zum Plateaurand. Von dort windet er sich durch weitere *washes* und Felsformationen, umrundet den *Keys Mountain* (1.366 m/4.483 ft) und führt dann in eine Ebene westlich des *Wonderland of Rocks*.

Rückkehr auf demselben Weg oder vorher Transport arrangieren.

Ziele in der Umgebung

Anza-Borrego Desert State Park

Kennzeichnung

Kaliforniens größter *State Park* (2.430 km^2) schützt eine einzigartige Wüstenregion mit einer enormen Vielfalt von Pflanzen, Tieren und Landschaftsformen. Er wurde 1933 errichtet und ist heute Bestandteil des ***Colorado and Mojave Deserts Biosphere Reserve***. Man findet dort nicht nur die typischen Merkmale einer Wüste. Neben ausgetrockneten Alkali-Seen 30 m unter NN und wasserlosen Flußbetten, steilen *Canyons, Mesas*, hohen Klippen und bizarren Sandsteinformationen gibt es auch föhrenbedeckte Berggipfel auf über 1.800 m Höhe, zahlreiche Quellen und über 20 Fächerpalmen-Oasen.

Dieser Wüstenpark im Südwesten Kaliforniens ist von außergewöhnlicher biologischer Bedeutung. Für einige Arten, wie den ***elephant tree*** (Balsambaumart) oder den *barefoot gecko* bildet diese Region die nördlichste Verbreitungsgrenze. Über 1.000 Pflanzenarten und zahlreiche Vögel, Reptilien, Amphibien und Säugetiere, unter ihnen auch das selten gewordene Wüstendickhornschaf, leben hier. Die beste Besuchszeit ist Winter bis Frühjahr. Ein besonderes Erlebnis sind die leichten Regenfälle in den Wintermonaten, welche der Luft einen besonderen Duft verleihen. Die Blütezeit beginnt in tieferen Lagen bereits im Februar, in höheren im Mai oder Juni. Die Sommermonate sind sehr heiß, und tropische Stürme aus Mexiko suchen das Gebiet oft heim. Es gibt eine ganze Reihe kurzer und längerer Wanderwege; der berühmte ***Pacific Crest Trail*** läuft durch die nordwestliche Ecke dieses *State Park.*

Lage und Anfahrt

Der *Anza Borrego Desert Park* erstreckt sich südwestlich der Salton Sea zwischen/in den Santa Rosa Mountains auf einer Länge von nahezu 60 mi bis fast hinunter zur mexikanischen Grenze. Vom *Oasis Visitor Center* im Norden des *Joshua Tree Park* sind es ca. 125 mi bis zum *Anza-Borrego Visitor Center*, von der Kreuzung *Cottonwood Springs Rd/ Interstate* #10 noch etwa 80 mi.

Ab der I-10 geht es zunächst auf der *Box Canyon Rd* durch die gleichnamige pittoreske Schlucht, dann kurz hinter *Mecca* auf die Straßen #195/#86 nach Süden. Ab *Salton City* führt ***County Rd #S22*** in den Parknorden nach Borrego Springs und zum *Visitor Center*.

Permits

Selbst für Mehrtageswanderungen benötigt man im *Anza Borrego Park* kein *Permit*. Der *Coyote Canyon* ist wegen der enormen Sommerhitze im Zeitraum Mitte Juni bis Mitte September gesperrt. Fahrräder sind nur auf Straßen zugelassen (kein Mountainbiking!).

Infrastruktur

Zwei komfortable gebührenpflichtige *Campgrounds* (Duschen etc) stehen zur Verfügung, Reservierung ➪ Seite 556. Weitere 8 sanitär einfachste Campingplätze ohne Wasser sind – mit Ausnahme von *Bow Willow* – gratis. Sogar ein spezielles *Horse Camp* für Reiter ist vorhanden. Im gesamten Park darf außerdem wild gezeltet werden.

Hotels, Motels, Läden und Restaurants findet man in Borrego Springs.

Information

Anza-Borrego Desert State Park, 200 Palm Canyon Drive, Borrego Springs, CA 92004. *Park Headquarters*, ✆ (760) 767-5311. *Borrego Springs Chamber of Commerce*, P.O. Box 66, 622 Palm Canyon Dr, Borrego Springs, CA 92004, ✆ (760) 767-5555.

Selten: der elephant tree, hier im Anza-Borrego Desert State Park. Er ist der nördlichste Vertreter einer kleinen tropischen Familie

Salton Sea National Wildlife Refuge

Kennzeichnung

Der Salton Sea entstand auf ungewöhnliche Art auf dem Grund eines vor Zeiten ausgetrockneten Sees, der im *Coachella Valley* ein Alkali-Becken hinterlassen hatte: Und zwar brach im Jahr 1905 **das Wasser des *Colorado River* durch die Dämme eines Bewässerungskanals**, strömte über zwei Jahre lang ungehindert in das Becken und bildete (erneut) den **Salton Sea**. Seither wird der See, dessen Wasserspiegel 70 m (228 ft) unter dem Meeresspiegel liegt, durch Reste der Farmbewässerungen und duch Wasser aus den umliegenden Bergen gespeist. Ca. 142 km^2 (35.000 acres) der entstandenen Feuchtgebiete stellte man 1930 als ***National Wildlife Refuge*** unter Naturschutz. Als Folge von Überschwemmungen ist die Fläche des geschützten Gebietes jedoch wieder stark geschrumpft: in den verbliebenen beiden Arealen mit einer Gesamtfläche von ganzen 9 km^2 (2.200 acres) gibt es Salzmarschen, Wiesen und Süßwassersümpfe. Das *Refuge* liegt am ***pacific flyway***, einer großen Zugvogelroute, die im Winter **zahlreiche Vögel** hierher bringt. *White* und *brown pelicans* (Nashorn- und Braunpelikan), große Kolonien von *Canada*- und *snow geese* (Kanada- und Schneegänse) sowie *pintails* (Spießenten) sind nur einige der über 380 Vogelarten, die hier gesichtet wurden. Für Vogelbeobachtungen und vom Klima her ist der Winter die beste Besuchszeit. Im Sommer wird es extrem heiß. **Drei gute Plätze**, um Vögel zu beobachten, sind das Nordende der *Garst Road, Red Hill* oder die sog. *Unit 1.*

Falls Ihnen eher nach Schwimmen oder Faulenzen am Strand zumute ist, bietet die *Salton Sea State Recreation Area* – wiewohl nicht übermäßig attraktive – ***Beaches*** mit mäßiger Wasserqualität.

Lage und Anfahrt

Der Salton Sea liegt südlich des *Joshua Tree Park* und hat eine Länge von ca. 35 mi und eine maximale Breite von etwa 14 mi. Man erreicht ihn auf identischer Strecke wie zunächst für den *Anza Borrego Park* beschrieben. Die *NWR* befindet sich am Südende des Sees. Die Straße #111 ist der #86 als Zufahrt vorzuziehen. An ihr liegen auch die *Beach Parks*. Das *Refuge Headquarter* (Hauptquartier) und ***Visitor Center*** befindet sich 6 mi westlich der #111 am Ende der *Sinclair Road*, die südlich von Niland von der Hauptstraße abzweigt.

Infrastruktur

Der *NWR* am nächsten gelegen ist der Campingplatz *Red Hill Marina County Park*. Ein ordentlicher Campground existiert in der *Salton Sea State Recreation Area*. Motels, Restaurants und Läden findet man in erster Linie in Brawley, Calipatria und in El Centro.

Information

Refuge Manager, Salton Sea NWR, PO Box 120, Calipatria, CA 92233, © (760) 348 5278. *Salton Sea State Recreation Area*, 100-225 State Park Rd, North Shore, CA 92254, © (760) 393 3052.

Salton Sea: salzhaltiger als der Ozean, 70 m u.NN, einer der heißesten und trockensten Orte auf dem Kontinent, dennoch ein Vogelparadies

Die *Sonora Desert*: Artenreichste der nordamerikanischen Wüsten

Saguaro Kaktus und *Sonora Desert*

Der ***Saguaro***, ein hochgewachsener **Säulenkaktus**, ist mit seinen typischen Armauswüchsen unabdingbares Requisit unzähliger Westernkulissen und für viele **das** Symbol des Südwestens schlechthin. Er wächst nur in der ***Sonora Desert*** in einer der heißesten und trockensten Regionen Nordamerikas. Nichtsdestoweniger besitzt die ***Sonora* unter den vier nordamerikanischen Wüsten die größte Vielfalt** an Pflanzen und Tieren. Ihren Artenreichtum verdankt sie **zwei Regenzeiten**: heftige Gewitter im heißen Sommer und sanfte Regenfälle im milden Winter.

Ein Wald aus Kakteen

Artenreichtum der Wüste

Außer einer großen Zahl unterschiedlichster Kakteenarten – neben dem *Saguaro* z.B. die äußerst "anhänglichen" und stachligen ***chollas*** (Opuntienkaktusart), der ***fishhook cactus*** mit angelhakenähnlichen Stacheln und der faßförmige ***barrel cactus*** (Faßkaktus) – gedeihen hier auch Büsche und Bäume wie *creosote* (Kreosotbusch), *ocotillo* (Kerzenstrauch), *mesquite* (Mesquitestrauch), der grünstämmige *palo verde* (Parkinsonie) sowie – bei günstigen klimatischen Verhältnissen – unzählige Wildblumen.

Unter den zahlreichen **Vogelarten** finden sich die *elf owl* (Elfenkauz), kleinste Eule der Welt, der *gilded flicker* (Goldspecht), die gurrende *white-winged dove* (Taubenart), der *Harris hawk* (Wüstenbussard), der schwarzgefiederte *phainopepla* (Trauerseidenschnäpper), *road runner* (Rennkuckuck) und der *Gila woodpecker* (Gilaspecht), der auf geeigneten Resonanzböden w.z.B. metallenen Regenrinnen und Telefonmasten manchmal wie wild herumhämmert – schließlich will er nicht nur Weibchen anlocken, sondern auch seine Reviergrenzen laut und deutlich bekannt geben. Das berühmt-berüchtigte ***Gila monster*** (Gila-Krustenechse), *bats* (Fledermäuse), *javelinas* (Halsbandpecaris), Koyoten und die elegante *pronghorn antelope* (Gabelbock) fühlen sich in dieser harschen Umgebung zu Hause.

Saguaro National Park

Der am nordöstlichen Rand der *Sonora Desert* gelegene *Saguaro National Park* besteht aus zwei Teilen: die ***Rincon Mountain Unit*** im Osten von *Tucson* und die ***Tucson Mountain Unit*** im Westen der Stadt. Zusammen umfassen sie eine Fläche von etwa 352 km^2 (87.000 *acres*) der *Sonora Desert* mit dichten *Saguaro*-Beständen am Rande der Großstadt. Das östliche Areal, rund dreimal größer als das westliche, schützt neben einem – überalterten – *Saguaro*-Bestand auch Teile der Rincon Mountains.

Eastern und *Western Unit* des Parks

Zwischen der Basis auf 820 m (2.700 ft) und dem 2.641 m (8.666 ft) hohen *Mica Mountain* gedeihen die unterschiedlichsten Pflanzengesellschaften **von der Kaktuswüste bis zum Nadelwald**. Obwohl das gesamte Gebiet bereits 1933 als *National Monument* unter Schutz stand, war das Grasen von Vieh in der *Eastern Unit* bis 1956 erlaubt (in höheren Regionen sogar bis 1984). Erst 1994 wurde *Saguaro* zum Nationalpark erklärt. Im Ostteil sieht man hauptsächlich bereits vom Alter gezeichnete oder noch relativ kleine ***Saguaros***. Der dichteste und **eindrucksvollste Bestand** der ganzen *Sonora Desert* steht im Westteil. Dort gedeihen *Saguaros* jeglichen Alters, aller Größen und Formen. Wegen der tieferen Lage ab 670 m (2.200 ft) ist es dort im allgemeinen wärmer, was die Artenzahl der Wüstenlebewesen gegenüber der

Der höchste je gemessene Saguaro erreichte stolze 18 m.

Rincon Mountain Unit erhöht. So findet man *desert iguana* (Wüstenleguan), *sidewinder* (eine Schlangenart), *desert kangoroo rat* (Känguruhratten) und den *ironwood* (Eisenholzbaum), der in der *Rincon Mountain Unit* gar nicht vorkommt.

Tucson Mountain Unit (Westteil)

Aus zwei Gründen haben wir uns auf die *Tucson Mountain Unit* oder *District* konzentriert: **erstens** bietet sie mehr **Wandermöglichkeiten** in dichten *Saguaro Forests*, **zweitens** befindet sich in ihrer Nachbarschaft das hervorragende ***Arizona Sonora Desert Museum***, eine gelungene Mischung aus Zoo, Botanischem Garten und Museum, in der man 1.600 verschiedene Bewohner der *Sonora Desert* näher kennenlernen kann.

REISEPLANUNG

Anreise

Zug

Amtrak verbindet Tucson dreimal wöchentlich mit San Antonio, New Orleans und Orlando, viermal wöchentlich mit Dallas, Saint Louis und Chicago. Eine tägliche Verbindung besteht mit L.A.

Bus

Tucson besitzt relativ gute Busverbindungen: *Greyhound* verkehrt siebenmal täglich von/nach Dallas und Los Angeles über Phoenix. Das lokale Busnetz wird von *Sun Tran betrieben*, © (520) 792-9222, und ist weiträumig ausgebaut.

Flugzeug

Der *Tucson International Airport* befindet sich südlich der Stadt. Mit Bus #25 geht es zunächst zum *Transit Center*, wo man umsteigen muß: weiter in die City mit Bussen #8 oder #16. Für Ziele im Umfeld, also z.B. *Saguaro National Park*, ist ein Mietwagen empfehlenswert bzw. unabdingbar.

Mietwagen

Alle bekannten Autovermietungen sind in Tucson vertreten. Stationen befinden sich am Flughafen und in der Stadt.

Tucson liegt an der Ost-West *Interstate* #10, ist aber per Autobahn auch von Flagstaff/Grand Canyon (I-17) und San Diego (I-8) direkt erreichbar. Der ***Saguaro National Park, Tucson Mountain Unit*** befindet sich 16 mi westlich der Stadt (Speedway West über den *Gates Pass*/Kinney Road*)*, die ***Rincon Mountain Unit*** 15 mi östlich der City via Broadway oder Speedway East, dann Old Spanish Trail auf weitgehend ebener Strecke. Hier sei angemerkt, daß sich die Gegebenheiten in und um Tucson ausgesprochen gut für ***Biker*** eignen.

Klima und Reisezeit

Von Juni bis September überwiegen sehr heiße Sommertage, häufig verbunden mit heftigen Nachmittagsgewittern. Die Temperaturen fallen abends und nachts im allgemeinen aber auf erträgliche Werte.

Die Winter insgesamt sind mild, von Januar bis März leichte Regenfälle nicht selten. Während **Oktober und November** bei sonnigem Wetter eigentlich immer spätsommerliche Wärme bieten, ist die Zeit von Dezember bis April durchaus nicht durchgehend freundlich. Es gibt Jahre, in denen Kälteeinbrüche von Norden bis nach Arizona reichen und den Regen auch schon mal in Schnee verwandeln. Aber selbst wenn die Nachttemperaturen unter den Gefrierpunkt fallen, wird es tagsüber bei sonniger Witterung meist wieder recht warm (im Januar sind wir schon in Shorts und T-Shirt gewandert), dabei im Frühjahr oft recht windig. Ein gutes Klima und wenig Touristen bietet der **Mai**. Bis dahin blüht auch teilweise noch die Wüste.

Zu einer wirklich spektakulären **Wüstenblüte** kommt es jedoch nur alle paar Jahre irgendwann zwischen Februar und Mai, sofern Niederschlagsmenge, Temperaturen und Sonnenscheindauer passen. Wenn es im Sommer genug regnet, gibt es eine zweite kleinere Blüte, die im August ihren Höhepunkt erreicht. ***Saguaros*** **blühen zwischen Ende April bis Juni**.

Etwa ab Mitte November bis Ostern fallen die ***snowbirds*** (vor dem Winter flüchtende menschliche Zugvögel) in Arizona, in New Mexico und Südkalifornien ein. Überwiegend Rentner in *Motorhomes*, aber auch Urlauber, die dann für ein besonders hohes Preisniveau in Hotels und Motels sorgen. Die der Winternachfrage angepaßten Kapazitäten stehen von Mai bis Oktober weitgehend leer und sind dann besonders preiswert. Auch unter diesem Aspekt sind **Mai und Oktober die idealen Reisemonate** für Arizonas Süden.

Infrastruktur

Wie gesagt gelten in und um Tucson in **Hotels/Motels** von Dezember bis Ostern Hochsaisonpreise. Den Rest des Jahres ist Übernachten in Tucson ein relativ preiswertes Vergnügen. Platz gibt es dann immer; und die Auswahl ist riesig. Viele Kettenhäuser findet man im Bereich der *I-10 Business* (Umgehung I-10/I-19), in Airportnähe und am Broadway East und Speedway East.

Für Camper erste Wahl in/bei Tucson ist der ***Gilbert Ray Campground*** im ***Tucson Mountain Park*** zwischen *Old Tucson* und dem *Saguaro Park West Unit*: Stellplätze mit Stromanschluß, aber Wasserhähne nur in Abständen; Reservierung unter © (520) 740-2690. Auf der anderen Seite der Stadt findet man im kühlen Höhenklima des ***Coronado National Forest*** (*Catalina Highway*) sehr schöne einfache ***Campgrounds***. Der Nationalpark verfügt in keinem seiner beiden

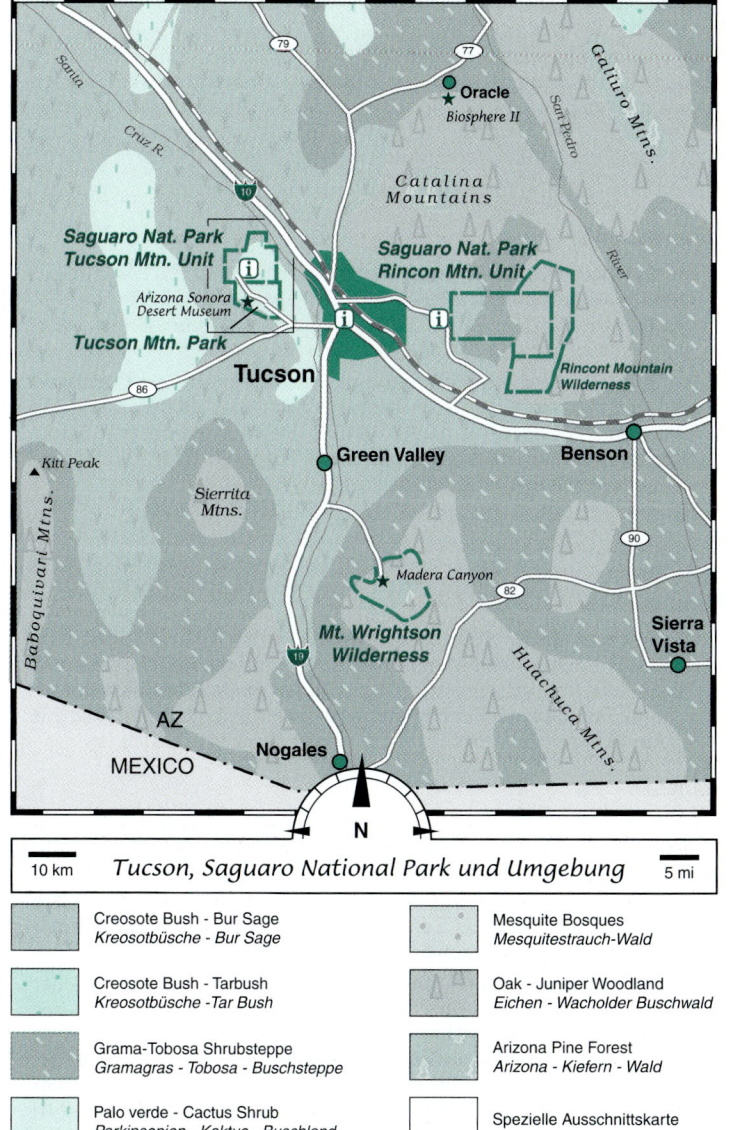

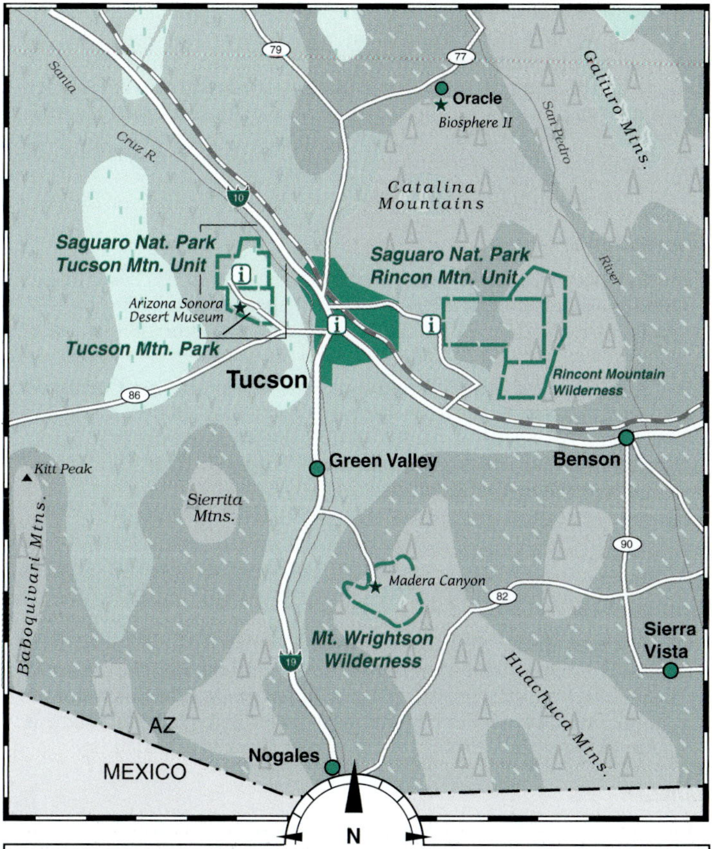

10 km *Tucson, Saguaro National Park und Umgebung* 5 mi

Creosote Bush - Bur Sage *Kreosotbüsche - Bur Sage*	Mesquite Bosques *Mesquitestrauch-Wald*
Creosote Bush - Tarbush *Kreosotbüsche -Tar Bush*	Oak - Juniper Woodland *Eichen - Wacholder Buschwald*
Grama-Tobosa Shrubsteppe *Gramagras - Tobosa - Buschsteppe*	Arizona Pine Forest *Arizona - Kiefern - Wald*
Palo verde - Cactus Shrub *Parkinsonien - Kaktus - Buschland*	Spezielle Ausschnittskarte

Areale über einen per Straße zugänglichen Campingplatz, sondern nur über ***walk-in campgrounds*** im *backcountry* der *Rincon Mountain Unit*. Folgt man von letzterer dem Old Spanish Trail weiter nach Südosten (Richtung I-10) passiert man die ***Colossal Cave***, eine der weltgrößten trockenen Höhlen. Auf dem Gelände des umgebenden *Mountain Park* befinden sich zwei einfache, aber schön gelegene *Campgrounds* (frühe Ankunft notwendig: Toresschluß 17/18 Uhr).

Kein Problem in und um die Großstadt Tucson ist die Versorgung.

Informationen

Saguaro National Park Visitor Centers in beiden *Units*. Postadresse: *Saguaro National Park*, 3693 South Old Spanish Trail, Tucson, AZ 85730-5601; © (520) 733-5153 für allgemeine Auskunft, © (520) 883-6366 für Westteil oder © (520) 296-8676 für Ostteil.

Für Auskünfte zu den *Catalina* und *Rincon Mountains*: ***Coronado National Forest***, *Supervisors Office*, Federal Bldg, 300 W Congress St, Tucson, AZ 85701, © (520) 670-4552. Information über die Stadt: ***Metropolitan Tucson Convention and Visitors Bureau***, 130 S Scott Ave, Tucson, AZ 85701, © (520) 624-1817.

Kurzinfos Outdoors

Permits

Für den Besuch des *Tucson Mountain District* ist kein Eintritt zu zahlen. Für den *Rincon Mountain District* wird die übliche *entrance fee* ($4) erhoben, oder man legt den ***Golden Eagle*** **Jahrespass** vor, ➪ Seite 30. Für dort mögliche Mehrtageswanderungen braucht man ein ***backpacking permit***, das gratis im *visitor center* erhältlich ist.

Wandern

Im Westteil des *Saguaro National Park* und im *Tucson Mountain County Park* gibt es zahlreiche Wege für abwechslungsreiche Halb- und Ganztageswanderungen. Einige führen auf Berge und Hügel mit spektakulärer Aussicht auf die umliegenden Bergketten, die Wüste und das Häusermeer von *Tucson* in der Ferne. Andere führen durch ausgedehnte und außergewöhnlich dichte *Saguaro*-Bestände.

Die beschriebenen **Wanderungen** beziehen sich auf den Westteil, der nicht nur typischer für die *Sonora Desert* ist, sondern die *Saguaro*s sind dort auch größer und in einem wesentlich besseren Zustand als im Ostteil. **Mehrtageswanderungen** kommen andererseits nur in der *Rincon Mountain Unit* im Osten in Frage. Dort steht ein 206 km langes Wegenetz zur Verfügung, das bis auf den 2.641 m (8.666 ft) hohen *Mica Mountain* hinaufreicht.

Radfahren, Mountain Biking

Gemäß einer Studie gehört *Tucson* zu den 10 fahrradfreundlichsten Städten in Nordamerika. *Sun Tran* hat sogar einige Busse mit Fahrradträgern und ein paar Haltestellen mit Fahrradstandplätzen ausgerüstet. **Innerhalb des Nationalparks** darf man nur auf den offiziellen Parkstraßen biken, die mit den Autos geteilt werden müssen. Einzige Ausnahme: der ***Cactus Forest Trail*** im Ostteil. Im ***Tucson Mountain County Park***, der an den Westteil des Nationalparks grenzt, darf dagegen das ganze Wegenetz (ca. 42 km) von Fahrradfahrern, Reitern und Wanderern benutzt werden. Mehrere Fahrradvermietungen befinden sich in Tucson: Der ***City of Tucson bicycling coordinator*** hat Karten und zusätzliche Infos: © (520) 791-4372.

Reiten

Genießen Sie die Wild West-Szenerie im Originalstil: auf dem Pferderücken im Western-Sattel Verschiedene Reitställe bieten geführte Ausritte ins Vorgebirge der *Tucson Mountains*, der *Santa Catalina Foothills* oder der *Rincon Mountains*. Nähere Infos beim *Tucson Convention and Visitors Bureau.*

Wintersport

Südarizona ist nicht gerade als Skidestination bekannt. **Trotzdem**: in manchen Jahren kann man im ***Mount Lemon Ski Valley*** in den Santa Catalina Mountains nördlich von Tucson alpin Ski fahren.

Nicht alle Wanderwege sind so gut gekennzeichnet

Besondere Tips

Relaxing

Wie wär's mit einem Revolverduell? Vom *Gilbert Ray Campground (Tucson Mountain County Park)* ist es nicht weit nach ***Old Tucson***, früher ein bekannter Drehort für *Western*, heute ein *Amusementpark*, in dem der Wilde Westen weiterlebt und mit Kameras und Colts um die Wette geschossen wird. ✆ (520) 883-0100. Relativ hoher Eintritt ($13). Auch ein **Hauptspaß mit Kindern**, zumal viele Einrichtungen sehr kindgerecht gestaltet wurden.

Für Kids

Wenn nicht *Old Tucson*, dann oder zusätzlich mit den Kleinen ins Museum speziell für Kinder mit vielen Aktivitäten zum Mitmachen: Das ***Tucson Childrens Museum*** befindet sich im historischen *Carnegie Building*, 200 S Sixth Ave zwischen 12th und 13th St; ✆ (520) 792-9985.

Für Gourmets

Lassen Sie sich in einem der besten Restaurants von Tucson verwöhnen. Das ***Scordato's*** ist bekannt für feine italienische Küche der gehobenen Klasse. Die Getränkekarte reicht bis zu einem 150 Jahre alten *Grand Marnier*. Das Restaurant liegt am 4405 West Speedway, ✆ (520) 624-8946.

Da aber in Tucson die mexikanische Küche näherliegt, wäre auch ***Geronimoz Restaurant & Bar*** eine gute Wahl, eine Mexiko-Kneipe mit großer Portionen, 800 E University Blvd, ✆ (520) 623-1711.

Literatur und Karten

Tucson Hiking Guide, Betty Leavengood, Pruett Publishing Co..

Arizona's natural environment,
Charles H. Lowe, The University of Arizona Press.

A field guide to the plants of Arizona,

Ann Orth Epple, Lew Ann Publishing Company.

A birders's guide to southeastern Arizona,
Richard C. Taylor, American Birding Association, Inc..

House in the Sun, A natural history of the Sonoran desert,
George Olin, Southwest Parks and Monument Association.

Arizona, The Land and the People,
Tom Miller, Editor, The University of Arizona Press.

Arizona, A History, Thomas E. Sheridan, University of Arizona.

Saguaro National Park, *Trails Illustrated Topo Map #237.*

Auch ein Bewohner der Sonora-Wüste: Chuckwalla, eine Echse, die über 40 cm lang werden kann

DIE NATUR IN DER SONORA DESERT

Geologie

Das *Tucson Mountain Chaos* oder wie man ein Soufflé backt

Die Geologie der Region um Tucson schien lange Zeit so komplex und unverständlich, daß man sie schlicht als das ***Tucson Mountain Chaos*** bezeichnete. Erst kürzlich gelang es, etwas Ordnung in diese Geschichte zu bringen. Zwei geologische Ereignisse waren entscheidend: Zuerst, vor ca. 70 Mio. Jahren, **explodierte ein gigantischer Vulkan**, fiel in sich zusammen, und hinterließ einen Krater (*Caldera*) ähnlich wie bei einem mißglückten Soufflé. Das Kraterzentrum lag beim heutigen *Mt. Wasson*, der Kraterrand verläuft in der Nähe des *Arizona Sonora Desert Museum*. Die Tucson Mountains bestehen aus den Stein- und Ascheüberresten dieses Kraters (die Rincon und Catalina Mountains dagegen aus metamorphen Gesteinen). Verwerfungen und Erosion sorgten dafür, daß diese Überreste sich über das umliegende Land erhoben. Das zweite Ereignis erscheint beinahe unmöglich. Vor etwa 17 bis 30 Mio. Jahren, im Tertiär, wurden die Tucson Mountains und die darunterliegenden Catalina-Felsen um ca. 13 km angehoben. Als die Catalina-Felsschicht eine Neigung von über 20% erreichte, war es zuviel. Die ***Tucson Mountains* kippten und rutschten** 32 km nach Westen, Kratzspuren auf den Catalina-Felsen hinterlassend. Hätte es das *Arizona Sonora Desert Museum* schon vor 17 Mio Jahren gegeben, hätte es ursprünglich oberhalb des *Catalina State Park* nördlich von Tucson gestanden und seinen heutigen Standort erst nach einer längeren Rutschbahnfahrt erreicht.

Pflanzen und Tiere

Eine fruchtbare Wüste

Die *Tucson Mountain Unit*, der Westteil des *Saguaro National Park*, umfaßt größtenteils typische **Sonorawüste, die artenreichste der nordamerikanischen Wüsten**. Auf einer Höhe von 1.100 m (3.500 ft) geht dort die Vegetation in Grasland über.

Flora

Das auffälligste Mitglied des Pflanzenreiches in der *Sonora Desert* ist zweifellos der ***Saguaro* Kaktus**. Aber auch zahlreiche andere Kakteenarten im Nationalpark haben ihren Reiz; der *barrel cactus* (Faßkaktus, groß, faßähnlich, mit langen, gebogenen roten Stacheln), der *prickly pear* (Feigenkaktus, mit großen, zusammenhängenden Scheiben) und verschiedene *chollas*, wie der *teddy bear cholla* mit einer undurchdringlichen Rüstung aus strohfarbenen Stacheln, die im Gegenlicht leuchten, der *chainfruit cholla* mit langen Früchteketten und *staghorn cholla* mit geweihförmigen Stengeln. Nach ausgiebigem Winterregen und den "richtigen" Temperaturen ist die Wüste mit einem **bunten Teppich aus Wildblumen** bedeckt (zwischen Februar und Mai jederzeit möglich). Unter den kleinen Bäumen, Büschen und Sträuchern kommen *palo verde* (Parkinsonie), *mesquite* (Mesquite), *creosote* (Kreosotbusch), *ironwood* (Eisenholzbaum; sein Holz ist so schwer, daß es im Wasser versinkt), *ocotillo* (Kerzenstrauch), *bursage* und *brittlebush* am häufigsten vor.

Fauna

Die **Säugetiere erwachen erst in der Nacht so richtig** zum Leben, wenn sich menschliche Besucher lange in ihre Schlafsäcke zurückgezogen haben: *jackrabbits* (Kalifornischer Eselhase), *desert cottontails* (Wüstenkaninchen), *ground squirrels, kangaroo rats*, Mäuse, Koyoten, *javelinas, mule deer* (Maultierhirsch), *gray fox* und *kit fox* (Großohrkitfuchs) pirschen dann lautlos ihre Opfer an oder suchen nach Freßbarem. In höheren Lagen (Rincon Mountains im Ostteil) kommen auch *white-tailed deer* (Weißwedelhirsch) sowie Schwarzbär, *bobcats, mountain lions* und das ***coatimundi*** vor (südamerikanischer Nasenbär, ➪ Seite 249 im Kapitel Chiricahua). Unter den Reptilien finden sich *gila monster*, Schlangen wie die *gopher snake*, der *coachwhip, western diamondback* und *tiger rattlesnakes*, zahlreiche Eidechsenarten und die *desert tortoise* (Wüstenschildkröte).

Vogelwelt

Die häufigsten gefiederten Gäste auf und im *Saguaro* Kaktus sind der *gila woodpecker* (Gilaspecht) und der *gilded flicker* (Goldspecht). Andere relativ häufig vorkommende Vögel sind der *curved-billed thrasher* (Krummschnabel-Spottdrossel), der *cactus wren* (Kaktuszaunkönig), der *northern cardinal* (Rotkardinal), der *Pyrrhuloxia*

JAVELINAS ODER WIE MAN EINEN STACHLIGEN KAKTUS ISST

Man sollte meinen, die Stacheln des *prickly pear* (Feigenkaktus) würden auch die hungrigsten Mäuler abschrecken. Denkste, sagen sich die *javelinas* (wildschweinähnliche Tiere) und stürzen sich voll hinein ins prickelnde Vergnügen. Dabei haben sie **zwei Strategien für den Kaktusverzehr** entwickelt. Sie drücken eine der Kakteenscheiben auf den Boden, ziehen die Schale mit den Stacheln ab und beißen in das saftige Fruchtfleisch. Ganz Hungrige fressen alles – mit Haut und Stacheln.

Javelinas oder *collared peccaries* (Halsbandpekari oder einfach Pekari, *Pecari tajacu*) können sich notfalls ausschließlich von *prickly pears* ernähren. Dieser Kaktus versorgt sie auch mit genügend Wasser. Es gibt nur einen Haken und zwar nicht die Stacheln: *Prickly pears* sind reich an Oxalsäure, die, in großen Mengen eingenommen und ohne zusätzliches Trinkwasser, zu Nierenversagen führen kann. Interessanterweise sind davon hauptsächlich in Gefangenschaft gehaltene *javelinas* betroffen, die nicht an Wassermangel leiden.

Die ***Javelinas*** werden etwa 60 cm hoch, sind grau-schwarz beharrt mit einem beigen Band um ihren Hals und haben scharfe Eckzähne. Außerdem haben sie schlechte Augen. Um die Horde zusammenzuhalten, wird durch eine Drüse in Schwanznähe ein starkes, nach Moschus riechendes Sekret abgesondert. *Javelinas* verfügen über ein **bemerkenswertes Repertoire an Lauten**: da gibt es Schnurren und tiefes Grunzen, damit die Herde zusammenbleibt, Bellen, um andere Herdenmitglieder zu lokalisieren, Brummen, Knurren und Quieken, um die Hierarchie festzulegen, und Jaulen oder Heulen als Warnzeichen. Ein lautes, ratterndes Klappern mit den Zähnen wird für die ernsten Situationen aufgespart, wenn die Tiere sich bedroht fühlen oder sie ihre Jungen schützen müssen.

Das heutige **Verbreitungsgebiet** der *javelinas* erstreckt sich von Südarizona über Mittelamerika bis hinunter nach Uruguay. Zu den Verwandten der *javelins* gehören das *white-lipped peccary* und das *chacoan*. Während der Eiszeit durchstreiften seine Vorfahren fast ganz Nordamerika. Man fand ihre Knochen in Kalifornien, Idaho, Michigan und Kansas. Das heutige *javelina* hat seinen Ursprung in Südamerika und wanderte erst während der letzten Jahrhunderte in den Südwesten der USA. Dank ihrer **großen Anpassungsfähigkeit** können die Tiere in den unterschiedlichsten Habitaten überleben, im Wald, in Buschland, aber auch in bewässerten Landwirtschaftsgebieten und sogar in Kaffeeplantagen.

Entgegen landläufiger Meinung ist das *javelina* **kein leicht reizbares Tier**, das seine Feinde sofort attackiert. Selbst wenn eine ganze Meute grunzender *javelinas* Ihren Weg kreuzen sollte, besteht kaum Grund zur Beunruhigung. Falls ein *javelina* trotzdem direkt auf Sie zustürmt, steckt weniger ein Angriff dahinter als wahrscheinlich die Flucht des kurzsichtigen Tieres vor irgendeiner Gefahr. Und zufällig stehen Sie mitten im Fluchtweg.

Gegen ein hungriges Javelina nützen selbst die spitzesten Stacheln nichts: Prickly pear (Feigenkaktus), Leibspeise der Javelinas

(Schmalschnabelkardinal, die *mourning dove* (Trauertaube), die *white-winged dove* (Weißflügeltaube) und der *phainopepla* (Trauerseidenschnäpper), ein schwarzer Aristokrat mit einer noblen Haube. Wesentlich seltener sieht man *ash-troated flycatcher* (Graukehltyrann), *lesser nighthawk* (Texasnachtschwalbe), *red-tailed hawk* (Rotschwanzbussard) und *american kestrel* (Buntfalke), *great horned owl* (amerikanischer Uhu), *screech owl* (Kreischeule) und die knapp spatzengroße ***elf owl*** (Elfenkauz), die kleinste und nur in *Saguaro Forests* vorkommende Eulenart.

Der gilded flicker hackt sich seine Höhle selber.

Umwelt

Luft und Wasser

Bedrohter Lebensraum

Ein einziger mexikanischer Wolf braucht ein Territorium von etwa 260 km^2; dies entspricht gerade der Größe des Ostteils des *Saguaro National Park*. Nur, welcher Wolf möchte schon allein leben? Mit der zunehmenden Verinselung von geschützten Naturgebieten verwundert es nicht, daß der *mexican wolf* vom Aussterben bedroht ist. Wie mit Krakenarmen umzingelt die ständig wachsende Stadt vor allem den Ostteil des Nationalparks und vernichtet Stück für Stück den Lebensraum für Tiere und Pflanzen. Immerhin existieren in den Bergketten um Tucson mit dem *Mountain Park*, dem *Coronado National Forest*, der *Push Ridge Wilderness*, der *Rincon Mountain Wilderness* oder der *Mount Wrightson Wilderness* geschützte Areale, welche die schlimmsten Auswüchse der Urbanisierung verhindern.

Luftverschmutzung und Saguaros

Doch selbst die Deklaration von *Wilderness Areas* kann nichts gegen einen schleichenden, unsichtbaren Feind ausrichten, die **Luftverschmutzung**. Es gibt zwar keine handfesten Beweise, sie ist aber vermutlich für die langsame Abnahme der Saguaro-Bestände verantwortlich. Vielleicht spielen auch Klimaveränderungen oder die Landnutzung eine Rolle beim Niedergang. Die Schäden sind jedenfalls deutlich zu erkennen, wenn man alte Photos von bekannten Standorten mit neuen Bildern vergleicht. Tucson verfügt zwar über eines der besten Fahrradwegenetze der USA und ein dichtes Busnetz, aber nur wenn mehr Leute auf umweltfreundlichere Verkehrsmittel umsatteln, besteht Aussicht auf eine verbesserte Luftqualität.

Selbst Saguaros leiden unter der Luftverschmutzung

Wasser aus dem Colorado

Westlich der *Tucson Mountain Unit* des Nationalparks mäandriert das geometrisch perfekte, blaue Band des ***Central Arizona Project Canal*** durch die Landschaft. Mit hohen finanziellen und ökologischen Kosten gebaut, hat der Kanal sich als gemischter Segen entpuppt: das Wasser ist viel zu teuer für die Landwirte und zu mineralhaltig als Trinkwasser. Nun wird ein Teil des Wassers, das aus dem Hunderte von Kilometern entfernten Colorado River stammt, "weggeschüttet", d.h. in ausgetrocknete Flußbetten umgeleitet, um das Grundwasser aufzustocken ...

Bedrohte Arten

Vögel und Fledermäuse

Drei als bedroht oder gefährdet geltende Vogelarten sind im *Saguaro Park* heimisch: der *peregrine falcon* (Wanderfalke), der nach einem großen come-back vielleicht bald von der Liste gestrichen werden kann, die *mexican spotted owl* (ein Fleckenkauz) und die *cactus ferruginous pigmy owl* (Strichelkauz). Die ebenfalls gefährdete *lesser long-nosed bat* (Langnasen-Fledermausart) spielt eine entscheidende Rolle als **Bestäuber der Saguaro-Blüten**.

Von Schafen und Hunden

Der mexikanische Wolf wurde in dieser Region bereits ausgerottet. In den Catalina Mountains erlitten die ***desert bighorn sheep*** (*Ovis canadensis mexicana*) dasselbe Schicksal, wurden dann aber wieder eingeführt. Allerdings lebt heute nur noch eine kleine Herde in der *Push Ridge Wilderness* nördlich von Tucson. Seit 1920 ist ihre Zahl von über 200 auf unter 20 gefallen. Eine wissenschaftliche Studie stellte fest, daß übermäßige menschliche Aktivitäten verantwortlich sind für den Niedergang der Dickhornschafe: Wohnsiedlungen und Shopping Center, Straßen, Wander- und Fahrradwege haben ihren ursprünglichen Lebensraum auf knapp 50 km^2 reduziert. Wanderer mit freilaufenden Hunden verschrecken die Schafe und vertreiben sie von lebenswichtigen Wasserlöchern. Durch jahrzehntelange Feuerunterdrückung änderte sich auch die natürliche Vegetation, was die Nahrungsgrundlage der Schafe auf den Kopf stellte.

Daher wurde Anfang 1995 ein 7-Punkte Plan zum Schutz der *bighorn sheep* in Kraft gesetzt. U.a. sind nun Hunde aus einer *bighorn sheep management area* verbannt, das Wandern abseits der Wege und das wilde Zelten sind eingeschränkt, und die Feuerunterdrückung ist teilweise aufgehoben.

Dank eines Schutzplanes sollte die Zahl der desert bighorn sheep (Wüstendickhornschafe) bald wieder zunehmen

Der Baum des Lebens

Ein kleiner *Tohono O'odham*-Junge wollte die Früchte eines großen ***Saguaros*** mit einem Steinwurf herunterholen. Eine alte Frau des Stammes beobachtete ihn. Sie trat dazwischen und erinnerte den Jungen daran, daß "... *Saguaros* auch Indianer sind. Du sollst nichts tun, was sie verletzen könnte."

Die **Riesenkakteen der Sonorawüste** sind für die *Tohono O'odham* von ähnlich großer Bedeutung wie die Maispflanze oder der Büffel in anderen indianischen Kulturen. So sehr stehen sie im

Mittelpunkt, daß das *O'odham*-Jahr erst im Juni beginnt, wenn die Früchte der *Saguaros* reifen *(Hahshanie mahsad)*. Legenden erzählen, daß der erste *Saguaro* aus Schweißperlen von *I'itoi*, dem "älteren Bruder" des Götterhimmels des Stammes, entstanden seien, die von seinen Augenbrauen in den Staub tropften.

Die *O'odham* verwenden die Früchte auch heute noch zur Herstellung von **Mehl, Konfitüren, Sirup und Wein**. Früher wurden die Rippen – das innere, holzartige Gerüst der Saguaros – als **Baumaterial** verwendet und die "Stiefel" – eine harte Schale, mit der der *Saguaro* Spechthöhlen und andere Löcher auskleidet – als **Behälter**.

Saguaros sind die Riesen der Kaktuswelt. Das größte je gemessene Exemplar war 18 m hoch! ***Granddaddy***, der im Ostteil des Nationalparks stand, hatte **50 Arme** und war um die **250 Jahre alt**. Die Stämme bestehen hauptsächlich aus Wasser und werden durch kreisförmig angeordnete, vertikale hölzerne Rippen zusammengehalten. Bei reichhaltigen Regenfällen dehnen sie sich wie ein Akkordeon aus, um soviel Wasser wie möglich zu speichern. So können sie jedes Jahr blühen, unabhängig von Trockenzeiten. Die **großen, weißen Blüten** erscheinen zwischen Mai und Juni. Sie öffnen sich in der Nacht, um Fledermäuse (die Bestäuber) anzulocken und sind bereits am Abend des nächsten Tages verblüht.

Im Juni oder Juli sind die Früchte reif. Ein Saguaro produziert während seines langen Lebens bis zu 40 Millionen Samen, von denen aber vielleicht nur ein einziger das Erwachsenenalter erreicht. Viele der Samen landen in den hungrigen Mägen von Vögeln und anderen Tieren. Die kleinen Baby-Saguaros werden häufig von Tieren und Menschen zertrampelt, von der Sonne verbrannt oder vom Frost vernichtet. **Im Wohnungsmarkt** der Sonorawüste **ist der Saguaro der Wolkenkratzer**, der unzähligen Tieren einen Unterschlupf bietet. Die ersten Mieter der Vogelwelt sind jeweils der

For rent: a room with a view (Wohnung mit Aussicht zu vermieten)

gila woodpecker, der Zimmer in luftigen Höhen oberhalb 4 m bevorzugt, und der ***gilded flicker*** (Goldspecht, ➪ Foto Seite 225), der die Appartments unterhalb 4 m bewohnt. Diese zwei sind die einzigen Vögel, die sich jeden Frühling aufs neue ihre Höhlen selber hacken; die anderen nutzen einfach leerstehenden Wohnraum. Die Temperaturen in ihren Höhlen sind erstaunlich ausgeglichen: im Sommer ist es in ihnen bis zu 11°C kühler und im Winter 11°C wärmer als draußen. Der *Saguaro* kann die infraroten Strahlen der Sonne reflektieren, was allein die Oberflächentemperatur um fast 2°C senkt.

Werden und vergehen

Zu den häufigsten natürlichen **Todesursachen** für den *Saguaro* gehören Frost und Blitzschlag. In den vergangenen Jahrzehnten wurden die Bestände außerdem durch Vieh, Luftverschmutzung und Lebensraumzerstörung stark reduziert. Im Ostteil des Nationalparks haben grasende Rinderherden sowie Feuerholzsammeln und -schlagen das Heranwachsen junger *Saguaros* fast unmöglich gemacht. Entweder wurden die Sprößlinge zertrampelt, oder sie blieben schutzlos der brennenden Sonne und den Elementen ausgeliefert, nachdem ihre "Schirmherren" (*nurse trees*, schattenspendende Büsche und Bäume) beseitigt worden waren.

Kakteen gehören zu den **neueren Erfindungen der Evolution**. Ihre Vorfahren entwickelten sich vor fast 70 Mio. Jahren ("kurz" nach dem Aussterben der Dinosaurier) als unscheinbare, tropische Bäume. Vor 10 bis 3 Mio. Jahren, als das Klima trockener wurde und sich Jahreszeiten herausbildeten, erschienen die ersten großen Säulenkakteen in der Neuen Welt. Moderne Arten entstanden vor etwa 3 bis 1 Mio. Jahren. Heute sind über 1.200 Kakteenarten bekannt. Der ***Carnegiea gigantea*, der *Saguaro* in seiner heutigen Form**, erschien erst nach der letzten Eiszeit, nachdem sich die *Sonora Desert* geformt hatte.

Wandern

Die besten Wanderungen in der *Sonora Desert*

No	Trailbezeichnung	Länge	Schwierigkeit	Kurzbeschreibung
1	***Avery Bryce – Well Road Trail***	9,8 km	leicht	Eine typische *Sonora*-Wüstenwanderung: flach, heiß, trocken und trotz allem eine erstaunliche Vielfalt an Pflanzen und Tieren.
2	***Arizona Sonora Desert Museum – Brown Mountain***	8,9 km	leicht	Eine kurze Wanderung zum besten Natur-Museum im Südwesten, dann zurück über den Grat des *Brown Mountain* - besonders schön bei Sonnenuntergang!
3	***Kings Canyon – Wasson Peak***	14,0 km	anstrengend	Gewinnen Sie den totalen Überblick: durch den Kings Canyon geht es auf den höchsten Gipfel im Westteils des Parks.
4	***Hugh Norris Trail – Wasson Peak***	14,2 km	anstrengend	Eine der längeren Wanderungen: durch dichten *Saguaro*-Bestand auf einen Grat hinauf zum *Wasson Peak* mit 360° Rundumsicht.

Am Well Road Trail (Wanderung 1) häufen sich skurrile Kakteen

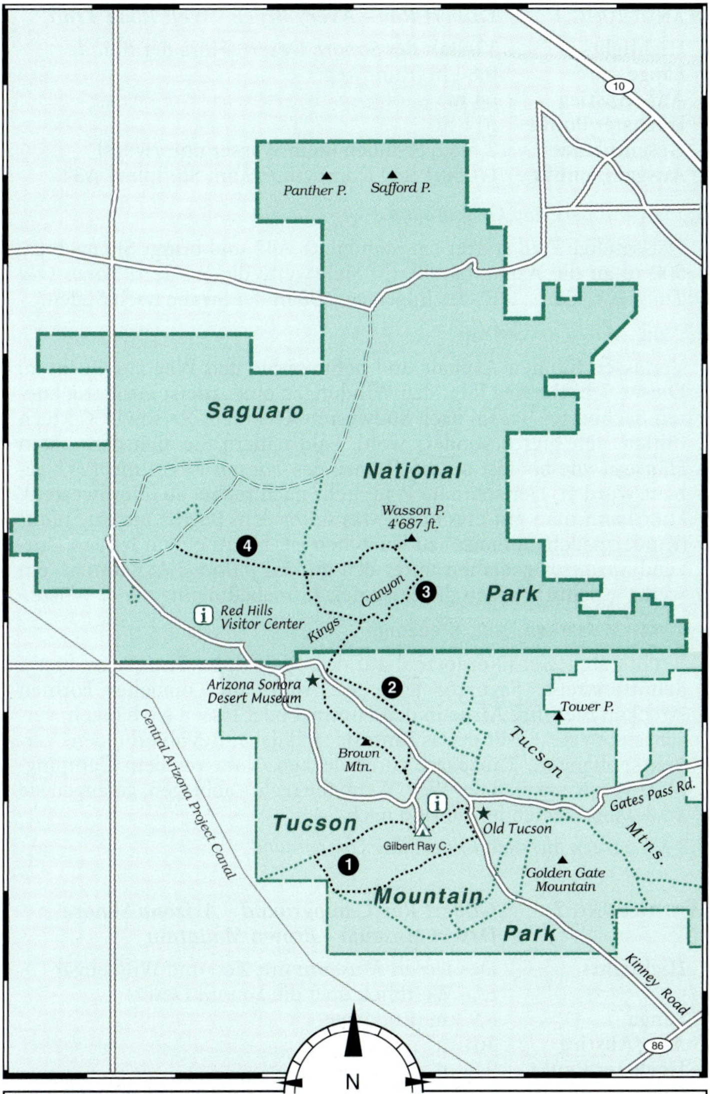

Saguaro National Park, Tucson Mountain Park

Wanderung 1 ***Gilbert Ray – Avery Bryce – Well Road Trail***

Highlights	Vielfalt der *Sonora Desert,* Flora der *Bajada*
Länge	9,8 km (Rundweg)
Auf-/Abstieg	64 m
Höchster Punkt	811 m
Gesamtdauer	2,5-3,5 Stunden (kein Wasser unterwegs)
Ausgangspunkt	*Gilbert Ray Campground* am Stellplatz A32.

0,0 km - *Gilbert Ray Campground*

Der sandige Pfad startet bei Standplatz A32 und bringt Sie nach ca. 500 m an die Asphaltstraße (in Sichtweite die *Western Town Old Tucson,* ➪ Seite 220). Sie folgen ca. 600 m der Straße nach Süden.

1,1 km - *Avery Bryce Trail*

Verlassen Sie den Asphalt und nehmen Sie den Weg zur Rechten. Dieser Schotterweg folgt den Windungen eines meist ausgetrockneten Bachbettes (*wash*) nach Südwesten. Der *creosote* sowie Kakteen fühlen sich hier besonders wohl. Bald nähern Sie sich den ersten Häusern, die bis fast an die Grenze des *Tucson Mountain Park* gebaut wurden. Der schmale Pfad dreht nach rechts ab (Nordwesten). Hier kann man gut erkennen, was unter dem Begriff *nursing plant* (Kindermädchenpflanze) zu verstehen ist: bis zu einem halben Dutzend *Saguaros* gedeihen unter den grünen *palo verde*-Bäumen, ein wenig geschützt gegen die extremen Klimabedingungen der Wüste.

6,0 km - *Well Road Trail,* Kreuzung

Rechts abbiegen (Nordosten) auf den *Well Road Trail,* eine breite Schotterstraße. Saguaros jeglichen Alters und mancher Formen strecken hier ihre Arme in den Himmel oder lassen sie hängen, verschränken sie ... Mit etwas Fantasie sind dabei Revolverhelden, Verkehrspolizisten, Tanzpaare zu entdecken. Kurz vor dem Campingplatz verzweigt sich der Weg. Wenn Sie rechts abbiegen, gelangen sie an dessen Westende. Sie sind nach

9,8 km zurück auf dem *Gilbert Ray Campground*

Wanderung 2 ***Gilbert Ray Campground – Arizona Sonora Desert Museum – Brown Mountain***

Highlights	Das *Desert Museum* mit Zoo und Wüstengärten; Weitblick über die *Sonora Desert*
Länge	8,9 km (Rundweg)
Auf-/Abstieg	361 m
Höchster Punkt	944 m
Gesamtdauer	7-10 Std.mit, 4-5 Std. ohne Museumsbesuch
Ausgangspunkt	*Tucson Mountain Park*: Der *Trailhead* liegt nördlich der Einfahrt zum *G.R. Campground*

Wanderungen - Karte Seite 230

0,0 km - *Gilbert Ray Campground*

Der flache, sandige Weg windet sich durch eine typische *Sonora*-Vegetation mit einer Vielzahl von *Saguaros, barrel cactus*, der häufig mit jungen *Saguaros* verwechselt wird, *hedgehog cactus* und *cholla* (Opuntienkaktusart) sowie *mesquite* und *palo verde* (Parkinsonie). Nach kurzer Strecke geht es durch einen *wash* zur

1,0 km - *Cougar Trail* Kreuzung

Rechts abbiegen (nordöstlich). Der Pfad folgt zunächst der Basis des Brown Mountain und überquert dann die Kinney Road. An der nächsten Kreuzung links (nordwestlich) abbiegen.

Bis hierher war es noch recht eben, nun aber klettert der Pfad langsam empor, und es eröffnen sich Ausblicke über die Wüste und die Saguarowälder. Nach Bewältigung des Anstiegs geht es während des nächsten Kilometers überwiegend abwärts mit nur wenigen Gegensteigungen. Biegen Sie beim *Kings Canyon Trailhead* links (in Richtung Süden) ab und überqueren Sie wieder die Kinney Road; sie führt direkt zum Museum.

4,6 km - *Arizona Sonora Desert Museum*

Der Rückweg über den *Brown Mountain* führt Richtung Südosten an der ***Juan Santa Cruz Picnic Area*** vorbei. Der Weg windet sich steil bergauf zum ersten Gipfel der Kette und schwingt sich dann weiter empor zum ***Brown Mountain***.

Der Brown Mountain Trail gehört zu unseren favorisierten Fotoplätzen

Das Arizona Sonora Desert Museum

Dieses "Museum" muß man einfach gesehen haben. Die *New York Times* nannte es **den außergewöhnlichsten Zoo in den USA**. Das *Arizona Sonora Desert Museum* bietet eine gelungene Kombination aus botanischem Garten mit **1.300 Pflanzenarten**, kleinem Museum und Zoo, in dem über **300 Tiere in naturnahen Gehegen** gehalten werden – ein nur 0,05 km^2 großer Mikrokosmos der vielseitigsten Wüste Nordamerikas. Fotografen sollten viele Filme dabei haben. Denn wo sonst sind so scheue Tiere wie *mountain lion, Mexican wolfe, burrowing owl* (Kanincheneulen), *desert bighorn sheep, coatimundi* (südamerikanischer Nasenbär), *javelina* (Halsbandpekari), *jaguarundi* und weitere Tiere in ihrer natürlichen Umgebung und durch nahezu unsichtbare Drähte zu "schießen"? Besonders reizvoll ist das ***Aviary***, ein Vogelhaus, wo die Vögel frei zwischen den Besuchern umherfliegen und -hüpfen.

Weitere Attraktionen sind eine tolle Mineralienausstellung in minenähnlichen Höhlengewölben, ein Reptilienhaus, der Kaktusgarten mit über 200 Arten (alle aus der *Sonora Desert*), ein *hummingbird*-Pavillon mit freifliegenden Kolibris, ein ***cat canyon*** mit *ocelot, bobcat, margay* (Langschwanzkatze) und anderen mehr. Am besten ist der Museumsbesuch frühmorgens; die Tiere sind dann am aktivsten, die Temperaturen erträglich und die Bustouristen sitzen noch am Frühstückstisch. Minimale Besuchszeit 4 Stunden.

Das *Arizona Sonora Desert Museum* liegt im *Tucson Mountain Park* an der Kinney Road, die von der Hauptstraße Ajo Way (#86) an Old Tucson und dem *Gilbert Ray Campground* vorbei zur *West Unit* des *Saguaro National Park* führt. Entfernung von *Downtown* Tucson ca. 15 mi; bei Anfahrt über den steilen *Gates Pass* (Speedway) nur 12 mi.

Das Museum ist täglich geöffnet: März bis September 7.30-18 Uhr; Rest des Jahres 8.30-17 Uhr; Eintritt $10,50; Info-© (520) 883-1380.

Volunteers (Freiwillige Helfer) sind bei Vorführungen unentbehrlich und wissen alles über ihre Schützlinge

6,1 km - Brown Mountain

Vom höchsten Punkt dieser Wanderung (945 m) haben Sie einen spektakulären Blick über ausgedehnte Saguarobestände und Tucson Mountains. Im Süden hinter einer weiten Ebene schimmern Baboquirani und Santa Rita Mountains in einem bläulichen Licht. Der Pfad ist hier recht felsig und folgt dem auf- und abfallenden Grat. Dieses Wegstück ist am späten Nachmittag ideal, um im Licht der untergehenden Sonne die dann leuchtenden *Saguaros* zu fotografieren. Nach dem Abstieg überqueren Sie noch einen *wash* und sind dann zurück am Ausgangspunkt.

8,9 km - zurück am *Gilbert Ray Campground*

WANDERUNG 3	***Kings Canyon – Wasson Peak***
Highlights	Panoramablick, Saguarokakteen
Länge	13,9 km (Rundweg)
Auf-/Abstieg	593 m
Höchster Punkt	1.429 m
Gesamtdauer	6-8 Stunden
Ausgangspunkt	*Tucson Mountain Park:* An der *Kinney Road,* gegenüber *Arizona Sonora Desert Museum.* **Wasser** gibt es nur beim *Museum.*

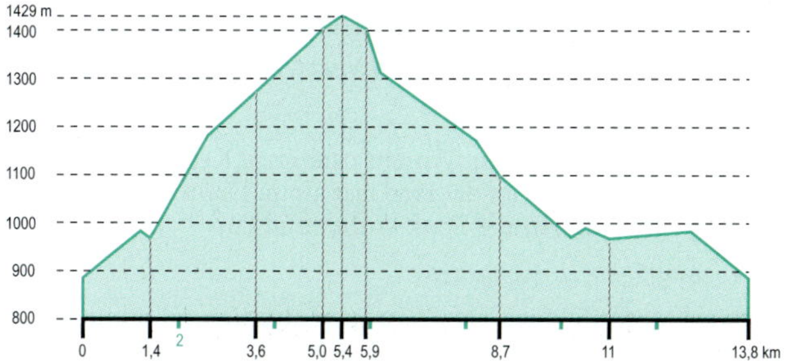

0,0 km - *Kings Canyon Trailhead*

Zuerst geht es auf einer alten, steinigen Minenstraße langsam den *Kings Canyon* hoch. *Palo verdes* (Parkinsonien), *ocotillos* (Kerzensträucher), *Saguaros*, Opuntien und Faßkakteen sind nur einige der hier vorkommenden zähen Wüstenpflanzen. Das *desert marigold*, eine Ringelblumenart, bringt manchmal gelbe Farbtupfer in die Landschaft. Im Sommer lassen sich gelegentlich frühmorgens oder spätabends *mule deer* und *javelinas* beobachten, die eine der wenigen permanenten Quellen in den *Tucson Mountains* frequentieren.

1,4 km - *Mam-A-Gah Picnic Area,* Abzweigung

Falls es Ihnen unter der Wüstensonne zu heiß wird, bietet die *Man-A-Gah Picnic Area* willkommenen Schatten (und ein Plumpsklo). Ansonsten geht es nach Nordosten weiter durch ein meist trockenes Flußbett und dann beständig aufwärts.

3,6 km - Paßhöhe/*Sweetwater* Kreuzung

Hier mündet der von Nordosten kommende *Sweetwater Trail* ein. Der Pfad zum *Wasson Peak* biegt links (Nordwesten) ab und passiert verlassene Minenschächte. Es heißt, daß in der Nacht die Geister unvorsichtiger Wanderer in den Schächten heulen ... Nach einigen steilen Kurven ereichen Sie den Grat (rechts abbiegen)

5,0 km - *Junction*

5,4 km - *Wasson Peak*

Großartige 360° Aussicht vom 1.428 m (4.687ft) hohen Berg über den Westteil des *Saguaro National Park* und die Tucson Mountains. Hier wird deutlich, wie sehr der Nationalpark nur eine Insel in einem Meer sich ständig ausbreitender Zivilisation ist: das ausgedehnte *Tucson* im Osten, verstreute Häuser, Überbauungen und Straßen auf den drei anderen Seiten, Minen und der *Central Arizona Projekt Canal.* Am Horziont im Nordosten schimmern schwach die hellen Kuppeln von *Biosphere II,* einem künstlichen Ökosystem hinter Glas und Metall, ca. 25 mi nördlich von Tucson bei Oracle.

Folgen Sie dem Grat zurück zur letzen Verzweigung.

5,9 km - *Hugh Norris Trail* Kreuzung

Geradeaus geht`s nach Westen. Wo ein paar enge Kehren eine steile Felsflanke hinunterführen, ist der Pfad fast alpin. Dann ebnet der sandige Weg aus, führt am *Amole Peak* vorbei und zur

8,7 km - Kreuzung *Sendero Esperanza*

Hier links abbiegen (Süden). Der Weg wird steinig und windet sich an einer alten Mine entlang. Halten Sie Ausschau nach den *red-tailed hawks* (Rotschwanzbussarde), die häufig ihre Kreise über den *Saguaros* ziehen.

11,0 km - Mam-A-Gah Pcicnic Area

Nach der *Mam-A-Gah Picnic Area* können Sie auf demselben Weg zum Ausgangspunkt zurückgehen oder dem *wash* (trockenes Flußbett) folgen mit seinen Wildblumen und *Petroglyphen.* Diese Route ist nicht empfehlenswert nach Regenfällen oder bei drohenden Gewittern: *Flashflood*-Gefahr (➪ Seite 59).

13,9 km - zurück am Kings Canyon Trailhead

▲ *Saguaros am Brown Mountain Trail*

▼ *Javelina*

▼ *Cactus Wren (Kaktuszaunkönig)*

▲ *Die geschützte banded Rock Rattlesnake (Klapperschlangenart) wird bis zu 80 cm lang*

◀ *Diese "Mini-Eule" (ferruginous pygmy-owl, Glaucidium brasilianum, bis 18 cm groß) kommt in den USA nur in Süd-Arizona und der Südspitze von Texas vor*

Wer könnte schon solch einer mit Nektar gefüllten Blüte widerstehen? ▼

▲ *Küstenidylle in der Abenddämmerung*

▼ *Sea Nettle (Chrysora fuscescens), aufgenommen im Monterey Bay Aquarium*

▲ *Die giant green anemone (Seeanemonenart) erreicht einen Durchmesser bis zu 25 cm*

Typisches Bild an den Stränden des Pazifik – hier Hidden Beach im Redwood Park ▼

▲ *Beringung im Point Reyes Bird Observatory (erreichbar über Bolinas)*

▼ *Im dichten Douglas Fir Forest auf der Inverness Ridge*

▲ *Howland Hill Road durch die Redwoods*

Im Fern Canyon ▲

▼ *Beeren des Salal*

▼ *Tiger Lily (Lilium columbianum)*

Yosemite National Park

▲ *Natur im Urzustand in der Nähe des Elizabeth Lake: Praktisch nirgends im Yosemite National Park gab es je "Logging" (Holzschlag)*

◀ *Liberty Cap und Nevada Falls*

▼ *Red Columbine*

▼ *Glacier Lily*

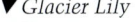

Schwarzbären müssen nicht schwarz sein

Verdreht und verkrüppelt: eine Western Juniper (Wacholder) in der A. Adams Wilderness

▲ *Sonnenaufgang über dem Thousand Island Lake in der Ansel Adams Wilderness, im Hintergrund der Banner Peak (3.946 m)*

Kontraste im Joshua Tree National Park ▶

▼ *Die namensgebenden Basaltformationen des Devils Postpile National Monument*

Joshua Tree National Park

Joshua Tree National Park

▲ *Die meisten Wanderwege befinden sich in der Nordwesthälfte des Parks*

◀ *Teddybear Cholla im Cholla Cactus Garden. Trotz seines niedlichen Namens ist Vorsicht am Platz, seine Stacheln besitzen wirkungvolle Widerhaken …*

Hooded Oriole (Icterus cucullatus) ▼

▲ *Zeitlose Eleganz*

Sonnenuntergang über der Felslandschaft der Jumbo Rocks ▼

▲ *Nur in höheren Lagen der Mojave-Wüste gedeihen die Joshua Trees*

Die Formationen des Parks: Für Geologen Monzogranit, für Kletterer ein Paradies ▼

Chiricahua National Monument

▲ *Die Männchen tragen auffälliges kardinalrotes Gefieder, die Weibchen sind dezent olivbraun gefärbt (Northern Cardinal/Rotkardinal)*

◀ *Erst auf einer Wanderung durch den Rhyolite Canyon erkennt man richtig den Vegetationsreichtum der "Sky Island" Chiricahua*

Vogelparadies San Pedro Riparian National Conservation Area ▼

Great Basin National Park

▲ *Uralte Bristlecone Pines (Grannenkiefer) am gleichnamigen Trail*

◀ *Versteckte Juwelen in der Great Basin Wüste:*
Stella Lake, Jeff Davis Peak und Wheeler Peak.

Der dramatisch gelegene Baker Lake ist der Lohn eines steilen Aufstiegs ▼

▲ *Die Schönheit der roten Blüten der Sky Rocket (auch als Scarlet Gilia bekannt) entschädigt für den eher unangenehmen Duft der Blätter, der auch für die populärere Bezeichnung Skunk Flower (Stinktier-Blume) gesorgt hat ...*

◀ *Die Früchte der Manzanita (spanisch für "kleiner Apfel") sind bei sehr vielen Tiere und besonders bei Bären beliebt. Man nennt sie daher auch Bearberry (Bärenbeere).*

Die großen Ohren der Mule Deer (Maultierhirsche) sind ständig in Bewegung. Im Great Basin begegnet man Ihnen oft auf Schritt und Tritt. ▼

Barrel Cactus (Faßkaktus) und seine Früchte

WANDERUNG 4	***Hugh Norris Trailhead – Wasson Peak***
Highlights	Panoramablick über den *Saguaro NP* und *Tucson Mountain Park*, viele Kakteenarten
Länge	7,1 km (one-way)
Auf-/Abstieg	676 m/30 m
Höchster Punkt	1.429 m
Gesamtdauer	6,5-9 Stunden
Ausgangspunkt	*Saguaro National Park, Tucson Mountain Unit,* ca. 2,5 mi nördlich des *Red Hills Visitor Center* auf der Hohokam Road, Bajada Loop Drive rechts **Kein Wasser** unterwegs, aber im *Visitor Center.*

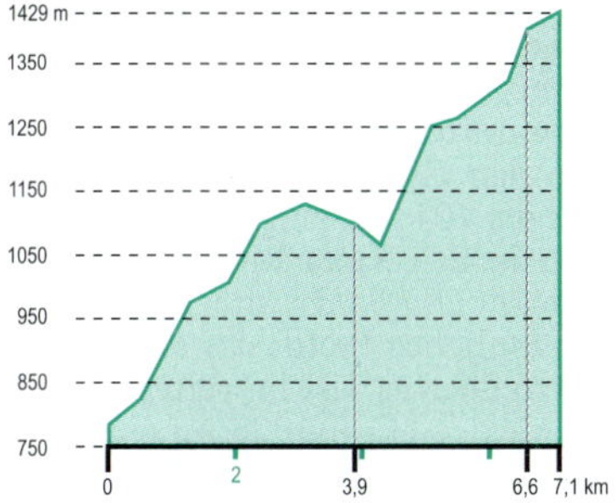

0,0 km - *Hugh Norris Trailhead*

Hier finden Sie eine *Registration Box* sowie eine Übersichtskarte. Der Weg führt durch eine typische *Saguaro-palo verde* Pflanzengesellschaft. *Teddybear chollas* und andere stachlige Kaktusarten versuchen, unvorsichtige Besucher näher kennenzulernen, daher am besten lange Hosen tragen. *Curved-billed trashers* (Krummschnabel-Spottdrossel), *cactus* und *canyon wrens* (Kaktus- und Schluchtenzaunkönige) sitzen oft hoch oben auf Kakteen und zeigen sich völlig unbeeindruckt von den vielen Stacheln. Währenddessen hackt der Gilaspecht Löcher in die *Saguaros. Javelinas*, Koyoten und Maultierhirsche sieht man kaum tagsüber – sie verbringen die heißesten Stunden gut versteckt an schattigen Orten. Der Weg klettert in zahlreichen *switchbacks* auf einen Grat (mit Aussicht über den *Saguaro Forest* und hinüber zum fernen *Avra Valley* und das *Kitt Peak Observatory* auf dem gleichnamigen Gipfel) und folgt ihm mit einigen Auf und Abs vorbei an interessanten Felsformationen.

3,9 km- Kreuzung *Sendero Esperanza*

Gehen Sie geradeaus weiter nach Osten. Der langstenglige *ocotillo* und der *catclaw*, eine Akazienart, kommen hier vor. Die alten, einsturzgefährdeten Minenschächte unterhalb des Weges sollte man besser meiden. Über eine Serie steiler Haarnadelkurven geht es aufwärts zum *Amole Peak.*

6,6 km - Kreuzung *Wasson Peak*

Hier links nach Nordosten abbiegen. Getragen von der Thermik kreisen oft Raubvögel w.z.B. Habichte (*hawks*) über den Flanken des

7,1 km - Wasson Peak (1.429 m/4.687 ft)

Dies ist einer der besten Plätze für einen weiten Blick über das gesamte *Tucson Basin*, die Tucson und Santa Catalina Mountains und den *Saguaro National Park*.

Auf demselben Weg zurück

Wilderness Areas in Tucsons Umgebung

Madera Canyon/Mt. Wrightson Wilderness (*Coronado National Forest*)

Kennzeichnung

Die ***Madera Canyon Recreation Area*** **ist eines der bekanntesten Vogelbeobachtungsgebiete im Südwesten**. Dort gibt es Wanderwege durch Eichenwald und (in höheren Lagen) *ponderosa pine* und *douglas fir*. Einige ***trails*** beginnen unmittelbar im *Madera Canyon*. Ausdauernde Wanderer erklimmen den Gipfel des *Mt. Wrightson* (2.884 m/9.463 ft), das Wahrzeichen der 104 km² (25.670 *acres*) grossen gleichnamigen *Wilderness Area* in den Santa Rita Mountains. Einheimische nennen den Berg liebevoll *Old Baldy*, alter Glatzkopf. Sein charakteristisches, pyramidenähnliches Profil, das die umliegende Wüstenebene um rund 2.000 m überragt, ist in weiten Teilen des südöstlichen Arizona und von Mexico aus (nur 25 mi entfernt) sichtbar. Auf dieser "Himmelsinsel" (*sky island*, ➪ Seite 251) findet man eine außerordentliche Vielfalt an Pflanzen und Tieren.

Anfahrt, Infrastruktur, Information

Zum *Madera Canyon* mit der *Mt. Wrightson Wilderness* fährt man von Tucson aus auf der *Interstate* #19. Etwa 30 mi südlich von Tucson verläßt man die I-19 an der Abfahrt #65. Von dort sind es noch 13 mi zum *Madera Canyon* südöstlich von Continental.

Campingplatz und *Lodge* im *Madera Canyon*. Viele Hotels, Motels, Restaurants und Shops in *Green Valley*.

Coronado National Forest, Nogales Ranger District,
113 Old Tucson Road, Nogales, AZ 85621, ✆ (520) 281-2296.

Saguaro National Park Eastern Unit mit Rincon Mountain Wilderness *(Coronado National Forest)*

Kennzeichnung

In unmittelbarer Nähe zur Großstadt Tucson verfügen die zusammenhängenden Gebiete des *National Park* und *National Forest Service* über wilde einsame Areale am Fuße der und in den Rincon Mountains. Der **Ostteil des *Saguaro Park*** schützt u.a. einen alten *Saguaro Forest.* Auf dem 8 mi langen *Cactus Forest Drive* für Auto- und Radfahrer erhält man einen guten Eindruck von der Charakteristik der *Sonora Desert.* Auch ein informativer **Naturlehrpfad** ist (in der Nähe der *Picnic Area*) vorhanden.

Die 156 km^2 (38.590 acres) große ***Rincon Mountain Wilderness*** grenzt auf drei Seiten an den Ostteil des *Saguaro Park.* Sie schützt eine raue Landschaft mit tiefen Canyons und felsigen Graten. Die Vegetation entspricht der jeweiligen Klimazone in unterschiedlichen Höhenlagen und umfaßt *Sonora Desert,* Steppe, *piñon-juniper* und *oak-woodlands* (Kiefer-Wacholder und Eichen-Gehölze) und sogar Feuchtgebiete entlang des *Turkey* und *Miller Creek.*

Über 200 km Wanderwege winden sich durch die zusammen 409 km^2 beider Gebiete. Sie bieten sich vor allem für **Mehrtageswanderungen** an. Ein populäres Ziel ist der 2.641 m hohe *Mica Mountain.* Die ***Trailheads*** dafür befinden sich allerdings an der *Mescal Road* auf der Ostseite der Rincon Mountains (2 Std Fahrt von *Tucson*).

Wasser gibt es ganzjährig im *Besucherzentrum* des Nationalparks und im *Manning Camp* (nur zu Fuß erreichbar). Saisonal (Januar bis Mai) führen einige Quellen Frischwasser.

Zugang

Die Zufahrt zur *Rincon Mountain Unit* des *Saguaro National Park* wurde bereits oben beschrieben (➪ Seite 215). Die *Wilderness* grenzt unmittelbar an diesen Teil des Nationalparks und kann von der Westseite (i.e. von Tucson aus) nur über Wanderwege erreicht werden. Auf der Ostseite führt die rauhe ***Forest Road* #35** in die Wildnis.

Permits

Für Mehrtageswanderungen benötigt man ein (kostenloses) *Permit,* das man im *Visitor Center* des Parks erhält.

Camping

Im Nationalpark gibt es auch in der *Eastern Unit* keinen per Straße ansteuerbaren *Campground,* sondern nur zu Fuß zugängliche *Walk-in Camps.*

Die *Rincon Mountain Wilderness* verfügt ebenfalls ausschließlich über einfache *Campgrounds* im *backcountry,* ➪ dazu Seite 218.

Info-Adressen/-Telefon nächste Seite

Information

Saguaro National Park Eastern Unit, 3693 South Old Spanish Trail, Tucson, AZ 85730-5601, © (520) 733-5153, *Visitor Center* und *Headquarters* befinden sich gleich hinter der Einfahrt in den Park.

Für die *Rincon Mountains Wilderness:* ***Coronado National Forest***, *Santa Catalina Ranger District*, 5700 N. Sabino Canyon Road, Tucson, AZ 85715, © (520) 749-8700.

Schachfiguren, versteinerte Ritter oder Trolle – neben Felsen gibt es im Chiricahua NM eine erstaunliche Pflanzen- und Tierwelt zu entdecken

Chiricahua National Monument

Biodiversität zwischen Sierra Madre und Rocky Mountains.

Land of Standing Rocks

Die *Chiricahua-Apachen* nannten es das "Land der stehenden Felsen", die Pioniere ***Wonderland of Rocks***. Die märchenhaft wirkenden Türme und Säulen in diesem *National Monument* in der Südostecke Arizonas entstanden aus den Ablagerungen eines Vulkans, der vor etwa 25 Mio. Jahren explodierte. Als die vulkanische Asche abkühlte, verfestigte sie sich zu einer 600 m dicken Rhyolit-Schicht. Die Erosion nagte danach Nadeln, Türme und Figuren aus dem Fels, etwa die *duck on a rock* oder den schlanken *totempole*.

Sky Island Chiricahua

Die ***Chiricahua Mountains*** sind eine von rund 40 *sky islands* (Himmelsinseln) im Grenzgebiet von Arizona, New Mexico und Mexico. Es handelt sich um relativ regenreiche, kühle Bergketten, die voneinander durch weite, wüstenartige Ebenen getrennt sind. Zusammen mit der *Sierra Madre Occidental* in Mexico gehören sie zu den drei **Mega-Zentren der Artenvielfalt auf unserem Planeten**. Die *Chiricahua Mountains* stehen am Berührungspunkt von *Sierra Madre Occidental* (Süden), *Rocky Mountains* (Norden), *Sonora* und *Chihuahua Desert* (im Westen bzw. Osten). Mehr als 1.200 Pflanzen- und 70 Säugetierarten leben in diesen Bergen. Die Hälfte aller in Nordamerika vorkommenden Vogelarten gibt sich dort ein Stelldichein – dazu gesellen sich Besucher aus Mexico, wie etwa der seltene *elegant trogon* (Kupfertrogon) und der bekannte *Mexican jay* (Graubrusthäher), den man vor allem auf *Campgrounds* und Sandwiches trifft.

Trotz einer relativ bescheidenen Größe von 49 km^2 (11.985 *acres*) beherbergt das zwischen 1.570 m (5.160 ft) bis 2.385 m (7.825 ft) gelegene Nationalmonument viel Erstaunliches und Wundersames.

Flora und Fauna

Kakteen besiedeln die tieferen, wüstenartigen Lagen. Die mittleren Regionen sind von *pine-oak woodlands* (Kiefern-Eichen-Gehölzen) bedeckt, und auf den Bergspitzen finden sich Föhren und Tannen. Mit etwas Glück treffen Sie auf Wanderungen auf ***javelinas*** (Halsbandpekaris, ➪ Seite 223 im vorstehenden Kapitel über den *Saguaro National Park*), oder gar auf ***coatimundis*** (südamerikanischer Nasenbär), die in einer Eiche herumtollen, ➪ Seite 249.

Geschichte

Die *Chiricahua Mountains* sind nebenbei auch ein recht geschichtsträchtiger Platz. Unter ihren berühmten Anführern ***Cochise* und *Geronimo*** versuchten die *Chiricahua-Apachen*, hier die Flut weißer Siedler zu stoppen. Ohne Erfolg. 1886 wurde die letzte "Bande" in ein weit entferntes Reservat verfrachtet. Heute erinnert nicht mehr viel an die großen Zeiten der Indianer. Der ***Cochise Peak*** bleibt jedoch ein Mahnmal, wenn er sich unter dem roten Abendhimmel in die Silhouette eines stolzen Indianerhauptes verwandelt.

Unter den ersten Siedlern der Region war auch ein schwedisches Paar. Deren Tochter *Lillian* und ihr Mann *Ed Riggs* übernahmen die elterliche Farm und machten aus ihr eine *Guest Ranch*. Die ***Faraway Ranch*** ist heute eine kleine Sehenswürdigkeit auf dem Terrain des Nationalmonuments, das im Jahre 1924 eröffnet wurde.

Faraway Ranch

Reiseplanung

Anreise

Zug

Die nächstgelegenen *Amtrak*-Stationen befinden sich in **Benson**, **Tucson** und **Lordsburg** (New Mexico) entlang der Route Los Angeles–San Antonio (3x wöchentlich) und LA–Dallas (4x pro Woche).

Bus

Der nächstgelegene ***Greyhound Stop*** ist **Willcox**, ca. 35 mi westlich des *National Monument* (7x täglich auf der Route Dallas–Tucson–Los Angeles und umgekehrt). In Willcox gibt es aber weder Taxis noch Busse noch Mietwagen! In Benson, einer etwas größeren Stadt 30 mi weiter, sieht es nicht viel besser aus. Sofern Sie kein Fahrrad mitführen, ist es aus jeder Richtung ggf. am sinnvollsten, bis Tucson zu fahren und von dort den Weitertransport zu arrangieren.

Flugzeug

Der nächste größere Flughafen ist *Tucson International Airport*; von dort geht es weiter per Mietwagen. Kleine Regionalairports befinden sich in Willcox und Sierra Vista (westlich von Tombstone).

Mietwagen

Alle großen Autovermieter sind in **Tucson** vertreten. In Benson gibt es die Firma ***Munday Chevrolet***, 1201 S Hwy #80, © (520) 586-2236.

Zufahrt

Von Osten und Westen (Phoenix 233 mi; Tucson 117 mi) nähert man sich dem *Chiricahua NM* zunächst über die *Interstate* #10. In beiden Fällen verläßt man die Autobahn bei Willcox (36 mi) und fährt südöstlich auf den Straßen #186 und #181 zum Ziel.

Bei Anfahrt von Osten gibt es eine etwas rauhe Abkürzung: ca. 50 mi westlich von Lordsburg (I-10, *Exit* #362) verbindet eine **Schotterstraße** das Nest Bowie mit der Straße #186. Auf dieser spart man gegenüber der Fahrt über Willcox 35 mi. Die Strecke ist staubig und streckenweise schlecht, aber bei Trockenheit unproblematisch. Am ***Apache Pass*** befindet sich der Ausgangspunkt eines *Trails* zu den Überresten des ***Fort Bowie*** (retour etwa 5 km), das hier vor rund 120 Jahren als vorgeschobener Außenposten gegen die Apachen diente.

Klima und Reisezeit

Die Sommer sind am Fuße der *Chiricahua Mountains* heiß, wenngleich in höheren Lagen erträglich. Der *monsoon* bringt von Juli bis Anfang September gewittrige Regengüsse, die für Abkühlung sorgen. Im Winter kann es empfindlich kalt werden.

Die Hochsaison für Vogelfreunde startet im Frühling, wenn die Nistzeit beginnt. Für Blumenliebhaber sind August und September die besten Monate. Für Wanderungen empfiehlt sich vor allem der Zeitraum von Mitte September bis Mai.

Infrastruktur

Kleiner, schön gelegener ***Bonita Campground*** im *NM* (ganzjährig geöffnet; RVs nur bis maximal 26 ft). Weitere (primitive) *Campgrounds* im angrenzenden *Coronado National Forest*, ➪ Seite 261. Wohnmobile finden auch Platz beim ***El Dorado Trading Post***, etwa 1 mi außerhalb des Nationalmonuments.

Vor der Einfahrt passiert man das ***Chiricahua Hills Bed & Breakfast***. Ein ***RV Park*** existiert in ***Sunizona***, 26 mi südwestlich, eine Handvoll ***Motels, Bed & Breakfast Places***, *Fast Food* und *Shopping* in Willcox.

Informationen

Chiricahua National Monument, Dos Cabezas Route, Box 6500, Willcox, AZ 85643, © (520) 824-3560. ***Willcox Chamber of Commerce and Agriculture***, 1500 N Circle I Road, Willcox, AZ 85643, © (520) 384-2272. ***Coronado National Forest***, PO Box 228-R, Douglas, AZ 85607, © (520) 364-3468

Chiricahua National Monument - Karte Seite 245

Kurzinfos Outdoors

Permits

Für den Besuch gilt die übliche *Entrance Fee* ($6) oder *Golden Eagle Pass*, ➪ Seite 30. Mehrtageswanderungen (*Backpacking*) sind im *Chiricahua NM* nicht möglich, wohl aber in der gleichnamigen, direkt angrenzenden *Wilderness*, ➪ Seite 260. Für Tagesunternehmungen und Besuch der *Wilderness* benötigt man kein *Permit*.

Wandern

Das *National Monument* verfügt über ein Wegenetz von etwas über 30 km. Die ***Trails*** laufen an Bächen entlang, durch *chaparral* (Buschlandschaft, ähnlich der *Macchia* im Mittelmeerraum), durch kühlen Kiefernwald und vor allem **zu spektakulären Felsformationen**. Ein kostenloser Bus fährt ganzjährig morgens von Besucherzentrum und Campingplatz zu den hochgelegenen ***trailheads*** beim *Echo Canyon* und *Massai Point*. Auskunft zu den aktuellen Abfahrtszeiten erhält man unter ✆ (520) 824-3560.

Weitere Wanderrouten führen durch den benachbarten *Coronado National Forest* und in die *Chiricahua Wilderness*.

Radfahren, Mountain Biking

Bikes dürfen im Monument nur auf offiziellen Straßen benutzt werden. Mehr Möglichkeiten bietet der *Coronado National Forest*, etwa die streckenweise steile, kurvige *Pinery Canyon Road*. Die nächste Bike-Vermietung befindet sich in Tucson.

Reiten

Fußmüde Touristen können die Chiricahua Mountains auch vom Pferderücken aus bewundern. Die ***Grapevine Ranch*** in *Pearce* bietet Ausritte in die Umgebung und hat eigene Unterkünfte, ✆ (520) 826-3185 oder ✆ 1 800-245-9202, *Grapevine Canyon Ranch*, PO Box 302, Pearce AZ 85625-0302.

Besondere Tips

Relaxing

In den *Chiricahua Mountains* sind Sie "God awful far away from everything", wie es die Siedler auf der *Faraway Ranch* zu sagen pflegten – keine *shopping malls*, *swimming pools* oder *cinemas* im weiten Umkreis! Da bleiben nur die ***Faraway Ranch*** (Fußpfad vom Campingplatz), wo auf einer geführten Tour Einblicke in das harte Pionierleben vermittelt werden, und ein Besuch im *Visitor Center* mit einer kleinen Ausstellung und Diashow, aber letzteres gehört ohnehin zum Pflichtprogramm.

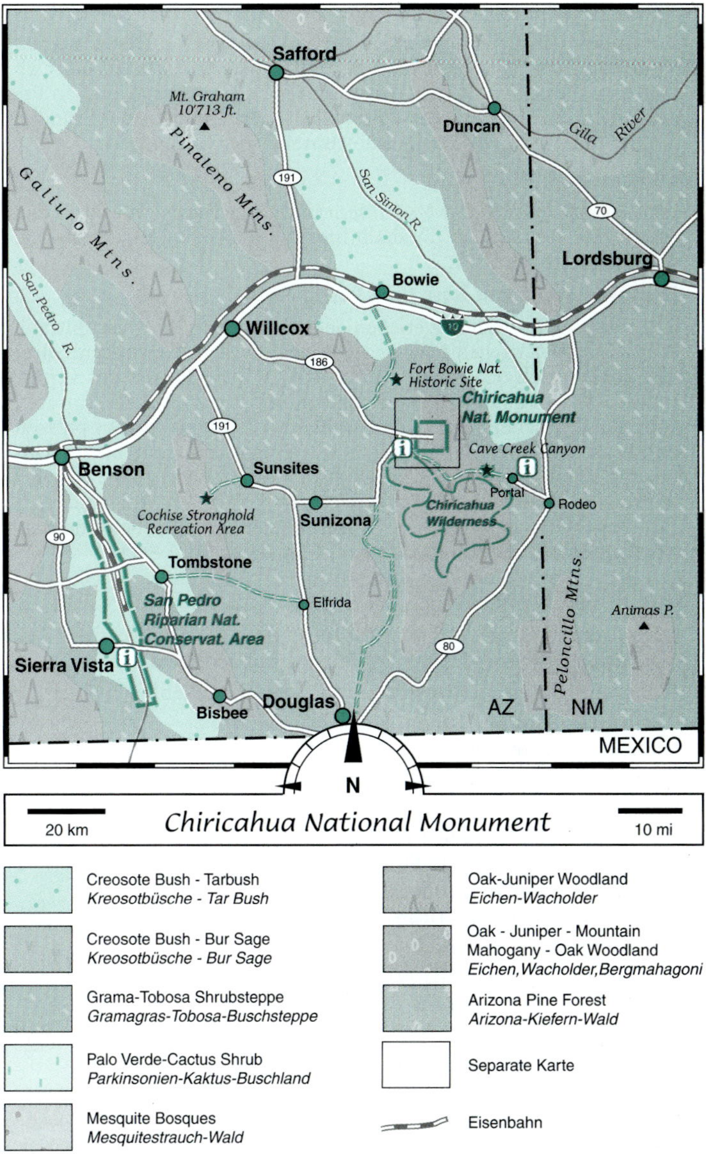
Safford
Mt. Graham
10'713 ft.
Pinaleno Mtns.
Galiuro Mtns.
Duncan
Gila River
San Simon R.
191
70
Lordsburg
Bowie
San Pedro R.
Willcox
10
186
Fort Bowie Nat. Historic Site
Chiricahua Nat. Monument
191
Cave Creek Canyon
Benson
Sunsites
Portal
Rodeo
Cochise Stronghold Recreation Area
Sunizona
Chiricahua Wilderness
90
Tombstone
Peloncillo Mtns.
San Pedro Riparian Nat. Conservat. Area
Elfrida
Animas P.
80
Sierra Vista
Douglas
Bisbee
AZ
NM
MEXICO
N
20 km
Chiricahua National Monument
10 mi
Creosote Bush - Tarbush
Kreosotbüsche - Tar Bush
Creosote Bush - Bur Sage
Kreosotbüsche - Bur Sage
Grama-Tobosa Shrubsteppe
Gramagras-Tobosa-Buschsteppe
Palo Verde-Cactus Shrub
Parkinsonien-Kaktus-Buschland
Mesquite Bosques
Mesquitestrauch-Wald
Oak-Juniper Woodland
Eichen-Wacholder
Oak - Juniper - Mountain Mahogany - Oak Woodland
Eichen, Wacholder, Bergmahagoni
Arizona Pine Forest
Arizona-Kiefern-Wald
Separate Karte
Eisenbahn

Chiricahua National Monument - Karte Seite 245

Für Kids

Zumindest ein Erlebnis für Kinder ist die Fahrt auf einem alten Wildwest-Zug. Die ***San Pedro & Southwestern Railroad*** fährt ab Benson zur *Fairbank Ghost Town* und nach *Charleston* am San Pedro River (bei Sierra Vista, ➪ Seite 261); der Trip dauert 4 Stunden und ist nicht billig. Aktuelle Infos unter ✆ 1-800-269-6314.

Für Gourmets

Im *Chiricahua National Monument* und Umgebung gibt es weit und breit keine Restaurants. Deshalb hier das Rezept für eine einfache, schmackhafte Mahlzeit:

Gemüse-Röschti mit Käse für 2 Personen:

5 mittelgroße Kartoffeln (gerieben oder in kleine Stücke geschnitten), 1/2 zerhackte Zwiebel, 1 Tasse zerstückeltes Gemüse (Broccoli, Blumenkohl, Lauch o.ä.), Salz, Pfeffer und Öl (oder Butter) gut vermischen. Alles in einer Antihaftpfanne auf mittlerer Hitze 5 Minuten anbraten, zwischendurch wenden. Dann zu einem Kuchen pressen und brutzeln lassen (falls nötig, etwas Butter beifügen), bis die Unterseite schön braun ist. Dann wenden – Könner drehen die Röschti in der Luft. Zweite Seite anbräunen. Um das Gericht noch nahrhafter zu machen, zwei Eier oder Käsescheiben darauf geben und hart bzw. weich werden lassen. Schmeckt am besten mit Salat.

Literatur und Karten

Islands in the Desert, *A history of the Uplands in Southeastern Arizona*, John J. Wilson, University of New Mexico Press

Mountain Islands and Desert Seas, Frederick R. Gehlbach und

The Chiricahuas Sky Island, Weldon F. Heald,
beide Texas A&M University Press

Arizona's Natural Environment,
Charles H. Lowe, The University of Arizona Press

A field guide to the plants of Arizona,
Ann Orth Epple, LewAnn Publishing Company

A birders's guide to southeastern Arizona,
Richard C. Taylor, American Birding Association, Inc.

The Conquest of Apacheria,
Dan L. Thrapp, University of Oklahoma Press

Arizona, The Land and the People,
Tom Miller, Editor, The University of Arizona Press

Arizona, a History,
Thomas E. Sheridan, University of Arizona Press

Chiricahua Mountains, Arizona, *A Trail and Recreation Map*,
1:62.500 Topographische Karte, Rainbow Expeditions

Die Natur in den Chiricahua Mountains

Geologie - Schutt und Asche

Auf dem *Echo Canyon loop trail* können Sie das (geologische) Herz des *Chiricahua National Monument* erkunden (➪ auch Wanderung 2, Seite 257). Akrobatisch windet sich der Weg durch ein Labyrinth aus Nadeln, Säulen, Türmen und Festungen. Scheinbar ewig starren die **steinernen Figuren**, die Soldaten, Bischöfe, Könige und Gnomen, über die gleißende und blendende Ebene im Westen.

Für Geologen sind diese Formationen, die zu den eindrucksvollsten im ganzen Südwesten zählen, ganz einfach zusammengebackener **Rhyolit-Tuff**. Vor rund 27 Mio. Jahren explodierte ein Vulkan etwa 16 km südlich, beim heutigen *Turkey Creek*. Riesige Mengen Asche und vulkanischer Sand wurden in Wolken aus superheißen Gasen in die Höhe geblasen. Acht- oder neunmal brach der Vulkan aus, Asche und Sand bedeckten schließlich ein Gebiet von etwa 1.800 km^2 und verdichteten sich zu festem Tuffstein. Die mächtigste Schicht, etwa 270 m dick (880 ft.), stammt aus der sechsten Eruption.

Später, d.h., vor etwa 15 Mio. Jahren, wurden die Chiricahua Mountains durch tektonische Prozesse weit über die heutige maximale Höhe von 2.986 m (9.796 ft) gehoben. Diese Hebung übte auch auf den Rhyolit-Tuff gewaltige Kräfte aus: er brach in große, vertikale Säulen. Seither geht es nur noch abwärts, denn die Erosion nagt unermüdlich am Gestein. Sie trug das Gebirge bis auf klägliche Reste ab und begrub es bis zum Hals im eigenen Schutt. Außerdem erweiterte sie die Brüche im Rhyolit-Tuff und meißelte so die **charakteristischen Türme** heraus.

Zusammengebackener Rhyolit-Tuff, Resultat von Vulkanausbrüchen

Chiricahua National Monument - Karte Seite 245

Pflanzen und Tiere

Artenreichtum

Die *Chiricahua Mountains* sind ein Treffpunkt biotischer Gemeinschaften. Wie eingangs bereits beschrieben findet sich dort eine **außergewöhnliche Artenvielfalt**. In der *Sierra Madre Occidental* und den *sky islands* (➪ Seite 251) leben nicht weniger als 295 Vogelarten, 136 Amphibien und Reptilien, und es finden sich 233 Baumarten. Allein im *Chiricahua NM* wurden bisher 70 Säugetiere, 32 Schlangenarten, 15 Echsen, 9 Frösche und Kröten beschrieben. Über die Hälfte der in Nordamerika vorkommenden Vogelarten finden sich in dieser abgelegenen Bergkette in Arizona – neben **mehr als 1.200 Pflanzenarten**.

Tierwelt

Mexican jays (Graubrusthäher), *bridled titmice* (Zügelmeise), *yellow-eyed juncos*, eine Winterammer-Art, und mehrere **Kolibri-Arten** – *magnificient* (Dickschnabelkolibri), *blue-throated* (Blaukehlnymphe) und *black-chinned hummingbird* (Schwarzkinnkolibri) – sind recht häufig anzutreffen. Um auch noch den *elegant trogon* (Kupfertrogon) oder den *red-faced warbler* (Dreifarbenwaldsänger) zu sehen, brauchen Sie ein bißchen Glück.

Weitere Bewohner sind das ***Chiricahua fox squirrel***, eine Schwarzhörnchenart, die nirgendwo sonst auf der Erde vorkommt, Pumas, Schwarzbären, *bobcats*, Koyoten und Graufüchse.

Vegetationszonen

Zwischen den heißen Ebenen und den Bergspitzen existieren vier Vegetationszonen: **Wüste** (bis etwa 1.100 m/3.500 ft), **Grasland** mit *Mesquite* und Agaven (bis etwa 1.500 m/5.000 ft), **niedriger immergrüner Wald** mit Eichen, Kiefern, *Manzanita* (Bärentraube) und *juniper* (Wacholder, bis etwa 2.200 m) und darüber schließlich **Kiefern- und Fichten-Wald.**

Umwelt

Blick über die Grenze

Da die Chiricahua Mountains zum sogenannten ***Sky Island Archipel*** gehören, das weiter südlich in die mexikanische *Sierra Madre Occidental* übergeht, ist es notwendig, einmal das gesamte Gebiet unter einem erweiterten Blickwinkel zu betrachten.

Probleme in Mexico

Während der Verlust von Tier- und Pflanzenarten in den USA recht gut dokumentiert ist, fehlen derartige Daten für die angrenzenden mexikanischen **Staaten Chihuahua** und **Sonora** fast völlig.

Coatimundis, Banditen aus Mexico

Im Jahre 1870 wurden sie erstmals entlang der US-mexikanischen Grenze gesichtet: waschbärenähnliche Tiere mit einer langen, spitzen Nase. Wahrscheinlich angelockt von den Kadavern von mehr als 360.000 Rindern, die während einer Dürre umkamen, wanderten *coatimundis*, kurz *coatis* (südamerikanische Nasenbären, *Nasua narica*), von Mexico nach Norden in die USA ein. Die *chulos* (Banditen), wie sie in Mexico genannt werden, sind seither fester Bestandteil der Fauna und verleihen diesem Teil Nordamerikas **einen Hauch südamerikanischer Exotik**. Einen kleinen Preis haben die Immigranten jedoch zu zahlen: in den kühlen Bergen soll die Spitze ihres Schwanzes manchmal abfrieren. Die Vorsichtigeren wandern im Winter in wärmere Regionen ab.

Als wollten sie sich für derartige Entbehrungen trösten, haben sie einen **unstillbaren Appetit** – die Tiere verschlingen alles, was nicht zuerst sie verschlingt: Insekten, Spinnen, Würmer, Eidechsen, Nager, Schlangen, Kadaver, Abfall, Wacholderbeeren, Kakteen (einschließlich des dornigen Feigenkaktus`), Eicheln, Manzanita-Beeren, Äpfel, Pfirsiche, Gemüse u.a.m. Gruppen von 4-40 Tieren, hauptsächlich Weibchen und Junge, durchkämmen dabei einen Canyon und wechseln dann zum nächsten. Ähnlich wie die Stinktiere – Nase am Boden, Schwanz in der Luft – durchwühlen sie auf der Suche nach Eßbarem den Boden. Bei Gefahr retten sie sich auf einen Baum (wo sie auch schlafen). Ist die Luft rein, stürzen sie sich wieder herunter, den beweglichen Schwanz geschickt als Balancier- und Bremswerkzeug einsetzend.

Junge *coatimundis* tollen fast ohne Unterbrechung herum. Zischend und kreischend jagen sie einander auf den Bäumen nach. Die Lebenserwartung beträgt etwa 14 Jahre. Weltweit gibt es 4 Arten mit etwa 17 Unterarten. Die *coatimundis* im *Chiricahua National Monument* fühlen sich zwar am wohlsten in den Eichen- und Kiefernwäldern, wagen sich aber auch in die Ebene hinaus.

Chiricahua National Monument - Karte Seite 245

Arten jenseits der Grenze

Wissenschafter befürchten, daß Arten aussterben, bevor sie überhaupt entdeckt werden. Die geplante Überflutung riesiger noch unerforschter Canyons durch den ***Huites*-Damm** im mexikanischen Staat *Sinaloa* würde zweifellos eine Reihe von Arten auslöschen.

Neben Kahlschlag und Bergbau (Luftverschmutzung) werden Millionen Hektar Land gerodet und mit afrikanischem Büffelgras bepflanzt, einer guten Futterpflanze für Rinder und damit für die Steak-Industrie. Der NAFTA-Vertrag von 1993 (Abkommen über eine Freihandelszone zwischen den USA, Canada und Mexico), der den Warenaustausch der drei Länder in den vergangenen Jahren deutlich stimulierte, dürfte im Nebeneffekt leider wohl auch die Ausbeutung natürlicher Rohstoffe in Mexico weiter fördern.

Sky Islands

Zurück in die Vereinigten Staaten. Die meisten ***sky islands*** (➪ nebenstehendes Essay) sind zwar als *National Forests* oder *Wilderness* "geschützt". Die Brandung des Ozeans der rohstoffhungrigen Gesellschaft reicht jedoch bis unmittelbar an die Füße der Bergketten. Smog, der von Tucson und anderen größeren Städten herüberweht, ist ein alltägliches Phänomen und macht beim Eingangshäuschen von Parks und Naturschutzgebieten keinen Halt.

Es gibt aber auch **gute Nachrichten**. In den *sky islands* Arizonas und New Mexicos setzten Waldrodung und Überweidung "erst" vor etwa 200 Jahren ein, so daß sich die Umwelt dort noch in einem relativ natürlichen Zustand befindet (Andere *sky islands* in mittleren Breitengraden, wie etwa die **Alpen** oder der **Kaukasus**, werden seit vielen tausend Jahren bewohnt und degradiert). In dieser Region befinden sich auch die größten verbliebenen ***ponderosa pine forests*** (Gelbkiefernwälder), in denen natürlich vorkommende Feuer nicht unterdrückt wurden.

Projekte

In mehreren Projekten wird versucht, den Schutz der Artenvielfalt und die Nutzung großer, unparzellierter Landstücke als Weideland unter einen Hut zu bringen. Beispiele sind die *Gray Ranch* in New Mexico oder die *Malpais Borderlands Group*, in der **Rancher und Ökologen eng zusammenarbeiten**. Und in Mexico kooperieren Umweltschutzgruppen mit einheimischen Völkern wie den *Tepehuan* und *Tarahumara*, um selbstverwaltete Natur-Reservate in der *Sierra Madre Occidental* einzurichten.

Ein großer Erfolg war, daß – dank der Proteste von Bürgern, Biologen und Tierschützern – 1990 der Plan für eine große Tagebau-Goldmine im *Cave Creek Canyon* nordöstlich von Portal (am Ostrand der Chiricahua Mountains) wieder fallengelassen wurde.

Sky Islands – Inseln im Binnenland

Stellen Sie sich eine einsame Insel im Südpazifik vor: dampfend, grün, voller exotischer Pflanzen und Tiere, die nächste Insel Hunderte von Kilometern entfernt. Menschen fällt es leicht, die Entfernung mit Schiffen oder Flugzeugen zu überbrücken. Pflanzen und Tiere aber "**sitzen fest**". Sollte sich das Klima ändern oder die Insel infolge geologischer Prozesse versinken, gäbe es für sie kein Entrinnen. Die Evolution würde sie ausradieren.

Neben Inseln in Flüssen, Seen und Meeren gibt es noch eine andere Art von Inseln: **isolierte Bergketten**, oder poetischer: ***sky islands***, voneinander separiert durch weite, wüstenartige Ebenen. Manche Pflanzen- und Tierarten können nur auf solchen "Berginseln" überleben, wo das Klima kühler und feuchter ist als in den Halbwüsten der Umgebung. So steigt die Niederschlagsmenge in den *Chiricahua Mountains* von 38 cm an der Basis auf mehr als das Doppelte auf den Gipfeln. An einem Sommertag kann es am Fuß der Berge leicht 38°C (100°F) heiß sein, während weiter oben das Thermometer noch angenehme 27°C (80°F) zeigt. Nur wenigen Tieren, etwa Vögeln oder großen Säugetieren, gelingt es, die trennenden Wüsten zu durchqueren.

Kiefer-Eichenwälder, hier zwischen Zeltplatz und der Faraway Ranch, bilden den Kern der Sky Islands in Arziona.

Die zahlreichen Bergketten im Grenzgebiet Neu-Mexikos, Arizonas und Mexicos sind solche Himmelsinseln. Rund 40 *sky islands* zwischen *Mogollon Rim* (Abbruchkante entlang des ost-westlich verlaufenden gleichnamigen Gebirgszuges etwa zwischen Flagstaff/Arizona und Silver City/New Mexico) und der *Sierra Madre Occidental* in Mexico werden – entsprechend der Erläuterung oben – insgesamt als ***Madrean-Archipel*** bezeichnet.

Für Tierarten, die versuchen, von der *Sierra Madre Occidental* nach Norden in die Rocky Mountains "überzusetzen", bilden die Himmelsinseln quasi Trittsteine auf ihrem Weg.

Weltweit gibt es noch viele andere derartige Bergketten-Archipels. Beispiele sind die **europäischen Alpen**, die Gebirgszüge im *Great Basin* in Nevada, die *Pantepuis* in Venezuela, die Bergmassive in der *Sahara* oder der *Himalaja*.

Die Chiricahua Mountains gehören also zum ***Madrean-Archipel***. Neben ihrer speziellen Lage zwischen zwei Gebirgssystemen und zwei Wüsten vermischen sich dort auch noch diverse (gemäßigte, subtropische und tropische) Klimaeinflüsse. So entstand ein **sehr feines Mosaik von Habitaten**, jedes mit besonderen biologischen und klimatischen Eigenheiten.

Den Kern einer Himmelsinsel in Arizona bildet normalerweise ein Kiefern-Eichenwald, während die umgebenden Ebenen aus Kurzgrasprärie, subtropischen Dornensträuchern und Wüste bestehen. Die *sky islands* in diesem Archipel weisen einen **außerordentlichen Tier- und Pflanzenreichtum** auf. Die Vielfalt in diesem Gebiet ist so groß, daß es gemäß der *International Union for the Conservation of Nature (IUCN)* zu einem der drei **Megazentren der Artenvielfalt** gehört. Mindestens 4.000 Gefäßpflanzen kommen in der *Sierra Madre Occidental* und im *Madrean Archipel* vor. Die Region beheimatet auch die größte Anzahl an Ameisenarten, Reptilien und Säugetieren.

Für die Evolution in den *Chiricahua Mountains* war das Klima von entscheidender Bedeutung. Hätten Sie vor 10.000 Jahren auf dem *Sugarloaf Mountain* gestanden, wäre das sich Ihnen bietende Bild völlig anders gewesen als heute. Damals war es kühler und feuchter, Eichenwälder und Savannen bedeckten die Ebenen zwischen den Bergketten. **Ur-Indianer** *(paleo indians)* **jagten Mammuts, Kamele** und andere große Tiere. Später, als es wärmer und trockener wurde, breitete sich eine wüstenartige Vegetation in den Ebenen aus. Tiere und Pflanzen zogen sich in die kühleren Berge zurück. Dadurch wurden Artgenossen, die **auf unterschiedlichen Bergketten** gestrandet waren, voneinander getrennt.

Manchmal landete auch die gesamte Population einer Tierart auf einer einzigen Bergkette. Das *Mount Graham red squirrel* (Rothörnchenart) etwa findet sich nur in den *Pinaleño Mountains*, und das *Chiricahua fox squirrel* (Schwarzhörnchenart) wie der Name schon andeutet, nur in den *Chiricahua Mountains*. Ob sie jemals wieder eine andere *sky island* besiedeln können, hängt von den klimatischen Entwicklungen ab. Und davon, wieviel Natur ihnen der Mensch läßt.

Wird dem Otter sein comeback gelingen?

Gefährdete Arten

Situation

Die lange Liste der Pflanzen- und Tierarten, die in den Chiricahua Mountains vorkommen, ist nicht definitiv. Denn auf ihr finden sich mindestens 12 gefährdete oder bedrohte Tierarten, unter ihnen die *mexican spotted owl* (ein Fleckenkauz), der *goshawk* (Hühnerhabicht) und das *Chiricahua fox squirrel*, ein Schwarzhörnchen.

Ein spezielles Problem sind exotische Pflanzen, die einheimische Gewächse verdrängen und damit das ökologische Gleichgewicht stören. Über 60 nicht-endemische Arten "gedeihen" heute in der Region.

Bereits ausgerottet

Jaguar, Braunbär, Ozelot und **Wolf** sind bereits ausgerottet. Eine Studie aus dem Jahre 1994 berichtet zwar von der Sichtung eines Jaguar in der nördlichen *Sierra Madre,* was aber leider nicht viel heißt. Das Schicksal des ***Jaguarundi*** ist noch unklarer. Der ***black-tailed prairie dog*** (Schwarzschwanz-Präriehund) wurde in Arizona vor 1940 ausgerottet, weitestgehend dank der "Bemühungen" von Ranchern.

Wieder eingeführt

River otters besiedelten einst alle größeren Flußläufe Arizonas. Ihr Lebensraum wurde systematisch zerstört – 90% der Ufervegetation sind heute verschwunden – und der letzte Otter 1960 gesehen. Das *Arizona Department of Game and Fish* setzte 1980 Otter im *Verde River* in Zentral-Arizona wieder aus. Ähnliche Pläne bestehen für den **mexikanischen Wolf** *(mexican wolf),* die meistgefährdete Unterart der Wölfe. Er soll bald wieder in der *Blue Range* in Arizona und in der *White Sands Missile Range* in New Mexico heulen dürfen.

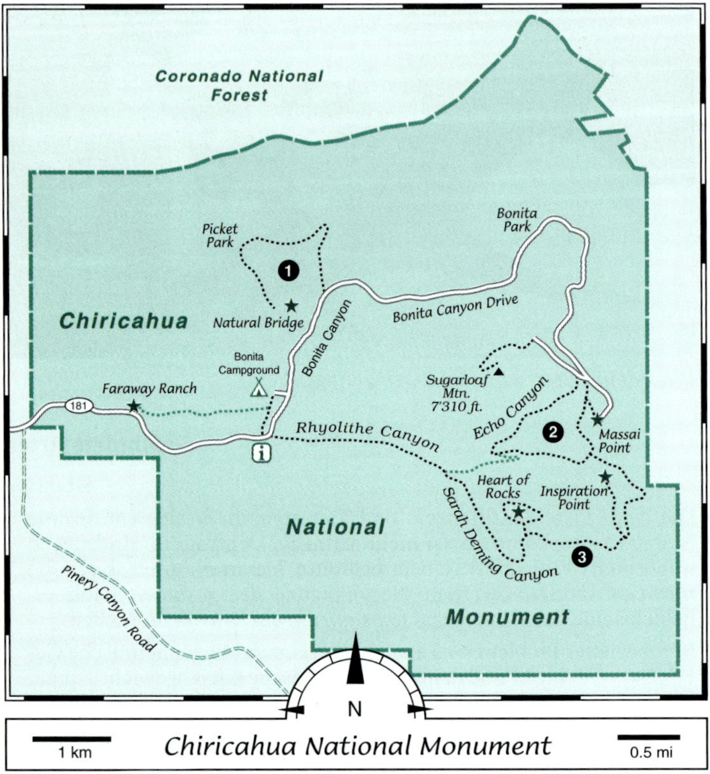

Kurz nach dem Massai Point Trailhead liegen einem die Felsnadeln zu Füßen

Die besten Wanderungen im Chiricahua Monument

Ganzjährig fährt morgens um 8.30 Uhr ein kostenloser *hiker's bus* ab *Visitor Center* mit Stop am Campingplatz zu den Ausgangspunkten für die hier beschriebenen Wanderungen. Wer den Bus verpaßt, muß den *Bonita Canyon Drive* selbst hinauffahren bzw. die Wanderungen von unten her (*Visitor Center*) starten mit der Notwendigkeit, im Fall der Wanderungen 2+3 mindestens das unteren Teilstück des Wegenetzes durch den *Rhyolite Canyon* doppelt und bis zu 700 Höhenmeter bergauf laufen zu müssen.

No	Trailbezeichnung	Länge	Schwierigkeit	Kurzbeschreibung
1	***Natural Bridge***	7,2 km	mittel	Über einen Paß und durch dichten Wald im *Picket Park* gelangt man zu einer kleinen Felsbrücke. Weniger Besucher als bei den Wanderungen 2 und 3.
2	***Echo Canyon Loop Trail***	4,5 km	mittel	Aus dem *Trail*-Buch: *"Sublime, spiritual, exciting"* oder einfach *"YES!!!"*. Tatsächlich der abwechslungsreichste und tollste Weg im Park.
3	***Heart of Rocks***	11,6 km	mittel	Sagenhafte Felsskulpturen wie *The Mushroom, Balanced Rock, Duck-on-a-Rock* und zwei Canyons.

Wanderung 2 und 3 können leicht miteinander kombiniert werden. Die Gesamtstrecke beträgt dann rund 14 km; der Startpunkt wäre identisch mit dem des *Echo Canyon Trail.* **Auf keiner Route ist** unterwegs **Wasser** verfügbar, nur beim *Visitor Center* und am Campingplatz .

Wanderung 1 — Zur *Natural Bridge*

Highlights Felsbogen und -formationen, Flora, Vögel
Länge 3,6 km (*one-way*)
Auf-/Abstieg 204 m/125 m
Höchster Punkt 1.850 m
Gesamtdauer 2,5-3,5 Stunden
Ausgangspunkt *Trailhead* am *Bonita Canyon Drive*, vom *Visitor Center* ca. 1,3 mi, ab *Campground* 1 mi.

0,0 km - *Natural Bridge Trailhead*

Vom *Trailhead* (bis dahin zu laufen, ist kein Problem, wenn man den *hiker`s bus* verpaßt haben sollte - 2 km ab *Visitor Center*) führt der Weg langsam den *Bonita Canyon* hinauf durch einen Wald mit Föhren, Eichen und Wacholder. Bald dreht er nach Westen und klettert relativ steil auf ein sonniges, *Chaparral*-bedecktes Plateau.

1,4 km - Paßhöhe

Guter Blick auf Felsformationen und -skulpturen auf der anderen Talseite. Große *aloe, yuccas, agaves, manzanitas* (Bärentrauben) und eine Vielfalt von Kakteen sprenkeln die felsige Landschaft. Der Weg fällt langsam wieder ab und läuft über einige Kehren in den schattigen *Picket Park* hinunter.

2,2 km - *Picket Park*

Der Pfad windet sich durch dichten Wald mit *arizona cypress, der chihuahua pine,* (mexik. Gelbkiefer), verschiedenen Eichen und der *apache pine* mit extrem langen und weichen Nadeln. Stämme des *alligator juniper*, einer Wacholderart, biegen sich über den Weg. Am südlichen Ende des *Picket Park* wachsen viele *Yuccas* und leuchten im Licht, das auf den Waldboden dringt.

3,6 km - *Natural Bridge*

Eine schmale, ca. 9 m lange Felsbrücke auf der anderen Seite des *Canyon* gab diesem Weg seinen Namen.

Es geht danach

auf demselben Weg zurück

Im Echo Canyon/Wanderung 2

Wanderung 2	***Echo Canyon Loop Trail***
Highlights	Fantastischen Felsskulpturen, Geologie, Canyon
Länge	4,5 km (Rundweg)
Auf-/Abstieg	152 m
Höchster Punkt	2.067 m
Gesamtdauer	2-2,5 Stunden
Ausgangspunkt	*Echo Canyon* Parkplatz.
Variante	Falls Sie noch über Kraftreserven verfügen: vom *Trailhead* bis zum Gipfel des *Sugarloaf Mountain* sind es lediglich 1,5 km. Es warten ein fantastischer Rundum-Weitblick und eine magische Stimmung. Beste Lichtverhältnisse für Fotografen vor/bei Sonnenuntergang.

0,0 km - *Echo Canyon Trailhead*

Vom Parkplatz aus folgt der Weg einem flachen Rücken durch eine *Macchia*-ähnliche Buschlandschaft mit *manzanita* und *toumey oak,* einer Eichenart. Andere kleinwüchsige Bäume in diesem *Chaparral* sind *alligator juniper, arizona cypress* und *emory oak* (Eichenart), es gedeihen aber auch einige Kakteen. Bald geht es abwärts und der Weg windet sich durch ein regelrechtes **Labyrinth aus Felstürmen**, zwingt sich durch enge Spalten und hangelt an steilen Klippen entlang. Je tiefer Sie kommen, desto höher ragen die Felsformationen auf.

1,4 km - *Echo Park*

In diesem kühlen, schattigen Canyon wachsen für das Monument ungewöhnlich große Bäume: Gelbkiefern, *arizona cypress,* Engelmann`s Kiefern, Douglas-Tannen und die *madrone* mit ihrer roten Rinde. Der Bach führt nur nach heftigen Regenfällen Wasser. Zuerst folgt der Weg weiter dem Talboden, steigt dann aber langsam an, das Mikroklima wird zunehmend trockener, und der gemischte Nadelwald geht langsam in einen niedrigen Kiefern-Eichenwald über.

2,0 km - *Hailstone Trail*

Weiter Richtung Osten folgen Sie auf dem *Hailstone Trail* dem sonnigen (südexponierten) Hang des *Rhyolite Canyon* durch einen Trockenwald mit *emory oak, toumey oak, alligator juniper* und *mexican piñon* (mexikanische Nußkiefer).

Halten Sie Ausschau nach einem kistengroßen, weißen Felsbrocken am linken Wegrand. Eine ältere Theorie behauptet, daß die weißen, traubengroßen Kugeln vulkanische "Hagelsteine" (*hail stones*) sind, nasse vulkanische Asche, die während ihres Fluges in der Aschewolke zu Kugeln zusammengepreßt wurde. Gemäß einer neueren Theorie sind es Spherolite, die erst nach dem Niedergang der Asche auf den Boden geformt wurden. Wie dem auch sei, der überwiegend flache Pfad durchquert nun einige grüne Seitentäler und bietet gute Ausblicke über das Tal und ins *Heart of Rocks* (➪ Wanderung 3), einem Gebiet mit sagenhaften Felsskulpturen.

3,3 km - *Trail Massai Point – Rhyolite Canyon*

Biegen Sie hier nach Norden (links) in Richtung Massai Point ab. Der Weg klettert nun gemächlich durch schattigen *pine-oak forest (apache pine und arizona cypress)* und bringt Sie zurück zum Ausgangspunkt oder auch noch etwas höher zum *Massai Point*.

Kombination mit Wanderung 3: hier nach rechts abbiegen und ab Kilometer 1,6 der folgenden Wanderung weiterlesen. Die kombinierte Strecke ist gut innerhalb eines Tages zu schaffen und wegen der überwiegend bergab führenden Wege nicht zu anstrengend. Für alle, die nur einen Tag Zeit insgesamt im Chiricahua haben, ist die Kombinationswanderung optimal.

4,6 km - zurück Echo Canyon Trailhead

Wanderung 3 — *Massai Point – Heart of Rocks – Visitor Center/Campground*

Highlights	Formationen, Geologie, Canyons, Flora
Länge	11,6 km/12,2 km (one-way; kein Rückweg)
Auf-/Abstieg	268 m/738 m
Höchster Punkt	2.121 m
Gesamtdauer	4-5 Stunden
Ausgangspunkt	*Massai Point*-Parkplatz am Ende der Parkstraße.
Variante	Abstecher zum *Inspiration Point* (plus 1,5 km): nach ca. 3,5 km nach rechts (Norden) abbiegen. Herrliche Aussicht über die volle Länge des *Rhyolite Canyon*.

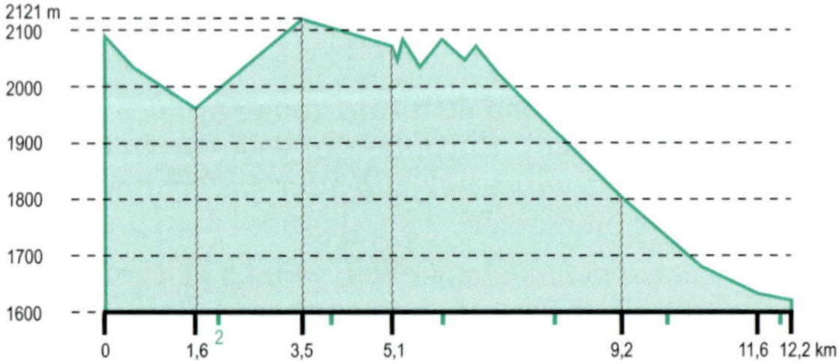

0,0 km - *Massai Point Trailhead*

Kurz nach dem Start biegt der Weg nach rechts und bietet einen großartigen Ausblick auf Felsnadeln und -säulen. Einen schattigen

Wald hinunter und bei der Einmündung in den *Echo Canyon Loop Trail* nicht diesem folgen, sondern nach links (Süden) abbiegen.

Die Duck-on-a-rock ist nur eine unter den vielen witzigen Felsformationen entlang des "Heart-of-Rocks-Trail"

1,6 km - Wegdreieck *Rhyolite Canyon/Hailstone Trail*

Östlich (links) orientiert weiterwandern in den kühlen, bewaldeten *Rhyolite-Canyon*. Der Weg folgt meist dem Fluß, Engelmann's-Kiefern, Arizona-Zypressen und andere Bäume bilden ein schattenspendendes Dach. Durch ein Loch im Laubdach ist der originelle *Mushroom Rock* (Pilzfelsen), hoch oben rechts am Horizont, sichtbar.

3,5 km - Abzweigung zum *Inspiration Point*

Der Pfad zum *Inspiration Point* zweigt rechts ab. Falls Sie direkt das *Heart of Rocks* ansteuern wollen, gehen Sie geradeaus weiter. Auf dem sonnigen Plateau ist der Wald weitgehend dem *Chaparral* gewichen, mit *toumey oak* und Bärentraube. Tolle Aussicht auf die *Dragoon Mountains* im Westen, mit dem *Cochise Stronghold*, dem einstigen Versteck des berühmten Apache-Häuptlings *Cochise*. Falls die Erosion keine unfairen Tricks gespielt hat, sollten die 1.000 Tonnen des *Big Balanced Rock* (6,7 m breit/7,6 m hoch) immer noch auf seinem delikaten Fuß stehen (➪ Foto im Farbteil).

5,1 km - Abzweigung *Heart of Rocks*

Der 1,4 km lange Rundweg zum *Heart of Rocks* ist steinig und steil, aber er lohnt sich. Im zentralen "Herzstück" der Chiricahua-Felsformationen warten die *duck-on-a-rock (Foto)*, die *kissing rocks* und viele andere überaus originelle Felsskulpturen auf Besucher mit ausreichend Film in der Kamera. Danach geht es recht steil hinunter in den angenehm schattigen Sarah *Deming Canyon*, wo Föhren und *Yuccas* gedeihen. Der Weg folgt dann der südlichen Talseite, an steilen Felsflanken entlang, und verliert allmählich an Höhe.

9,2 km - Einmündung *Echo Park Trail* in den *Rhyolite Canyon*

Der Weg führt geradeaus bei abnehmender Steigung weiter hinunter durch lichten Wald (*apache pines*, *arizona cypress*, *yuccas* und *beargrass*) und endet am Besucherzentrum nach

11,6 km - *Visitor Center*

Wer zum **Campingplatz** möchte, überquert hier die Straße und folgt dem Pfad am Flußbett entlang nach Norden. Dieser Bereich eignet sich gut zur Vogelbeobachtung.

Bis zum *Campground* sind es weitere 600 m.

Weitere Naturschutzgebiete im Südosten Arizonas

Chiricahua Wilderness und Cave Creek Canyon (*Coronado National Forest*)

Kennzeichnung

Südlich ans *Chiricahua National Monument* grenzt die ***Chiricahua Wilderness*** (355 km²/87.700 *acres*). Ihre Berge und Canyons im Herzen der *Chiricahua Mountains* sind für Naturliebhaber ein Paradies. Aber sie gehört auch zu den einsamsten und wild belassensten Gebieten in Arizona. Die Vegetation reicht von *Sonora desert* über *juniper-oak woodland* bis zu *pine fir forest*. Höchster Punkt ist mit 2.986 m (9.797 ft) der *Chiricahua Peak*.

Eine exotische Vogelwelt finden Besucher des ***Cave Creek Canyon*** in der Nordwestecke der *Wilderness*. Zwischen steil aufragenden, roten Felswänden entfaltet sich entlang des *Cave Creek* ein artenreiches Ökosystem mit *sycamore* (Platanen), *walnut* (Walnußbäume) und *cottonwood* (Baumwollpappeln). 15 Kolibri- und 12 Eulenarten (*hummingbirds* & *owls*) sind dort heimisch.

Anfahrt

Die ***Pinery Canyon Road*** (*forest road #42*, *Gravel* und *Dirt*, teilweise schlecht, außerdem steil und kurvenreich) zweigt unmittelbar vor der Einfahrt in das *Chiricahua National Monument* nach Süden ab. Sie führt durch die *Wilderness* zum *Cave Creek Canyon* (23 mi) und weiter nach Portal am Ostrand der Chiricahua Mountains.

Permits

Permits sind in diesem Gebiet nicht erforderlich.

Weitere Schutzgebiete in Arizonas Südosten

Infrastruktur

Einfache ***National Forest Campgrounds*** sind mehrfach vorhanden: 2 beim *Rustler Park* (15 mi vom NM entfernt), 4 im *Cave Creek Canyon*, 2 im *Turkey Creek Canyon* und 5 beim *Rucker Lake*. ***Bed & Breakfast***, Einkauf und Restaurant in Portal. Nächste **Tankstelle** und **Motel** auf der Ostseite der Berge in Rodeo/New Mexico. Wasser gibt`s beim *Visitor Center* des *NM*, nicht auf allen Campingplätzen.

Information *Chiricahua*

Coronado National Forest, PO Box 228-R, Douglas, AZ 85607, © (520) 364-3468; ***Cave Creek Visitor Information Center***, PO Box 126, Portal, AZ 85632, © (520) 558-2221.

Information *San Pedro Riparian*

San Pedro Riparian National Conservation Area Office, *BLM*, 1763 Paseo San Luis, Sierra Vista, AZ 85635, © (520) 458-3559.

San Pedro Riparian National Conservation Area (*BLM*)

Kennzeichnung

Die 235 km² große *San Pedro Riparian Area* liegt etwa 80 mi westlich des *Chiricahua NM*. Dieses Gebiet schützt die Natur im Tal des ganzjährig fließenden *San Pedro River* zwischen der mexikanischen Grenze und Curtis/St. David auf einer Gesamtlänge von etwa 40 mi. Es handelt sich dabei um **das ausgedehnteste Flußökosystem, das im trockenen Südwesten überlebt hat**. Inmitten eines weiten, trockenen Tales bildet es eine grüne Oase, mit riesigen *cottonwoods* (Baumwollpappeln) und *godding willows*, einer Weidenart, und ist bekannt als **Vogelparadies**. Mehr als 100 Arten brüten in den verschiedenen Habitaten, weitere 250 Arten ziehen durch oder überwintern. Hier tummeln sich auch Raritäten, wie etwa der *green kingfisher* (Grünfischer), der *northern beardless tyrannulet* (Fliegenstecherart) oder der *yellow-billed cuckoo* (Gelbschnabelkuckuck). Unter den 36 Raubvögeln finden sich der *gray hawk* (Bussardart), der *Mississippi kite* (Mississipiweihe) und der *crested caracara* (Karakara).

Die Wege, die vom *Visitor Center* am Fluß entlang und zu kleinen Teichen führen, eignen sich bestens für Feldstecher-Safaris. Hätten Sie das Gebiet vor ca. 11.000 Jahren besucht, wären Ihnen dort Mammuts und Bisons begegnet. Sie wurden zu jener Zeit von Indianern der ***Clovis*-Kultur** gejagt (und ausgerottet). Deren Waffen und Knochen ihrer Beutetiere fand man beim *Lehner Mammoth Kill Site*.

Zufahrt

Vier Straßen durchschneiden das langgezogene Gebiet. Das *Visitor Center* (Picknick-Platz und Wanderwege) befindet sich an der Straße #90 zwischen Bisbee und Sierra Vista westlich des San Pedro River.

Umgebung Chiricahua National Monument

Permits

Für Tagesbesuche benötigt man kein *permit*. Freies Campen ist in der *Conservation Area* größtenteils erlaubt; nähere Informationen dazu im *Visitor Center* bzw. beim *Bureau of Land Management*.

Infrastruktur

Direkt in der *Conservation Area* existiert keine touristische Infrastruktur. Nächster größerer Ort ist Sierra Vista, aber als Standort für Übernachtung (Motels und *Campgrounds*) und abendliche Unterhaltung (originale *Western Saloons*) kommt insbesondere **Tombstone** ("Grabstein") in Frage, einstige Wirkungsstätte des Sheriffs *Wyatt Earp*, der den *Clantons*, verbrecherischen Revolverhelden, Einhalt gebot. In **Bisbee**, einer Kupferminenstadt mit der noch arbeitenden ***Lavender Open Pit Copper Mine*** (riesiges Loch in der Landschaft) kann man auf dem ***Campground Shady Dell*** in nostalgischen Wohnwagen der 30er-50er-Jahre mit *Art Deco*-Einrichtung übernachten; (Straße #80 westlich, ab $25, ✆ 520-432-3567).

COLORADO PLATEAU und GREAT BASIN

Grand Staircase-Escalante National Monument

Canyonlands National Park

Great Basin National Park

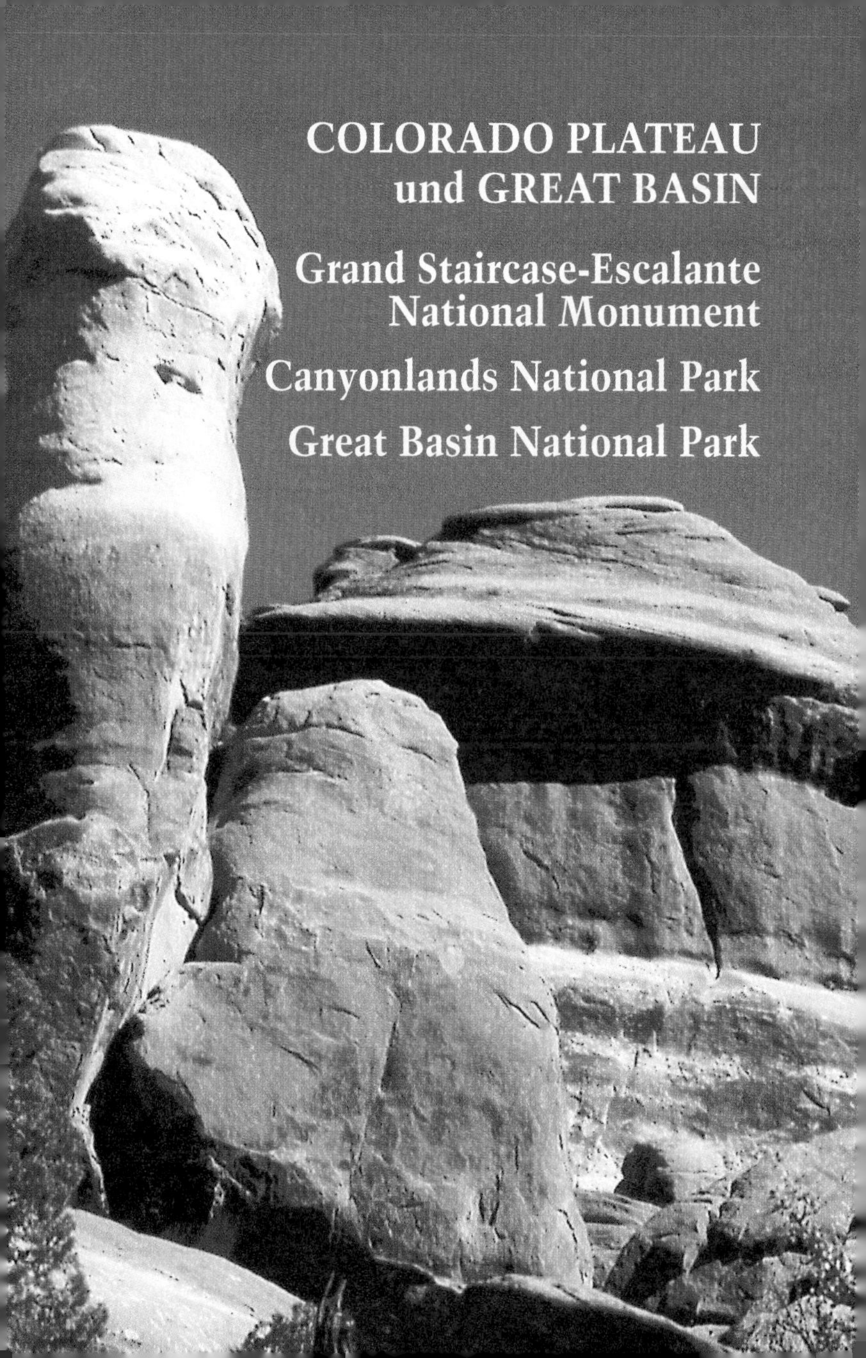

Grand Staircase-Escalante National Monument

Wilder Westen im Urzustand: Weit, unberührt und unbarmherzig

Das jüngste Nationalmonument im US-Westen

Im September 1996 setzte sich Präsident *Bill Clinton* an einen eigens dafür aufgestellten Tisch an den Rand des *Grand Canyon* und unterzeichnete publikumswirksam in der Nachmittagssonne das Gesetz zur Schaffung eines neuen Nationalmonuments im Süden Utahs. Mit diesem Federstrich stellte er eine enorme Fläche zwischen den Nationalparks *Bryce Canyon* und *Capitol Reef*, der *Glen Canyon National Recreation Area* rund um den *Lake Powell* und den *Vermillion Cliffs* an der Grenze zu Arizona unter den Schutz der Parkgesetzgebung. *Grand Staircase-Escalante* ist mit **6.880 km² Ausdehnung das zweitgrößte Gebiet** unter Verwaltung des *National Park Service* außerhalb Alaskas; es entspricht fast einem Drittel der Größe Hessens.

Kennzeichnung

Der Landstrich gilt als abweisend und rauh; er wurde – sieht man wiederum ab von Alaska – als letztes Gebiet der USA kartographiert, der *Escalante River* als letzter nennenswerter Fluß entdeckt (1872). Bis Mitte der 80er-Jahre gab es keine asphaltierte Straße dort, lediglich ***Gravel-*** und ***Dirt Roads***, die bei schlechtem Wetter unpassierbar sind. Im wesentlichen hat sich daran bis heute nichts geändert, denn nur die Verbindung *Bryce Canyon–Capitol Reef Park* (Straße #12) wurde breit ausgebaut und befestigt und der *Burr Trail* am nordöstlichen Rand kürzlich asphaltiert. So gibt es auch (noch!) **keinen *scenic drive***, wie sonst in vielen Parks üblich, der rasch und ohne Hindernisse zu den geologischen Kuriosa führt, und keine Aussichtspunkte mit Parkplatz und WC-Häuschen. Dafür blieb die subtile Schönheit der Landschaft bewahrt; man findet Weite, Wildnis und **verborgene Schönheit**, die nur zu Fuß erreichbar sind.

Escalante Canyons

Das *Grand Staircase-Escalante National Monument* läßt sich in **drei unterschiedliche Regionen** aufteilen: Die *Escalante Canyons* im Nordosten, ein Gebiet voller tiefer Felsspalten und mäandrierender Schluchten, wurden durch den *Escalante River* und seine Nebenflüsse aus dem roten und beigen Sandstein gekerbt. Am Boden der teilweise ganzjährig Wasser führenden Canyons hält sich eine üppige Vegetation mit Gräsern, Büschen und großen Bäumen wie *willows* (Weiden) und *cottonwoods* (Baumwollpappeln). Hier lebt auch der fast schon legendäre ***canyon wren*** (Schluchtenzaunkönig), dessen melodiöser Gesang die Täler füllt. Hoch aufragende Klippen, natürliche Felsbrücken *(bridges)* und -bögen *(arches)*, *slot canyons* (tiefe, schmale Felsspalten) und Wasserfälle sind weitere Überraschungen, welche die *Escalante Canyons* für den Besucher bereit halten. Die Orte Escalante, eine frühe Mormonensiedlung, und Boulder sind gute Ausgangspunkte für Touren in dieses Gebiet. In ihrer Nähe gibt es auch die meisten Wandermöglichkeiten.

Die hier beschriebenen Wanderungen (➪ Seite 286ff) beziehen sich ausnahmslos auf Ausgangspunkte im Bereich dieser beiden Orte.

Grand Staircase

Grand Staircase, zu deutsch "Großes Treppenhaus", umschreibt die im Südwesten gelegene Landschaft mit abgestuften, auffällig gefärbten großen Klippen. Diese geologische Treppe erstreckt sich vom *Grand Canyon* bis hoch zum *Bryce Canyon National Park*. Die dort vorkommenden fünf Vegetationszonen reichen von ausgedörrten Buschwüsten bis zu hochgelegenen, kühlen Nadelwäldern. Wanderwege sind in dieser Zone kaum vorhanden.

Kaiparowits Plateau

Zwischen beiden Regionen liegt das *Kaiparowits Plateau*, ein weites, von *Canyons* und *Mesas* durchsetztes Hochplateau. Hier wurden mehrere Siedlungen und Kultstätten von prähistorischen Völkern gefunden. Heute wagen sich nur kühne Abenteurer auf diese erbarmungslose und abgelegene Hochfläche.

Flora und Fauna

Das Gebiet des *Grand Staircase-Escalante National Monument* ist eine riesige ökologische Schatztruhe und besonders wichtig für den Erhalt der Biodiversität. Mehr als 200 Vogelarten, 60 Säugetierarten, und 20 Reptilienarten leben dort. Häufig sieht man das flinke *black-tailed jackrabbit* (Schwarzschwanz-Eselhase) und den kleinen *collared lizard* (Halsbandleguan). Ab und zu erhascht man einen Blick auf Maultierhirsche, Kojoten und – in wasserführenden Canyons – auch auf Biber. Von Pumas, Schwarzbären und Dickhornschafen sind meist nur Fußabdrücke zu sehen. Wegen der Klapperschlangen *(rattlesnakes)* und Skorpione sollte man aufpassen, wo man seinen Fuß oder seine Hand hinsetzt. Während Steinkiefer-Wacholder-Gehölze (*piñon-juniper*) und Wüstenbüsche große Landstriche bedecken, gedeihen stattliche Bäume wie die *Fremont cottonwood* (Pappelart) und Weiden in den feuchten Canyons – dort wächst aber auch das *poison ivy* (Gift-Sumach), dessen Berührung man tunlichst vermeiden sollte. Wo Wasser durch die porösen Canyonwände sickert (sog. *seeps)*, entstehen **"hängende Gärten"**. *Maidenhair fern* (Frauenhaarfarn), *violet cliff columbine* (Akeleiart), Moose und andere Pflanzen wachsen auf den feuchten Absätzen. Von Frühling bis Sommer blühen verschiedene Pflanzen und Kakteen; der *claret-cup cactus* mit seinen weinfarbenen Blüten, der *shooting star* (Götterblume) und die *cliffrose* fallen dabei besonders auf.

Grand Staircase-Escalante NM – eine Zangengeburt

Als der Präsident 1996 das neue *National Monument* proklamierte, löste das in bestimmten Kreisen Utahs ein kleines Erdbeben aus. Schwarze Flaggen wurden gehißt, und Politiker wetterten, als sei das neue Naturschutzgebiet ein Werk des Teufels. In diversen *Counties* (Landkreisen) im südlichen Utah schwärmten auf offizielles Geheiß Bulldozer aus, um – teilweise sogar unter dem Schutz des Sheriffs – *Dirt Roads* "auszubessern". So etwa im *Devil's Garden* mitten im neuen Monument oder beim *Hart's Point* östlich des *Canyonlands National Park*. Dabei sollen auch einige neue Straßen in die Wildnis getrieben worden sein, um vor allem eine Designierung als *Wilderness* zu verhindern. Die Kluft zwischen den Politikern Utahs, vielen Bürgern im Mormonen-Staat und Anti-Wildnis-Advokaten auf der einen und Umweltschützern auf der anderen Seite schien tiefer als der Grand Canyon zu sein.

Warum waren nicht alle glücklich über das neue *National Monument*, das doch so viele neue Jobs schaffen könnte? Die Proklamation entfachte das Feuer eines seit Jahrzehnten schwelenden Konfliktes zwischen traditionellen Ranchern, Bergleuten und Umweltschützern – also zwischen lokalen, eigennützigen gegenüber nationalen, langfristigen Interessen.

"Dies ist Landraub der gemeinsten Art", schimpfte *Senator Hatch* (weil das Gebiet nun näher an Washington und weiter weg vom Staat Utah liegt. Es ist allerdings schon seit mehr als 100 Jahren *public land* unter Regierungsverwaltung, öffentliches Land also im Besitz aller Amerikaner). Viele Politiker waren auch erbost, weil Präsident *Clinton* sich bei der Ausrufung dieses *National Monument* auf ein altes Gesetz aus dem Jahre 1906 stützte, das keine Zustimmung der Bürger des jeweils betroffenen Staates verlangt. Indessen wurden auch andere Nationalparks wie etwa *Grand Canyon, Zion, Bryce Canyon, Capitol Reef, Glacier Bay, Olympic* und *Grand Teton* einst nach Maßgabe dieses Gesetzes eingerichtet.

Die Reaktion mancher Politiker war zu jener Zeit ziemlich dieselbe wie im Fall *Grand Staircase-Escalante* heute, nämlich: "Ihr in Washington könnt doch nicht einfach kommen und bei uns einen Nationalpark einrichten!", aber heute möchte niemand mehr die Geldbringer *Zion, Bryce, Arches & Co.* missen.

Fast grotesk mutet der Einwand der Gegner an, die Ausbildung der Kinder würde wegen des neuen *National Monument* Schaden leiden. Tatsächlich haben die Schulen Anspruch auf einen Teil des Ertrages aus sogenannten *school lands,* kleiner, verstreuter Landparzellen. Diese brachten den Schulen aber in der Vergangenheit überhaupt nie nennenswerte Einnahmen.

Eine Umweltschutzgruppe berechnete, daß sogar eine rentabel arbeitende Mine, wäre sie denn auf dem jetzigen Gebiet des *National Monument* realisiert worden, nicht mehr als $2 pro Schulkind und Jahr einbringen würde, also den Gegenwert eines mageren Sandwich`.

Nach den Grabenkämpfen zu Beginn haben sich **die Gemüter wieder etwas beruhigt**; die Zustimmung zum *Grand Staircase-Escalante National Monument* wächst. Zum ersten Mal wurde hier auch nicht der *National Park Service*, sondern das *Bureau of Land Management (BLM)* mit der Verwaltung eines Nationalmonuments beauftragt. Binnen drei Jahren mußte es einen Management-Plan vorlegen, keine leichte Aufgabe für das BLM, dem eine lukrative Nutzung der verwalteten Ländereien in Form von Beweidung und Bergbau bislang näher stand als Naturschutz und Tourismus (in Umweltschutzkreisen nennt man die Behörde aus gutem Grund gerne *Bureau of Livestock and Mining* - "Büro für Viehwirtschaft und Bergbau"). Nichtsdestotrotz sollte das Gebiet fürs erste vor größeren neuen Minen und Ölbohrlöchern sicher sein.

Es bleibt zu hoffen, daß *Grand Staircase-Escalante* nicht durch eine zu unsensible Entwicklung der Infrastruktur beschädigt wird.

Grand Staircase-Escalante: ein neues Schutzgebiet bedeutet neue Hoffnung für die Natur.

Es finden sich auch zahlreiche paläontologische Fundstellen u.a. mit Fossilien landlebender Tiere aus der Kreidezeit (*Cretaceous*), sowie große versteinerte Baumstämme, außerdem unzählige Überreste der alten *Fremont-* und *Anasazi*-Indianer wie Felsmalereien (*Petroglyphs*) und Spuren der Pionierzeit.

Ca. 1.000 Jahre alte Piktogramme im Lower Calf Creek Canyon

Reiseplanung

Anreise

Zug

Grand Staircase-Escalante liegt – zumindest, was Schienenverbindungen betrifft – "am Ende der Welt". Die nächstgelegenen Eisenbahnstationen befinden sich entweder in Salt Lake City (Linie San Francisco–Denver–Chicago, einmal täglich) und in Flagstaff/Arizona (Linie Los Angeles–Albuquerque–Chicago, einmal täglich).

Bus

Die nächste ***Greyhound*-Haltestelle** befindet sich in *Cedar City*, gut 120 mi von Escalante entfernt an den Routen Salt Lake City–Las Vegas (zweimal täglich) und Denver–Las Vegas (dreimal täglich). Von dort geht es nur weiter per Mietwagen oder dem eigenen Bike. Im Bereich Escalante und Boulder gibt es nur zwei private **Taxi-Dienste**: Howard Miller, 80 E Main, Escalante, ✆ (435) 826-4329, und Mark Nelson, Boulder, ✆ (435) 335-7410.

Flugzeug

Die nächsten internationalen Flughäfen sind in **Las Vegas** und **Salt Lake City**, *Regional Airports* am *Bryce Canyon National Park* (tägliche Flüge von/nach Las Vegas) und in Cedar City.

Grand Staircase-Escalante NM - Karte Seite 271

Mietwagen

Alle bekannten *Rental Companies* besitzen Niederlassungen in Salt Lake City, Las Vegas und Cedar City. Tip für Cedar City: ***Speedy Rental***, © (435) 586-7368, an der 650 N Main St. Ein Abholservice bei der *Greyhound*-Station kann vereinbart werden. Mietwagen lassen sich auch reservieren bei ***Bryce Air Services*** am *Bryce Canyon Airport*, © (435) 834-5208.

Anfahrt

Die einzig nennenswerten Orte im Gebiet des National Monument, **Escalante** und **Boulder**, liegen beide an der Straße *#12* zwischen *Bryce Canyon* und *Capitol Reef National Park*, an einer der landschaftlich aufregendsten und schönsten Strecken Nordamerikas.

Von Los Angeles/Las Vegas erfolgt die Anfahrt auf der *Interstate #15* bis Cedar City, dann weiter auf der #14 und #89 über das kleine *Cedar Breaks National Monument*. Etwas zeitraubender ist die Fahrt über den *Zion National Park* (⇨ Seite 305ff), wofür man die I-15 bereits in St. George verläßt.

Von **Salt Lake City** gibt es mehrere Anfahrtsmöglichkeiten; die meilenmäßig kürzeste und beste Strecke wäre die I-15 bis zur Ausfahrt #188 (Scipio), dann weiter auf den Straßen #50/#28 bis Sigurd und danach in Richtung *Capitol Reef National Park* auf der #24 bis Torrey, wo man auf die #12 stößt.

Von Osten (**Denver/Grand Junction**) verläßt man die *Interstate #70* bei Green River und fährt auf der #24 in Richtung und durch den *Capitol Reef National Park* zur Straße #12.

Von Süden (z.B. ***Monument Valley*** und andere Ausgangspunkte) gibt es mit dem nun fast ganz asphaltierten ***Burr Trail*** eine besonders reizvolle Möglichkeit der An- bzw. Abfahrt im Rahmen einer Weiter- oder Rundreise. Und zwar verläßt man – je nach Startbasis – die touristische Hauptachse Südostutahs (Straßen #163/#191) auf der #261 oder #95 in Richtung Lake Powell/Hite. Etwa auf Höhe des *Natural Bridges National Monument* zweigt die #276 nach Halls Crossing ab. Dort geht es per Autofähre (mehrfach täglich) über den Lake Powell nach Bullfrog. Einige Meilen nördlich dieser Marina zweigt der *Burr Trail* nach Norden ab, eine einmalige Strecke durch eine noch vor kurzem nur schwer zugängliche wild-schöne Landschaft.

Klima und Reisezeit

Nicht nur die vielfältige Topographie prägt das Gebiet, sondern auch unterschiedlichste Klimabedingungen. In den nördlichen Gebirgsplateaus fällt auf Höhen bis zu 3.000 m im Sommer reichlich Regen und im Winter Schnee. Dabei bleiben die tieferen Lagen aber recht trocken. **Die beste Zeit für Wanderungen liegt hier etwa zwischen**

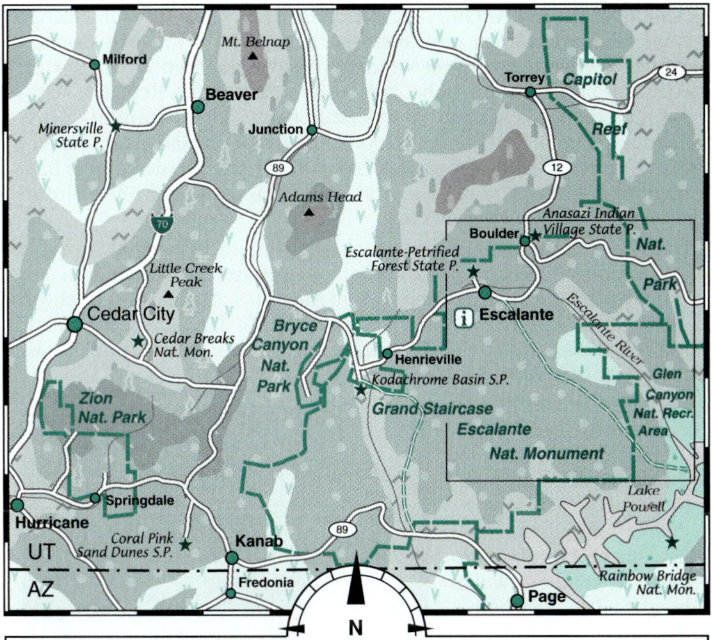

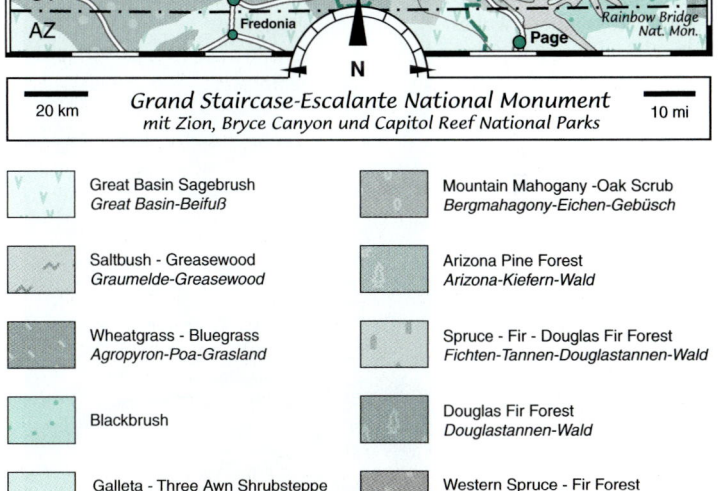

20 km

Grand Staircase-Escalante National Monument
mit Zion, Bryce Canyon und Capitol Reef National Parks

10 mi

Great Basin Sagebrush
Great Basin-Beifuß

Mountain Mahogany -Oak Scrub
Bergmahagony-Eichen-Gebüsch

Saltbush - Greasewood
Graumelde-Greasewood

Arizona Pine Forest
Arizona-Kiefern-Wald

Wheatgrass - Bluegrass
Agropyron-Poa-Grasland

Spruce - Fir - Douglas Fir Forest
Fichten-Tannen-Douglastannen-Wald

Blackbrush

Douglas Fir Forest
Douglastannen-Wald

Galleta - Three Awn Shrubsteppe
Galletagras-Aristida-Buschsteppe

Western Spruce - Fir Forest
Westlicher Fichten-Tannen-Wald

Piñon - Juniper Woodland
Wacholder-Kiefern-Buschwald

Separate Karte

Anfang März und Anfang Juni, wenn die Tage warm und die Nächte kühl sind. Allerdings muß dann auch mit viel Wind und raschen Wetterwechseln gerechnet werden. (Wir verbrachten einen ganzen April in dieser Region; dabei zog der Wettergott alle Register: angenehme sonnige Tage mit Temperaturen um 25°C wechselten mit Schneestürmen, Kaltfronten, Wolkenbrüchen, Sturmböen und Hagel.) Ein weiterer Aspekt, der für das Frühjahr spricht, ist, daß einige Blumen bereits im März blühen, und Kakteen ihre farbenfrohen Blüten im April und Mai entwickeln.

Der **Frühsommer** ist heiß und trocken, während zwischen Mitte Juli und September heftige nachmittägliche Gewitter häufig sind. In den Canyons können dann *deer flies* und Moskitos zu einer regelrechten Plage werden. Dem entgeht man am besten in den nahen angenehm kühlen Höhen des *Dixie National Forest*, z.B. auf dem *Aquarius Plateau* oder dem *Boulder Mountain*.

Der **Herbst** mit seinen meist sonnigen Tagen und kühlen Nächten ist dann wieder ideal für Outdoor-Aktivitäten. Er dauert im allgemeinen bis Mitte Oktober/Anfang November, wobei bereits im Spätherbst Schlecht- und Kaltwetterfronten drohen. Die Straße #12 kann zwischen Boulder und Torrey ohne Schneeketten schon vor November unpassierbar sein. Sie wird im Winter zeitweilig gesperrt. Schneefall gibt es durchaus auch in tieferen Lagen, Temperaturen um minus 10° C sind dann keine Seltenheit.

Vor ***flashfloods*** (Springfluten in engen Canyons) muß man das ganze Jahr hindurch auf der Hut sein, besonders nach sommerlichen Gewittern, auch wenn sie weiter entfernt ablaufen.

Nur wenige Pflanzen sind den Klimaextremen und harschen Umweltbedingungen gewachsen.

Infrastruktur

Der zentrale Ort des Nationalmonuments ist **Escalante**. Er bietet zwar eine komplette Infrastruktur, jedoch insgesamt auf einem eher einfachen Niveau und mit begrenzter, wenn auch zur Zeit wachsender Kapazität: Einige **Hotels, Motels, B&B's**, Campingplätze, eine Handvoll **Restaurants** und 2 kleinere **Supermärkte**. Den besten und komfortabelsten *Campground* bietet der ***Escalante Petrified Forest State Park***, etwa 3 km nordwestlich von Escalante am *Wide Hollow Reservoir;* gut angelegt mit überdachten Tischen und Duschen, ganzjährig geöffnet, © (435) 826-4466, Reservierungen: © 1-800-322-3770. Herrlich im dicht bewachsenen Canyon am glasklaren Calf Creek liegt der einfache *Campground* der ***Calf Creek Recreation Area***, ca. 15 mi östlich von Escalante (Anfang März bis Ende Oktober). Im nahen *Dixie National Forest* gibt es zwei primitive *Plätze* an der *Pine Creek Road* (Schotter) in einiger Entfernung von Escalante (15 mi bzw. 20 mi), Mai bis Mitte September.

Etwa 6 mi östlich von **Boulder** liegt am *Burr Trail* der sehr schöne ***Deer Creek Campground***. An der Abzweigung des *Burr Trail* steht das originelle *Burr Trail Café.* Gleich um die Ecke bietet die ***Boulder Mountain Lodge*** eines der besten Quartiere zwischen *Bryce Canyon* und *Capitol Reef Park* mit zwar saisonal schwankenden, aber etwas höheren Preisen; © (435) 335-7460. Boulder ist recht klein, hat einen *RV-Campground* (nicht für Zelte), wenige Motels, ein paar Restaurants und **Mini-Marts** in Verbindung mit den Tankstellen.

Als Ausgangspunkt für den Besuch des *Escalante NM* kommt auch **Tropic** in Frage, östlich des *Bryce Canyon Park* und in seiner Infrastruktur ganz auf den *Bryce*-Tourismus ausgerichtet, wenngleich selten überlaufen. Neben einer Handvoll *Motels* und *Inns* gibt es dort eine ganze Reihe *Bed & Breakfast Places.*

Noch ein paar Meilen östlicher warten auch in **Cannonville** einige *Motels* und *Inns* auf Gäste. Von Cannonville sind es noch ca. 8 mi auf der *Cottonwood Canyon Road* zum ***Kodachrome Basin State Park*** 500 Höhenmeter tiefer. Ein großartig gelegener, mit Duschen ausgestatteter Campingplatz befindet sich dort zwischen rotbunten Felswänden, Reservierung wie beim *Escalante SP*.

Informationen

Das ***Escalante Interagency Visitor Center*** an der 755 W Main Street, PO Box 246, Escalante, UT 84726, © (435) 826-5499, ist die beste Anlaufstelle für Expeditionen ins NM. Ganzjährig geöffnet, während der Hochsaison auch am Wochenende. ***Escalante Chamber of Commerce***, 360 W Main, Escalante, UT 84726, © (435) 826-4810.

In Cedar City: ***Bureau of Land Management (BLM)***, 176 E.D.L. Sargent Drive, Cedar City, UT 84720, © (435) 586-2401.

Kurzinfos Outdoors

Permits

Für Mehrtageswanderungen benötigen Sie ein kostenloses *permit*, das im *Interagency Office* in Escalante erhältlich ist. Dort gibt man Ihnen sogar Plastikbeutel für benutztes WC-Papier mit. Feuer sind im *backcountry* dieses Nationalmonuments nicht erlaubt, also muß man Kocher einpacken. Gruppen dürfen aus nur maximal 12 Personen bestehen, lieber sieht man Gruppenstärken unter 8. In diesem empfindlichen Gebiet ist *low-impact camping* angesagt (➪ Seite 48ff).

Wandern

Das *Grand Staircase-Escalante National Monument* mit seinem weiten, wilden Land unterscheidet sich erheblich von anderen zivilisationsnäheren Nationalparks: Es gibt gerade mal einen einzigen markierten und unterhaltenen Wanderweg (zu den *Lower Calf Creek Falls*). Ansonsten ist das Gebiet vornehmlich ein Territorium für erfahrenere Wanderer und *Backpacker*.

Die unten beschreibenen Wanderungen beziehen sich ausnahmslos auf den Bereich der ***Escalante Canyons*** (➪ Seite 287), der vergleichsweise gut zugänglich ist und die meisten Möglichkeiten bietet – insbesondere gilt das für weniger erfahrene oder wagemutige *Hiker*. Dort warten nicht einzelne Mega-Attraktionen, sondern **viele reizvolle Anlaufpunkte**, hier eine Felsbrücke oder ein *slot canyon* und dort ein Wasserfall. Fast allgegenwärtig sind große glatte Felsflächen *(slickrock)* und in Mäandern verlaufende *Canyons*. Die meisten Destinationen sind nicht über präparierte Wege erreichbar, sondern auf Routen, die auch mal durch einen Fluß oder über öde Fels- und Sandflächen führen. Einige sind mit *cairns*

Das Schild sagt's: auf den Trails im Grand Staircase-Escalante National Monument gibt's oft nasse Füße

(Steinmännchen) markiert, andere nicht (*cairns* sollen auch von Leuten errichtet werden, die sich verirrt haben ...). Also gilt: immer Karte und Kompaß mitnehmen und damit auch sicher umgehen können! Tips und Hinweise zu allen Routen gibt es im ***Interagency Vistor Center*** in Escalante.

Radfahren, Mountain Biking

Obwohl Bikes auf Wanderwegen (und generell in weglosen Gebieten) verboten sind, finden *fat tire freaks* genügend Möglichkeiten. Viele *Gravel* und *Dirt Roads* beginnen an der Straße *#12*. Der bereits erwähnte gut 100 km (66 mi) lange (und heute größtenteils asphaltierte) ***Burr Trail*** verbindet Boulder mit Bullfrog am Lake Powell und läuft durch spektakuläre Landschaft an den *Circle Cliffs* vorbei und durch den südlichen Ausläufer des *Capitol Reef National Park*. Bei *Milepost 19* zweigt die etwa 55 km lange ***Wolverine Loop Road*** ab, die an der *Wolverine Loop Petrified Wood Area* vorbeiführt. Einen tollen Fernblick hinüber zum *Bryce Canyon*, zum *Navajo Mountain* oder über den *Lake Powell* hat man abschnittsweise von der 125 km langen ***Smoky Mountain Road***, die Escalante und Big Water (an der Straße #89 von Page/Lake Powell nach Kanab) miteinander verbindet. Den Zustand der Routen durch das Nationalmonument kennt man im *Interagency Visitor Center*. Eine Bike-Vermietung gab es im Sommer `99 in Escalante oder in Boulder (noch) nicht.

Reiten

Mehrtägige ***Package Tours*** hoch zu Roß in die *Escalante Canyons* kann man bei den gleichnamigen ***Outfitters*** buchen, PO Box 1330, Boulder, UT 84716, © (435) 335-7311. Die oben bereits erwähnte *Boulder Mountain Lodge*, © (435) 335-7460, bietet als "richtige" Touristen-Ranch auch Reitausflüge an. Zeitweise werden Ausritte auch ab *Escalante Petrified Forest State Park* organisiert.

Kanu, Rafting

Im Kanu liegen, die Füße ins kühle Naß baumeln lassen und Enten und Wasservögeln zuschauen – das ist möglich auf dem ***Wide Hollow Reservoir*** beim *Escalante Petrified Forest State Park* (Kanumiete stunden- oder tageweise, © (435) 826-4466).

Nur während der etwa zwei Wochen dauernden Schneeschmelze ist der *Escalante River* befahrbar, je nach Schnee- und Wetterbedingungen zwischen Anfang April und Mai – Infos beim *Interagency Visitor Center*. Der beste Startpunkt befindet sich ca. 23 km östlich von *Escalante* bei der Brücke über die *#12*. Weiter flußabwärts muß das Boot allerdings zur nächsten Straße getragen werden (minimal 5 km und 300 m Höhenunterschied). Auch wegen des eher seichten Wassers eignen sich dort aufblasbare Kayaks am besten.

Wintersport

Schnee kann zwar schon bis in die Canyons fallen; genug davon für Langlauf oder Schneeschuhlaufen gibt es jedoch nur in den höheren Lagen des *Dixie National Forest*, z.B. beim *Posey Lake*, beim *Pine Lake*, in der *Box Death Hollow-Wilderness* oder auf der *Hell's Backbone Road* (Welch ein Name ...!); *Trailheads* entlang der Straßen *#12* und *#153*. Zur Zeit kann man Skiausrüstung vor Ort nicht mieten.

Besondere Tips

Relaxing

Der *Anasazi Indian Village State Park* bei Boulder verfügt über ein Museum mit einer Ausstellung zur Kultur und den Lebensbedingungen der *Anasazi* vor etwa 800 Jahren. Im Außenbereich befinden sich die Relikte eines präkolumbischen Indianerdorfes.

Wie umseitig schon erwähnt, läßt sich im schön gelegenen *Escalante Petrified Forest State Park* ein ruhiger Tag mit Schwimmen, Kanufahren und Vogelbeobachtung verbringen.

Für Kids

Am *Wide Hollow Reservoir* des *Escalante Petrified Forest State Park* können Kinder herrlich planschen, schwimmen und spielen. Spaß macht es auch, sich durch die engen Felsspalten des ***spooky slot canyon*** zu quetschen (die Wanderung zum Canyon-Eingang ist nicht sehr lang, ➪ Seite 291f).

Für Gourmets

Nach einer Woche in den Canyons sind Pizza, Salatbar und kühles Bier im ***Esca-Latté Pizza Parlor*** im Blockhaus der *Escalante Outfitters schon* wie ein echtes *Gourmet Dinner* – 310 West Main, Escalante, ✆ (435) 826-4266, lockere Atmosphäre. Etwas gediegener geht es im ***Ponderosa Restaurant*** zu mit europäischen und auch vegetarischen Menüs – 400 West 50 North, Escalante, ✆ (435) 826-4658.

Literatur und Karten

Hiking the Escalante, Rudi Lambrechtse, Wasatch Publishers, Inc.

The Genesis Series, *Canyons of Color, Utah's Slickrock Wildlands*, Gary Paul Nabhan, Caroline Wilson, Tehabi Books, Harper Collins.

Wildflowers of Zion National Park,
Stanley L. Welsh, Zion Natural History Association.

Roadside Geology of Utah,
Halka Chronic, Mountain Press Publishing Co.

Grand Staircase-Escalante National Monument,
offizielle Karte des *Bureau of Land Management*.

Canyons of the Escalante, *Trails Illustrated Topo Map #710*.

Die Natur im Bereich Grand Staircase Escalante

Geologie

Das Colorado Plateau

Das Colorado-Plateau ist für Geologenim wahrsten Sinne des Wortes eine Offenbarung. Wie kaum anderswo liegt eine vielfältig verworfene und deformierte Erdkruste so entblößt unter dem Himmel und ist derart verwittert und zerfressen. Da sich die Geologie in vielen Nationalparks und -monumenten dieser Region ähnelt, gehen wir im folgenden nicht auf das *Grand Staircase-Escalante-Plateau* im speziellen, sondern auf das Colorado-Plateau insgesamt ein.

Geologische Geschichte der Region (einschließlich *Bryce Canyon, Canyonlands, Arches National Parks* etc.).

Gesteine aus der Zeit vor dem Perm finden sich in der Region um Escalante nicht; die Angaben für diese Periode stammen aus dem südöstlichen Utah (*Arches* und *Canyonlands National Parks*).

Epoche	Periode	Zeit (Mio. Jahre)	Was passierte?	Gesteins-schicht	Wo findet man sie?
Präkambrium		vor 570	Ära von der Geburt unseres Planeten bis zum Paläozoikum	• Präkambrische Granite	• Uinta Mountains
Paläozoikum	Kambrium	570-500	Ein seichtes, warmes Meer überflutet Südutah am Äquator und deponiert Sedimente	• *Muay Limestone,* Bright Angel *Shale*	• *Lodore* Sandstein in den Uintas
	Ordovicium	500-435	Das Meer zieht sich nach Westen zurück, die Erosion setzt ein	Daher keine Ablagerungen	
	Silur	435-395	Region wahrscheinlich immer noch exponiert	Keine Ablagerungen	
	Devon	395-345	Ein seichtes Meer bedeckt wieder die Region, aber nur zeitweise	• *Ouray Limestone* (Elbert/Aneth -Schichten)	• *Confusion Range* in Westutah
	Mississippi	345-325	Utah liegt immer noch am Äquator unter einem Meer, das aber gegen Ende der Periode abfließt	• *Redwall Limestone*	• *Limestones* in den Uinta Mountains
	Pennsylvania	325-280	Die Ur-Rocky Mnts. entstehen in Ost-Utah. Erodiertes Material bildet mächtige Salz, *shale* und *limestone*-Sedimente in Süd-Utah.	• *Honaker Trail, Paradox, Molas, Pinkerton Trail*	• *Canyonlands NP*: *Confluence*; *Goosenecks SP*

Epoche	Periode	Zeit (Mio. Jahre)	Was passierte?	Gesteinsschicht	Wo findet man sie?
Paläozoikum	Perm	280-225	Zeitweise ein Meer, zeitweise exponiert. Salzschichten aus der Pennsylvania-Periode weichen unter dem Gewicht des Schuttes der Ur-Rockies. Am Ende des Perms sind die Ur-Rockies fast abgetragen.	• *Kaibab Limestone, White Rim* Sandstein, *Organ Rock Tongue, Cedar Mesa* Sandstein, *Halgaito S.*	• Teile der *Circle Cliffs* im *Capitol Reef NP, White Rim/ Canyonlands NP, Mon. Valley*
Mesozoikum	Trias	225-190	Große Sandwüste in Süd-Utah. Unter dem Druck späterer Schichten verfestigt sich der Sand zu Sandstein.	• *Wingate,* • *Moenkopi,* und *Chinle* Sandstein	• *Long Canyon (Island in the Sky)* • *Circle Cliffs*
	Jura	190-136	Eine turbulente Zeit: ein Meer erstreckt sich von Kanada bis Utah, dann wieder Sanddünen, Schwemmebenen, Seen, sogar vulkanische Asche. Nordamerika trennt sich von Europa. Dinosaurier!	• Morrison • Entrada Sandstein • Carmel Schicht • Navajo Sandstein • Cayenta	• 50-mi-Mtn. • Dance Hall Rock/Arches • Hole-in-the-Rd+Kodachrome SP • Zion NP • Calf Creek
	Kreide	136-65	Zu Beginn liegt ein Großteil Utahs noch unter dem Kreide-Meer. Pazifische und Nordamerikanische Platte kollidieren und lassen Sierra Nevada, *Rockies San Rafael Swell, Circle Cliffsund Kaiparowits Basin* entstehen. Vulkane ums *Plateau..*	• *Kaiparowits* • *Wahweap-*Schicht • *Straight Cliffs,* • *Tropic Shale* • *Dakota* Schicht • *Morrison-*Schicht	• *K-Plateau* • *Blues Badlands* bei Henrieville • *Hole-in-the-Rock-Rd, Cliffs 50-mi-Mtn.* • unter dem *50-mi-Mtn.* • *Cottonwood Creek*
	Tertiär	65-1	Schutt der neuen Gebirge sammelt sich in den Becken. Intensiver Vulkanismus. Eine größere Anhebung des Plateaus gegen Ende des Tertiärs verstärkt die Erosion, die viele Sedimente wieder abträgt.	• *Ash-flow tuff* und Andesit Basalt • *Wasatch,* • *Pine-Hollow* • & *Canaan Peak* Schicht	• *Aquarius Plateau,* • *Table Cliff Plateau,* • *Aquarius Plateau,* • *Escalante Canyon, Bryce NP*
Neozoikum	Quartär	1 bis heute	Eiszeiten; Gletscher bedecken Henry Mountains und *Aquarius Plateau.* Der riesige *Lake Bonne ville* füllt das nördliche Utah, verdunstet aber später größtenteils	• Basalt	• *Aquarius Plateau,* Canyons in den Uinta Mountains

Der Sandstein auf dem Colorado-Plateau ist meist verfestigter Wüstensand aus dem Mesozoikum. Hier in der Nähe des Egypt Trailhead

Pflanzen und Tiere

Vielfalt zwischen Lake Powell und *Hell's Backbone*

Bei seiner enormen Größe und der fein gegliederten Topographie verwundert es nicht, daß das *Grand Staircase-Escalante National Monument* und Umgebung über eine große Zahl von Lebensgemeinschaften verfügt. Auch eine ausgedehnte Tageswanderung kann nur durch einen kleineren Teil der ökologischen Zonen führen, die sich von den tiefgelegenen Wüsten beim *Lake Powell* auf gut 1.000 m bis zu den kühlen Bergwäldern nördlich des Monuments erstrecken. Da in diesem Bereich auch noch die *warm deserts* und die *cold deserts* aufeinandertreffen, hat sich dort **eine der artenreichsten floristischen Regionen** zwischen den Rocky Mountains und den Küstengebirgen (*Intermountain West*) ausbilden können.

Vegetationszonen

Nördlich von *Escalante* reicht der *Dixie National Forest* bis auf das ***Aquarius Plateau***, die höchste, bewaldete Hochebene in den Vereinigten Staaten. In der **subalpinen Zone**, die hier zwischen 2.800 m (9.500 ft) und 3.300 m (11.000 ft) liegt, wachsen vor allem *subalpine fir* (Felsengebirgstanne) und *Engelmann spruce* (Engelmannsfichte). Die **montane Zone** schließt unten an und reicht bis auf ca. 2.400 m (8.000 ft) hinunter. Hier findet man hauptsächlich *blue spruce* (Blautanne), amerikanische Zitterpappeln und Douglas-Tannen. Die Regionen *Pine Creek* und *Death Hollow* und Abschnitte der *Hell's Backbone Road* liegen in der **Übergangszone** (*transition zone)* zwischen knapp 2.000 m (6.500 ft) und 2.400 m (8.000 ft). Charakteristische Baumart ist dort die *ponderosa pine* (Gelbkiefer).

Der beavertail cactus (Opuntia basilaris) blüht zwischen März und Juni. Seine auffälligen Blüten werden bis zu 7,5 cm groß

Flora und Fauna

Von Escalante laufen die ***Straight Cliffs*** fast schnurgerade nach Südosten bis hinunter an die *Glen Canyon National Recreation Area*. Der Bereich zwischen dieser 80 km langen Ostwand des sog. *Fiftymile Bench*, dem *Escalante River* und dem *Lake Powell* ist relativ ebene **Buschwüste** (exakt heißt hier die Vegetation *northern desert scrub association*). Der häufigste Busch ist der *blackbrush*, daneben gedeihen noch *mormon tea* (Schachtelhalmstrauch), *shadscale* und der *broom snakeweed*. Nennenswerte Gräser sind *Indian ricegras* (Federgras), *dropseed* (Schleudersamengras) und *galleta*, bei den Sukkulenten *narrow-leaf yucca* (Yuccaart) sowie der Feigenkaktus. Zu den häufigeren **Säugetieren** gehören *coyote, blacktailed jack rabbits* (Schwarzschwanz-Eselhasen), *Audubon cottontails* (A.-Kaninchen), einige Mausarten und die *Ord's kangaroo rat* (Känguruhratte). Im warmen Klima fühlen sich Eidechsen wohl, z.B. der *western whiptail* (Rennechsenart), der *side-blotched lizard* (Seitenfleckenleguan) und *leopard lizard*. Wo sich Wasser staut, sind auch *beaver (Biber)* und *muskrat* (Bisamratte) recht häufig.

Zur Natur: Flora und Fauna/Umwelt

Die meisten Wanderrouten führen durchs Ökosystem der *Canyons.* Mehr als 1.600 km sich eng windender Schluchten frästen Flüsse aus dem mesozoischen Sandstein. Es gibt dort **zwei** grundsätzlich verschiedene **ökologische Zonen**: die trockenen, sonnigen Seitenhänge, und ein Band mit relativ üppiger Vegetation an Wasserläufen. Wo sich etwas Boden bilden konnte, klammern sich *sagebrush* (Beifuß), *single-leaf ash* (Eschenart), *cliff rose, roundleaf buffaloberry* (Büffelbeere), *gamble oak* (Utah-Weißeiche), *fremont barberry* (Berberitzenart) und andere Büsche fest. Dies ist auch das Territorium von Pumas, Maultierhirschen und der Graufüchsen; zu Gesicht bekommt man diese Tiere allerdings selten.

Vogelarten

Weniger scheu sind einige Vogelarten, wie etwa *scrub jay* (Buschhäher), *ash-throated flycatcher* (Graukehltyrann), *common bush-tit* (Buschmeise) und *white-throated swift* (Weißbrustsegler). Richtig gut stehen die Chancen, einen der ganz besonderen Vogelgesänge des amerikanischen Westens zu hören. Der ***canyon wren*** (Schluchtenzaunkönig) beginnt ganz hoch und fällt dann schnell in immer tiefere Lagen, als streiche er über die Tasten eines Klaviers. *Bullock's oriole* (Baltimore-Trupial), *yellow warbler* (Goldwaldsänger), *black-headed grosbeak* (Schwarzkopf-Kernknacker) und *broad-tailed hummingbird* (Dreifarbenkolibri) bevorzugen die feuchteren Gebiete unten im Canyon. Das Wasser lockt auch größere Vögel an, z.B. den *great blue heron* (amerikanischer Graureiher), den *snowy egret* (Seidenreiher) und mehrere Entenarten.

Bäume und Büsche

Dank des speziellen Klimas wachsen in den Canyons auch **Laubbäume**. Der größte ist die *Fremont cottonwood* (Fremont-Pappel), gefolgt von mehreren Weidenarten. Im Herbst wetteifern ihre gelben Blätter mit den roten Canyonwänden um die intensivste Farbe. Die exotische *salt cedar* (Tamariske) hat sich auch hier fest angesiedelt und ist ein Ärgernis für Wanderer (wie komme ich nur durch?) und Ökologen (wie werde ich sie wieder los?). An den Flußufern findet man *sedges* (Seggen), *rushes* (Binsen) und *horsetails* (Schachtelhalme).

Umwelt

Wildnis ringsum

Abgesehen von Alaska gibt es in den Vereinigten Staaten nur noch ganz wenige Gebiete, die sich mit der **Abgeschiedenheit und Schroffheit** des *Grand Staircase-Escalante National Monuments* messen können. Scheinbar endlos breitet sich karge Landschaft mit weiten *slickrock*-Flächen, sich schlangenartig windenden Canyons und steilen Klippen aus. Kaum eine Straße stört das Bild, auch keine Stromleitung oder Siedlung. An manchen Stellen reicht der Blick rundum schier ins Unendliche oder jedenfalls bis Arizona, New Mexico und Colorado. Mit den weiten *roadless areas* kämen nach den dafür geltenden Kriterien 5.260 km^2 der 6.880 km^2 Gesamtfläche des Nationalmonuments zur Ausweisung als ***Wilderness Area*** in Frage. Doch selbst, wenn dies realisiert würde, für die *Southern Utah Wilderness Alliance* (SUWA) und andere Umweltschutzgruppen wäre das lediglich ein Zwischenstadium. Sie haben sich die Ausweisung eines mehr als 23.000 km^2 großen Gebietes im südlichen Utah als ***Redrock Wilderness*** zum Ziel gesetzt.

Lebensraum

Das Wertvollste dieser speziellen Landschaft kann man nicht mitnehmen, kaum fotografieren und nur schwer beschreiben. Das ist der **riesige, praktisch ungestörte Lebensraum** für Pflanzen und Tiere. Hier gibt es noch dynamische, gesunde Populationen von *mountain lion*, *bobcat*, *coyote* und *mule deer*. In den *Vermillion Cliffs* in Arizona, einen kurzen Vogelflug vom Monument entfernt, hat der *U.S. Fish and Wildlife Service* mehrere ***California condors*** ausgesetzt, um eine zweite, freilebende Population aufzubauen (neben einer bereits in Südkalifornien existierenden). In den 80er-Jahren waren noch 21 Exemplare der Art verblieben. Rettungsprogramme in Kalifornien und Idaho brachten die Zahl bis 1997 wieder auf 120.

Umweltbedrohungen

Die **Luftqualität** ist zur Zeit noch gut, obwohl einige Verschmutzer, wie das explosionsartige wuchernde Las Vegas und ein Kohlekraftwerk in Delta nicht sehr weit entfernt sind. Daneben existieren zwei konkretere Bedrohungen für das Monument. Die erste ist der **Bergbau**. *Andalex*, eine holländische Firma, plant seit Jahren eine Kohlenmine im südlichen Teil, mit allem, was dazugehört: asphaltierten Straßen, Starkstromleitungen und 450 Lastwagenfahrten täglich während der nächsten 40 Jahre. Erst nach Etablierung des *National Monument* landeten diese Pläne in der Schublade. Die Ölfirma *Conoco* hat trotz öffentlichen Drucks immer noch nicht von Ihrer Absicht, im Monumentsbereich nach dem schwarzen Gold zu bohren, Abstand genommen. Daneben bestehen weitere alte *mining claims* (Schürfrechte), die jetzt individuell überprüft werden.

Die zweite Bedrohung folgt auf den Fersen der Öl-Lobby: ***ORVs*** (***off-road vehicles***). Dieser Begriff umfaßt Jeeps, ATVs (*all-terrain vehicles*), 4x4-Trucks, Motorräder und was sonst noch alles, um damit lärmend durch die Landschaft zu rasen. Im Bestreben, neue Trassen und Routen in die Wildnis zu bulldozen, sind die *ORV Freaks* nicht alleine: viele *Counties* (Landkreise) tun dies nur allzu gern, vor allem, um das Land nicht – durch Ausweisung als *Wilderness* mit strengen Naturschutzauflagen – für eine traditionelle Nutzung zu verlieren (nur straßenlose Gebiete können zur Wildnis deklariert werden).

In vielen Canyons war bzw. ist zudem die **Überweidung** ein ernsthaftes Problem; die Folgen sind manchenorts augenfällig (z.B. sind dies erodierte Flußufer). Das für die Weiderechte verantwortliche *Bureau of Land Management* (BLM) versucht zur Zeit, diesem Mißstand (ein bißchen) abzuhelfen.

Auf slickrock (Sandsteinflächen) können Pflanzen nur in kleinen Vertiefungen Fuss zu fassen.

Bedrohte Arten

In unserer überbevölkerten und erschlossenen Welt ist dieses *National Monument* besonders wertvoll. Hier **Worte von *Bill Clinton*** aus seiner offiziellen Proklamation (Übersetzung der Autoren):

"Abgeschiedenheit, begrenzte Verkehrswege und geringe Besucherzahlen haben geholfen, die wichtigen ökologischen Werte des Gebietes zu erhalten. (...) Es umfaßt eine Vielzahl einzigartiger, isolierter Lebensgemeinschaften, wie etwa hängende Gärten, tinajas und Gemeinschaften in Felsspalten, Canyons und in Sanddünen. (...) Das Monument beinhaltet eine außerordentliche Zahl von Pflanzen-Relikten, von denen viele seit dem Pleistozän [der Eiszeit] in ihrer natürlichen Umgebung existieren, unbeeinflußt durch den Menschen. Dazu gehören Relikte der Prärie, mit der No Mans Mesa als herausragendem Beispiel, und piñon-juniper-Gemeinschaften (Steinkiefer-Wacholder) mit bis zu 1.400 Jahre alten Bäumen".

Zwei landesweit als *threatened (*bedroht) klassifizierte Pflanzen kommen in der Region um Escalante vor. Die ***Jones cycladenia*** (*Cycladenia humilis var. Jonesii*) ist eine kleine, bis maximal 30 cm hohe Pflanze mit rosa-purpurnen Blütenblättern. Sie gedeiht auf gipsreichen, salzigen Böden in eher kühlen, buschdurchsetzten Wüstengebieten zwischen 1.300 m und 1.800 m. Die zweite bedrohte Art ist die ***Ute lady's tresse*** (*Spiranthus diluvialis*), eine 20-50 cm hohe

Orchidee mit weißen Blüten. Sie wächst an Flußläufen, in Sümpfen und in Feuchtgebieten mit *cottonwoods, tamarisk, willow, piñons* oder *junipers* zwischen 1.300 m und 2.000 m. Neben diesen beiden gibt es hier noch etwa vier Dutzend (!) Pflanzenarten, die es womöglich bald auf die offizielle rote Liste der *threatened and endangered species* (bedrohte und gefährdete Arten) "schaffen".

Zu den Tieren dieser Liste, die ebenfalls in der *Escalante Area* leben, gehören der *Utah prairie dog* (Präriehund), *southwestern willow flycatcher* (Weidentyrann), *peregrine falcon* (Wanderfalke), *bald eagle* (Weißkopfseeadler) und die *mexican spotted owl* (Fleckenkauz).

Ufer-Ökosysteme – Lebensadern im trockenen Südwesten

Im südlichen Utah und besonders um *Escalante* sind Uferzonen-Ökosysteme besonders augenfällig. Wie die Adern in einem Blatt winden sich *Canyons* Hunderte von Kilometern durch die ansonsten trockenen Wüstenplateaus. Die Straße *#12* etwa läuft über weite Strecken auf solchen Plateaus mit *Slickrock* und Buschwüste. Ein paarmal aber führt sie nah an den Rand der Canyons oder sogar auf den Talboden, so im Fall von *Calf Creek* oder *Boulder Creek Canyon* mit üppig grünen Vegetationsstreifen entlang der Bäche. Derartige Uferökosysteme, im Englischen ***riparian areas*** genannt, kommen aber nicht nur an Bächen und Flüssen vor, sondern auch um Teiche und Seen. Dort treffen sich das aquatische und das terrestrische Ökosystem, so daß sich ganz bestimmte Böden ausbilden können, auf denen wiederum charakteristische Pflanzengemeinschaften gedeihen.

Diese Uferzonen sind ökologisch besonders wertvoll. Die Artenvielfalt und auch die Artendichte sind dort meist viel höher als im umliegenden Land, sie gehören zu den produktivsten Ökosystemen. In der Sonora-Wüste etwa findet man etwa 80% der ca. 300 Vogelarten hauptsächlich in diesen Uferzonen. Sie bieten Schutz, Nistplätze und Nahrung, etwa für *beaver, muskrat* (Bisamratte), *raccoon* (Waschbär) und viele andere Säugetiere. Fische und Amphibien sind zum Überleben auf Wasser und die Feuchtgebiete angewiesen. In Arizona hängen über 60% der im Staat vorkommenden Tiere zumindest während eines Teils ihres Lebenszyklus` von solchen Uferzonen ab. Und damit noch nicht genug: diese Bereiche reinigen außerdem Wasser, halten es wie ein Schwamm zurück, verhindern die Unterspülung der Uferbänke und bändigen Hochwasser.

Uferzonen haben auch für uns Menschen eine spezielle Bedeutung. Die nordamerikanischen Ureinwohner errichteten ihre Dörfer häufig an Bächen und Flüssen. Die ersten Europäer jagten Biber und bevorzugten für ihre Siedlungen die Nähe zum Wasser.

Bald aber überstieg die Nutzung die Tragfähigkeit der Ökosysteme. Wasser wurde (und wird) in solch gewaltigen Mengen für die Landwirtschaft abgeleitet, daß einige Flüsse komplett austrockneten. Damit ging natürlich auch die Ufervegetation ein. (Es sei denn, sie wurde schon vorher abgeholzt und als Baustoff oder Brennmaterial verwendet.) Ohne die Bäume und Sträucher war auch bei Hochwasser kein Schutz mehr vorhanden. Außerdem besuchten riesige Viehherden regelmäßig Flüsse und Bäche und trampelten auf den empfindlichen, feuchten Böden herum. Uferbänke stürzten ein. Starke Regenfälle nach einer Trockenperiode führen dann leicht zu Überflutungen mit katastrophalen Folgen.

Es sind noch ein paar "moderne" Gefahren für die Uferökosysteme hinzugekommen, als da sind Straßenbau-Bulldozer, Wochenendausflügler, *Off-Road*-Vehikel, Camper, Wanderer, Jäger, ggf. Motorboote u.a.m. Viele Störenfriede fühlen sich gar nicht als solche, sondern sind vielleicht durchaus rücksichtsvoll und möchten z.B. Tiere in ihrer natürlichen Umgebung beobachten, vermindern aber auch damit den Wert des Habitates, quasi die "Wohnqualität" für Tiere.

Der größte Teil der Uferökosysteme im trockenen amerikanischen Südwesten ist heute zerstört oder zumindest stark verändert. Umso mehr muß für die verbleibenden Sorge getragen, und die geschädigten Flußläufe müssen "geheilt" werden.

Seltenes Ökosystem auf dem trockenen Colorado-Plateau: rauschender Bach mit Biberdamm, hier am Lower Calf Creek.

Wandern

Die besten Wanderungen im Bereich Escalante Canyons

No	Trailbezeichnung	Länge	Schwierigkeit	Kurzbeschreibung
1	***Petrified Wood Nature Trail***	3,2 km	leicht	Kurzer Naturlehrpfad führt durch einen kleinen Teil von 5,5 Mio. Tonnen versteinertem Holz im *State Park*
2	***Escalante Natural Arch***	6,5 km	leicht	Perfekt geformter *Arch* hoch in einer Wand und indianische Ruinen sind nasse Füße wert.
3	***Lower Calf Creek Falls***	9,0 km	mittel	Der einzige unter haltene *Trail* im Monument führt durch Canyon mit sehenswerten indianischen Felszeichnungen zu einem Wasserfall.
4	***Peek-a-Boo & Spooky Slot Canyons***	3,8 km	mittel	Die aufregendsten Meter, die Sie je "wandern" werden: Es geht durch enge, verdrehte Felsspalte. Nur für Bauchumfang unter 130 cm.
5	***Escalante Canyon***	20,2 km	anstrengend	Fast 20 km durch einen engen Canyon zur *Calf Creek Recreation Area*, vorbei an einem *arch*, einer *bridge*, *Anasazi Ruinen* und Petroglyphen.
6	***Coyote Gulch***	35,5 km	anstrengend	Mehrtageswanderung in einem tief eingeschnittenen, *Canyon* mit *arches*, *bridges* und Wasserfällen. Toll, aber auch sehr beliebt bei Gruppen.

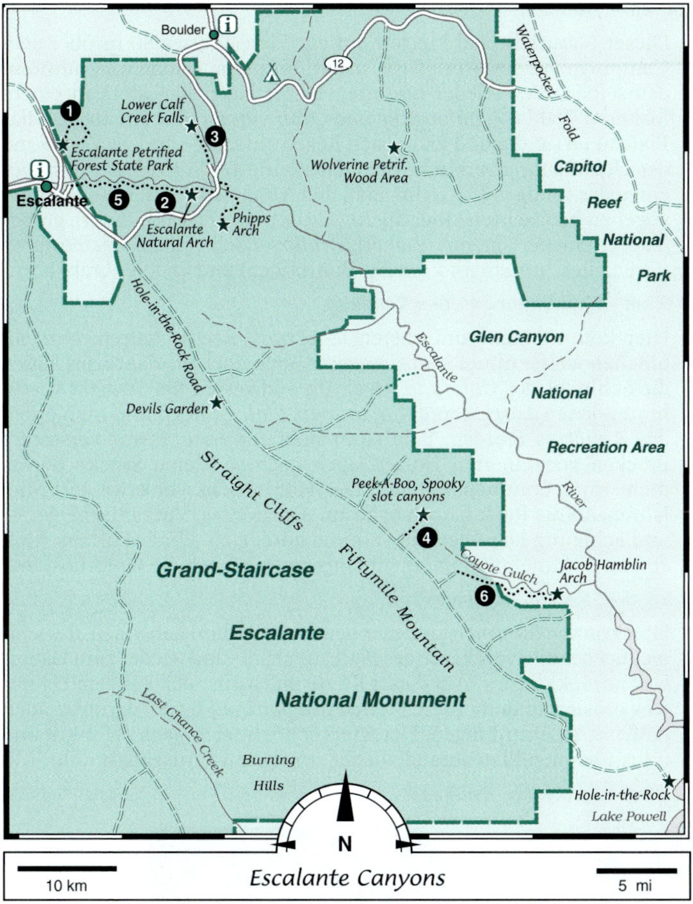

Wanderung 1 ***Petrified Wood Nature Trail***

Highlights	Geologie, Panoramablick, sonst unspektakulär
Länge	3,2 km (überwiegend Rundweg)
Auf-/Abstieg	140 m
Höchster Punkt	1.902 m
Gesamtdauer	1-2 Stunden
Ausgangspunkt	*Escalante Petrified Wood State Park,* etwa 3 km westlich von Escalante.

0,0 km - *Trailhead*

Dieser Naturlehrpfad klettert auf ein Plateau etwa 80 m über dem Campingplatz des *State Park*, macht dort eine Runde und führt auf demselben Weg wieder hinunter. Dabei läuft man stets in einem lockeren Wald von *piñon pine* und *Utah juniper*. Der Anstieg auf das Plateau ist sandig und kann nach Regen glitschig werden. Vom Rand der Hochfläche überblickt man das kleine *Wide Hollow Reservoir*, einen der wenigen Plätze im südlichen Utah, wo Wasser- und Sumpfvögel zu beobachten sind: *ducks* (Enten), *coots* (Bläßhühner), *grebes* (Lappentaucher), *herons* (Reiher), *swallows* (Schwalben), auch *ospreys* (Fischadler), *american kestrels* (Buntfalken) und andere Raubvögel.

0,6 km - Einmündung in den *Rundweg*

Hier kommt man zum oberen *loop trail.* Rechts halten. Nur ein bißchen weiter öffnet sich ein weiter Blick über Escalante, im Süden die Schlucht des *Colorado River*, im Südwesten die *Straight Cliffs*, hinter denen das einsame *Kaiparowits Plateau* liegt, und im Norden das *Aquarius Plateau*. Bald stößt man auf erste, etwas verstreute Brocken versteinerten Holzes (auch noch so kleine Stücke dürfen nicht mitgenommen werden). Das Holz wuchs vor etwa 150 Mio. Jahren, als die Region noch nahe am Äquator lag. Vulkanische Asche und Schlamm begruben die Stämme unter sich. Unter Luftabschluß ersetzten Mineralien in einem langsamen Prozeß die Holzsubstanz.

0,9 km - *Sleeping Rainbow Trail*

Hier können Sie einen zusätzlichen *loop* (1,2 km) anhängen, der steil rechts über die Nordkante des Plateaus abfällt und wieder zum Hauptweg zurückklettert. Auf dieser Route und dann auch auf dem Hauptweg passiert man mehrere Stellen mit *petrified wood*, darunter auch größere Ansammlungen. Der Kreis schließt sich nach ca. 2 km und führt über den Plateaurand wieder zurück zum Ausgangspunkt.

3,2 km - zurück am *Trailhead*

Auf vielen Trails im neuen National Monument ist man am besten mit leichten Turnschuhen unterwegs.

WANDERUNG 2	**Zum *Escalante Natural Arch***
Highlights	Flußökosystem, Canyon, Geologie
Länge	3,2 km (*one-way*)
Auf-/Abstieg	24 m
Höchster Punkt	1.609 m
Gesamtdauer	1,5-2,5 Stunden
Ausgangspunkt	Brücke über den Escalante River, etwa 14 mi östlich von Escalante (Straße #12).
Hinweis	Der Fluß muß mehrfach überquert bzw. durchwatet werden, siehe Foto links unten.

0,0 km - *Trailhead*

Ohne Pardon führt der Weg zum und durch den *Escalante River* (kein Brücke; bleiben Sie auf der Südseite des Flusses – Privatland auf der Nordseite). Zunächst ist der Boden des Canyons recht breit, stellenweise mehrere hundert Meter. Der etwas ausgetretene Sandweg führt durch Wäldchen aus *cottonwood* (Baumwollpappeln) und *willows* (Weiden), aber meist durch offenes, sandiges Gelände mit etwas Gras, *sagebrush* (Beifuß) und einigen Busch-Grüppchen. Die rötlich-beigen Wände des Canyon ragen nur an wenigen Orten senkrecht in den Himmel. Nach mehreren Flußquerungen erreicht man die

2,5 km - *Escalante Natural Bridge*

Diese Felsbrücke gilt als eine der am perfektesten geformte, durch Wasser herausgewaschenen *natural bridges* des Südwestens. Aber man muß gut nach ihr Ausschau halten, denn sie befindet sich auf halber Höhe in der südlichen Wand, überspannt einen kleinen Einschnitt und hebt sich farblich kaum von der Umgebung ab. So gleichmäßig sind ihre Konturen, daß man glauben könnte, sie sei ein mit Ingenieurskunst geschaffenes Werk.

Weiter geht es durch einige Dickichte aus Weiden und Tamarisken, durch die man es aber ohne größere Kratzer schafft, zum

3,2 km - *Escalante Natural Arch*

Der aufgrund natürlicher Erosion in Wind und Wetter entstandene Felsbogen steht ebenfalls auf der Südseite des *Escalante Canyon* hoch oben am Rand der Felswand. Noch interessanter ist es aber weiter unten und etwas links vom *arch*. Dort kleben in einer Nische in der senkrechten Wand Ruinen der *Anasazi*-Indianer. Mit einem Fernglas ist zu erkennen, daß sie in recht gutem Zustand sind, bei einigen Gebäuden sind sogar noch Dachbalken intakt. Die Nische ist auch mit schönen Felsmalereien geschmückt, z.B. mit mehreren Menschen-Figuren auf der linken Seite.

Zurück auf identischem Weg

Wanderung 3 ***Calf Creek Campground – Lower Calf Creek Falls***

Highlights	Wasserfall, Flußökosystem, Lehrpfad, *Pictographs*
Länge	4,5 km (*one-way*)
Auf-/Abstieg	37 m
Höchster Punkt	1.670 m
Gesamtdauer	2,5-3 Stunden
Ausgangspunkt	*Trailhead* am Parkplatz des Campingplatzes der *Calf Creek Recreation Area,* ca. 15 mi östlich von Escalante (Straße *#12*).
Hinweis	Am *Trailhead* kann man ein Büchlein zu Flora, Fauna und den indianischen Artefakten kaufen

0,0 km - *Lower Calf Creek Campground*

Der Weg folgt dem westlichen Ufer des *Lower Calf Creek* in nördliche Richtung bis zum Felsabschluß, wo der ganzjährig fließende Bach über eine Sandsteinflanke schießt. Seinen Namen erhielt der Canyon von Ranchern, die hier ihre Kälber mästeten. Der Weg ist recht breit, mit einigen kurzen Aufstiegen, aber auch sandig, was das Vorwärtskommen an heißen Tagen ein bißchen erschwert. In der artenreichen Uferzone und im Talgrund gedeihen Utahwacholder, Steinkiefern, *gambel oak* (Utah-Weißeiche), *rabbitbrush*, *four-winged saltbush* (Graumelde), *buffaloberry* (Büffelbeere) und zahlreiche Blumen. Je weiter man in den Canyon eindringt, desto höher ragen die beige und rötlich gefärbten Sandsteinwände in den Himmel. Hoch oben in den Wänden verstecken sich kleine Kornspeicher der *Fremont*-Indianer, sog. *granaries.*

2,1 km - Felsmalereien (*pictographs,* bei Informationstafel 13)

An der gegenüberliegenden Felswand kann man drei große rötliche Figuren erkennen. Eine kleinere rechts davon ist kaum noch sichtbar. Diese Felsmalereien der *Fremont*-Indianer sind womöglich 1.000 Jahre alt. Die Bedeutung der Figuren ist nicht geklärt – waren es Helden, Dämonen oder Götter?

3,4 km - Biberteiche

Bei unserem Besuch zählten wir mindestens drei Biberburgen und mehrere Dämme. In den Feuchtgebieten beim Bach wachsen einige *dogwood*-Bäume (Hartriegel). Hier hört man bereits ein schwaches Rauschen, und nach kurzer Zeit erreicht man die

4,5 km - *Lower Calf Creek Falls*

Das Wasser stürzt hier etwa 40 m tief in ein grün schimmerndes, schattiges Becken. Sogar im Sommer weht einem hier ein kühler Wind entgegen. Die Anfänge des Baches liegen nicht mehr weit flußaufwärts; der Felsabschluß verhindert aber ein weiteres Vordringen.

Zurück auf identischem Weg

Die Lower
Calf Creek Falls

WANDERUNG 4	***Dry Fork Coyote Gulch – Peek-a-Boo – Spooky Slot Canyons***
Highlights	Enge Schluchten, Geologie
Länge	1,9 km (*one-way*)
Ab-/Aufstieg	91 m
Höchster Punkt	1.506 m
Gesamtdauer	1-2 Stunden
Ausgangspunkt	*Dry Fork Trailhead*: 5 mi östlich von Escalante auf der Straße *#12* rechts auf die *Hole-in-the-Rock-Road* abbiegen (gute Schotterstraße). Nach etwa 26 mi beim *Dry Fork Turnoff* links, dann weitere 2 mi bis zum *Trailhead*.
Hinweis	Von der Erforschung des ***Brimstone Canyon*** östlich des *Spooky Slot* ist abzuraten. Vor einigen Jahren kletterte ein Wanderer hinein, schaffte es aber nicht mehr heraus. Erst nach 8 Tagen wurde er – zum Glück noch lebend – gefunden.

0,0 km - *Dry Fork Trailhead*

Die beiden *slot canyons* befinden sich in einem nicht sonderlich tiefen Flußbett. Vom Parkplatz fällt der Weg über eine steile Felskante ab und überquert dann in nord-nordöstlicher Richtung einige Sandbänke. Die Route sollte laut Rangerauskunft mit *cairns* (Steinmännchen) markiert sein; unter all den Felsbrocken konnten wir kaum eines identifizieren. Da die Route aber ziemlich beliebt ist, braucht man in der Regel nur einfach den Spuren im Sand zu folgen. Über ein steiles Seitentälchen geht es hinab in den *Dry Fork Coyote Gulch*. Wenige Schritte zur Linken befindet sich dort der erste *Slot Canyon*.

0,7 km - *Slot Canyon* (ohne Namen)

Dies ist die am besten zugängliche der engen "Schlitzschluchten"; selbst Klaustrophobe entwickeln dort kein bedrückendes Gefühl. Zu Beginn stehen die Sandsteinwände 3 m auseinander, rücken aber immer enger zusammen. Erforschen Sie diesen *Canyon*, soweit Sie sich wohl (und trocken genug) fühlen und kehren Sie dann zum Eingang zurück. Wenige Minuten weiter unten (östlich) im *Dry Fork Coyote Gulch* entdeckt man einen Spalt auf der Nordseite. Das ist der

0,8 km - *Peek-a-Boo Slot Canyon*

Er beginnt erst etwa 3 m über dem Boden. Einige Kerben helfen beim Hinaufklettern in diesen ungewöhnlichsten und anspruchsvollsten der drei *slot canyons*. Durch verdrehte Gänge und Tunnels kriecht, klettert und robbt man hier – oder watet, denn einige der ausgefrästen Tröge sind meist mit Wasser gefüllt. Kurz nach dem Einstieg überspannt eine Doppelbrücke den *Canyon*. Nach gut 100 m weitet er sich zu einem *wash*. Die Einstiegskletterei kann umgangen werden, indem man links (westlich) des Eingangs auf die Sanddüne steigt, dem Canyonrand ca.800 m zum oberen Ende folgt und dort startet.

Nun geht es zum dritten *slot canyon*, aber erst zurück zum *Dry Fork Coyote Gulch* und östlich "flußabwärts" durch einen *wash*. Dabei aufpassen, um den Eingang zum *Spooky Gulch* nicht zu übersehen. An einer Stelle verengt sich der *Coyote Gulch*: wo er sich wieder öffnet (ca. 1 km nach dem *Peek-a-Boo* und 100 m vor einer Felswand), geht es links in einen breiten Seitencanyon. Den Eingang rechts zum

1,9 km - *Spooky Gulch*

erkennt man leicht. Dieser *slot canyon* ist extrem eng. So eng, daß wir unsere *daypacks* deponieren und uns seitwärts durchschieben mußten. Freunde von zuckergußbeschichteten Schokolade-Sahnekuchen werden hier nicht sehr weit kommen.

Erst zurück zum Eingang des *Gulch* und zum *Trailhead*

auf identischem Weg

Auf dem Weg zum Peek-a-Boo-Trail darf man den Devil's Garden nicht verpassen

WANDERUNG 5	***Escalante Canyons***
Highlights	Canyons, Fluß, Geologie
Länge	20,2 km (*one-way*)
Ab-/Aufstieg	165 m
Höchster Punkt	1.750 m
Gesamtdauer	5-7 Stunden (oder auch 2 Tage; übernachten ggf. auf dem sehr schönen *Calf Creek* Platz und auf demselben Weg zurück)
Ausgangspunkt	*Escalante Town Trailhead* am Ostrand des Ortes: hinter der *Highschool* von der Straße #*12* links (nördlich) zum Friedhof abbiegen und dann einer *Dirt Road* zum *Trailhead* folgen.
Hinweis	Dies ist eine anstrengende lange Tageswanderung (angegebene Marschzeit gilt ohne Pausen, aber inklusive kleiner Abstecher in Seitencanyons). Sie können auch kalte und nasse Füße kaum vermeiden, da der *Escalante River* oft durchwatet werden muß. Bei 1-Tages-Trip einen *Rücktransport* ab der Brücke an der #*12* unweit der *Calf Creek Recreation Area* organisieren; Adressen ➪ Seite 209 unter "Bus".

0,0 km - *Escalante Town Trailhead*

Zunächst geht's vom kleinen Parkplatz über einen sandigen Fußweg zum eigentlichen Startpunkt, wo der *Escalante River* in einem tiefen Canyon in der Sandsteinwand verschwindet. Bald passiert man die Mündung des *Pine Creek* und eine Wasser-Meßstation. Die Canyonwände sind hier fein ziseliert mit unendlichen Spalten und Rissen in jeder erdenklichen Richtung. Der Sandstein ist hauptsächlich beige, mit hier und dort einem Schuß grün, grau, weiß oder rot. Erwarten Sie keinen schön markierten Weg – dies ist eine Route, die einfach den zahlreichen Windungen der Schlucht folgt, dabei manchmal ein bißchen abkürzt, häufig den Fluß quert oder sich auch mal durch dichtes Gestrüpp kämpft. Auf den Sandbänken am Ufer wachsen *willows, box elder* (Eschenahorn) und mächtige *Fremont*-Pappeln. Achten Sie auf *poison ivy* (Gift-Sumach), es findet sich vor allem in den Seitencanyons.

3,2 km - Große Alkove

Bei der Biegung 5 (der 5. Kurve ab Canyon-Eingang) hat sich in der Nordwand ein eindrucksvoller Felsüberhang gebildet. Unter solchen Überhängen sollte man nicht campen, da es auch ohne böse Absichten oft zu Schäden an indianischen Artefakten kommt (z.B. Schwärzung der Felsmalereien durch Feuer). Weitere hohe, rötlich gefärbte Wände dieser Art folgen bei den Biegungen 6, 9 und 11.

10,0 km - *Death Hollow/Mamie Creek*

Zu früh gefreut, daß Sie die Wanderung vielleicht doch trockenen Fußes schaffen – beim Zufluß des *Death Hollow* steigt der Wasserstand beträchtlich. Dickes Gestrüpp macht diesen Abschnitt recht mühsam. Stellenweise ist es einfacher, im Fluß zu waten als sich geduckt durch die *salt cedars* (Tamariske), Weiden und andere Büsche zu kämpfen. An anderen Stellen kann man die Dickichte hoch oben auf einem Trampelpfad umgehen. Für ein paar Kilometer läßt sich hier auch kaum ein Plätzchen fürs Zelt finden (weiter unten wird's aber schnell wieder besser). Kurz vor dem

16,3 km - Sand Creek

öffnet sich der Canyon wieder. Mit der zusätzlichen Fracht dieses Baches schwillt auch der *Escalante River* nochmals an. Falls Ihre Feldflasche hier bereits leer sein sollte: knapp 200 m den *Sand Creek* aufwärts (nördlich) befindet sich eine Sickerstelle in der Felswand. Weiter am *Escalante-River* entlang. Bald erkennt man auf der Südseite die perfekt geformte *Escalante Natural Bridge* und kurz danach einen *Arch*. Von hier sind es dann noch ca. einfache 3 km auf einem guten, ausgetretenen Pfad (mit einigen Flußüberquerungen) zum Ende des Weges bei der

20,2 km - Brücke an der Straße #12

(Der Endpunkt ist zugleich Ausgangspunkt der Wanderung 2; ➪ auch Beschreibung dort für den lezten Abschnitt der Strecke)

Das Grün der Bäume bildet hier einen wunderschönen Kontrast zu den roten Wänden im Coyote Gulch

Wanderung 6	***Red Well Trailhead – Coyote Gulch*** (zu ***Hamblin*** und ***Cliff Arches***)
Highlights	Flußökosystem, Canyons
Länge	17,8 km
Ab-/Aufstieg	192 m
Höchster Punkt	1.375 m
Gesamtdauer	9-12 Stunden (auch für 2-3 Tage gut)
Ausgangspunkt	*Red Well Trailhead,* Anfahrt wie Wanderung 4, aber erst nach 30.4 mi beim *Red Well Turnoff* nach links. Der Parkplatz befindet sich etwa einen Kilometer weiter.
Hinweis	Wegen der vielen Besucher wird möglicherweise ein Quoten-System eingeführt. (Gute Alternative, sollte die Quote erschöpft sein: *Escalante Canyon.*) Für die vielen Wasserlaufquerungen am besten (neben den Wanderschuhen) leichte Turnschuhe mitnehmen. Bis zum *Jacob Hamblin Arch* und zurück schafft man es an einem langen Tag gut. Die Beschreibung endet beim *Cliff Arch,* 5 km westlich des *Escalante River.*

0,0 km - *Red Well Trailhead*

Nach wenigen Minuten erreicht man schon die Grenztafel der *Glen Canyon National Recreation Area.* Die *Dirt Road* verschmälert sich dann zu einem Pfad und fällt ab in den

0,9 km - *Big Hollow Wash*

Rechts (südöstlich) halten und weiter durch den sandigen, breiten, meist trockenen *Wash.* Je nach Jahreszeit und Bedingungen erreicht man das erste fließende Wasser früher oder später; bei unserem Besuch im April waren es etwa 1,5 km talabwärts. Von da an muß man den sich stetig verbreiternden Bach unzählige Male überqueren, wir schafften es aber trockenen Fußes bis zu unserem Übernachtungsplatz, etwa 9 km talwärts (am nächsten Tag trugen wir nur leichte Turnschuhe und hatten so trockene Wanderschuhe für den letzten Tag.) Links mündet der *Dry Fork Coyote Gulch* ein. Der Canyon wird nun enger und höher mit attraktiven roten Wänden und tiefen Alkoven. Hinter einer hohen, quer durch den Canyon verlaufenden Sand- und Felsbank liegt ein kleiner *slot canyon,* in dem der *Coyote Gulch Creek* durch sein felsiges Bett gurgelt und rauscht.

6,4 km - Weidezaun

Seinen Zweck, Vieh zurückzuhalten, erfüllt dieser Weidezaun offensichtlich hervorragend, denn unterhalb ist die Vegetation merklich üppiger und die Erosion geringer. In den kühlen Alkoven gedeihen mächtige Baumwollpappeln, deren grünes Laub fantastisch mit den roten Felswänden kontrastiert. Etwa 800 m vor dem *Hurricane Wash* befinden sich zur Rechten indianische Felsmalereien in einer Alkove (schlecht sichtbar). In diesem Abschnitt gibt es schöne Plätzchen zum Zelten auf den grasbewachsenen, einige Meter erhöhten Sandbänken. Vorsicht vor *poison ivy*, besonders in Seitencanyons.

10,0 km - *Hurricane Wash*

Alternativ könnte man auch über den Seitencanyon *Hurricane Wash* von Westen in den *Coyote Gulch* gelangen. Prägen Sie sich diese Stelle ein, damit Sie auf dem Rückweg nicht in die falsche Schlucht geraten. Weiter geht es nach Südosten durch die Windungen des *Coyote Gulch* vorbei an einem Plumpsklo (Wegweiser in einer Linkskurve bei einem *cottonwood*) und zum ersten Zielpunkt:

12,3 km - *Jacob Hamblin Arch*

Dies ist einer der dicksten und massivsten Felsbogen im ganzen Südwesten. Es handelt sich also um einen noch sehr jungen *arch*, denn erst mit dem Alter werden *arches* schlank und elegant. Gleich dahinter, zur Linken, träufelt eine beträchtliche Menge Wasser aus dem mit Farnen überzogenen Fels; die richtige Gelegenheit, um die Wasservorräte wieder aufzufüllen. Der Canyon wird nun noch kurviger und der *Creek* weiter und tiefer (bei unserem Besuch reichte er aber nirgendwo höher als bis zu den Knien).

Etwa 3 km sind es noch bis zur

15,0 km - Coyote Natural Bridge

(zum Unterschied zwischen *bridges* und *arches* ➪ Wanderung 2) Nach weiteren 500 m führen zahlreiche Pfade einen sandigen Abhang links hoch zu einer großen Felsnische mit Indianer-Ruinen und Felsmalereien (am rechten Ende der Nische). Kurz vor dem

17,8 km - Cliff Arch

stürzt das Wasser über eine Felskante (einige Meter hoch, auf der linken Seite umgehen). Nach der doch recht anstrengenden Wanderung ist nichts schöner, als hier den Kopf ins kühle Naß zu stecken.

Der *Cliff Arch* klebt hoch oben an der Canyonwand zur Linken. Wegen seiner Form, die dem Handgriff eines Kruges ähnelt, wird er auch *Jug Handle Arch* genannt. Hier endet die Beschreibung; bis zum *Escalante River* wären es noch ungefähr zusätzliche 5 km. Der Weg wird indessen schwieriger und erfordert auch ein paar Kraxeleien.

Zurück auf identischem Weg

(Man könnte auch beim *Hurricane Wash* oder beim *Crack in the Wall* "aussteigen" und sich – nach entsprechender Verabredung – bei den jeweiligen *Trailheads* abholen lassen).

The Castle im Capitol Reef Nationalpark

Die grossen Nationalparks der Umgebung

Capitol Reef National Park

Waterpocket Fold

Das wichtigste landschaftliche Element im – mit einer Fläche von 980 km^2 – zweitgrößten Nationalpark Utahs ist die ***Waterpocket Fold***. Es handelt sich dabei um einen langen, stark verwitterten Bergrücken mit intensiv gefärbten Klippen, engen Canyons und Domen. Er besitzt eine Gesamtlänge von 160 km und entstand aus einer klassischen Monokline, bei der die Sedimentschichten auf der westlichen Seite entlang einer Verwerfungslinie mehr als 2 km gegenüber der Ostseite angehoben sind. Die Schichten steigen dort steil aus der Erdkruste empor, und die Erosion hat aus dem Gestein eine lange Kette gigantischer Felszähne herausgenagt. Die vielen im weichen Sandstein zu findenden kreisförmigen Auswaschungen, die als Regenwasser-Sammelbecken funktionieren und daher *waterpockets* genannt wurden, verliehen dieser Faltung ihren Namen. Da hier weniger als 20 cm Regen fallen, davon der Großteil während sommerlicher Gewitter, ist das Vorhandensein der *waterpockets* für manche Arten überlebenswichtig.

Flora und Fauna

Die Höhenlagen reichen von 1.200 m bis 2.000 m. Etwa 900 Pflanzenarten gedeihen hier; die häufigste Pflanzengemeinschaft besteht dabei aus *piñon pine* (Steinkiefer) und *Utah juniper* (Utah-Wacholder), während in tieferen Lagen die Vegetation nur sehr karg ist. Dieser Nationalpark besitzt **die höchste Konzentration an gefährdeten und bedrohten Pflanzen aller Nationalparks in Utah** (ist dies nun eine gute oder eine schlechte Nachricht?). Zur "Prominenz" unter den Tieren gehören *mule deer, bobcat, mountain lion, desert bighorn sheep* und *golden eagle*. Der *spadefoot toad*, eine Schaufelfuß-Art, verbringt sein ganzes Leben in Regenwasser-Tümpeln.

Der langgestreckte Park läßt sich theoretisch in kürzester Zeit "abhaken"; die Straße #24 durchquert ihn im relativ schmalen Bereich unterhalb seiner nördlichen Ausbuchtung. Sie folgt dabei dem Lauf des *Fremont River*, Lebensader für Pflanzen und Tiere. Auf dieser Straße passiert man auch das *Visitor Center* des Parks, die *Fruita Orchards* (Obstgärten) und viele eindrucksvolle Felsformationen. Nur ein Kurzbesuch dort wäre jedoch in Anbetracht der Vielfalt des *Capitol Reef* Gebiets viel zu schade.

Wandermöglichkeiten

Schon an der Durchgangsstraße gibt es mehrere *Trailheads*. Ein kurzer Weg (1,5 km) etwa führt zur *Hickman Bridge*, einer 40 m langen Sandsteinbrücke. Der *Grand Wash Trail* zwängt sich durch die *Narrows*, wo 200 m hohe Wände aufragen und sich bis auf 5 m nähern. Er passiert u.a. den *Cassidy Arch* hoch oben in gelb-roter Felslandschaft und endet am *Scenic Drive*, einer ebenen Straße am Westrand des *Capitol Reef*. Vom *Visitor Center* sind es auf ihr etwa 12 mi bis zum Eingang in die populäre ***Capitol Gorge***, einen tiefen, meist trockenen *Canyon*, der nur nach starken Regenfällen Wasser führt.

Die Kurzwanderung durch diesen sich bis auf ein paar Meter verengenden *Canyon* ist unbedingt empfehlenswert. Nach seiner Durchquerung (ca. 1 km ab Parkplatz) erreicht man Felsflächen mit den oben erwähnten (regen-) wassergefüllten Auswaschungen. Für einen der besten *Trails* braucht man nicht einmal meilenweit zu fahren: der ***Cohab Canyon*** liegt unweit des Campingplatzes; der gleichnamige *Trail* läuft über eine Strecke von ca. 3 km. Auf den ersten 500 m geht es steil bergauf, der Rest ist dann nicht mehr sonderlich anstrengend.

Für Abenteuerlustigere stehen fast **200 km *Trails* und Routen im *backcountry*** zur Verfügung. Sie führen zu den einsamen Felstürmen des *Cathedral Valley*, zu hängenden Gärten mit *monkey flower* (Gauklerblume) und *maidenhair fern* (Frauenhaarfarn) im *Halls Creek Canyon* oder zwängen sich durch die extrem engen *Upper* und *Lower Muley Twist Canyons*. Für *Backpacker* und *Mountain Biker* sind spätes Frühjahr/Frühsommer und Herbst die beste Zeit.

Zu heftigen Wärmegewittern kann es ab Juli bis in den September hinein kommen – dann ist in den Canyons wegen *flashflood*-Gefahr größte Vorsicht geboten.

Zugang

Das *Fremont River Valley* mit dem *Visitor Center* und dem Gros der leicht zugänglichen Bereiche im Norden des *Capitol Reef National Park* ist von Escalante 83 mi entfernt, Straße #12 über die Höhen des *Dixie National Forest,* dann – ab Torrey – die Straße #24.

Permits

Für *backcountry* Übernachtungen sind *permits* erforderlich, die im *Visitor Center* ausgestellt werden. Dort gibt es auch genaues Kartenmaterial und aktuelle Hinweise.

Infrastruktur

Im *Capitol Reef Park* gibt es keine Unterkunft, die nächsten **Motels** befinden sich westlich des Parks am Straßendreieck #12/#24 und in Torrey. Aber auch östlich in Caineville (18 mi) gibt es noch 2 Motels und sogar die Möglichkeit, im ***Teepee*** zu schlafen: © (435) 335-7460.

Eingang zum Capitol Gorge Canyon. Unter dem Dach findet man eine kleine Ausstellung zur lokalen Geologie und Hinweise zum Trail

Die beste Wahl für **Camper** ist der *Old Fruita Campground* am Fremont River (Zelte und RVs, ganzjährig geöffnet. Er liegt in einem von Mormonenpionieren angelegten Garten mit zahlreichen Obstbäumen (gratis für Selbstpflücker bei Sofortverzehr, Vorräte zum Mitnehmen preiswert in Selbstbedienung).

Private Campingplätze gibt es westlich in Torrey, an der Straße #12 den schön gelegenen *NF-Campground Singletree* und 5 mi westlich Caineville den *Sleepy Hollow Campground*.

Restaurants und kleinere Supermärkte in Torrey.

Information

Superintendent Capitol Reef National Park, Torrey, UT 84775; © (435) 425-3791.

Bryce Canyon National Park

An der östlichen Flanke des *Paunsaugunt Plateau* schuf die Erosion eine **steinerne Märchenwelt** mit skurrilen Nadeln, Finnen, Türmen und Schloßzinnen. In der goldenen Abendsonne leuchten die sog. ***hoodoos*** rot, beige und orange. Der *Bryce* unterscheidet sich in seinem Charakter ganz erheblich vom *Grand Staircase NM;* er ist einer der *"grand old"* Parks, eher klein und dank seiner leicht erreichbaren Attraktionen überaus beliebt.

Entstehung

Die mündliche Überlieferung der ***Paiute-Indianer*** erklärt, wie es zu diesem Naturwunder kam:

Bevor es hier Menschen gab, lebten die Legend People (Te-when-an-ing-wa) in diesem Gebiet. Sie kamen in manchen Formen vor, als Vögel, Eidechsen oder Fledermäuse: Alle konnten aber die Gestalt von Menschen annehmen. Die Zeiten waren hart, und der Koyote hatte Mitleid mit ihnen. Während mehrerer Monate arbeitete er an einem Dorf, wo die Legend People von der brennenden Sonne und den Wüstenwinden geschützt sein sollten. Kaum waren die Legend People aber sicher in ihren neuen Unterkünften, begannen sie, den Koyoten heimlich zu verspotten und beachteten ihn nicht mehr. Schließlich hatte der Koyote genug. Er rief eine Versammlung ein, auf der die Legend People in Menschengestalt erschienen. Als ihm niemand zuhören wollte, wurde er wütend und verwandelte alle in Steine. Dieser Platz wurde deshalb "Angka-ku-sass-a-wits" genannt, weil man ihre"rot-bemaltenGesichter" heute noch sehen kann.

Die **Geologen** kennen eine andere Entstehungsgeschichte. Aus ihrer Sicht wäre *Claron Amphitheater* ein angemessener Name gewesen. Denn der Nationalpark umfaßt nicht nur einen Canyon, sondern auch "Amphitheater", die aus der *Claron*-Formation durch Wind und Wetter herausgekerbt wurden. Diese Gesteinsschicht besteht aus roten, eisenhaltigen Sedimenten, die im Tertiär vor 63 bis 40 Mio. Jahren, abgelagert wurden. Etwa vor 10 Mio. Jahren entstanden durch Verschiebungen entlang von Verwerfungslinien neun hochgelegene Plateaus in Utah. Deren Klippen bilden heute die Stufen des *Grand Staircase,* die vom *Bryce Canyon* und den *Pink Cliffs* über die *Grey Cliffs* (mit *Zion NP*), *White, Vermillion und Chocolate Cliffs* bis zur untersten Stufe, dem *Grand Canyon,* hinunterreicht.

Geschichte

Bryce Canyon, der offizielle Name, ist auf den Mormonenpionier *Ebenezer Bryce* und seine Frau zurückzuführen, die hier um 1875, wenn auch nur für 5 Jahre, eine Ranch besaßen.Er soll den bis heute gerne zitierten Spruch geprägt haben: *"It is a hell of a place to lose a cow"* (... ein höllischer Ort, um eine Kuh zu verlieren). 1923 wurde das Gebiet ein *National Monument* und 1928 nach einer Vergrößerung zum *National Park* erklärt. Er erstreckt sich heute über eine Fläche von 143 km^2.

Lage und Klima

Der *Bryce Park* liegt **extrem hoch**, nämlich auf 2.400 m bis 2.800 m. Die Winter sind kalt und meist schneereich, insbesonders der **März**. Im **April** werden die Tage wieder länger und wärmer. Aber noch bis Ende Mai ergeben sich durchschnittliche Minimaltemperaturen unter dem Gefrierpunkt! Farbenfrohe Wildblumen, wie etwa die violetten *bellflowers* (Glockenblumen), die rote *gilia* oder die weiße *sego lily* (Mormonentulpe) blühen daher in dieser Höhe eher spät, manche erst im August. Wenn im **Sommer** die umliegenden Tiefländer unter einer flimmernden Hitze leiden, ist es hier oben viel angenehmer, die Nächte sind sogar kühl. Nach heftigen Sommergewittern spannen sich oft faszinierende Regenbogen über die Felslandschaft.

Von **Mitte Juni bis *Labour Day*** haben die Touristen den Park fest im Griff (über 80% der 1,5 Mio Besucher jährlich kommen in diesen knapp 12 Wochen). Für Wanderungen ist der **Herbst** mit seinen klaren Tagen, den goldgefärbten *aspen* (Zitterpappel) und den geringeren Besucherzahlen am schönsten. Der erste Schnee kann allerdings bereits im September fallen. **Im Winter** verwandelt sich der Park dank der *hoodoos* mit weißen Häubchen unter tiefblauem Himmel in eine verzauberte Landschaft wie aus einem Fantasyfilm. Um diesen Anblick und die Ruhe richtig genießen zu können, sollte man im *Visitor Center* Schneeschuhe ausleihen (gratis) oder sich – außerhalb des Parks – eine Langlaufausrüstungen mieten.

Die ersten Sonnenstrahlen bringen die Hoodoos zum Leuchten

Flora und Fauna

Über 400 Pflanzenarten gedeihen hier. In tieferen Lagen findet man die stattliche *ponderosa pine* (Gelbkiefer), deren Rinde zart nach Vanille durftet, sowie *piñon pin*e (Steinkiefer) und *Utah juniper* (Utah-Wacholder). Höher oben fühlen sich Fichten, Tannen und Zitterpappeln am wohlsten, und auf dem kurzen *Bristlecone Loop Trail* (Start beim *Rainbow Point*) kommt man sogar an bis zu 1.600 Jahre alten *bristelcone pines* (Grannenkiefern) vorbei. Die kleinen, runden beigebraunen Früchte des *manzanita* (Bärentraube, "kleiner Apfel" auf Spanisch) dienten den Indianern als Nahrung und Medizin. Am häufigsten wird man den Maultierhirsch sehen, der zur Lieblingsspeise der hier vorkommenden Pumas gehört. Den größeren Wapiti-Hirsch und das elegante *pronghorn* (Gabelbock), welche beide wieder eingeführt wurden, bekommt man dagegen eher selten zu Gesicht. Auch Schwarzbären leben im *Bryce Canyo*n, aber Begegnungen mit ihnen sind äußerst rar. Neben Koyoten, Füchsen, Eichhörnchen, Präriehunden und anderen Säugetieren findet man auch Reptilien, wie z.B. Klapperschlangen. Ornithologen haben **über 170 Vogelarten** gezählt, darunter drei Kolibriarten *(hummingbirds).* Die meisten Vögel halten sich nur in den wärmeren Monaten hier auf, zu den Dauergästen gehören *raven* (Raben), *owls* (Eulen), *eagles* (Adler) und *jays* (Häher).

Besichtigung

Am einfachsten und bequemsten besichtigt man den relativ kleinen Park per Auto oder Fahrrad über Aussichtspunkte und *Trailheads* entlang der 17 mi langen *Whiteman Bench Road.* Die **Farben der Felsformationen sind frühmorgens und abends am intensivsten**. Frühmorgens scheint die Sonne horizontal in die *hoodoos*, abends ist das Licht wärmer und weicher, dafür wirft das Plateau Schatten.

Wanderungen

Wesentlich spannender und befriedigender ist es jedoch, den Park auf einer Wanderung oder hoch zu Roß zu erkunden (z.B. mit *Canyon Trail Rides* in Tropic, © (435) 679-8665).

Das **Wanderwegenetz umfaßt etwa 80 km**. Die meisten Routen sind eher kurz und zwischen 1 und 5 Stunden zu bewältigen. Der *Peekaboo-Loop* – je nach Start-/Endpunkt 8-11 km, Höhendifferenz 159-244 m, mehrere *Trailheads* an *Bryce, Sunset* und *Sunrise Point* – ist besonders abwechslungsreich, wird aber im Sommer und Herbst stark von Reitern genutzt.

Es gibt nur zwei Mehrtageswanderrouten, den ***Under-the-Rim-Trail*** vom *Bryce* bis zum *Rainbow Point (*36 km eine Strecke), und den ***Riggs Spring Loop Trail***, eine 13-km-Rundwanderung. Das Zelten ist nur auf speziellen *backcountry campgrounds* erlaubt, Lagerfeuer sind verboten.

Unser Favorit ist der kombinierte ***Navajo und Queen's Garden Loop Trail*** (ca. 5 km, 2-3 Stunden, 159 m Höhenunterschied, *Trailhead* am *Sunset Point*, Start auch möglich am *Sunrise Point*). Genießen Sie am *Sunset Point* aber zuerst die Aussicht auf die *Silent City*, ein Wirrwarr aus steilen Schluchten und Felstürmen. Zwei Wege steigen hinab ins Felslabyrinth des *Bryce Amphitheater*. Der rechte, längere Weg führt in steilen Serpentinen zu einem engen Canyon mit hohen Felswänden, der ***Wall Street***. Einige der Douglas-Tannen, die dort zwischen den Felsen in den Himmel wachsen, sind bis zu 700 Jahre alt. Der kürzere, linke Weg bringt Sie nahe an ***Thor's Hammer*** vorbei, einem hoch aufragenden Felsturm. Am Grunde des Amphitheaters vereinigen sich die beiden Wege, drehen nach Norden in Richtung *Queens Garden* und führen relativ flach durch einen lockeren Wald. Ein kurzer Abstecher ins Herz des *Queens Garden* lohnt sich. Dort sieht man (mit ein wenig Phantasie) das *Queens Castle* (Schloß der Königin), die *Queen Victoria* sowie andere skurrile Felsformationen. Der Weg führt durch einen kurzen Felstunnel und klettert wieder zum *rim* (Canyonrand) empor. Beim *Sunrise Point* geht's auf dem *Rim Trail* zurück zum *Sunset Point* mit fantastischen Aussichten von oben auf das ***Bryce Amphitheater***.

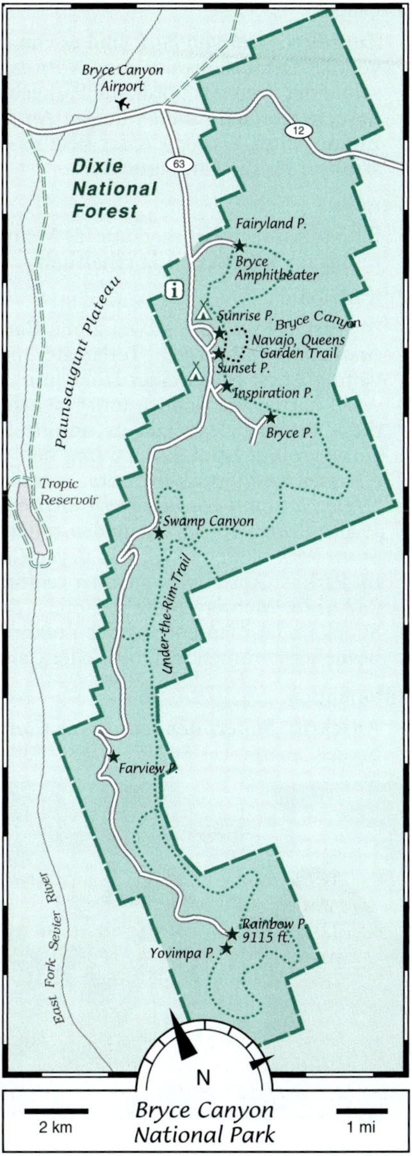

Grand Staircase-Escalante NM - Karte Seite 271

Zugang

Zum *Bryce Canyon Park* sind es von *Escalante ca. 50 mi* und 78 mi von der Ostausfahrt des *Zion National Park*. Die Straße #12 durchschneidet zwar das nördliche Parkgebiet, läßt aber den eigentlichen Besucherbereich "links" liegen. An der mehrere Kilometer langen Zufahrt zum *Visitor Center* liegt das Gros der touristischen Infrastruktur für die Parkbesucher.

Permits

Ein *Permit* benötigt man nur für Mehrtageswanderungen; es ist kostenlos im *Visitor Center* erhältlich.

Infrastruktur

Im Park selbst gibt es zwei große **Campingplätze** mit Trinkwasser, *first-come-first-served*. Teilareale sind auch im Winter geöffnet, dann aber ist es bei einer Höhe (um 2.400 m) empfindlich kalt (im April hatten wir Schnee und Nachttemperaturen um –11°C). Sind diese Plätze belegt, gibt es unmittelbar außerhalb des Parks den *Campground* beim *Ruby's Inn*, den privaten *Bryce Canyon Pines Campground* (6 mi), mehrere einfache Ausweichmöglichkeiten im *Dixie National Forest*, (*Red Canyon* 10 mi, *King Creek* 11 mi und *White Bridge* 30 mi) sowie den tollen Platz im *Kodachrome Basin State Park*, ➪ Seite 273. Die ***Bryce Canyon Lodge*** (mit Restaurant) im Park ist April bis November geöffnet; ✆ (303) 297-2757, Fax (303) 237-3175. Mehrere Motels, Hotels, *B & Bs* sowie Restaurants und Shops findet man entlang der Zufahrt und an der Straße *#12*. Viele Besucher kommen in Tropic oder Cannonville unter, ➪ Seite 273.

Information

Anschrift: *Superintendent Bryce Canyon National Park*,
Bryce Canyon, UT 84717; ✆ (435) 834-5322.

Der Red Arch Mountain (links) vom Upper Emerald Pool aus gesehen

Zion National Park

Geschichte

Bereits ***Anasazi*** und später ***Paiute-Indianer*** lebten im *Zion Canyon*. Mormonen, die sich vor religiöser Verfolgung in die Schlucht retten konnten, nannten sie *Zion*, den himmlischen Ort. Im Jahr 1909 wurden 61 km² des *Virgin River Ca*nyon mit Umgebung zum ***Mukuntuweap National Monument*** gemacht, eine Bezeichnung, welche auf die *Paiute-Indianer* zurückgeht. Auf Druck der Mormonen erfolgte aber einige Jahre später die Namensänderung in ***Zion***. Dabei blieb es auch, als daraus 1919 ein *National Park* wurde. Heute umfaßt der Park eine Fläche von rund 595 km².

Naturparadies

Der *Zion Park* ist ein Naturparadies, das von kakteenreicher *Sonora Desert* bis zu subalpinen Wäldern reicht. Entlang seiner Bäche und Flüsse wachsen stattliche Bäume wie Fremont Pappeln und Weiden. Wo Wasser aus den porösen Sandsteinwänden sickert, gedeihen üppige *hanging gardens* mit Frauenhaarfarn, *columbine* (Akelei) und *scarlet monkey flowers* (scharlachrote Gauklerblume).

Häufig sieht man Maultierhirsche im Tal grasen. Es gibt auch einige Raubtiere wie *ringtail cats* (Katzenfrett), *bobcats* (Rotluchs), Pumas und Füchse, nur bekommt man diese selbst auf Wanderungen im Hinterland so gut wie nie zu Gesicht. Im Gegesatz zu wilden Truthähnen *(wild turkeys)*, die ganz gerne die *Grotto Picnic Area* unsicher machen. Unter über 270 Vogelarten findet man auch den *quail* (Schopfwachtel) mit seinem vorwitzigen Häubchen, den *roadrunner* (Rennkuckuck) und den *golden eagle* (Steinadler).

Klima

Jede Jahreszeit bietet im Zion etwas Besonderes. Vom Frühling bis in den Sommer hinein blühen zahlreiche Wildblumen und Kakteen. Im **Sommer** (Hochsaison) klettert die Temperatur bis in die *hundreds* (um die 40° C). Abkühlung bringen dramatische **Gewitter** – dann verwandeln sich selbst knochentrockene Bachbette in Stundenfrist in reißende Flüsse, und Wasserfälle stürzen über die Felswände. Für Wanderer in an sich trockenen Canyons sind plötzliche, schnell zunehmende Rinnsale absolute Alarmzeichen, die zum sofortigen Rückzug veranlassen sollten. **Spätherbst** (Mitte Oktober bis Mitte November) kommen Fotografen und Maler voll auf ihre Kosten. Die leuchtenden Farben des gelben und roten Laubes wetteifern dann mit den rot-violetten und beigen Felswänden und dem intensiv blauen Himmel. Die **Winter** sind zwar relativ mild, es kann aber durchaus zu stärkeren Schneefällen kommen. Wer großen Touristenscharen entgehen möchte und moderate Temperaturen fürs Wandern vorzieht, sollte im Frühling oder Herbst in den *Zion Park* kommen.

Zion Canyon

In vielen Nationalparks des Südwesten bilden Canyons die Hauptattraktion. Überwiegend schaut man dort von oben in die – häufig schwindelerregende – Tiefe (*Canyonlands, Grand Canyon, Bryce Canyon, Canyon de Chelly*). Das gibt es auch im *Zion National Park*, aber die Mehrheit der Besucher sieht den Park zunächst vom Talboden aus. Von der südlichen Haupteinfahrt aus folgt der ***Zion Canyon Scenic Drive*** dem *Virgin River* bis zur Felswand *Temple of Sinawava*. Auf der Fahrt dorthin rücken die blanken Sandsteinwände rechts und links immer näher, bis sie schließlich nur noch einen Steinwurf voneinander entfernt sind. Je nach Mineraliengehalt leuchten sie in der Abendsonne rot, orange, beige und sogar violett. Vom üppig bewachsenen Tal geht der Blick beinahe endlos nach oben. Manchmal entdeckt man Kletterer in den senkrechten Abhängen.

Es ist kaum zu glauben, daß der meist harmlos dahinplätschernde *Virgin River* den ***Zion Canyon*** geschaffen hat (24 km lang und bis 800 m tief). Immerhin hatte er – zusammen mit einigen Nebenflüssen – dafür auch 13 Mio Jahre Zeit. Sein Meisterwerk, die ***Zion Narrows***, lockt zwar zahlreiche Touristen an, die meisten von ihnen machen aber äußerstenfalls gerade noch einen Spaziergang auf dem asphaltierten ***Gateway to the Narrows Trail*** (1,5 km einfacher Weg). Er startet am Ende des *Scenic Drive* und führt bis zu einer Furt durch den hier seichten Fluß. Von dort kann man – je nach Wasserstand – auf der anderen Uferseite meist noch ein wenig weiterlaufen, aber bald geht es trockenen Fußes definitiv nicht mehr voran.

Die *Narrows*

Nur wer sich in die tiefe, weglose Schlucht des *Virgin River* hineinwagt, erreicht nach 1 bis 2 Stunden Waten die eigentlichen *Narrows*: 500 m hohe Felswände, nur etwa 7 m voneinander getrennt. Will man (flußab) die ganz Strecke der *Narrows* vom oberen Endpunkt *Chamberlains Ranch* bis zum *Temple of Sinawava* durchwandern (16 mi, 1-2 Tage), benötigt man ein *permit* ($5). Für den Transport zum *Trailhead* gibt es einen *hiker`s shuttle*, © (435) 772-3213. Empfehlenswert ist dieser nasse Trip aber nur für Leute mit guter Kondition, geeigneten Schuhen und geübter Balance im fließenden Wasser (nur auf Teilstrecken kann seitlich ausgewichen werden). Voraussetzung ist auch gutes Wetter rundum! Regen in der Umgebung führt rasch zu Wasserstandsanstieg.

Stärkere Schauer machen aus dem Flüßchen in kürzester Zeit ein reißendes Gewässer, dem man in den *Narrows* nicht ausweichen kann.Ganz wichtig ist daher, sich vor jedem Eindringen in die Schlucht zunächst nach den Wetterbedingungen zu erkundigen. Strahlendes Wetter im Zion muß nicht heißen, daß es auch 30 km weiter noch die Sonne scheint. Dort kann es Bindfäden regnen.

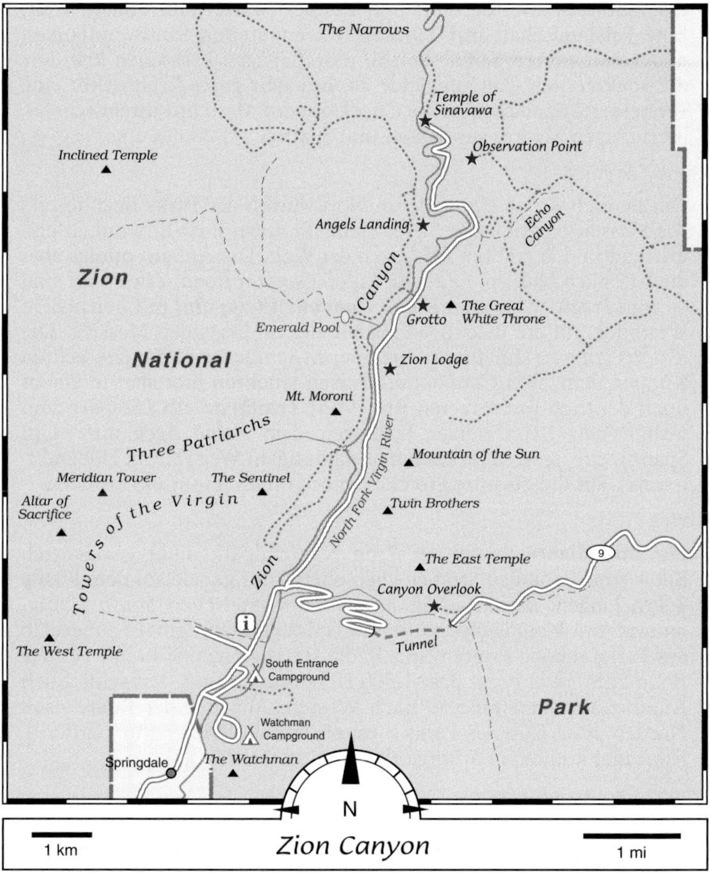

Ostteil des Parks

Der ***Zion-Mt.Carmel Highway*** in Richtung *Grand/Bryce Canyon National Parks* klettert (durch lange Tunnel; Gebühr/Wartezeit für große Fahrzeuge ab 21 Fuß) östlich aus dem *Zion Canyon* heraus, und führt dann durch das attraktive Ostareal des Parks. Hier öffnet sich auch im *Zion* der Blick aus großer Höhe in den Canyon hinunter. Die beste Aussicht hat man vom ***Canyon Overlook***. Dorthin führt ein *Trail*, der östlich des ersten Straßentunnels beginnt. Der kurze Weg (ca. 800 m einfache Strecke) führt an steilen Klippen entlang und öffnet auch den Blick hinüber zum Felsbogen ***Great Arch***.

Oberhalb des zweiten, kürzeren Tunnels wartet **eine andere Welt**. Eine Felslandschaft mit Türmen, Pilzen, steilen Sandsteinflanken und versteinerten Sanddünen in pastellartigen Farbtönen löst dort die senkrechten Canyonwände ab. Ein sehr gutes Beispiel für eine versteinerte Sanddüne ist die *Checkerboard Mesa* mit ihrem schachbrettartigen Muster aus Rissen und Spalten.

Kolob Canyons

Der Bereich *Kolob Canyons* im Nordwesten des Parks liegt abseits des Massentourismus. Er bietet vielmehr unberührte Einsamkeit und mittendrin den **größten Felsbogen der Welt**. Die Anfahrt erfolgt über die I-15 nach Norden, *Exit #40, Kolob Canyon Road.* Etwa 5 mi sind es vom *Freeway* bis zum ***Kolob Canyons Viewpoint*** mit herrlichem Weitblick auf die mächtigen Wände der umliegenden Massive. Die *Kolob Canyons* ähneln mit ihren engen Schluchten und senkrechten Klippen dem *Zion Canyon*, die Felsen leuchten hier aber in einem noch deutlich intensiveren Rot. Vom ***Trailhead*** am *Lee Pass* zum weltgrößten, freistehenden Felsbogen, dem ***Kolob Arch*** mit 94 m Spannweite, sind es 11 km auf abschüssigem Weg (213 m Höhendifferenz). Für die gesamte Strecke benötigt man retour 6-8 Stunden.

Biking

Für **Fahradfahrer** bietet der Zion Nationalpark nicht gerade viel. Bikes sind – von den Straßen abgesehen – nur gerade auf dem knapp 3 km langen, asphaltierten *Pa'rus Trail* (zwischen *South Campground* und *Main Canyon Junction*) erlaubt. Dafür gibt es außerhalb des Parks schöne Routen, so z.B. die stetig steigende *Kolob Terrace Road* zum *Lava Point* (fast 1.500 Höhenmeter und – einschließlich Anfahrt auf der Straße #9 nach Westen; Abzweig der Route nach Norden außerhalb des Parks – ca. 65 km ab dem *Visitor Center*!!). Fahrräder können in *Springdale* gemietet werden.

Wanderung *Angels Landing*

Wanderer können neben dem bereits beschriebenen Trip durch die *Narrows* zwischen einer ganzen Reihe abwechslungsreicher Routen wählen; die ergiebigsten Tagesausflüge sind die beiden folgenden:

Eine der buchstäblich herausragendsten Wanderungen führt zur ***Angels Landing*** (4 km einfacher Weg, 453 m Aufstieg). Sie startet bei der *Grotto Picnic Area* am *Zion Canyon Scenic Drive*. An vielen *Trailheads* im *Zion Park* (und auch in anderen Nationalparks) wird man vor *drop-offs* (steil abfallenden Klippen) gewarnt. Tatsächlich sind die Wege aber in der Regel nicht schwieriger oder exponierter als Bergwanderwege etwa in den Alpen. So entlockten uns die Warntafeln am *Angels Landing Trailhead* auch nur ein müdes Lächeln. Ausnahmsweise zu Unrecht. Diese Tour lohnt sich in jedem Fall auch dann, wenn man das letzte exponierte Teilstück nicht schafft.

Nach einer gemächlichen Aufwärm-Strecke steigt der breite Weg (*West Rim Trail*) in die erste Felswand ein (gute Sicht nach Süden über den *Canyon*). Ist man gerade richtig aufgcheizt, tritt der Weg in den treffend genannten *Refrigerator Canyon* (Kühlschrankschlucht), wo man schnell wieder abkühlt. Die nächste Felswand überwindet man auf einem konstruktiven Kunstwerk, den *Walters Wiggles* (enger, mit Mauern verstärkter Haarnadelaufstieg). Ab der nächsten Verzweigung führt der *West Rim Trail* (schöne Mehrtageswanderung möglich) weiter nach Nordwesten. Unser Ziel liegt aber bereits weider südlich, deshalb rechts abbiegen auf ein Plateau, wo für manchen Wanderer wohl bereits der Endpunkt erreicht sein dürfte. Denn der Pfad führt von dort – zu Recht – mit Ketten gesichert weiter an einer Felswand entlang. Von der nächsten Hochfläche aus hat man schon eine tolle Aussicht, aber erst danach kommt der wirklich unvergeßliche Abschnitt der Route: Die letzten 800 m führen über einen schmalen Grat (ebenfalls mit Ketten abgesichert) zum Endpunkt der Wanderung, einen Felssporn. Auf beiden Seiten fallen die fast senkrechten Felswände 400-500 m tief ab. Der Weg als solcher ist zwar an sich nicht gefährlich, aber steil und ziemlich exponiert. Nur trittsichere Wanderer ohne Höhenangst sollten ihn unter die Füße nehmen. Heil am Ziel angekommen, versteht man, weshalb dieser Patz die Bezeichnung *Angels Landing* führt (Landeplatz der Engel).

Auf dem gleichen Weg geht es auch zurück.

Eine Schwitzpartie für Leute mit Höhenangst, die Kraxelei über den letzten Grat zur Angels Landing (im Hintergrund)

Wanderung zum *Observation Point*

Eine ebenso eindrucksvolle Aussicht ohne vergleichbaren Nervenkitzel bietet der kombinierte *Echo/East Mesa Trail* hinauf zum ***Observation Point*** über der Ostseite des *Zion Canyon* (6,5 km einfacher Weg, 655 m Aufstieg, Start beim *Weeping Rock Parking Lot*). Der zunächst asphaltierte Weg führt in langezogenen Serpentinen bergauf. Nach kurzer Wegstrecke zweigt der ***Hidden Canyon Trail*** (in einen Seitencanyon) nach rechts ab, sowohl ein guter eigenständiger Weg für eine Kurzwanderung als auch ein lohnenswerter Abstecher. Bald schlägt der *Echo Trail* einen großen Bogen um einen Felsen, und das untenliegende Tal verschwindet aus dem Blickfeld. Der Abschnitt im *Echo Canyon* ist sehr abwechslungsreich; es geht an tiefen Schluchten, engen, geschwungenen *slot canyons* und hoch aufragenden Felswänden vorbei. Hier ist es auch noch meist schattig und kühl. Der *East Mesa Trail* in Richtung *Observation Point* zweigt im *Echo Canyon* nach links ab. Dieser gut ausgebaute Pfad läuft in engen Kurven an der Felswand entlang und setzt Wanderer schutzlos der Sonne aus. Dafür wird man jedoch mit besten Ausblicken belohnt. Nach Erreichen des Plateaus wird der Pfad sandig. Für den ***Observation Point*** nun links halten. Man durchquert ein niederwüchsiges *piñon-juniper*-Wäldchen und steht bald darauf am Ziel, von dem aus sich die ganze Länge des *Zion Canyon* überblicken läßt. Auf der gegenüberliegenden Seite der hier breiten Schlucht erkennt man deutlich *Angel's Landing*. Zurück auf identischem Weg.

Anfahrt und Zugang

Der *Zion Canyon National Park* ist von **Las Vegas** und **Salt Lake City** auf der I-15, dann auf der Straße #9 leicht erreichbar. Die #9 läuft durch den Park nach Osten und trifft in Mt. Carmel auf die Straße #89, die südlich zum Lake Powell/*Grand Canyon* und nördlich zum *Bryce Canyon Park* führt. Anfahrt ***Kolob Canyons*** ➪ Seite 308.

Für **Wohnmobilfahrer** gilt: Fahrzeuge über 2,40 m Breite (7 ft 10" einschließlich Spiegel) und/oder über 3,40 m Höhe (11 ft 4") können den *Zion-Mt. Carmel Tunnel* zwischen Ostein-/ausfahrt und *Zion Canyon* nur 8-20 Uhr im Konvoi und gegen Gebühr ($10) passieren (Gegenverkehr wird dann gestoppt). Der Tunnel darf nicht auf Bikes durchfahren werden.

Da vor allem der *Zion Canyon Scenic Drive* in der Sommersaison die enorme Besucherzahl bzw. deren Autos nicht aufnehmen kann, wird der hintere Teil der Straße ab der *Zion Lodge* für Privatfahrzeuge gesperrt. Eine ***Tram*** befördert die Besucher kontinuierlich von den Parkplätzen bis zum *Tempel of Sinawava* (gegen Gebühr). In Vorbereitung fürs Jahr 2.000 ist die völlige **Sperrung des *Zion Canyon*** und Einrichtung eines ***Shuttle Service*`** ab einem neuen Großparkplatz beim *Watchman Campground* unweit der Südeinfahrt.

Permits

Für Übernachtungen im *backcountry* und für die komplette Durchwanderung der *Narrows* (ca. 26 km) benötigt man ein *permit*, das in den *Visitor Centers* (*Zion* und *Kolob Canyons*) ausgestellt wird ($5).

Infrastruktur

Springdale, das westliche Einfallstor zum Park, bietet viele Quartiere in allen Preisklassen, darunter auch einige attraktive ***B&B Places***. Weitere Motels und Hotels finden sich in **Hurricane** und **St. George**, ca. 10 mi bzw. 25 mi entfernt, und vermehrt auch entlang der #9.

Der ganz ordentliche, privat geführte ***Zion Canyon Campground*** am Virgin River befindet sich am nördlichen Ortsende. Abends ist während der Saison von Mai bis Oktober in Springdale einiges los, es gibt Kneipen und mehrere gute Restaurants. **Einkäufe** sollte man aber lieber schon in St. George gemacht haben, Springdales Shops sind ziemlich teuer.

Für stilvolles Übernachten **im** *Zion Park* empfiehlt sich die ***Zion Lodge*** im Blockhaus-Look, Reservierung unter © (435) 772-3213 oder © (303) 297-2757. Die Zimmer sind dort indessen teurer als in den meisten *Motels* und *Inns* in Springdale. In der *Lodge* gibt es ein gutes Restaurant und eine *Fast Food Snack Bar.*

Der ***Watchman Campground*** mit Stellplätzen am Fluß unter schattigen Bäumen ist vor dem *South Campground* die Alternative innerhalb des Parks, Reservierung ➪ Seite 556. Schöne Lage und Komfort bietet der ***Mukuntuweap Campground*** unweit des Osteingangs.

Weitere Campingplätze und Unterkünfte gibt es an der Straße #89 in Richtung *Bryce Canyon Park* und in Kanab, Richtung *Grand Canyon.*

Information

Zion Canyon Visitor Center, © (435) 772-3256 (Nähe Südeingang) und ***Kolob Canyons Visitor Center***, © (435) 586-9548 (I-15, *Exit* 40). **Anschrift: *Superintendent, Zion NP***, Springdale, UT 84767-1099.

Die Needles beim Chesler Park verliehen dem Needles District seinen Namen

Canyonlands mit Arches National Park

Mesas, Cliffs und Canyons.

Kennzeichnung

"Nirgendwo sonst besteht eine vergleichbare Möglichkeit, eine so farbige, beeindruckende und ***geologisch bedeutende Naturlandschaft*** *von oben zu sehen, und dann hinabzusteigen in ihr Herz, und dabei stets das Gefühl einer abgelegenen Wildnis zu haben"*. Dieser Satz aus einem Bericht des US-Repräsentantenhauses zur Gründung des *Canyonlands National Park* im Jahre 1964 beschreibt treffend, wie wohl viele Besucher den *Canyonlands National Park* erleben.

Besuchsplanung

Es gibt zwei extreme Möglichkeiten, diesen größten Nationalpark Utahs (1.366 km^2) in der südöstlichen Ecke des Staates zu besuchen. Die erste, leider allzu häufig praktizierte, ist ein Stop im *Visitor Center* des *Island in the Sky District,* wo man sich die Karte besorgt und nach den besten Aussichtspunkten fragt; dann geht`s zum ersten, knips, zum zweiten, knips, und noch rasch zum dritten, damit ist der Park abgehakt. *Been there, done it*, und nun nichts wie los, schließlich steht am Nachmittag noch der *Arches Park* auf dem Programm.

Edward Abbey schlägt in seinem Buch *Desert Solitaire,* das inzwischen beinahe Kult-Status unter Umweltschützern erreicht hat, das andere Extrem vor. *"Zuerst, vom Auto aus, siehst Du gar nichts. Du mußt aus der gottverdammten Büchse raus, und laufen, oder noch besser kriechen, auf Händen und Knien, über den Sandstein und durch die Dornbüsche und Kakteen. Wenn Blutstropfen in Deine Spur fallen, dann siehst Du etwas. Vielleicht ..."*.

Falls Ihnen weder *viewpoint hopping* noch das Robben über karge Böden zusagen, schlagen wir einen Kompromiß vor. Nehmen Sie sich Zeit, genießen Sie in aller Ruhe einen Sonnenaufgang und einen Sonnenuntergang von einem *overlook* aus, unternehmen Sie ein paar Wanderungen, vielleicht auch eine mehrtägige. Lassen Sie die Weite auf sich einwirken, kraxeln Sie über den beigen oder roten *slickrock* (glatte Sandsteinflächen), riechen Sie den Beifuß und lauschen Sie dem Wind, wie er durch die dürren *piñon pines* streicht. Die Erinnerung an das Erlebnis dieser einzigartigen Landschaft werden Sie noch lange in Ihrem Herzen bewahren.

Geographie des Parks

Der tiefste Punkt im *Canyonlands National Park* liegt im *Cataract Canyon*, auf 1.334 m (3.720 ft), der höchste auf der *Cedar Mesa*, auf 2.130 m (6.987 ft.). Die tiefen Schluchten des Green und Colorado River, die sich im Herzen des Parkes vereinen, bilden ein gewaltiges Y und teilen den Park in drei Teile, sog. *Districts*, die sich in ihrem Landschaftscharakter stark unterscheiden:

Die Himmelsinsel

Der ***Island in the Sky District*** im Norden zwischen den Armen des Y ist der am meisten besuchte, für viele auch der eindrucksvollste. Den klangvollen Namen hat dieser Teil des Parks von der großen *Mesa*, einem von steilen Felswänden begrenzten Hochplateau. Es liegt wie eine große Insel 1.800 m hoch, reckt sich sozusagen in den Himmel, und ist nur über einen schmalen Felsrücken, *The Neck*, mit der Umgebung verbunden. Die Aussicht von den *viewpoints* am Rande der *Mesa* ist einzigartig. Der Blick hinunter fällt auf das die Himmelsinsel umgebende ***White Rim Plateau***, 400 m tiefer, dann in die *River Canyons*, 600 m (2.000 ft) unter der Hochfläche. Und rundherum, soweit das Auge reicht, Hunderte von Quadratmeilen bare, zerfressene Erdoberfläche, rot wie auf dem Mars, mit zahllosen Furchen, senkrechten Wänden, Türmen, Felsnadeln und Flußarmen, die sich krakenartig überall ins Gestein fressen. Von den Aussichtspunkten des ***Dead Horse Point State Park***, dessen Areal auf derselben Mesa bis fast an die Nordostgrenze der *Canyonlands* stößt, überblickt man dieselbe Landschaft aus anderer Perspektive.

Felsnadeldistrikt

Hauptattraktion im ***Needles District*** im Südosten sind die rot-weiß gefärbten Türme und Nadeln aus *Cedar Mesa-Sandstein*. Die Landschaft ist hier kleinräumiger als im *Island In The Sky District*, aber dafür ist man mittendrin in den Windungen der *Canyons*, auf dem *slickrock*, unter den *arches*, bei den Nadeln, Wänden und Knollen aus Fels. Hier befindet sich auch der *Salt Creek Canyon* mit zahlreichen Ruinen und Felsenzeichnungen der indianischen Urbewohner. An der Straße zum *Needles District* liegt **Newspaper Rock** mit Hunderten in den Fels geritzten Bildern und Symbolen (*Petroglyphs*).

Der Irrgarten

Der ***Maze District*** im Südwesten (jenseits des Colorado) gehört zu den abgelegensten und unzugänglichsten Regionen der USA. Er ist nur nach mehrtägiger Wanderung oder über extrem schlechte Allradpisten zu erreichen. Im Labyrinth von engen *slickrock canyons* und Felstürmen hat sich schon manch einer verirrt. Lediglich die ***Horseshoe Canyon Unit***, ein kleiner separater Bereich, ist von der Straße #24 oder Green River aus (I-70) halbwegs gut zugänglich. Der *Horseshoe Canyon* wurde wegen seiner Tableaus mit *pictographs* trotz der entfernten Lage in das Gebiet des Nationalparks eingegliedert

Geschichte

Bereits vor 10.000 Jahren streiften nomadische Paläo-Indianer durch diese Region. Die Indianer der sog. archaischen Periode wurden seßhaft und bauten Mais an. Erst später kamen ***Anasazi-* und *Fremont-Indianer***, deren Ruinen und *Rock Art* wir noch heute bewundern können. Diese Indianer wurden ihrerseits von den *Navajo*- und *Ute-Indianern* abgelöst. Inschriften an Flußufern zeigen, daß als erste Weiße wohl Pelztierjäger hierher kamen. 1869 gelang es einer Gruppe um den einarmigen Geologen und Forscher ***John Wesley Powell*** als erstem, die ganze Länge des *Green River* von *Wyoming* bis durch den *Grand Canyon* mit dem Boot zu befahren. Seine detaillierten topographischen und geologischen Karten, die er auf dieser und weiteren Erkundungen anfertigte, erleichterten es Ranchern und Pionieren der Mormonen, sich später hier niederzulassen. In den 20er-Jahren unseres Jahrhunderts begann die Ausbeutung der Öl- und Gasvorkommen, in den 40er- und 50er-Jahren (bis in die 70er-Jahre hinein) des Urans in der sog. *Chinle*-Schicht. Noch heute sichtbare Wunden sind die Hinterlassenschaft dieser nun eingestellten Aktivitäten.

Flora und Fauna

Aber nicht nur die fast unirdisch anmutende Landschaft macht den *Canyonlands National Park* so attraktiv. Weit über **400 Pflanzenarten** gedeihen hier, in weiten Wiesen, den lockeren *piñon-juniper*-Wäldern, auf den Felsen oder in den kühlen *Canyons*. An geschützten Plätzchen halten sich Douglas-Tanne und Gelbkiefern. Wüstendickhornschafe erfrischen sich an abgelegenen Wasserlöchern und Koyoten lassen ihr Geheul in den funkelnden Nachthimmel steigen. Den verzaubernden Gesang des *canyon wren* vergißt man schlicht nie. Nur ganz vereinzelt tauchen Schwarzbären im Park auf, mitten in einem *campground* konnten wir aber einen Rotluchs beobachten.

Welche Geschichten stecken wohl hinter diesen Petroglyphen? (Newspaper Rock State Historical Monument)

Reiseplanung

Zug

Da die Station in Thompson (I-70) bis auf weiteres aufgehoben wurde, befinden sich nun die nächstgelegenen *Amtrak*-Bahnhöfe in **Green River** in Utah und in **Grand Junction**/Colorado, 50 mi bzw. 112 mi von Moab entfernt. Einmal täglich bedient die transkontinentale Eisenbahn San Francisco–Salt Lake City–Denver–Chicago die Strecke. Von dort geht`s nach **Moab**, dem **Zentralort der Region *Canyonlands***, stilgerecht mit dem Bike oder per Mietauto, ➪ weiter unten.

Bus

Der ***Bighorn Express***, © (888) 655-7433 oder © (801) 328-9920, fährt einmal täglich (14 Uhr) vom ***Airport* Salt Lake City nach Moab und Monticello**. Es scheint unglaublich, aber es gibt ansonsten tatsächlich keine weiträumige Busanbindung dieses Versorgungszentrums zwischen den populären Nationalparks *Canyonlands* und *Arches*. Ein *Greyhound*-Bus verkehrt zwar täglich mehrfach auf der Route Salt Lake City–Denver, hält aber an sich nur in Green River und Grand Junction sowie einmal täglich in **Crescent Junction**, 27 mi nördlich von Moab. Falls Sie im *Lazy Lizard Hostel* übernachten (➪ unter Infrastruktur), besteht die Möglichkeit, sich (gegen Gebühr) an der Station dort abholen zu lassen. Weiter in die Nationalparks geht es nur per Fahrrad oder Auto. **Taxi in Moab**: *West Tracks Taxi*, © (435) 259-2294 oder *Dial Two Five Nine*, © (435) 259-8294.

Flugzeug

Die nächsten Großflughäfen sind Salt Lake City und Denver. Ein regionaler Airport befindet sich in Grand Junction, 125 mi östlich von Moab. ***Alpine Air***, © (435) 373-2946, fliegt täglich von Salt Lake City zum ***Canyonlands Field***, 17 mi von Moab entfernt (weiter mit Taxi).

Mietwagen

In Moab findet man ***Thrifty Rent A Car***, © (801) 259-7317/© 1-800-847-4389, und eine ganze Reihe lokaler Anbieter, speziell von **Jeeps** und anderer 4WDs, die aber nicht billig sind. Mit Fahrzeugreservierung kann man sich an der Busstation in Crescent Junction abholen lassen. In Grand Junction sind alle größeren Verleihfirmen vertreten.

Anfahrt von Norden und Osten

Von **Salt Lake City** geht es nach **Moab** auf der ***Interstate #15*** südlich bis Spanish Fork, dann auf der Straße *#6* bis Green River, dann 20 mi auf der I-70 und von Crescent Junction auf der *#191* (gesamt 238 mi).

Von Osten (**Denver**) nimmt man ohne Alternative die I-70 über Grand Junction, sollte sie aber nicht erst in Crescent Junction verlassen. Viel besser ist die **Traumstraße #128** am Colorado River entlang; Abfahrt #212; über Cisco bis Moab sind es ca. 50 mi (ab Denver 340 mi).

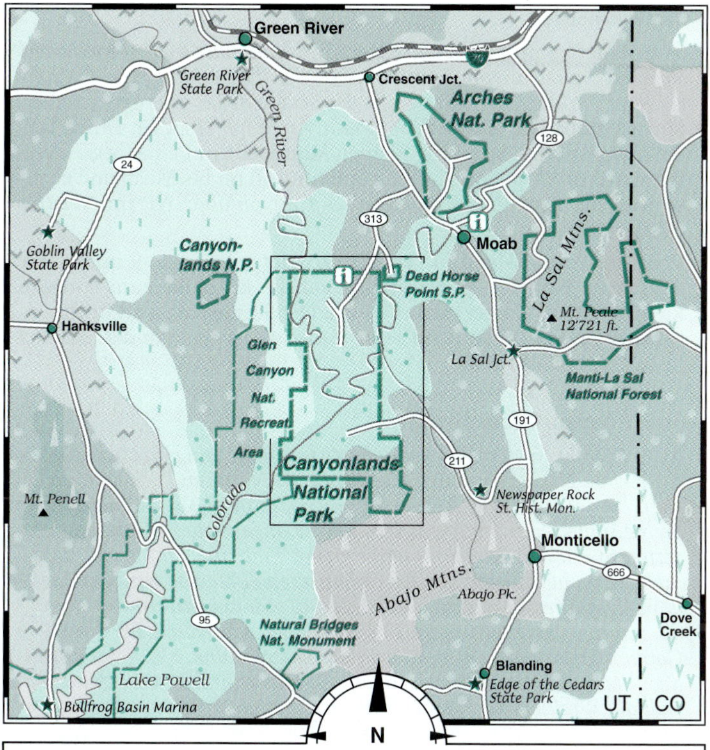

Canyonlands und Arches National Park

Blackbrush	Mountain Mahogany - Oak Scrub *Bergmahagony-Eichen-Gebüsch*
Saltbush - Greasewood *Graumelde-Greasewood*	Arizona Pine Forest *Arizona-Kiefern-Wald*
Galleta - Three Awn Shrubsteppe *Galletagras-Aristida-Buschsteppe*	Southwestern Spruce - Fir Forest *Südwestlicher Fichten-Tannenwald*
Great Basin Sagebrush *Great Basin-Beifuß*	Pine - Douglas Fir Forest *Kiefern-Douglastannen-Wald*
Piñon - Juniper Woodland *Kiefern-Wacholder-Buschwald*	Separate Karte

Canyonlands National Park mit Arches NP - Karte Seite 317

Anfahrt von Süden

Von Süden kommt man entweder über die **Straße #163** (*Monument Valley/Grand Canyon*), **#191** (*Canyon de Chelly, Lake Powell/Capitol Reef Park* in Verbindung mit der Straße #275) oder ggf. aus dem Südosten über die Straße **#666** (*Mesa Verde NP*). In allen Fällen landet man zunächst im relativ kleinen **Monticello** mit einer begrenzten Infrastruktur. Von dort sind es noch rund 50 mi bis Moab und ebenso weit bis zum ***Visitor Center*** des *Canyonlands NP* im ***Needles District*** (Straßen #191/#211).

Von Moab zum ***Island in the Sky District*** geht es ca. 9 mi auf der #191 nach Norden, dann westlich auf die *#313*. Bis zum dortigen kleinen *Visitor Center* sind es 35 mi. Die Straße zum – zu Recht populären – ***Dead Horse Point State Park*** zweigt kurz vor der Einfahrt in den Nationalpark ab.

So ist das mit dem Wetter

Jeder unserer Reiseführer versicherte uns, Mai und Oktober seien die besten Monate, um den Canyonlands National Park zu besuchen. So wählten wir die zweite Oktoberhälfte. Tatsächlich, die Sonne schien, die Temperaturen waren angenehm. 3 Tage später zerfetzte ein Sandsturm beinahe unser Zelt und hinterließ eine dicke Schicht feinsten Sandes auf unseren Schlafsäcken. Am Tag danach wurde es empfindlich kühler, es war aber zumindest wieder sonnig. Nach ein paar Tagen jedoch, wir waren im Squaw Canyon unterwegs, entleerten sich schwere, dunkle Wolken über dem ausgetrockneten Land. Innerhalb kürzester Zeit verwandelte sich der Wanderweg in einen knietiefen Bach. Eine Stunde später schneite es – große, nasse Flocken. Das war dann doch zuviel. Eilig wateten wir zurück zum Zelt. Oben war es bereits gefroren, unten lag es in einer Wasserlache. Was soll man dazu sagen?

Klima und Reisezeit

Rein statistisch herrschen in **Frühling** und **Herbst** die angenehmsten Bedingungen zum Wandern und Biken. Tagsüber ist es warm und sonnig, in der Nacht meist ziemlich kühl. Die Blumen blühen vor allem Mitte April bis Mitte Juni, einige aber auch erst im Oktober.

Die **Sommertage** sind heiß mit Temperaturen bis in die *hundreds* (bis zu 40°C), und Nachttemperaturen um 10°-15°C. Mit Gewittern muß man vor allem im Juli und August rechnen; ein Großteil des jährlichen Niederschlags fällt in dieser Zeit. Die **Winter** sind kalt, und Schnee kann zwischen Oktober(!) und Mai fallen. Er verwandelt die ganze Region mit ihren Nadeln, Türmen, Kuppen und Schluchten in eine verzauberte Märchenlandschaft.

Lassen Sie sich während anderer Perioden vom Anblick des weiten, trockenen Landes nicht täuschen. Obwohl nur etwa 20 cm Regen im Jahr fallen, ist schon mancher unvorsichtige Wanderer einer *flash-flood* (Springflut im engen Canyon) zum Opfer gefallen. Daher darf man nie in Canyons campen und sollte doppelte Vorsicht walten lassen, wenn es irgendwo in der Gegend Gewitter gibt.

Der Oktober mit seinen milden Temperaturen und klaren, sonnigen Tagen ist – neben Mai – besonders geeignet für Wanderungen. Ausnahmen bestätigen die Regel ... (im Squaw Canyon/Needles District).

Infrastruktur

Unterkunft

Das kleine Städtchen Moab (knapp 5.000 Einwohner und dennoch mit Abstand die größte Ortschaft im Südosten Utahs) fungiert als Besucherzentrale inmitten der felsigen Naturwunder und besitzt eine für seine Größe erstaunliche touristische Infrastruktur.

Über 60 *Motels, Hotels, Inns, Bed & Breakfast-Places* und *Ranches* mit über 1200 Zimmern warten auf Gäste und sind dennoch nicht selten ausgebucht. Die Mehrzahl der Quartiere ist unabhängig, aber auch einige der großen Kettenmotels sind vertreten. Es macht Sinn, in Moab einige Tage vor Ankunft zu reservieren, zumindest aber bereits am Vormittag anzureisen, wenn normalerweiser noch einige *Vacancies* zu finden sind. Wer nicht eins der Kettenmotels über ihre 800-Nummer anrufen möchte (➪ Seite 561), kann sich an die lokale **zentrale Reservierung** wenden: ✆ (800) 748-4386 oder (435) 259-5125; Fax (435) 259-6079. Die **Zimmerpreise in Moab** liegen deutlich über dem sonst in der Region Üblichen.

Eine Abwechslung von ewig gleichen Motelzimmern bietet das ***Off-Center Hotel*** mit 10 unterschiedlich dekorierten Räumen, die wegen Dusche und WC auf dem Gang gar nicht mal teuer sind (ab $39), 96 East Center, ✆ (800) 237-4685. Ebenfalls relativ preiswert und recht ordentlich ist das 4 Blocks abseits der Hauptstraße gelegene ***Apache Motel***, ✆ (800) 228-6882.

Preiswert übernachtet man im ***Lazy Lizard Hostel*** südlich des Ortes, 1213 South #191. Neben Mehrbettzimmern gibt es Einzel-/Doppelzimmer; sogar **Zelte** dürfen aufgeschlagen werden; ✆ (435) 259-6057.

Auffällig sind die vielen ***B&B*-Quartiere**. Eine Liste sämtlicher Unterkünfte haben das ***Visitor Center***, Main/Center Street (etwas zurückgesetzt gleich neben *Eddie McStiff's Brew Pub),* und die ***Chamber of Commerce*** an der 805 North Main.

Camping

Am schönsten campt man im Canyonlandsbereich im ***Arches Park*** oder im ***Deadhorse Point State Park***, der über ✆ 1-800-322-3770 (Mo–Fr 8–17 Uhr) reserviert werden kann, ➪ Seite 556. In beiden zusammen gibt`s aber nur knapp über 100 Stellplätze. Chancen auf einen Platz im ***Arches*** (prinzipiell nach *first-come-first-served*) hat meist nur, wer morgens ab **7 Uhr am *Visitor Center*** ist. Dort erfolgt eine ***Pre-Registration***, nach der man schnurstracks zum *Campground* fahren muß. Die beiden Campingplätze im ***Canyonlands National Park*** *(Willow Flat* und *Squaw Flat)* sind zwischen März und Ende Juni sowie von *Labour Day* (Anfang September) bis Mitte Oktober ebenfalls oft schon am späten Vormittag voll; dabei ist ***Willow Flat*** im *Island in the Sky District* einfach und wasserlos.

Die Mehrheit der Camper kommt wegen dieser Restriktionen auf einem der zahlreich privat betriebenen Komfortplätze in Moab unter – unübersehbar entlang der Hauptstraße nördlich und südlich.

Ausweichmöglichkeit und billige Alternative sind die **Einfachst-*Campgrounds*** (BLM) am Colorado River an der Straße #128 (drei Plätze, alle ca. 7-8 mi von der Ecke #191 entfernt). An einigen Stellen am Flußufer darf man auch stadtnäher kostenlos parken/zelten. Ebenfalls gratis übernachtet man am Nordufer des **Recapture Lake**, 4 mi nördlich von **Blanding** in einer vernachlässigten *Recreation Area*. Der ***NF-Campground Devil´s Canyon***, 10 mi weiter, ist ein gepflegter, gut angelegter Platz.

Unübertroffen ist Camping im Bereich des *Slickrock Bike Trail* hoch über Moab. In den ausgedehnten ***Sand Flats*** finden sich zahlreiche Stellplätze in einer Fels- und Dünenlandschaft. Einziger Komfort sind dort Plumpsklos; Wasser ist mitzubringen. Wer gerne Duschen hätte, campt im ***Lions Back Campark*** an der Sand Flats Road auch schön für ein paar Dollars mehr.

Im ***Needles District*** des ***Canyonlands National Park*** ist der um eine Felskuppe angelegte ***Squaw Flat Campground*** in einem fantastischen Umfeld schon fast allein die lange Anfahrt auf der Straße #211 wert. Der Platz ist immer voll. Nur frühe Ankunft hilft. Wenn`s nicht klappt: im ***Newspaper Rock State Park*** ist am Creek unter Bäumen einfaches Campen möglich, und der private Campingplatz ***Needles Outpost*** vor den Grenzen des Parks bietet ein Ausweichquartier vor roten Felsen: © (435) 979-4007. Der ***Wind Whistle Campground*** des BLM liegt nur ca. 5 mi von der #191 etwas erhöht über der Zufahrt zum Aussichtspunkt *Needles Overlook*.

Zelten scheinbar in der Einsamkeit, aber ganz offiziell im weitläufigen Gelände der Sand Flats unweit des populären Slickrock Bike Trail

Essen und Trinken

In Moab kommt das leibliche Wohl nicht zu kurz. *Fast Food Places* und Restaurants sind zahlreich, ebenso richtige Kneipen – und das in Utah! Sehr beliebt ist die ***Moab Microbrewery*** mit Restaurant neben *McDonalds* an der South Main St, das ***Poplar Place Restaurant & Pub*** und ***Eddie McStiff's Brew Pub*** im Zentrum neben der *Visitor Information*. Die üblichen Riesen-Supermärkte sichern die Versorgung und – eine ***European Bakery*** mit Vollwertbrot: 84 West 200 North.

Blanding und **Monticello**, kleine Orte ohne Reiz, besitzen ebenfalls Supermärkte, Motels und Restaurants. Die Übernachtung in beiden ist preiswerter als in Moab; das gilt besonders außerhalb der Saison. Während es auch dann in Moab von April bis Ende Oktober ziemlich voll bleibt, ist in der "Nachbarschaft" noch nichts/ nichts mehr los.

Informationen

Die beste Anlaufstelle weit und breit ist das an der Ecke Main/Center Street kaum übersehbare ***Moab Information Center***, in dem die Verwaltungen für das Staatsland ringsum vertreten sind – ***Bureau of Land Management*** *(BLM)*, ***US Forest Service*** *(USFS)* und ***National Park Service*** *(NPS)* – und das ***Grand County Travel Council*** sowie die ***Canyonlands Natural History Association***, 3031 South Highway #191, Moab, UT 84532, © (435) 259-6003 oder © 1-800-840-8978.

Visitor Center im ***Island in the Sky District*** des ***Canyonlands NP***: © (435) 259-7164, ***Visitor Center*** im ***Needles District***: © (435) 259-4711. **Anschrift**: ***Canyonlands National Park***, 125 West 200 South, Moab UT 84532. ***Visitor Center*** im ***Dead Horse Point State Park***: © (435) 259-2614.

Tourist Office in **Monticello** im *Juan County Courthouse*, 117 South Main, Monticello, © 1 800 574-4386.

Kurzinfos Outdoors

Permits

Für folgende Aktivitäten sind **gebührenpflichtige *permits*** notwendig:

- Übernachten im *backcountry* (Wanderer: Gruppengröße max. 7 Personen, Fahrzeuge: max. 3 Fahrzeuge und 15 Personen),
- Fahrten mit Auto oder Bike in den *Salt Creek* und die *Horse* und *Lavender Canyons* im *Needles District*
- Fahrten mit Boot durch den *Cataract Canyon* und selbst für kurze Trips in ruhigen Abschnitten des *Colorado* und *Green River*.

Reservierung empfohlen, Anschrift: ***Canyonlands National Park, Reservation Office***, 2282 S West Resource Blvd, Moab UT 84532-3298, © (801) 259-4351.

Camping mit Autos oder Bikes ist im Nationalpark nur auf offiziellen Plätzen zugelassen; dies gilt auch für *Backpacker* im *Needles District* und auf dem *Syncline Trail.* Sonst darf man im Prinzip überall zelten unter Bedingung, *low impact*-Techniken anzuwenden (➪ Seite 48). Holzsammeln ist in beiden Nationalparks verboten; im *backcountry* dürfen generell keine Feuer gemacht werden.

Wandern

Die *Trails* im *Canyonlands National Park* sind sehr abwechslungsreich: durch sandige *washes* geht es hinunter in *Canyons* und wieder hinauf über *slickrock*, an Felsnadeln und Knollen vorbei oder durch vereinzelte grasige Ebenen. C*airns* (Steinmännchen) helfen bei der Orientierung.

Island In The Sky District: Alle längeren Wege führen früher oder später vom Plateau mindestens 300 m tiefer. Großartige Aussichten entschädigen für die steinigen und stellenweise sandigen Wege und den unvermeidlichen Aufstieg am Ende der Wanderung. Die kurzen Trails auf der *Mesa* (0,5-2 km) führen überwiegend zu *Viewpoints* am Rand der Hochebene. Schatten gibt es auf dem hier vorhandenen Wegenetz (insgesamt ca. 80 km) kaum, ebenfalls kein Wasser (das kann man jedoch im *Visitor Center* kaufen).

Needles District: Im Gebiet *Squaw Flat-Chesler Park* ist das Wegenetz am dichtesten (ca. 100 km). Die Höhenunterschiede sind hier auch geringer als im *Island in the Sky District.* Die *Trails* führen durch relativ kleine *Canyons,* kraxeln über *slickrock*-Pässe, durchqueren Grasebenen oder folgen einem *wash.* In einigen *Canyons* gibt es zeitweise Wasser, was Mehrtageswanderungen erleichtert (allerdings kein Wasser im *Chesler Park,* Flaschen im *Squaw Flat Campground* oder im *Visitor Center* auffüllen).

Zum Wandern im ***Arches Park*** ➪ Seite 351.

Radfahren, Mountain Biking

Moab muß man Mountain Bikern kaum noch vorstellen: unschlagbar sind die unzähligen Touralternativen rund um dieses Städtchen. Allein im *Canyonlands National Park* erwarten Sie um die 320 km *Bike Trails* (allerdings auch für Jeeps offen). Auf Wanderwegen und im weglosen Gelände im Nationalpark sind Bikes nicht erlaubt.

Island In The Sky District: eine Herausforderung der höheren Art ist die *White Rim Road.* Auf etwa 160 km umrundet sie die gesamte *Island in the Sky Mesa* auf dem 300 m tiefer gelegenen *White Rim-Plateau,* vorbei am *Monument Basin* und am *Soda Springs Basin.* Es ist eine teils holprige, teils sandige, teils felsige Straße mit einigen Steilstücken und pausenlos umwerfender Aussicht. Die meisten Biker lassen sich von 4x4-Fahrzeugen begleiten. Reservierungen für die *Campgrounds* sind ratsam, 3-4 Tage Fahrzeit, kein Wasser, kein Shop, nichts. Geführte Trips können in Moab gebucht werden.

Needles District: Einige der *Bike Trails* sind recht sandig. Ein kurzer einfacher Trip (10 km Hin- und Rückweg) führt vom *Squaw Flat Campground* zum *Elephant Hill*, eine längere Tour (23 km Rundweg) vom *Visitor Center* zum *Colorado River Overlook*.

Moab: Der ***Slickrock Bike Trail*** katapultierte Moab in die Wunschliste jeden Mountain Bikers. Gestartet wird bei den *Sand Flats* östlich und gleichzeitig hoch über Moab. Der etwa 16 km lange ***Loop* ist ein Muß**, falls man nicht einsamere Routen bevorzugt. Allerdings sind dafür Gebühren fällig. Zahlreiche Shops in Moab vermieten und reparieren Bikes. Weitere Infos im *Moab Visitor Center*.

Ein wahr gewordener Traum für Mountain Biker: die 160 km lange White Rim Road, hier nördlich des Murphy Hogback.

Reiten

Hier ritten *Butch Cassidy* und *Sundance Kid* in die untergehende Sonne, hier wurden Dutzende von Western gedreht. Im Nationalpark darf man auf allen *backcountry roads* reiten (*permit* erforderlich). Es gibt aber nur wenige Routen mit Wasserstellen. In der ***Pack Creek Ranch*** an der *La Sal Mountain Loop Road* (15 mi südöstlich Moab) kann man ein- oder zweistündige bis mehrtägige Ausritte buchen, © (435) 259-5505. Ein Beispiel für eine abwechslungsreiche Tour: bei ***Adrift Adventures***, 378 N Main, © 1 800 874-4483 wird am Morgen geritten, und am Nachmittag geht`s auf dem *Colorado River* per Boot zurück. Pferde und Packtiere sind mit einem *permit* auf den meisten Wanderwegen im *Canyonlands National Park* erlaubt. Zusätzliche Infos im *Moab Information Center*.

Kanu, Rafting

Sie können wählen: Kanu oder Schlauchboot, sich gemütlich treiben lassen oder durch die *rapids* (Stromschnellen) im *Cataract Canyon* sausen, daß einem das Herz aussetzt. Dort zwängt sich der Fluß durch Schluchten mit imposanten, roten Felswänden. Aber oberhalb der *Confluence*, des Zusammenflusses von *Green* und *Colorado River*, ist das Wasser recht ruhig, sogenanntes *flat water*. Mit einer ***flat water permit*** (beim *Visitor Center* erhältlich) kann man z.B. bei *Mineral Bottom* oberhalb des *Canyonlands Park* im *Green River* wassern oder im *Colorado River* bei *Potash*. Sie müssen sich dann mit einem Motorboot zurückbringen lassen. Denn unterhalb von *Spanish Bottom*, wo der berüchtigte ***Cataract Canyon*** des *Colorado* beginnt, brauchen Sie ein spezielles *permit* und sehr viel Erfahrung. Man wird dort durch 26 *rapids* bis zur Klasse V katapultiert. Festen Boden bekommt man erst wieder an der *Hite Marina* des *Lake Powell* unter die Füße. Die beste Zeit ist von April bis September, **Hochsaison** von Mai bis Juni. *Tour operators* in Moab bieten geführte *White Water Rafting Trips* jeglicher Länge an. Einige vermieten auch Boote. Weitere Informationen im *Moab Visitor Center.*

Wintersport

Nach Schneefällen verwandelt eine weiße, glitzernde Decke den *Canyonlands National Park* in eine Zauberwelt. Zum Langlauf oder Schneeschuhlaufen reicht es jedoch meist nicht. Halb so schlimm, denn in den nahen *La Sal Mountains* gibt es metertiefen, lockeren Pulverschnee. Hier haben Wintersportler vielfältige Möglichkeiten für alle Arten der muskelbetriebenen Fortbewegung im Schnee: von einfachen bis schwierigen, kurzen oder langen Routen. Den aktuellen Schnee-, Lawinen- und **Wetterbericht** erfährt man **unter © (435) 259-7669**. Weiter Infos und Karten (mit Loipen und Tourenvorschlägen) gibt es beim ***Moab Forest Service Office***, 125 West 200 South, oder beim erwähnten *Moab Information Center*. ***Rim Cyclery***, 94 West 100 North, © (435) 259-5333 vermieten Langlaufskis.

Besondere Tips

Relaxing

Nach einer langen Wanderung oder einem *Mountain Bike-Trip* geht nichts über einen Sprung in kühles, blau schimmerndes Wasser. Wenn kein Hotelpool wartet: Moabs öffentlicher ***Open-air Pool*** befindet sich im *City Park* (geöffnet nur im Sommerhalbjahr).

Das ***Canyonlands Field Institute***, 1320 S Hwy 191, Moab, © (435) 259-7750, bietet unterschiedlichste Kurse: Malen, Fotografieren, Wandern, Kanufahren etc. Auch ökologische Themen haben einen Platz im Kursprogramm.

Tips für Kids

Zwei kurze Naturpfade eignen sich bestens für Kinder: Der kaum einen Kilometer lange ***Cave Spring Loop Trail*** im *Needles District* passiert ein verlassenes *Cowboy Camp* und indianische Felsmalereien. Der ***Mesa Arch Nature Trail*** im *Island in the Sky District* führt zum (auf zahlreichen Postern verewigten) *Mesa Arch* direkt an einem Abgrund (Vorsicht!). Lehrreiche Erläuterungen zu den Pflanzen am Wege säumen beide Rundpfade.

Für Gourmets

Gutes Essen in lockerem Ambiente gibt es im ***Slick Rock Cafe*** in Moab; vegetarische, mexikanische und amerikanische Menüs und viele Spezial-Burger – etwa der *Uranium Burger* mit Blauschimmelkäse und frischem Knoblauch – stehen dort auf der Speisenkarte. Ein Haus mit Geschichte und Aussicht ist das ***Sunset Grill Restaurant*** am Nordende des Ortes hoch über der Hauptstraße. Auch am nördlichen Ortsausgang steht auf Straßenhöhe das romantische ***Grand Old Ranch House*** fürs ***Candle Light Dinner***.

Literatur und Karten

Utah's National Parks, *Hiking, Camping and Vacationing in Utahs' Canyon Country, Zion, Bryce, Capitol Reef, Arches, Canyonlands*, Ron Atkison, Wilderness Press.

Above and beyond Slickrock, Todd Campbell, Wasatch Publishers.

Canyon Country's La Sal Mountains, *Hiking and Nature Handbook*, José Knighton, Canyon Country Publications.

Run, River, Run, *A Naturalist's Journey down one of the great Rivers of the American West*, Ann Zwinger, University of Arizona Press.

Wind in the Rocks, *The Canyonlands of southeastern Utah*, Ann Zwinger, University of Arizona Press.

Stone Desert, *A naturalists exploration of Canyonlands National Park*, Craig Leland Childs, Westcliffe Publishers.

Canyonlands Country, *Geology of Canyonlands and Arches National Parks*, Donald L. Baars, University of Utah Press.

Roadside Geology of Utah, Halka Chronic, Mountain Press Publishing Co.

Canyon Country Geology, F. A. Barnes, Wasatch Publishers.

Canyon Country Prehistoric Indians, *Their Cultures, Ruins, Artifacts and Rock Art*, F. A. Barnes, Michaelene Pendleton, Wasatch Publishers.

Canyonlands National Park, ***Needles & Island in The Sky*** *Trails Illustrated Toto Map* # 210.

Die Natur in der Region Canyonlands

Geologie

Entstehung der Mesas und Canyons

Kaum anderswo auf unserem Planeten sind **geologische Phänomene so vielfältig**, so konzentriert und so exponiert wie in der Region der *Canyonlands*. Die unzähligen *Canyons*, Felsnadeln und -türme, Salzdome, Verwerfungen und Erosionsformen des *Colorado Plateau* gehörten schon im späten 19. Jahrhundert zu den ergiebigsten Forschungsobjekten der Geologen. Die drei wichtigsten Faktoren bei deren Entstehung sind Salz, Sand und Wasser:

Das Fundament des *Colorado Plateaus* besteht aus **Salz**. Vor 300 Mio. Jahren, gegen Ende des Paläozoikums, bedeckte ein flaches Meer dieses Gebiet, das von Gebirgen eingeschlossen wurde. Mit der Verdunstung des Wassers lagerten sich die gelösten Salze als Gips, Halit, Sylvit und Dolomit ab. Die mächtigen Sedimente gehören zur sog. *Paradox-Formation*. Unter diesen Salzschichten liegen noch ältere Sedimente, zu denen aber die erodierenden Flüsse bis heute noch nicht vorgedrungen sind.

Dann kam der **Sand**. Vom Perm bis ins Mesozoikum glich das *Colorado Plateau* der heutigen Sahara; verantwortlich dafür waren die neu entstandenen Gebirge in Kalifornien und im zentralen Utah, welche die Feuchtigkeit abfingen. Riesige Mengen Sand sammelten sich in dieser Wüste, aber auch in Schwemmebenen und Deltas. Viel Schutt wurde auch von den Ur-Rockies im Osten herangeschafft. Später abgelagerte Schichten komprimierten dabei die älteren zu Sandstein. Der mächtige, rote *Wingate*-Sandstein ist nichts anderes als auf diese Weise komprimierter Wüstensand (aus der Trias-Zeit).

Der dritte Faktor ist **Wasser**. Vor ca. 10 Mio. Jahren preßten die kollidierenden tektonischen Erdkrustenplatten den westlichen Teil Nordamerikas um etwa 2 km (6.000 ft) in die Höhe. Damit fiel mehr Regen, so daß sich die Erosionskraft der Flüsse verstärkte. Der *Green* und der *Colorado River* kerbten sich in der Folge tiefer und tiefer in die Sandsteinschichten ein.

Typische Phänomene

Die augenfälligsten geologischen Phänomene der Region sind

- ***Needles*** (Nadeln) im gleichnamigen *District*. Das Salzfundament verhielt sich unter der schweren Last der aufliegenden Sedimente wie Zahnpasta: es wurde seitlich weggequetscht und stieg, da es leichter als Sandstein ist, andernorts wieder in die Höhe. Dort wurden der darüberliegende Sandstein angehoben und verbogen, geriet in Schräglage und rutschte z. T. weg oder zerbrach. Die Erosion erweiterte später diese Bruchstellen und nagte die Nadeln heraus.

- **Kleine *Canyons*** im *Needles District*, z.B. *Squaw Canyon und Lost Canyon* (➪ Wanderung 5, Seite 345): Sie wurden hauptsächlich durch die gewaltige Kraft der *flashfloods* nach sommerlichen Gewittern herausgekerbt.
- **Klippen** (*cliffs*) im *Island in the Sky District*: Die charakteristischen, roten Sandsteinwände sind aus relativ hartem *Wingate*-Sandstein. Der *Chinle-Sandstein* (darunterliegend) ist weicher und erodiert schneller. So wird der *Wingate-Sandstein* langsam unterhöhlt und bricht in großen Platten und Keilen ab.

Hier macht Geologie Spaß! Klippen aus hartem Wingate Sandstein und der Junction Butte. (Am Ende des Grand View Point Overlook)

- **Plateaus, *Mesas*, *Buttes*, *Spires***: Eine relativ harte Schicht schützt die darunterliegenden weicheren Gesteine vor der Erosion. Das *Island in the Sky* ist ein solches Plateau, dessen Schutzschicht ist die *Kayenta Formation*. Die weißliche Gesteinsschicht auf dem tiefer gelegenen Plateau ist *White Rim*-Sandstein. Kleine Plateaus nennt man *Mesas* (spanisch für Tisch), z.B. *Buck Mesa* oder *Bighorn Mesa*. Werden sie noch schmächtiger, sind es *Buttes*, z.B. die *Junction Butte* beim *Grand View Point Overlook*. Am Schluß bleiben noch dünne Türme *(Spires)*, wie etwa die *Six-Shooter Peaks*, der *Candlestick Tower* oder die *Spires* im *Monument Basin* mit ihrem weißen Hütchen aus *White Rim*-Sandstein.
- ***Bridges*** (Brücken) und ***Arches*** (Bögen) sind nicht dasselbe, auch wenn ihr Aussehen weitgehend identisch ist. *Bridges* entstehen, wenn Flüsse sich einen Durchgang durch Felswände verschaffen. Sind überwiegend Wind und Wetter im Spiel, spricht man von *Arches*, z.B. *Angel, Druid* und *Mesa Arch* im ***Canyonlands*** und zahlreiche Felsbögen im ***Arches National Park***.
- ***Cataract Canyon***: Unterhalb des *Confluence* (Zusammenfluß) stürzen und schäumen der *Green* und der *Colorado River* mit vereinigten Kräften durch eine tiefe Schlucht. Der *Cataract Canyon* ist eine der schwierigsten *white water*-Strecken im US-Westen.

Bakterien, die das Colorado-Plateau zusammenhalten

Mit ihrer rauhen, unwirtlichen Erscheinung erweckt die Wüste vielfach den Eindruck, nichts könne ihr etwas anhaben. Weder Allrad-Vehikel noch Viehherden, weder Mountain Bikes noch Bergwerke. Das Gegenteil ist der Fall. Die meisten Wüsten sind außerordentlich fragil. Der Großteil des *Colorado-Plateau* ist sehr sandig und felsig. Dauernd besteht die Gefahr, daß neu entstandener Boden sofort von Winden verweht oder durch heftige Regenfälle weggespült wird. Meist hält nur eine dünne Schicht, die sog. **mikrobiotische**, auch **kryptobiotische Kruste**, den Sand zusammen. Wo diese Kruste gut ausgebildet ist, bildet sie eigenartige, bis zu 5 cm hohe schwärzliche Türmchen.

Die Kruste entsteht in einem langsamen Prozeß mit Hilfe von Cyanobakterien, **der ältesten bekannten Lebensform** auf unserem Planeten (die ältesten Cyanobakterien-Fossilien sind 3.500 Mio. Jahre alt). Sie schafften es als erste, das Land zu besiedeln und verwandelten die kohlendioxidreiche in eine sauerstoffreiche Atmosphäre (ihre Hilfe könnten wir heute in einigen Regionen der Erde wieder ganz gut gebrauchen ...). In sandigen Böden kommen diese Cyanobakterien vor allem als dünne Fasern vor, die von einer klebrigen Hülle umgeben sind. Bewegen sich die Bakterien durch den Boden, streifen sie stetig Teile dieser Hülle ab, die dann die Sandkörner zu einer **relativ festen Kruste** verbindet.

Diese Hüllen haben noch eine andere Funktion. Sie können bis zum zehnfachen Volumen anschwellen und wirken damit als **Wasserspeicher**. Die Hüllen selbst und die daran klebenden Tonpartikel sind überdies negativ geladen und verhindern so die Auswaschung von positiv geladenen Nahrungspartikeln. Zusätzlich können die Cyanobakterien auch lebensnotwendigen Stickstoff aus der Luft binden und für die Pflanzen verfügbar machen (Stickstoff ist oft der begrenzende Faktor im Pflanzenwachstum).

Die mikrobiotischen Krusten, welche 70% bis 80% des Bodens des *Colorado-Plateau* bedecken, sind allerdings **sehr empfindlich**. *Rangers* im *Arches* und im *Canyonlands National Park* haben einmal zertrampelte mit unversehrten Böden verglichen. Die Unterschiede waren frappant. Nach einem einzigen Fußtritt sank die Stickstoff-Bindung auf Null. Damit war auch die lebensnotwendige Stickstoffquelle für die Pflanzen versiegt. Wasser konnte zehnmal weniger gespeichert werden, und die Bodenverdichtung stieg auf das Fünffache. Statt eines vielfältigen Bouquets von Cyanobakterien, Flechten, Moosen, Algen, Pilzen und Bakterien überlebte gerade mal eine einzige Cyanobakterienart. Auch die Zahl der Pflanzen nahm ab, die überlebenden wuchsen viel langsamer.

Mikrobiotische Kruste: 1 Sekunde für einen Fußtritt – 10 Jahre für die Regeneration.

Es dauert etwa 1 Sekunde, um mit einem unvorsichtigen Tritt die mikrobiotische Kruste zu zerstören, aber etwa 10 Jahre, um den Schaden zu beheben, also etwa 300 Millionen mal länger.

In den Broschüren des *National Park Service* liest man immer und immer wieder: ***Take only pictures – leave only footprints***. Im *Canyonlands National Park* und an anderen Orten auf dem *Colorado-Plateau* muß man noch viel vorsichtiger sein. Bleiben Sie strikt auf den Wegen, wenn Sie wandern oder per Mountain Bike unterwegs sind. Müssen Sie den Weg trotzdem verlassen, treten Sie auf Felsen oder folgen Sie sandigen *washes* (trockenen Flußbetten oder Senken).

Pflanzen und Tiere

Zwischen Wüste und Wasser

Die *Canyonlands* wirken eigentlich nicht besonders einladend auf Pflanzen und Tiere. Mit weniger als 25 cm Regen pro Jahr, aber einem Verdunstungspotential von 216 cm, gilt die Region als Wüste. An heißen Sommertagen klettern die Temperaturen regelmäßig über 100°F (38°C), fallen aber nach dem Sonnenuntergang rasant ab. Es regnet nur selten, und wenn, dann fällt das Wasser in Wolkenbrüchen auf den ausgetrockneten, sandigen Boden oder den nackten Fels und sammelt sich schnell zu den schon mehrfach angesprochenen reißenden *flashfloods*. Auf den hier überwiegenden Höhen zwischen 1.200 m und 1.800 m sind die Winter kalt und Stürme keine Seltenheit – es handelt sich um eine *cold desert*, eine **kalte Wüste** (im Gegensatz etwa zur *Sonora* oder *Chihuahua-Wüste*).

Viele Tiere und Pflanzen konnten sich diesen Bedingungen anpassen und sind in den *Canyonlands* zuhause. Was uns unwirtlich erscheint, ist für sie genau das Richtige. Die *kangaroo rat* (Känguruhratte) etwa könnte in einer saftigen, grünen Wiese gar nicht mehr überleben.

Flora

Die am häufigsten vorkommende Pflanzengemeinschaft gruppiert sich um die ***piñon pine*** **(Nußkiefer) und den** ***Utah Juniper*** **(Wacholder)**. Diese buschartigen Bäume wachsen meist in der Nähe von oder auf *slickrock* (nacktem Fels), wo sie ihre Wurzeln tief in die Spalten senken und vom ablaufenden Wasser profitieren. Zahlreiche kleinere Büsche behaupten sich im sandigen Boden: *sagebrush* (Beifuß, diverse Arten), *blackbrush, greasewood* (Wüstenbüsche), *saltbush* (Graumelde), *mountain mahogany* (Berg-Mahagony), *rabbitbrush, mormon tea* (Schachtelhalmstrauch) und der *single-leaf ash* (Eschenart). Die beste Möglichkeit, diese Pflanzen im Detail kennenzulernen, bietet sich auf dem ***Mesa Arch Trail*** im *Island in the Sky District* und auf dem ***Cave Spring Trail*** im *Needles District.*

In den **kühleren *Canyons*** können sich größere Laubbäume halten, allen voran die *Fremont* und *lanceleaf cottonwood* (Andrew-Pappeln) sowie drei Weidenarten. Wo Wasser aus Spalten in einer Felswand träufelt, entwickeln sich hängende Gärtchen mit Moosen, Farnen, Orchideen, Akelei *(columbine)* und – *poison oak* (Giftsumach)!

Im Nationalpark gedeihen auch zahlreiche **Kakteen**, etwa der Feigenkaktus, der *fishhook cactus* (mit angelhakenförmigen Stacheln) und der *claret-cup cactus* mit seinen tiefroten Blüten.

Besonders in den Flußläufen stellen die ***salt cedar*** **(oder** ***tamarisk*****)** ein besonders gravierendes Problem dar. Der Busch mit seinen feinen, federartigen Blättern wurde vor etwa 100 Jahren aus Asien eingeführt. Mit tiefen, weitreichenden Wurzeln vermag er den anderen Pflanzen das Wasser unter den "Füßen" wegzuziehen. An den Ufern des *Colorado* und *Green River* bilden sie dichte, grünliche oder gelbliche Dickichte, die kaum einer anderen Pflanze eine Chance lassen.

Ökosystem Pothole

Eines der erstaunlichsten Ökosysteme bildet sich in Wannen und Vertiefungen auf *slickrock*. Einige dieser ***potholes*** werden vom Wind sauber ausgefegt. In anderen konnte sich aber etwas Sand sammeln und bald ein winziges Ökosystem entstehen. Wenn genügend Regenwasser hinzukommt, erwacht der leblos wirkende, schwärzliche Sand zu hektischem Leben: *desert shrimps, fairy shrimps* (Garnelen) und Amphibien rasen dort durch ihren Entwicklungszyklus: so rasch wie nur möglich schlüpfen, einander fressen, sich paaren und Eier legen – bevor der Sand wieder knochentrocken wird. Mit dem nächsten starken Guß erwacht eine neue Generation zum Leben.

Fauna

Die Tiere im Park scheinen es – auf den ersten Blick – einfacher zu haben. Schließlich können sie umherwandern, um Schatten oder Wasser zu suchen. Die ***kangaroo rat*** (Känguruhratte) überlebt sogar, ohne ein einziges Mal in ihrem Leben Wasser zu trinken (ihr Stoffwechsel vermag feste Nahrung in Wasser umzuwandeln). Wie man es in einer solchen Landschaft erwartet, kommen diverse Eidechsenarten vor sowie zwei **Schlangenarten**, die harmlose, bis 1,5 m lange *gopher snake* (Gopherschlange) und die strohfarbene, bis zu 60 cm lange *midget-faded rattlesnake* (eine Klapperschlangenart).

Im Sommer sind die meisten **Nager und Säugetiere** nur in der Nacht oder in den kühleren Morgen- und Abendstunden aktiv. Zu ihnen gehören Mäuse, Ratten, *chipmunks* (Streifenhörnchen), *squirrels, rabbits* (Hasen), *cottontails* (Kaninchen), *coyotes, porcupines* (Stachelschweine), *ringtail* (Katzenfrett), *fox* und *badgers* (Dachse). Maultierhirsche sind recht häufig zu sehen, Wüsten-Dickhornschafe, Schwarzbären, Pumas und *ferrets* (Iltis) dagegen eher selten.

Manchmal muß man gar nicht weit gehen um Wildtiere zu sehen: Diese Bobcat überraschte uns – oder wir sie – beim Squaw Flat Campground im Needles District.

Vögel

Viele **Vogelarten** bevorzugen ganz bestimmte Lebensräume. Zu den häufigeren Vögeln gehören *piñon jays* (Nacktschnabelhäher), *horned larks* (Ohrenlerche), *mountain bluebirds* (Berghüttensänger), *blue-gray gnathatcher* (Blaumückenfänger), *american kestrel* (Buntfalke), *Audubon's warbler* (Kronwaldsänger), *mourning dove* (Trauertaube) und *western meadow-lark* (Wiesenstärling). In den *Canyons* ertönt manchmal der schöne Gesang des Schluchtenzaunkönigs. Dort leben auch *rock wren* (Felszaunkönig), *white-throated swifts* (Weißbrustsegler) und *cliff swallows* (Schwalbenart). Natürlich gibt es auch Raubvögel, etwa *raven* (Kolkraben), *turkey vultures* (Truthahngeier), *hawks* (Habichte), Falken, Eulen, Uhus und Steinadler.

Xyrauchen, Ptychocheilus und andere Raritäten

Im *Canyonlands Park* gibt es zwar lange, fast unberührte Abschnitte des *Green* und *Colorado River*, außerhalb seiner Grenzen werden die beiden Flüsse jedoch so intensiv genutzt (Dämme und Bewässerungen), daß zahlreiche **einheimische Fische** inzwischen gefährdet oder bedroht sind. Heute leben noch vier gefährdete Fische *(federally endangered)* im Park: der *Colorado squawfish* (*Ptychocheilus lucius*, Colorado River Squaw-Fisch), der *razorback sucker* (*Xyrauchen texanus)*, der *humpback chub* (*Gila cypha*, Döbel, Rohrkarpfenart) und der *bonytail chub* (*Gila elegans*, Rohrkarpfenart).

Unter den **gefährdeten Vogelarten** findet man den Fleckenkauz, den Weißkopfseeadler und Wanderfalken. Sehr selten ist der *southwest willow flycatcher* (Weidentyrann). Durch Hausschafe eingeschleppte Krankheiten führten Anfang des 20. Jahrhunderts zur Ausrottung der ***desert bighorn sheep***. Heute kämpft eine kleine Herde von Wüstendickhornschafen in der Nähe eines Wasserlochs im *Needles District* ums Überleben. Leider führt ein viel begangener Weg mitten durch ihr Habitat. Die ständigen Störungen durch Touristen und das dadurch bedingte unablässige Fliehen und Zurückkehren ans Wasser lassen nichts Gutes für das Überleben der Population erwarten.

Büffel sind schon vor längerer Zeit aus dem Park verschwunden. Ob ***river otter*** (Flußotter) noch vorkommen, weiß niemand genau.

Raben – die Vögel ohne Vogel

Wohin auch immer Sie gehen, sei es in die heiße *Great Basin-Wüste*, in ein grünes Tal in Kalifornien, in die klirrende Kälte des Alaska-Winters oder auf einen 4.000er-Gipfel in Colorado, er ist schon dort.

Die *Common raven* (*Corvus corax*, Kolkraben) sind die **Pioniere der Vogelwelt**: In Nevada etwa wurde eine neue Hochspannungsleitung errichtet. Nach einem Jahr schon hatten sich die Raben mit 30 Nestern (mit Jungvögeln) eingerichtet. Daneben gab es nur ein Nest des Rotschwanzbussards (*red-tailed hawks)* sowie zwei große, aber leere Nester, die wahrscheinlich von Steinadlern (*golden eagles*) stammten. In nachfolgenden Jahren werden Rabennester oft von anderen Vögeln übernommen.

Raben sind **intelligente Vögel** – und verspielt. Sie schlittern Schneefelder hinunter oder pieksen einem Otter in den Schwanz, um ihm einen Fisch abzujagen. Ornithologen in Oregon bekamen die Intelligenz der Vögel zu spüren, als sie zu einem Rabennest hinaufkletterten. Beide Eltern flogen davon. Als die Männer wieder hinuntersteigen wollten, kehrten die Vögel zurück. Einer der Raben hatte einen Stein im Schnabel und ließ ihn auf die Eindringlinge fallen.

Um an **Nahrung** zu kommen, "arbeiten" die Vögel auch mit anderen Tierarten zusammen. Man vermutet, daß sie – in der Hoffnung auf Jagdbeute – u.a. Wolfsrudeln oder deren Spuren folgen. Als einst noch große Büffelherden die Prärien bevölkerten, waren Raben ihre Begleiter; sie ernährten sich von verendeten Tiere. Die enge Verbindung mit Wölfen und Büffeln geriet den Vögeln nicht immer zum Vorteil. Als Rancher die Wölfe mit Strychnin vergifteten, starben auch die Raben, als sie vergiftete Wölfe oder Köder fraßen. Der drastische Rückgang der Rabenpopulation in Oklahoma und Kansas ist wahrscheinlich auf das Verschwinden der Büffel zurückzuführen.

Raben fressen so ziemlich alles, was ihnen vor den Schnabel kommt; Insekten, kleine Wirbellose, Früchte, Abfall, "Verkehrsopfer", Eier, Jungvögel anderer Arten (eine Spezialität der Familie der *Corvidae)*, Wühlmäuse, Erdhörnchen, Kaninchen und Hasen. Wenn's ums Fressen geht, unterliegt sogar ihre Intelligenz dem Hunger – manchmal stopfen sie sich so voll, daß sie nicht einmal mehr fliegen k önnen.

Rabenpaare bleiben in der Regel ein Leben lang zusammen. Im Spätwinter vollführen Männchen und Weibchen bei ihrer Umwerbung eine wahre **Flugakrobatik-Show** mit Sturzflügen, Überschlägen, Salti und anderen Manövern. Solche Übungen erwecken zwar den Eindruck einer wilden Jagd, sind aber vielmehr ein Rotlicht-Tango der luftigen Art. Ihre **Nester** sind etwa 60 cm breit und ebenso hoch. Sie werden auf Bäumen, Felsabsätzen oder Stromleitungen errichtet und mit Wolle, Haaren und anderem weichen Material gepolstert.

Wählerisch sind die Vögel dabei nicht – ohne Nasenrümpfen verwenden sie auch Stopfmaterial, das sie von toten Tieren rupfen. So verwundert es kaum, daß ihre Nester ziemlich "unordentlich" aussehen und – nach menschlichen Standards – stinken. Im Frühling legt das Weibchen vier bis sechs Eier. Für die nächsten drei Wochen werden sie von der Mutter bebrütet, während der Vater die Nahrung heranschafft. Mit sechs Wochen machen die kleinen Raben ihre ersten Flugversuche. Sie bleiben allerdings bis zu drei Jahren bei ihren Eltern, von denen sie die Kunst des Überlebens lernen müssen.

Familien haben einen hohen Stellenwert. Meist ziehen die Raben sich für einen guten Teil des Tages in einen Baum zurück. Ist das Nickerchen vorüber, folgen die Jungen den Älteren auf der Futtersuche. Die kennen die besten Plätze, und sicherer ist es auch in einer Gruppe. In kalten Nächten kauern Raben oft ganz nah aneinander, die größte gezählte "Warmhalte-Gruppe" umfaßte 836 Vögel! Raben werden bis 60 cm lang und können ein Alter von 30 Jahren erreichen.

Raben werden oft mit Krähen verwechselt. Das einfachste Unterscheidungsmerkmal sind die Schwanzfedern: bei Krähen sind sie fächerartig, bei Raben keilförmig. Krähen sind auch etwas kleiner, sie bringen es nur auf maximal 44 cm. Ein weiteres Kennzeichen der Raben ist der Büschel zerzauster Federn an der Kehle.

Europäer und weiße Amerikaner betrachteten Raben oft mit einer Mischung aus Respekt und Mißtrauen. Man sah, wie sie sich auf Kadaver stürzten und brachte sie darum mit Tod und Teufel in Verbindung. *Edgar Allan Poe* beschreibt in seinem Gedicht *The Raven* diesen Vogel als *"thing of evil... prophet still, if bird or devil"*. Nach dem Buch Genesis soll Noah den Raben ausgesandt haben, um nachzusehen, ob die Fluten gewichen seien. Der Rabe kehrte nie zurück, und Noah setzte auf einen verläßlicheren Boten, die Taube.

Die nordamerikanischen Ureinwohner sahen im Raben einen Mittler zwischen der Welt der Lebenden und der Geister. Für die Indianer des pazifischen Nordwestens war er eine schlaue und gewitzte, manchmal geizige Kreatur. Trotzdem verehrten sie den *Raben*, denn sie glaubten, daß er an der Schöpfung der Welt beteiligt gewesen war.

Umwelt
Mit Jet-Skis durch die Canyons

Ich kann mich noch gut erinnern, wie ich vor vielen Jahren am Abgrund der Island in the Sky Mesa stand und zum ersten Mal über das weite Soda Springs Basin blickte. Noch nie hatte ich eine so dramatische, unwirtliche und völlig unberührt scheinende Landschaft gesehen. Sorgfältig setzte ich die Kamera auf das Stativ und suchte einen wirkungsvollen Ausschnitt. Dann erst sah ich sie, die White Rim Road, wie sie endlos dem Rand des tiefer gelegenen Plateaus folgte. Kein Problem, dachte ich: mit meinem Teleobjektiv schneide ich sie einfach weg. Mit den 200 mm war dann allerdings auch der Eindruck der Weite verschwunden. Immerhin hatte ich nun den Colorado River schön im Bild, als S zog er von Bildrand zu Bildrand. Dann erschien es in der linken oberen Ecke – ein Motorboot. Dieses Gefährt paßte einfach nicht in die urtümliche Landschaft.

Für die *Southern Utah Wilderness Alliance (SUWA)*, eine führende Umweltschutzgruppe in der Region, sind Motorboote und Geländewagen (4WD's) die Hauptprobleme im und um den *Canyonlands National Park*. Zwischen 1980 und 1993 sind die Besucherzahlen im Park von 50.000 auf 430.000 hochgeschnellt, und damit auch **die Zahl der Geländewagen**. Der *Salt Creek Canyon* etwa beherbergt ein empfindliches Flußökosystem, steht aber allen möglichen Allrad-Vehikeln immer noch offen. In Spitzenmonaten poltern und heulen mehr als 1.000 Gefährte den Canyon hoch, durch das Wasser und die Ufervegetation. Obwohl der *Park Service* einige Gebiete geschlossen hat, ist die *Salt Creek Road* immer noch frei zugänglich, es wird im *Visitor Center* und in Parkbroschüren sogar für sie geworben. Trotz Untersuchungen, die belegen, daß die Zahl der Vögel, der kleinen Säugetiere und der wirbellosen Tiere abgenommen und die Erosion zugenommen hat. Auch werden immer mehr archäologische Stätten beschädigt. Offensichtlich ist die Lobby der 4WD-Freaks einfach zu stark, um gesunden Menschenverstand obsiegen zu lassen.

Kopfweh bereitet auch die PS-Protzerei auf den zwei großen Flüssen. Wieviele ***jet skis*** und ***power boats*** sollen den *Colorado River* `runter und in den Park röhren dürfen? Noch 1996 bestanden keine Limits, jedermann konnte sich in Moab so einen Boliden mieten, den *Canyon* runterbolzen und dabei ein paar Tausend Vögel und andere Tiere erschrecken. Um das Erlebnis in der kurzen zur Verfügung stehenden Zeit zu maximieren, rasen viele im Motorboot den Fluß hinunter, das Schlauchboot im Gepäck, lassen sich dann ein paar Kilometer treiben und düsen wieder zurück nach Moab. Zur Zeit arbeitet der *Park Service* an einem neuen *River Management Plan*. Die *SUWA* unterstützt ein Verbot der Jet-Skis im Park und ein Limit für die Zahl der Motorboote. Die Gegenseite will keine Einschränkungen, sondern unbegrenzten motorisierten Spaß.

Seit einiger Zeit bestehen Pläne, den *Canyonlands National Park* **um etwa ein Viertel seiner Fläche zu vergrößern**. Einer der vehementesten Gegner ist dabei der Mormonenstaat Utah, der trotz seiner Abhängigkeit vom Tourismus jede Einmischung des *federal government* (der Bundesregierung in Washington) wie die Pest bekämpft.

Vom Island in the Sky-District hat man unglaubliche Ausblicke in die unendliche Weite; hier aufs Monument Basin.

Die besten Wanderungen im Canyonlands Park

(Übersicht und Karte nächste Seite)

Wanderung 1	***Shafer Canyon Overlook – Neck Spring – Cabin Spring Canyon***
Highlights	Canyons, Quellen, Geologie, Panorama
Länge	8,6 km (Rundweg)
Auf-/Abstieg	110 m
Höchster Punkt	1.817 m
Gesamtdauer	2,5-3,5 Stunden
Ausgangspunkt	*Trailhead* am *Shafer Canyon Overlook*, etwa 1,5 km südlich des *Visitor Center*.

0,0 km - *Shafer Canyon Overlook*

Vom *Trailhead* führt der Weg über die Straße und fällt dann – mit Steinmännchen markiert, teils felsig, teils sandig über einen Hang mit *piñon pine* und *juniper*-Büschen und Kakteen – rasch ab. Durchgerostete Wassertröge und Pfosten erinnern an die Zeiten, als Rancher die *Neck Spring-Quelle* für ihr Vieh brauchten. Seit ihrem Verschwinden hat sich die kryptobiotische Kruste (➪ Seite 329f) wieder schön ausbilden können; bleiben Sie deshalb auf dem Weg. Nach einigen Auf und Abs erreicht man die

2,1 km - *Neck Spring*

Verhält man sich ganz ruhig, hört man, wie die Wassertropfen aus den Felsspalten fallen, nach guten Regen sogar das Plätschern eines Bächleins. Die Quelle liegt im Alkoven einer fast 100 m hohen Felswand, der durch die erodierende Kraft des Wassers aus dem weichen Navajo-Sandstein ausgehöhlt wurde. An den nassen Stellen am Fels gedeiht das Frauenhaarfarn. Am feuchten Bachufer kann sich auch eine Vielzahl anderer Pflanzen halten, die oben auf dem trockenen, heißeren Plateau keine Chance hätten, etwa die Utah-Weißeiche, amerik. Zitterpappeln, *fremont mahonia* (Mahagoniart) sowie zahlreiche Blumen. Das kostbare Naß wird auch von Tieren geschätzt, etwa von Maultierhirsche oder Koyoten und von Vögeln, wie etwa den Kolibris. Hinter der Quelle windet sich der Weg durch und über einige Sandhügel. Auf einem kurzen Seitenpfad erreicht man einen Aussichtspunkt hoch über dem *Taylor Canyon*. (Gegenüber erkennt man hoch oben an der Wand einen großen Felsbogen).

4,2 km - *Cabin Spring*

Am Eingang zum *Cabin Spring Canyon* liegen die Überreste einer Hütte. Unweit davon befindet sich die *Cabin Spring*. Auch um sie herum hat sich eine dichte Pflanzenwelt entwickelt, mit *wild rose*, Utah-Weißeichen, *rabbitbrush* und verschiedenen Gräsern. Nun wird es wieder spannender, denn über steilen, blanken Fels (*slickrock*)

Übersicht über die besten Wanderungen im *Canyonlands National Park*

#1-#3 Bereich *Islands in the Sky*, #4-#6 *Needles District*

No	Trailbezeichnung	Länge	Schwierigkeit	Kurzbeschreibung
1	***Neck Spring***	8,6 km	mittel	Gemütliche Rundwanderung durch typische *piñon-juniper*-Landschaft, Quellen mit üppiger Vegetation und *Slickrock.*
2	***Murphy Point – Hogback***	14,3 km	anstrengend	Über den steilen Rand der *Mesa* hinunter, weit hinaus aufs *White Rim-Plateau*, zurück durch wash.
3	***Syncline Loop Trail***	15,0 km	anstrengend	Abwechslungsreiche Rundwanderung um den *Upheaval Dome*: durch trockene, z.T. bewachsene Canyons, steil in eine tiefe Schlucht, und wieder eine Felsflanke hoch.
4	***Slickrock Trail***	3,9 km	leicht	Gute Einführung in den *Needles District*: über *slickrock* zum Rand von Canyons und zu *viewpoints*.
5	***Squaw Canyon – Lost Canyon***	13,7 km	anstrengend	Rundwanderung durch ein Labyrinth von Canyons mit üppiger Vegetation. Über *slickrock, Lost Canyon* und Pässe wieder zurück
6	***Chesler Park***	16,9 km	anstrengend	An bizarren Wänden mit Türmen und Knollenfelsen vorbei, zum *Chesler Park* durch "hautenge", 60 m tiefe Felsspalten – für viele ist dies der ***number one-trail*** im *Canyonlands National Park*.

Für alle Wanderungen gilt: unterwegs ist kein oder kaum trinkbares Wasser verfügbar

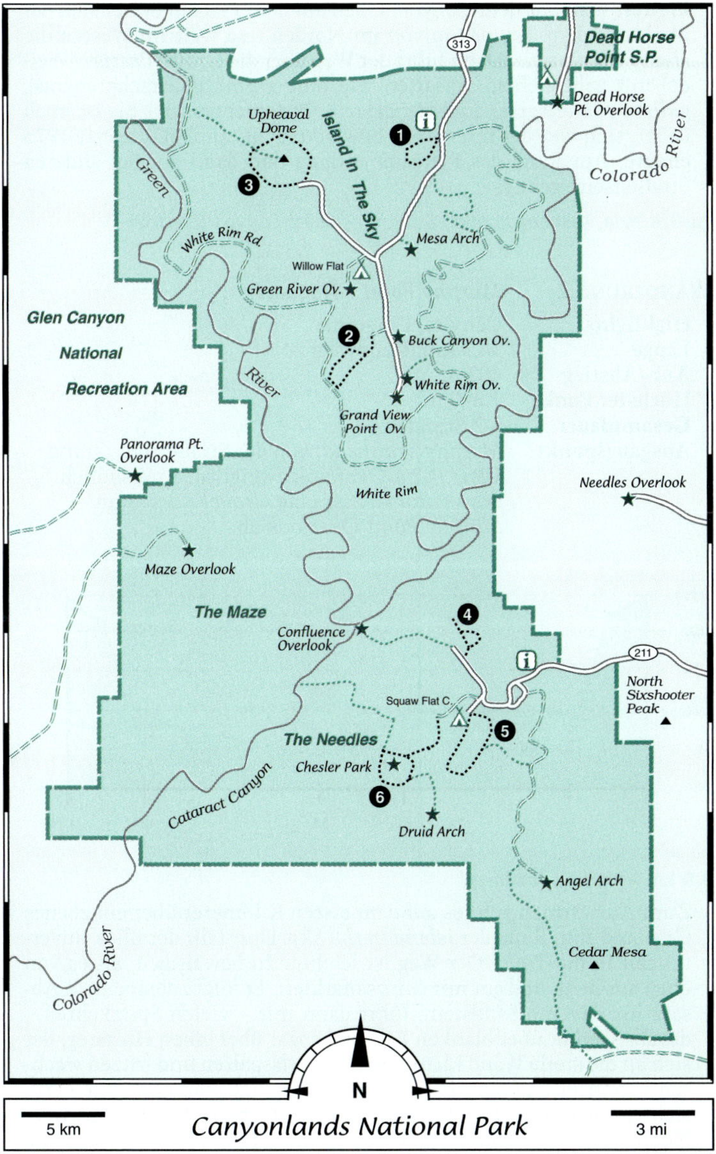

Canyonlands National Park

klettert man aus dem Canyon. Oben auf dem Plateau öffnet sich der Blick mit dem *Taylor Canyon* im Norden und weit im Westen die *Henry Mountains*. Dann führt der Weg über die *Gray's Pasture* (Weide) mit zahlreichen Grasarten wie blue *grama* (Haarschotengras), *galleta* (Galletagras), *indian ricegrass* (Pfriemengrasart). Sie ist noch dabei, sich von der intensiven Beweidung zu erholen, die erst 1975 endete. Am Rand des Plateaus entlang und dann auf der anderen Straßenseite geht es

zurück zum Ausgangspunkt: 8,6 km - *Shafer Canyon Overlook*

WANDERUNG 2	***Murphy Point – Hogback***
Highlights	Canyon, Panorama
Länge	14,3 km (Rundweg)
Auf-/Abstieg	402 m
Höchster Punkt	1.890 m
Gesamtdauer	5-7 Stunden
Ausgangspunkt	*Murphy Trailhead*: von der Straße zum *Grand View Point Overlook* zweigt ca. 8 mi südlich des *Visitor Center* eine *Gravel Road* zum *Murphy Point Overlook* ab.

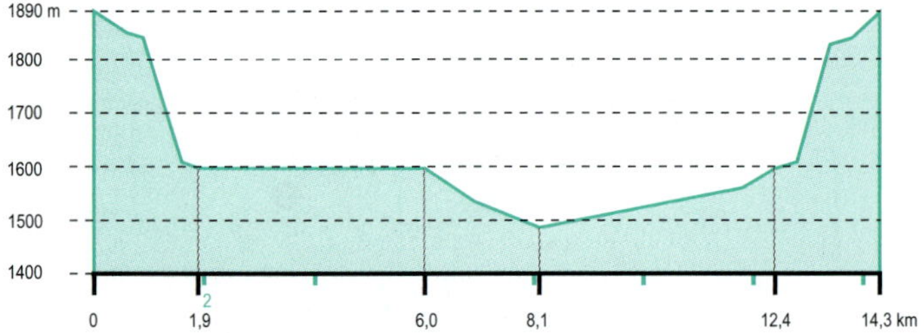

0,0 km - *Murphy Trailhead*

Zum Aufwärmen geht es auf dem ersten Kilometer über ein ebenes Grasland zum Rand der *Island in the Sky*. Dort fällt der Blick unvermittelt in die Tiefe. Der Weg ist leichter zu bewältigen, als es von oben aussieht, und gut mit *cairns* markiert. Er folgt zuerst einem Absatz im Kayenta-Sandstein, führt dann mit – vielen Spitzkehren – durchs Geröll, über blanken Fels und sogar über einen Holzsteg, der sich an die steile Wand klammert. Aus Felsspalten und -ritzen wachsen vereinzelte *piñon pine*s. Beim Abstieg hat man eine gute Fernsicht in den *Maze-District* und die *Glen Canyon Recreation Area*. Noch etwas über dem *White Rim-Plateau* erreicht man zunächst die

1,9 km - *Hogback* Kreuzung

Dort teilt sich der Weg. Der rechte führt uns weit hinaus auf das *Hogback-Plateau.* Im Norden sieht man die dünne Nadel des *Candlestick Tower.* Hier unten können sich nur kleinere Büsche halten, wie *rabbitbrush, mountain mahogany* und Feigenkaktus.

6,0 km - *White Rim Road/Murphy Camp*

Auf der *Dirt Road* links (südöstlich) halten vorbei am *Murphy Camp* (Plumpsklo). Für etwa 1,5 km folgt unser Weg dieser bei *Mountain Bikers* (und Allrad-Vehikeln) beliebten Route, bevor er bei der

8,1 km - *Murphy Trail* Abzweigung

links in einen *wash* übergeht (auf Wegweiser achten). Auf dem sandigen Untergrund ist das Laufen etwas mühsam. Durch unzählige Windungen und vorbei an zerbröckelnden Sandsteinwänden (*Moenkopi*) geht es zurück an die Basis der Felswand. (Bei einigen Weggabeln gut auf die *cairns* achten, um nicht dem falschen *wash* zu folgen). Zurück an der

12,4 km - *Hogback* Kreuzung

zuerst mal hinsetzen, etwas trinken und Kraft tanken. Denn nun geht es auf demselben Weg über die Felsflanke steil aufwärts zurück zum

14,3 km - *Murphy Trailhead*

Wandern in einer Felswand: der Murphy Trail macht's möglich.

Wanderung 3	***Syncline Loop Trail***
Highlights	Krater, Geologie, *Canyons*
Länge	15,0 km (Rundweg)
Auf-/Abstieg	415 m
Höchster Punkt	1.707 m
Gesamtdauer	5,5-7,5 Stunden
Ausgangspunkt	Parkplatz am Ende der *Upheaval Dome Road*
Varianten	Den kurzen *Crater View Trail*, der auch dort startet (ca. 2 km retour) sollte man unbedingt "dranhängen" oder vorher ablaufen. Mit Abstecher durch den *Upheaval Canyon* zum *Green River* und Übernachtung im *Labyrinth Camp* ergäbe sich eine tolle 2-3-Tage-Wanderung.

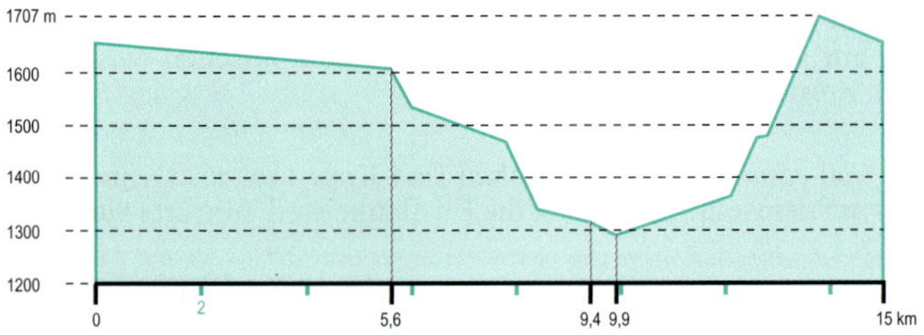

0,0 km - *Upheaval Dome Picnic Area*

Der Name dieses Wanderweges (Synklinale auf deutsch) bezieht sich auf eine Mulde in den verformten Gesteinsschichten rund um den *Upheaval Dome*. Eine Theorie sieht seinen Ursprung in einem darunterliegenden Salzdom, eine andere macht einen Meteoriteneinschlag verantwortlich, seine Entstehung ist jedenfalls noch nicht vollständig geklärt. Der Dom selbst wurde durch Erosion auf eine kraterförmige Struktur abgetragen.

Kaum 100 m hinter dem Parkplatz trifft man auf den eigentlichen *Syncline Loop Trail*, der überwiegend gut mit *cairns* markiert ist; rechts halten (geradeaus: *Crater View Trail* zum Kraterrand). Zuerst folgt der Weg noch recht gemütlich einem fast ebenen *wash* an der Basis einer hoch aufragenden Felsflanke aus rotem Navajo-Sandstein. Nach einiger Zeit rücken die Felswände auf beiden Seiten immer näher zusammen, der Weg läuft zwischen ihnen bergab über eine

5,6 km - steile Felsplatte

In den *potholes* (Felsauswaschungen, ➪ auch Seite 297) und Spalten sammelt sich nach Regen viel Wasser. Unten weitet sich der *Canyon* schnell; im flachen, üppig bewachsenen Talgrund stehen *waterbirch*

(Wasserbirke) und große Baumwollpappeln. Hier kann man Kräfte sammeln, bevor es richtig spannend wird. Plötzlich steht man nämlich hoch über dem *Syncline Valley* und fragt sich, wo denn zum T ... hier ein Weg `runterlaufen soll. Es ist aber gar nicht so schlimm. Zuerst geht es über einen Felsabsatz (nicht gerade ideal für Leute mit Höhenangst), dann durch einen kurzen Tunnel und schließlich über Spitzkehren über eine steile Geröllhalde zum Grund der Schlucht. Unten gedeihen am Ufer des zeitweise ausgetrockneten Flusses Baumwollpappeln, Steinkiefern und Wacholder.

9,4 km - Verzweigung *Crater Spur Trail*

Unmittelbar nach Passieren eines kleinen vom *Park Service* eingerichteten *backcountry campground* erreicht man ein Wegdreieck. Der ***Crater Spur Trail*** führt dort nach links (Osten) ins verwitterte Herz des *Upheaval Dome* (5 km retour, einige Kraxeleien), der ***Syncline Loop Trail*** dagegen nach rechts über eine steile Stufe hinunter in ein ausgetrocknetes Flußbett. Am Wegrand fristen Kakteen, gelb blühende *rabbitbrushes* und einige Wildblumen ihr karges Dasein.

9,9 km - *Upheaval Canyon*

Durch den *Upheaval Dome Canyon* könnte man zum *Green River* hinunter steigen (5 km *one-way*). Halten Sie sich für den Rundweg aber links (südlich). Der sandige, teilweise auch felsige Weg folgt nun wieder den Windungen eines *Canyon*, der sich tief in die Chinle-Schichten gefressen hat. Das letzte Stück kostet nochmals ein paar Schweißtropfen, denn ohne Federlesens geht es über viele Spitzkehren wieder hinauf zum Rand des *Upheaval Dome*. In der roten Sandsteinflanke wachsen *piñon* und *juniper*-Büsche, der *mormon tea* (Schachtelhalmstrauch) mit seinen nadelartigen Blättern und der graufarbene *squawbush* (Weißer Hartriegel). Ganz im Nordwesten schimmert unten der *Green River*. Vom höchsten Punkt ist der Weg abwärts zurück zum *Trailhead* nun kein Problem mehr:

15,0 km - *Upheaval Dome Picnic Area*

Eine anstrengende, aber sehr lohnenswerte Wanderung; hier das letzte Stück durch den Upheaval Canyon.

Wanderung 4 — *Slickrock Trail*

Highlights	Mehrere Aussichtspunkte, Panorama, Geologie
Länge	3,9 km (Rundweg)
Auf-/Abstieg	24 m
Höchster Punkt	1.500 m
Gesamtdauer	1-1,5 Stunden
Ausgangspunkt	*Trailhead* nordwestlich des *Squaw Flat Campground* ein paar hundert Meter vor dem *Big Spring Canyon Overlook*.
Hinweis	Die Aussichtspunkte liegen alle etwas abseits des *Loop Trail*

0,0 km - *Trailhead*

Mit zahlreichen *cairns* und einem *trail guide* (am Trailhead erhältlich) kann auf diesem kurzen Rundwanderweg nichts schiefgehen. Schon bald geht es über *Slickrock*, und auf der ersten Kuppe führt ein Seitenweg zum

0,3 km - ersten *Viewpoint*

Am Weg liegen noch weitere Aussichtspunkte, doch diesen sollten Sie auf keinen Fall verpassen. Die 360°-Rundsicht umfaßt zahlreiche geomorphologische Spezialitäten: im Nordwesten *Ekker Butte*, im Südwesten die *Needles*, im Süden die *Abajo Mountains*, im Südosten der *Sixshooter Peak*, im Osten die *La Sal Mountains* und im Nordosten die Erosionslandschaft des *Colorado River*.

Zurück zum Hauptweg und weiter über viel blanken Fels. Wo sich etwas Boden halten konnte, wachsen Yucca, *little leaf mahogany* (Mahagonyart), *blackbrush* und *mormon tea*.

0,5 km - Einmündung in den eigentlichen Rundweg

Auf dem nun beginnenden Loop Trail rechts halten. Der zweite Aussichtspunkt liegt hoch über dem *Upper Little Spring Canyon*.

Auf dem Hauptweg geht es weiter am Rand der Schlucht entlang zum dritten *Viewpoint* beim *Lower Little Spring Canyon,* und dann zum letzten Aussichtspunkt, dem

2,4 km - *Big Spring Canyon Overlook*

Von dort wären es noch etwa 5 km durch den *Big Spring Canyon* zum Colorado River (keine definierte Route). Hinter dem Fluß erkennt man die *Junction Butte* und die *Island in the Sky-Mesa,* an deren Spitze der *Grand View Point Overlook* liegt. Im Westen ist jetzt auch die Sicht auf den *Elaterite Butte* frei. Der Weg dreht nun nach Süden, folgt dem Canyonrand und schließt den *Loop*. Dort rechts halten und zurück zum

3,9 km - *Slickrock Trailhead*

Wanderung 5	***Squaw Canyon – Lost Canyon***
Highlights	Canyonlabyrinth, Vegetation, Panorama
Länge	13,7 km (Rundweg)
Auf-/Abstieg	192 m
Höchster Punkt	1.658 m
Gesamtdauer	4-6 Stunden
Ausgangspunkt	*Loop A* des *Squaw Flat Campground*

0,0 km - *Squaw Flat Campground, Loop* A

Unmittelbar nach dem *Trailhead* links halten. Auf den ersten 1,5 km geht es noch recht geradlinig durch offenes Grasland, unterbrochen von zwei Felsrücken (Weg mit *cairns* markiert), von denen aus man die *Needles* im Südwesten gut erkennt. Nach Regenfällen füllen sich die *potholes* im Fels mit Wasser und ein kleines Ökosystem erwacht zu Leben mit einer Vielzahl von Mikroorganismen, winzigen Garnelen und Schnecken. Aber auch größere Tiere sind auf diese Wasserquellen angewiesen. Recht häufig ist hier der *four-winged saltbush* (Graumelde); an feuchteren Stellen wachsen Weiden, Baumwollpappeln, Steinkiefern und Wacholder. Vom zweiten Felsrücken aus sieht man die intensiv gefärbten Felswände des *Squaw Canyon.*

1,8 km - *Squaw Canyon* Wegverzweigung

Rechts (südlich) halten und schon ist man im *Squaw Canyon*, mit seinen gefärbten Sandsteinwänden, den Türmen, Knollen, Festungen und Mauern. Zwischen dem dichten Gras und dem *rabbitbrush* gedeihen auch Kakteen wie der *fishhook* und Feigenkaktus, die exotische Tamariske hat sich allerdings auch schon bis hierher vorgekämpft und verdrängt viele einheimische Pflanzen. Der Weg folgt den Windungen des Flußbettes, überquert dieses ein paar Mal und klettert auch über einige Sandbänke. Unter einer großen, überhängenden Wand läßt sich herrlich eine Pause machen.

4,4 km - *Lost Canyon* Verzweigung

Links (südöstlich) abbiegen und ein Flußbett überqueren. Von hier ab wird es zwar steil und felsig, aber dafür beginnt der reizvollste Teil der Wanderung. Über den *Cedar Mesa*-Sandstein klettert der Weg (mit *cairns* markiert, an den steilsten Stellen mit Stufen) zum

5,8 km - *Slickrock Pass*

Dieser trennt den *Squaw Canyon* vom *Lost Canyon*: Rundherum fantastische Felsformationen und in der Ferne die *La Sal Mountains.* (Bei unserem ersten Versuch dieser Rundwanderung mußten wir hier abbrechen – Regen hatte bereits den Weg im *Squaw Canyon* in einen Bach verwandelt, und auf dem Paß schneite es intensiv. Den Paßübergang sollte man bei nassem Fels nicht angehen.) Mit etwas Kraxelei gelangt man in den tief eingeschnittenen *Lost Canyon*:

6,2 km - *Lost Canyon*

und folgt nun seinen stetig breiter (und sandiger) werdenden Windungen wieder in nördliche Richtung zurück. Obwohl der Weg hier recht flach ist, ermüdet das Gehen im Sand doch ein bißchen. Auch in diesem *Canyon* hält sich eine recht dichte Vegetation.

9,6 km - *Peekaboo Trail* Wegdreieck

Der *Peekaboo Trail* führt hier nach rechts zur gleichnamigen *Spring* (mit *Campground*). Wir halten uns aber links (westlich). Der immer noch sandige Weg klettert einen Seitencanyon hoch. Nach einem guten Kilometer gilt es, nochmals einen Sandsteinrücken zu erklimmen. An der steilsten Stelle hilft eine fest installierte Leiter, sonst stellt dieser Übergang aber keine Probleme dar. Oben kann man dann wieder eine prächtige Aussicht über die *Canyon*-Landschaft und die *Needles* genießen. Auf der anderen Seite des Rückens geht es steil hinunter in eine sandige, mit *piñon pine* und *juniper* bewachsene Ebene. Man erreicht den

12,0 km - *Squaw Canyon Trail*

und hält sich auf diesem rechts (nördlich) und ist bald zurück beim

13,7 km - *Squaw Flat Campground*

Wanderung 6	***Chesler Park***
Highlights	Bizarre Felslandschaft, tiefe Spalten, Geologie
Länge	16,9 km (Rundweg, aber die ersten 5 km retour))
Auf-/Abstieg	421 m (kumuliert)
Höchster Punkt	1.707 m
Gesamtdauer	6-8 Stunden (sehr gut für 2 Tage geeignet)
Ausgangspunkt	*Trailhead* am *Elephant Hill*: Vom *Squaw Flat Campground* über die *Elephant Hill Road* (gute Schotterstraße)
Variante	Zurück via *Big Spring Canyon* nach *Squaw Flat*, speziell bei Übernachtung im *backcountry*

0,0 km - *Elephant Hill Trailhead*

Es ist, als würden die Gnome vom *Chesler Park* alle menschlichen Ankömmlinge hier einer ersten Prüfung unterziehen, die zum inneren Sanktum vordringen wollen. Wer seinen Rucksack (oder seinen Bauch) zu dick gestopft hat, wird schon zu Anfang ausgesiebt: er/sie bleibt in einer engen Felsspalte gleich hinter dem *Trailhead* stecken. Wer durchkommt, muß steil aus dem Canyon herausklettern. Oben flacht der Weg schnell ab und führt an eindrucksvollen Felswänden und -türmen vorbei. Nach links (Osten) zweigt der Weg zum *Squaw Flat Campground* ab, also weiter rechts (südwestlich) halten.

Die *Needles*, eine breite Wand aus Felstürmen, die den Eingang zum *Chesler Park* bewacht, rückt schnell näher. Vorher zwängt sich der Weg aber nochmals durch eine Felsspalte (diese ist ein bißchen breiter), fällt steil in den

3,3 km - *Elephant Canyon*

ab und klettert auf der anderen Seite wieder – am Schluß sehr steil – zu den *Needles* hoch. Über einen Durchgang in der Felszackenwand steigt man hinunter in den

4,9 km - *Chesler Park*

Dabei handelt es sich um eine größere, von Felsmauern und -türmen umgebene, grasbewachsene Ebene. Schon während des Abstiegs ist hoch oben zur Linken ein *Arch* zu erkennen. Das eingeführte *cheat grass* (Dachtrespe) hat sich im Park sehr breit gemacht, aber es halten sich noch ein paar Flecken mit einheimischen Gräsern. Bald erreicht man den *Loop Trail* um den ganzen *Chesler Park*. Links halten, auf einem sandigen Weg, der an der Basis einer hohen Felsmauer und einigen Campingplätzchen vorbeiführt. Recht zügig geht es dann in der Ebene vorwärts und an der *Druid Arch*-Verzweigung vorbei. Werfen Sie hie und da einen Blick ins Zentrum des *Chesler Park*; an einer Stelle erkennt man einen *Balanced Rock*, umgeben von zahlreichen Felsnadeln. Wo sich der Weg der südlichen Mauer nähert, führt ein kurzer Abstecher (150 m) zu einem reizvollen *Overlook*.

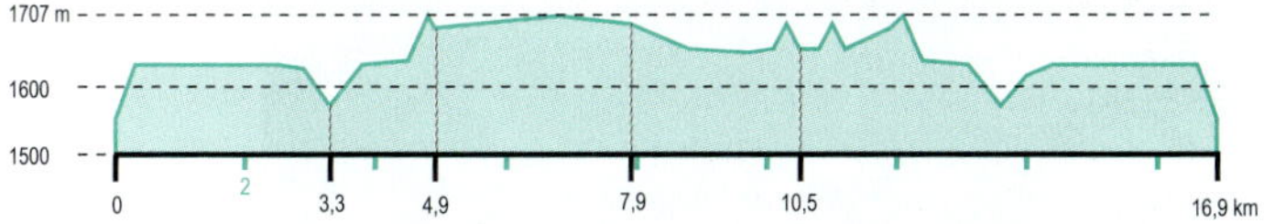

7,9 km - *Joint Trail*

Über einige Stufen geht es hinab in eine tiefe, enge Spalte im soliden Fels. Dies ist der unvergeßlichste Teil der Wanderung, der sog. *Joint Trail*. Der Hauptspalt ist an der engsten Stelle nur etwa 60 cm breit. Falls Ihnen das noch nicht eng genug sein sollte, können Sie sich in einem Quergang versuchen, oder wiederum einen seiner Quergänge, bis Sie den Kopf nicht mehr von links nach rechts drehen können. Klaustrophobe Leute verzichten besser auf diese Seitensprünge und retten sich über einige Felsbrocken ans andere Ende der Spalte. Dort führt der Weg steil hinunter und erreicht bald eine Schotterstraße (dort befindet sich Picknickplatz mit WC). Dieser folgt man für etwa 1,3 km und biegt dann rechts ab (gut auf die Abzweigung achten). Jetzt folgt eine etwas anstrengende Achterbahn \`runter in *Canyons*, wieder hoch und wieder \`runter. Dies ist einer der interessantesten Abschnitte der Wanderung, zumal man hier die Südseite der fantastisch ziselierten *Needles*-Wand passiert.

10,5 km - Verzweigung Richtung *Devils Kitchen Camp*

Am nächsten Wegdreieck geht es nördlich weiter zur *Devils Kitchen*; wir halten uns rechts (östlich) und laufen weiter über *slickrock* und durch ein paar Senken. Im Westen fällt der Blick über die Hügelkämme der *"Grabens"*, den *Maze-District* und bis hinüber zu den *Henry Mountains.* Nach einem engen Durchgang durch eine Sandsteinmauer schließt sich der *Loop Trail,* und man erreicht wieder den Eingang zum *Chesler Park.*

Danach geht es auf bereits bekannten Pfaden durch den *Elephant Canyon* zurück zum

16,9 km - *Elephant Hill Trailhead*

Ob wohl schon jemand hier stecken-geblieben ist? Neben den Needles ist der Joint Trail ein weiterer Höhepunkt des Chesler Park

In der Umgebung des Canyonlands Park

Arches National Park

Kennzeichnung

Der *Arches National Park* liegt nur einige Meilen nördlich von Moab in (nordöstlicher) Nachbarschaft zum *Island in the Sky District* des *Canyonlands National Park. Er* besitzt alle wichtigen Attribute, um auf dem Reiseplan der meisten USA-Südwest-Besucher zu stehen: eine dramatische Landschaft mit zahlreichen Felsbögen *(arches)*, Steinsäulen, Türmen, Kuppeln, Wänden und Zinnen aus rotem Sandstein, von denen viele leicht per Auto erreichbar sind, sowie eine ganze Reihe von leicht zu bewältigenden, reizvollen (Kurz-) Wanderwegen. Etwa 3 Mio. Besucher kommen denn auch jährlich in diesen Park; viele verbringen aber nicht einmal einen ganzen Tag hier.

Geschichte

Ein Hochplateau, das die **weltgrößte Dichte an natürlichen *Felsbögen*** aufweist, wurde 1929 zum *National Monument* und 1971, nach einer Gebietserweiterung auf 297 km^2, zum Nationalpark deklariert. Bislang konnten im *Arches National Park* **über 2.000 *arches*** mit Öffnungen von nur 0,3 m (!) bis zum unglaublich fragilen *Landscape Arch* mit einer Spannweite von 93 m katalogisiert werden.

Geologie, Flora und Fauna

Die *arches* wurden durch Wind, Wetter und extreme Temperaturunterschiede aus dem roten Sandstein gemeißelt. Ähnlich wie im nahegelegenen *Canyonlands Park* fühlt man sich dort wie in einem riesigen geologischen Freiluftmuseum. Auch Flora und Fauna sind denen im Nachbarpark ähnlich; am ehesten sieht man *mule deer*, *chipmunks* und *cottontails*, ab und zu auch die scheuen Dickhornschafe. Die meisten der hier lebenden Tiere, wie Füchse, Kojoten, Rotluchse, Stachelschweine, Dachse und Katzenfretts sind nachtaktiv und daher nur selten zu beobachten. In dieser ***high desert*** wachsen Kakteen, Yuccas, diverse Wildblumen, widerstandsfähige Steinkiefer- und Wacholderbäumchen. An feuchten Stellen gedeihen auch Baumwollpappeln und der exotische Tamarisk.

Wanderungen

Die **angenehmsten Wandermonate** sind April bis Anfang Juni, wenn die Wildblumen blühen, sowie September/Oktober. Die Sommermonate sind sehr heiß (bis über 40°C) und trocken, aber immerhin kühlt es auch dann nachts stark ab. Gewitter kommen im Sommer häufig vor. Im Winter kann es kalt und unangenehm werden, aber wer bringt schon ein Foto vom *Delicate Arch* in einer weiß verzauberten Schneelandschaft mit nach Hause?

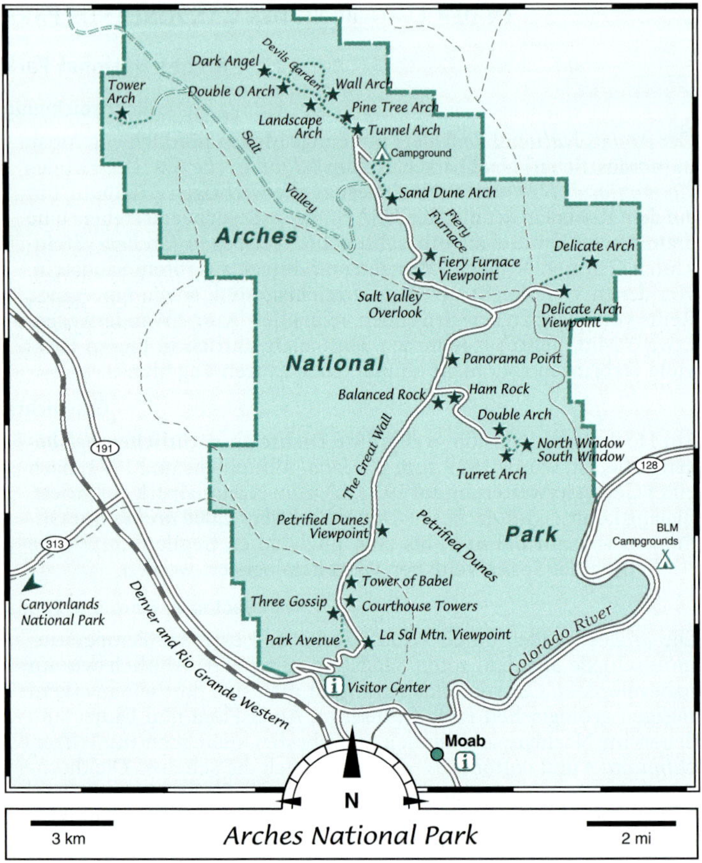

Mit dem **Fahrrad** darf man nur auf den Straßen fahren. **Zu Fuß** läßt sich der Park besser entdecken. **Mehrtageswanderungen** mit Übernachtungen im Hinterland sind erlaubt (mit *permit*), es gibt jedoch weder markierte *long distance trails* noch *backcountry campgrounds*. Dafür ist die Auswahl an **Kurzwandermöglichkeiten** umso größer:

- Die *Park Avenue* (1,6 km *one-way*) führt zwischen zwei Reihen von hochaufragenden, schmalen Felstürmen zu den beeindruckenden Wänden der ***Courthouse Towers*** (Türme des Gerichtshofes).
- Auch die Pfade zu *North Window, South Window* und ***Double Arch*** (in der *Windows Section*) sind nur bis zu 1,5 km lang (retour).

- Eine Kraxelpartie führt hinunter in und durch den felsigen Irrgarten ***Fiery Furnace***. Bei Sonnenuntergang verwandeln sich dessen Türme und Finnen in rot züngelndes Feuer, daher die Bezeichnung "feuriger Ofen". Da sich in den vergangenen Jahren immer wieder Touristen in diesem labyrinthischen Gebiet verirrt haben, erteilen die *Ranger* leider nur noch ungern individuelle *permits*. Dafür gibt es zweimal täglich geführte Touren durch die bizarren Formationen (*permits* und Tourreservierung im *Visitor Center*).
- Keinesfalls auslassen darf man den *Trail* zum ***Delicate Arch***, dem wahrscheinlich schönsten Felsbogen im Park. (146 m Aufstieg, 2,5 km einfacher Weg ab *trailhead* bei der *Wolfe Ranch*, einer Blockhütte, erbaut von *John Wolfe* 1888, dem ersten weißen Siedler hier). Am schönsten wirkt der *Delicate Arch* vor Sonnenuntergang, wenn die Felsen im letzten Sonnenlicht gelbrot leuchten und die *La Sal Mountains* im Hintergrund schimmern. Dieses besondere Erlebnis teilen sich während der Hochsaison allerdings Hunderte von Besucher, denn der Weg dorthin ist unproblematisch:

  Nachdem man auf einer kurzen Hängebrücke den *Salt Wash* überquert hat, steigt der Weg allmählich an, der Sand weicht dem glattgeschliffenen, roten *slickrock*. Aus den Felsspalten heraus wachsen *piñon* und *juniper*-Bäumchen, auch vereinzelt Yuccas und Kakteen. Auf dem letzten, spannendsten Wegabschnitt verläuft der Pfad auf einem Absatz entlang einer steilen Felswand. Nach der letzten Biegung öffnet sich der Blick dann plötzlich, und der wie schwerelos wirkende *Delicate Arch* – 26 m hoch und 20 m breit – steht hoch über einer trichterartig ausgewaschenen Felsfläche.

  Macht man sich erst nach Sonnenuntergang auf den Rückweg, wird es rasch dämmerig, daher Taschenlampe mitnehmen.
- Das Gebiet des ***Devil's Garden*** besitzt die höchste Konzentration an leicht erreichbaren großen Felsbögen. Der bekannteste und zugleich längste ist der *Landscape Arch* (Hinweg vom *trailhead* am Ende der Parkstraße ca. 800 m). Bereits der Anfang des Weges zwischen hochragenden Felswänden hindurch ist imposant. Abstecher nach rechts führen zum *Pine Tree* und *Tunnel Arch*. Man traut angesichts des hauchdünnen Felsbandes des ***Landscape Arch***, das sich den Gesetzen der Schwerkraft zu entziehen scheint, seinen Augen kaum. Seit 1991 eine 18 m lange, über 3 m breite und 1,2 m dicke Felsplatte von seiner Unterseite abfiel, ist er noch dünner und einsturzgefährdeter (daher die Absperrung rundum).

  Nur wenige gehen von dort über einen bedeutend schlechter werdenden Pfad noch weiter, obwohl der durch eine ungemein reizvolle Landschaft zum ***Double-O-Arch*** führt (ab *trailhead* dorthin 3,4 km; ➪ Foto Seite 69). Auf das allerletzte Stück des Weges bis zum *Dark Angel* kann eher verzichtet werden.

Mit einer Spannweite von 93 m ist der Landscape Arch der längste Felsbogen im Park. Wie lange wird er wohl noch der Schwerkraft widerstehen können?

Zurück geht es entweder auf derselben Route, oder man nimmt den Trampelpfad (teilweise schwer erkennbar), der noch einen Abstecher zum *Private Arch* macht und über einen großen Bogen wieder auf den Hauptweg führt.

Anfahrt

Vom Zentrum Moabs bis zur Einfahrt in den *Arches Park* und *Visitor Center* sind es auf der Straße #191 etwa 5 mi. Anfahrtbeschreibung Moab ➪ Seite 316f.

Permits

Permits für Mehrtageswanderungen und für den individuellen Besuch des *Fiery Furnace* sind im *Visitor Center* erhältlich.

Infrastruktur

Der fantastisch gelegene ***Devils Garden Campground*** ist der einzige im Park, füllt sich aber zwischen Mai und Oktober sehr rasch. Ab ca. Mitte Oktober bis Mitte März wird das Wasser abgestellt. Weitere Einzelheiten dazu und zur Infrastruktur Moabs etc. ➪ Seite 320.

Information

Arches National Park, PO Box 907, Moab, UT 84532, ✆ (435) 259-8161. ***Moab Information Center***, Main/Center Street, Moab, UT 84532, ✆ 1-800-635-6622.

Die La Sal Mountains *(Manti-La Sal National Forest)*

Kennzeichnung

Nichts ist schöner, als sich nach einer Woche in den *Canyonlands*, ausgetrocknet, überhitzt und müde, **an einem Bergsee in den *La Sal Mountains* abzukühlen** und zu erholen. Die mit einer Fläche von ca. 707 km^2 eher kleine Bergkette erscheint auf zahllosen Postkarten als weißer Bergkamm hinter dem *Delicate Arch* oder über den *Canyons* des *Colorado*. Der ***Mt. Peale*** ist mit 12.721 ft **der zweithöchste Punkt in Utah** und liegt fast 3.000 m über Moab. Die pyramidenförmigen Bergspitzen sind oft das ganze Jahr über schneebedeckt. Auf den sanften Hängen am Fuße der Berge gedeihen vornehmlich *piñon pine* und *juniper*. Etwas höher findet man *gambel oak* (Utah-Weißeiche), *service berry* (Felsenbirne) und den *birchleaf mahogany* (Mahagoniart). Noch höher bilden große Bestände an *aspen*, *Douglas*, *white* und *subalpine fir* (Douglas-, Silber- und Felsengebirgstannen) und Engelmannsfichten einen dichten Wald. Die Bergspitzen liegen jedoch über der Baumgrenze.

Die **Tierwelt ist der der *Rocky Mountains* sehr ähnlich** mit *mule deer*, *elks*, *pikas* (Pfeifhasen), zahlreichen Vogelarten und Reptilien, wie etwa *collared*, *mountain short-horned* und *northern side-blotched lizards* (Halsbandleguan, Kurzhorn-Krötenechse und Seitenfleckenleguan). In den *La Sal Mountains* gibt es an die 20 Wanderwege, einige davon werden allerdings selten begangen und sind deshalb stellenweise schlecht erkennbar. Der *Forest Service* vertreibt ein kleines Büchlein zu den *Trails* in den *La Sal Mountains*. Für eine **Mehrtageswanderung** ist der ***Trans-Mountain Trail*** die beste Wahl; er läuft um die Westseite der *La Sal Mountains* herum. Im Winter und Frühling kann man Langlaufloipen nutzen oder mit Telemark- oder Skitourenausrüstung das ausgedehnte *backcountry* erfahren.

Zugang

Eine ***Loop Road*** (*La Sal Mountain Loop)* führt über die Höhen der *La Sal Mountains*. Start- und Endpunkt liegen 7 mi südlich von Moab an der Straße *#191* bzw. 18 mi östlich von Moab an der *Straße #128* am Colorado River und *vice versa*. Der Reiz dieser Strecke liegt im raschen Übergang von Vegetations- und Klimazonen auf kürzester Distanz und (wiederum) Felswundern im *Castle Valley* zwischen der #128 und dem Anstieg in die Berge.

Infrastruktur

Der *Forest Service* betreibt zwei ***Campgrounds***, *Warner* und *Oowah*, beide an Seen, offen ca. Juni bis Oktober. Ansonsten ➪ Seite 321.

Information

Manti-La Sal National Forest, *Moab Ranger District*, 2290 SW Resource Blvd, Moab, UT 84532, ✆ (435) 259-7155.

Der berühmteste Bewohner des Parks, die Bristle cone pine (Grannenkiefer) mit dem Jeff Davies Peak (3893 m) im Hintergrund

Great Basin National Park

GLETSCHER IN NEVADA? UND DAZU DIE ÄLTESTEN BÄUME UNSERES PLANETEN

Touristen und *Great Basin*

Die **größte der nordamerikanischen Wüsten**, das *Great Basin* oder das "Große Becken", umfaßt mit ihren 520.000 km² (200.000 mi²) den größten Teil Nevadas und etwa die halbe Fläche von Utah. Sie reicht bis nach Idaho, Oregon und Kalifornien. Die Devise der meisten Touristen, die das *Great Basin* durchqueren, lautet: "möglichst schnell durch!" Ein tiefer Atemzug, dann geht es – mit *air conditioning* und genügend *Coke* – über weite, flimmernde Ebenen voller vertrockneter *sagebrush* und über Bergketten in einigen Abständen. Irgendwann, endlich am anderen Ende angekommen, in der Glitzerwelt von *Las Vegas*, im kühlen *Yosemite* oder im Motelzimmer in *Salt Lake City*, geschafft, ausatmen, duschen. Wen wundert's, daß dies das am wenigsten bekannte und besuchte Gebiet des Westens ist. Umso mehr kann man hier noch Neues entdecken oder Einsamkeit finden, Stille, Weite. Noch 1840 schrieb *John C. Fremont* in sein Expeditionstagebuch zum *Great Basin*: *"Contents almost unknown"* ("weitgehend unbekanntes Gebiet").

Der Nationalpark

Der ***Great Basin National Park*** (312 km²) wurde – erstaunliche 60 Jahre nach den ersten Bemühungen – 1986 ins Leben gerufen. Diese Verzögerung geht vor allem auf das Konto von Bergleuten und Ranchern, die Widerstand leisteten. Möglich machten die Gründung letztlich erhebliche, sonst unübliche Zugeständnisse – bis heute trampeln Viehherden durch den Park, wenn auch mittlerweile nur noch kleine. Immerhin: verglichen mit dem ursprünglich 2,6 km² großen Areal des *Lehman Caves National Monument*, aus dem der Nationalpark hervorging, wurde ein entscheidender Schritt getan.

Kennzeichnung

Der Park im Osten Nevadas nahe an der Grenze zu Utah schafft es selten ins Routenprogramm von "Normaltouristen"; nur gerade mal 80.000 Besucher pro Jahr verzeichnet er, während es die "Großen" auf Millionen bringen. Die *Southern Snake Range* bildet das Rückgrat des Parkes, mit dem zweithöchsten Berg Nevadas, dem 3.982 m hohen *Wheeler Peak* (13.063 ft). Am Fuß seiner steilen, schattigen Nordostwand hielt sich der **letzte Gletscher zwischen *Sierra Nevada* und *Rocky Mountains***. Er ist zwar klein, vielleicht auch nur ein permanentes Schneefeld, aber wer hätte es schon für möglich gehalten, in der *Great Basin*-Wüste Hände oder Stirn an einem Gletscher kühlen zu können. Und noch mehr Überraschungen hält der *Great Basin Park* bereit: funkelnde Bergseen, gurgelnde Bäche, Blumenteppiche, Tundra, kühle Wälder mit Nadel- und Laubbäumen.

Great Basin National Park - Karte Seite 358

Flora und Fauna

Zwischen 2.000 m und 4.000 m findet man natürlich verschiedenste Lebensgemeinschaften. In tieferen Lagen sind es *sagebrush*, Kakteen und der sonnenliebende *mountain mahogany* (Berg-Mahagoni), weiter oben Zitterpappeln und Nadelbäume. Der **berühmteste Bewohner des Parkes** lebt ganz oben zwischen Wald und Fels: die ***bristlecone pine*** (Grannenkiefer). Einige dieser kräftigen, windverdrehten Bäume sprießen seit Hunderten, ja Tausenden von Jahren – und trotzen noch heute den Elementen.

Maultierhirsche sieht man sehr häufig, für Pumas und Rotluchse braucht man schon mehr Glück. Neben Reptilien gibt es natürlich auch Fische, Frösche und Kröten.

Tropfsteinhöhle

Die beliebteste Attraktion im Park sind die ***Lehman Caves***, 1885 von *Absalom Lehman* entdeckt. Sie gehören mit ihrer fragilen Dekoration aus Kalzit zu den schönsten Tropfsteinhöhlen der USA.

Geschichte

Bereits vor 10.000 Jahren, als die Gegend noch fruchtbarer und grüner war, lebten dort Menschen. Die sog. *Fremont*-Indianer siedelten zwischen 1.100 und 1.300 n.Chr. auch im Bereich des Parks. Ihre Felszeichnungen haben sie überdauert. Danach kamen *Shoshone* und *Paiute*-Indianer. Sie leben noch heute in der Region. 1776 erreichten die ersten Weißen mit einer spanischen Expedition unter den *Padres Escalante* und *Dominguez* das Gebiet. 1826 durchkämmte der legendäre *Jedediah Smith* das *Great Basin* nach verwertbaren Biberpelzen. *John C. Fremont* gab auf seiner Expedition 1843-44 dem *Great Basin* seinen Namen, denn es gibt keinen Abfluß zum Meer, sämtliche Flüsse und Bäche enden in den Ebenen *(basins)* und verdunsten dort.

Fremonts Berichte und Karten erleichterten zwar die Besiedelung, aber das Land war einfach **zu unwirtlich für größere Siedlungen** (zumindest bis zur Erfindung von *air conditioning* und *Interstates*). 1847 fanden die Mormonen im *Salt Lake Valley* ihr gelobtes Land, 1855 errichteten sie eine Mission im *Snake Valley* unweit des heutigen Nationalparks. Eine neue Flut Europäer durchströmte das *Great Basin* 1848 – **Goldsucher** auf ihrem langen Weg nach Kalifornien. Bald wurde indessen auch in der *Snake Range* das gelbe Metall entdeckt und ein 29 km langes **Aquädukt** gebaut, um Wasser aus dem *Lehman Creek* nach *Osceola* zu bringen, damals *boom town* mit 5.000 Einwohnern, heute *ghost town*. Infolge trockener Winter und Lecks war das Aquädukt lediglich von 1890 bis 1901 in Betrieb. Ein paar Reste sind heute noch im Park zu sehen. Auch einige Rancher ließen sich im Gebiet im und um den *Great Basin Park* nieder. Die Trockenheit war und bleibt ihr Hauptproblem.

Das Great Basin ...

(Beitrag v. *Terry Baldino, Interpretive Specialist/Great Basin National Park)*

"Seine Flüsse versickern im Boden; seine Seen sind wahrscheinlich aus Salz- oder Brackwasser; die Regenfälle sind vernachlässigbar gering, und seine Landschaft deprimierend, außer für die Wenigen, die lange genug in ihm gelebt haben, um sich neue Wertvorstellungen über diese Landschaft angeeignet zu haben. Seine Schlangenpopulation ist groß und die menschliche Population klein. Sein Klima bringt Temperaturextreme, die alles außer ein sehr solides Thermometer auslaugt. Es ist ein totes Land, und doch ein sehr reiches."

(Zitat aus *Mormon Country, Wallace Stegner 1942)*

Wallace Stegner's Beschreibung ist genau und zutreffend, und bestätigt dennoch die vielen gängigen Vorurteile über das Great Basin. Es stimmt, seine Flüsse laufen nirgendwo hin, sie versickern im Boden oder werden von durstigen Pflanzen oder der trockenen Luft aufgesogen. Seine Seen bestehen tatsächlich aus Salz- oder Brackwasser, aber seine Bergseen enthalten der Natur reinstes Wasser. Es trifft auch zu, daß seine Schlangenpopulation groß ist und die Klimaextreme die besten Thermometer einer harten Prüfung unterziehen. Aber ist es ein totes Land? Im Gegenteil, es gehört zu den Orten mit der größten Vielfalt an Pflanzen, Tieren und geologischen Erscheinungen der Welt. (...)

Wer im *Great Basin Park* die alten *bristlecone pines* bestaunt, wird sich der Zeit bewußt, die seit ihrer Geburt vergangen ist. Wer im Schnee auf dem Gletscher spielt, ist so ausgelassen wie Kinder beim ersten Schneefall im Winter, und wer durch die Gänge der *Lehman Caves* geht, ist verzaubert durch die Magie dieser Welt. Die Besucher sind aber vor allem überwältigt (...) von der Weite des *Great Basin* mit seinen weit entfernten Bergketten und unbewohnten Ebenen. Sie erschließt sich von fast jedem Aussichtspunkt im Park, sei es von der Terrasse beim *Visitor Center* oder vom Gipfel des *Wheeler Peak*. Hier gibt es keine Verkehrsstaus und keine Warteschlangen. Manche Besucher, von den großen, oft überfüllten Nationalparks ernüchtert und enttäuscht, finden eher im *Great Basin* mit seinen weit entfernten Bergketten und den unbewohnten Ebenen das Geheimnisvolle, die Stille, die Einsamkeit und die belebende und bereichernde Kraft, die sie von einem Nationalpark erwarten. Im *Great Basin* sind Naturwunder zu sehen, aber erwarten Sie keine Restaurants, Hotels und Souvenir-Läden. Diese Landschaft kann man nicht einfach erfahren, man muß sie erleben. Gehen Sie zu Fuß und lassen Sie die einengenden Käfige der Autos und Busse hinter sich. Der *Great Basin Park* ist ein Ort ohne Eile, in dem man nicht lange genug sein kann, um den Wert und die Bedeutung von Landschaft zu erkennen.

Great Basin National Park - Karte Seite 358

REISEPLANUNG

Anreise

Zug

Hier sieht's nicht gut aus. Die nächstgelegenen *Amtrak*-Stationen sind gut 200 mi entfernt in **Elko** und **Salt Lake City** (nur einmal täglich auf der Route Chicago–Denver–Salt Lake City–Reno–San Francisco) sowie **Barstow** auf der Strecke Los Angeles–Flagstaff mit *Connecting Bus-Service* bis **Las Vegas**.

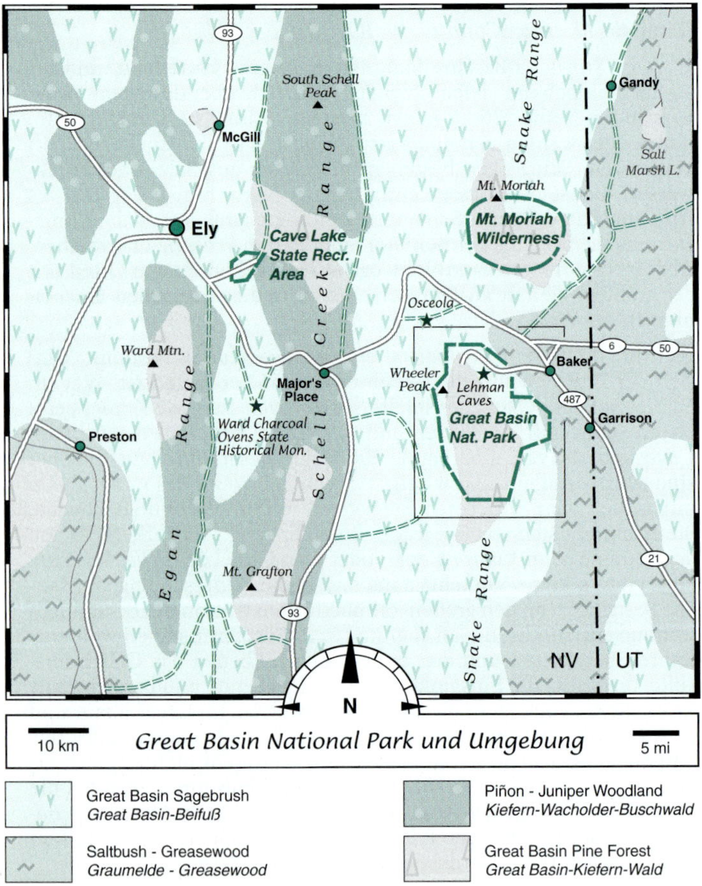

Great Basin National Park und Umgebung

Praktische Informationen

Bus

Der *Great Basin National Park* ist auch per Bus nicht zu erreichen. Die nächstgelegenen *Greyhound Stops* sind **Cedar City** (Utah) auf der Route Las Vegas–Grand Junction (dreimal täglich) und **Elko** auf der Route Reno–Salt Lake City (einmal täglich) mit Anschlüssen nach Denver und San Francisco.

Flugzeug

Die nächsten internationalen Flughäfen befinden sich in **Las Vegas** und **Salt Lake City**, ein *Regional Airport* in **Cedar City**.

Mietwagen

Alle bekannten *Rental Companies* besitzen Niederlassungen in **Salt Lake City**, **Las Vegas** und **Cedar City**. Tip für Cedar City: ***Speedy Rental***, © (435) 586-7368, an der 650 N Main St. Ein Abholservice bei der *Greyhound*-Station kann vereinbart werden.

In **Elko** gibt es u.a. *Avis-*, © (775) 738-2618, und *Hertz*-Vertretungen © (775) 738-5620, in Ely *National Car Rental*, © (775) 786-3757.

Anfahrt

Der Park befindet sich in der Nähe der Ostgrenze Nevadas (mit Utah) und ist von Las Vegas 296 mi, von Salt Lake City 234 mi und von Reno 385 mi weit entfernt. Von Las Vegas erreicht man ihn über die *Interstate #15*, dann nördlich auf der ***# 93*** nach Ely, mit knapp 5.000 Einwohnern der größte Ort weit und breit in der Nähe des Parks. **Ely** liegt gleichzeitig an der **Straße #50**, einer – auf der Route Reno–Salt Lake City – landschaftlich (in Nevada) außerordentlich reizvollen Alternative zur *Interstate* #80. Von Ely zum Park sind es noch rund 70 mi auf der Straßenkombination #50/#487/#488. Letztere ist die 5-mi-Stichstraße vom Nest **Baker** zum *Lehman Caves Visitor Center*.

Klima und Reisezeit

Beim *Great Basin* handelt es sich um eine ***cold desert***: kalte, harte Winter, heiße und trockene Sommer, Niederschläge übers Jahr verteilt oder ganz ausbleibend. Zumindest das Frühjahr bringt dann ein wenig Niederschlag, wenn Stürme es vom Pazifik bis zu den Bergen der *Snake Range* "schaffen". Sonst ist es hier meist recht trocken.

Etwa Anfang Mai blühen die meisten **Blumen,** und die Temperaturen auf der Höhe des *Lehman Caves Visitor Center* sind angenehm. Ein- oder zweitausend Meter höher ist es aber im Mai noch immer recht kühl, der Schnee taut kaum ganz vor Ende Juni. In diesen Lagen hält der Bergfrühling erst im Juni Einzug, Höhepunkt der Blütezeit ist dort im Juli und dauert bis ca. Mitte August. Im Juli und August ist gelegentlich mit Gewittern zu rechnen. Hier wie anderswo in den Bergen gilt: das Wetter kann sich manchmal blitzartig ändern.

Great Basin National Park - Karte Seite 358

Die Great Desert Poppy blüht im Bereich des Great Basin Park bereits Ende April

Wandersaison

Da der Großteil der **Wanderwege** auf einem Niveau über 2.700 m (9.000 ft) liegt, beginnt auch die Wanderzeit erst im Juni und endet im Oktober, wenn die ersten Schneestürme toben. Von **Oktober bis Juni** kann man die höheren Lagen nur mit Skiern oder Schneeschuhen erreichen. Mehr als die Hälfte des Jahresniederschlages fällt dort im Winter als Schnee, im Schnitt mehr als 7 m, während es beim *Visitor Center* weiter unten "nur" noch ca. 2 m sind.

Mit Karte und Kompaß kann man tiefere Lagen auch vor Juni und nach Oktober erforschen, so etwa ***Pole Canyon*** und ***Lexington Arch***.

Infrastruktur

Der Nationalpark hat 4 einfache, aber gut angelegte ***Campgrounds*** in durchweg schöner Lage: *Lower* und *Upper Lehman Creek* (wenige Meilen oberhalb des *Visitor Center*, Trinkwasser vorhanden) und *Wheeler Peak* auf 3.000 m Höhe liegen alle am ***Wheeler Peak Scenic Drive***. Den *Baker Creek Campground* erreicht man auf einer Schotterzufahrt. Nur der *Lower Lehman Creek Campground* bleibt ganzjährig geöffnet. Einfachste Campingplätze (*primitive sites*, ohne Wasser, gebührenfrei) findet man entlang der *Snake Creek Road* in der südlichen Parkhälfte. ***Backcountry camping*** ist zur Zeit noch überall erlaubt.

Komfortabler campen (Duschen) kann man im ***Cave Lake State Park***, ⇨ Seite 389.

In Baker, einem winzigen Nest, gibt es einige **Motels**, einen privaten Campingplatz und 2 Restaurants, ein weiteres an der Straße # 487 an der Grenze zu Utah, außerdem einen kleinen Lebensmittelladen. Café und *Gift Shop* beim *Visitor Center* des Nationalparks sind von April bis Oktober täglich geöffnet.

Auch an der Hauptstraße #6/#50 (Ely in Richtung Utah) steht unweit der Abzweigung der #487 ein Motel mit Café.

Ely verfügt über eine komplette Infrastruktur einschließlich – für die Größe des Ortes – recht zahlreicher **Motels**.

Information

Das ***Visitor Center*** des Parks liegt 1 mi hinter der Einfahrt beim Eingang zu den *Lehman Caves*, © (775) 234-7331. Anschrift: ***Superintendent, Great Basin National Park*, Baker, NV 89311**.

Für Informationen über das östliche Nevada: ***Bristlecone Convention Center and Visitors Bureau***, 150 6th Street, PO Box 958, Ely, NV 89301, © (775) 289-3720. ***Baker Tourism*** (im *T&D's Country Store*), PO.Box 90, Baker, Nevada 89311, © (775) 234-7264.

Kurzinfos Outdoors

Permits

Selbst für Mehrtageswanderungen sind zwar keine *permits* nötig, man sollte sich aber (zur eigenen Sicherheit) beim *Visitor Center* mit seinen Plänen registrieren lassen. Untersagt sind **Holzfeuer** oberhalb 3.000 m (10.000 ft), grundsätzlich darf auch darunter lebendes oder totes Holz der Grannenkiefern nicht verbrannt oder mitgenommen werden. Campen im ***bristlecone pine grove*** ist nicht erlaubt, oberhalb der Waldgrenze nicht erwünscht (empfindliche Vegetation).

Wandern

Den Park durchziehen etwa **100 km** mehr oder weniger gut unterhaltene Wanderwege, wovon der Großteil durch eine abwechslungsreiche Berglandschaft mit Wäldern, Wiesen, Bächen und kühlen Seen in der nördlichen Parkhälfte läuft, in der sich der fast 4.000 m hohe *Wheeler Peak* befindet. Dort kann man auch den einzigen **Gletscher** in Nevada, die uralten ***bristlecone pines*** und die ebenso eindrucksvollen ***limber pines*** (Zirbelkiefern) bestaunen. Der südliche Parkteil ist wesentlich wilder mit nur wenigen *Trails;* er bietet dafür umso mehr Möglichkeiten für Individualisten mit Karte und Kompaß.

Radfahren, Mountain Biking

Für *Bike Freaks* ist dieser Nationalpark weniger ideal – Fahrräder sind nur auf offiziellen, auch für Autos zugelassenen Straßen erlaubt. Der voll asphaltierte ***Wheeler Peak Scenic Drive***, die Touristenstrecke des Parks, klettert vom Besucherzentrum auf 12 mi Länge gut 900 m (3.000 ft) höher. Eine weitere (geschotterte) Straße führt zum *Baker Creek Campground* (330 m Steigung auf ca. 3,5 mi Distanz).

Andere, einsamere Routen gibt es nur außerhalb der Parkgrenzen, so die ***Snake Creek Road*** (von der #487/#21 zwischen Baker und Garrison/Utah) oder die Straße zum ***Lexington Arch*** in der Südostecke des Parks. Auf nahegelegenen Ländereien des *Bureau of Land Management* und im *Humboldt National Forest* werden z.Zt. neue ***Bike Trails*** eingerichtet – im *Visitor Center* kennt man den aktuellen Stand der Dinge. ***Bike Rentals*** gibt es in der Nähe nicht.

Reiten

Zum Zeitpunkt der Vorbereitung dieses Buches gab es keinen Reitstall in der Nähe des Parks. Falls Sie mit einem *Outfitter* unterwegs sein sollten: ein schöner Ausritt führt am *Baker Creek* entlang zum *Johnson Lake*. Der Südteil des Parks ist überwiegend wegelos und damit ideal für Abenteurer, Pioniere und Entdecker. In der *day-use area* um den *Wheeler Peak* sind Pferde nicht erlaubt.

Wintersport

Wintererlebnis wie vor hundert Jahren: Schneeschuhlaufen, Langlaufen oder Skitouren in einsamer Schneelandschaft. Es gibt keine Lifte, keine präparierten Pisten oder Loipen, dafür Landschaft pur. Ideal für Lang- und Schneeschuhläufer sind die nicht geräumten Straßen *Baker Creek, Snake Creek* und *Strawberry Creek Roads*. Die Schneemengen variieren stark von Jahr zu Jahr; beim Besucherzentrum erhalten Sie den aktuellen Lawinenbericht. Im *Wheeler Peak Campground* ist sogar Wintercamping erlaubt, die Straße allerdings geschlossen. Den Campingplatz erreicht man nur mit Skiern oder Schneeschuhen auf dem *Lehman Creek Trail.*

Besondere Tips

Relaxing

Abkühlen (auf 10°C) und Staunen auf einer Tour durch die ***Lehman Caves***. Stündliche Führungen (60-90 min.) *Memorial Day Weekend* (letztes Wochenende im Mai) bis *Labor Day* (erster Montag im September), sonst 4-5 mal täglich, Tickets im Besucherzentrum.

Kurse zu Fotografie, Zeichnen, Malen, Naturkunde etc. bietet die ***Great Basin Natural History Association***, *Great Basin National Park*, Baker, NV 89311, © (775) 234-7270.

Für Kids

Im *Visitor Center* gibt es ***Family Adventure Packs*** mit Kompaß, Lupe, Bestimmungsführer für Bäume und Tiere, kleinen Aufgaben etc. Das Material ist allerdings in englischer Sprache geschrieben.

Mit dem Bestimmungsführer des "Family Adventure Pack" sollte es kein Problem sein, dieses Tier zu erkennen.

Für Gourmets

Das ***Outlaw Cafe & Bar*** in Baker wird seinem Namen gerecht: Hamburger und Steak in echter *Nevada-small town*-Atmosphäre mit Bar, Billard-Tisch und Geldspielautomaten. Margarita-Fans bestellen ***Mugarita***, © (775) 234-7221. Eine größere Auswahl an Menüs gibt`s im ***The Border Inn*** an der Straße #6/#50 an der Grenze mit Utah.

Literatur und Karten

Trails to explore in Great Basin National Park,
Rose Houk, *Great Basin Natural History Association*

A Sierra Club Totebook*: *Hiking the Great Basin,
The High Desert Country of California, Nevada, Oregon and Utah, John Hart, Sierra Club Books

The sagebrush ocean, *the natural history of the Great Basin*,
Stephen Trimble, University of Nevada Press

Trees of the Great Basin, A natural history,
Ronald M. Lanner, University of Nevada Press

Sagebrush Country, A Wildflower Sanctuary,
Ronald J. Taylor, Mountain Press Publishing Company

Lehman Caves,
Jeremy Schmidt, *Great Basin Natural History Association*

Geology of the Great Basin, Bill Fiero, University of Nevada Press

Great Basin Drama, The Story of a National Park,
Darwin Lambert, Roberts Rinehart Publishers

Hiking Map & Guide Great Basin National Park, Earthwalk Press

Die Natur

Geologie
Märchenwelt am Fuß des *Wheeler Peak*

Zwei Phänomene sind im *Great Basin National Park* von besonderem Interesse: die Entstehung der ***South Snake Range***, der Gebirgskette im Zentrum des Nationalparks, und der ***Lehman Caves***.

Entstehung des *Great Basin*

Vor 600 Millionen Jahren, im Paläozoikum, bedeckte ein warmes, seichtes Meer das heutige Nevada und westliche Utah. An Land gab es noch kein Leben, im Meer tummelten sich aber bereits die unterschiedlichsten Kreaturen. Ihre kalziumreichen Schalen und Skelette sanken auf den Meeresgrund ab und bildeten nach und nach **dicke Kalksteinsedimente**. In diesen Sedimenten sollten, allerdings erst viel später, die *Lehman Caves* entstehen.

Im Mesozoikum (vor 245 bis 67 Mio. Jahren) wurde die Region des heutigen *Great Basin* in die Höhe gepreßt, und die Kalksteinschichten tauchten aus dem Meer auf. Gegen das Ende dieser Periode, in der Kreidezeit, führten Spannungen in der Erdkruste zu **Brüchen in den Schichten** und damit u.a. zur Entstehung der *Lehman Caves*.

Es sieht zwar aus wie im Disneyland, ist aber während Millionen von Jahren langsam gewachsen, Lehman Caves im Great Basin NP. (Besichtigung ⇨ unter Relaxing)

South Snake Range

Erst vor etwa 17 Mio. Jahren wurde die *South Snake Range* geboren. Der Grund dafür liegt Hunderte von Meilen im Westen an der Küste Kaliforniens. Dort kollidieren die pazifische und nordamerikanische tektonische Platte. Erstere bewegt sich langsam nordwärts. Manchmal "verhaken" sich die Platten dabei, und **gewaltige Spannungen** bauen sich auf, bis der Druck irgendwo zum Bruch führt. Oft passiert das entlang des *San Andreas-Grabens*. "Klemmt" es aber auch dort,

Sagebrush-Ebene und die South Snake Range; charakteristisch für die "Basin and Range"-Topographie

wandert die Spannung ins Landesinnere und verursacht anderswo einen Bruch der Nordamerikanischen Platte. Auf diese Weise wurde ganz Nevada im Laufe der Zeit von Scherlinien durchschnitten, die im wesentlichen in Nord-Süd-Richtung verlaufen. Zwischen diesen Verwerfungen stiegen ganze Blöcke in die Höhe, während andere absanken. So entstanden in Nevada mehr als 200 *mountain ranges* (Bergketten), die mit den dazwischenliegenden Ebenen die charakteristische ***basin and range*-Topographie** bilden.

Der interkontinentale "Kampf" der Erdkrustenplatten dauert bis heute an und führt nach wie vor zu tektonischen Spannungen im *Great Basin*. In einigen Millionen Jahren ist es dann wohl soweit: Nevada wird entzweibrechen; und und die Wassermassen der Baja California werden das Gebiet unter sich begraben.

Lehman Caves

Bleibt noch zu klären, wie es zu all den Formationen in den *Lehman Caves* kam, den **Stalagmiten, Stalaktiten, Heliktiten, Aragoniten** oder dem ***cave beacon***, dem "Höhlenspeck": Mit der Hebung der Kalksteinschichten wurden diese Wind und Wetter ausgesetzt. Wasser sickerte durch Boden und Gestein. Dabei nahm es Kohlendioxid von verwesendem organischen Material auf, so daß Kohlensäure entstand. Diese wiederum vermag den Kalkstein aufzulösen. Unten in den Höhlen angekommen, fehlte jedoch der Druck, der das Kohlendioxid und den Kalk in Lösung hielt. Jetzt lief die Reaktion rückwärts. Das Kohlendioxid verdampfte, **das Kalzium kristallisierte als Kalzit** (Kalziumkarbonat) in den vielfältigsten Formen. Irgendwann wird es die Höhlen vollständig ausfüllen.

Eine kurze Geschichte des Great Basin

Nach steilem Aufstieg erreicht man den Gipfel des *Wheeler Peak*, des höchsten Berges im Nationalpark. An einem klaren Tag reicht die Sicht bis weit ins *Great Basin*. Im Westen, hinter dem *Spring Valley*, liegt die *Schell Creek Range*, im Osten, bereits in Utah, die *Confusion Range* und die *House Range* mit dem *Notch Peak*, der markant in den Himmel ragt. Nur wenige Spuren menschlicher Zivilisation kann man von dort oben ausmachen. Rundherum das *sagebrush*-Meer, **Weite, Leere, Zeitlosigkeit** und das Gefühl, daß es hier schon immer so war, seit Äonen.

Falsch, sagen die Geobotaniker. Dieser Teil der nordamerikanischen Wüste bekam sein heutiges Gesicht **erst vor wenigen tausend Jahren**. Also erst im letzten Millionstel der 4,5 Mrd. Jahre alten Geschichte der Erde. Wie und wann entstand also die *Great Basin-Wüste*?

Mit verschiedenen Techniken ging man dieser Frage auf den Grund: durch Untersuchungen von Fossilien und konservierten Pollen, mit Analysen von Baumringen und mit der C14-Methode. Eine der ergiebigsten Quellen waren die **"Müllhalden" der *pack rats*** (*pack rat middens)*. Diese Buschschwanzratten sammeln in der Umgebung ihrer Unterschlüpfe Blätter, Blüten, Früchte etc. als Nahrungsmittel oder Baumaterial. Hier und da veranstalten sie einen regelrechten Frühlingsputz, und aller Abfall inklusive Kot wird in einer Ecke entsorgt. Im Laufe der Zeit entwickelt sich daraus eine mit Urin zementierte Deponie. Diese ***middens***, akribisch genau untersucht und per C14-Methode datiert, liefern Informationen darüber, was wo wann in den vergangenen 25.000 Jahren wuchs. Die Tabelle zeigt die Resultate, und vor allem, **wie jung das heutige *Great Basin* ist**.

Ära	Epoche	Zeit: Beginn vor Jahren	Klima	Was passierte
Paläozoikum	Karbon	345 Mio.		Wälder schnellwüchsiger Bäume überziehen das heutige Great Basin, mit Riesenfarnen, Schachtelhalmen *(horsetails)* und anderen Sumpfpflanzen.
Mesozoikum	Kreide	135 Mio.		Die ersten Blütenpflanzen *(Angiospermen)* erscheinen im *Great Basin*: Vorläufer der heutigen Feigen, Pappeln, Sassafras, Magnolien. Meteoriten bringen (wahrscheinlich) das Ende der Dinos, damit gibt es Platz für die Säugetiere.

Ära	Epoche	Zeit: Beginn vor Jahren	Klima	Was passierte
Neozoikum Tertiär	Palaözän	65 Mio.	gemäßigt	Das *Great Basin* ist, immer noch feuchtes bewaldetes Tiefland.
	Eozän	54 Mio.	kühler, trockener	Eichen, Nußkiefer *(piñon)* Wacholder *(juniper)* in Wäldern mit vorwiegend Nadelbäumen. Subtropischer Regenwald überlebt nur in Tieflagen.
	Oligozän	38 Mio.	kühler, trockener	Die subtropischen Wälder weichen nach Süden (Mittelamerika) aus, wo sie bis heute blieben (so sie die Kettensäge überstanden)
	Miozän	26 Mio.	trockener	Die *Sierra Nevada* sowie die *mountain ranges* im *Great Basin* entstehen.
	Pliozän	7 Mio.	noch trockener (weniger Sommerregen)	Die *Sierra Nevada* fängt die Regen aus dem Westen ab und trocknet so das *Great Basin* aus. Zusätzlich wird es um etwa 1.500 m angehoben. Unten ist es nun zu trocken, oben zu kalt für Wälder; sie werden abgelöst durch Savannen und *sagebrush*-Prärien in den tieferen Lagen. Hier findet man Kamele, Pferde, Elefanten *(mastodon)*, Rhinos, Büffel, Gabelböcke *(pronghorn antelopes;* von ihnen wurden Fossilien in der *Snake Range* gefunden). Viele dieser Arten kamen über die Beringbrücke hierher.
Neozoikum Quartär	Pleistozän	2,5 Mio.		**Eiszeit!** 20 Gletscher entstehen in Nevada, auch in der *Snake Range*. Pflanzen weichen nach Süden aus, kehren in den Zwischeneiszeitenzurück.
		25.000		Höchststand der letzten Eiszeit, die hier *Wisconsin* heißt. Buschwanzratten bauen die wertvollsten Müllhalden der Historie. Im *Great Basin Park*

Ära	**Epoche**	**Zeit: Beginn vor Jahren**	**Klima**	**Was passierte**
Fortsetzung:		25.000		reicht das Eis bis auf 2.800 m hinunter, weit unterhalb des heutigen *Wheeler Peak Campground*. In den Ebenen des *Great Basin* bilden sich bis zu 300 m tiefe Seen. Der *Lake Bonneville* etwa bedeckt große Teile von Nordwest-Utah, vom Ufer waren es nur wenige Meilen zur Parkeinfahrt.
		25.000–11.000	wärmer, aber immer noch etwa 4 Grad kühler als heute	Gletscher ziehen sich zurück, Pflanzen wagen sich wieder in die Berge und weiter nach Norden, schaffen es aber nicht über die heutigen *Mojave*, *Sonora* und *Chihuahua-Wüsten*. Im Park wachsen Zirbel- und Grannenkiefer, Engelmannsfichte und Zwergwacholder in tieferen Lagen als heute, *bristlecone pines* etwa um 1.800m herum.
	Holozän	13.000		Über die Bering-Brücke kommen Großwildjäger, die ersten Menschen! Dutzende großer Tierarten verschwinden: Elefanten (*mastodon*), Kamel, Pferd, Rhino u.a.
		10.500	schnelle Erwärmung	Die Seen aus der Eiszeit verdunsten, *sagebrush* ersetzt die tiefer gelegenen Nadelwälder, der *singleleaf piñon pine* trifft ein.
		7.500–4.500	plötzlicher Temperaturanstieg, 5 Grad wärmer als heute	Fast nichts mehr erinnert an die Eiszeit. Die großen Seen vertrocknen fast alle zu Salzpfannen. Wüsten, wie wir sie heute kennen, entstehen. Kälteliebende Arten retten sich in höhere Berglagen, werden dort aber isoliert.
		2.500	Kühler, etwa wie heute	
		in 100 Jahren	**??**	**Eiszeit? Treibhaus? Weltraum?**

Pflanzen und Tiere

Inseln im Sagebrush-Meer

An **Extreme** haben sich Pflanzen und Tiere im *Great Basin* gewöhnt; während Millionen von Jahren war es entweder heiß und trocken (in den Ebenen), oder arktisch-alpin kalt (in den Bergen). Erwärmte sich das Klima generell, wichen sie nach Norden oder höher in die Berge aus. Kühlte es wieder ab, kehrten sie zurück. Heute herrscht ein relativ trockenes Klima vor, das *Xerophyten* (**trockenheitsliebende Pflanzen**) begünstigt. Seit dem Ende der Eiszeiten sind entsprechende Gewächse allmählich aus südlicheren Regionen ins *Great Basin* vorgedrungen. Die arktisch-alpinen Tier- und Pflanzengemeinschaften wichen gleichzeitig höher in die Berge aus. Dort oben sind sie jetzt jedoch "gestrandet", getrennt von ihren Artgenossen, die es auf ganz andere Bergketten verschlug. Derartige Bergketten nennt man treffenderweise ***sky islands***, Himmelsinseln in einem Meer trockener Wüstenvegetation (➪ Essay auf Seite 251).

Vegetationszonen

Die Lebensgemeinschaften im *Great Basin Nationalpark* spiegeln die unterschiedlichen Höhenlagen wider, die von 1.500 m in Baker bis fast 4.000 m reichen. Die im folgenden beschriebenen unterschiedlichen Zonen sind natürlich nicht fein säuberlich gegeneinander abzugrenzen, sondern gehen kontinuierlich ineinander über. Zusätzliche Einflüsse komplizieren das Bild: an Bächen etwa findet man ganz spezielle Arten, und durch die intensivere Sonneneinstrahlung an Südhängen sind dort die Zonen nach oben verschoben.

Buschwüste (*northern desert scrub*, 5% der Parkfläche): Sie ist in den Ebenen um den Park zu finden. Auf trockenen, dünnen Böden reicht sie manchmal bis 3.300 m. Vorherrschend sind *big* und *black sagebrush* (Beifuß-Arten), *shadscale* und *greasewood* (Wüstenbuschart).

***Piñon-juniper*-Wald** (*piñon-juniper woodland*, 29% der Parkfläche): Auf dem Weg von *Baker* zum Besucherzentrum kommt man bald durch einen lockeren Wald, dessen Bäume nur wenig über Kopfhöhe reichen. Es handelt sich um *single-leaf piñon pine* (Nußkieferart) und *Utah juniper* (Utah-Wacholder) – zwischen 2.100 m (6.800 ft) und 3.000 m (11.000 ft) an warmen, trockenen Standorten.

Bergbuschwald und Mahagony (*mountain scrub* und *mahogany*, 18% der Parkfläche): Prominentester Vertreter ist der *curl-leaf mountain mahogany* (Berg-Mahagoniart) – in den tiefergelegenen *Canyons* und an trockenen Hängen zwischen 2.400 m (7.800 ft) und 3.100 m (10.300 ft). Ein genauerer Blick auf ihre Samen läßt einen langen, behaarten Schwanz erkennen. Werden die Samen in einem Sommergewitter naß und fallen zu Boden, verdreht sich dieser Schwanz spiralförmig und bohrt den Samenkopf in die Erde.

Espen-Nadelbaumwälder (*aspen-conifer forests*, 35% der Parkfläche): Zwischen 2.400 m (7.800 ft) und 3.400 m (11.300 ft), mit Espen, Engelmannsfichten, Nevada-Zirbel- und Grannenkiefern. Letztere bilden die Waldgrenze und gedeihen noch auf unwirtlichsten Geröllhalden.

Alpine Tundra (8% der Parkfläche): Oberhalb der Waldgrenze, die sich etwa zwischen 3.000 m (10.000 ft) und 3.400 m (11.300 ft) befindet, gibt es nur noch Gräser, Kräuter, Riedgräser *(sedges)*, Polsterpflanzen, zwergenhafte *juniper* (Wacholder), *Engelmann spruce*, Flechten und Blumen wie etwa die *Nevada primrose* (Schlüsselblume) oder der *plainleaf buttercup* (ein Hahnenfuß).

Im Bristlecone Pine Grove (Hain) erfährt man viel Wissenswertes über die Methusalems unter den Bäumen, ➪ *Wanderung #3, Seite 384.*

Fauna

Die Bergketten im *Great Basin* sind auch **für Tiere ein Refugium. Größere Tiere** im Park sind Puma, Rotluchs, *ringtail* (Katzenfrett), Koyote, Fuchs, *porcupine* (Stachelschwein) und *skunk* (Stinktier). Maultierhirsche sind so zahlreich, daß Sie leicht von Ihrem Zelt aus fotografieren können, wie sie hungrig auf Ihre gegrillten Leckereien schielen. Andere recht **häufige Bewohner** sind *jackrabbits* (Eselshasen), *kangaroo mice* (Känguruhmäuse), *pack rats* (Buschschwanzratten), *pocket gophers* (Taschenmaulwürfe) und *ground squirrel* (Erdhörnchen). Die häufigsten **Vögel** sind *Clark's nutcracker* (Kiefernhäher), *Steller's jay* (Haubenhäher) und *raven* (Kolkraben). Aber auch Raubvögel kommen vor, etwa der *sparrow hawk* (Buntfalke), der *red-tailed hawk* (Rotschwanzbussard) und die *great horned owl* (Amerikanischer Uhu, ➪ Foto auf Seite 375).

Der älteste Baum der Welt

Vor 4.900 Jahren errichteten die Sumerer die Stadt Ur am Euphrat, und Menes gründete die erste ägyptische Dynastie. Zur gleichen Zeit senkte im trockenen inneren Westen Nordamerikas ein ***bristlecone pine*-Sprößling** (Grannenkiefer oder Borstenkiefer) seine ersten zarten Wurzeln in ein Häufchen Erde auf einer Geröllhalde am Fuß der steilen Ostwand eines fast 4.000 m hohen Berges. Dieser Baum sollte später, viel später, weltberühmt werden.

Auf den ersten Blick war der Standort **ein denkbar schlechter Platz** für einen Baum. Auf 3.300 m Höhe im Schatten des *Wheeler Peak* inmitten riesiger Quartzitbrocken ohne Boden und nenneswertes organisches Material, das Klima äußerst rauh, heiße Sommer, kalte, schneereiche Winter. Aber es handelt sich um einen der wenigen Orte im *Great Basin*, an denen das Klima dem der vergangenen Eiszeiten ähnelte. Die kleine *bristlecone pine* überstand die kritischen ersten Jahre. Langsam kämpfte sie sich durch die Felsbrocken, bildete ihre ersten Nadeln, ca. 3 cm lang, dunkelgrün, zu fünft in Büscheln. Dank seiner Gene überlebte der Baum, wo andere wieder eingingen.

Bis zu 40 Jahren kann die *bristlecone pine* ihre Nadeln behalten. In trockenen Jahren muß sie so keine neuen bilden; die **Photosynthese läuft dann auf einem Minimum**. In besseren Sommern bildet sich im Kambium, der lebenden Schicht unter der Rinde, eine feinste Schicht Holz, die aber in manchen Jahren nur einige wenige Zellen dick wird. In der kalten Jahreszeit verfällt der Baum bis zu den ersten warmen Tagen im Spätfrühjahr in eine Winterruhe.

In "mageren" Jahrhunderten legte unsere *bristlecone pine* gerade mal einen Zentimeter Holz zu. In tieferen Lagen hatten es die Bäume leichter. Sie wuchsen schneller. Sie alterten aber auch schneller. Es konnte zu einer Kernfäulnis (*heart rot*) kommen, und der Baum starb, nur ein paar Jahrhunderte alt, kaum 25 cm dick. Oben an der Baumgrenze aber waren die Bedingungen so unwirtlich, daß **Wachstum wie Alterung verlangsamt** waren. Sogar der karge Boden, mit wenig Pflanzenmaterial, stellte sich als Vorteil heraus: Feuer waren äußerst selten, und sollte sich einmal ein Baum durch Blitzschlag entzünden, konnte das Feuer nicht auf die umliegenden Bäume übergreifen, zu weit standen sie im felsigen Gelände voneinander entfernt.

Nach etwa 1.500 Jahren war unsere *bristlecone pine* ein stattlicher Baum. So massiv, daß er zuviel Energie zum Unterhalt benötigte. Äste wurden aufgegeben und brachen ab. Die Rinde, welche die Verbindung zu den Wurzeln schützt, blätterte. Mit der Zeit verblieb nur auf der Nordseite **ein Streifen Rinde, die sog. *life line***, die den Baum noch mit Nährstoffen versorgen konnte. Da das Holz sehr harzreich ist, verrottet es nicht, sondern wird wegerodiert wie Fels.

Weitere Jahrhunderte vergingen. Der Baum war fast 3.000 Jahre alt, als im Römischen Reich Jesus geboren wurde. Unser Baum wuchs zwar nicht mehr, klammerte sich aber weiter ans Leben, nur von der *life line* an seinem kräftigen Stamm am Leben erhalten. Wind und Wetter schliffen ihn ab, polierten ihn und frästen Löcher heraus. Die meisten seiner Altersgenossen waren längst tot. Aber auch bei ihnen dauerte es Jahrhunderte, wenn nicht gar Jahrtausende, bis der letzte Rest Holz fortgetragen war.

Das Leben unserer *bristlecone pine* endete abrupt im Jahr 1960 nach unserer Zeitrechnung. Der Baum wurde von einem Forscher **in nur wenigen Minuten** mit der Kettensäge **gefällt** und erhielt eine Nummer: WPN-114. Sein wissenschaftliches Profil: Kronenhöhe 5,2 m (17 ft), Umfang 6,4 m (252 inch), eine einzige, 48 cm (19 inch) dicke *life line*, 4.844 sichtbare Wachstumsringe. Damit war diese *bristlecone pine* das älteste individuelle, jemals auf unserem Planeten registrierte Lebewesen (*aspen* oder *creosote* können zwar als Gesamtorganismus älter werden, aber nur, weil sich bei ihnen kontinuierlich neue Sprossen – Klone – bilden).

Der Baum bekam einen Namen: "***Prometheus***". Einige behaupten, sein Tod hätte wesentlich zur Gründung des *Great Basin National Park* beigetragen. Wie dem auch sei – Amerikaner lieben Superlative, tot oder lebendig.

Ein Hauch von Unsterblichkeit. Diese Bristlecone pine (Grannenkiefer) könnte älter als die großen Pyramiden sein.

Umwelt

Die sauberste Luft der USA (manchmal)

Einige Nationalparks bräuchten gar kein Eingangsschild. Der Unterschied zur Umgebung springt ins Auge, wenn es auf einmal keine Motels, keine *Fast-Food*-Restaurants und keine *Condo(minium)s* (Ferienwohnungen) mehr gibt. Beim *Great Basin National Park* ist es anders: Aus welcher Richtung man sich auch dem Park nähert, er ist umgeben von wildem, weitgehend unberührten Land. Hinzu kommt die rauhe Abgeschiedenheit der *South Snake Range.*

Der Park liegt in der Region mit der **saubersten Luft in den USA**, zumindest außerhalb Alaskas. Diese Region erstreckt sich von den südlichen *Cascade Mountains* in Washington State über das *Great Basin* bis zu den zentralen *Rocky Mountains* und zum nördlichen *Colorado Plateau.*) Die durchschnittliche Sichtweite, sagen uns Teleradiometrie-Messungen, beträgt 221 km (137 mi).

Vom *Wheeler Peak* reicht der Blick bis zur *House Range*, zur *Confusion Range* und weiteren Bergketten in Utah, im Westen zur *Schell Creek Range.* Besonders in der Nacht kann die Aussicht spektakulär sein. Selten auf unseren Reisen schliefen wir unter einem so **tiefschwarzen** und so **hell-funkelnden Sternenhimmel**. Rasch wird man hier übermannt von einem Gefühl nicht nur von Abgeschiedenheit auf unserer Erde, sondern von Einsamkeit im All.

Bei ungünstigen Verhältnissen bekommt allerdings auch die *South Snake Range* "Wind" von unserer industrialisierten Welt. Südwestliche Luftströme tragen den Dreck und Smog aus dem Moloch Los Angeles bis nach Nevada, über den *Grand Canyon* und bis ins zentrale Colorado! Dreht er auf Nordosten, grüßen Salt Lake City und die kohlebetriebene *Intermountain Power Plant* in Delta/Utah. Dann trübt ein **bräunlich-gelber Vorhang** die Sicht auf die *House Range* oder die *Wah Wah Mountains.*

Kopfzerbrechen und Bauchweh bereiten den Rangern die zahlreichen ***mining claims*** (historische Schürfrechte, vor allem für Tungsten und Gold) in der *South Snake Range.* Die Mehrzahl der 220 *claims* konzentrieren sich auf ein Gebiet rund um den *Mount Washington.* Da man sie nicht innerhalb des Parks haben wollte, kurvt dort die Parkgrenze recht abenteuerlich um die *claims* herum. Außerdem liegen noch Pläne einer Bergbaufirma für eine Beryllium-Mine samt Verarbeitungswerk auf *National Forest*-Land vor. Auch dürfen **Viehherden** und eine größere Zahl Schafe weiterhin im Park grasen (der *Park Service* versucht, die Weiderechte nach und nach aufzukaufen). Ein Problem ganz anderer Art und Dimension sind **Testzentren für Kernwaffen** (z.B. *Nevada test site*) und Deponien für hochradioaktive Abfälle im südlichen Nevada (➪ Foto nächste Seite).

Einerseits produzieren sie hochradioaktiven Abfall, andererseits sammeln ausgerechnet sie in freiwilliger Selbstverpflichtung Abfall auf dem Highway ein – Mitarbeiter des "Zentrums für nuklearen Unterwasserkrieg"

Artenvielfalt
Fliegende Fische?

Sky Islands

Mountain range nach *mountain range*, dazwischen weite Ebenen, das ist das *Great Basin*. Leider schützt der *Great Basin National Park* nur eine Bergkette, das **Ökosystem Ebene fehlt weitgehend**. In diesen isolierten Bergketten haben sich viele Tier- und Pflanzenarten zu endemischen (nur in diesen Orten vorkommenden) Formen entwickelt. Obwohl einige Arten dem Verschwinden nahe sind, hat der Park seit seiner Gründung noch keine Art verloren – jedenfalls nicht wissentlich.

"Importe" in der Umgebung

1979/1980 wurden ***Rocky Mountain bighorn sheep*** wieder in die *Snake Range* eingeführt. In der *Mount Moriah Wilderness* der *North Snake Range* fühlen sich die Tiere offensichtlich wohl – ihre Zahl ist in nur 8 Jahren von 30 auf etwa 60 gestiegen. In der *South Snake Range* einschließlich des Nationalparkgebietes verminderte sich indessen die Zahl von ursprünglich ebenfalls 30 auf einige wenige Exemplare. Der Grund dafür könnten die etwa 3.000 Schafe sein, die im Sommer im Park grasen. Sie fressen nicht nur das Futter weg, sondern können auch Krankheiten auf die *bighorn sheep* übertragen. **Wapiti-Hirsche** wurden wahrscheinlich von Siedlern gegen Ende des letzten Jahrhunderts ausgerottet. 1932 setzte man sie wieder in der *Schell Creek Range* aus. Sie scheinen sich dort heimisch zu fühlen.

Bonneville Cutthroat Trout

Am interessantesten von allen ist die Geschiche des *Bonneville cutthroat trout* (eine Purpurforellenart). Dieser Fisch entwickelte sich im *Lake Bonneville,* dem vielfach größeren Vorläufer des heutigen *Great Salt Lake.* Als der See nach Ende der Eiszeit schrumpfte, strandeten einige Populationen des Fisches in den umliegenden Bergketten, u.a. in den Bächen an der Ostseite der *Snake Range.* Das ist noch leicht verständlich. Aber nun die Überraschung: Heute findet man reine Bestände allein auf der Westseite des Gebirges. Bleibt zu ergründen, wie es die Forelle über 3.000 m hohe Felswüsten auf die andere Seite schaffte. Die wahrscheinlichste Erklärung: die Fische wurden im *Osceola-Kanal,* der vom *Lehman Creek* um den Berg und durch Tunnel zu den Goldminen in *Osceola* führte, in diese ihre neue Heimat gespült.

Bussarde und Fledermäuse

Im Park leben verschiedene gefährdete oder bedrohte Arten. Der *ferruginеous hawk* (Königsbussard) ist ein in Nevada geschützter Vogel. Er brütet aber in Tälern außerhalb des Parks. Ebenfalls staatlich geschützt ist die *spotted bat,* eine äußerst **seltene Fledermausart**, die nur im Westen der Vereinigten Staaten vorkommt. Ihr Verbreitungsgebiet kennt man nicht genau, einzelne Fledermäuse wurden schon in Nevada beobachtet, möglicherweise gibt es sie auch im Park.

Koret Checker Spot

Der *koret checker spot,* ein seltener Schmetterling, kommt nur in der *South Snake Range* vor. Über ihn wissen wir so gut wie nichts sonst, etwa wo genau er lebt, wieviele es überhaupt gibt. Und bei den bescheidenen Budgets des *National Park Service* wird sich daran so bald nichts ändern. Auch nicht daran, daß unbekannt ist, wieviele andere seltene Arten noch im Park leben, Arten, die möglicherweise verschwinden, bevor wir von ihrer Existenz erfahren.

Die great horned owl, mit bis zu 64 cm die größte der Eulen im Südwesten der USA, jagt außer Nagern, Hasen und Vögeln manchmal auch Stinktiere und Hauskatzen

Die *Sagebrush* Rebellion

Botanisch ist der *big sagebrush (Artemisia tridentata*, Beifuß) eine völlig unscheinbare Pflanze. Meist reicht sie nur bis an die Hüfte, sie ziert sich nicht mit auffälligen Blüten, und sogar ihre Blätter hält sie in einem Tarn-Graugrün. Gleichzeitig ist sie aber eine der häufigsten, und damit eine der erfolgreichsten Pflanzen in den trockenen Regionen des nordamerikanischen Westens. *Sagebrush* ist nicht nur **Symbol** für das *Great Basin*, sondern auch **für den Kampf um den Westen**: wem gehört was, und wer darf was wo?

1825 waren nur noch zwei größere Regionen Nordamerikas unerforscht: Alaska und das Herz des ***Great Basin***. Im Unterschied zum Osten der Vereinigten Staaten oder den wasserreicheren Gebieten im Westen war es im *Great Basin* **einfach zu unwirtlich**, um eine größere Zahl Siedler anzuziehen. Und so blieb das Land *public land* unter Verwaltung der Regierung in Washington. Seine Geschichte ist kennzeichnend für die Art, wie Washington mit diesen riesigen Ländereien umging, und auch dafür, wer – aus den verschiedensten Gründen – dagegen kämpfte.

Für beinahe 100 Jahre wurde aus dem *Great Basin* geholt, was es zu holen gab, uneingeschränkt und erbarmungslos. Schließlich handelte es sich doch nur um eine häßliche, nutzlose Wüste. Da existierte und existiert noch immer der unstillbare Hunger der Amerikaner auf Fleisch. **Gewaltige Rinderherden** und Schafe wurden in die Wüste

Big Sagebrush (Beifußgewächs): unscheinbar aber äußerst erfolgreich im Überlebenskampf. Ein Symbol für den Kampf um den Westen.

und die Berge geschickt, wo sie sich an der mageren Grasnarbe vollfressen sollten. Wie wußten die Rancher, wieviele Tiere das Land ernähren konnte? Brutale Lösung: so viele Tiere wie möglich freilassen, und dann sehen, wieviele den Winter überleben. Die Gräser und Blumen, die all ihre Energie in das Austreiben der Blüte im Frühling steckten, hatten keine Chance. Innerhalb von 15 (!) Jahren waren die besten Weiden im riesigen *Great Basin* zerstört. Ende des 19. Jahrhunderts war es zur Sandwüste heruntergekommen, nackt, voll der Erosion ausgeliefert, mit vereinzelten *sagebrush*-Pflanzen. Trotz der Bemühungen von heutigen Bodenkundlern und Agro-Ingenieuren, das Land mit exotischen Pflanzen und Herbiziden zu "verbessern", bietet sich uns **nach hundert Jahren Ausnutzung und Reparaturversuchen** immer noch ein trauriges Bild: Im Einzugsgebiet des *Humboldt River* etwa befindet sich gerade 1% der *sagebrush*-Weiden in gutem Zustand, die anderen 99% gelten als degradiert. Und solange zuviele das tägliche Essen mit einem saftigen Steak oder einem Hamburger gleichsetzen, wird sich daran nicht viel ändern.

Eine andere Art der Ausbeutung zielte auf die Reichtümer unter dem Boden. Bis 1980 beschränkte sich **Bergbau** im großen Stil auf eine Handvoll Minen. Seither aber sprießen sie überall aus dem Boden bzw. bohren sich in ihn hinein – auf der Suche nach Öl und Gas. Ganze Berge werden wieder und wieder durchwühlt auf der Suche nach Metallen, die auf dem Weltmarkt plötzlich *hot* sind. Die neueste Welle bezieht sich auf äußerst **fein verteiltes Gold**. Hergebrachte Techniken versagen bei ihm, da auf 30 Tonnen Gestein kaum 30 g Gold kommen. So werden ganze Bergflanken zermörsert und durch eine Cyanidlösung geschwemmt. Die Menge hochgiftiger Abfälle, die für ein Kilogramm Gold anfallen, sind jenseits normaler Vorstellungskraft, und die daraus entstehenden gelbglänzenden Halsketten nicht mehr nur Schmuck, sondern ein erwürgend schweres Gewicht am Hals des globalen Ökosystems.

Neben dem industriellen Bergbau gibt es auch noch das ***do-it-yourself*-Schürfen**. Ein völlig veraltetes *mining law* aus dem Jahre 1872 (!) räumt Hobby-Bergleuten exklusive und spezielle Rechte an *public lands* ein. Sie dürfen mit schwerem Gerät über das Land dröhnen, den Boden umbaggern und fast nach Belieben sprengen und Straßen bauen. Die Ausbeute ist dabei meist gering. Aber so mancher Möchtegern-Pionier des ausgehenden 20. Jahrhunderts betrachtet es als eine Form der Erholung, in den *public lands* herumzuwühlen und mit Dynamit zu spielen. Die Verwaltung, vor allem das *Bureau of Land Management* (BLM), hat zwar in den letzten Jahren die Spielregeln ein bißchen zu verschärfen versucht, doch noch immer ist das archaische *mining law* in Kraft, in dessen Räderwerk gesunder Menschenverstand wie der Respekt vor dem Land zu Sand zermahlen wird.

Eine dritte, moderne Art der Ausbeutung des *Great Basin* kam mit den Jeeps und ATV's *(all-terrain vehicles)*, Motocross-Töffs, *Humbees* (ausgedienten, überbreiten Armee-Riesenjeeps), *Dune Buggies* und was die kreative **Off-road-Industrie** sich sonst noch einfallen läßt. Das amerikanische Bundesrecht garantiert freien Zugang zu allen *public lands* (mit Ausnahmen wie *National Parks* oder *Wilderness Areas*). Für die zahlreichen *rednecks* und Oktan-Pfadfinder heißt dies: freier Zugang zu jedem Punkt, mit jedem Vehikel, über jede Pflanze, bis es nicht mehr weitergeht. Große Landstriche im *Great Basin* sind gerade recht dafür. Und nach ein paar Passagen *Budweiser*-beladener *4WD-Trucks* gibt's schon fast eine Straße. Die kommt dann denjenigen zupaß, die ohnehin die Einrichtung von Naturschutzgebieten bekämpfen, denn nur *roadless areas*, straßenlose Gebiete, können als *Wilderness* ausgewiesen werden.

So haben umweltbewußte *public lands-Manager* und Naturfreunde im Land der Pioniere und des Autos einen schweren Stand.

Langsam versucht nun Washington, die Nutzung und Ausnutzung des *Great Basin* stärker zu kontrollieren. Dem Bergbau wurden eine Reihe von, wenn auch immer noch nicht genug, Einschränkungen auferlegt, der Überweidung Einhalt geboten und *off-road-Vehikel* aus einigen Gebieten verbannt – zumindest auf dem Papier. Manchem *Rancher*, Bergmann und *Jeeper* geht das natürlich gegen den Strich, schließlich sind sie überzeugt von ihrem "Recht", alles aus dem Land quetschen zu können. Immer stärker wurde unter ihnen der Mißmut gegen die *feds* (die *federal agencies* – Bundesbehörden). In den 80er-Jahren erreichte diese Anti-Washington-Bewegung ihren Höhepunkt in der sog. ***Sagebrush Rebellion***. Am liebsten hätten ihre Anhänger alle *public lands* der Kontrolle Washingtons entzogen (und einzelnen Staaten und Privaten übergeben). Die Rebellen waren dabei keine einsamen Kämpfer: Sogar der spätere Präsident *Ronald Reagan* erklärte 1980 im Wahlkampf: *"I am a Sagebrush Rebel."*

Die Rebellion scheiterte in ihrem Versuch, die Kontrolle über die *public lands* zu gewinnen. Sie hinterließ aber klare Spuren bei den Agenturen, die diese Ländereien verwalten (vor allem bei *BLM* und *National Forest Service*): diese sind sich ihrer Position nicht mehr so sicher, stehen ständig zwischen den Fronten (Umweltschützer kontra *Logger, Miner, Rancher*) und können es niemandem mehr recht machen. Mit starker Hand das Land zu schützen war und ist nun nicht mehr so einfach, es braucht (noch) mehr Mut.

Wer die Suppe letztendlich auslöffeln muß, sind das Land und seine natürlichen Bewohner, Pflanzen und Tiere. Vieles wurde im *Great Basin* zerstört – für lange Zeit. Und viel Geschirr wurde zerschlagen. Nun geht es darum, Lösungen zu finden. Mit ökologischem Verständnis, ökonomischer Einsicht und politischem Feingefühl.

Die besten Wanderungen im *Great Basin National Park*

(Übersicht und Karte nächste Seite)

Wanderung 1	***Wheeler Peak Campground – Stella Lake – Teresa Lake (Alpine Lakes Loop)***
Highlights	Seen, Alpines Panorama
Länge	4,6 km (Rundweg)
Auf-/Abstieg	152 m
Höchster Punkt	3.170 m
Gesamtdauer	1,5-2,5 Stunden
Ausgangspunkt	*Bristlecone Pine*-Parkplatz beim Eingang zum *Wheeler Peak Campground* oder am Ende des *Wheeler Peak Scenic Drive.*
Variante	Man kann diese Rundwanderung mit dem *Bristlecone Grove Trail* (#3) verbinden. Dazu biegen Sie an der Kreuzung nordöstlich des *Teresa Lake* rechts in Richtung Osten ab.

0,0 km - *Wheeler Peak Campground*

Nach der Überquerung des *Lehman Creek* geht es bergwärts durch einen Wald mit Engelmannsfichten, Zirbelkiefern und Zitterpappeln. Nach wenigen Minuten erreicht man eine Weggabelung; eine Tafel erläutert dort, was den Wanderer auf dem *Bristlecone Pine/ Icefield Trail* und dem *Alpine Lake Loop* erwartet. Rechts halten; der Weg steigt durch lockeren Wald mit vielen am Boden verrottenden Baumstämmen leicht an. Leider verläßt der *Trail* den *Lehman Creek* schon bald, dafür stehen die Chancen gut, auf einer Wiese weiter oben *mule deer* beobachten zu können, die sich am saftigen Gras vollfressen. Auch die Aussicht auf den *Wheeler Peak* ist toll.

1,8 km - Abzweigung *Wheeler Peak Trail*

Hier zweigt der *Wheeler Peak Trail* rechts ab (Schild *Summit Trail*). Gehen Sie aber **geradeaus** durch Wiesen, die im Sommer vom intensiven Gelb des *rabbitbrush* überzogen sind. Hinter einer kleinen Schulter erreicht man den am Fuß des *Wheeler Peak* gelegenen

2,1 km - *Stella Lake*

Dieser und auch der *Theresa Lake* sind sehr seicht, sie erreichen gerade mal 3 m (10 ft) Tiefe. Beide bildeten sich in Becken, die von den eiszeitlichen Gletschern ausgefräst wurden. Hinter dem *Stella Lake* geht es leicht bergab durch wieder dichteren Wald. Kurz vor dem *Theresa Lake* liegt rechterhand (südlich) eine Quelle. Im umliegenden Feuchtgebiet gedeihen *shooting star* (Götterblume) und *primrose* (Primel). Hier ist es sehr sumpfig und empfindlich – Vorsicht!

Great Basin National Park - Karte Seite 358

Übersicht über die besten Wanderungen im *Great Basin National Park*

No	Trailbezeichnung	Länge	Schwierigkeit	Kurzbeschreibung
1	***Alpine Lakes Loop Trail***	4,6 km	leicht	Schöne Rundwanderung durch eine abwechslungsreiche Landschaft mit Wäldern, Wiesen und zwei Bergseen.
2	***Lehman Creek Trail***	6,1 km	leicht	An einem der wenigen, ganzjährig fließenden Bäche entlang durch vier der sieben Vegetationszonen der *Snake Range*.
3	***Bristlecone Pine Grove Trail***	8,2 km	mittel	Das Beste im Park: 3000-jährige Grannenkiefern und der letzte Gletscher in Nevada.
4	***Wheeler Peak***	14,2 km	anstrengend	Ein langer, felsiger, aber lohnenswerter Aufstieg auf einen der höchsten Berge in einer der abgelegensten Regionen der USA.
5	***Baker Lake***	16,9 km	anstrengend	Eine recht lange, gleichmäßig ansteigende Wanderung durch das bewaldete *Baker Creek Valley* zu einem Bergsee, der pittoresk von steilen Felswänden umringt wird.
6	***Baker Lake – Johnson Lake***	20,9 km	anstrengend	Mehrtageswanderung über den eindrucksvollen Baker hinaus zum Johnson Lake, noch einmal 300 m höher.

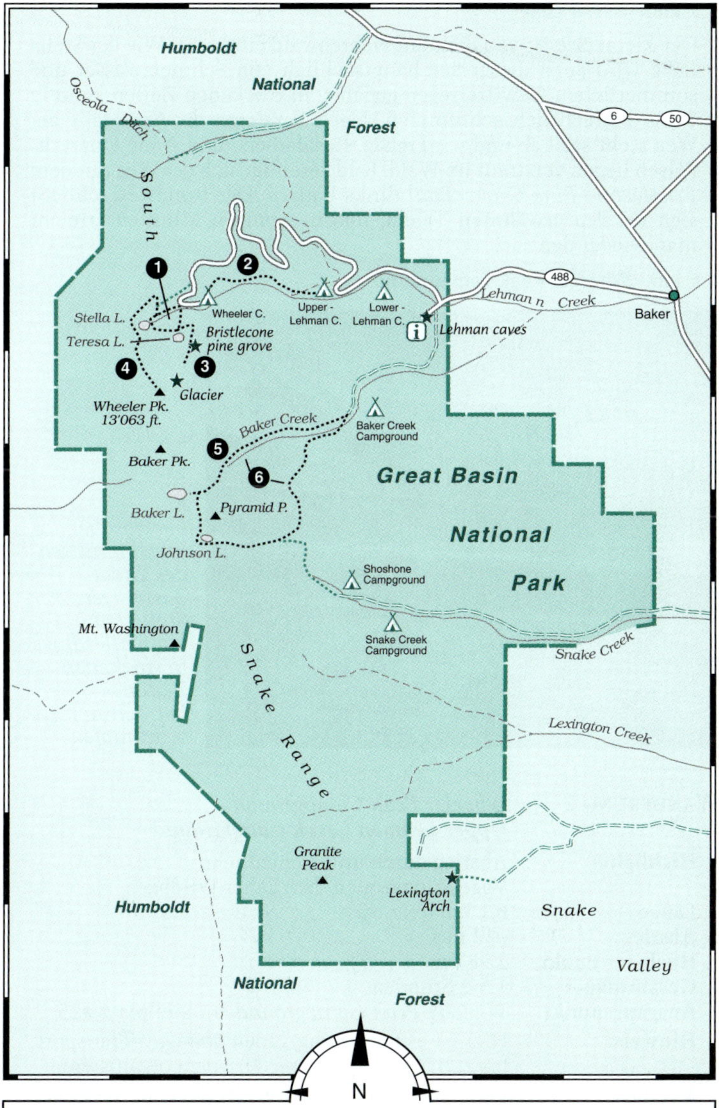

Great Basin National Park

Great Basin National Park - Karte Seite 358

3,1 km - *Teresa Lake*

Der kleine See ist von dichtem Fichtenwald eingefaßt. Wie der Stella Lake wird auch dieser See hauptsächlich von Schmelzwasser und sommerlichen Gewitterregen genährt; in trockenen Zeiten kann er daher beträchtlich schrumpfen. Nach Passieren des Sees fällt der Weg recht steil ab und wird felsig. Rosafarbene und graue Quartzit-Felsen liegen verstreut im Wald. Bald vereinigt sich der Weg mit dem *Bristlecone Pine Grove Trail* (links halten). Der Rundweg schließt sich bei den erwähnten Tafeln, und in wenigen Minuten erreicht man wieder den

4,6 km - Wheeler Peak Campground

Ein überraschendes Juwel inmitten des Great Basin. Der Stella Lake kann allerdings in trockenen Zeiten beträchtlich schrumpfen

Wanderung 2	***Wheeler Peak Campground – Upper Lehman Creek Campground***
Highlights	Abstieg durch unterschiedliche Vegetationszonen, herrlicher Wildbach
Länge	6,1 km (*one-way*)
Abstieg	622 m
Höchster Punkt	2.987 m
Gesamtdauer	1,5-2 Stunden
Ausgangspunkt	*Wheeler Peak Campground* am Stellplatz #25
Hinweis	Hier ist es notwendig, einen *one-way*-Transport bis zum Ende des *Scenic Drive* zu organisieren.
Variante	Durchaus empfehlenswert ist derselbe Weg als Retourmarsch. Beginn dann besser unten, um zunächst den Aufstieg zu machen.

0,0 km - Wheeler Peak Campground

Zuerst läuft der Weg sanft abfallend durch einen großen, lockeren *aspen forest*; Maultierhirsche haben die unteren Äste gründlich abgefressen. Rechts (südlich) thronen der *Wheeler Peak* (3.982 m) und der *Jeff Davis Peak* (3.893 m). Zahlreiche Büsche, wie etwa der *manzanita* ("Kleiner Apfel", wegen seiner gelb-braunen Früchte) mit roten Ästen, der niedrige *barberry* (Berberitze) und die *oregon grape* (gemeine Mahonie) mit gelben Blüten und purpurnen Beeren. Hier steht man noch hoch über dem *Lehman Creek*. Unter den Nadelbäumen finden sich Engelmannsfichten, Zirbelkiefern und Douglastannen. In den Wiesen gedeihen viele Blumenarten, auf feuchtem Boden z.B. rosaroter *shooting star* (Götterblume) und *wild rose*.

2,3 km - Sagebrush flat

Der Beifuß fühlt sich an diesem sonnigen, trockenen Plätzchen offensichtlich wohl. Bald geht es steiler abwärts und wird steinig. Für ein kurzes Stück folgt der Weg dem *Lehman Creek*, einem Wildbach wie er im Buche steht.

3,7 km - Kleiner Bach

Der lockere Wald besteht aus *Douglas fir, white fir* und einigen *ponderosa pines*. Je tiefer man kommt, desto trockener wird das Klima, und die Bäume wachsen nur noch in vereinzelten Gruppen nahe am Bach, wo es kühler und feuchter ist. Bald erscheinen die ersten Kakteen; der Berg-Mahagony wächst immer dichter. Normalerweise ist dies ein Strauch, aber im Great Basin erreicht er Baumhöhe. Auch dem *piñon pine* gefällt es in diesem felsigen Gebiet, seine Nüßchen findet man oft auf dem Weg.

6,1 km - *Upper Lehman Creek Campground*

Schon geschafft: Ein Kasten mit dem Einschreibebuch für den *Trail* liegt am oberen Ende dieses langgezogenen Campingplatzes mit sehr schönen Plätzchen speziell für Zeltcamper am rauschenden, glasklaren Wildbach.

WANDERUNG 3 — *Wheeler Peak Campground – Bristlecone Pine Grove – Gletscher*

Highlights	Vegetationszonen, Bristlecone Pines, Gletscher
Länge	4,1 km (*one-way*)
Auf-/Abstieg	335 m
Höchster Punkt	3.353 m
Gesamtdauer	3-4,5 Stunden
Ausgangspunkt	*Bristlecone Pine*-Parkplatz beim Eingang zum *Wheeler Peak Campground* oder am Ende des *Wheeler Peak Scenic Drive*, wie Wanderung #1.

Hinweis	Problemlos bis zur Schautafel unterhalb des Gletschers. Das letzte Stück zum Gletscher ist indessen weglos und schwierig.
Variante	Auf dem Rückweg *Teresa* und *Stella Lake* mitnehmen, also bei der *Teresa Lake Junction* links abbiegen und über den *Alpine Lakes Loop* zum *Trailhead* zurück (etwa 3 km zusätzlich, ➪ #1).

0,0 km - *Wheeler Peak Campground*

Zuerst geht es über den *Lehman Creek* und durch Wald leicht bergauf zur Verzweigung *Bristlecone Pine Grove Trail* und *Alpine Lakes Loop Trail*. Dort links halten (südlich). Der felsige Weg steigt weiter durch Engelmannsfichten und viele Quartzit-Brocken am Boden.

1,0 km - Abzweigung *Theresa Lake*

Links halten (östlich). Hier kann man wieder etwas verschnaufen, fast eben geht es an einem bewaldeten Hang entlang mit *aspen*, *Engelmann spruce*, *Douglas fir* und *limber pine* . Die Zirbelkiefer kann man leicht mit der Grannenkiefer verwechseln, erstere hat aber bedeutend längere und dunklere Nadeln. In einem Schotterfeld erreicht man dann die ersten *bristlecone pines*. Darüber sollte man die zahlreichen farbigen Bergblumen nicht übersehen, etwa *american bistort* (amerik. Natternwurz), *goosefoot violet* (Veilchenart), *leopard lily* (Lilienart), *dandelion* (Löwenzahn), *buttercups* (Hahnenfuß) und Büsche wie *rabbitbrush* und *gooseberry* (Stachelberren). Nach ein paar steilen und felsigen Zick-Zacks kommt man zum berühmten

2,3 km - *Bristlecone Pine Grove*

Ein kurzer ***nature trail*** mit Schautafeln führt durch den eindrucksvollen Ort mit den ältesten Bäumen der Welt. Viele sind 10, 20 oder mehr Jahrhunderte alt und stehen noch immer in vollem Saft. Andere wiederum starben vor langer Zeit und erodieren jetzt langsam. Hinter dem *nature trail* klettert unser eigentlicher Weg mit einigen Spitzkehren weiter, flacht dann aber bald aus und hält direkt über eine Geröllhalde auf die steile Nordostwand des *Wheeler Peak* zu.

3,7 km - Schautafel zum Gletscher

Die Schautafel erklärt, wo sich der Gletscher, der Felsgletscher (*rock glacier*) und die Moräne befinden und wie sie entstanden. Von hier sind es noch etwa 1,6 km und 200 Höhenmeter zum Gletscher. Der Weg ist nicht unterhalten und verschwindet bald vollständig. Nur trittsichere Wanderer mit guten Schuhen, am besten mit Wanderstöcken zum Balancieren, sollten sich weiter vorwagen. Es müssen meist einige Schneefelder überquert werden, auch viel lockeres Gestein und Felsen sind zu überwinden (Steinschlaggefahr).

Zurück auf identischem Weg

Wanderung 4 ***Wheeler Peak Campground – Wheeler Peak***

Highlights	Alpines Panorama und Gipfelsturm
Länge	7,1 km (*one-way*)
Auf-/Abstieg	964 m
Höchster Punkt	3.982 m
Gesamtdauer	8-10 Stunden
Ausgangspunkt	Wie Wanderung #1 und #3
Hinweis	Falls Sie beim *Summit Trailhead* nördlich des *Wheeler Peak Campground* starten, müssen Sie einen knappen Kilometer mehr einkalkulieren.

0,0 km - *Wheeler Peak Campground*

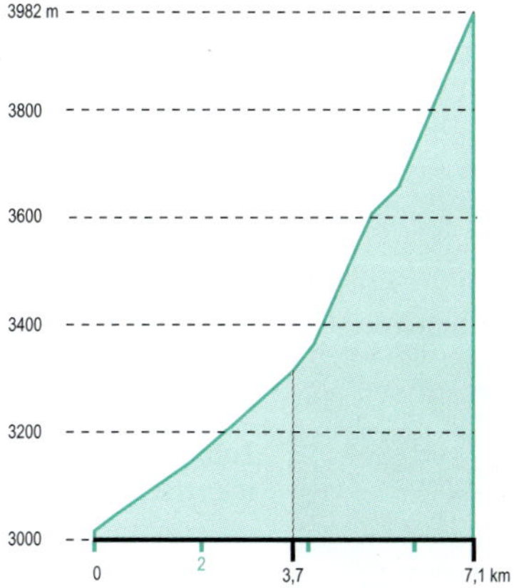

Der erste Teil des Weges deckt sich mit dem *Alpine Lakes Trail* (➪ Wanderung 1). Kurz vor dem *Stella Lake* zweigt der Weg zum *Wheeler Peak* nach rechts ab (Norden: Schild *Summit Trail*). In langen Kehren klettert er gemächlich durch Trockenwiesen und einige Baumgruppen. Im kurzen Bergsommer blühen hier *buckwheat* (Buchweizen) und *rabbitbrushes* in Gelb und *mint* (Minze) in Purpur. Im Schatten einiger Zirbelkiefern, Zitterpappeln oder Fichten kann man sich ausruhen und den Blick über den *Stella Lake* genießen. Weiter oben, auf dem

3,7 km - Bergsattel

wird dies immer schwieriger. Dort, an der Baumgrenze, erreichen die Bäume nur noch Zwergengröße, und der Wacholder vermag sich knapp als flaches Polster zu halten. In dieser unwirtlichen Geröllandschaft wachsen sonst nur noch einige Gräser, Blumen und Flechten. Bald wird der Blick auf beide Seiten der *Snake Range* frei, im Osten liegt das *Snake Valley*, im Westen das *Spring Valley*. Hier oben, auf dem Hauptkamm der *South Snake Range*, ist es oft sehr windig. Wollen Sie in Ruhe Ihr Picknick verzehren, suchen Sie am besten hinter einem der eigens dafür aufgehäuften Steinwälle Schutz. Weiter geht's nun in die letzte Etappe, den langen, felsigen Aufstieg über die nördliche Schulter des *Wheeler Peak* über unzählige der rot-braunen Felsbrocken (für daran Interessierte: es handelt sich vorwiegend um *Prospect Mountain quartzite*). Der Pfad macht einige Spitzkehren, und wo er sich endgültig verliert, folgt man den *cairns*, den Steinmännchen. Sehr steil und exponiert ist der Weg aber nicht; auch durchschnittliche Wanderer schaffen es – mit guten Schuhen. *Stella, Teresa* und *Brown Lake* erscheinen von hier oben nur noch als kleine Wasserpfützen.

7,1 km - *Wheeler Peak* (3.982 m/13.063 ft)

Nur 25 m steht man hier unter dem höchsten Punkt in Nevada, dem *Boundary Peak* an der Grenze zu Kalifornien. Damit ist die 360°-Rundumsicht über weite Ebenen und zu entfernten Bergketten nicht weniger eindrucksvoll. Die Fortsetzung des Grates führt bogenförmig zum *Jeff Davis Peak* (3.893 m) im Osten, und im Süden ginge es zum *Baker Peak* (3.748 m.), noch weiter zum *Pyramid Peak* (3.635 m) und zum *Mount Washington* (3.553 m). Im Westen, hinter dem *Spring Valley*, liegen die *Schell Creek Range* und dahinter die *Egan, Grant* und *White Pine Ranges*. Im Osten erstreckt sich das *Snake Valley*, und im Nordosten erkennt man den *Mount Moriah* (➪ Seite 390 und auf der Karte Seite 358). Als Windschutz wurden hier oben eine ganze Reihe nahezu luxuriös anmutender Mäuerchen errichtet.

Zurück auf identischem Weg

Am Weg zum zweithöchsten Punkt in Nevada, dem Wheeler Peak, 3982 m (rechts im Bild)

Wanderung 5 führt an der Dieshman cabin vorbei, die aber kaum noch Schutz bietet. Im Hintergrund thront die Pyramide des Baker Peak.

Wanderung 5	***Baker Creek Valley – Baker Lake***
Highlights	Seen, Alpines Panorama
Länge	8,4 km (*one-way*)
Auf-/Abstieg	799 m (Profil auf der folgenden Seite bis 8,4 km)
Höchster Punkt	3.237 m
Gesamtdauer	8-10 Stunden
Ausgangspunkt	Ende der *Baker Creek (Dirt) Road*, die kurz vor dem *Visitor Center* nach Süden abzweigt.
Variante	Konditionsstarke und Trittsichere gehen weiter über den *Johnson Pass* zum *Johnson Lake* (➪ Wanderung #6).

0,0 km - *Baker Lake Trailhead*

Nach einer Holzbrücke zwängt sich der Weg durch ein *cattle gate* (Kuhgatter) und steigt dann in großen Kehren die Bergflanke hoch. Dabei durchquert man abwechselnd *aspen*-Wäldchen, Wiesen mit *sagebrush*, Buschland mit *manzanita* (Bärentraube) und Berg-Mahagoni, und dann wieder gemischten Wald. Anschließend folgt der Weg für mehrere Kilometer dem *Baker Creek* stets im schattigen Wald (nur in ganz trockenen Jahren versiegt der Bach). Über dem Talende thront die massige Pyramide des *Baker Peak* (3.748 m). Mit zunehmender Höhe kommt man in die Zone des subalpinen Waldes.

7,5 km - *Dieshman Cabin*

Die Hütte ist ein Relikt aus der Zeit des *mining boom*. Sie liegt verträumt neben einem Bach in einer kleinen Lichtung. Nach einigen, recht felsigen Kehren durch Wald mit Engelmannsfichten und Zirbelkiefern erreicht man den herrlich gelegenen *Baker Lake:*

Great Basin National Park - Karte Seite 358

8,4 km - *Baker Lake*

Der kleine Bergsee am Fuße des *Baker Peak* ist auf drei Seiten von steilen Felswänden und Geröllhalden eingefaßt. Auf Absätzen klammern sich verknorrte Nadelbäumchen an den verwitterten Fels.

Zurück auf identischem Weg

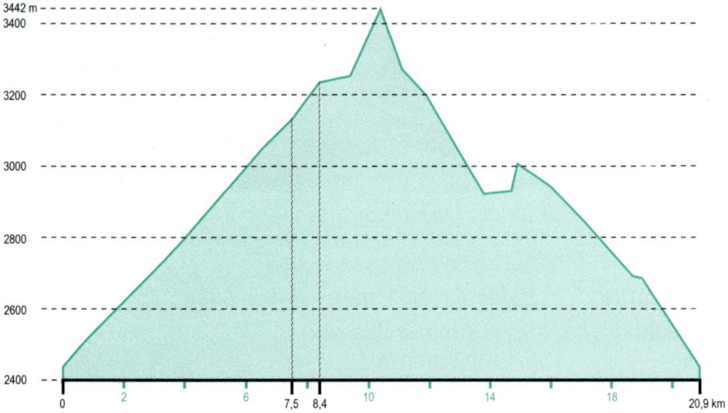

Wanderung 6	***Baker Creek Trailhead – Baker Lake - Johnson Lake***
Highlights	Seen, Alpines Panorama
Länge	20,9 km (Rundweg)
Auf-/Abstieg	1.088 m
Höchster Punkt	3.442 m
Gesamtdauer	10-13 Stunden (gut als 2-3-tägige Wanderung, und so auch beschrieben)
Ausgangspunkt	Wie Wanderung #5

Am **ersten Tag** geht es – wie vorstehend unter #5 beschrieben – zum idyllischen *Baker Lake*, wo es gute Plätzchen fürs Zelt gibt.

Am nächsten Tag weiter hinauf zum *Johnson Pass* – zunächst findet sich noch ein Wegweiser, später gibt es nur noch *cairns* – und auf der anderen Seite des Passes steil und rutschig (Kies und Sand) hinunter zum *Johnson Lake* (auch dort warten schöne Plätzchen fürs Zelt). Weiter geht es über eine alte *mining road* an verlassenen Hütten vorbei. Aufpassen, daß man weiter unten die Abzweigung nach links (nach Nordosten) nicht verpaßt. Kurzer Gegenanstieg zur *Snake Creek Divide* (tolle Aussicht) und durch Wiesen und Wälder

zurück zum Ausgangspunkt

Ziele in der Umgebung des Great Basin Park

Cave Lake State Park

Kennzeichnung

Obwohl der nur 5 km^2 große *Cave Lake Park* nicht über die Grandeur und das Imposante des *Great Basin National Park* verfügt, ist er doch in der großen "leeren" *Great Basin*-Wüste ein außergewöhnlich **reizvolles Plätzchen**. Und in Sachen touristische Einrichtungen hat er fast die Nase vorn. Der *State Park* liegt an der Basis der *Schell Creek Range*, nur 14 mi östlich von Ely auf einer Höhe von knapp 2.300 m. Die Topographie bietet hier exponierte Kalkstein- und Schieferschichten, enge Canyons und Höhlen. Die meisten Besucher kümmert dies wenig, sie kommen wegen des *Cave Lake* hierher. An seinem Südostende gibt es sogar **Feuchtgebiete**, ansonsten ist er von einem lockeren *piñon-juniper forest* eingeschlossen. Zu den bekannteren Bewohnern gehören Wapiti- und Maultierhirsche, Rotluchse, Pumas, Koyoten, Habichte und Adler. Fischer aus Ely kommen gerne in den Park, sie haben es vor allem auf die *German brown trout* und *rainbow trout* (Europäische und Regenbogen-Forelle) abgesehen. Für **Wanderer** gibt es einen 2,5 km langen *Trail* vom Cave Lake am *Steptoe Creek* entlang zum *Narrows Canyon*. Der *Cave Springs Trail* windet sich 8 km durch die Hügel nördlich des Sees.

Welch ein Erlebnis, bei über 30°C im wüstenhaften Nevada in einem kühlen See zu planschen! In den zwei *Campgrounds* gibt es sogar Duschen. Im Winter können hier gut und gerne mehrere Fuß Schnee liegen, dann kann man Eislaufen, Schlitten fahren oder die Landschaft mit Langlaufskiern oder Schneeschuhen erkunden.

Ein Bad mitten in der Wüste bietet der Cave Lake State Park

Great Basin National Park - Karte Seite 358

Zufahrt

Die Straße *#486 (Success Summit Road)* zweigt 5 mi südöstlich von Ely von der – auf dem Abschnitt Major`s Place–Ely – gemeinschaftlich verlaufenden Straße #6/#50/#93 ab. Von der Hauptstraße in den Park sind es weitere 5 mi. Vom *Great Basin National Park* zum *Cave Lake State Park* fährt man insgesamt 65 mi.

Infrastruktur

Motels, Restaurants und Supermärkte befinden sich in Ely, zwei Campingplätze – wie erwähnt – im *State Park* (***Elk Flat Campground***, geöffnet Mai-Mitte Oktober, und ***Lake View Campground***, ganzjährig , beide mit Duschen!)

Information

Cave Lake State Park, PO Box 761, Ely, NV 89301, oder ***District V Headquarters***, PO Box 176, Panaca, NV 89042, ✆ (775) 728-4467. Ein kleiner Info-Kiosk befindet sich im Park.

Mt Moriah Wilderness, einsam und abgeschieden. Einer der wenigen Plätze, wo man das Wildnis-Gefühl noch voll auskosten kann

Mount Moriah Wilderness (*Humboldt National Forest/BLM*)

Kennzeichnung

Wer den Eindruck gewonnen hat, die *South Snake Range* mit dem *Great Basin National Park* sei bereits ziemlich abgelegen und wild, sollte einen Besuch in der *Mount Moriah Wilderness* in der *North Snake Range* in Betracht ziehen. Dort warten kein Besucherzentrum mit Diashows, keine Campingplätze, keine *scenic highways* bis zur Baumgrenze und auch keine Tafeln am Naturlehrpfad.

Dafür gibt es Wildnis pur. Auf dem 3.678 m hohen *Mount Moriah* herrschen absolute **Abgeschiedenheit und Einsamkeit** wie nur noch an wenigen anderen Plätzen in den USA. Die Topographie des Gebietes (332 km^2) ähnelt weitgehend der der *South Snake Range* mit *bajadas* (Schwemmfächern), *canyons*, bewaldeten Berghängen und Berggipfeln über der Waldgrenze. Nur wenige Wanderer kommen in diese *Wilderness*. Bei unserem Besuch hatten im Buch beim *Trailhead* 2,5 Seiten für die Eintragungen eines ganzen Jahres gereicht.

Der beliebteste **Zugang** befindet sich auf der Ostseite am ***Hendry's Creek***, andere Wege klettern die engen Canyons des *Hampton Creek* oder des *Smith Creek* hoch. Der *Hendry's Creek* führt meistens ganzjährig Wasser, in den höheren Lagen gibt es aber in der Regel keines mehr. In tieferen Lagen wachsen Steinkiefer-Wacholder-Wälder und Beifuß, an den Flußläufen Baumwollpappeln, Weiden, *water birch* (Wasserbirke), verschiedene Sträucher und einige große Gelbkiefern. Weiter oben gedeihen *white fir* (Silbertannen), Zitterpappeln, *limber pine* (Zirbelkiefer) und die Grannenkiefer.

Die meisten Leute, die es bis hierher schaffen, wollen auch das **Wahrzeichen dieser *Wilderness*** sehen, ***The Table***. Dies ist ein großes, trockenes, dreiecksförmiges Plateau auf über 3.300 m Höhe, eine fast 8 km^2 große, topfebene Wiese. Exponiert, wild, unberührt – ideal für *bighorn sheep*. Man benötigt schon ein bißchen Mut, um in diese einsame Bergwildnis vorzudringen, aber dafür ist ein solcher Ausflug ein einzigartiges Erlebnis. Wenn Sie dann ins klitzekleine Baker zurückkehren, haben Sie das Gefühl, in der Großstadt zu sein.

Zufahrt

Von der Straße *#6/#50* geht es unmittelbar westlich der Abzweigung nach Baker *(#487)* beim Motel bzw. Café auf eine schmale, geteerte Straße nach Norden. Dann nach etwa 10 mi beim Schild *"Hendry's Creek"* links abbiegen. Bis zum *Trailhead* sind es noch etwa 4 mi. Er ist 24 mi vom *Great Basin National Park Visitor Center* entfernt.

Permits

Weder ist hier Eintritt fällig, noch sind *Permits* irgendeiner Art nötig

Infrastruktur

Erwarten Sie keine Campingplätze oder sonstige Einrichtungen für Besucher. Zelten im *backcountry* ist erlaubt.

Information

Ely Ranger District, Humboldt National Forest, 350 8th Street, PO Box 539, Ely, NV 89301, © (775) 289-3031. ***Bureau of Land Management***, *Ely District Office*, 702 N Industrial Way, Ely, NV 89301, © (775) 289-1800. Dort oder im ***T&D's Country Store*** in *Bake*r sind auch **Karten** erhältlich.

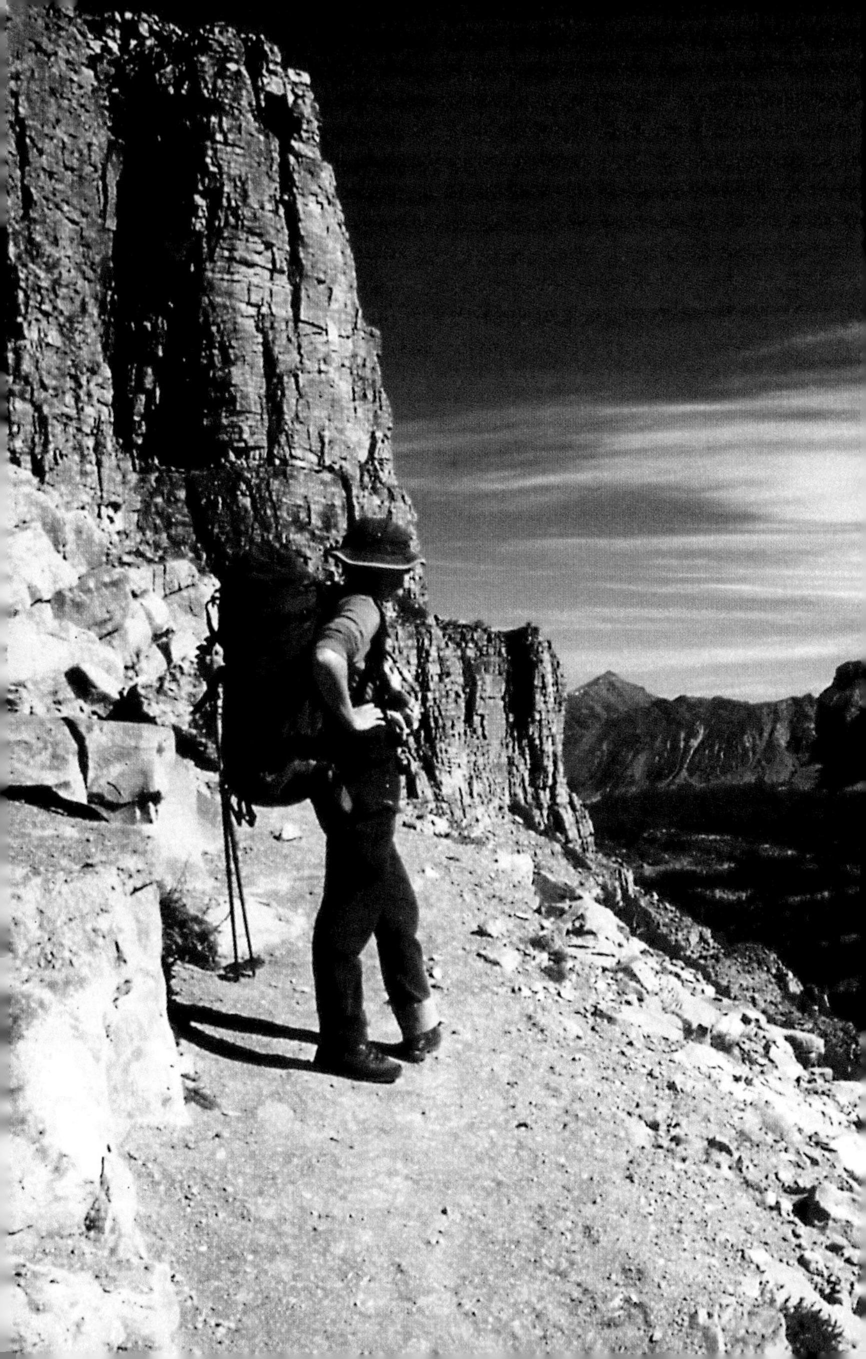

ROCKY MOUNTAINS und PRÄRIE

Uintas Mountains

Rocky Mountain National Park

Silverton und die Weminuche Wilderness

Santa Fe und die Pecos Wilderness

Pawnee National Grassland

Exotisch oder vor Tausenden von Jahren schon mal heimisch? Das Aussetzen von Mountain Goats (Schneeziegen) erregt die Gemüter.

Uinta Mountains

Elche und Schneeziegen im Wüstenstaat Utah

Ist von Utah die Rede, denkt man an rote Felswände, *Canyons* und spektakuläre Sandsteinformationen. Denn es sind Nationalparks wie *Arches, Bryce Canyon* und *Zion,* die diesen Staat zu einem der Top-Touristenmagnete der USA werden ließen.

Kennzeichnung *Uinta Mountains*

Utah ist aber weit mehr als nur ***red rock country***, das sich im wesentlichen auf den Süden, insbesondere die Südostecke beschränkt.

Im **Westen** erstreckt sich das sonnenverbrannte, wüstenartige *Great Basin* mit weiten Ebenen, Salzseen und bemerkenswerten *Mountain Ranges*, ➪ vorstehendes Kapitel 9. Im zentralen **Osten** zwischen *Canyonlands* und dem *Dinosaur NM* dominieren weniger steile PLateaus und Klippen quasi als Sockel der *Rocky Mountains.*

Im Nordosten, nahe an der Grenze zu Wyoming, erheben sich mit den ***Uinta Mountains*** die höchste Berge Utahs. Sie sind kaum bekannt und entsprechen gar nicht dem üblichen Bild, das sich von den Landschaften Utahs eingeprägt hat. Der Gebirgszug gehört außerdem zu den ganz wenigen in Nordamerika, die von Westen nach Osten (statt in Nord-Süd-Richtung) verlaufen. Die *Uintas* beginnen auf etwa 2.400 m und bilden mit dem Gipfel des ***Kings Peak*** (4.123 m/ 13.528 ft) den **höchsten Punkt in Utah**.

Steile Abhänge und eine rauhe, verwitterte Kette von zinnoberroten Gipfeln bilden das Rückgrat des Gebirges in der westlichen Hälfte. Im Osten werden die Berge allmählich flacher und breiter und formen Hochplateaus. Unterhalb der über 100 km (60 mi) langen Kammlinie der *Uinta Mountains* beginnen zahlreiche langgezogene Täler, die überwiegend nach Norden und Süden auslaufen. Rund 90% allen in Utah entspringenden Wassers stammen aus den – vorwiegend – vom Schnee gespeisten Flüssen dieses Gebirges.

Für das Gebiet der *Uintas* sind zwei verschiedene **Forstverwaltungen** zuständig: der westliche und nördliche Teil gehören zum *Wasatch-Cache National Forest,* der südliche und östliche Teil zum *Ashley National Forest*. Die ***High Uintas Wilderness*** – im Herzen des Gebirges auf halber Distanz zwischen Colorado und Salt Lake City – ist mit 1.848 km² (456.704 acres) zur Zeit noch die größte in Utah.

Popularität

Die *Uintas* sind ein Land mit weiten Wäldern, unzähligen Seen (über 1.000!), hohen Gipfeln und ausgedehnten Tundra-Flächen. Sie locken in den Sommerferien und an Wochenenden zahlreiche Besucher aus dem Ballungsgebiet um Salt Lake City an. Vor allem die reizvollen **Wanderwege** auf der Westseite mit *Trailheads* am *Mirror Lake Highway* (Straße #150) sind leicht zugänglich und darum sehr beliebt.

Tiere in den Uintas

Zu den Höhepunkten jeder Wanderung gehört die Begegnung mit Tieren. Die meisten **Tierarten der *Rocky Mountains*** kommen auch in den *Uinta Mountains* vor. Relativ häufig sieht man *mule deer* (Maultierhirsche), *elk* (Wapiti-Hirsche), seltener dagegen den imposanten *moose* (Elch), der hier sein südlichstes Verbreitungsgebiet in Nordamerika hat. Mit viel Glück erhascht man sogar einen Blick auf *bighorn sheep* (Dickhornschafe) und die erst kürzlich ausgesetzten *mountain goats* (Schneeziegen). Auch einige Schwarzbären durchstreifen hier die Berge. ***Beaver*** (Biber) spielen eine große Rolle bei der Landschaftsgestaltung; ihre Dämme stauen Bäche und lassen Teiche wachsen.

Fast Dreiviertel aller in Utah vorkommenden Vogelarten sind in den *Uinta Mountains* heimisch.

Biber verändern die Landschaft. Aspen scheinen zu ihren bevorzugten Bäumen zu gehören.

Besiedelung

Das wildreiche Gebiet bot schon den ***Fremont*-Indianern** Nahrung. Ihre Artefakte – Piktogramme und Petroglyphen – findet man z.B. in der Umgebung von Roosevelt. Der Gebirgszug wurde nach den bergbewohnenden *Uintah-Indianern*, die zum *Ute*-Stamm gehören, benannt. Ihre Nachkommen leben heute in der ***Uintah & Ouray Indian Reservation***, die sich an der Südflanke der *Uinta Mountains* ins *Uintah Basin* erstreckt. Bei einigen ihrer Rituale und Feste sind

Besucher durchaus willkommen, so beim *Bear Dance* im Frühling, beim *Sun Dance* im Sommer und beim ***Pow Wow***, einem farbenprächtigen Treffen verschiedener Stämme im Juli.

Spanische Schatzsucher waren vermutlich die ersten Weißen in diesen Bergen. Im Jahr 1776 traf die erste offizielle spanische Expedition der *Padres Dominguez* und *Escalante* ein. Auf ihrem Fuße folgten die weißen Siedler. Natürlich blieben Konflikte mit den Indianern nicht aus. Bereits 1865 wurden sie durch einen – von den Weißen diktierten – Vertrag in die Reservation im *Uinta Basin* verwiesen.

Reiseplanung

Anreise

Zug

Amtrak verbindet Salt Lake City (Station in der 320 Rio Grande St, ✆ (801) 531-0188) einmal täglich mit San Francisco (über Reno) und Chicago (über Denver, Omaha).

Bus

Mit *Greyhound* kommt man zwar problemlos bis Salt Lake City, aber über den *Mirror Lake Highway* und damit in die Nähe der *Uinta Mountains Wilderness* führt keine Buslinie. Die nächsten von Salt Lake City (und Denver) per Bus erreichbaren Ortschaften sind das Wintersportzentrum Park City und Heber City auf der Ostseite der Wasatch Mountains (zweimal täglich). Von dort geht es nur per *Shuttle Bus* oder Taxi weiter: ersteres bei ***Heber City Daytrips Outfitters***, 675 N. Main, Heber City, ✆ (435) 654-8294, letzteres bei ***Park City Taxi*** in Park City, ✆ (435) 649-8515.

Flugzeug

Die nächsten internationalen Flughafen befinden sich in Salt Lake City und Denver, ein lokaler Airport in Heber City.

Mietwagen

Alle bekannten *Rental Companies* besitzen Stationen in Salt Lake City und Denver (*Airport* und *Downtown*). Lokale Vermietung in Heber City: ***Wright Ford***, 900 S Main St, ✆ 435 654-4910, in Park City: ***Budget Rent-a-Car***, 50 Shadow Ridge St, ✆ 435 645-7555.

Anfahrt

Zur populären ***Mirror Lake-Region* an der Westecke der *Wilderness*** gelangt man auf dem *Mirror Lake Scenic Highway #150.* Er beginnt/endet in Kamas und führt über die *Uintas Mountains* nach Wyoming. Wer von Nordosten anfährt, kann von der I-80 bei Evanstown/Wyoming über Exit #5 die Straße #150 direkt erreichen. Von Salt Lake City geht es dorthin auf der I-80 nach Osten, dann von der Abfahrt #148 auf die Straße #40 Süd und bei Hailstone auf die #189 nach Kamas; Entfernung Salt Lake City–*Mirror Lake* ca. 70 mi.

Uinta Mountains - Karte Seite 398

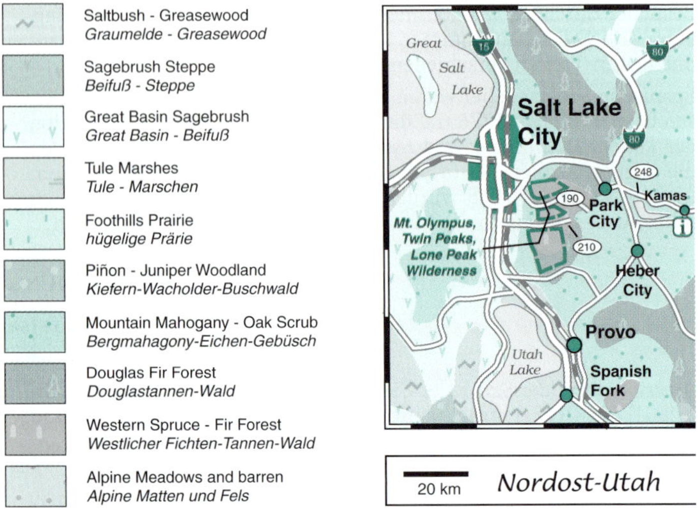

Klima und Reisezeit

Lassen Sie sich nicht täuschen, wenn Sie bei strahlendem Sonnenschein in Salt Lake City aufbrechen. **Die *Uinta Mountains* köcheln ihr eigenes Wetter**, das schon mal naß und kalt sein kann, wenn es unten wohlig warm ist! Und die Verhältnisse ändern sich manchmal schnell. Selbst Wanderer, die an einem warmen, sonnigen Sommertag starten, können sich wenig später in einem Schneesturm wiederfinden. Daher immer Regenschutz und warme Kleidung mitnehmen.

Der **Sommer** ist zwar auch im Gebirge meist warm, aber während der Nacht kann die Temperatur bis zum Gefrierpunkt und darunter fallen. In den Niederungen bleibt es dagegen auch nachts ziemlich warm. An heißen Sommertagen sind Nachmittagsgewitter häufig. Im Hochgebirge beginnt naturgemäß die Blütezeit sehr spät, und so findet man selbst im August noch viele farbenprächtige Blumen.

Im **Herbst** vefärben sich die Blätter der *aspen* (Zitterpappeln) in ein strahlendes Gelb-Gold, welches mit dem leuchtenden Rot der *oak trees* (Eichen) um die Wette kämpft. Erwischen Sie die sonnigen Tage des *indian summer*, sind September und eventuell Oktober ideale Besuchszeiten; es kann dann aber auch schon empfindlich kühl und unangenehm werden. Schnee im September ist sogar im tiefergelegenen Salt Lake City nicht außergewöhnlich.

Der **Winter** in den Bergen ist kalt und schneereich. Die höheren Lagen sind von Oktober bis Juni meist eingeschneit: immerhin wird aber

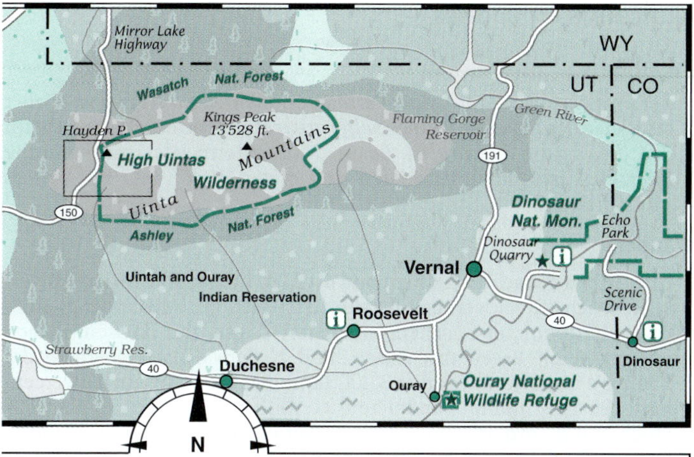

mit Uinta Mountains

10 mi

die Straße #150 auf den ersten 16 mi bis Soapstone, an denen *Trailheads* für Langlauf- und Snowmobilpisten liegen, üblicherweise geräumt und offengehalten. In tieferen Lagen kann man bereits im **Mai** wandern, wenn die Wildblumen zu blühen beginnen.

Infrastruktur

Entlang des *Mirror Lake Hwy* gibt es zahlreiche herrlich an Wasserläufen und Seen gelegene ***National Forest Campgrounds***, von denen einige reserviert werden können, ➪ Seite 556. Speziell im Sommer ist das ratsam und immer an Wochenenden.

Die nächsten **Motels** und **Hotels** befinden sich in und bei **Heber** und vor allem in **Park City**. Wegen der am Wintersport orientierten Kapazitäten (ca. 80 Häuser) kommt man dort im Sommer immer und relativ preiswert unter. In **Kamas** gibt`s nur ***B & B***, z. B. ***Patricia's Country Manor***, © (435) 783-2910. Ca. 3 mi nördlich von *Kamas* in ***Oakley*** steht die ***Graystone Lodge and Guesthouse***, W Boulderville Rd, © 435 783-5744. Nördlich des *Mirror Lake* hat die ***Bear River Service Station*** Unterkunft, beschränkt Lebensmittel und Benzin, © 435 642-6290. In *Kamas* besteht die letzte Gelegenheit zu normalem Einkauf. Die üblichen Supermärkte etc. gibt es erst in Heber City.

Information

Kamas Ranger District U.S. Forest Service, 50 East Center Street, PO Box 68, Kamas, Utah 84036, © (435) 783-4338.

Uinta Mountains - Karte Seite 398

Kurzinfos Outdoors

Permits

Für Wanderungen sind keine *Permits* erforderlich. Verlangt wird aber teilweise das Ausfüllen eines ***self-registration*** Formulares, z.B. beim *Trailhead* zum *Naturalist Basin.* Motorisierte oder mechanische Fahrzeuge (also auch Fahrräder) sind in der *High Uinta Wilderness* nicht erlaubt.

Wandern

Mit Höhen zwischen 1.800 m und 4.123 m können Sie zwischen verschiedenen "Stockwerken" wählen: Tieflagen mit *sagebrush* (Beifuß) und *piñon-juniper*-Büschen, mittleren Lagen mit Eichengebüsch oder höheren Lagen mit *aspen*- und Nadelwäldern. Oberhalb der Baumgrenze, also über etwa 3.200 m, findet man nur noch zwergenhafte Büsche, alpine Tundra und Geröllhalden. Überhaupt ist das Hochland mehrheitlich sehr felsig. Auf den hochgelegenen Wanderwegen, die vom *Mirror Lake Hwy* starten, erreicht man problemlos idyllisch gelegene Bergseen und Blumenwiesen sowie den einen oder anderen Gipfel. Der *Highline Trail* z.B. folgt für 45 km dem Hauptkamm der *Uinta Mountains* von West nach Ost. Wanderungen ins alpine Gebiet von tieferen Ausgangspunkten aus (z.B. vom *Moon Lake* auf der Südseite) erfordern überwiegend mehr als einen Tag Zeit, da sie zu Anfang durch lange, dicht bewaldete Täler führen und der Anmarsch allein schon einen vollen Tag kostet.

Ein untraditionelles "Steinmännchen" markiert den Gipfel des Bald Mountain (Wanderung #2)

Radfahren, Mountain Biking

Hier schlägt das Biker-Herz höher. Zahlreiche Schotterstraßen, aber auch Wanderwege (manche recht felsig) stehen Bikern zur Verfügung (nur die Wege in der *High Uintas Wilderness* sind für Fahrräder gesperrt.) Falls Sie noch kein Mountain Bike Crack sind: der ***Beaver Creek Trail***, ein ca. 15 km-Rundweg, beginnt gegenüber des *Yellow Pine Trailhead*, ca. 11 km (7 mi) östlich von *Kamas*, und führt an einem mäandrierenden Flüßchen entlang. Ehrgeizigere Fahrer nehmen sich die ***Murdock Basin Road*** vor, die ca. 38 km (22 mi) östlich von *Kamas* auf der Ostseite des *Mirror Lake Hwy* startet. Die erste Verzweigung links führt über die *Broadhead Meadows* wieder zum *Mirror Lake Hwy*. Oder man fährt bis zur zweiten Verzweigung: der rechte Weg führt dem *Litte Deer Creek* entlang, der linke Weg klettert weiter zu den Seen im *Murdock Basin*, wo man dann via *Fehr Lake Trail* (teilweise sehr steinig) zum *Mirror Lake Hwy* zurückkehrt. Geübte Bergfahrer können auf der ***Spring Canyon Road***, 18 mi östlich von *Kamas*, zum *Alexander Lake* oder bis zum *Trial Lake* hinaufpeda-kraxeln.

In der *Ranger Station* in *Kamas* gibt es ein **Infoblatt mit Mountain Bike-Routen**, und der ***Bicycle Utah Vacation Guide***, erhältlich in allen offiziellen *Visitor Centers* in Utah, beinhaltet zahlreiche Tourenvorschläge. Fahrräder kann man in *Park City*, bei ***White Pine Touring***, 201 Heber Ave., © (435) 649-8710 mieten, und in *Heber City*, **The Bikeshop**, 488 N 100 E, © (435) 654-1143.

Reiten

Alle Wanderwege in den *Uinta Mountains* stehen auch Reitern offen. U.a. bietet das nördlich von *Duchesne* (an der Ost-West-Route #40) gelegene ***Moon Lake Resort*** Ausritte an; PO Box 70, Mountain Home, UT 84051, © (435) 454-3142.

Kanu, Rafting

White-Water Trips sind auf dem Green River und dem Yampa River möglich. Als Eintagesausflug empfiehlt sich der ***Split Mountain Run*** auf dem Green River. Für diese Tour trifft man sich entweder in Vernal oder Jensen südöstlich der *Uinta Mountains*.

Es gibt aber gerade auf diesen beiden Flüssen sehr reizvolle mehrtägige Touren, etwa mit Ausgangspunkt **Dutch John** in der *Flaming Gorge National Recreation Area* oder oberhalb des ***Gates of Lodore*** (⇨ dazu auch Seite 419), einem engen *Canyon* des Green River, in der Nordostecke des *Dinosaur National Monument*.

Die Gratisbroschüre ***Raft Utah*** mit einer Auflistung aller Touranbieter ist erhältlich beim ***Utah Travel Council***, Capitol Hill, Salt Lake City, UT 84100, © (801) 538 1030 oder 1-800-222-8824.

Uinta Mountains - Karte Seite 398

Wintersport

In den *High Uintas Mountains* könnten Sie über Monate langlaufen, ohne zweimal die gleiche Route nehmen zu müssen, und das – laut Werbebroschüren – im *greatest snow on earth*. Der *Mirror Lake Hwy* wird zwar im Winter zwischen *Kamas* und *Evanston* geschlossen, aber der Zugang zum *Beaver Creek* bleibt – wie erwähnt – offen. Der ***Beaver Creek Ski Trail*** ist ein Wegenetz für Langläufer, welches 6 mi östlich von *Kamas* beginnt. Langlaufausrüstung vermietet ***The Bikeshop***, 488 N 100 E, in Heber City, © (435) 654-1143.

Falls Sie **Abfahrten** und **Skilifte** bevorzugen – in der Umgebung von Salt Lake City gibt es Olympia-würdige Skigebiete wie *Park City, Alta, Beaver Mountain, Sundance* u.a.. Alpin-Skis und Skischuhe kann man in allen Skiresorts mieten.

Besondere Tips

Relaxing

Im heißen Bergsommer gibt es nichts Erfrischenderes als ein kühles Bad in einem der zahlreichen Seen der *Uintas*. Dazu eine Decke, Tortillas, eine Dose *refried beans, sour cream*, Tomaten, Salsa, kühle Getränke und ein gutes Buch – voilà.

Tips für Kids

Ein Spiel, das jede Wanderung spannend macht: Wer unterwegs die meisten Tier- oder Wildblumenarten sieht (Fantasienamen erlaubt!), bekommt eine Belohnung!

Gourmet

Restaurants und *Fast Food Drive-Ins* gibt es (glücklicherweise) in den *National Forests* keine. Nach einem fünftägigen Trip in der Wildnis genossen wir das einfache, aber reichhaltige Essen im ***Mount Air Cafe*** an der 70 E Center Street in *Kamas*, © (435) 783-4348. In diesem typischen *Roadside Café* gibt`s Hamburger, Tacos, Steaks und Seafood, aber auch vegetarische Sandwiches.

Literatur und Karten

High Uintas Trails, Mel Davis, John Veranth, Wasatch Publishers

Hiking the Wasatch, John Veranth, Treasure Chest Publications

Utah Wildflowers, *A field guide to northern and central mountains and valleys*, Richard J. Shaw, Utah State University Press.

Mountain Biking the Wasatch and Uintas, Gregg Bromka.

Roadside Geology of Utah,
Halka Chronic, Mountain Press Publishing Co.

High Uintas Wilderness, *Trails Illustrated Map #711*

Die Natur in den Uinta Mountains

Geologie
Was von 19 km hohen Sedimenten übrigblieb

Wer sich der *Sierra Nevada*, der *Colorado Front Range* oder in Wyoming den *Tetons* von Osten her nähert, sieht sich einer regelrechten Mauer aus Bergen gegenüber, die steil und abrupt aus dem Tiefland emporschießt. Ganz anders die *Uinta Mountains*. Vom *Uinta Basin* im Süden steigt das Land langsam und gemächlich an, bis es schließlich ein breites, hohes Plateau erreicht, aus dem sich isolierte Ketten von Berggipfeln erheben.

Entstehung Akt 1: Ablagerung

Die Entstehungsgeschichte der *Uinta Mountains* besteht aus **drei simplen Akten**: Ablagerung, Hebung und Erosion. Vom Präkambrium bis weit ins Mesozoikum hinein wurden **enorme Mengen von Sedimenten** an der Basis eines Ozeans abgelagert. Ein Großteil des Materials der Trias-Ablagerungen stammt aus den *Ur-Rocky Mountains* im Osten, während die wachsenden Bergketten im Westen, im heutigen Nevada, das Material der Jura-Sedimente lieferten. Diese erreichten eine Dicke von über 9.000 m (30.000 ft.). Zählt man die später hinzugekommene Ablagerung des Tertiärs im Westen der *Uinta Mountains* dazu, erhält man die fast unglaubliche Dicke von mehr als 19 km (63.000 ft).

Akt 2: Hebung

Der 2. Akt, die Hebung, begann in der jüngeren Kreidezeit. In einer ersten Phase, der sogenannten ***Laramide deformation***, wurde die Bergkette um etwa 3.000 m bis 3.600 m in die Höhe gepreßt. Die

Dinosaurier Schädel im Museum des Dinosaur NM. Der Dinosaur Quarry (Steinbruch) ist die weltgrößte Fundstelle von Fossilien aus der jurassischen Periode.

zweite Phase fand im Eozän statt. Gewaltige Massen von Sedimenten wurden dabei arg gekrümmt und verbogen. Das Resultat sieht man besonders gut an Formationen im *Dinosaur National Monument*. Diese Hebungsprozesse führten zu vielen Gräben und Verwerfungen, die in West-Ost-Richtung verlaufen. (Die *Uinta Mountains* sind die einzige große Bergkette der *Rocky Mountains*, die in dieser Richtung und nicht in Nord-Süd-Richtung verläuft). Zu jener Zeit erreichten die *Uinta Mountains* eine Höhe von etwa 7.600 m. Weitere Hebungsphasen folgten im Oligozän und im Pliozän, die zu einer Gesamthöhe von fast 14 km führten.

3. Akt: Erosion

Im letzten Akt folgte die Zerstörung. Wie Meereswellen an mühevoll erbauten Sandschlössern nagte die Erosion an den Bergen. Seit der *Laramide deformation* gelang es der Erosion, Schritt zu halten mit den Hebungen. Das erodierte Material wurde in den Becken der Umgebung deponiert. Dort schnitten Flüsse tiefe, v-förmige Schluchten in die Ablagerungen. Während der Eiszeit dann kerbten Gletscher breite, u-förmige Täler aus den Bergen, wie den *Rock Creek Canyon* oder den *Lake Fork River Canyon*.

Tiere und Pflanzen
Unten heiß – oben kalt

Zwischen dem heißen, trockenen *Uinta Basin* und den kalten, windigen Kämmen der *Uinta Mountains* gibt es **fünf verschiedene Vegetationsstufen**. Der Großteil des *Uinta Basin* (1.000-1.700 m) gehört zur *upper Sonora zone*, ist also einer **Halbwüste** ähnlich. *Sagebrush* (Beifuß), *bunch wheatgrass* (Hundsgras) und *cheat grass* (Dachtrespe) gedeihen hier bestens, *piñon pine* (Nußkiefer) und *Utah juniper* (Utah-Wacholder) leisten ihnen Gesellschaft. Die ursprüngliche Flora wurde aber durch Landwirtschaft, Viehhaltung und Besiedelung stark verändert.

Übergangszone

Die *transition zone* (Übergangszone) reicht an den Südhängen der *Uinta Mountains* bis auf etwa 2.400 m. Die Mischung aus Prärie und trockenem, manchmal buschartigem Wald mit *ponderosa pine* (Gelbkiefer), *aspen* (Espe, Zitterpappel), *sagebrush*, *Utah juniper* und *greenleaf manzanita* (Bärentraube) bedeckt die Vorgebirge und erstreckt sich in die Canyons. *Cottontail* (Kaninchen), *red fox* (Rotfuchs), *coyote*, *mule deer* (Maultierhirsch), *elk* (Wapiti-Hirsch), *black bear* und *mountain lion* (Puma) bewohnen diese Zone. Unter den charakteristischen Vögeln findet man hier *western bluebird* (Blaukehlhüttensänger), *mourning doves* (Trauertaube), *common flicker* (Goldspecht) und den *piñon jay* (Nacktschnabelhäher).

An vielen Gewässern in den Uintas lassen sich Biber beobachten

Montane Zone

Die Montane Zone folgt der Übergangszone und erstreckt sich bis auf ca. 3.200 m. In den weiten, gleichförmigen Wäldern aus *lodgepole pine* (Drehkiefer) machen die wenigen *aspen, Douglas fir* und *blue spruce* (Blautanne, der Staatsbaum von Utah) einen etwas verlorenen Eindruck. Im Sommer suchen hier die Wapiti- und Maultierhirsche Schutz vor der brennenden Sonne. Manchmal erhascht man einen Blick auf einen *moose* (Elch) oder eine *sage* oder *ruffed grouse* (Wermut-/Kragenhuhn). Dem *pine grosbeak* (Hakengimpel), dem *downy woodpecker* (Daunenspecht), dem *mountain chickadee* (Gambelmeise) und dem *goshawk* (Hühnerhabicht) gefällt es in dieser Zone am besten. *Uinta ground squirrel* (Erdhörnchen), *yellow-bellied marmots* (gelbbäuchiges Murmeltier), *pikas* (Pfeifhase) und *cottontails* (Kaninchen) huschen über den dichten Nadelteppich am Boden und sind auf der Hut, damit sie nicht als Mahlzeit einer *great horned owl* (amerikanischer Uhu) oder eines *red-tailed hawk* (Rotschwanzbussard) enden.

Subalpine Zone

Oberhalb 3.200 m beginnt die Subalpine Zone; sie reicht bis zur Baumgrenze auf etwa 3.400 m. Hier wachsen *Engelmann Spruce, subalpine fir* (Felsengebirgstanne) und *alpine willow* (Weidenart). Zahlreiche Nagetiere und Vögel verbringen den kurzen Sommer hier; sie flüchten aber wieder in tiefere Gefilde, bevor der Winter mit voller Härte einbricht.

Alpine Zone

Die hohen Grate und Gipfel oberhalb der Baumgrenze gehören zur Alpinen Zone. Nur die zähesten Gräser, Flechten, Kräuter und Zwergbüsche können den extremen Klimabedingungen (starke Sonneneinstrahlung, heftige Winde, eiskalte Nächte, lange Winter) widerstehen. Trotzdem kommen auch hier Tiere vor, wie etwa der *water pipit* (Wasserpiper) oder der *black rosy finch* (Rosenbauch-Schneegimpel). In den Geröllfeldern sieht, oder hört man vielmehr, *pikas* (Pfeifhasen) von Stein zu Stein huschen, immer auf der Suche nach freßbaren Pflanzen, um ihren Wintervorrat aufzustocken.

Die Pikas (Pfeifhasen, 16-22 cm) sind geübte Bergbauern: Gras schneiden, trocknen lassen und Heuhäufchen bilden für den Winter

Umwelt
Holz, Öl und Wasser

Öl und Gas

Vor allem auf der Nordseite der *Uintas*, dem *North Slope*, bedrohen immer wieder **Öl- und Gasbohrungen** noch unberührte Naturräume. In den 60er-Jahren wurde dort das *Bridger Lake Field* entdeckt. Obwohl seither lediglich 12 Mio. *barrel* Öl gefördert wurden – die den den USA gerade mal für 20 Stunden reichen würden –, versuchen mehrere Ölfirmen immer wieder ihr Glück, und hinterlassen dabei Straßen, Baustellen und toxische Deponien (all diese Wunden sind dann oft Grund genug, später die Unterschutzstellung als *Wilderness* zu verhindern). Der Forest Service tat das seine dazu, indem er mehr als 1000 km^2 auf dem *North Slope*, darunter auch große *roadless areas*, für solche Explorationen freistellte.

Holzeinschlag

Natürlich gehört auch das *logging* (Holzfällen) in den *Uintas* zu den Dauerthemen der Umweltschutzgruppen. Ein Beispiel dafür ist der ***Round Park Sale*** in den nordöstlichen *Uintas*. In einem derartigen *sale* vergibt der *Forest Service* an private *logging*-Unternehmen das Recht, in einem bestimmten Waldstück Holz zu schlagen. Der *Round Park* befindet sich im Herzen der ungeschützten *North Slope* mit alten Föhren-Wäldern, Lichtungen, Feuchtgebieten und unberührten Bachlandschaften. Dort bewilligte kürzlich der *Forest Service* die Abholzung von weiteren fast 10 km^2 einer *roadless area*, was den Lebensraum von *pine marten*, *goshawk*, Schwarzbären und Elchen zerstückelt und zerstört.

Wasserverschmutzung und Beweidung

Weitere Bedrohungen sind die intensive Nutzung der Gewässer der *Uintas* (hier entspringen alle größeren Flüsse Utahs, z.B. der *Provo, Weber* und *Bear River*) und das *grazing* (Beweidung) durch Rinder und Schafe. Immerhin hat der *Wasatch National Forest* die Zahl der Schafe reduziert, um die Übertragung von Krankheiten auf die wiedereingeführten *Rocky Mountain bighorn sheep* zu verhindern.

Olympia 2002

Und nur wenig Gutes für die Natur ist auch von den Olympischen Winterspielen 2002 zu erwarten. Sie haben in und um Salt Lake City und Park City bereits zu einem gigantischen Straßen-, Hotel- und Häuser-Bauboom geführt.

High Uintas Wilderness

Trotzdem bleiben die *Uintas* ein biologisch bedeutendes und **relativ intaktes Gebirgs-Ökosystem**. Die *roadless area* ist immerhin 3.400 km^2 groß. Obwohl die *High Uintas Wilderness* mit 1.860 km^2 zur Zeit die größte *Wilderness* des Staates ist, hätte vom ökologischen Standpunkt aus noch bedeutend mehr Fläche eingeschlossen werden können und müssen; die ***Utah Wilderness Association*** kämpfte denn auch – erfolglos – für den Einschluß tiefergelegener Wälder und weiterer straßenlosen Gebiete.

Biodiversität
Uralte Wälder – Neue Bewohner

Old Growth Forest

In den *Uinta Mountains* gibt es sie noch, die **großen, unberührten Gebiete**, ohne die manche Tier- und Pflanzenart nicht überleben könnte. (In Europa sind sie ja beinahe verschwunden, und mit ihnen Tiere wie Bären, Büffel und Wölfe). Der gesamte Wald innerhalb der *High Uintas Wilderness* und auch Teile außerhalb sind ***old growth forest*** (Urwald, der noch nie geschlagen wurde). Hier finden selten gewordene Tierarten, wie die *boreal owl* (Rauhfußkauz), der *pine marten* (Fichtenmarder) oder der *wolverine* (Vielfraß) ein letztes Rückzugsgebiet, denn ihre Existenzgrundlage, der *old growth forest*, wurde andernorts weitgehend vernichtet. Trotz der durchaus beachtlichen Größe der *High Unitas Wilderness* sind viele Tiere auf zusätzlichen, intakten Lebensraum angewiesen, z.B. im Vorgebirge, wo sie im Winter nach Futter suchen können.

Verschwundene und gefährdete Arten

Der gefährdete *bald eagle* (Weißkopfseeadler) überwintert entlang des *Green River* und des *Flaming Gorge Reservoir* im Osten; manchmal zieht er seine Kreise auch über den *Uinta Mountains*. Eigentlich führt die Zugroute des extrem seltenen *whooping crane* (Schreikranich) zwischen seinem Sommer- und Winterquartier über die *Uinta Mountains*, aber bis dato wurde er nicht gesichtet. Den *peregrine falcon* (Wanderfalke), der früher hier zu nisten pflegte, hat in den letzten Jahren auch niemand mehr zu Gesicht bekommen. Andere Tierarten, die im Laufe der Jahre unfreiwillig verschwanden, sind Braunbär (*brown bear/grizzly*), Wolf und Bison. Auch das seltenste und **am meisten gefährdete Tier der USA**, das *black-footed ferret* (Schwarzfußiltis), das in den niedrigeren Lagen zu Hause war, scheint wie vom Erdboden verschluckt sein.

Ein besonderes Problem in den *Uinta Mountains* sind die von Menschen eingeführten Tierarten. Die Wiedereinführung des hier heimischen *Rocky Mountain bighorn sheep* war unumstritten. Das **Aussetzen von *mountain goats* (Schneeziegen)** hingegen erhitzte die Gemüter. Der Grund: es gibt keine Beweise, daß sie jemals in den *Uinta Mountains* lebten. Die Gegner der Einführung befürchten, daß die *mountain goats* den einheimischen Tieren das Futter streitig machen. Ein weiteres Problem: die gelenkigen und kletterfreudigen Schneeziegen könnten in empfindliche, alpine Gebiete vordringen, wo bis dahin keine großen Huftiere vorkamen, und mit ihren Trampelpfaden die Erosion beschleunigen. Trotz dieser Bedenken wurden im letzten Jahrzehnt mehrmals *mountain goats* in verschiedenen Bergketten im nordöstlichen Utah ausgesetzt.

Eine der treibenden Kräfte dahinter sind Jäger, die ihre Trophäensammlungen erweitern möchten. Und um auch die Sportfischer zu beglücken, wurden Hunderte von **Bergseen mit exotischen Fischen** aufgestockt. Mit dem Resultat, daß einst gesunde Bestände an einheimischen *Colorado Basin* und *Bonneville cutthroat trouts* (Purpurforellenarten) durch die Konkurrenz und genetische Vermischung mit den Exoten fast ausgerottet worden sind. Und in Seen, die ursprünglich fischlos waren, hat die Aussetzung der Fische einen hohen Zoll bei Amphibien, Krustentieren, Insekten und Wasserpflanzen gefordert.

ELCHE – *MOOSE*

Elche gehören zu den **Neuankömmlingen in den *Uinta Mountains***. 1918 wurde das erste Mal eine Elchkuh mit Kalb nahe der Grenze zu Wyoming gesichtet. Seither hat sich der *Shiras*-Elch, wie die Unterart genannt wird, gut in Utahs gebirgigem Norden eingelebt.

Der Elch hat – wie *deer, elk, bighorn sheep, caribou, buffalo* u.a.– seinen Ursprung in Eurasien. Zeitgleich mit den Menschen waren diese Arten über die während der Eiszeit bestehende **Bering-Landbrücke** nach Nordamerika eingewandert. Das Ende der Eiszeit bedeutete für einige Tiere – etwa. den Säbelzahntiger und das Pferd – das Aus, aber viele Tierarten, darunter der Elch, konnten sich den neuen Klimabedingungen anpassen.

Der Elch ist die weltweit größte **Rehart**. Elchbullen können 3 m lang werden; ein durchschnittlich großer Mann (1,80 m) reicht ihnen nur knapp bis an die Schulter. Die **Bullen** entwickeln ein ausladendes Geweih mit einer Spanne von bis zu 1,5 m. Diese werden im Winter abgeworfen und wachsen jedes Jahr neu. Männliche Elche können gut über 600 kg wiegen, während die Weibchen kleiner und leichter gebaut sind. Mit ihrem langgezogenem Gesicht, der herunterhängenden Schnauze und der großen Wamme unterhalb des Kinns gewinnen sie sicher keinen Schönheitswettbewerb, aber **gutes Aussehen ist ja nicht alles**! Elche können dafür an Unterwasserpflanzen knabbern, ohne mit dem Kopf voll unterzutauchen. Sie sind exzellente Schwimmer, die problemlos in zwei Stunden einen 20 km breiten See durchpflügen. Ein Trost für uns Menschen: Mücken treiben selbst Elche zum Wahnsinn – und in die Sümpfe, wo sie sich im Schlamm rollen, um sich mit einem Dreckpanzer gegen die Biester zu schützen.

Elche sind Einzelgänger, nur während der **Paarungszeit** im Herbst lassen sie sich in Gesellschaft blicken. In der Regel bleibt ein Elchbulle für etwa eine Woche bei einem Weibchen, bevor er zur nächsten Dame wechselt. Im Frühling gebärt die Elchkuh 1-2 Junge. Diese bleiben bei der Mutter, bis sie von ihr vertrieben werden, was meist im Jahr darauf – kurz vor der nächsten Geburt – geschieht.

Elche sind **unberechenbar**. Am besten läßt man viel Raum zwischen sich und einer Elchkuh mit Jungen: Da ihr Schutzinstinkt sehr stark ausgeprägt ist, greifen sie sofort an, wenn sie sich bedroht fühlen. Auch während der Paarungszeit ist Vorsicht geboten. Brünstige Elchbullen haben schon Autos und sogar Lokomotiven attackiert. Sie können mit einer Geschwindigkeit von 55 km/h lautlos durch den Wald rennen. Ihre bevorzugten Opfer scheinen Leute mit Kameras zu sein. Aber ein Grund zu Panik angesichts von Elchen besteht nicht – normalerweise vermeiden Elche den Kontakt mit Menschen und ziehen sich bei menschlicher Annäherung in den Wald zurück.

Wandern in den Uinta Mountains

Übersicht: Die besten Wanderungen

No	Trailbezeichnung	Länge	Schwierigkeit	Kurzbeschreibung
1	***Fehr Lake – Hoover Lake***	6,0 km	leicht	Abwechslungsreicher Spaziergang zu vier Bergseen – ideal, um sich an die Höhe zu gewöhnen (immerhin über 3.000 m!)
2	***Bald Mountain***	5,1 km	mittel	Beliebte Wanderung auf einen der am leichtesten zugänglichen Berggipfel in den *Uintas*, mit einer spektakulären Aussicht.
3	***Lofty Lake Trail***	6,8 km	mittel	Klare Bergseen in abwechslungsreicher Landschaft – eine der schönsten Wanderungen in den *Uintas*.
4	***Island Lake Loop Trail***	12,5 km	anstrengend	Längere Wanderung mit einigen Auf und Abs, durch die Seenlandschaft westlich der Straße #150 zum tollen Island Lake.
5	***Naturalist Basin***	20,4 km	anstrengend	Langer, bewaldeter Weg in ein schönes Hochtal mit Bergseen und Wiesen an der Basis des *Mount Agassiz*.

Wanderung 1 — ***Mirror Lake – Fehr Lake – Hoover Lake***

Highlights Hübsche Bergseen, Waldlandschaft
Länge 3,0 km (*one-way*)
Auf-/Abstieg 0 m/152 m
Höchster Punkt 3.170 m
Gesamtdauer 1,5-2 Stunden
Ausgangspunkt *Fehr Lake Trailhead* am *Mirror Lake Hwy*, etwas südlich des *Moosehorn Campground*

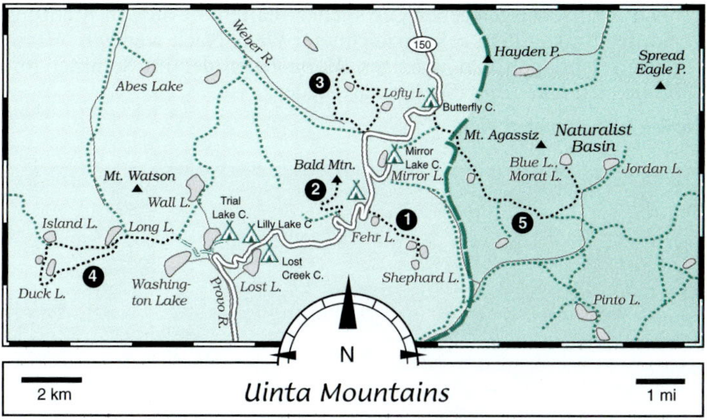

0,0 km - *Fehr Lake Trailhead*

Der lichte Wald, vornehmlich aus *subalpine fir* (Felsengebirgstannen), beginnt gleich hinter dem *Trailhead*. Mit etwas Glück kann man *mule deer* (Maultierhirsche), *elks* oder vielleicht sogar den scheuen *moose* (Elch) beim Grasen auf den kleinen Lichtungen beobachten. Nach Überquerung eines kleines Hügels steht man vor dem ersten blau funkelnden See, dem

0,5 km - *Fehr Lake*

Dieser kleine See, der dem Weg den Namen gab, ist auf seiner Westseite bewaldet. Hinter dem Wald ragt eine beeindruckende Felswand empor. Der *Trail* führt links am Ostufer entlang, quert in Südrichtung einige Wiesen mit vereinzelten Bäumen und läuft wieder in den Wald hinein. Nun geht es – zum Teil steil – abwärts nach Südosten, vorbei an einem kleinen Teich. Auffallend sind hier die vielfarbigen Steine und Felsbrocken im und am Weg; sie bestehen aus Quartzit.

2,4 km - *Shepard Lake*

Dieser See ist mit einer Länge von fast 500 m relativ groß. Da er von dichtem Tannen- und Fichtenwald eingefaßt wird, findet man dort nur schwer einen geeigneten Platz für ein Picknick. Der Weg folgt wiederum dem linken (östlichen) Seeufer durch den Wald und führt dann zum nächsten See hinunter. Schon von weitem sieht man das blaue Wasser zwischen den Bäumen schimmern.

3,0 km - *Hoover Lake*

Am Ufer des seichten Hoover Lake stehen vereinzelte Baumgruppen und Büsche. Kleine Wiesen laden zum Picknick und Campen ein. Benutzen Sie nur bereits bestehende Feuerringe. Sollten Sie einen noch idyllischer gelegenen See suchen, halten Sie sich in Richtung Norden (links - kein gekennzeichneter Weg). Nach wenigen Minuten erreicht man den winzigen *Maba Lake*, der im Sommer mit blühenden *lake lilies* (Seerosenart) bedeckt ist.

Zurück auf gleichem Weg

Der erste See auf dieser Wanderung, der Fehr Lake, ist schnell erreicht

WANDERUNG 2	***Bald Mountain***
Interessant	Spektakulärer 360° Rundblick (bis Wasatch Mts.)
Länge	2,5 km (*one-way*)
Auf-/Abstieg	311 m/0 m
Höchster Punkt	3.603 m
Gesamtdauer	2,5-3,5 Stunden
Ausgangspunkt	*Mirror Lake Hwy (#150)*, ca. 2,5 km südlich des *Moosehorn-Campground*

0,0 km - *Bald Mountain Trailhead*

Hier sind Sie bereits an der Waldgrenze. Nehmen Sie hinter dem *Trailhead* den rechten Weg (der linke führt zum *Notch Lake*). Der sehr steinige Pfad steigt sofort bergan. Die vereinzelten *subalpine firs* (Felsengebirgstannen) am Wegesrand werden mit zunehmender Höhe immer verkümmerter. Dies ist die sog. Krummholz-Zone zwischen Waldgrenze und alpiner Tundra. Immer höher geht es über langgezogene Serpentinen. Schließlich wendet sich der Pfad nach Westen, umrundet eine flache Schulter und führt zurück Richtung *Bald Mountain*. Häufig hört man nur ihre Warnpfiffe, aber meist sieht man die herzigen Winzlinge dann in den Geröllhalden herumturnen: die Pfeifhasen nutzen die warmen Tage, um ihre Wintervorräte aufzustocken. Die Aussicht ist bereits während des Aufstiegs spektakulär – im Norden und Osten die *Uinta Mountains*, und im Westen erkennt man die bis lang in den Sommer hinein weiß leuchtenden *Wasatch Mountains*.

1,5 km - Sattel

Das hier erreichte mit Felsbrocken übersäte Plateau eignet sich gut für eine Pause. Bäume oder auch nur Büsche wachsen dort oben nicht mehr. Man braucht scharfe Augen, um eines der auf dieser Höhe vorkommenden, gut getarnten *ptarmigans* (Schneehühner) zu entdecken. Hinter dem Sattel klettert der Weg wieder steil in engen Kurven auf eine vertikale Felswand zu, hoch über dem Moosehorn Lake. Das letzte, zum Glück kurze Stück ist ziemlich steil und verlangt etwas Gekraxel über einige Felsgestein, was aber für Wanderer in Normalkondition kein Problem darstellt.

2,5 km - *Bald Mountain*

Der Gipfel des "Glatzköpfigen Berges" (so die wörtliche Übersetzung) ist eher eine große Hochfläche voller Gesteinsblöcke. Eine tolle Aussicht wartet dort. Im Nordosten erkennt man die Gipfel *Hayden Peak* und *Mount Agassiz* (3.788 m/12.428 ft), im Nordwesten zahlreiche Bergseen und Bergspitzen im sog. *Lakes Country*. Die *Mirror* und *Moosehorn Lakes* liegen tief unten, und etwas weiter hinten kann man die Seen am *Fehr Lake Trail* (➪ Wanderung 1) ausmachen. Im **Gipfelbuch** finden sich unterhaltsame literarische Ergüsse; es steht jedermann/-frau offen für weitere poetische Höhenflüge.

Zurück auf gleichem Weg

Wanderung 3 *Lofty Lake Trail*

Interessant	Nichts fehlt: Wälder, Wiesen, Seen, Gipfel, *View*
Länge	6,8 km (Rundweg)
Auf-/Abstieg	299 m
Höchster Punkt	3.347 m
Gesamtdauer	3-4 Stunden
Ausgangspunkt	*Pass Lake Trailhead* etwa 1 km nördlich des *Mirror Lake Campground*.

0,0 km - *Pass Lake Trailhead*

Hier gibt es leicht Zweifel über den richtigen Weg. Nehmen Sie am besten den linken Pfad in Richtung Westen, er ist mit *Cuberant Lake /Holiday Park* gekennzeichnet. Nach etwa 10-20 min durch Mischwald erreichen Sie eine Wegkreuzung. Hier geht es auf dem rechten Pfad, Richtung Norden zum *Cuberant Lake* weiter. Der zunächst relativ ebene Weg führt bald über die idyllische *Reids Meadow*. Diese große Wiese ist von einem Netz aus kleinen Bächen durchzogen. Für die Kamera posieren dort *Reids Peak* und *Bald Mountain* im Süden. Hinter der Lichtung steigt der steinige Weg rasch bergauf. An der nächsten Gabelung zweigt der *Cuberant Lake Trail* nach links ab. Halten Sie sich rechts, Richtung Norden.

Uinta Mountains - Karte Seite 398

2,7 km - *Kamas Lake*

Im Südosten ragt eine eindrucksvolle Felswand empor, ansonsten ist der kleine *Kamas Lake* von offenem Wald umgeben. Hinter dem See führt der Weg weiter bergauf zu einer großen, flachen Wiese, dreht dort nach Südosten und folgt einem Grat. Von hier oben reicht der Blick im Norden bis nach Wyoming und im Osten bis *Hayden* und *Kletting Peak*. Noch höher wartet ein weiteres Plateau mit vereinzelten Baumgruppen; man sieht bald den glitzernden

4,0 km - *Lofty Lake*

An diesem wunderschönen Bergsee gibt es romantische Plätzchen zum Zelten.

Vom *Lofty Lake* geht es in kurzem Aufstieg zu einem felsigen Grat, der mit Krummholz-Gruppen (verkümmerte Bäume) bedeckt ist. Im Osten, rechts der Felsgipfel, erkennt man das *Naturalist Basin* (➪ Wanderung #3). Der Abstieg auf der anderen Seite des Grates ist ziemlich steil und felsig und erfordert einige Konzentration.

5,5 km - *Scout Lake*

Der recht große See liegt in einem dichten Wald aus Engelmannsfichten. Bei Sonnenuntergang spiegelt sich der rot leuchtende *Hayden Peak* im Wasser. (Uns gelangen an dieser Stelle Super-Fotos, aber wir schafften es nur knapp, den *Trailhead* noch beim letzten Tageslicht zu erreichen).

Der Weg läuft weiter nach Süden am *Picturesque Lake* vorbei, überquert eine Waldstraße und führt schließlich abwärts zum *Trailhead* zurück.

6,8 km - Pass Lake Trailhead

Am Lofty Lake findet sich immer ein Plätzchen für ein Picknick

Wanderung 4	***Crystal Lake Trailhead – Island Lake Loop Trail***
Highlights	Seenlandschaft, Gletscherspuren, Biber
Länge	12,5 km (Rundweg)
Auf-/Abstieg	238 m
Höchster Punkt	3.127 m
Gesamtdauer	4-5,5 Stunden (auch gute 2-Tage-Wanderung)
Ausgangspunkt	*Crystal Lake Trailhead* (*Mirror Lake Hwy*, etwa 25 mi östlich von *Kamas*, dort westlich auf die *Trial Lake Road* abbiegen und den Schildern zum *Trailhead* folgen).
Hinweis	Das Wegstück zwischen *Duck Lake* und *North Provo Junction* wurde bei unserem Besuch neu verlegt. Karten sind deshalb u.U. ungenau.

0,0 km - *Crystal Lake Trailhead*

Auf einer breiten *Forest Road* geht es in sanftem Anstieg nach Westen durch einen gemischten Nadelwald. Auf der linken Seite schimmert zwischen den Bäumen der *Crystal Lake*. Der breite Weg wird langsam steiniger und geht in einen *Trail* über. Bald erkennt man im Norden den *Mount Watson* und passiert einige kleine Lichtungen. An der Wegkreuzung *North Provo Trail/Duck Lake* lohnt es sich, den Teich neben der Abzweigung genauer zu beobachten. Mitten am hellichten Tag sahen wir dort einen Biber, wie er (oder sie) auf einer kleinen Insel saß und sein Fell pflegte! Richtung *Duck Lake* (rechter Weg) auf relativ ebener Strecke weiter durch Wiesen und lichten Wald zum

2,5 km - *Long Lake*

Dieser langgezogene, große See inmitten von Wiesen ist Ziel vieler Wochenendausflügler – sie genießen ihr Picknick im Schatten vereinzelter Bäume (Seinen "Privatsee" findet man nur einige Minuten weiter: hinter dem *slickrock* liegen noch weitere kleine Seen). Der Pfad überquert den Damm am Südende des *Long Lake* und steigt dann bergan. Für kurze Zeit führt er über glattgeschliffene Felsplatten (*slickrock*) und zwischen Findlingen hindurch.Der Wegverlauf ist hier streckenweise mit *Cairns* markiert. Der letzte Kilometer zum Zwischenziel *Island Lake* ist ziemlich steil, steinig und stellenweise ausgewaschen.

5,3 km - *Island Lake*

Dieser pittoreske Bergsee am Fuße von Felsklippen wird von Wiesen und einzelnen Nadelbäumen gesäumt. Wir hatten dort Mühe, den Pfad zum *Fire Lake* zu finden. Folgen Sie ein Stück dem linken Seeufer und klettern dann nach links. Oben stößt man wieder auf einen *Trail*, der an einer Kette kleiner Seen vorbei zum Fire Lake führt.

6,0 km - *Fire Lake*

Er liegt in einem felsigen Becken und ist der letzte und größte der Seen-Kette, gleichzeitig höchster Punkt der Wanderung. Folgen Sie dem Seeufer bis zum Damm. Der Pfad wendet sich direkt hinter der Mauer zuerst nach links und gleich darauf nach rechts. Der Abstieg nach Norden auf eine große Lichtung zu ist recht steil. Unten in der Wiese verliert sich der Weg stellenweise, aber wenn Sie sich nordöstlich halten, finden Sie problemlos den nahen

7,2 km - *Duck Lake*

inmitten von Wiesen und Bäumen. Der Pfad folgt dem Ufer und überquert zwei Bäche, bevor er rechts (nach Osten) abbiegt und in den Wald hineinführt. Über ein jüngst gebautes Wegstück geht es an *Pot* und *Weir Lake* vorbei zur schon bekannten

10,9 km - Wegkreuzung *North Provo Trail/Duck Lake*

und von dort nach Osten (rechts) zurück zum Ausgangspunkt

12,5 km - *Crystal Lake Trailhead*

Wanderung 5	***Highline Trail: Naturalist Basin – Morat Lakes***
Highlights	Bergseen, Alpines Panorama
Länge	10,2 km (*one-way*)
Auf-/Abstieg	232 m/104 m
Höchster Punkt	3.286 m
Gesamtdauer	5-8 Stunden (auch gute 2-Tage-Wanderung)
Ausgangspunkt	*Highline Trailhead* am *Mirror Lake Hwy*, ca. 500 m nördlich *Butterfly Lake Campground*.
Hinweis	Self registration am *Trailhead*.
Variante	*Jordan Lake*: Bei der *Blue Lake Trail*-Verzweigung rechts halten und den Bach überqueren. Klettert man noch weiter, erreicht man die *Shaler, Faxon* und *Leconte Lakes* im oberen Hochtal. Erweiterung gut für 2-3-Tage-Trip.

0,0 km - *Highline Trailhead*

Ein lockerer Start: der Wanderweg windet sich leicht abwärts durch gemischten Nadelwald. Nach etwa 800 m mündet der *Mirror Lake Trail* in den *Highline Trail* (links halten). Weitere 800 m bringen Sie zur Grenze der *High Uintas Wilderness*. Falls Sie am *Trailhead* noch keine *self registration permit* ausgefüllt haben, können Sie das hier nachholen. Es geht weiter durch dichten Wald; von einer Wiese links (östlich) des Weges hat man einen guten Blick auf den *Hayden Peak*. Wenig später schimmert rechts der *Scudder Lake* durch die Bäume, danach wendet sich der Weg nach Osten.

5,2 km - *Packard Lake*-Wegkreuzung

Der Weg rechts führt zu den *Wilder, Wyman* und *Packard Lakes.* Halten Sie sich links (Osten). Der Pfad ist fast eben, aber die großen Quartzit-Brocken machen das Gehen etwas mühsam, vor allem, wenn sich nach Regen Schlammlöcher zwischen den Steinen bildeten.

7,5 km - *Naturalist Basin*-Abzweigung

Hier links (nordwestlich) beständig leicht aufwärts. Nach etwa 1,5 km erreicht man eine große Wiese, durch die sich ein klarer, fischreicher Bach schlängelt: das Westende des ***Naturalist Basin*** am Fuß des *Mount Agassiz* (3.788 m/12.428 ft). Die Baumgrenze liegt nur wenig höher. Hier besteht die Möglichkeit, entweder weiter nach Osten zum *Jordan* und *Shaler Lake* oder nach Nordwesten zu den *Morat Lakes* zu gehen. Wir beschreiben letzteres:

9,2 km - Wegkreuzung *Morat Lake – Blue Lake Trail*

An der Kreuzung nach links (westlich). Zuerst geht es noch locker über einen Hügel und an einem kleinen See vorbei, danach aber extrem steil einen Hang hinauf zu den

10,2 km - *Morat Lakes*

Sie liegen auf einem kleinen Plateau am Fuße des *Mount Agassiz.* Nur noch einige verstreute Baumgruppen spenden dort Schatten. Der Pfad zum *Blue Lake* (plus 800 m auf 3.320 m Höhe) führt nach Nordwesten über einen sehr steilen Bergrücken. Von dort aus kann man den *Mount Agassiz* besteigen, aber der sehr felsige Trampelpfad nach oben ist teilweise kaum erkennbar oder gar nicht vorhanden.

Zurück auf gleichem Weg

Das Naturalist Basin wird auf drei Seiten von Bergen umschlossen

Weitere Naturschutzgebiete in der Umgebung der Uinta Mountains

Dinosaur National Monument

Kennzeichnung

Im *Dinosaur National Monument* (851 km^2) existieren zwei Welten, die etwa 145 Mio. Jahre voneinander getrennt sind:

Die erste ist eine der **weltgrößten Fundstellen von versteinerten Dinosaurierknochen der Jura-Zeit**. Im *Dinosaur Quarry* (Steinbruch) fand man Knochen und z. T. komplette Skelette von **Stegosaurus** (mit den dreieckigen, aufrechtstehenden Rückenzacken), fleischfressendem **Allosaurus**, **Apatosaurus**, besser bekannt als **Brontosaurus**, und auch von seinem Verwandten, dem gewaltigen **Diplodocus**. Sie alle verendeten in der Sandbank eines urzeitlichen Flusses. Erst 1990 wurde außerdem eine bis dato unbekannte, fleischfressende Dinosaurierart im *Quarry* entdeckt.

Nur etwa 30 ha des Nationalmonuments rund um das *Visitor Center* beziehen sich auf Fundstellen von Dinosaurierknochen. Dorthin zieht es die Mehrzahl der Besucher. Sie besichtigen kurz Museum und überdachte Felswand, aus der man die meisten Knochen herausgemeißelt hat. Dabei übersehen sie aber die andere, vergleichsweise junge Welt voller Leben und dramatischer Schönheit.

Das einsame *backcountry* beeindruckt durch eine fantastische Landschaft mit Canyons, Plateaus, Gipfeln, Steilwänden und intensiv gefärbten Gesteinsschichten. Mitten durch das Gebiet des *Dinosaur NM* fließen **Yampa** und **Green River**, die sich im ***Echo Park*** unterhalb imposanter Felswände vereinigen. Trockene Becken und Hochebenen sind mit *sagebrush, greasewood* und *saltbush* (Graumelde oder Melde) bedeckt. In höheren Lagen dominiert niedrigstämmiger *piñon-juniper forest.* Eine **Wanderung** durch das wild zerklüftete, Hinterland des *Dinosaur NM* und eine Nacht unter dem hier hell leuchtenden Sternenhimmel ist ein Erlebnis besonderer Art.

Einige der offiziell ausgewiesenen Wanderwege sind kurze Naturlehrpfade. Uns hat der ***Desert Voice Trail*** (3 km ab *Split Mountain Boat Ramp* am Green River im Westareal) besonders gut gefallen. Statt der sonst üblichen Erläuterungen auf Hinweistafeln findet man dort alternative, zum Nachdenken anregende Texte und Bilder, die zum Teil von Kindern (und für Kinder) gemacht wurden.

Sehr empfehlenswert ist der **Kammlinienpfad** ab Straßenende *Harpers Corner Scenic Drive* (➪ unter Zufahrt) zum spektakulären Aussichtspunkt ***Harpers Corner*** (1,5 km *one-way*). Von dort oben sieht man auf beiden Seiten in der Tiefe den Green River. Die nur bei Trockenheit befahrbare (keine Campfahrzeuge!) *Echo Park Road* beginnt ebenfalls (fast) am Straßenende und führt zu einem umwerfend gelegenen kleinen Zeltplatz am Green River. Vom ***Echo Park Overlook*** überschaut man die Szenerie von oben.

Eine weitere Möglichkeit, das *Backcountry* des Monuments kennenzulernen, bietet ein Abstecher auf der Straße #318 (von Maybell in Colorado nach Nordwesten). Nach ca. 47 mi Asphalt zweigt eine *Gravel Road* zum Eingang des ***Lodore Canyon*** ab (7 mi). An den *Gates of Lodore* findet man einen Einfach-*Campground* und Zugang zum Green River. Von dort starten *Raft Trips* durch den *Lodore Canyon* und die dahinterliegenden *Whirlpool* und *Split Mountain Canyons*. ***Green River Float Trips*** können u.a. in Vernal/Utah und in Dutch John gebucht werden. In Dutch John in der *Flaming Gorge National Recreation Area* gibt es Flußboote zum Selbst-Befahren des Green River auch zur Miete.

Anfahrt

Das *Dinosaur National Monument* erreicht man von Westen oder Osten auf der Straße #40. Sein Hauptbereich rund um den *Dinosaur Quarry* und das dortige **Besucherzentrum** wird durch die **Stichstraße #149** erschlossen, die in Jensen abzweigt, 9 mi östlich von Vernal, der einzigen größeren Stadt in dieser Gegend. Ein weiteres ***Visitor Center*** befindet sich östlich des winzigen Ortes Dinosaur an der Abzweigung des ***Harpers Corner Scenic Drive***, der über einsame 37 mi in den zentralen Bereich des Monuments führt (*Echo Canyon Overlook*) und auf dem Weg mehrere grandiose Aussichtpunkte passiert.

Permits

Für Wanderungen ins Hinterland sind *Permits* erforderlich, die in den beiden *Visitor Centers* ausgestellt werden

Infrastruktur

Der größte und leicht zugängliche Campingplatz im *Dinosaur NM* ist der ***Green River Campground*** im Bereich *Dinosaur Quarry*. Dort befindet sich auch – noch besser gelegen – der Gruppenzeltplatz *Split Mountain*. Vom – per Auto – nur schwer erreichbaren ***Echo Park Campground*** (ganzjährig Wasser) und dem Platz am *Gates of Lodore* (Wasser nur im Sommer) im Norden war bereits die Rede. Der sehr einfache ***Campground Deerlodge Park*** im Osten (14 mi von der #40 entfernt) liegt in einer Art Wildwestlandschaft.

Zahlreiche **Motels**, Restaurants und die übliche amerikanische Shopping Szene findet man in Vernal. In Jensen und Dinosaur ist die Infrastruktur ausgesprochen dünn.

Information

Die Anschrift des ***Dinosaur National Monument*** (4545 Hwy 40, Rangely, CO 81610) bezieht sich auf das ***Visitor Center*** bei der Ortschaft Dinosaur, © (970) 374-3000.

Ouray National Wildlife Refuge

Kennzeichnung

Der Nordosten von Utah ist ein hartes Pflaster für Wasservögel; mit weniger als 17 cm Niederschlag im Jahr gibt es kaum Sümpfe, Seen oder Bäche. Am attraktivsten ist eindeutig der *Green River*, der in den *Wind River Mountains* in Wyoming entspringt. Sein Wasser lockt denn auch Tausende von Wasservögeln an. Das 49 km^2 große *Ouray National Wildlife Refuge* schützt ein ca. 14 km langes und zwischen 3 km bis 6 km breites Gebiet entlang des Flusses. Für über **200 Vogelarten** ist es Heim oder Rastplatz auf ihren großen Wanderungen. Die Sümpfe im Schutzgebiet werden im Frühling durch den *Green River* überflutet; bei Bedarf hilft auch der Mensch mit einem ausgeklügelten **System von Dämmen und Pumpen** nach. Dies fördert das Wachstum von Wasserpflanzen, was wiederum Nahrung und Deckung für Wasservögel bedeutet. Die umliegenden Felder werden regelmäßig mit *barley* (Gerste), *winter wheat* (Winterweizen), *sweet clover* (Honigklee) und *milo* bepflanzt, um die Zugvögel mit energiereichem Futter zu versorgen.

Im **Frühjahr** erscheinen die ersten Zugvögel bereits im März, die meisten jedoch erst im April. Unter ihnen befinden sich *sandhill crane* (Kanadakranich) und der seltene *whooping crane* (Schreikranich). Über 2.000 Entenpaare bleiben hier zum Nisten. Im **Herbst** treffen die ersten Zugvögel im August ein, die höchste Konzentration wird aber erst im Oktober erreicht. Einige *canada geese* (Kanadagänse) und *mallards* (Stockenten) verbringen hier den Winter. Bei einem derartigen Angebot an Wasservögeln fehlen natürlich auch die **Raubvögel** nicht; zu ihnen gehören der *bald eagle* (Weißkopfseeadler), der *golden eagle* (Steinadler) und mehrere Habicht- und Falkenarten. Eine Rundstraße (mit Auto etwa eine Stunde, auch mit Fahrrad möglich) führt durch das Schutzgebiet.

Die meisten Vögel sind am Abend und am frühen Morgen aktiv. Möchten Sie den *Lewis woodpecker* (Spechtart) auf dem *cottonwood* (Baumwolllpappel), den *northern harrier* (Hudson- oder Kornweihe) oder die verspielten *prairie dogs* (Präriehunde) näher erleben, sollten Sie Ihre Fahrzeug stehen lassen und eine Wanderung unternehmen.

Den **Fischen im *Green River*** ging es ziemlich **an den Kragen**. Durch Dammbauten und Kanäle wurde das Flußökosystem so stark verändert, daß nun im Sommer klareres (und dementsprechend nährstoffärmeres) und kälteres Wasser als früher fließt. Für die Angler wurden exotische Fischarten ausgesetzt. In den 60er-Jahren hat man sogar *Rotenon* (Gift) eingesetzt, um die einheimischen Fische zugunsten der Exoten zu verdrängen. Mit Erfolg – so sind nun u.a. der *Colorado squawfish*, der *humpback chub* und der *bonytail chub* (beides Döbel, Rohrkarpfenart) vom Aussterben bedroht.

Umgebung: Ouray Refuge und Wilderness Areas

Anfahrt

Von der *Ost-West*-Straße #40 biegt man zwischen Roosevelt und Vernal auf die #88 nach Ouray (Süden) ab. Nach etwa 14 mi erreicht man das Einfahrtschild zum *Refuge*, von dort ist es noch etwa 1 mi zu dessen *Headquarter*.

Infrastruktur

Im *Ouray Refuge* gibt es keinerlei Service, auch keinen Campingplatz. Der nächste *Campground* liegt am Pelican Lake, Zufahrt von der *Gravel Road* Ouray–Randlett.

Information

Ouray National Wildlife Refuge, 266 W 100 N #2, Vernal, UT 84078, © (435) 789-0351.

Das Refuge am Green River ist Rastplatz für Zug- und Wasservögel

Wasatch Range Wilderness Areas *(Uinta/Wasatch National Forest)*

Mount Olympus Wilderness (65 km^2)
Twin Peaks Wilderness (53 km^2)
Lone Peak Wilderness (122 km^2)
Mount Timpanogos Wilderness (44 km^2)

Kennzeichnung

In den rauhen ***Wasatch Mountains***, die in attraktivem Kontrast zum wüstenartigen und dicht bebauten *Salt Lake City Valley* stehen, findet man die vier ***Wilderness Areas*** *Mount Olympus, Twin Peaks, Lone Peak* und *Mount Timpanogos.* Diese Naturschutzgebiete sind nur durch Straßen voneinander getrennt, die in West-Ost Richtung die Berge queren. Im Gegensatz zu den *Uinta Mountains* ist das Terrain fast überall **sehr steil**, und enge Canyons zerschneiden die Bergflanken. In den höheren Lagen stößt man auf eine überraschend alpine Landschaft mit Hochtälern *(glacial basins)*, exponierten Felsgraten, Wasserfällen und Bergseen. Der höchste Gipfel ist mit 3.582 m (11.753 ft) der *Mount Timpanogos*, gefolgt vom *Little Matterhorn* mit 3.452 m (11.326 ft) in der *Lone Peak Wilderness* und den *Twin Peaks*, 3.450 m (11.319 ft). Am Fuße der Berge gedeihen *Sagebrush* (Beifuß) und andere Büsche, die wiederum weiter oben von Tannen und Zitterpappeln abgelöst werden.

Zahlreiche Wanderwege laufen durch die Canyons, klettern über die Pässe und auf Gipfel oder führen zu einem Bergsee. Außer auf zahlreichen schön gelegenen ***National Forest Campgrounds*** darf man auch **"wild" campen**, sofern man mindestens 60 m von Wasser und Wegen entfernt bleibt und den Platz blitzsauber hinterläßt. **Schnee** liegt in den höheren Lagen bis Mitte des Sommers. Zum Wandern ist die kurze Zeit ab Sommer bis zum Frühherbst ideal, bevor die ersten *blizzards* über die Berggrate fegen.

Einsamkeit ist hier nicht so leicht zu finden; die kühlen Berge sind bei den hitzegeplagten Bewohnern des nahen Salt Lake City zu Recht sehr beliebt.

Zugang

Alle vier *Wilderness Areas* sind von Osten (Park und Heber City) und Westen (Salt Lake City), z.B. über die Straßen #152, #190 und #210 zu erreichen und zwischen 18 mi und 40 mi von Salt Lake bzw. Heber City entfernt.

Permits

Permits werden nicht benötigt.

Infrastruktur

Viele ***National Forest Campgrounds*** säumen die Zufahrtstraßen. Hotels, Motels, Restaurants und Shops findet man in den Dörfern an den Straßen. Die komplette Infrastruktur von Salt Lake City und Heber City ist im übrigen nicht weit.

Informationen

Mount Olympus, Twin Peaks & Lone Peak Wilderness: ***Wasatch-Cache National Forest***, *Salt Lake Ranger District*, 6944 South 3000 East, Salt Lake City, UT 84121, © (801) 943-1794.

Lone Peak, Mount Timpanogos Wilderness: ***Uinta National Forest***, *Pleasant Grove Ranger District*, 390 North 100 East, Pleasant Grove, UT 84062, © (801) 785-3563.

Archetypische Berge und reiche Tierwelt

Lage und Entstehung

Über fast 3000 km, von Kanadas Norden bis nahe an die Grenze Mexikos, erstreckt sich das **Große Felsengebirge**, die Rocky Mountains. Dieser Gebirgszug besteht aus zahlreichen kleineren Bergketten, *Ranges* genannt. Im Norden Colorados, wo die Gipfel besonders hoch sind, wurde **1915 der *Rocky Mountain National Park*** geschaffen. Dies war vor allem den Bemühungen des Naturforschers, Schriftstellers und Umweltschützers *Enos Mill* und seinen Anhängern zu verdanken. Der Nationalpark umfaßt heute 1075 km² und gehört damit zu den mittelgroßen seiner Art.

Geographie und Siedlungsgeschichte

Majestätische Berge, tiefblaue Bergseen, mäandernde Flüsse, ausgedehnte Nadelwälder und weite Tundraflächen charakterisieren diesen Teil der Rocky Mountains. Nicht weniger als **78 Gipfel ragen über die 12.000 Fuß-Marke** (3.658 m). Die kontinentale Wasserscheide (*continental divide*) verläuft in Nord-Süd-Richtung durch den Park. Während die westliche Seite nur langsam ansteigt und mit dichtem Nadelwald bedeckt ist, fällt die östliche Seite in steilen Klippen und Felswänden ab. Zu ihren Füßen liegen zahllose Bergseen. Zwischen dem tiefsten Punkt auf ca. 2.300 m und dem 4.345 m hohen *Longs Peak* durchquert man **mehrere Vegetationszonen**.

In tieferen Lagen sind es Espen (Zitterpappeln), Douglasfichten- und Kiefernwälder und weiter oben Tannen und Engelmannsfichten. Oberhalb der Baumgrenze findet man **weite Tundragebiete**, von denen einige auf leicht erreichbaren Hochplateaus liegen.

Lange bevor die ersten weißen Siedler kamen, jagten ***Ute* und *Arapahoe* Indianer** während der warmen Sommermonate in dieser Region.

Unwirtlicher Lebensraum: 4.000er-Gipfel beim Longs Peak

Die Winter waren aber zu lang und kalt für eine ganzjährige Besiedelung. Entlang der *Trail Ridge Road*, die auf über 3.700 m durch die Tundra führt, sind noch mehrere der alten **Indianerpfade** sichtbar.

Aktuelle Situation

Mit seiner **spektakulären Berglandschaft** und Nähe zum Großraum Denver zieht der Park über **3 Mio. Besucher pro Jahr** an. Ähnliche Zahlen kennt im Nordwesten nur der *Yellowstone National Park*, der jedoch neunmal größer ist. Trotzdem kann man in dieser alpinen Bergwelt noch leicht Ruhe und Einsamkeit finden, denn nur ein Bruchteil der Besucher verläßt das Auto, um auf dem über 570 km Wegenetz das Hinterland mit Rucksack und Zelt zu erkunden.

Tierwelt

Die Tierwelt ist eine der Hauptattraktionen des Parks. Mit etwas Glück und Geduld kann man **Biber, Dickhornschafe** und **Maultierhirsche** das ganze Jahr über beobachten. Im Herbst ist die Brunftzeit der **Wapiti-Hirsche**. Das Röhren der Hirsche hallt dann in der Abenddämmerung durch die Täler. Mehr als 250 Vogelarten und 900 verschiedenen Pflanzenarten sind genug, um Naturfreunde und Fotografen für Wochen zu beschäftigen.

Reiseplanung

Anreise

Zug

Die dem Osteingang des Parks nächstgelegene *Amtrak*-Station ist Denver; näher dem Südeingang ist Granby. Beide Bahnhöfe liegen auf derselben West-Ost-Verbindung von San Francisco über Reno nach Chicago, auf der die Züge einmal täglich verkehren. Weiter zum Park geht's mit Bus oder Mietwagen.

Bus

Estes Park Shuttle & Mountain Tours, Estes Park, ✆ (970) 586 5151, sorgt ganzjährig 3-6 mal täglich für eine Busverbindung zwischen Denver (mit Stop an den *Airports*), Boulder und Estes Park. Auch geführte Touren und Taxi-Service (z.B. von Estes Park zu den *Campgrounds* im Park). Im Sommer gibt es einen kostenlosen **Pendelbusservice** zwischen Glacier Basin Parkplatz und Bear Lake, zeitweise auch ab *Moraine Park Campground*. ***Greyhound*** verkehrt zweimal täglich zwischen Denver und Salt Lake City mit Stop in Granby.

Flugzeug

Nächster internationaler Flughafen ist **Denver**, nächster regionaler Airport **Boulder** (⇨ Bus resp. Mietwagen für Weitertransport).

Praktische Informationen

Mietwagen

Alle bekannten Mietwagenfirmen sind in Denver und Boulder vertreten. In Estes Park hat u.a. *Dollar Rent A Car* eine Vertretung.

Anfahrt von Osten: Estes Park (Osteingang des Parkes) liegt 68 mi nordwestlich von Denver und ca. 36 mi von Boulder entfernt: Straßen #36 oder #34. **Von Westen**: Straße #34 via Grand Lake.

Klima und Reisezeit

"Wenn Dir das Wetter hier nicht paßt, dann warte fünf Minuten", beschreibt eine Redensart treffend das wechselhafte Wetter in den Colorado Rockies:

Höhe und Lage des Parks mitten im Kontinent sind die wesentlichsten wetterbestimmenden Faktoren, milde Sommertage mit kühlen Nächten und kalte, lange Winter typisch für das Klima. Von Oktober bis Mai ist der Park mehr oder weniger zugeschneit, in höheren Regionen bleibt der Schnee bis Juli liegen. Ideal für Wanderungen ist die Zeit von Juni bis September, allenfalls Oktober. Im Hochsommer sind kräftige Schauer am späten Nachmittag häufig. Von Juni bis August (der feuchteste Monat) stehen die Pflanzen in voller Blüte. Ende September beginnt die bereits vermerkte Brunftzeit der *elks* (Wapiti-Hirsche). Erste Schneefälle sind zu dieser Zeit keine Seltenheit.

Da der Park im Juli und August sehr stark besucht wird, empfehlen wir einen Besuch im Frühling oder Herbst.

Infrastruktur

Im Park gibt es keine Unterkünfte, nur Campingplätze: ***Moraine Park*** (ganzjährig) und ***Glacier Basin*** (geöffnet Anfang Juni bis Mitte September) erfordern Reservierung von *Memorial Day Weekend* bis *Labor Day*, ➪ Seite 556. ***Aspenglen*** (Anfang Mai bis Mitte September), ***Longs Peak*** (nur Zelte, ganzjährig, 3-Tage-Limit) und ***Timber Creek*** (ganzjährig) operieren nach *first come, first served*. Das **Übernachtungslimit** von Juni bis September beträgt parkweit 7 Tage.

Hotels, Motels, *Bed & Breakfast Places*, YMCA, Jugendherberge und weitere *Campgrounds* findet man in Estes Park und Grand Lake.

Informationen

Ostseite: *Rocky Mountain National Park Visitor Center*, zwischen Estes Park und dem Parkeingang, ✆ (970) 586 1206. Anschrift: *Superintendent, Rocky Mountain National Park*, Estes Park, CO 80517. Das *Estes Park Visitor Information Center* liegt an der Straße #34 am östlichen Ortsende, ✆ 1-800-443-7837.

Westseite: *Kawuneeche Visitor Center* zwischen Grand Lake und Parkeingang, ✆ (970) 627 3471. *Grand Lake Chamber of Commerce*, ✆ 1-800-531 1019.

Rocky Mountain National Park - Karte Seite 427

Kurzinfos Outdoors

Permits

Permits sind erforderlich für Übernachtungen im Hinterland (*backcountry*); man erhält sie im *Headquarters Backcountry Office* neben dem *Visitor Center* bei Estes Park, im *Kawuneeche Visitor Center* und im Sommer in den *Wild Basin* und *Longs Peak Ranger Stations*. Vom 1. Mai bis 31. Oktober wird eine **Gebühr** verlangt. Anschrift für *Permits: Headquarters Backcountry Office, Rocky Mountain National Park*, Estes Park, CO 80517, © (970) 586-1242.

Lagerfeuer sind nur an offiziellen Feuerstellen der *Campgrounds* erlaubt. Auf den meisten primitiven Zeltplätzen im *backcountry* darf kein Feuer gemacht werden; dort sind nur Sprit-/Gaskocher erlaubt.

Wandern

Etwa **570 km Wanderwege** führen durch die verschiedensten Ökosysteme, durch Wälder, Wiesen, an Flüssen entlang oder über die alpine Tundra. Das dichteste Wegenetz (mit dem meisten Betrieb) befindet sich in der **Region Moraine Park/Bear Lake**.

Die Besteigung des ***Longs Peak*** (4.345 m), des höchsten Bergs im Park, ist Kletterern vorbehalten: 12-15 Stunden reine Laufzeit. Auf dieser Route sind Eisaxt, Seil und Steigeisen meist unerläßlich. Mehrere *Trails* verbinden den Nationalpark mit den angrenzenden Naturschutzgebieten *Comanche Peak* und *Indian Peaks Wilderness*, ➪ Seite 449f. Die Wege sind in der Regel gut gepflegt.

Radfahren, Mountain Biking

Radfahren im Park ist beschränkt auf befestigte Straßen, z.B. die ***Trail Ridge Road*** (50 mi von Estes Park nach Grand Lake) oder die ***Old Fall River Road*** (Schotterstraße). Während der Wochenenden und in der Hochsaison herrscht auf diesen Routen starker Autoverkehr. Die umliegenden ***Arapahoe*** und ***Roosevelt National Forests*** bieten mehr Möglichkeiten für Mountain Biker. Fahrräder können in Estes Park gemietet werden, z.B. bei ***Colorado Bicycling Adventures***, 184 E Elkhorn Ave, Estes Park, © (970) 586-4241.

Reiten

Pferdeliebhabern stehen ca. 410 km **Reitwege** zur Verfügung, die z.T. mit Wanderern geteilt werden. Innerhalb des Parks (beim *Moraine Park Campground* und in der Nähe des *Sprague Lake Trailhead*) gibt es zwei **Reitställe**, die zwei- bis mehrstündige Ausritte anbieten. Weitere Reitställe befinden sich in Estes Park und Grand Lake. In Estes Park werden – hauptsächlich als Tagesausflüge – auch **Lama-Trekking-Touren** angeboten (➪ Seite 47).

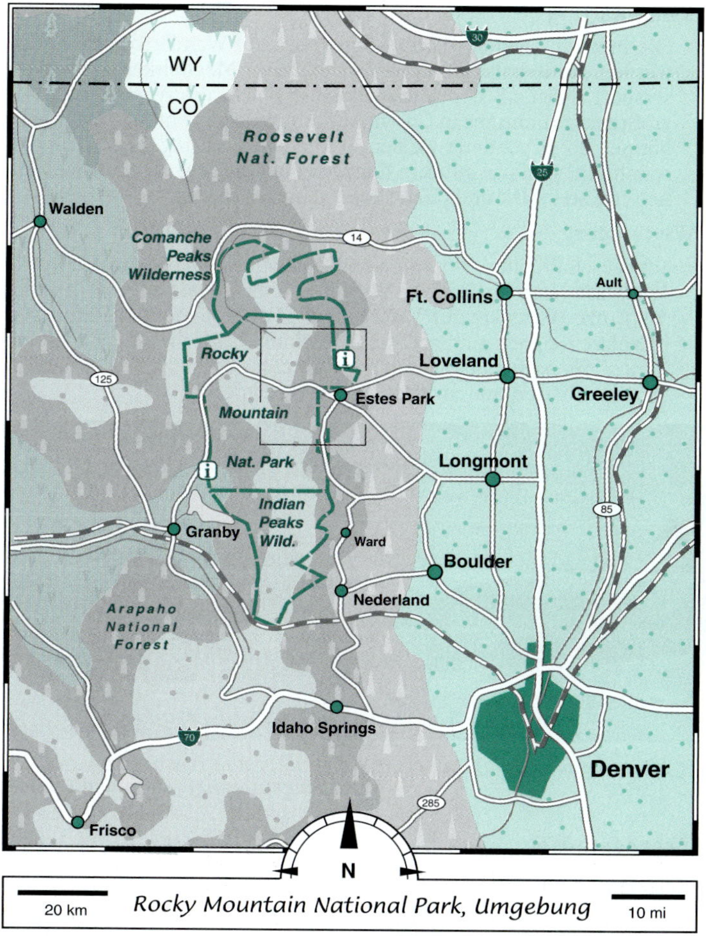

Rocky Mountain National Park, Umgebung

- Sagebrush Steppe / *Beifuß-Steppe*
- Grama-Needlegrass-Wheatgrass / *Grama-Feder-Hundsgras*
- Wheatgrass-Needlegrass Shrubsteppe / *Hundsgras-Federgras-Buschsteppe*
- Grama-Buffalo Grass / *Gramagras - Büffelgras*
- Douglas Fir Forest / *Douglastannen-Wald*
- Pine-Douglas Fir Forest / *Kiefern-Douglastannen-Wald*
- Western Spruce-Fir Forest / *Westlicher Fichten-Tannen-Wald*
- Alpine Meadows and barren / *Alpine Matten und Fels*

Kanu, Rafting

Die meisten Seen des Parks können nur auf Wanderwegen erreicht werden. Außerhalb gibt es wesentlich mehr Möglichkeiten für Wassersport. So ist z.B. der **Grand Lake** in der Nähe des Westeingangs der größte natürliche See in Colorado. Dort und auch auf dem **Estes Lake** können Boote gemietet werden. *White water rafting trips* (Wildwasserfahrten) sind u.a. auf dem **Cache la Poudre River** möglich; sie können in Estes Park und Grand Lake gebucht werden.

Wintersport

Schneeschuhlaufen, Skitouren und Langlauf sind ideal, um den *Rocky Mountain National Park* im Winter zu erforschen. Langläufern steht das ganze Wegenetz zur Verfügung. Bei nicht perfekten Schneeverhältnissen eignen sich aber Schneeschuhe besser als Langlaufskier. *Rental Shop*s für Schneeschuhe und *cross-country skis* gibt es in Sportgeschäften und im YMCA in Estes Park.

Mehr Freude als mit Superspeed-Gondeln und Power-Snowmobiles: Schneeschuhlaufen in den Rockies

Besondere Tips

Relaxing

Nehmen Sie ein Bad im Lake Estes oder mieten Sie ein Ruderboot oder Kanu und genießen Sie die fantastische Berglandschaft. Falls der See doch ein bißchen zu kalt sein sollte: es gibt sogar ein Hallenbad (➪ Tips für Kids). Bei Muskelkater hilft das *Massage Center* im *West Park Center*, 413 W. Elkhorn, Estes Park, ✆ (970) 586 4157.

Für Gourmets

Für ausgezeichnete und trotzdem günstige italienische Gerichte in einer eleganten Atmosphäre empfehlen wir ***Mama Rose's*** in Estes Park, 338 East Elkhorn Avenue, ✆ (970) 586 3330.

Für Kids

Zum Planschen, Spritzen, Toben und Schwimmen bietet sich das ***Aquatic Center*** in Estes Park an, 660 Community Drive, ✆ (970) 586 2340. Die Parkverwaltung organisiert auch eine ganze Reihe von **Veranstaltungen für Kinder** ab 4 Jahren, z.B. das ***Rocky's Junior Ranger Programm***. Themen sind Umweltschutz, Pflanzen und Tiere oder Biber als Landschaftsbauer. Einige Programme eignen sich auch für Kinder, die kein Englisch sprechen.

Literatur und Karten

Rocky Mountain National Park Dayhiker's Guide,
A scenic guide to 33 favourite hikes including Longs Peak,
Jerome Malitz, Johnson Printing Company (

Rocky Mountain National Park Hiking Trails, ***including Indian Peaks***,
Kent & Donna Dannen, The Globe Pequot Press

The Indian Peaks Wilderness Area, *A Hiking and Field Guide*,
John A. Murray, Pruett Publishing Company

Bicycling in the Backcountry: *A Mountain Bike Guide to Colorado*,
Willian L. Stoehr, Pruett Publishing Company

Rocky Mountain National Park Natural History Handbook,
John Emerick, R. Rinehart Publishers

Rocky Mountain Mammals, *A Handbook of*
Mammals of Rocky Mountain National Park and Vicinity,
David M. Armstrong, Colorado Associated University Press Rocky Mountain Nature Association

From Grassland to Glacier, *The Natural History of Colorado*,
Cornelia Fleischer Mutel, John C. Emerik, Johnson Publishing

Guide to Colorado Wildflowers, *Vol. 1: Plains and Foothills*,
Vol. 2: Mountains, G. U. Guennel, Westcliffe Publishers

Rocky Mountain National Park, *A History*,
C.W. Buchholtz, Colorado Associated University Press

Colorado: *The Place of Nature, the Nature of Place*,
Thomas P. Huber, University Press of Colorado

Roadside Geology of Colorado,
Halka Chronic, Mountain Press Publishing Co.

Rocky Mountain National Park,
Trails Illustrated Topo Maps No. 200

Rocky Mountain National Park - Karte Seite 427

Die Natur in den Rocky Mountains

Geologie

Generationen von Rocky Mountains

Die heutigen Rocky Mountains sind zwar viele Millionen Jahre alt, erdgeschichtlich betrachtet aber nur eine kurze, vorübergehende Erscheinung. Es handelt sich um eine Bergkette, die – wie so manche zuvor – wieder abgetragen und durch ein weiteres Gebirge, Meer oder Schwemmland ersetzt werden wird. Im **Präkambrium**, vor mehr als einer Milliarde Jahren, wurden mächtige Schichten von Sedimenten am Grunde eines Meeres abgelagert und diese in einer Metamorphose in Gneis umgewandelt. Ausgelöst durch die Kollision kontinentaler Platten drang Magma aus tieferen Erdschichten empor und erstarrte in der Folge zu Granit oder Gneis.

Die Ur-Rockies

Vor ungefähr 300 Mio. Jahren entstanden die *ancestral Rocky Mountains*, quasi die "Ur-Rockies". Ihre Überreste sind heute am Ostrand der ***Front Range*** (östlichste Kette der Colorado Rocky Mountains) als steile, in den Himmel ragende geologische Schichten erkennbar. Ein Beispiel dafür sind die ***Flatirons*** (Bügeleisen) bei Boulder. Nachdem diese Ur-Rockies fast vollständig abgetragen waren, bedeckte wieder ein großes, seichtes Meer die Region – das Zeitalter der Dinosaurier war angebrochen. Der Lebensraum dieser Monster sollte jedoch bald wieder verschwinden. Vor etwa 50 bis 70 Mio. Jahren – während der sog. **Laramide-Gebirgsbildung** – preßte die ruhelose Erde ein weiteres Gebirge in die Höhe. Wieder setzte die Erosion ein und trug das Gebirge bis auf eine Höhe von etwa 1.300 m (4.000 ft) ab. Nur wenige Berge widerstanden, sie bilden heute die im *Rocky Mountain Park* charakteristischen Plateaus auf etwa 4.000 m Höhe.

Ein letzter Zyklus der Gebirgsbildung setzte vor etwa 8 Mio. Jahren ein. Dieser ließ die heutigen Rocky Mountains entstehen. Doch erst die **Eiszeiten** sollten das uns vertraute Bild mit U-Tälern, Gletscherbecken und Moränen schaffen.

Pflanzen und Tiere

Leben an der Wasserscheide des Kontinents

Vegetationszonen

Mit 900 Pflanzen-, 250 Vogel- und 60 Säugetierarten könnte man leicht Monate im Park verbringen und doch nur einen Teil dieser Vielfalt kennenlernen. Im allgemeinen bevorzugen Pflanzen und Tiere bestimmte **Höhenzonen**, die sich in Temperatur und Niederschlag voneinander unterscheiden. Estes Park, Moraine Park und die Bereiche um Cub und Sprague Lake liegen in der **montanen Zone**, die sich von etwa 2.100 m (7.000 ft) bis 2.700 m (9.000 ft) erstreckt. *Ponderosa pine (*Gelbkiefer), *douglas fir (*Douglasfichte), *lodgepole pine (*langnadelige Drehkiefer) und *aspen* (Espen) sind die häufigsten Baumarten. Wanderziele wie etwa der Ypsilon Lake, Fern Lake oder Bear Lake befinden sich in der **subalpinen Zone**. Diese liegt etwa zwischen 2.700 m (9.000 ft) und der Baumgrenze auf etwa 3.450 m (11.500 ft). *Engelmann spruce* (Engelmannfichte) und *subalpine fir* (Felsengebirgstanne) herrschen hier vor. An besonders exponierten Graten und Flanken überlebt einzig die *limber pine* (Nevada-Zirbelkiefer), windgepeitscht und oft grotesk verdreht und verbogen. Nach Waldbränden (sind hier nicht selten), breiten sich rasch langnadelige Drehkiefern, Espen und *thinleaf huckleberries* (Buckelbeeren) aus. In der **alpinen Zone** schließlich, oberhalb der Baumgrenze, fällt die durchschnittliche Jahrestemperatur auf -3°C (26°F)! Der Abschnitt "Alpine Tundra – Wunderland zwischen Himmel und Erde" (➪ Seite 437) beleuchtet die harten Lebensbedingungen in diesen hochgelegenen Zonen.

Lebenskraft: Mehrere Jahrhunderte konnte sich diese Limber Pine an exponierter Stelle halten.

Habitate im Kleinformat

Die Höhenzonen sind allerdings überlagert von einem **Mosaik von Kleinhabitaten**, abhängig von der lokalen Topographie, Feuchtigkeit oder Bodenzusammensetzung. Einige Beispiele: In der montanen Zone sind die trockeneren und wärmeren südexponierten Hänge vor allem mit *ponderosa pine* bedeckt, während an den kühleren und feuchteren nordexponierten Hängen hauptsächlich Douglasfichten wachsen. An den nord- und südexponierten Seitenmoränen – z.B. beim Moraine Park – sind diese Unterschiede gut erkennbar. Zahlreiche Bäche bilden Kanäle erhöhter Feuchtigkeit in allen Höhenzonen. Ehemalige Gletscherbecken, oft umringt von Moränen, formen ebene, baumlose ***parks*** (Matten), ideale **Weidegebiete** für *mule deer* (Maultierhirsche) und die größeren *elks* (Wapiti-Hirsche).

Ähnlich den Pflanzen bevorzugen auch **Tiere** bestimmte Zonen. Zu den illustren Bewohnern des Parks gehören *elks, moose* (Elche) Biber, *marmots (*Murmeltiere), *squirrel* (Eichhörnchen), *chipmunks* (Streifenhörnchen), Schwarzbären, Pumas, Koyoten und *bobcats* (Rotluchse). Mit viel Glück kann man sogar den seltenen *peregrine falcon*, den Wanderfalken, beobachte; er kann mit über 300 km/h Spitzengeschwindigkeit durch die dünne Luft fegen.

Rocky Mountain National Park - Karte Seite 427

Umwelt

Natur im Hinterhof der Big City

Eines der größten Probleme des Parks sind die immensen Besucherzahlen. **3 Mio. Menschen** kommen jedes Jahr, nur etwa 40.000 wandern allerdings im *Backcountry.* Trotz dieser Zahlen hielt sich die Natur im Park in einem erstaunlich guten Zustand; dank einer umsichtigen Verwaltung wurden sogar schon Hotels, Gebäude, Straßen und ein ganzes Skigebiet entfernt. Und im Unterschied zu anderen Nationalparks wie *Yosemite* oder *Yellowstone* liegt das Gros der touristischen Infrastruktur außerhalb der Grenzen des *Rocky Mountain NP* in Estes Park, Granby und Grand Lake.

Maultierhirsche, Wapiti-Hirsche und Dickhornschafe waren einmal fast ausgerottet, sind jedoch heute wieder recht zahlreich – einige fast zu zahlreich. Wissenschaftliche Studien sollen die Größe der Wapitipopulation ermitteln, sowie die Belastbarkeit der Natur durch das Hochwild.

Außerhalb des Parks ist die *Indian Peaks Wilderness* besonders bedroht. Erholungssuchende aus dem Ballungsgebiet Denver/Boulder/Fort Collins überschwemmen an Wochenenden diese empfindliche Hochgebirgsregion förmlich; in ihr sind Straßen, Gebäude und jegliche Art von Fahrzeugen generell verboten. Der Druck auf die umliegenden *National Forests* ist ebenfalls beträchtlich: Holzeinschlag, Straßenbau und Dämme belasten das Ökosystem.

Bedrohte Arten – Tiere im Exil

Die **Wiedereinführung** von Wapitis, Maultierhirschen und Dickhornschafen **war ein voller Erfolg**; die Huftiere bevölkern den Park und angrenzende Gebiete wieder in ansehnlichen Zahlen. Leider sind andere Tiere noch nicht zurückgekehrt, wie z.B. der **Wolf** oder der **Braunbär** (*Grizzly*). Es ist allerdings fraglich, ob das politische

Mit Hilfe und Verständnis der Menschen schafft es der Gray Wolf vielleicht bald wieder in den Rocky Mountain Park. Im Yellowstone, wo er wieder eingeführt wurde, gefällt es ihm ausgezeichnet.

Klima und die relativ kleine Ausdehnung des geschützten Gebietes eine Rückführung des *Grizzly* überhaupt erlauben würde. (Vor dem gleichen "Problem" stehen z.Zt. Österreich und die Schweiz, in die Braunbären nach einer temporären Ausrottung wieder einwandern). Theoretisch wäre in Colorado genug Raum für eine Population von etwa 250 Wölfen. 1995 war das nächste Wolfsrudel nur etwa 800 km entfernt (eine "experimentelle" Population im *Yellowstone Park*), eine Distanz, die ein Rudel locker in 1-2 Wochen zurücklegt.

Weitere bedrohte, im Park zu findende Tiere sind *greenback cutthroat trout (*Forellenart), *river otter* (Flußotter), *boreal toad* (Krötenart), *bald eagle* (Weißkopf-Seeadler) und der Wanderfalke. Möglicherweise schafft dieser bald den Sprung von der Liste der bedrohten Arten.

Beim Moraine Park lassen sich im Herbst oft Wapiti-Hirsche beobachten.

Von Wapitis und Menschen

Erst um 1860 erreichten die ersten **europäischen Siedler** das Gebiet des heutigen Nationalparks. 30 Jahre erbarmungslose Jagd genügten danach, um die einst großen Hirschbestände auf wenige Exemplare zu dezimieren. Ihre Kadaver wurden von den Jägern wagenweise zu den Märkten in Denver gekarrt. Ein weiteres Problem für die Tierwelt waren die Siedler, die mehr und mehr ihres Lebensraumes für Viehherden beanspruchten.

Die Wende zum Besseren kam unmittelbar vor der Gründung des *Rocky Mountain National Park*, als **49 Wapiti-Hirsche** aus dem *Yellowstone Park* in das zukünftige neue Parkgebiet gebracht wurden. Zur selben Zeit blies man auch zum Großangriff auf die natürlichen Feinde der Hirsche: Wölfe und Braunbären. (Das Programm sollte ein voller "Erfolg" werden: beide Tierarten waren bald fast ganz aus Colorado verschwunden). In nur 13 Jahren kletterte die Zahl der *elks* auf 200. Heute leben etwa 3.000-4.000 Exemplare im Park. Und in nur 9 Jahren explodierte die Zahl der Maultierhirsche von 63 auf 3.000! Rasch stellten sich Schäden an der Vegetation ein.

Nach wie vor besteht eine der Aufgaben des *Park Service*` darin, das **natürliche Gleichgewicht** zu ermitteln und zu halten. Ein immer drängenderes Problem ist der Verlust von Wintereinstandsgebieten außerhalb des Parks, denn immer mehr der für die Hirsche lebenswichtigen Weiden fallen Straßenbau und Siedlungen zum Opfer.

Der **Jahresablauf der Wapitis** ist zum größten Teil von den klimatischen Bedingungen und der Verfügbarkeit von Futter abhängig. Im Herbst ziehen die Hirsche aus ihren hohen Sommergebieten in tiefere Lagen. Dies ist auch die **Brunftzeit**, in der die Bullen um die Vorherrschaft über die Weibchenherden (mit bis zu 60 Hirschkühen) kämpfen. Dabei kommt es nur selten zu echten Duellen, die Bullen stellen in erster Linie die Zeichen ihrer Männlichkeit zur Schau: die bis zu 1,5 m langen Geweihe und ihre kräftigen Nacken und Körper. Nacken und Schulter schwellen dabei an und verhärten sich, um den Stößen von Widersachern Paroli bieten zu können.

Die Bullen sind während dieser Zeit dermaßen mit der Verteidigung (oder Eroberung) ihrer Weibchen beschäftigt, daß sie kaum zum Fressen oder Schlafen kommen. Nach der Brunftzeit werfen die Bullen ihre schweren Geweihe ab, um sich schneller von den Strapazen zu erholen und den harten Winter besser zu überstehen. Die Geweihe beginnen innerhalb weniger Wochen wieder zu wachsen, mit einer Geschwindigkeit von bis zu einem Zentimeter pro Tag!

Nach einer Tragzeit von 250 Tagen gebären die Hirschkühe im Juni ein **Kalb** von ca.15 kg Gewicht. Im Sommer äsen die Tiere wieder in höheren Lagen, und bis zum Wintereinbruch erreichen die Kälber ein Gewicht von etwa 115 kg.

PROJEKT WAPITI - Resultate einer geheimen Untersuchung

(Ein Beitrag von *C.W. Buchholtz*, Direktor der *Rocky Mountain Nature Association*, einer Naturschutzorganisation, die den *Park Service* bei Aufklärung und Information der Besucher unterstützt.)

Als ich kürzlich das Gebäude der Parkverwaltung verließ und zu meinem Auto kam, entdeckte ich einen Umschlag unter dem Scheibenwischer. Auf ihm stand gekritzelt: Projekt Wapiti.

Der Parkplatz war sonderbar verlassen. In einiger Distanz graste ein halbes Dutzend Hirsche. Irgendwie fühlte ich mich von ihnen beobachtet, als ich den Umschlag aufriß.

"Wir lasen über ihre naturkundliche Gesellschaft und die Parkverwaltung!" stand gekritzelt. "Wir haben gelesen, wie Sie 50 Hirsche gefangen haben und ihnen Sender um den Hals legten. Wir haben auch gelesen, daß Sie uns in den nächsten 5 Jahren jedes Jahr zählen wollen. Wir glauben, daß Sie nichts Gutes im Schilde führen! Nach 5 Jahren werden Sie uns sagen, daß es zu viele Hirsche gibt!"

"Nun, passen Sie mal gut auf, mein Lieber", stand weiter in krakeliger Schrift, "es gibt nicht zu viele Hirsche, Witzbold, es gibt zu viele Menschen!" Beigelegt war eine 50-seitige, klein gedruckte Studie. Und dem Gewicht nach mußte jemand tonnenweise Statistiken zusammengetragen haben. Schnell blätterte ich durch das Dokument und suchte nach Hinweisen, die mir sagen würden, was das alles zu bedeuten hatte. Dann entdeckte ich die Zusammenfassung:

"Im Jahre 1990", hieß es da, "betäubte das Projektteam Wapiti 50 Menschen mit Narkosegewehren und beringte sie." Ich traute meinen Augen kaum. Fassungslos las ich weiter.

"Ziel dieser Studie war es, während einer 5-Jahresperiode das Wanderverhalten und die Zahlen von Menschen im Rocky Mountain National Park und im Estes Valley zu erfassen. Eine frühere Studie zum Wanderverhalten der Menschen deckte erhöhte menschliche Aktivitäten im Horseshoe Park während unserer (früher eher privaten) Brunftzeit auf. Dieser Zustrom an Menschen machte sie zur besonders leichten Beute für unsere "Glotz-und-Fang"-Technik. An dieser Stelle konnte die höchste Anzahl Menschen (28 oder 56%) gefangen und beringt werden."

"Am niedrigsten war die Fangquote (4 Exemplare oder 8%) auf dem Estes Park Golfplatz. Die dort angetroffene Menschen-Population ist überdurchschnittlich alt und war das Hauptziel der Fang- und Beringungsaktion. Leider mußte das Team aber erkennen, daß diese Population am anfälligsten für Schock und plötzlichen Tod war. Drei Menschen starben in der Anfangsphase der Beringungen, bevor wir ihre erhöhte Stressempfindlichkeit feststellten."

"Der Erfolg der Fang- und Beringungsaktion war wesentlich einer neuen Generation von Beruhigungsmitteln zu verdanken, die heutzutage von den Menschen verwendet wird. Viele der beringten Menschen konnten dösend gefangen und beringt werden."

"Satelliten lieferten auch Zahlen zur Herkunft von 31 (62%) der beringten Menschen. Wir möchten indessen anfügen, daß diese Individuen nicht repräsentativ für die Wanderungen der Herde sein müssen. Einzelne Individuen stammten aus Japan (Nr. 16, 18, 34), Australien (Nr. 4) und Deutschland (Nr. 6, 24). Insgesamt sechs (6) stammten aus Denver und fünf (5) aus Fort Collins-Greeley. Überraschenderweise konnten vierzehn (14) einer einzigen Stadt in Iowa, nämlich Des Moines, zugeordnet werden, wofür sich absolut keine plausible Erklärung fand."

"FAZIT: Unsere Studie hat ergeben, dass die Bevölkerungsdichte der Menschen zwischen 1990 und 1995 um 28% zunahm, was einem durchschnittlichen Anstieg von jährlich 5,8% im Monat September entspricht. Allerdings scheint es sich um ein zeitlich begrenztes Phänomen zu handeln."

"EMPFEHLUNG: Bevor eine radikale Lösung zur Dezimierung der menschlichen Population im fraglichen Gebiet vorgeschlagen werden kann, sollten zusätzliche Studien durchgeführt werden. Eine Minderheit des Projektteams, die mit dieser Meinung nicht übereinstimmt, besteht darauf, daß sofortige Maßnahmen ergriffen werden sollten, um die Menschen-Population zu reduzieren."

Als ich das gelesen hatte, warf ich einen Blick zurück und konnte erkennen, wie sechs grasende Hirschbullen näher rückten und mich dabei stetig beobachteten. Ich sprang in mein Auto und raste davon.

Auf der Trail Ridge-Tundra:
Kaum ist der letzte Schnee geschmolzen, ist der erste schon wieder da

Alpine Tundra
Wunderland zwischen Himmel und Erde

Hoch oben über der Baumgrenze liegt **eine überaus rauhe, unwirtliche Landschaft**. Unter der brennenden Sonne verwittern selbst die größten Felsbrocken. Der Boden ist karg und kaum fähig, das Wasser der starken Sommerregen zu halten. Bissige, kalte Winde tragen jede Wärme weg, die sich bilden könnte. Im Winter ist hier alles weiß und kalt. Der Mensch hat dort kein Zuhause. In der dünnen Luft ist er schnell außer Atem, kein Baum gewährt ihm Schutz, und seine Stimme verliert sich in der weiten Leere.

Flora und Fauna

Trotz dieser harschen Bedingungen offenbart die alpine Tundra dem Besucher während des kurzen Sommers eine **seltene Schönheit**. Die Wiesen sind übersät mit Blumen jeder Farbe. *Buttercups* (Gelber Hahnenfuss), *paintbrush* (rote Kastillea) und *lupines* (blaue Lupinen) folgen den zurückweichenden Schneefeldern. Ein *ptarmigan* (Schneehuhn) kauert kaum sichtbar am Wegesrand, verrät sich aber mit einem Gluckern, und ein *pika* (Pfeifhase) huscht durch das Geröll, ein Bündel saftiges Gras im Mund.

Klima und Lebensbedingungen

Die Lebensbedingungen in der Tundra sind, wie gesagt, alles andere als einladend. Die Strahlung der Sonne ist sehr intensiv. Die tiefen Temperaturen lassen die **Wachstumsperiode** in den südlichen Rocky Mountains auf **weniger als 40 Tage** schrumpfen. Obwohl im Jahresdurchschnitt etwa ein Meter Niederschlag fällt, variiert die effektive Menge beträchtlich von Ort zu Ort. An einigen windausgesetzten Stellen herrscht fast das ganze Jahr Dürre, während andere Stellen meist unter Schnee liegen, oder im Sommer vom Schmelzwasser völlig durchnäßt werden. Der Wind trocknet Pflanzen aus oder läßt sie gefrieren. Beladen mit mikroskopischen Sand- und Eispartikeln vermag er sogar Löcher in Granitfelsen zu fräsen. Pflanzen und Tiere haben eine ganze Reihe von **Strategien** entwickelt, um unter diesen Bedingungen zu überleben:

Überleben

- Die meisten Pflanzen sind **kleinwüchsig**. Auf diese Weise profitieren sie von den höheren Temperaturen und der reduzierten Windgeschwindigkeit in Bodennähe. Der Großteil ihrer Biomasse liegt zudem unter der Erdoberfläche. Pflanzen von lediglich 2-3 cm Höhe können gut und gerne ein Wurzelwerk ausbilden, das bis zu 1,5 m in die felsige Tiefe reicht.
- Eine dicke, wachsüberzogene **Oberhaut** sowie Haare schützen die Pflanzenorgane vor der beißenden Kälte, vor Wasserverlust und vor der intensiven UV-Strahlung.

Rocky Mountain National Park - Karte Seite 427

Überleben

- Die meisten Pflanzen sind **mehrjährig**. Dies erlaubt es ihnen, in einem ersten Jahr genug Energie zu speichern, um in den darauffolgenden Perioden möglichst schnell Blüten zu bilden.
- ***Anthocyan***, ein rotes Pigment, das auch herbstlichen Blättern und Äpfeln ihre Farbe gibt, soll die UV-Strahlung absorbieren und sie in Wärme umwandeln. Die Blütenblätter einiger Pflanzen wirken wie ein Parabolspiegel und fokussieren Wärme und Licht zu den Fortpflanzungsorganen.

Ökologische Wechselwirkungen

Aus einiger Distanz mag die alpine Tundra eintönig erscheinen. Unterschiedliche Umweltbedingungen lassen jedoch oft ein **Mosaik vielfältigster Gemeinschaften** entstehen. Ein Felsbrocken etwa bremst den Wind und ermöglicht das Gedeihen eines *dwarf clover* (Zwergklee). Und die Wärme, die der Fels bei Sonneneinstrahlung abstrahlt, kommt einem *draba* (Hungerblümchen) in der Nähe zugute. In seinem Windschatten bleibt allerdings auch Schnee länger liegen.

Die wichtigsten **Lebensgemeinschaften** in der alpinen Tundra sind:

Torfe

Wo?	Ebene und leicht gewellte, stabile Stellen
Was?	Dichter Rasenteppich aus mehrjährigen *sedges* (Seggen) und Gräsern.
Wissenswert:	Torfe stabilisieren Hänge, reduzieren die Erosion und verbessern die Wasseraufnahme des Bodens.

Matten

Wo?	Windabgewandte Hänge, flache Becken mit früh schmelzendem Schnee
Was?	Größte Pflanzenvielfalt aller Habitate in der Tundra: Gräser, Seggen, farbenprächtige Blumen im Sommer
Wissenswert:	Wird gerne von Tieren abgegrast. Oft sieht man Erdhügel und Gänge des *northern pocket gopher* (Taschenmaulwurf).

Fellfield (Blockfelder)

Wo?	Felsige, windexponierte Stellen. Sieht aus einiger Distanz unbewachsen aus.
Was?	Kissen- und mattenbildende Pflanzen zwischen Felsen/auf Kies, farbenfroher Blütenteppich im Sommer.
Wissenswert:	An exponierten Stellen wird der Boden regelmäßig vom Wind weggetragen. Dadurch entsteht eine fast ganzjährige Trockenheit.

Schneetälchen

Wo? Wo Schnee in windabgekehrten Hängen, Becken und deren Rändern lange liegenbleibt.

Was? Pflanzen folgen dem weichenden Schnee, blühen daher in konzentrischen Ringen: R*ushes* (Binsen) und Seggen.

Wissenswert: Der Schnee schützt die Pflanzen vor der Unbill des Winters und liefert Feuchtigkeit. Der Preis dafür ist eine verkürzte Vegetationsperiode.

Alpine Feuchtgebiete

Wo? Meist an ebenen Stellen unterhalb von Schneefeldern und Becken; in der Nähe von Seen und Flüssen.

Was? Gräser, *Seggen* und *Willows* (Weiden); viele Blumen, z.B. *marsh marigold* (Sumpfdotterblume) sowie *elephant head* und *alpine louse-wort* (Läusekrautarten).

Wissenswert: Böden sind oft mit Wasser gesättigt. Diese Feuchtgebiete ähneln stark denen in der Arktis.

Geröll- und Schutthalden

Wo? Geröllhalden, Basis von Felswänden, Moränen

Was? Blumen, z.B. *columbine* (Akelei), *thistles* (Distel), *talus ragwort* (Kreuzkraut), *alumroot, saxifrage* (Steinbrech) und *alpine kittentails* (Katzenschwanz).

Wissenswert: Nur wenig Stellen mit ausreichend Boden und Feuchtigkeit. Viele Pionierpflanzen mit ausgedehnten Wurzelsystemen.

Das marsh marigold (Sumpfdotterblume, Caltha leptosepala) bevorzugt feuchte Stellen, etwa hinter zurückweichenden Schneefeldern.

Wandern

Übersicht: Die besten Wanderungen im *Rocky Mountain NP*

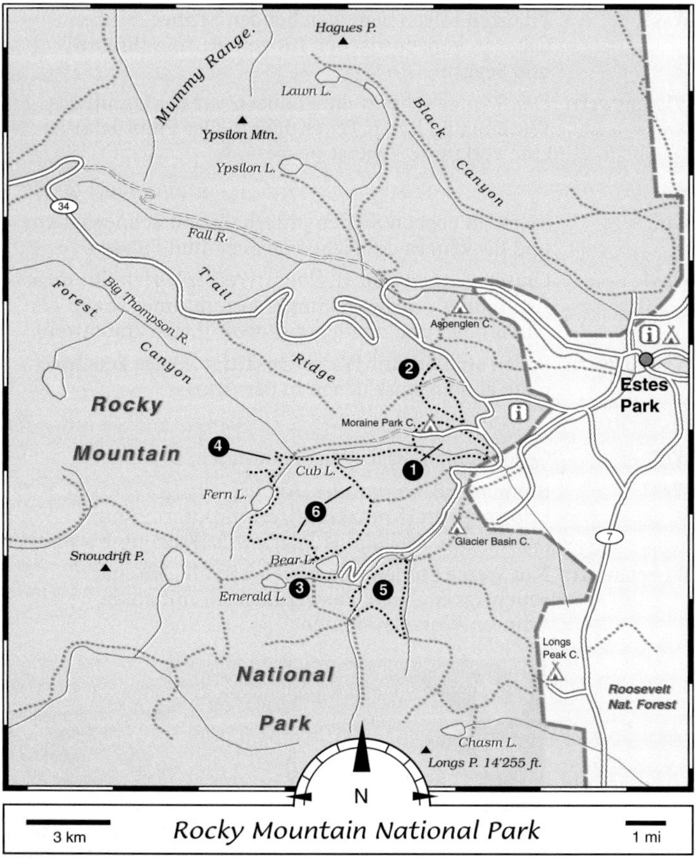

No	Trailbezeichnung	Länge	Schwierigkeit	Kurzbeschreibung
1	*Moraine Park*	7,7 km	leicht	Gemütlicher Rundweg um pflanzen- und tierreiches Feuchtgebiet
2	*Beaver Meadows*	6,4 km	leicht	Halbtages-Wanderung über Seitenmoräne und um die *Beaver Meadows*

No	Trailbezeichnung	Länge	Schwierigkeit	Kurzbeschreibung
3	***Emerald Lake***	5,2 km	mittel	Vier leicht erreichbare und fantastisch gelegene Bergseen; das beliebteste Wanderziel im Park, und dementsprechend stark begangen.
4	***Cub Lake–Fern Lake***	14,4 km	mittel	Biberteiche, zwei fotogene Seen, ein Wasserfall und viel zu sehen für Vogelliebhaber.
5	***Boulder Brook–Alberta Falls***	13,4 km	anstrengend	Ein steiler Weg zum Boulder Brook-Plateau wird mit Aussicht auf die Mummy Range und einem imposanten Wasserfall belohnt.
6	***Fern Lake–Odessa Lake–Cub Lake***	28,8 km	anstrengend	Mehrtageswanderung, Beschreibung ➪ unten

WANDERUNG 1 — *Moraine Park Campground – Moraine Park*

Highlights Feuchtgebiet, Tiere, Blumen;Moraine Park ist eine der besten Stellen zur Beobachtung von Wapiti-Hirschen (*elks*)
Länge 7,7 km (Rundweg)
Auf-/Abstieg 91 m
Höchster Punkt 2.512 m
Gesamtdauer 2-3 Stunden
Ausgangspunkt *Moraine Park Campground*, ca. 8 km (5 mi) von *Estes Park* westlich der *Bear Lake Road*.
Variante Diese Wanderung läßt sich gut mit dem *Beaver Meadows Trail* zu einer Ganztageswanderung kombinieren.

0,0 km - *Moraine Park Campground*

Ca. 300 m östlich der Einfahrt zum Campingplatz biegt der *Trail* nach Süden ab und führt an einzelnen Zitterpappeln vorbei in die offene Ebene hinunter. Gute Aussicht auf den *Gabletop Mountain* und den *Stones Peak* auf der Linie der *continental divide*. Der Weg folgt dem mäandrierenden *Thompson River*, überquert ihn (Brücke) und führt südwärts an einigen Privathäusern vorbei.

1,9 km - Waldkreuzung

Biegen Sie nach rechts (Westen) ab und wandern Sie an der bewaldeten südlichen Seitenmoräne am Rande des *Moraine Park* entlang. Dieses Gebiet ist besonders vogelreich, und im Herbst äsen Wapiti-Hirsche in den Wiesen (auch bei Tierbeobachtungen sollte man nicht den Weg verlassen!). Die Artenzusammensetzung des Waldes unterscheidet sich hier – auf einer nordexponierten, relativ kühlen Moräne – frappant von der trockeneren und wärmeren, südexponierten Seitenmoräne auf der Nordseite des *Moraine Park*.

5,0 km - *Cub Lake* Wegverzweigung

Der Weg biegt nach Norden (rechts) ab und führt an einigen großen Felsen vorbei. Artenreiches Feuchtgebiet auf der rechten Seite.

5,7 km - *Cub Lake Trailhead*

Überqueren Sie die Schotterstraße hinter der Brücke. Der Pfad führt durch lichten Gelbkiefer-Wald an einem Reiststall vorbei, dreht nach Osten ab und führt zurück zum Ausgangspunkt.

7,7 km - zurück auf dem *Moraine Park Campground*

Wanderung 2	***Moraine Park Campground – Beaver Meadows***
Highlights	Tiere, Blumen, Picnic Area auf halbem Weg – der Trail für Gourmets und Genießer
Länge	6,4 km (Rundweg)
Auf-/Abstieg	183 m
Höchster Punkt	2.597 m
Gesamtdauer	2-3 Stunden
Ausgangspunkt	*Moraine Park Campground* ca. 8 km (5 mi) von *Estes Park* westlich der *Bear Lake Road*. Achtung: Teilabschnitte des Weges werden häufig von Reitern benutzt.
Variante	Zusätzlich Abstecher via *Deer Ridge* zum *Deer Mountain* (dann Eintageswanderung, ca. 5,8 km zusätzlich für den Hinweg.)

0,0 km - *Moraine Park Campground*

Ca. 300 m östlich der Platzeinfahrt zweigt der Pfad nach Norden (links) ab und steigt sanft durch einen lichten Kiefernwald (überwiegend *ponderosa pine*). Nach etwa 1 km erreichen Sie einen kleinen Paß mit Ausblick auf den *Longs Peak*. Der nun abfallende Weg überquert den *Beaver Brook* (Bach)und führt in die *Beaver Meadows*. Für etwa 700 m geht's dann auf einer Schotterstraße (dort verkehren auch Autos) nach Westen.

Die Kunst des Sehens

Ein Beitrag von Jeff Maugans,
Chief of Visitor Operations im Rocky Mountain National Park.

Um die Natur, wie etwa den Rocky Mountain National Park, voll genießen zu können, braucht man sich nicht unbedingt ein ehrgeiziges Ziel zu setzen, wie etwa einen hohen Berg zu erklimme, oder zu einem dramatisch gelegenen See oder einem anderen populären Ort zu wandern. Es bedeutet auch nicht, nur nach den großen, bekannten Tieren Ausschau zu halten, wie den elks, bighorn sheep oder mule deer. Gemächlichere, beschaulichere Erlebnisse sind genauso befriedigend, etwa einfach ruhig in einem Wald, einer Wiese oder an einem Gewässer sitzen und sich vom Rhythmus und dem Gang der Natur tragen zu lassen. Schon Ernest Thompson Seton, ein nahmhafter kanadischer Naturforscher des frühen 20. Jahrhunderts, glaubte, daß man mit ruhigem Beobachten viel mehr Geheimnisvolles entdecken und verstehen kann als beim endlosen Wandern zu vorgeplanten Zielen.

Wie ein Stein, den man in einen See wirft, hinterläßt auch der Wanderer unsichtbare, aber dennoch störende Wellen, die Tiere vertreiben können. Hält man immer wieder mal inne, können sich diese Wellen legen und der normale Rhythmus des Lebens kann sich wieder einstellen.

Die Versuchung, sich große Ziele zu setzen, wird immer bestehenbleiben. Nehmen Sie sich aber trotzdem die Zeit zur Langsamkeit und genießen Sie – neben dem Großartigen und Dramatischen – auch das Unauffällige, das Ihnen die Natur offeriert.

Unten ist es nur herbstlich frisch, höher oben schon eisig kalt: der Long's Peak, mit 14.255 ft (4.345 m) höchster Gipfel im Rocky Mountain Park

2,2 km - Verzweigung

Der Wanderweg zweigt nach rechts (nordwestlich) Richtung *Deer Ridge* ab. Langsam bergauf gehend überqueren Sie eine offene Wiese mit vereinzelten Beständen an Zitterpappeln. Biegen Sie nach ca. 650 m links ab. Letzte Ausblicke fallen auf die Wiesen und fernen Berge, bevor der Pfad den tiefer gelegenen *Upper Beaver Meadows* Picknickplatz erreicht.

3,9 km - *Upper Beaver Meadows Picnic Ground*

Nehmen Sie den südöstlichen Pfad zurück zum *Moraine Park*. Er klettert durch lichten Wald (viele Vögel) mit einigen Brandspuren auf einen Hügelkamm, bevor er zum *Campground* hinunterführt. Im Herbst kann man dort gut Wapiti- und Maultierhirsche in den Wiesen beobachten.

6,5 km - zurück beim *Moraine Park Campground*

Wanderung 3	***Bear Lake – Emerald Lake***
Highlights	Seen, Wald, Alpine Landschaft – besonders der schroffe Talabschluß beim Emerald Lake
Länge	2,6 km (*one-way*)
Auf-/Abstieg	207 m/9 m für Hinweg
Höchster Punkt	2.397 m
Gesamtdauer	2-3 Stunden
Ausgangspunkt	Am Ende der *Bear Lake Road*, ca. 16 km (10 mi) vom *Park Visitor Center/Headquarters*. Fragen Sie nach dem kostenlosen Bus (*free shuttle*).
Variante	Zum *Lake Haiyaha*: Beim Ostendes des Dream Lake nach Süden abbiegen (ca 1,5 km). Anschließend gleichen Weg zurück oder via *Alberta Falls* und *Glacier Gorge Junction* zurück zum *Bear Lake*.

0,0 km - *Bear Lake*

Der Weg zum *Emerald Lake* biegt kurz vor dem *Bear Lake*, dem meistbesuchten See des *Parks*, links ab. Asphaltiert bis zum *Nymph Lake*, um Erososionsschäden durch die unzähligen Wanderer zu minimieren, steigt er leicht durch einen dichten Drehkiefer-Wald an.

0,7 km - *Nymph Lake*

Ein kleines Juwel ist der oft mit leuchtend gelben Seerosen bedeckte *Nymph Lake* am Fuße der steil aufragenden Wände des *Flattop Mountain* und *Hallet Peak*. Der Pfad klettert langsam durch den Wald und bietet ab und zu tolle Ausblicke. Kurz vor dem *Dream Lake* zweigt ein Pfad links ab zum *Lake Haiyaha ab*.

1,4 km - *Dream Lake*

Ein wunderschöner See zwischen den Felstürmen des *Hallett Peak* und *Flattop Mountain. Dipper* (Wasseramseln) können hier häufig beobachtet werden. Der Pfad folgt dem nördlichen Seeufer und steigt dann über mehrere felsige Stufen hinauf zum letzten See der Strecke.

2,6 km - *Emerald Lake*

Der *Emerald Lake* gilt als Inbegriff des dramatisch gelegenen Bergsees. Ohne sichtbaren Abfluß liegt er eingeklemmt zwischen dunklen, rauhen Felswänden, die schier unendlich in den Himmel ragen. Beständige Winde und bitterkalte Winter haben Zirbelkiefern zu knorrigen, gnomenhaften Figuren verdreht.

Zurück auf identischem Weg

Seerosen im gefrorenen Nymph Lake, im Hintergrund der Hallett Peak

Wanderung 4	***Moraine Park – Cub Lake – Fern Lake***
Highlights	Seen, Wald, Alpine Landschaft – abwechslungsreichste Ganztagswanderung des Parks
Länge	14,4 km (Rundweg)
Auf-/Abstieg	555 m
Höchster Punkt	2.908 m
Gesamtdauer	5-8 Stunden
Ausgangspunkt	**Per Auto**: Kurz vor dem *Moraine Park Campground* nach Süden Richtung *Cub-Fern Lake Trailheads* abbiegen. **Zu Fuß**: Beim Westende des *Campground* am Reitstall vorbei (700 m).
Variante	Zum *Spruce Lake*: Kurz vor dem *Fern Lake* rechts abbiegen, ca 1,1 km Hinweg. *Odessa Lake*: 1,5 km hinter *Fern Lake. Bear Lake*: ca. 9,7 km hinter *Fern Lake* (meist *Shuttle Bus* zurück zu *Glacier Basin* und *Moraine Park Campgrounds*).

0,0 km - *Cub Lake Trailhead*

Der Wanderweg überquert die Brücke über den Big Thompson River und führt Richtung Süden an Beständen von Espen und Föhren vorbei. Im Osten (links) schlängelt sich der Fluß durch *Moraine Park*, ein Feuchtgebiet mit zahlreichen Wildblumen, Gräsern und Teichen. Es lohnt sich hier, zur Vogelbeobachtung den Feldstecher mitzunehmen. Nach ca. 800 m biegt der Pfad rechts ab und steigt leicht an.

1,3 km - Biberteiche

Mit Glück sehen Sie Biber in den Teichen (Nagespuren, Dämme). Ein paar Kehren bringen Sie zum kleinen Hochtal des *Cub Lake.*

3,4 km - *Cub Lake*

Der wunderschön gelegene Cub Lake erlaubt im Sommer reizvolle Fotos, wenn gelbe Seerosen auf der Wasseroberfläche strahlen, im Spätherbst mit dem frisch verschneiten *Stones Peak* (3.939 m, 12.922 ft) als Hintergrund. Der Weg führt am nördlichen Seeufer entlang und steigt auf einen kleinen Sattel. Halten Sie sich bei der Abzweigung des Pfades zum *Mill Creek Basin* talwärts (geradeaus). Der Weg führt in die Talsohle des *Forest Canyon* (*The Pool*). Biegen Sie links ab und folgen Sie dem Wegweiser *Fern Lake.*

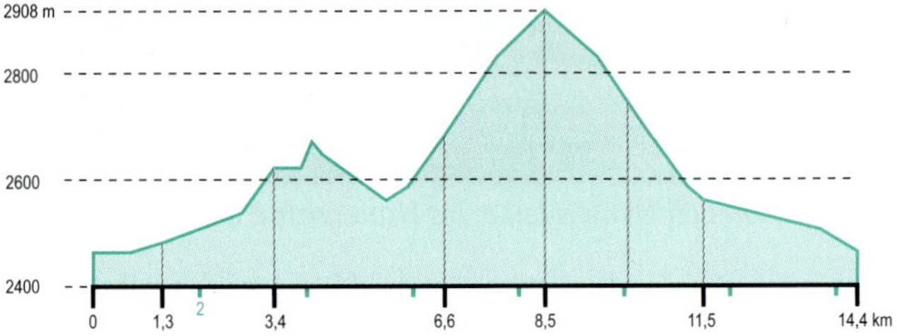

6,6 km - *Fern Falls*

Hier stürzen die Wasser des *Fern Lake* über Felsen und entwurzelte Baumstämme. In der Nähe des Wasserfalls befindet sich eine kleine Höhle. Der Wanderweg steigt beständig an. Dicht mit Flechten behangene Drehkiefern, Engelmannsfichten und Felsengebirgstannen säumen den Weg. Kurz vor dem *Fern Lake* zweigt ein Pfad rechts zum *Spruce Lake* ab.

8,5 km - *Fern Lake*

Notchtop Mountain und *Little Matterhorn* bilden eine fantastische Kulisse im Südwesten. Zwischen beiden Felstürmen hält sich einer der letzten Gletscher im Park. *Clark's nutcrackers* (Kieferhäher) und *gray jays* (Grauhäher) ziehen alle Register ihrer Trickkiste, um zu Futter zu kommen. Zurück auf demselben Weg bis *The Pool.*

11,5 km - *The Pool*

Überqueren Sie die Brücke über den *Big Thompson River* und folgen Sie dem Fluß. Ein Paradies für Farn-Fans. Beim *Arch Rock* zwängt sich der Weg zwischen 10 m hohen Felsen hindurch. Passieren Sie den *Fern Lake Trailhead* und folgen Sie der Schotterstraße zurück zum Ausgangspunkt.

14,4 km - *Cub Lake Trailhead*

WANDERUNG 5	**Bierstadt Lake Trailhead – Boulder Brook – Alberta Falls – Prospect Canyon**
Highlights	Wald, Alpine Landschaft, *Alberta Falls* (Frühjahr)
Länge	13,4 km (Rundweg; meist wenig frequentiert)
Auf-/Abstieg	451 m
Höchster Punkt	3.139 m
Gesamtdauer	5-7 Stunden
Ausgangspunkt	*Bear Lake Road*, ca. 12 km (5 mi) vom *Visitor Center*. Kostenloser *Shuttle Bus*.
Variante	Statt durch den *Prospect Canyon* können Sie auch via *Bear* und *Bierstadt Lake* zurücklaufen.

0,0 km - *Bierstadt Lake Trailhead*

Auf der Südseite der Straße den Schildern *"Stony Pass"* nach Osten folgen. Überquerung einer Brücke. Nach etwa 700 m weist das Schild *Boulder Brook* nach Süden durch einen Bestand fast gleichaltriger Drehkiefern. Der Weg steigt entlang des *Boulder Brook* rasch bergan und überquert den Bach zweimal. Zu den *lodgepole pines* gesellen sich nun *douglas firs* und *aspen*. Bald erlaubt der lichter werdende Wald erste Blicke auf *Battle Mountain* und *Longs Peak* Massiv.

4,7 km - Boulder Brook - Kreuzung

Der gute Weg dreht nach rechts und fällt leicht durch einen Wald aus *lodgepole pine* und einigen *limber pines* ab. Zarte, kleine Bäume wachsen im Schutz toter Baumriesen heran. Gute Fernsicht auf die ***Mummy Range***. Eine Brücke führt über den Glacier Creek.

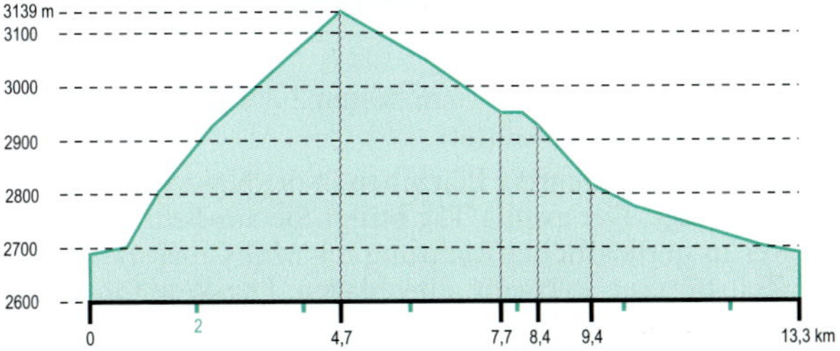

7,7 km - Glacier Creek - Kreuzung

Rechts halten, an einem Wasserfall und Zitterpappeln vorbei.

8,4 km - *Alberta Falls*

Die *Alberta Falls* gehören zu den eindrucksvollsten Fällen im Park, speziell während der Schneeschmelze. Der Weg folgt weiter dem *Glacier Creek* durch einen Espenwald. Generationen von Besuchern haben dort ihre Schnitzkünste an den Baumrinden ausprobiert.

9,4 km - *Glacier Gorge* Kreuzung

Rechts abbiegen (Richtung *Glacier Basin Campground*) und durch den *Prospect Canyon* durch lockeren Wald. Beim Schild *Bear Lake Road* links halten und zurück zum Ausgangspunkt.

13,3 km - *Bierstadt Lake Trailhead*

WANDERUNG 6 — *Moraine Park – Fern Lake – Odessa Lake – Cub Lake*

Interessant	Seen, Alpine Landschaft
Länge	28,8 km (Rundweg)
Auf-/Abstieg	1.006 m
Höchster Punkt	3.219 m
Gesamtdauer	12-15 Stunden (besser 2-3 Tage-Trip)
Ausgangspunkt	*Moraine Park Cpgr.* oder *Fern Lake Trailhead.*
Hinweis	Die Nutzung von *backcountry campgrounds* erfordert *Permit* und Reservierung.

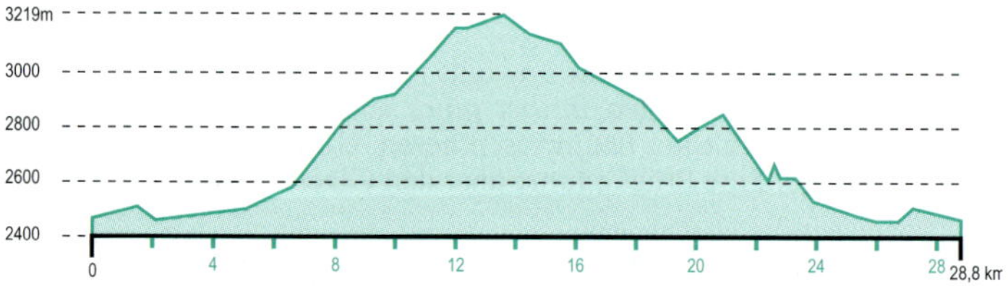

Dies ist eine abwechslungsreiche – am besten 2-3 Tage – Wanderung durch sehr unterschiedliche Habitate.

Zum Campen kommen mehrere Plätzchen in der Nähe des *Fern* und *Odessa Lake* in Frage. Der zweite Tag bringt Sie am *Bear Lake* vorbei und weiter in nordöstlicher Richtung ins *Mill Creek Basin*, wo Sie ggf. Ihr Zelt für eine 2, Nacht aufschlagen. Der Weg führt über den *Cub Lake* zurück zum *Moraine Park*.

Wilderness Areas in der Rocky Mountain Park Region

Comanche Peak Wilderness (Roosevelt National Forest)

Kennzeichnung

Die *Comanche Peak Wilderness* (269 km^2) grenzt nördlich an den *Rocky Mountain National Park*. Die tieferen Lagen sind von weiten Tannen-, Fichten- und Drehkiefernwäldern bedeckt. Hoch oben in der alpinen Tundra liegen viele kleine Bergseen. Höchste Erhebung ist der *Comanche Peak* (3.650 m) am Nordende der ***Mummy Range***, die bis weit in den Nationalpark hineinreicht. Big und Little South Fork fließen in den Cache La Poudre River, einen*Wild and Scenic River.*

In diesem Land leben Wapiti- und Maultierhirsche, Dickhornschafe, Schwarzbären, Felsengebirgs- und Schneehühner. Mit etwas Glück (oder Pech?) kann man sogar Elchen oder einem Puma begegnen. Über 100 km Wanderwege laufen durch das Gebiet. Der ***Zimmerman Trail*** (ca. 5 km einfacher Weg) führt zum Sheep Creek in eine kaum besuchte Zone.

Zugang

Die *Comanche Peak Wilderness* ist über Wanderrouten vom *Rocky Mountain Park* und ab Dunraven (*North Fork Thompson River Trailhead*) erreichbar. Weitere *Trailheads* liegen an der Straße #14.

Permits

Keine *Permits* notwendig. Zelten im Hinterland nur an gekennzeichneten Stellen. Für Information ➪ unter *Indian Peaks*, nächste Seite.

Infrastruktur

Campgrounds befinden sich im *Rocky Mountain NP* (➪ Seite xxx) und entlang der #14, Hotels, Motels, Restaurants und Einkauf in Estes Park und (begrenzter) in Rustic/Straße #14.

Sonnenaufgang beim Brainard Lake in der Indian Peaks Wilderness

Rocky Mountain NP - Angrenzende Wildnis

Indian Peaks Wilderness (Roosevelt National Forest)

Kennzeichnung

Die *Indian Peaks Wilderness* (297,2 km²) grenzt südlich an den Nationalpark und zieht sich entlang der kontinentalen Wasserscheide. In ihrem Gebiet liegen viele kleine Gletscher, fast 50 Bergseen, und Gipfel bis zu 4.115 m Höhe mit so klingenden Namen wie *Arapaho, Pawnee* oder *Lone Eagle*. Rund 60% des Gebietes sind alpine Tundra, befinden sich also oberhalb der Baumgrenze, die bei 3.200 m (10.700 ft) liegt. Kalte Winde peitschen oft über die *Continental Divide*, und die wenigen Bäume wachsen knorrig und verdreht. Die beliebtesten Ziele sind der **Brainard Lake** und dessen Umgebung westlich von Ward (von dort 5 mi auf der Straße #112).

Am ***Mitchell Lake Trailhead*** beginnt der Wanderweg zu Mitchell und Blue Lake. Der ***Pawnee Pass Trail*** folgt dem nördlichen Ufer des Long Lake und klettert dann hinauf zum Lake Isabelle. Die Gesamtlänge der Wanderwege beträgt etwa 170 km. Da die *Indian Peaks Wilderness* an Wochenenden und in der Ferienzeit aus dem Großraum Denver stark frequentiert wird, sind eher Besuche an Wochentagen und/oder zu Zeiten außerhalb der Hochsaison zu empfehlen.

Zugang

Die *Indian Peaks Wilderness* ist auf der Westseite über den Lake Granby zugänglich, auf der Ostseite von Allenspark (ca. 13 mi südlich von Estes Park) und von den beiden Orten Ward und Nederland an der Straße #72.

Permits

Zwischen 1. Juni und 15. September ist fürs Camping im Hinterland ein *Permit* notwendig. In einigen Zonen und zu bestimmten Perioden des Jahres gelten Einschränkungen. Informationen dazu siehe unten und auch in den *Visitor Centers* des Nationalparks.

Infrastruktur

Ein *Campground* mit diversen Arealen befindet sich am Ostarm (*Arapahoe Bay*) des Lake Granby. Weitere Plätze gibt es auf der Ostseite der *Rockies* bei Peaceful Valley (Straße #7) und am Brainard Lake. Hotels, Restaurants und Shops in Nederland, Ward und Grand Lake.

Information zu *Indian Peaks* (1) und *Comanche Peak* (2)

(1) ***Boulder Ranger District***, 2995 Baseline Road, Boulder, CO 80303, ✆ (303) 444 6600; ***Sulphur Ranger District***, *Visitors Information Center*, 9 Ten Mile Drive, Granby, CO 80446, ✆ (970) 887 4100.

(2) ***Estes-Poudre Ranger District***, 1311 South College Ave in Fort Collins, CO 80524, ✆ (970) 482 2770, oder im *Estes Park Visitor Center*, ✆ 1-800-443-7637.

Silverton und Weminuche Wilderness

Silber und Dampf in den Bergen: die grösste Wilderness Area in Colorado

Minenstadt Silverton

Der Legende nach prahlte einer der frühen Prospektoren: *We may not have gold here, but we have SILVER by the TON!* (Wir mögen hier vielleicht kein Gold haben, aber wir haben tonnenweise Silber!). So soll die Minenstadt in den ***San Juan Mountains*** zu ihrem Namen gekommen sein. Hauptsächlich Silber- und Goldvorkommen waren der Grund für die Gründung Silvertons im Jahr 1874. Die vor allem im letzten Jahrzehnt frisch restaurierten Fassaden in farbigem Stilmix von Wildwest bis viktorianisch bezeugen die einstige Blüte der hochgelegenen Kleinstadt (2.800 m) im Südwesten Colorados. In den Jahren des Bergbaubooms zwischen 1900 und 1912 lebten hier bis zu 5.000 Menschen. Um die 40 *Saloons*, Spielhallen und Bordelle – *sporting houses* – nahmen sich der sauer verdienten Dollars der Minenarbeiter an. Heute liegt die Einwohnerzahl nur noch bei etwa 500. Der Ort lebt überwiegend von Touristen, die – vor allem im Sommerhalbjahr – täglich per Bahn und Straße von Durango und Ouray heraufkommen, meist aber am selben Tag wieder abziehen.

Silverton ist die einzige Siedlung im *San Juan County*, einem Bezirk ohne Verkehrsampeln und ohne einen einzigen Morgen bestellbaren Landes. Die Vegetationsperiode soll hier – so das Gerücht – nur ganze 14 Tage dauern (die aber nicht hintereinander) und gerade mal für Rhabarber reichen.

Nostalgische Eisenbahn

Die qualmende ***Durango & Silverton Narrow Gauge Railroad*** verbindet seit 1882 die Stadt Durango am Fuß der Berge mit Silverton. Erbaut, um die Erze aus den *San Juan Mountains* wegzuschaffen, dient die historische Eisenbahn heute nur noch dem Tourismus.

Der "Durango-Silverton" über dem Animas Canyon.

Vier Eisenbahnlinien für Silverton

Als *Charles Baker*, der erste Prospektor, im Jahre 1860 in die Gegend des heutigen *Silverton* kam, gehörte das Land noch den *Ute*-Indianern. Ihre **Vertreibung** aus dem erzreichen Gebiet wurde im *Brunot-Vertrag* von 1874 offiziell – das größte Hindernis für die Ausbeutung der *San Juan Mountains* war damit beseitigt. Glücksritter und Minenarbeiter auf der Suche nach Silber und Gold überschwemmten das Land. Der Grundstein für *Silverton* wurde im selben Jahr gelegt.

Der **Bergbau** erreichte seinen Höhepunkt zwischen 1900 und 1912; mehr als 30 Gesteinsmühlen *(mills)* und zwei Schmelzöfen verarbeiteten das Erz auch aus den entlegensten Minen und Gruben. Insgesamt sollen 100 t Gold in der Region gefördert worden sein. Der Zenith war jedoch bald überschritten, und um 1950 kam der Bergbau zeitweise fast ganz zum Stillstand. Immer noch profitabel arbeitete aber die *Sunnyside Mine* nördlich von Silverton. In den frühen 60er-Jahren wurde sogar ein Tunnel gebaut, um den Zugang zu dieser Mine zu erleichtern. 1978 brach während heftiger Regenfälle der Staudamm des nahen *Lake Emma*. Das Wasser flutete die Mine und den *Tunnel*. Es dauerte volle zwei Jahre, um beide vom Schutt zu befreien und die Produktion wieder aufzunehmen. Als aber bald darauf der Silberpreis tiefer und tiefer fiel, schloß 1991 auch dieser letzte der großen Silber- und Goldproduzenten nach 117 Betriebsjahren endgültig seine Tore.

Zu den wirtschaftlich besten Zeiten gab es in Silverton vier Eisenbahnlinien. Die ***Denver & Rio Grande Railway*** stellte die Verbindung mit der Außenwelt sicher. Sie war zwar hauptsächlich für den Transport von Erz gebaut worden, ermöglichte aber auch die direkte Fahrt (ohne Umsteigen!) vom 800 km entfernten Denver nach Silverton im Luxuswaggon – gute alte Zeiten ...

Drei kurze Linien besorgten den Lokalverkehr. Die ***Silverton Railroad*** führte über den 3.387 m hohen *Red Mountain Pass* nach Ironton, eine Strecke mit starken Steigungen und gefährlichen Kurven (Verlauf der heutigen Straße #550 nach Ouray). Die ***Silverton, Gladstone & Northerly Line*** fuhr am *Cement Creek* entlang nach Gladstone (3.231 m), und die ***Silverton Northern*** endlich qualmte durch das *Animas River Valley* nach *Eureka* und *Animas Forks*, außerdem auf Nebensträngen in einige Seitentäler. Mit diesen 4 Linien waren alle größeren Erzabbauzonen um Silverton per Schiene erschlossen. Ihr wirtschaftlicher Erfolg hing indessen voll von dem der Minen ab. Als dieser dahinschwand, wurde auch der Bahnbetrieb eingestellt.

Heute dampfen nur noch die Lokomotiven der früheren *Denver & Rio Grande Railway*. *Charles E. Bradshaw*, ein Zitrusproduzent aus Florida, erwarb die Bahngesellschaft im Jahre 1981 für 2,2 Mio. Dollar und nannte sie nun ***Durango & Silverton Narrow Gauge Railroad***. Gleise wurden ausgebessert, Lokomotiven restauriert und der Fahrplan verdichtet.

Nicht mehr Erz und das Gold halten die Linie heute am Leben, sondern Touristen, welche die Schönheit der Strecke durch dichte Wälder, weite Täler und entlang schwindelerregender Felswände hoch über dem tosenden *Animas River* oder ganz einfach die Nostalgie der Ruß verqualmenden Bahn genießen möchten.

Die Fahrt Durango–Silverton oder umgekehrt dauert rund 4 Stunden. Je nach Witterung kann man sie in offenenen oder geschlossenen Waggons und sogar in der Bar erleben. Wem eine Strecke genügt, kann die jeweilige Rückfahrt in einer guten Stunde per Bus absolvieren. Weitere Informationen ➪ Seite 454.

Indianerland

Vor dem Silber- und Goldrausch waren die *San Juan Mountains* Territorium der *Ute Indians.* Unter dem Druck der Prospektoren, und um Blutvergießen zu vermeiden, unterzeichnete deren Häuptling ***Chief Ouray*** 1874 den *Brunot Contract*. Mit diesem Vertrag wurde der größte Teil der Berge an die Regierung der Vereinigten Staaten abgetreten; der Ansturm der Bergarbeiter war damit "legal". Nach dem sog. *Meeker-Massaker*, bei dem eine Gruppe von *Ute*-Indianern den verhaßten Indianeragenten *Meeker* und seine Leute umbrachten, wurden die *Ute* gezwungen, West-Colorado ganz zu verlassen.

Outdoor-Paradies

Die Region um *Silverton* ist ein *Outdoor*-Paradies. Rund um die Kleinstadt liegen drei ***National Forests***: der *Uncompahgre NF* im Norden, *Rio Grande NF* im Osten und *San Juan NF* im Süden und Westen. Neben den Gebieten unter Verwaltung des *National Forest Service* gibt es weitere große Flächen unter Aufsicht des *Bureau of Land Management* (*BLM*), ➪ Seite 32.

Kennzeichnung Weminuche Wilderness

Die *Weminuche Wilderness*, benannt nach einer Gruppierung von *Ute*-Indianern, liegt nur wenig südöstlich von Silverton im Herzen der *San Juan Mountains* mit zahlreichen 4000er-Gipfeln. Höchster Berg ist der 4.282 m hohe ***Handies Peak***. Mit einer Durchschnittshöhe von 3.170 m ist die Bergkette eine der höchsten in ganz Nordamerika und außerdem die längste der *Rockies* in den USA. Die *continental divide* (kontinentale Wasserscheide) verläuft mitten durch das Gebirgsmassiv. Die Flüsse auf dessen Südseite münden in den *Rio Grande* und enden im Golf von Mexico; das Wasser von den Nordhängen wird über den *San Juan River* dem Pazifik zugeführt.

Silverton/Weminuche Wilderness - Karte Seite 459

Mit etwa 1.977 km^2 handelt es sich bei der *Weminuche Wilderness* um **die größte Wildnis in Colorado**. In ihr findet man über 60 Bergseen, zahlreiche Flüsse und alpines Terrain, aber auch *old-growth forests* (Urwälder) mit *aspen* (Zitterpappeln), *spruce* (Fichten), *fir* (Tannen) und *ponderosa pine* (Gelbkiefer). Natürlich fühlen sich in diesem Schutzgebeit auch **zahlreiche Tiere** wohl. So gibt es Wapiti-Hirsche, Pumas, Dickhornschafe und Schwarzbären. Große Schafherden in den Bergen sind keine Fata Morgana, sie dürfen hier – ungewöhnlich für eine *Wilderness* – aufgrund alter Weiderechte grasen.

Reiseplanung

Anreise

Zug

Amtrak macht einen großen Bogen um das südliche Colorado. Am nächsten liegt der Bahnhof in Grand Junction, 120 mi nördlich von Silverton. Einmal täglich hält dort ein Zug der Linie San Francisco–Salt Lake City–Denver–Chicago. Weiter mit dem Bus.

Für viele dürfte eine Fahrt mit der nostalgischen Dampfeisenbahn durch die *San Juan Mountain*s ein besonderes Erlebnis sein. Sie verkehrt im Sommer viermal täglich, in der Nebensaison ein bis zweimal täglich von Durango hinauf nach Silverton und zurück (mit Stops auf der Strecke für Wanderer). Im Winter fährt die Bahn nur ein Teilstück der Strecke (Durango–Cascade Canyon). Information: ***Durango & Silverton Narrow Gauge Railroad Company***, 479 Main Avenue, Durango, CO 81301, © (970) 247-2733.

Bus

Greyhound fährt einmal täglich von Albuquerque/New Mexico nach Grand Junction mit Stops in Durango, Silverton und Ouray und ein weiteres Mal auf der separaten Route Albuquerque–Durango. Dazu gibt es Umsteigeverbindungen nach Durango von Denver, Salt Lake City und Phoenix/Tucson. ***Southwest Adventures Outdoor***, 1205 Camino del Rio, Durango, CO 81302, © (970) 259-0370, bringt Wanderer und Kanufahrer an die Ausgangspunkte ihrer Unternehmungen und holt sie an vorher vereinbarten Treffpunkten wieder ab.

Flugzeug

Die nächstliegenden internationalen Flughäfen befinden sich in Albuquerque und Denver. Durango und Grand Junction verfügen über Regionalairports, auf denen auch Passagierjets starten und landen.

Mietwagen

Die wichtigsten der großen internationalen *Rental Car Companies* sind mit Stationen in Durango vertreten.

Anfahrt

Silverton erreicht man von Denver und auch **aus** anderen **nördlichen Richtungen** am einfachsten über die *Interstate* #80 bis Grand Junction, dann Straßen #50/#550 über Delta, Montrose und Ouray. Diese Route ist zwar rechnerisch etwas weiter (ca. 370 mi ab Denver) als andere Möglichkeiten, aber erheblich schneller.

Bei Anfahrt aus dem **Süden, Südwesten** oder **Südosten** geht kein Weg an Durango vorbei; von dort sind es noch 50 landschaftlich reizvolle Meilen auf der Straße #550 über den *Molas Pass* bis Silverton.

Klima und Reisezeit

Obwohl die Sommer in der Regel auch auf der Höhe Silvertons mild sind, ist nächtlicher Frost jederzeit möglich. Nachmittagsgewitter, zum Teil mit Hagel, kommen im Juli und August häufiger vor.

Die **Wandersaison** beginnt in tieferen Lagen im Juni, die Bergpässe sind jedoch bis Mitte/Ende Juli mit Schnee bedeckt. Die Blumenpracht des Bergsommers (Mitte Juli/August) ist an manchen Orten spektakulär. Der **Herbst** mit seinen klaren (moskitofreien!) Tagen und seiner bunten Laubfärbung hat besonderen Reiz für Wanderer wie Photographen. Im September kann in den Bergen bereits wieder Schnee fallen. Obwohl Silverton im **Winter** mit durchschnittlich 5 m Schnee rechnet – an einigen Stellen in den *San Juan Mountains* wurden schon bis über 12 m gemessen – ist es dann alles in allem recht sonnig, aber doch ziemlich kalt.

Mit Schnee muß man in der Höhe das ganze Jahr über rechnen. Hier im Chicago Basin im September

Infrastruktur

In **Silverton** gibt es mehrere ***Bed & Breakfasts Inns*** in historischen, z.T. viktorianischen Häusern, sowie Motels, Hotels und drei privat geführte Campingplätze. Das ***Silverton Hostel*** befindet sich in der 1025 Blair Street, © (970) 387-0115. Ganz wunderbar liegt der ***NF Campground South Mineral*** etwa 5 mi westlich von Silverton am gleichnamigen Bach in der Einsamkeit (*Forest Road* #585).

Dank des vehementen täglichen Ausflugstourismus` herrscht an *Fast Food Places* und Restaurants (z.T. mit nostalgischer Note) kein Mangel. Selbstversorger finden nur zwei kleine, weniger gut sortierte Lebensmittelmärkte, die zudem noch relativ teuer sind.

In **Durango** unterzukommen, ist selbst in der sommerlichen Hochsaison meist kein Problem. Zahlreiche **Hotels und Motels** säumen die Ausfallstraßen. Auch ein ***HI-Hostel*** (AYH) ist vorhanden; es liegt zentral in der 2nd Ave: © 970 247-9905. Für die Versorgung läßt die Stadt rund um die herausgeputzte *Main Street* keine Wünsche offen.

Unter diversen privaten Campingplätzen rund um Durango liegt der ***Lightner Creek Campground*** am Wildbach 5 mi vom Ortszentrum entfernt: 3 mi westlich auf der #160, dann *Lightner Creek Road* 2 mi. Zum rustikalen Campen in Ortsnähe ist der ***NF-Campground Junction Creek*** zu empfehlen, 6 mi nördlich des Zentrums im *San Juan National Forest*. Zufahrt von der Straße #550 North über die 25th Street (Hinweisschild); dann 5 mi auf der *Junction Creek Road*.

Nur 25 mi von Silverton entfernt bietet auch ***Ouray*** eine **komplette touristische Infrastruktur**. Die – ebenfalls – einstige *Mining Town* in einem Talkessel zwischen Gipfeln und Steilwänden ist eines der hübschesten Gebirgsstädtchen der USA und bekannt für ihre ***Mineral***

Im wohltuend kleinen und fast zurückgebliebenen Silverton kann man gut ein paar Tage ausspannen.

Hot Springs. Die Gäste einiger Hotels tauchen in hauseigene Exklusivbecken, z.B. ***Best Western Twin Peaks*** oder ***Box Canyon Lodge & Hot Springs***, © (970) 325-4981. Oberhalb der Stadt befindet sich der sehr schön gelegene ***NF-Campground Amphitheatre***. Gut ist auch der ***KOA-Campground*** einige Meilen nördlich des Ortes.

Informationen

Chamber of Commerce, PO Box 565, Silverton, CO 81433-9999, © (970) 387-5654 oder © 1-800-752-4494; ***San Juan National Forest***, 701 Camino del Rio, Durango, CO 81301, © (970) 247-4874.

Kurzinfos Outdoors

Permits

Für Trips in die *Weminuche Wilderness* oder das *Backcountry* in den *National Forests* der Umgebung von *Silverton* sind ***Permits* nicht erforderlich**. Motorisierte oder mechanische Vehikel (dazu gehören auch Bikes) sind in *Wilderness* Areas nicht zugelassen.

Nur in der näheren Umgebung von *Emerald Lake, Little Emerald* und *Flint Lake* ist Campen nicht erlaubt.

Wandern

Die *Weminuche Wilderness* und die angrenzenden straßenlosen Gebiete der *National Forests* und des *BLM* bieten **Hunderte von Kilometern Wanderwege**, außerdem die Möglichkeit, sich (wenn vielleicht auch nicht immer freiwillig) mit Kompaß und Karte durchzuschlagen: denn nicht alle *Trails* sind so perfekt markiert wie in den Nationalparks. Flüsse und Seen, hohe verwitterte Berge, davon viele 4.000er, bilden eine eindrucksvolle Wanderkulisse.

Der bekannte ***Colorado Trail*** von *Durango* nach *Denver* durchquert auf 34 km (von rund 800 km) die *Weminuche Wilderness* zwischen *Molas Pass* und *Rio Grande*. Der noch längere ***Continental Divide Trail*** entlang der kontinentalen Wasserscheide von der kanadischen bis zur mexikanischen Grenze führt auf etwa 129 km durch das Herz der *Weminuche Wilderness.*

Wer sich bereits im **Frühsommer** (Juni/Anfang Juli), wenn noch nicht so viele Naturfreunde die Berge frequentieren, auf den Weg macht, muß wissen, daß hier gerade nach der Schneeschmelze die Moskitos am aktivsten sind. Im **Sommer** blühen fantastische (!) Wildblumen, aber es gibt auch viele Wanderer (gemessen an europäischen Verhältnissen allerdings immer noch wenige). Zwar besteht dann bereits die Gefahr von Kälteeinbrüchen und überraschenden Schneefällen, aber die klaren Tage im **September** sind nichtsdestoweniger für Wanderungen besonders zu empfehlen.

Radfahren, Mountain Biking

Biker können sich und ihr Gerät auf vielen alten Minenstraßen und Waldwegen um **Silverton** testen. *Die Forest Road* auf den *Kendall Mountain* vor den Toren Silvertons ist recht steil; etwas gemächlicher ist ein Ausflug auf der *Forest Road #585* zu den Wasserfällen hinter dem *South Mineral Campground*.

Speziell **Durango** hat sich in den letzten Jahren zum Mountain Bike-Mekka Colorados entwickelt. Ein kurzer, aber steiler *Trail* führt auf den *Animas Mountain* (Rundweg) mit guten Ausblicken. In den regionalen Büros des *National Forest Service`* und in lokalen *Bike Shops* ist das Büchlein ***A Guide to Bicycle Routes on Public Lands of Southwest Colorado*** und Kartenmaterial erhältlich. Fahrradvermietungen gibt es in Durango, Purgatory und Ouray. Wie schon erwähnt, sind Fahrräder in *Wilderness Areas* nicht erlaubt.

Reiten

Der *San Juan NF*, die *Weminuche Wilderness* und auch *BLM*-Land bieten vielfältige Möglichkeiten für Reitbegeisterte. Reitställe findet man sowohl bei Silverton als auch in der weiteren Umgebung. Von kurzen Ausritten für 1-2 Stunden bis zu mehrtägigen *Pack Trips* in die Wildnis läßt sich (für ziemlich viel Geld) alles buchen.

Kanu, Rafting

Der *Lower Animas River* (Klasse III) bietet Familienausflüge mit einigen wenigen aufregenden Stromschnellen. Wer Nervenkitzel sucht, findet extremes *Whitewater* der Klassen IV und V auf dem *Upper Animas* und dem *Piedra River*. ***Mountain Waters Rafting***, © (970) 259-4191, bietet Touren ab Silverton auf einem extrem schwierigen Teil des *Upper Animas River*. Weitere Tour-Betreiber in Durango.

Wintersport

Die Umgebung von **Silverton** ist ein hervorragendes Gebiet für Langläufer. Zahlreiche Routen machen das Gebiet zu einem Paradies für Winterfreunde. Die Ausrüstung können Sie in der ***French Bakery*** (!) mieten: 1250 Greene Street, © (970) 387-5976. Am südwestlichen Ende von Silverton gibt es ein Gratis-Eisfeld und die (Miet-)Schlittschuhe dazu in der *Public Library* (!). Ganz offensichtlich sind die Läden in Silverton besonders vielseitig.

Besondere Tips

Relaxing

Wie wäre es zur Abwechslung mit einem Ausflug in die Geschichte? Beginnen Sie mit dem *San Juan County Historical Museum* im alten *San Juan Jail (*Bezirksgefängnis), 1557 Greene Street. Näheres dazu

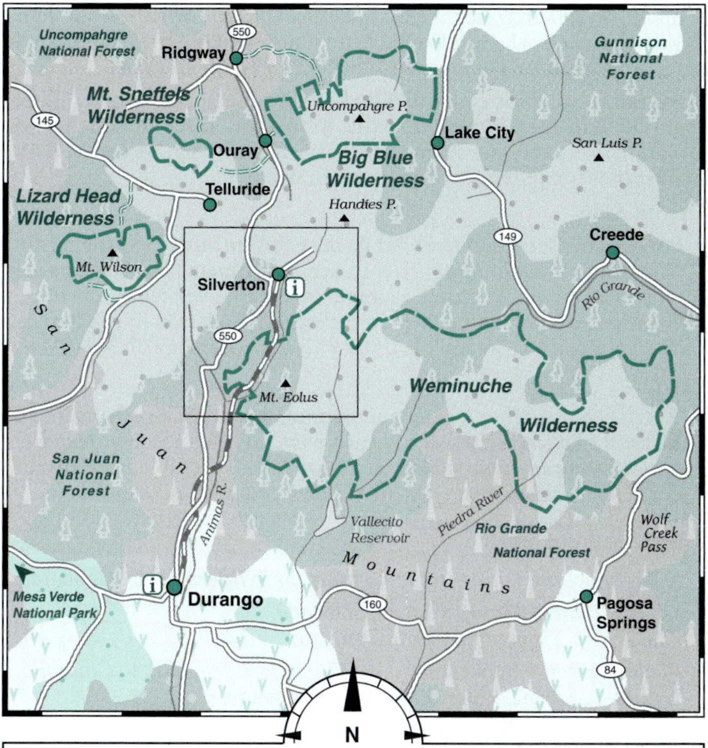

15 km **Weminuche Wilderness und Umgebung** 5 mi

- Saltbush-Greasewood / *Graumelde-Greasewood*
- Great Basin Sagebrush / *Great Basin-Beifuß*
- Piñon-Juniper Woodland / *Kiefern-Wacholder-Buschwald*
- Mountain mahogany-Oak Scrub / *Bergmahagony-Eichen-Gebüsch*
- Pine Douglas-Fir Forest / *Kiefern-Douglastannen-Wald*
- Southwestern Spruce-Fir Forest / *Südwestlicher Fichten-Tannen-Wald*
- Western Spruce-Fir Forest / *Westlicher Fichten-Tannen-Wald*
- Alpine M eadows and barren / *Alpine Matten und Fels*
- Separate Karte
- Durango and Silverton Narrow Gauge Railroad / *Schmalspureisenbahn*

und mehr erfahren Sie im ***Free Vacation Guide of Silverton*** aus dem *Visitor Center*. U.a. finden Sie darin eine Karte für eine *Self-guided historic Walking Tour* mit ausführlichen Beschreibungen.

Silverton hat sogar eine **Bibliothek** mit Lesesaal, aus dem der Blick auf die *San Juan Mountains* fällt. Krönender Abschluß am Abend wäre der Besuch eines Schauspiels im historischen ***Miners Union Theatre*** (Vorstellungen das ganze Jahr über).

Tips für Kids

Ein Erlebnis der besonderen Art ist die Fahrt im offenen Karren in die ***Old Hundred Gold Mine*** – tief in den Berg hinein. Die Führung erfolgt zwar nur auf Englisch, aber muß nicht alles verstehen, um diese Tour interessant zu finden; 5 mi östlich von Silverton in den Bergen (*Gravel Road* #110/#586); ✆ 1-800-872-3009 oder ✆ (970) 387-5444.

Gourmet

Allein der große *fireplace* (offener Kamin) und das Sammelsurium an Kuriositäten sind schon den Besuch wert. Und das Essen in ***Handlebars Restaurant and Saloon***, 117 East 13th Street (blaues Haus an der Ecke Greene Street) ✆ (970) 387-5395, ist auch noch prima.

Literatur und Karten

A Backpacking Guide to the Weminuche Wilderness, D. Gebhardt

Hiking Trails of Southwestern Colorado,
Paul Pixler, Pruett Publishing Company

Bicycling in the Backcountry: *A Mountain Bike Guide to Colorado*,
Willian L. Stoehr, Pruett Publishing Company

Ski tours of Southwestern Colorado,
Thomas Lepisto, Pruett Publishing Company

Colorado: ***The Place of Nature, the Nature of Place***,
Thomas P. Huber, University Press of Colorado

From Grassland to Glacier, ***The Natural History of Colorado***,
Cornelia Fleischer Mutel, John C. Emerik, Johnson Publishing Co.

Guide to Colorado Wildflowers, ***Vol. 1*** *Plains and Foothills*
und ***Vol. 2*** *Mountains*, G. U. Guennel, Westcliffe Publishers

The Western San Juan Mountains, *Their Geology, Ecology and Human History*, Rob Blair, Editor, University Press of Colorado

Roadside Geology of Colorado,
Halka Chronic, Mountain Press Publishing Co.

Utes, The Mountain People, Jan Pettit, Johnson Books

Weminuche Wilderness, *Trails Illustrated Topo Maps No 140*

Silverton, Ouray, Telluride, *Trails Illustrated Topo Maps #141*

Die Natur in den San Juan Mountains

Geologie

Vulkane, Karst und *Calderas*

Eine **turbulente geologische Geschichte** im Gebiet der heutigen ***San Juan Mountains*** ließ nicht nur eine bemerkenswerte Vielfalt an Landschaftsformen entstehen, sie schuf auch die Basis für den Bergbau-Boom im späten 19. Jahrhundert. Ein Rundblick von *Silverton* aus durch die Brille des Geologen illustriert diese Vielfalt:

Kennzeichnung

Die hoch in den Himmel ragenden Berge der *Needle* und *Grenadier Mountains* im Süden bestehen aus präkambrischem Quartzit, Gneis und Granit. Im Bereich des *Molas Pass*` befindet sich eine – im Südwesten sonst seltene – **Karstlandschaft** auf dicken Kalksteinsedimenten. Die Kalksteinschichten an der Basis des *Engineer Mountain* wurden in der sogenannten *Pennsylvania*-Epoche im späten *Mesozoikum* abgelagert. Und nördlich von *Silverton* dominiert eine **riesige vulkanische *Caldera*** (Krater) die geologische Landkarte.

Entstehung

Wie konnte dieser geologische Formenreichtum auf so engem Raum entstehen? Vor etwa 40 Mio. Jahren sorgten gewaltige Vulkanausbrüche dafür, daß ein 600 Mio. Jahre alter kristalliner Schild von rund 160 km Ausdehnung mit Asche, Felsbrocken und Lava bedeckt wurde. Die erwähnte ***Caldera*** nördlich von *Silverton* entstand, als ganze Berge in eine **leere Magmakammer** stürzten. Der Westrand der *Caldera* verläuft in der Nähe des *Mineral Creek Valley* und dann nach Norden. Trotz der Erosion durch Wind und Wetter bedeckt das grau-dunkle vulkanische Gestein noch immer weite Teile der *San Juan Mountains*. Erst in den letzten 2 Mio. Jahren, im *Pleistozän*, hobelten **Gletscher** die weiten U-Täler aus, schliffen die Bergflanken glatt und gaben den Bergen ihr heutiges Aussehen.

Fast einmalig im Südwesten: Karstlandschaft auf Kalksteinsedimenten

Pflanzen und Tiere

Old-man-of-the-mountain und junge *Aspen*

Flora

Das *San Juan County* ist der **höchst gelegene Landkreis** in den USA. Weite Gebiete des ***Top of the Rockies*** (Dach der Rocky Mountains) liegen oberhalb der Baumgrenze (3.300-3.600 m), wo nur noch alpine Tundra gedeiht. Doch sogar auf den höchsten Gipfeln zieren farbenprächtige Blumen die windgepeitschte Tundra, z.B. *indian paintbrush* (Indianer-Kastillea) oder *old-man-of-the-mountain* – gleichzeitig treffende Bezeichnung für meinen Zustand nach der Besteigung des 4.041 m hohen *Whitehead Peak*.

In der **subalpinen Zone**, die bis etwa 2.700 m hinunterreicht und rund 90 cm Niederschlag jährlich erhält, dominieren *subalpine fir* (Felsengebirgstanne) und *Engelmann Spruce*.

In der **montanen Zone** zwischen etwa 2.400 m und 2.900 m sind *Douglas fir* (Douglasie), *white fir* (Weißtanne) und *ponderosa pine* (Gelbkiefer) die häufigsten Baumarten. 1992 bedeckten ***aspen*** (amerikanische Zitterpappel oder Espe, ➪ Essay Seite 465) noch etwa 15% der Fläche des *San Juan National Forest*. Als Folge der Unterdrückung von Waldbränden reduzierte sich ihr Anteil in den letzten Jahrzehnten beträchtlich (*aspen* gedeihen am besten in Lichtungen, die durch Feuer oder andere Umwelteinflüsse entstanden sind.). Der *Forest Service* ist aber zur Zeit dabei, diesen Trend zu stoppen.

Das golden-mantled ground squirrel (Goldmantelziesel) sieht den chipmunks (Streifenhörnchen) sehr ähnlich, hat aber keine Streifen am Kopf. Es gräbt bis zu 30 m lange Gänge.

Fauna

Mule deer (Maultierhirsch) und *elk* (Wapiti-Hirsch) können häufig in Lichtungen beobachtet werden. Häufige Gäste auf Campingplätzen sind *squirrel* und *chipmunk*, meist eilig unterwegs zum nächsten Baum – oder Ihrem Sandwich. Weitere Besucher des Picknick-Tisches umfassen den *Steller's jay* (Haubenhäher), *gray jay* (Grauhäher), *northern flicker* (Goldspecht) und *hummingbird* (Kolibri).

Im *San Juan National Forest* wurden **mehr als 200 Vogelarten** identifiziert – vergessen Sie daher Ihr Fernglas und Vogelbuch nicht. *Grouse* (Rauhfußhuhn) und *wild turkey* (wilder Truthahn) verstecken sich häufig im Unterwuchs, *dipper* (Wasseramseln) hopsen auf Felsen in der Nähe des Flusses herum, *red-tailed hawks* (Rotschwanzbussard) ziehen ihre Kreis im Himmel, und *woodpeckers* (Spechte) klopfen die Baumrinde nach Insekten ab.

Im ***backcountry*** kann man mit etwas Glück *bighorn sheep* (Dickhornschafe), *mountain goat* (Schneeziege, eingeführt, etwa in der Nähe des *Chicago Basin)*, Schwarzbären, Biber oder sogar Pumas entdecken. Weitere seltene hier vorkommende Tierarten, sind *pine marten* (Fichtenmarder), *river otter* (Fischotter, im Piedra-Fluß), *Rio Grande cutthroat trout* (eine Purpurforelle), *bald eagles* (Weißkopfseeadler), und vielleicht – niemand weiß es genau – *grizzlies*.

Umwelt
Reichtümer aus Minen und Wäldern

Unberührter Lebensraum

Die *Weminuche Wilderness* bildet zusammen mit einigen angrenzenden Gebieten – wie bereits erwähnt – **die größte *roadless area* in Colorado** mit einer Gesamtausdehnung von fast 3.300 km^2 und ist damit wertvoller Lebensraum für viele Arten, die auf große, unberührte Zonen angewiesen sind. Die durch Straßenbau und Holzeinschlag gefährdete *Piedra Area* nordöstlich von Durango, in dem einige der bedeutendsten ***old-growth forests*** (Urwälder) in Colorado vorkommen, wurde kürzlich unter Schutz gestellt.

Probleme

Der intensive **Bergbau** nach Gold, Silber und Zink hinterließ leider manch häßliche Wunde in der Landschaft. Ein dichtes Netzwerk von alten Minenstraßen in den *San Juan Mountains* durchschneidet die empfindliche Tundra und zieht Allrad-Freaks an. Toxische Substanzen und Säuren sickern aus exponierten Abraumhalden und gelangen in Bäche und Flüsse. Stark betroffen ist der *Animas River*. Die *Stakeholders*, eine Gruppe mit Vertretern verschiedener Agenturen und Interessengruppen, leistet heute aber vorbildliche Arbeit zur Verbesserung der Situation.

Bedrohte Arten und *Ghost Grizzlies*

Im *San Juan National Forest leben* vier gefährdete oder bedrohte Tierarten: ***bald eagle*** (Weißkopfseeadler), ***peregrine falcon*** (Wanderfalke), ***southwestern willow flycatcher*** (Weidentyrann) und ***mexican spotted owl*** (Fleckenkauz). Bei mehreren Arten ist man nicht sicher, ob sie überhaupt noch vorkommen: der *Colorado squawfish* und der *Umcompahgre fritillary butterfly*, ein Schmetterling, kämpfen wahrscheinlich noch ums Überleben, während das *black-footed ferret* (Schwarzfuß-Iltis) wohl als ausgestorben gelten muß.

Obwohl der ***grizzly*** (Braunbär) in Colorado im Jahre 1952 offiziell als ausgerottet deklariert worden war (vor allem dank der Bemühungen von Regierungsstellen, die ihm auf Betreiben der Rancher nachgestellt hatten), wurde noch im Jahr 1979 ein überlebender Braunbär erlegt. Da war es kein Wunder, daß vor einigen Jahren das Photo eines Braunbären, "geschossen" mit der Kamera, heftige Diskussionen auslöste: Ist es wirklich ein Braunbär, oder "nur" ein Schwarzbär? Einige Verantwortliche des *Forest Service* würden es angeblich vorziehen, wenn der Braunbär ausgestorben bliebe – das machte die Verwaltung und Nutzung ihres Waldes wesentlich einfacher ...!

Es gibt aber Grund zu Optimismus. Die *Weminuche Wilderness* ist nach wie vor ein **erstklassiges Habitat für die Wiedereinführung (und den Schutz) von *grizzlies***. Ein großes Areal Urwald – hauptsächlich voller Fichten und Tannen – entging den Sägen, und neue Ansätze zu einer Waldnutzung ohne Gefährdung des Ökosystems werden zur Zeit erprobt. Der *Piedra River* (im Nord-Süd-Verlauf, ca. 40 mi östlich von Durango) schafft es möglicherweise demnächst in die Liste der *National Wild and Scenic Rivers*.

Wartet noch auf seine Rückkehr in die Colorado Rockies: der Grizzly oder Braunbär. Die nächste Population lebt im Greater Yellowstone-Ökosystem im äußersten Nordwesten Wyomings.

Aspen, Überlebenskünstler des Westens

Falls es einen Baum gibt, der einen ganz besonderen Platz im amerikanischen Westen einnimmt, ist es zweifellos die *quaking aspen* (auch nur *aspen*, zu deutsch Espe/Zitterpappel, *Populus tremuloides*). Das frische Grün ihrer Blätter, die in der leichtesten Brise zittern, und der reiche und vielfältige Unterwuchs sind eine willkommene Auflockerung in einer Landschaft, die meist von dunklen, ernsthaft wirkenden Nadelwäldern überzogen ist. *Aspen* locken im Herbst mit ihrem goldenen Blattwerk nicht nur zahllose Besucher an, sie gehören auch zu den erstaunlichsten Bäumen unseres Planeten:

- *Aspen* haben das **größte Verbreitungsgebiet** aller einheimischen Bäume in Nordamerika. Es reicht von der *Brooks Range* in Alaska bis nach Mexiko und quer über den ganzen Kontinent.
- *Aspen* gehören zu den wenigen Pflanzen, die sich in **allen Vegetationszonen** der Berge, mit Ausnahme der alpinen Zone, halten können. In den *San Juan Mountains* im südwestlichen Colorado bilden sie große Bestände zwischen etwa 2.600 m und 3.200 m.
- Von besonderem Interesse sind die Stämme: sie können nicht nur Wasser speichern (das sie während Trockenzeiten wieder den Blättern zuführen), ihre Oberfläche ist **mit Chlorophyll angereichert**, das sie – wie sonst die Blätter – befähigt, mittels Photosynthese Sonnenlicht zum Aufbau von Nährstoffen zu verwenden. Diese Energie reicht aus, um Blätter, die im Winter oder durch Insekten verloren gehen, in einem gewissen Ausmaß wieder zu ersetzen.

- *Aspen* sind **Pionierpflanzen**. Oft fassen sie als erste an Standorten wieder Fuß, deren Vegetation – etwa durch Feuer – zerstört wurde.
- Trotz ihrer (sichtbar) geringen Größe – sie wirken eher mickrig und ein bißchen zerbrechlich neben einer gewaltigen *ponderosa pine* – gehören *aspen* zu den **größten Bäumen auf dieser** Erde. Ihre Verbreitung erfolgt selten mittels Samen; vielmehr bilden die Bäume weitreichende Wurzelsysteme, aus denen Sprößlinge ans Licht wachsen. Große Bestände können auf diese Weise von einem einzigen Baum abstammen und eine Art "Über-Baum" bilden. Solche Klone bedecken in Einzelfällen mehr als einen Quadratkilometer. Da diese aus genetisch identischen Bäumen bestehen, wechseln sie alle im Herbst zur gleichen Zeit die Farbe. Anhand der Farbgrenzen kann man die Trennungslinien zwischen ineinander verwachsenen Klonen erkennen.
- Das Wurzelsystem überdauert auch Trockenheit und Feuer – es kann mehrere hundert Jahre im Boden ausharren, um bei günstigen Bedingungen wieder Stämmchen an die Oberfläche zu bringen. Die Espen gehören aufgrund dieser speziellen Fortpflanzung **auch zu den ältesten Bäumen**. Eine Studie schätzt das Alter von einigen Klonen auf eine Million Jahre!

Allerdings: ***nobody is perfect***! Obwohl *aspen* Pionierpflanzen sind, zudem anpassungsfähig und langlebig, besitzen sie Schwachstellen:

- Ein Klon, der einen neuen Standort besiedelt, kann sich selten länger als 150 Jahre halten. Nadelbäume, die in ihrem Schutz aufwachsen, überragen sie mit der Zeit unweigerlich und stellen die sonnenhungrigen *aspen* ihrerseits in den Schatten. Die Espen ziehen sich in solchen Situationen auf ihr **"Wurzeldasein"** zurück und warten auf bessere Zeiten.
- Starke Winde und Schneedruck an Hangstandorten können ihnen arg zusetzen.
- Die Rinde wird leicht von Pilzen befallen, die charakteristische, tief klaffende schwarzen Wunden verursachen.

Aspen tragen in besonderem Maß zu Artenvielfalt und Gesundheit von Waldökosystemen bei. Im Gegensatz zu Nadeln von Koniferen verrotten ihre Blätter schnell, was der Bodenfruchtbarkeit zugute kommt. Damit sind sie **"Nährstoffpumpen"**, indem sie Nährstoffe mit ihren Wurzeln (via Blätter) an die Bodenoberfläche bringen. Dies ist auch der Grund, weshalb der Unterwuchs in *aspen forests* so viel dichter und vielfältiger ist als in Nadelbaumwäldern mit ihren alles erstickenden Nadelteppichen.

Espenwälder bieten Tieren beste Möglichkeiten zu Nahrungssuche, Nisten und Brüten oder nur zum Ausruhen. In eine Studie in New Mexico identifizierten Forscher **221 Tierarten in einem *aspen forest***.

Deer (kleinere Hirsche) und Wapiti-Hirsche äsen an der Rinde und den Zweigen. Im Winter werden Knospen, Zweige und Rinde von *snowshoe hare* (Schneeschuhhase) und *cottontail rabbit* (Waldkaninchen) gefressen. Auch auf dem Menüplan des Bibers stehen *aspen* und Weiden ganz oben (Biber vertilgen etwa 700 kg davon im Jahr, das entspricht etwa 20 *aspen*-Bäumen mittlerer Größe). Spechte und Eulen bauen ihre Nester in großen Bäumen – abgestorbene Exemplare sind besonders begehrt.

Bei dieser außerordentlichen Vielfalt eignen sich *aspen forests* besonders gut zur **Tierbeobachtung**. Hängen Sie sich Ihr Fernglas um und nehmen Sie sich Zeit. Setzen Sie sich an einen bequemen Platz und warten Sie mit offenen Augen und gespitzten Ohren. Seien Sie geduldig, wenn in der ersten Viertelstunde nichts Dramatisches passiert – genießen Sie die Farben und Formen, die Blumen, lauschen Sie dem Wind, den Vögeln. Oft sind es diese ruhigen Stunden, die man sich am meisten zurückwünscht, wenn man wieder im Büro in der Großstadt sitzt ...

Winterruhe in einem Aspen-Wäldchen

Wandern in der Weminuche Wilderness

Übersicht: Die besten Wanderungen (#1-#4 ab Silverton)

No	Trailbezeichnung	Länge	Schwierigkeit	Kurzbeschreibung
1	***Ice Lake***	10,9 km	mittel	An einem tosenden Wasserfall vorbei und über zwei Stufen zu einer hochalpinen Seenlandschaft.
2	***Deer Park Valley***	18,3 km	mittel	Wälder, Minen, Tundra und die Quelle des *Deer Park Creek*. Imposante Aussicht auf die *San Juan Mountains*.
3	***Highland Mary Lakes***	39,9 km	anstrengend	Eine anspruchsvolle, aber sehr lohnende Mehrtages-Wanderung hoch oben in der alpinen Tundra der *San Juan Mountains*. Kartenlesen gefragt!
4	***Highland Mary Lakes – Whitehead Peak***	33,7 km	anstrengend	Mehrtageswanderung Kombination aus #3 und #2; ➪ Seite 457.
5	***Chicago Basin*** **ab Needleton,** ***(Haltestelle Durango – Silverton Railroad)***	20,0 km	mittel	Mit der *Durango & Silverton Railroad* zum *Trailhead*, dann ins Herz der *Weminuche Wilderness*, in ein Hochtal umgeben von 4.000er-Gipfeln.

Landschaft zum Auftanken – ohne Lifte, ohne Straßen: weit oben am jungen Deer Park Creek, Blick auf die westlichen San Juan Mountains.

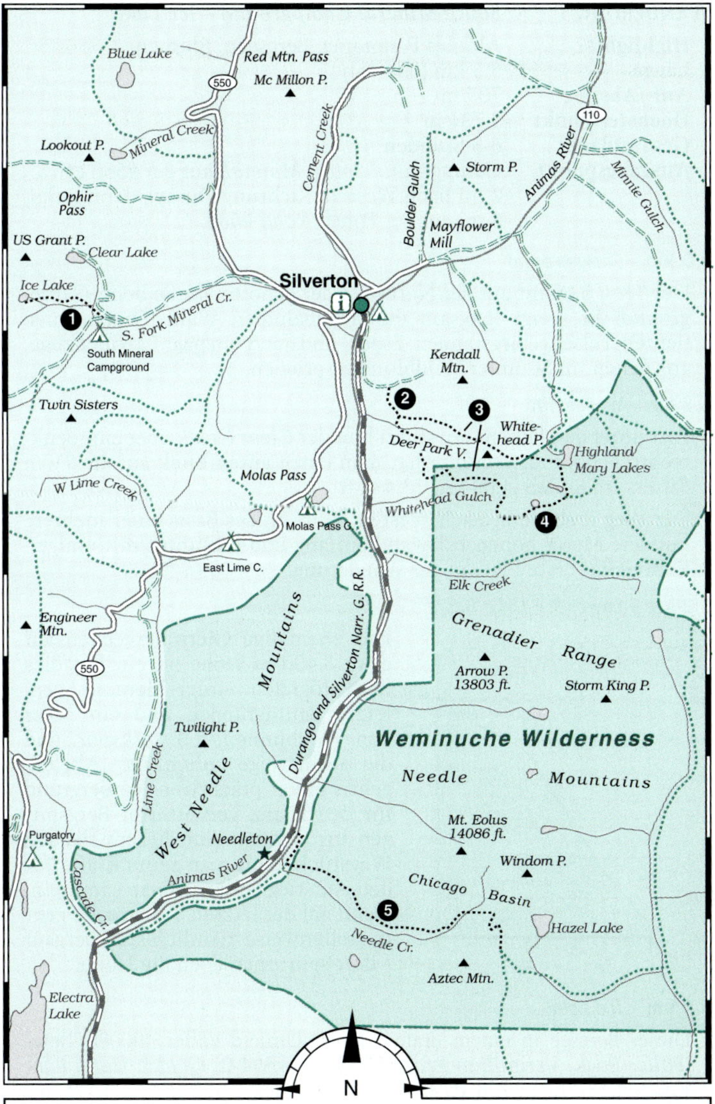

3 km — Silverton, Weminuche Wilderness — 2 mi

Silverton/Weminuche Wilderness - Karte Seite 459

Wanderung 1	***South Mineral Campground – Ice Lake***
Highlights	Alpines Panorama, Bergseen, Blumen
Länge	5,5 km (*one-way*)
Auf-/Abstieg	707 m
Höchster Punkt	3.731 m
Gesamtdauer	6-8 Stunden
Ausgangspunkt	*Campground South Mineral:* auf der #550 etwa 2 mi nach Westen (Richtung Ouray); dann links 3 mi auf der *Forest Road #585.*

0,0 km - *Campground*

Der *Trail* beginnt auf der Nordseite der Schotterstraße beim *Campground.* Er steigt langsam durch subalpinen Wald (Engelmannsfichten, Felsengebirgstannen, Espen) und quert ein paar Lawinenzüge, aus denen im Sommer Wildblumen sprießen.

1,2 km - Wasserfall

Fast unter den Füßen weg stürzt hier der *Clear Creek* über eine senkrechte Felswand. Von hier hat man einen guten Blick auf die *Twin Sisters* im Süden (4.094 m/13.432 ft).

Der Weg dreht jetzt nach Westen, führt an der Basis einer mehrere hundert Meter hohen Felswand entlang und erklimmt mit einigen Kehren das erste Plateau der Wanderung.

3,2 km - *Lower Ice Lake Basin*

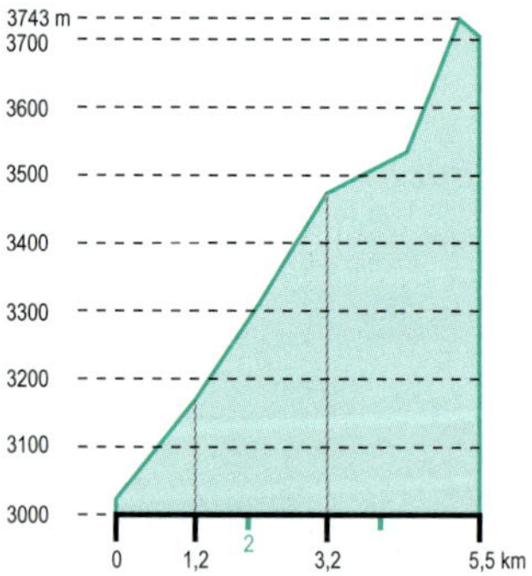

Das ehemalige Gletscherbecken auf etwa 3.400 m Höhe ist ein Paradies für Fotografen: einige kleinere Seen, letzte Baumgruppen und ein Meer von Wildblumen, z.B. *larkspur*, und die zweifarbige *columbine* (Akelei), geben einen prächtigen Vordergrund für den Kranz verwitterter Bergspitzen im Westen. Auf diesem flachen Wegstück kann man seine Kräfte für den Aufstieg zum *Ice Lake* sammeln. Denn auf der letzten Teilstrecke geht es stellenweise ziemlich steil bergauf – dort spürt man doch die Höhe.

5,5 km - *Ice Lake*

Dieser Bergsee in einem dramatischen Umfeld voller 4000er-Gipfel (*Fuller Peak, Vermillion Peak,* 4.235 m/13.894 ft, *Golden Horn, Pilot Knob,* 4.187 m/13.738 ft, und Ausläufer des *Grant Peak,* 4.196 m/13.767 ft, im Norden) ist auf über 3.700 m Höhe der tiefstgelegene einer ganzen Seenlandschaft.

Falls Sie Lust auf weitere Seen haben; der *Island Lake* liegt einen knappen Kilometer weiter im Nordosten und zum *Fuller Lake* läuft man etwas mehr als einen Kilometer in südliche Richtung; er liegt unter der Ostwand des *Golden Horn.*

Auf gleichem Weg zurück

Beim Ice Lake Basin

Wanderung 2	***Silverton – Deer Park Valley (– Whitehead Peak)***
Highlights	Alpine Bergwelt der *San Juan Mountains*
Länge	9,2 km (*one-way*)
Auf-/Abstieg	896 m (Profil nächste Seite)
Höchster Punkt	3.731 m
Gesamtdauer	8,5-11,5 Stunden (bis *Deer Park Valley* retour)
Ausgangspunkt	Silverton, Brücke über den *Animas River*
Hinweis	Beim Talabschluß im *Deer Park Valley* konnten wir den Weg nicht mehr ausmachen und mußten uns durch Gebüsch kämpfen. Karte und Kompaß mitnehmen.
Erweiterung	*White Head Peak* (4.041 m/13.259 ft): Über Geröll geht es in steilen Haarnadelkurven die Flanke des *Whitehead Peak* zum Paß hinauf. Vom Paß ist es nur noch eine kleine problemlose Gratwanderung bis zum Gipfel mit einem schwindelerregenden Panorama: *Highland Mary Lakes*, die *Grenadier Range* und die gesammelten Werke der *San Juan-Geologie.*

Silverton/Weminuche Wilderness - Karte Seite 459

0,0 km - Silverton

Nach Überquerung der *Animas River Bridge* geht es auf der steilen und steinigen Straße (offen auch für Motorfahrzeuge) Richtung *Kendall Mountain* bergauf. Der lichte *aspen-* und Nadelwald läßt immer wieder schöne Ausblicke zu. Ab und an wird die Stille vom Schnauben und Fauchen der Dampflok tief unten im Tal unterbrochen.

3,7 km - *Kendall Gulch*

Hier nach rechts abbiegen auf eine flache Schotterstraße, die durch Nadelwald führt.

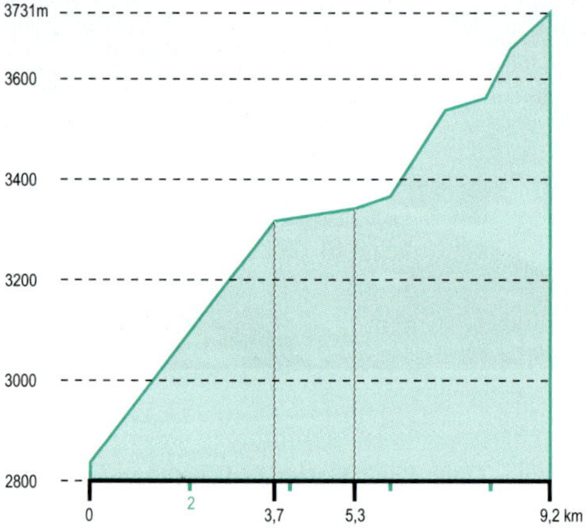

5,3 km - *Deer Park Creek*

Folgen Sie der alten Minenstraße weiter nach Norden am *Deer Park Creek* entlang durch Lichtungen und offenen Wald. Nach einem anfänglich ebenen Stück wird die Straße allmählich steiler, erreicht bald ein kleines Plateau und führt weiter über den Fluß zu einer alten Blockhütte im Süden des Beckens. Viele Spuren vergangener und aktueller Minenaktivitäten sind hier zu sehen. Um das dichte Gebüsch in der Talmitte zu vermeiden, bleiben Sie auf der Nordseite und laufen Richtung Osten den Hang hoch.

9,2 km - Fuß des *Whitehead Peak*

Ein idealer Rastplatz befindet sich nahe der Quelle des *Deer Park Creek*. Beeindruckende Aussicht auf die *San Juan Mountains* im Westen. Ein Abstecher zum *Whitehead Peak* ist anstrengend aber lohnenswert, ➪ Beschreibung im Vorspann als Variante.

Auf gleichem Weg zurück

Paradies für Kletterer und Wanderer: die Grenadier Range – Blick vom Trail zu den Highland Mary Lakes.

WANDERUNG 3	***Silverton – Whitehead Trail – Highland Mary Lakes***
Highlights	Alpin, Seen, Panorama, weite Tundraflächen
Länge	20,0 km (*one-way*)
Auf-/Abstieg	1.067 m/244 m
Höchster Punkt	3.877 m
Gesamtdauer	15-20 Stunden (2-3 Tage-Wanderung)
Ausgangspunkt	Silverton, Brücke über den *Animas River* am Nordende des Städtchens
Hinweis	Gute Karte und Kompaß notwendig, da über größere Strecken kein Weg vorhanden ist.
Variante	*Cunningham Gulch*: Anstatt den gleichen Weg zurück kann man nach Norden zum *Trailhead* im *Cunningham Gulch* absteigen (5 km). Auf den *Forest Roads* #589/#586 geht es dann zurück nach Silverton (ca. 16 km). Mit Glück funktioniert dort ein Autostop (FR #585).

0,0 km - Silverton

3,7 km - *Kendall Gulch*

5,3 km - *Deer Park Creek*

Soweit wie Wanderung #2

Bei einer großen Lichtung biegt am Deer Park Creek ein schmaler, fast unsichtbarer Pfad rechts ab und überquert den Fluß. Der nun besser erkennbare Weg führt stetig zur Baumgrenze hinauf.

Silverton/Weminuche Wilderness - Karte Seite 459

7,2 km - Minen

Verfallene Blockhäuser, ein alter Schacht sowie verrostete Schienen sind Zeugen vergangener Minenaktivitäten. Der Karte zufolge führt der Weg (*Whitehead Trail* - im Gelände nicht sichtbar) über den Bach und steil den Hang hinauf. Falls Sie (wie wir) den Pfad nicht finden, halten Sie sich einfach an die Fallinie, bis Sie auf 3.720 m (12.200 ft) Höhe einen Wegpfosten erkennen. Der von da an gut markierte und flache Weg führt nach Osten und bietet Ausblicke über den *Whitehead Gulch* (tiefes Flußtal) und auf den *Arrow Peak*.

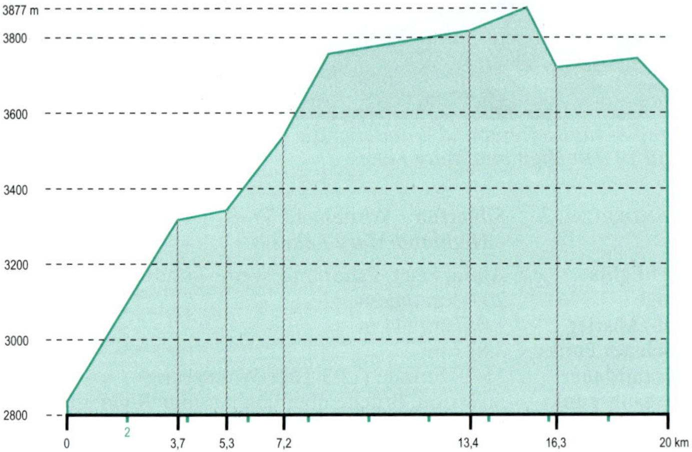

13,4 km - Paß

Nach einem kleinen Aufstieg wird man auf diesem namenlosen Paß mit einer fantastischen Aussicht auf die *Grenadier Range* für die Mühe belohnt. Der Weg, wieder teilweise kaum erkennbar, führt hinunter an verschiedenen kleinen Seen vorbei zum

16,3 km - *Lost Lake*

Dieser funkelnde Bergsee wird auf der einen Seite von Felswänden begrenzt, auf der anderen von Sumpf und Wildblumen gesäumt. Der schwer identifizierbare Weg läuft zuerst Richtung Osten am Bach entlang und dann nach Norden an den *Verde Lakes* vorbei zu den

20,0 km - *Highland Mary Lakes*

Diese Seen bestehen aus einem großen und mehreren kleinen Bergseen inmitten alpiner Tundra. Welch ein Gefühl, hier oben zu zelten.

Auf gleichem Weg zurück

WANDERUNG 4	***Silverton – Highland Mary Lakes – Whitehead Peak***
Highlights	Alpines Panorama, Bergseen, Wildblumen – eine Wanderung der Superlative in den *San Juans*
Länge	33,7 km (Rundweg)
Auf-/Abstieg	1.451 m
Höchster Punkt	4.041 m
Gesamtdauer	15-20 Stunden (2-3 Tage-Wanderung)
Ausgangspunkt	Silverton, siehe Wanderung #3
Hinweis	Für Wanderer, die mit Karte und Kompaß umgehen können (über längere Strecken weglos).

Hier handelt es sich um die Wanderungen #3 und #2, die in dieser Reihenfolge zu einem Rundkurs kombiniert werden:

Am **1. Tag** geht es wie gehabt von *Silverton* über die ***Kendall Mountain Road*** zum ***Deer Park*** auf den *Whitehead Trail*. Entlang dieses Weges oberhalb des *Whitehead Gulch* gibt es viele schöne Campingmöglichkeiten.

Am **2. Tag** läßt sich der Weg geruhsam am ***Lost Lake*** vorbei zu den ***Highland Mary Lakes*** fortsetzen - alles oberhalb der Baumgrenze.

Der **3. Tag** hat einen 4.000er-Gipfel als buchstäblichen Höhepunkt, den ***Whitehead Peak*** (4.041 m, 13.259 ft), bevor es wieder hinunter über die *Kendall Mountain Road* nach *Silverton* geht.

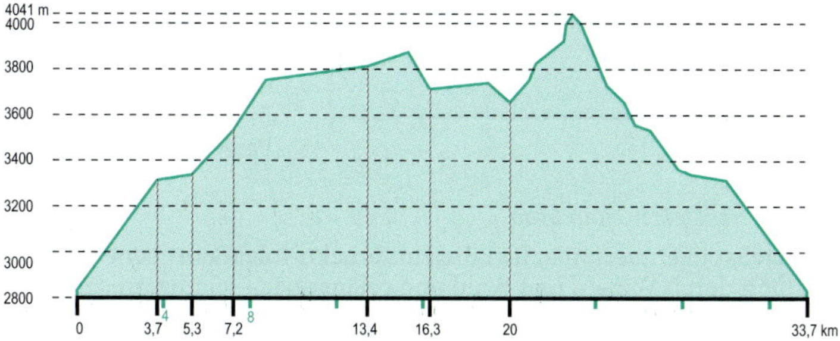

WANDERUNG 5	***Needleton – Chicago Basin***
Highlights	Die Dampfeisenbahn und eines der spektakulärsten "Basins" in Colorado
Länge	10,0 km (*one-way*)
Auf-/Abstieg	841 m
Höchster Punkt	3.365 m
Gesamtdauer	9-11,5 Stunden (2-3 Tage-Wanderung)

Ausgangspunkt Mit der *Durango-Silverton Railroad* bis zum Haltepunkt *Needleton* auf 2/3 der Strecke ab Durango bzw. 1/3 ab Silverton.

Hinweis Dieser Weg ist sehr populär, bietet er doch neben dem Reiz der Zugfahrt die Gelegenheit, einige der höchsten Gipfel der *Weminuche Wilderness* zu besteigen oder aus nächster Nähe zu bestaunen. Gerade hier ist "spurloses Zelten" *(low impact camping)* besonders wichtig. Am besten den Besuch für September planen nach Ende der Hochsaison (dabei auf Kälteeinbrüche und Schnee vorbereitet sein). Für die Planung des Rückmarsches Fahrplan nicht vergessen.

Erweiterung zum *Columbine Pass* (3.864 m) ca. 4,7 km:

Der Weg führt vom *Chicago Basin* weiter aufwärts an alten Goldminen vorbei. Nach Querung einer großen, ebenen Wiese klettert er zum exponierten *Columbine Pass* hinauf. Das letzte Stück des überwiegend guten Pfades führt über eine Geröllhalde.

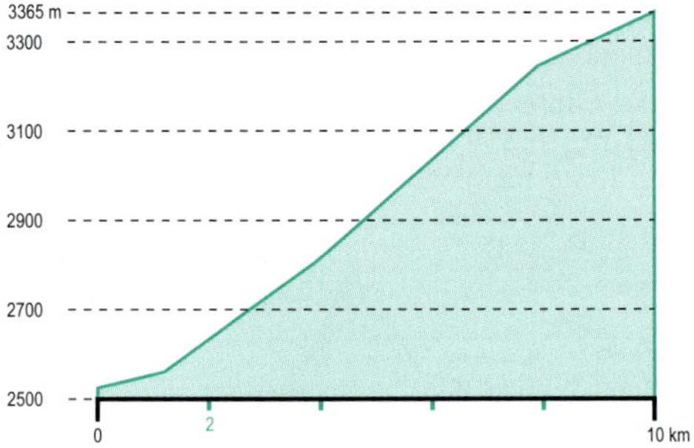

Von oben blickt man ins *Vallecito Basin* und auf den *Columbine Lake* östlich des Passes.

0,0 km - *Needleton Train Stop*

Zunächst überquert man hier die Flußbrücke, folgt dem ebenen Weg südlich durch Wiesen und Wald und gelangt nach 15 min an den

1,2 km - *Trailhead* (an der Grenze zur *Wilderness*)

Dort sollte an der *registration box* ein Fragebogen ausgefüllt werden. Informationen zu den Besucherzahlen helfen dem *Forest Service* bei der zukünftigen Planung und damit dem Schutz der *Wilderness*. Der Weg steigt am Nordufer des *Needle Creeks* durch artenreichen und wunderbar flechtenbehangenen Wald (*aspen*, Zirbelkiefern, Fichten, Tannen). Auf beiden Seiten des Flusses ragen steile Talflanken und Felswände hoch auf. Die Baumstämme im Flußlauf sind Zeugen für die enorme Gewalt des Wassers während der Schneeschmelze oder nach Gewittern. Schöne Aussichtspunkte hoch über dem Fluß.

▲ *Die präkambrischen Granitdome der Grenadier Range sind die auffälligsten Berge in der größten Wilderness in Colorado*

Die Fahrt (knapp 4 Stunden) mit der Durango-Silverton Narrow Gauge Railroad könnte Ihre Filmvorräte arg strapazieren ▼

Als gäb's hier keine Gravitation: der Devil's Garden

Grand Staircase-Escalante National Monument

Peek-a-Boo Slot Canyon

Den Prickly Pear (Feigenkaktus) findet man häufig, er blüht zwischen Mai und Juli

Sonnenaufgang bei minus 11 Grad

▲ *Beim Wandern stößt man immer wieder auf verborgene Schätze*

Mesa Arch in den Canyonlands ▶

▼ *Im Spätherbst verfärben sich Cottonwood und Willow Trees golden (Baumwollpappeln und Weiden im Zion National Park)*

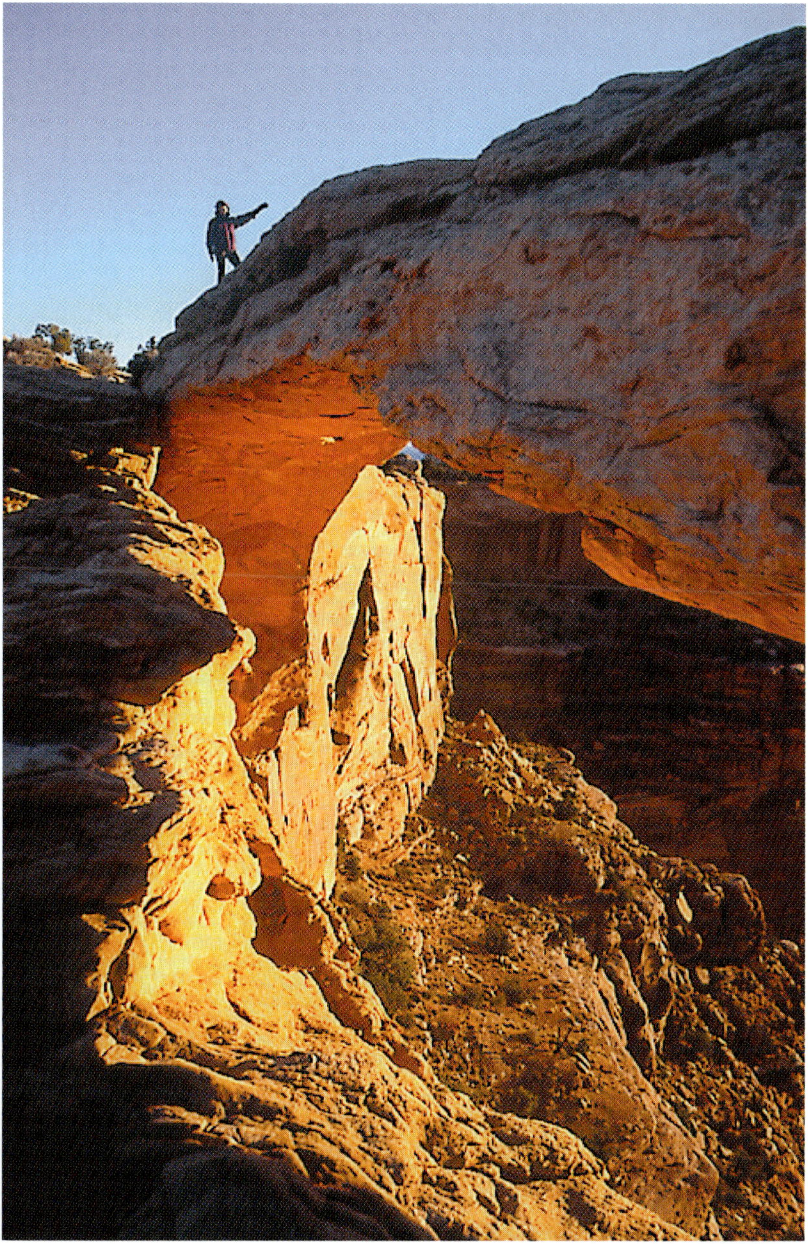

Canyonlands National Park

Umgebung Canyonlands National Park

▲ *In der Abenddämmerung erwachen die Felsen zu Leben (im Arches National Park)*

◀ *Vollmond im Goblin Valley State Park*

La Sal Mountains: alle Klima- und Vegetationszonen des US-Südwestens ▼

▲ *Sonnenaufgang beim Mesa Arch*

Wackelfelsen im Arches Park ▶

▼ *Der Delicate Arch: immer wieder beeindruckend*

Uinta Mountains

Long Lake mit Mount Watson im Hintergrund (Island Lake Loop Trail) ▲

◀ *Die Farbenpracht der Aspen-Eichenwälder im Herbst ist unübertroffen*

Split Mountain im Abendlicht im Dinosaur National Monument ▼

▲ *Western Bluebird (Blaukehl-Hüttensänger)*

Ein perfekter Herbstmorgen am Cub Lake: erster Schnee auf dem Stones Peak ▶

▼ *Clarks' Nutcracker auf der Suche nach Eßbarem*

Rocky Mountain National Park

▲ *Abfahrt im Pulverschnee*

Ausruhen und entspannen in einer Cabin in den Rocky Mountains ▼

▲ *Nach einer frostigen Nacht*

Die Blumen über der Baumgrenze blühen nur kurze Zeit ▼

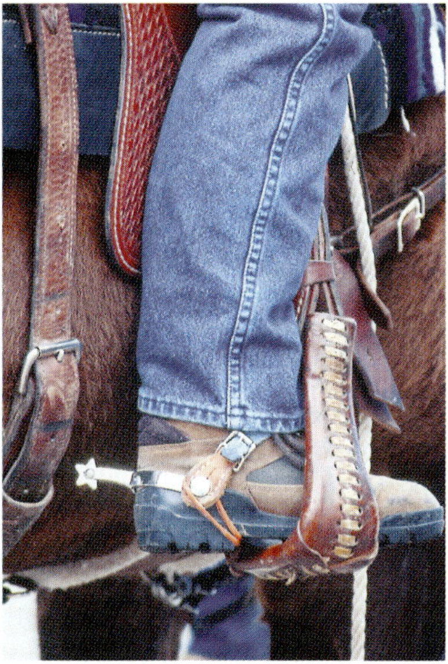

▲ *Matachina Dancer in Santa Fe beim Spanish Market (Ende Juli)*

Gore-Tex-Schuhe mit Sporen ▲

◀ *Comanche Dancer*

Originallok der Santa Fe Southern Railway vor dem Bahnhof in Sante Fe ▼

Pecos Wilderness

Wanderweg durch einen Aspen Forest (Amerikanische Zitterpappel) ▲

◄ *Ein Fairy Slipper (Norne, Calypso bulbosa) zeigt seine Blütenpracht*

Ein Rocky Mountain Bighorn Sheep (Dickhornschaft) fast oben auf dem Wheeler Peak (4.011 m). Der Sender am Hals scheint nicht zu stören. ▼

▲ *Kurzgrasprärie vor Sonnenuntergang*

Prairie Dog (Präriehund) vor seiner Höhle ▼

▲ *Die Burrowing Owl (Kanincheneule) bewohnt gerne verlassene Höhlen von Prairie Dogs (Präriehunden) oder Pocket Gophers (Taschenmaulwürfen)*

Die Pawnee Buttes: Wanderziel und Orientierungspunkte in der Prärie ▼

▲ *Der Paintbrush kommt in einer Vielzahl von Farben vor*

Der Golden Eagle (Steinadler) – Spannweite bis 2 m – bevorzugt Gebirgswälder ▼

3,9 km - *New York Creek*

Am Creek muß eine Brücke überquert werden; der Pfad läuft weiterhin beständig bergauf. Lawinenzüge auf beiden Talseiten sind gut erkennbar. Mit der Höhe wechselt die Vegetation des Waldes: bald verschwinden die *aspen*, und es dominieren *spruce* und *fir*.

7,9 km - *Lower Basin*

Die Wiesen unterhalb des *Mount Kennedy* (4.000 m/13.125 ft) und des *Aztec Mountain* (4.056 m/13.310 ft) kennzeichnen das *Lower Basin*. Der nun offene Wald erlaubt bereits erste Blicke auf die Gipfel rund um das *Chicago Basin*.

10,0 km - *Chicago Basin*

Dieses von Gletschern geformte Becken liegt inmitten einer dramatischen Gipfelkulisse: *Mount Eolus* (4.293 m/14.084 ft), *Sunlight Peak* (4.285 m/14.059 ft), *Windom Peak* (4.294 m/14.087 ft), *Jupiter Mountain* (4.215 m /13.830 ft). Bergwiesen voller Enzian und vereinzelte Gruppen von *Engelmann spruce* vervollständigen das Bild.

In der Vergangenheit wurden Wanderer bisweilen von aggressiven Schneeziegen auf der Suche nach Salz belästigt – halten Sie sie auf Distanz!

Auf gleichem Weg zurück

Aufstieg zum Columbine Pass (➪ Erweiterung)

In der Umgebung der *Weminuche Wilderness*

Mesa Verde National Park

Kennzeichnung

Mesa Verde, eine dicht bewaldete, grüne Hochfläche (bis zu 600 m über der Umgebung), die dem Park zu seinem Namen verhalf, ist eine der größten archäologischen Stätten Nordamerikas. Während rund 700 Jahren – von ca. 600 bis 1300 n. Chr. – war die Mesa bewohnt. In den gelbfarbenen *Canyons* entdeckte man erst Ende des vorigen Jahrhunderts sogenannte ***Cliff Dwellings***, unter höhlenartigen Überhängen angelegte Steinbehausungen, darunter größere Dörfer mit bis zu 200 Räumen in 4 Stockwerke hohen Konstruktionen. Sie waren von Stämmen der präkolumbischen ***Anasazi*** vor rund 800 Jahren errichtet, aber bereits lange vor der Entdeckung Amerikas – vermutlich wegen einer längeren Dürreperiode – wieder aufgegeben worden. Zum Schutz dieser kulturhistorischen Stätten erfolgte die Etablierung des ***Mesa Verde National Park*** schon 1906.

Das **Museum** auf der ***Chapin Mesa*** bei den *Park Headquarters*, 5 mi südlich des Besucherzentrums am *Spruce Canyon*, vermittelt ein plastisches Bild von den Klippendörfern, ihrer Entstehung, Bauart der Häuser und Lebensweise ihrer Bewohner.

Eine Besichtigung des besonders gut konservierten Dorfes ***Spruce Tree House*** unterhalb des Museums ist individuell möglich. Alle weiteren *Dwellings* liegen an zwei Rundstrecken. Die attraktivere von beiden ist der östliche *Loop* mit ***Cliff Palace*** und ***Balcony House***.

Steinkiefer-Wacholder-Wälder dominieren die Landschaft der *Mesa* und *Canyons, sagebrush* wächst vor allem in der Nähe der Ruinen.

Das **Wandern** beschränkt sich auf wenige erlaubte Wege, z.B. den kurzen *Spruce Canyon Trail* zum erwähnten *House* oder den *Prater Ridge Trail*. **Fahrradfahren** ist nur auf den Rundstrecken gestattet.

Anfahrt

Die Einfahrt zum *Mesa Verde Park* befindet sich an der Straße #160 ca. 10 mi östlich von Cortéz und 35 mi westlich von Durango. Von Silverton zum *Mesa Verde NP* sind es rund 85 mi. Das ***Visitor Center*** auf der Hochebene liegt 16 mi von der Einfahrt entfernt und rund 500 m höher. Die Parkstraße führt in langem Anstieg nach oben.

Eintritt

Für den Parkbesuch ist die übliche Eintrittsgebühr zu entrichten, sofern man keinen *Golden Eagle*-Jahrespass besitzt. Die Besichtigung von ***Cliff Palace*** und ***Balcony House*** kostet ein zusätzliches Tourticket, das im ***Far View Visitor Center*** erhältlich ist, und zwar nur für eines der beiden Dörfer am selben Tag. Häufig Wartezeiten.

Umgebung

Infrastruktur

Einzige Unterkunft im Park ist die ***Far View Motor Lodge*** , © (970) 529-4421. Weitere Quartiere findet man in der Nähe der Parkeinfahrt an der Straße #160 und vor allem in **Cortez** mit einer auf den *Mesa Verde* Tourismus eingestellten Infrastruktur (zahlreiche Motels an den Durchgangsstraßen). Am östlichen Ortsende läßt sich das ***Cortez Visitor Center*** nicht übersehen. Dort ist eine komplette Unterkunftsliste erhältlich.

Der große ***Morefield Campground*** kurz hinter der Einfahrt in den Nationalpark (noch unterhalb des Hochplateaus) bietet sowohl einfaches Camping für Zelte als auch komfortable Stellplätze. Er verfügt über einen Lebensmittelladen, Snackbar und Duschen. © (970) 565-2133, jedoch keine Reservierung möglich.

Information

Superintendent Mesa Verde Nat'l Park, CO 81330, © (970) 529-4465.

Im Mesa Verde Nationalpark finden sich die meisten und am besten erhaltenen Gebäude der Vorgänger der heutigen "Native Americans".

Umgebung Weminuche Wilderness - Karte Seite 459

Big Blue Wilderness *(Uncompahgre National Forest)*

Kennzeichnung

Etwa die Hälfte der *Big Blue Wilderness* (404 km^2) liegt oberhalb der Baumgrenze und bietet spektakuläre Ausblicke. **Mehrere 4.000er der nördlichen *San Juan Mountains*** finden sich dort. Wegen der Höhe (2.560 m-4.360 m) sind Berge und Pässe nur zwischen Juli und September – allenfalls bis Oktober – schneefrei. Der *Big Blue Creek* entspringt am 4.361 m hohen *Uncompahgre Peak*, der sich (an einer Seite) über einen *Trail* erklimmen läßt (Mehrtageswanderung ab Ouray).

Unterhalb der Baumgrenze wachsen Wälder mit Engelmannsfichten, Felsengebirgstannen,Espen. Über 3.500 m (Baumgrenze) gedeiht nur empfindliche alpine Tundra-Vegetation mit diversen Wildblumen.

Zugang/*Permit*

Von Ouray (25 mi nördlich von Silverton) geht es auf *Forest Road #871* zur *Big Blue Wilderness*. Bei nur 7 km (4 mi) Entfernung ist der Weg auch per pedes zu machen. Vom Ende der Straße sind es dann aber noch satte 1000 Höhenmeter bis ins Hochland der *Wilderness*. Ein *Permit* wird nicht benötigt.

Mount Sneffels Wilderness *(Uncompahgre National Forest)*

Kennzeichnung

Diese 67 km^2 kleine *Wilderness* liegt auf Höhen zwischen 2.740 m und 4.313 m. Die Vegetation ist charakerisiert durch alpine Tundra mit vereinzelten Felsengebirgstannen und Engelmannsfichten-Wäldern. Ihren Namen erhielt das Gebiet vom 4.313 m hohen *Mount Sneffels*, der während Sommerwochenenden viele Besucher anzieht.

Der ***Blue Lake Trail*** durchquert das *Yankee Boy Basin*, das für seine Vielfalt an Wildblumen bekannt ist. Der Höhepunkt der Blütezeit wird Ende Juli, Anfang August erreicht.

Zugang

Von Ouray 7 mi auf der Straße #361 nach Südwesten, dann ca. 2 mi zu Fuß bis zum *Yankee Boy Basin* an der *Wilderness*-Grenze. Alternativ kann man diese *Wilderness* auch von Telluride auf deren Westseite erreichen. Ein *Permit* wird hier ebenfalls nicht benötigt.

Nächste Infrastruktur für beide Gebiete in Ouray, ➪ Seite 456

Informationen zu beiden Wilderness Areas

Grand Mesa-Uncompahgre-Gunnison National Forest, 2250 Highway #50, Delta, CO 81416, ✆ (970) 874 6600; ***Ouray County Chamber of Commerce***, 1222 Main, Ouray, CO 81427, ✆ (970) 325-4746 oder ✆ 1-800-228-1876.

Santa Fe und die Pecos Wilderness

Pueblos, Peaks und Pioniere - Vielfalt im nördlichen New Mexico

Sangre de Cristo

Die *Sangre de Cristo Mountains* sind der südlichste Ausläufer der *Rocky Mountains* und höchste und größte Bergkette New Mexicos. Wenn ihre Gipfel im Abendlicht rot leuchten, erkennt man die sakrale Assoziation, die einst zu ihrer Benennung als "Berge vom Blut Christi" führte.

In der Region um **Santa Fe** treffen unterschiedlichste Naturlandschaften aufeinander: ***Rocky Mountains***, ***Great Plains*** (östlich der Berge), ***Colorado Plateau*** (westlich) und die ***Chihuahua Desert*** von Süden her. Daher stößt man in diesem Bereich auf eine ökologisch besonders interessante Konstellation.

Pecos Wilderness

Die ***Pecos Wilderness*** nordöstlich von Santa Fe umfaßt eine Gebirgslandschaft, die typisch für die *Rocky Mountains* ist: Nadel- und *aspen forests* (Zitterpappelwald) an den Flanken, klare Bergseen, gurgelnde Bäche, Wasserfälle, alpine Tundra und zahlreiche Gipfel (unter ihnen die *Wheeler* und *Truchas Peaks,* mit 4.011 m/13.161 ft bzw. 3.993 m/13.102 ft die höchsten Berge in New Mexico). Neben gefräßigen *marmots (*Murmeltieren), scheuen *pikas* (Pfeifhasen) und im US-Westen allgegenwärtigen *mule deer* (Maultierhirsche) sieht man manchmal sogar *bighorn sheep* (Dickhornschafe) und – wenn auch sehr selten –*black bears.*

Trockengebiete

Im **Westen** und **Süden** von Santa Fe erstreckt sich trockenes Hügelland mit *piñon pine* (Steinkiefer) und *juniper* (Wacholder)-Bäumchen sowie *sagebrush* (Beifuß). Einzelne Vulkankegel lockern die weite Landschaft auf. Durchschnitten wird sie von *arroyos,* Bachläufen, die nur nach heftigen Regenfällen im Sommer Wasser führen.

Sommerabend auf dem Zeltplatz bei Cowles/Pecos Wilderness

Santa Fe

Santa Fe liegt am Fuße der *Sangre de Christo Mountains* auf einer Höhe von 2000 m und ist damit **idealer Ausgangspunkt** für Trips in dieses Teilgebirge der *Rocky Mountains.*

La Villa Real de la Santa Fe de San Francisco de Asis, kurz Santa Fe (Heiliger Glaube), die – hinsichtlich der weißen Besiedelung – zweitälteste Stadt der Vereinigten Staaten, wurde 1610 als Verwaltungssitz der damals spanischen Kolonie New Mexico gegründet und blieb auch unter amerikanischer Herrschaft ab 1848 Hauptstadt des Gebietes. Die attraktive Kapitale Neu-Mexikos weist ein ganz anderes Stadtbild auf als sonst in den USA gewohnt – daher auch die gern benutzte Bezeichnung ***city different***. Der höchstens dreistöckige, von der Pueblokultur inspirierte Adobebaustil überwiegt nicht nur in der Altstadt, sondern dominiert fast die gesamte Architektur von der Familienvilla in allen Vororten über die öffentlichen Gebäude und Hotels bis zu den *Shopping Malls*. Dabei haben sich die indianischen und spanischen Einflüsse vermischt mit später hinzugekommenen anglo-amerikanischen Stilelementen. Aber es blieb bei der Verwendung von ***Adobe* als Baumaterial**, einer Mischung aus Lehm, Wasser und Stroh (bzw. einem modernen Imitat).

Ganz sicher ihren Teil zum Charme der Stadt beigetragen haben zahlreiche Künstler, die sich – angezogen vom moderaten, ganzjährig sonnigen **Höhenklima** – seit den 20er-Jahren dort niederließen und Santa Fe zu einem der größten Kunst- und Designzentren der Vereinigten Staaten machten. Was man in Santa Fes **Galerien** zu sehen bekommt, gibt es qualitativ und quantitativ in den USA kaum ein zweites Mal.

Die Kultur der Pueblo-Indianer hat sich über Jahrtausende an die Trockenheit angepaßt. In den Rain-, Corn- und Deer Dances kommt die tiefe Verbundenheit mit Natur und Umwelt zum Ausdruck. (San Ildefonso Pueblo). Deutlich erkennbar die Adobe-Bauten ringsum

Vom Jäger zur Cash-Economy

Die Besiedlung des nördlichen New Mexico begann vor mindestens 12.000 Jahren: Indianer lebten als Jäger und Sammler in den Bergen und Tälern. Erst vor etwa 1.500 Jahren erfolgte der Übergang zur seßhaften Lebensweise. Es entstanden erste, ganzjährig genutzte Siedlungen. Ihre Bewohner waren die **Vorfahren der Pueblo-Indianer**, die heute entlang des *Rio Grande* leben.

Mit Ankunft der **Spanier** im 16. Jahrhundert sollte das Rad der Geschichte in eine völlig andere Richtung rollen. Nach vielen Jahren kriegerischer Konflikte erkannten Indianer und Spanier die Vorteile der Kooperation und des Zusammenlebens. Jede der beiden Kulturen trug dazu mit ihrer Eigenart bei. Die Spanier brachten europäische Lebensweise mit: Ackerbau und Viehzucht, aber auch Bergbau (sie waren schließlich auf der Suche nach Gold ins Land gekommen ...). Die Wälder dienten nicht mehr nur den Indianern als Holzressource, Jagdgründe und Kultstätten, auch die Spanier benötigten sie als Baumaterial- und Brennholzlieferanten und nutzten sie als Weidegrund für ihre Schafe und Rinder. Dies erklärt nebenbei, warum viele Gräser in den Bergen New Mexicos eigentlich nicht heimisch sind – sie wurden in den Mägen der Tiere importiert.

Eine dramatische Wende erfolgte durch die ***Anglos*** nach Unterzeichnung des Vertrages von Guadalupe Hidalgo, mit dem New Mexico 1848 Teil der USA wurde. Auch die amerikanischen Neusiedler hatten Vieh und bestellten Äcker, aber darüberhinaus industrielle und militärische Ambitionen, mit denen sie mehr als nur neue Akzente setzten. Der *Santa Fe (Immigration) Trail* und die Eisenbahnen öffneten die Region in einem vorher nicht gekannten Ausmaß.

Damit begann endgültig der Abschied von einer lokalen, selbstversorgenden Wirtschaft, die *Cash Economy* stand vor der Tür. Extremes Symbol der weißen Kultur ist die künstliche Stadt Los Alamos an der Flanke der *Jemez Mountains*, wo im zweiten Weltkrieg die Atombombe entwickelt wurde und weiterhin militärisch, aber mehr und mehr auch für zivile Zwecke, geforscht wird.

Spanische und indianische Kultur und Tradition gingen jedoch nicht ganz verloren. In einigen Dörfern wie *Truchas* oder *Trampas* in den *Sangre de Cristo Mountains* betreiben die – spanisch sprechenden – Bewohner teilweise noch eine Landwirtschaft wie vor 100 Jahren, sammeln Piniennüsse und halten Vieh im Hinterhof. Die **Indianer** integrierten zwar durchaus Elemente der *Anglos* in ihre hergebrachte Lebensweise und betreiben seit einiger Zeit sogar Spielkasinos, aber in den *Pueblos* von New Mexico spielen Traditionen wie die Erhaltung kunsthandwerklicher Fähigkeiten und die Abhaltung farbenprächtiger zermonieller Feste immer noch eine große Rolle.

Reiseplanung

Anreise

Zug

Die Schienen von *Amtrak* reichen nicht ganz bis Santa Fe, sondern führen in 20 mi Abstand südlich an der Stadt vorbei. Die Santa Fe nächste Bahnstation befindet sich in **Lamy** (Straßen #285/#41). Aus welcher Richtung man per Bahn auch ankommt, ins Zentrum von Santa Fe geht es ohne Fahrrad im Gepäck nur per Taxi oder ***Van*** des ***Lamy Shuttle Service*** (stoppt bei diversen Hotels; Reservierung via *Amtrak*). Lamy liegt an der ***Amtrak*-Strecke Los Angeles–Chicago** (über Flagstaff/*Grand Canyon*, Albuquerque, Kansas City) und wird in jeder Richtung einmal täglich bedient. Eine Verbindung besteht auch mit Denver, wobei von dort der *Amtrak Thruway Motorcoach Service* die Passagiere nach Raton/NM an der Colordo-Grenze bringt, wo sie in den transkontinentalen Zug umsteigen. Ebenso existiert ein *Amtrak Service* von El Paso zur Bahnstation in Albuquerque.

Bus

Shuttlejack, © (505) 243-3244, fährt 12 mal täglich vom Airport in Albuquerque ins Zentrum von Santa Fe (90 min).

Busse von ***Greyhound/Trailways/TNMNO***, © 1-800-231-2222 oder © (505) 471-0008, verkehren 3x/4x täglich von El Paso via Albuquerque (2nd St SW, Stops am *Airport*, *Amtrak Station*) nach Santa Fe. Auch von Denver sind Direktfahrten (via I-25) oder über Taos möglich.

Die ***Greyhound Station*** befindet sich am 858 St. Michael`s Drive südlich des Zentrums; Weitertransport von dort mit lokalen Bussen *(Santa Fe Trails)*, © (505) 984-6730 bzw. © (505) 438-1464, oder mit Taxi, z.B. *Capital City Cab*, © (505) 438-0000.

Flugzeug

Nächster großer ***Airport*** ist **Albuquerque**; von dort fahren laufend Busse nach Santa Fe, ⇨ vorstehend. Dadurch ist die Bedeutung des ebenfalls vorhandenen ***Santa Fe Municipal Airport*** stark herabgesetzt. Es starten und enden dort im wesentlichen teure Kurzstreckenflüge regionaler Gesellschaften.

Mietwagen/Anfahrt per Auto

Alle großen Autovermieter sind im Flughafen von Albuquerque, sowie in den Stadtzentren von Albuquerque und Santa Fe vertreten.

Hauptzubringer für Santa Fe ist die Nord-Süd-*Interstate #25*, die von Las Cruces im Süden von New Mexico über Albuquerque nach Denver und weiter nach Wyoming läuft. Santa Fe ist rund 60 mi von Albuquerque an der und 370 mi von Denver entfernt. In Albuquerque kreuzt die I-25 die hochfrequentierte Ost-West-Autobahn I-40.

Klima und Reisezeit

In *Santa Fe* scheint die Sonne oft an über 300 Tagen im Jahr. Wegen der Höhe wird es trotz der südlichen Lage aber nur im Hochsommer schon mal wärmer als 30°C. In Frühjahr, Frühsommer und Herbst sind tagsüber für die Jahreszeit angenehme Temperaturen die Regel, allerdings kühlt es abends rasch ab. Niederschläge im Sommerhalbjahr konzentrieren sich auf Gewitter in den Monaten Juli und August. Überflutete Straßen in der Innenstadt können dann schon mal vorkommen.

In den Bergen der ***Sangre de Cristo Mountains*** ist es natürlich kühler und feuchter. Sommergewitter können dort auch schon mal Schnee mit sich bringen. Bei guten Witterungsbedingungen aber darf man **im Sommer** – je nach Höhenlage – von Temperaturen im Bereich 15°-22°C ausgehen.

In tieferen Lagen sprießen die ersten Wildblumen bereits im **April**, während die Berge noch tief verschneit sind. Besonders schön ist der Herbst, wenn sonnige Tagen ausreichend wärmen und sich die Espen ein goldenes Kleid anlegen (Mitte September bis Mitte Oktober). Der erste Schnee kann aber durchaus schon im September fallen.

Im **Winter** locken die schneereichen Skigebiete um *Santa Fe* zahlreiche Besucher an. Da der Schnee in den Bergen lange liegenbleibt, beschränkt sich dort die **Wandersaison** auf **Juli bis September**. Tiefere Lagen lassen sich bereits ab April und bis Oktober erwandern.

Die wüstenhafte Vegetation sollte nicht darüber hinwegtäuschen: im nördlichen New Mexico kann es im Winter klirrend kalt werden.

Infrastruktur

Als Touristenhochburg verfügt Santa Fe über zahlreiche Hotels und Motels, darunter eine große Zahl von Häusern der Oberklasse mit attraktiver Innenarchitektur. Die **Übernachtungskosten** liegen aber besonders im zentralen Bereich über dem sonst üblichen Niveau in New Mexico.

Außerhalb des Zentrums ballen sich besonders an der **Cerillos Road** (Straße #85 Richtung Süden) Motels aller Kategorien. Ebenfalls dort befindet sich das ***International Hostel,*** 1412 Cerrillos, © (505) 988-1153. **Zentrale Reservierung** von Unterkünften in und um Santa Fe unter © 1-800-473-1000.

Fürs **Camping** kommen vor allem die schön gelegenen Plätze des ***Hyde State Park*** und des angrenzenden ***National Forest*** nordöstlich von Santa Fe in Frage – Anfahrt auf der Artist/Hyde Park Road (#475). Nach 7 mi auf dieser Straße erreicht man den empfehlenswerten ***Black Canyon Campground***. Weitere Plätze (zunächst des *Hyde State Park*) liegen etwas höher kurz hintereinander.

Fast am Ende der Straße (*Aspen Ski Basin)* befindet sich der kostenlose ***Aspen Basin Campground*** (im Wald unweit des Parkplatzes, Wasser gibt`s dort nur aus dem klaren Fluß).

Für Wanderungen ab **Cowles** (44 mi von Santa Fe entfernt: I-25 nach Osten, dann von Pecos aus Straße #63 nach Norden) übernachtet man dort am besten auf den einfachen ***NF-Campgrounds*** im Umfeld, ➪ Foto Seite 481. Das nächste Restaurant und Shops sind von Cowles allerdings 20 mi weit entfernt in Pecos.

Solche Hindernisse gibt es in **Santa Fe** nicht; die **Gastronomie** ist hier kaum zu übertreffen, speziell, was Restaurants der gehobenen Kategorie und die mexikanisch angehauchte Küche betrifft.

Die Selbstversorgung ist erst recht kein Problem: **Supermärkte** und ***Shopping Center*** sind u.a. an der Cerillos Road und der Hauptdurchgangsstraße #285/#84 nicht zu übersehen.

Informationen

Santa Fe Convention and Visitors Center, 201 W. Marcy Street, PO Box 909, Santa Fe NM 87504, © (505) 984-6760 oder © 1-800-984-9984: Besucherzentrum mit Broschüren, Karten, Adressen und vielen hilfreichen Informationen über Sante Fe und Umgebung. Im Plazabereich befindet sich ein Info-Schalter im La Fonda-Hotel.

Santa Fe National Forest: Headquarters, 1474 Rodeo Road, Santa Fe, NM 87505, © (505) 438-7840.

Pecos Ranger District, PO Drawer 429, Pecos, NM 87552-0429, © (505) 757-6121 (nur für Pecos Wilderness).

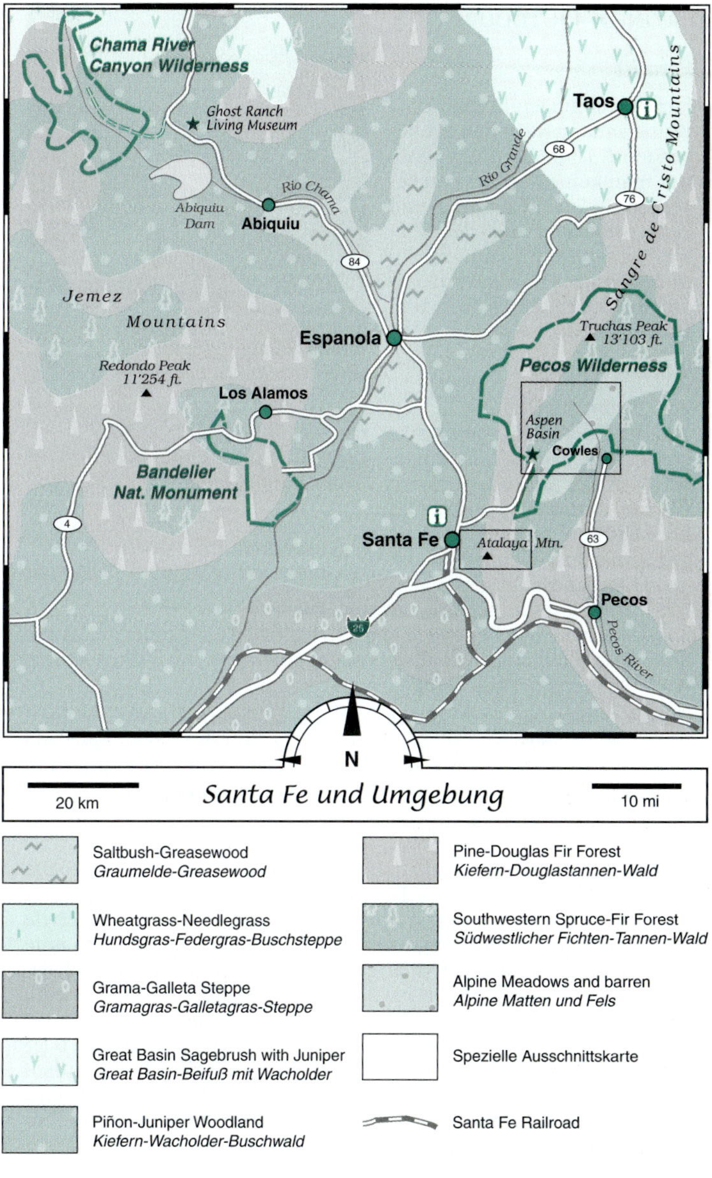
Chama River Canyon Wilderness
Ghost Ranch Living Museum
Taos
68
Rio Grande
Sangre de Cristo Mountains
Rio Chama
76
Abiquiu Dam
Abiquiu
84
Jemez Mountains
Espanola
Truchas Peak 13'103 ft.
Pecos Wilderness
Redondo Peak 11'254 ft.
Los Alamos
Aspen Basin
Cowles
Bandelier Nat. Monument
4
Santa Fe
Atalaya Mtn.
63
Pecos
Pecos River
25
N
20 km
Santa Fe und Umgebung
10 mi
Saltbush-Greasewood
Graumelde-Greasewood
Pine-Douglas Fir Forest
Kiefern-Douglastannen-Wald
Wheatgrass-Needlegrass
Hundsgras-Federgras-Buschsteppe
Southwestern Spruce-Fir Forest
Südwestlicher Fichten-Tannen-Wald
Grama-Galleta Steppe
Gramagras-Galletagras-Steppe
Alpine Meadows and barren
Alpine Matten und Fels
Great Basin Sagebrush with Juniper
Great Basin-Beifuß mit Wacholder
Spezielle Ausschnittskarte
Piñon-Juniper Woodland
Kiefern-Wacholder-Buschwald
Santa Fe Railroad

Kurzinfos Outdoors

Permits

Für Wanderungen in der *Pecos Wilderness* bzw. in den umliegenden *National Forests* benötigt man keine *Permits*. Zu beachten sind aber **Camping- und Feuerverbote** in allen *lake basins* (erweiterten Seeuferzonen) in der *Pecos Wilderness* und in den Bereichen *Pecos Falls* und *Beatty's Flat*.

Keine Straßen, keine Bähnchen, keine Berghütten: in den Wildnis-Gebieten der USA gibt`s Natur pur

Wandern

Die ***Pecos Wilderness*** in den *Sangre De Cristo Mountains* nordöstlich der Stadt ist eingebettet in den ***Santa Fe*** und den ***Carson National Forest***. Das über 900 km² große Gebiet ist mit seiner ausgedehnten Wald- und Hügellandschaft unter alpinen Gipfeln, zahlreichen Seen und Flüssen zwar ein beliebtes, in Randzonen an Wochenenden stark frequentiertes Wanderziei. Ruhe und Einsamkeit sind aber abseits der populärsten *Trails* und Gebiete noch ohne weiteres zu finden.

Darüberhinaus bietet der ***Santa Fe National Forest*** (2 Areale: südlich der *Pecos Wilderness* und westlich des *Rio Grande* in den *Jemez* und *San Pedro Mountains*) mit einer Gesamtfläche von 12.140 km² und 1.600 km Wegenetz unzählige Wandermöglichkeiten.

Radfahren, Mountain Biking

Auf wenig befahrenen Asphaltstraßen oder *Gravel* und *Forest Roads* gibt es in der Region Santa Fe zahlreiche Fahrradrouten. Einzig in den geschützten *Wilderness Areas* ist Biking verboten. Die ***Hyde Park Road*** *(#475)* klettert in zahlreichen Kurven zuerst durch eine *piñon-juniper*-Landschaft (mit großen Adobe-Residenzen) und danach durch dichten Wald bis ins *Santa Fe Ski Basin* (ca. 15 mi/24 km). Interessante Ziele in Bike-Distanz existieren südlich von *Santa Fe*, z.B. die ***Ghost Town Cerrillos*** und ihr Umfeld mit Türkis-Minen oder der ***Camino Real*** über alte Lavaströme an Vulkanschloten vorbei. Diverse ***Bike Shops*** in *Santa Fe* vermieten Fahräder und geben Tips für Routen. In Buchhandlungen gibt es mehrere Bücher mit Tourenvorschlägen für *Mountain Biker.*

Reiten

In der Umgebung von Santa Fe wurden allerhand Western gedreht (*Silverado, Weg in die Wildnis, City Slickers* etc.). Mehrere Reitställe bieten kurze oder längere Ausritte zu berühmten "Filmkulissen". Informationen und spezielle Adressenlisten von Reitställen, *Outfitters* und Ranchferien gibt `s bei ***Equus USA***, Route #7, Box 124, Santa Fe NM 87505, © (505) 982-6861.

Kanu, Rafting

Von April bis Oktober haben Sie die Wahl zwischen halb-, ganz- und mehrtägigen, gemächlichen oder adrenalinfördernden Schlauchboottrips auf dem *Rio Grande* und dem *Chama River*. Die aufregenderen Flußfahrten bei höheren Wasserständen *(White Water Rafting)* finden generell nach der Schneeschmelze statt, ca. Ende April bis Mitte Juli. Informationen und Karten betreffend Kanu und *White Water Rafting* sowie Adreßlisten von Veranstaltern: *Bureau of Land Management*, 224 Cruz Alta Rd., Taos NM 87571, © (505) 758-8851.

Prospekte der zahlreichen lokalen Veranstalter liegen im **Santa Fe *Visitor Center*** und in den großen Hotels aus.

Wintersport

Das *Santa Fe Ski Basin* ist ein beliebtes Skigebiet; die Region hat auch Langläufern und Schneeschuhwanderern einiges zu bieten. Ski- und Langlaufausrüstungen, auch Schneeschuhe, können in einigen Sportgeschäften in Santa Fe gemietet werden.

Eine Schneeschuhspur durch frisch verschneite Landschaft zu ziehen, ist ein besonderes Vergnügen

Santa Fe und die Pecos Wilderness - Karte Seite 487

Besondere Tips

Relaxing

Für sportliche Aktivisten bietet der ***Fort Marcy-Mager's Field Sports Complex***, eine öffentliche *Recreational Facility* (Freizeitanlage) mit Hallenbad, Kraftraum, Turnhalle und Turnwiese, einen Ausgleich zum Wandern (490 Washington Ave, nur wenige Minuten von der Plaza entfernt; ✆ (505) 984-6725. Für heiße Bäder oder Massagen der strapazierten Muskeln geht nichts über ***Ten Thousand Waves***, ein japanisches Gesundheitsbad mit mehreren Thermalbecken, Saunas etc. an der *Hyde Park Road*, ✆ (505) 982-9304.

für Kids

Im ***Santa Fe Children's Museum*** am 1050 Old Pecos Trail, eine gute Meile südlich der Plaza, ✆ (505) 989-8359, darf man berühren und ausprobieren und nicht nur schauen: viele interaktive Displays für Kinder bis zu 12 Jahren. Mindestens ebenso spannend für Kinder ist das ***Museum of International Folk Art*** und darin die grandiose *Giraud Collection of Folk Art* voller origineller Werke aus (Entwicklungs-) Ländern mit Szenen aus deren täglichem Leben. Das Museum befindet sich in einer Gruppe weiterer Museen am Camino Lejo, ein paar Meilen südöstlich des Zentrums, ✆ (505) 827-6350.

für Gourmets

Ein attraktives Restaurant neben dem anderen mit vielen hübschen Gartenterrassen findet man in der Galeriestraße Canyon Road. Gute und teure ***Gourmet Dinner*** gehören dort zum guten Ton. Wem die Canyon Road zu teuer und das Plaza-Umfeld zu touristisch sind, findet in ***Tomasita's Santa Fe Station Cafe*** beim alten Bahnhof der Lokalbahn, 500 S Guadaloupe Street, schmackhafte und preisgünstige *New Mexican Cuisine*. Das Restaurant ist immer – auch von Einheimischen – gut besucht, daher besser reservieren: ✆ (505) 983 5721.

Literatur und Karten

Hiking the Wilderness, *A Guide to the Wheeler Peak, Pecos and San Pedro Wilderness Areas*, K Matthews, Acequia Madre Press

Day-Hikes in the Santa Fe Area, *Santa Fe Group of the Sierra Club*

50 Hikes in New Mexico, Harry Evans, Gem Guides Book Company

Ski Touring in Northern New Mexico, Sam Beard, Nordic Press

Roadside Geology Series, *Roadside Geology of New Mexico*, Halka Chronic, Mountain Press Publishing Company

New Mexico, An Interpretive History, Marc Simmons, University of New Mexico Press

***Pecos Wilderness*, 1:63.360**, Topograph. Karte, *US-Forest Service*

Map of the Mountains of Santa Fe, 1:50.000, *Drake Mountain Maps*

Die Natur in den Sangre de Cristo Mountains

Geologie -Depressionen und Gipfelexplosionen

Vom Paläozoikum bis zum Pliozän

Während Hunderter von Millionen Jahren, vom Beginn des Paläozoikums (570 Mio. Jahre) bis zum Ende des Mesozoikums (65 Mio. Jahre) machte New Mexico ein regelrechtes Wechselbad durch:

Meere, Küstenebenen, Wüsten und Schwemmländer dominierten abwechselnd die Szenerie. In der Kreidezeit fegte ein großes Massensterben die Dinosaurier von der Bühne – von ihnen blieben nur noch Fossilien, Plastikspielzeuge und Hollywoodfilme. Zu Beginn des Tertiärs quetschten gewaltige Kräfte die heutigen ***Sangre de Cristo Mountains*** in die Höhe. Das gleichzeitige Absinken von Blöcken der Erdkruste im Oligozän (vor 30 Mio. Jahren) ließ Depressionen (Senken) wie das *San Juan Basin* entstehen; auch der *Rio Grande* fließt in einer Senke zwischen zwei Bruchzonen; er sollte erst viel später, im Pliozän vor 2-5 Mio. Jahren, einen eigenen Abfluß erhalten.

100-facher Mount St. Helens

Besonders in heller Nachmittagssonne heben sich im Westen die ***Jemez Mountains*** vor dem violettem Horizont ab. Ihre Entstehungsgeschichte ist eine komplett andere als die der *Sangre de Cristos*. Sie sind vulkanischen Ursprungs und wurden erst vor etwa 10 Mio. Jahren gebildet. Als die Eiszeit die *Sangre de Cristo Mountains* noch mit Gletschern bedeckte, blies ein explodierender *Jemez*-Vulkan vor ca. 1 Mio. Jahren 400 km^3 Material in die Luft, 100 mal mehr als bei der Eruption des Mt. St. Helens im Jahre 1980. Der fast 8.000 m hohe Berg sackte förmlich in sich zusammen, und es entstand eine der größten Kraterlandschaften der Welt.

Bimsstein, Wasser, *stone-washed Jeans* und PCs

Wissen Sie, wie die verbleichten Jeans ihren speziellen Look erhalten? Die Antwort liefern vulkanische Bimssteine, ***pumice*** genannt, die u.a. in den *Jemez Mountains* abgebaut werden. Ein Großteil der weltweit produzierten *stone-washed Jeans* wird mit eben diesem *pumice* geschrubbt. Obwohl es sich dabei nicht etwa um ein toxisches Material handelt, bekämpfen Umweltschützer den *pumice*-Bergbau, da er meist mit Waldrodungen einhergeht.

Stone-washed Jeans sind nicht das einzige, das wir den natürlichen Ressourcen des nördlichen New Mexico zu verdanken haben. Ohne Firmennamen zu nennen: Millionen von **PCs** weltweit besitzen ein Herz (für Insider: eine CPU), das in einer **2 Milliarden-Dollar Fabrik** zwischen Santa Fe und Albuquerque hergestellt wird.

Die **Produktion der Chips** benötigt ca. 30 Mio. Liter Wasser pro Tag – genug, um rund um die Uhr ein olympisches Schwimmbecken alle 2 Stunden erneut zu füllen. Mehrere Bohrlöcher mußten für diesen Zweck bis zu 600 m tief in die grundwasserhaltigen Sand-, Kies- und Tonschichten getrieben werden. Nur so konnte man an ausreichende Mengen des kostbaren Naß` gelangen. Zwar werden die Abwasser wieder gereinigt und dem *Rio Grande* zugeleitet, aber Fachleute schätzen, daß – zusammen mit dem zunehmenden Wasserverbrauch der nahen Städte – dem Grundwasser 4 mal mehr entnommen als ihm auf natürliche Weise wieder zugeführt wird. Der Wasserspiegel in einigen Bohrlöchern ist denn auch in den letzten 30 Jahren um mehr als 50 m gesunken.

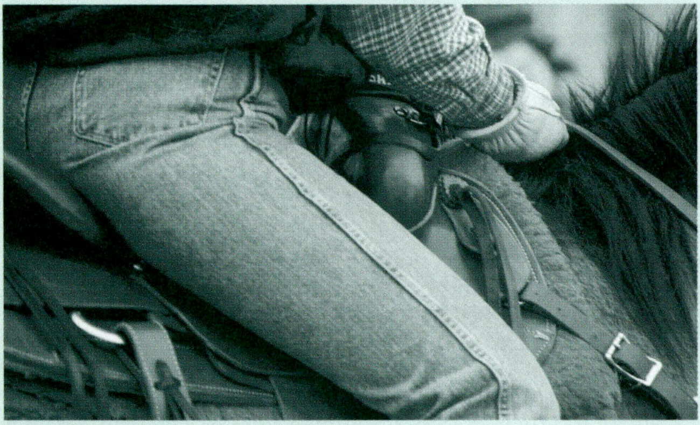

Jeans in Original-Umgebung

Pflanzen und Tiere - von Mexiko nach Alaska an einem Tag

Fünf Vegetationszonen

Die ungewöhnliche topographische und klimatische Vielfalt sowie unterschiedlichste Böden ließ Pflanzengemeinschaften entstehen, die 5 der 7 globalen Lebenszonen abdecken: von der heißen, trockenen oberen Sonora-Zone mit Sukkulenten außerhalb von *Santa Fe* bis zur arktisch-alpinen Zone auf den 12.000er-Gipfeln (in Fuß) der *Pecos Wilderness*. Während die Pflanzen der tiefer gelegenen Zonen gegen Hitze und Trockenheit kämpfen, sind es oben in den Bergen Kälte und kurze Vegetationszeit, die den Pflanzen zusetzen. Eine Wanderung von *Santa Fe* auf diese Gipfel führt – klimatisch und in Bezug auf die Vegetationszonen – von Mexiko bis nach Alaska:

In der ***upper sonoran zone*** also dominieren Pinien- und Wacholderbäume, begleitet von Kakteen wie *prickly pear* (Feigenkakteen) und *chollas* (Opuntienart) und verschiedenen Gräsern. Klapperschlangen (*rattlesnakes*), Skorpione (*scorpions*), Kaninchen (*cottontails*), Hasen (*rabbits*) und Mäuse (*mice*) bewohnen diese trockenen Ebenen zusammen mit größeren Tieren wie *mule deer* und *pronghorn* (Gabelantilopen) und dem berühmten *road-runner* (Renn-Kuckuck).

Zur ***transition zone*** (Übergangszone) gehört ein großer Teil des nördlichen New Mexico über 2.000 m. Im Wald dominiert die *ponderosa pine* (Gelb-Kiefer), begleitet von *juniper* (Wacholder), *gambel oak* (Utah-Weißeiche) und *Douglas fir* (Douglas-Tanne). Hier finden Sie auch eine große Vielfalt von Wildblumen, z.B. *columbine* (Akelei) oder *New Mexico groundsel*, eine Kreuzkrautart. *Chipmunks* (Streifenhörnchen) bauen ihre Gänge mit Vorliebe in der Nähe von Campingplätzen und damit der reich gedeckten Tische der Menschen. Mit etwas Geduld und Glück können in ungestörteren Regionen dieser Zone auch Weißwedelhirsche (*white-tailed deer*) und Schwarzbären beobachtet werden. Weiter oben in der ***Hudsonian zone***, der montanen Zone, wo mehr Regen fällt und es kühler ist, ersetzen Fichten, Tannen und Espen die *ponderosa pines*.

In der (subalpinen) ***Canadian zone*** fällt in den meisten Wintern viel Schnee, nur noch *bristlecone pines* (Grannenkiefer) und *subalpine firs* (Felsengebirgstanne) können hier überleben. Dickhornschafe, Wapiti-Hirsche, Murmeltiere und andere Nager sind in dieser Zone im Sommer recht häufig anzutreffen.

In der ***arctic-alpine zone*** über der Baumgrenze finden sich nur kleinwüchsige Pflanzen. Zerbrechlich erscheinende, aber robuste Wildblumen machen fehlende Größe durch intensivste Farben wett. *Marmots* und *pikas* (Pfeifhasen) huschen über Felsbrocken und nutzen die wenigen warmen Tage, um Reserven für den Winter anzulegen.

Die Abendsonne bringt die Grasbüschel zum Leuchten, im Hintergrund ein lockeres Piñon-Juniper-Wäldchen. Südlich von Santa Fe.

Piñon-Juniper, die Bonsai-Wälder des Westens

Piñon-juniper-Gesellschaften (Pinien- und Wacholderbäume) gehören zum Südwesten wie flechtenbehangene Baumriesen zum pazifischen Nordwesten oder Affenbrotbäume zur afrikanischen Savanne. Die eher gedrungenen Bäume prägen das Bild von *Mesas* und Hügellandschaften. Der Duft ihres brennenden Holzes hängt am Abend über manchem *Campground* und füllt oft die kalte Winterluft mit einem unverwechselbaren "Southwest"-Geruch.

Die beiden "unzertrennlichen" Bäume sehen sich aus einiger Distanz zum Verwechseln ähnlich. Die *Piñon pine* (*Pinus edulis*, Stein- bzw. Nußkiefer) hat in der Regel zwei bis maximal 5 cm lange Nadeln und bildet Zapfen. *One-seed juniper* (*Juniperus monosperma*, einsamiger Wacholder; ausnahmsweise einmal eine einleuchtende lateinische Bezeichnung) ist leicht an den schuppenartigen, lanzettenförmigen Blättern und den Beeren erkennbar.

Die beiden **Überlebenskünstler** sind so stark miteinander assoziiert, daß man meist in einem Atemzug von *piñon-juniper* spricht. Besonders wohl fühlen sie sich an Standorten mit intensiver Sonnenbestrahlung, heißen Sommern, bei relativ wenig Niederschlag, hoher Verdunstungsrate und starken Winden. Wenn Sie schon einmal an einem Sommernachmittag über eine der topfebenen Mesas gewandert sind, wenn die Sonne senkrecht über der flimmernden Erde steht, stellt sich schnell ein Gefühl des Respektes ein für diese Pflanzen, die hier nicht nur bei Hitze und Trockenheit, sondern auch bei klirrender Winterkälte ausharren.

Die ***Piñon-juniper woodlands*** machten sich dank ihrer Zähigkeit bereits 190.000 km^2 (75.000 mi^2) zur Heimat – von Südkalifornien bis Texas, vom südlichen Idaho bis tief nach Mexico. Überweidung und die Unterdrückung von natürlichen Feuern haben die Gesellschaft aber manchenorts verändert: die Bäume wachsen dichter, während die Grasnarbe noch schütterer wird. Um das Land für Rinder und Wild "aufzuwerten", wurden in den 50er-Jahren große Flächen unzimperlich gerodet: Zwei parallel fahrende riesige Bulldozer schleppten einfach überdimensionale Schiffsankerketten über das Land. Auf dem danach leergeschruppten Grund wuchs jedoch wider Erwarten weder mehr Futter noch stieg der Wildbestand. Wenig erstaunlich ist, daß mit den Bäumen auch das Brennholz und die Piniennüsse verschwanden. Die schweren Maschinen zerstörten zudem die oberste Schicht des Bodens, deren Pilze und Bakterien ihn aufnahmefähiger für Regenwasser gemacht und vor Erosion geschützt hatten. Inzwischen ist der Mensch ein bißchen weiser geworden.

So unzertrennlich *piñon pine* und *juniper* auch sind, so unterschiedlich (und raffiniert) sind ihre **Strategien, ihre Samen zu verbreiten**:

Piñon pines bedienen sich im Gegensatz zu den meisten Koniferen in den südlichen *Rockies* dazu nicht des Windes, sondern bilden mit großem Aufwand an Energie und Nährstoffen **wohlschmeckende Nüsse**, die beliebten Pinienkerne, in ihren Zapfen. Diese schweren Gebilde kann der Wind kaum vor die Haustür des Baumes wehen. Stattdessen werden die Samen von den *piñon jays* (Nacktschnabelhäher), *Clark's nutcracker* (Kieferhäher) und *Steller's jay* (Haubenhäher) in großen Mengen gepickt. Nur sind die Samen nach der Passage durch die kleinen Vogelmägen nicht mehr keimfähig. Warum ist diese Strategie der Samenverbreitung dennoch erfolgreich?

Kaum zu überhören ist der kleine plain titmouse (Meisenart, Parus inornatus), wenn er in den Piñon-Juniper-Wäldern nach Nahrung sucht.

Es funktioniert wie folgt: Hat etwa der *piñon jay* mit seinem langen, spitzen Schnabel die noch grünen Zapfen aufgemeißelt und die Samen herausgepickt (andere Vögel mit weniger gut angepaßtem Schnabel müssen warten, bis sich die Zapfen von selbst öffnen), testet er – wieder per Schnabel – Gewicht und Klang der Nüsse; nur Exemplare, die den Test überstehen, werden verwendet. Er verspeist aber nicht alle, sondern sammelt bis zu 60 Samen im *Oesophagus* (Kropf) und bringt sie in ein großes Gemeinschaftslager, das den Vögeln über den Winter helfen soll.

Da auch die hungrigsten Schnäbel nicht jeden Samen wiederfinden, wächst aus den übrig gebliebenen unter günstigen Bedingungen eine neue *piñon pine* heran, die ihrerseits bis zu 400 Jahre lang Nahrung für die *piñon jays* bereitstellt.

Eine andere Verbreitungsstrategie hat der **Wacholder** gewählt. Auch seine Früchte – **Beeren** statt Nüsse – ziehen Vögel an, besonders den *Bohemian* und *cedar waxwing*, zwei Seidenschwanzarten, *Townsend's solitaire* (Bergklarino) und *robins* (Wanderdrosseln). Auch hier war vor der erfolgreichen Symbiose zunächst ein Problem zu lösen, nämlich: wie läßt sich verhindern, daß die Wacholderbeeren bereits während ihrer zwei- bis dreijährigen Reifeperiode gefressen werden? In diesem Fall hat die Natur in die Trickkiste der Chemie gegriffen. Unreife, grüne Beeren enthalten einen besonders hohen Gehalt an **giftigen Terpenen**; so lernen die Vögel schnell, grüne, unreife Beeren zu verschmähen. Das zweite Problem folgt sogleich: auch reife Beeren enthalten noch ungesund viele Terpene.

Wie wird beispielsweise der *Townsend's solitaire* damit fertig? Wenn er Insekten frißt, zerkleinert er diese erst mechanisch in einer Ausstülpung des Hauptteils seines Verdauungstraktes (um das harte, unverdauliche Chitin zu knacken). Diese ausgeklügelte Technik würde aber auch die *juniper*-Beeren zerkleinern und damit die giftigen Terpenbläschen platzen lassen. Nun – *juniper*-Beeren werden, im Gegensatz zu Insekten, an der mechanischen "Mühle" vorbeigeschleust und gelangen direkt in den Haupttrakt. Dort wird nur das nahrhafte Fleisch der Beeren verdaut; Terpenbläschen und Samen werden unbeschädigt wieder ausgeschieden.

Bald ist der Winter überstanden: ein Abert's squirrel (Pinselohr-Hörnchen, Sciurus aberti) ernährt sich von Kiefernsamen und Piniennüssen.

Umwelt

Knappes Wasser

Zwar ist die Bevölkerungsdichte in New Mexico eine der niedrigsten in den Vereinigten Staaten, doch konzentriert sich ein Großteil der Bewohner auf die Städte entlang des *Rio Grande*. Dort wachsen auch Bevölkerung und touristische Besucherzahlen überdurchschnittlich. Spezielle Sorge bereitet Stadtvätern in New Mexico, so auch von Santa Fe, die **Wasserversorgung** bzw. der hohe Wasserverbrauch. Obwohl die nahen Berge den Wolken viel Wasser entlocken, reicht die Menge kaum für all die Pools und Rasen der Stadt, geschweige denn für die in der Umgebung angesiedelte Industrie. Wasser aus Tiefbohrungen wird zusätzlich benötigt mit nachhaltigen Folgen für den Grundwasserspiegel, ➪ auch Essay auf Seite 491f.

Erosion

In der ***Pecos Wilderness*** leiden einige Gebiete, besonders um die reizvoll gelegenen Seen, unter den vielen Wanderschuhen und Pferdehufen. Einige *Lake Basins* wurden daher schon fürs Camping geschlossen (➪ oben, Stichwort *permits*). Gelegenheit zum Zelten gibt es aber in einiger Distanz zu den Seen in Hülle und Fülle.

Logging

Obwohl dic Situation nicht so dramatisch ist wie im pazifischen Nordwesten, steht auch hier das ***Logging*** im Mittelpunkt scharfer Kontroversen zwischen Umweltschützern und Holzindustrie.

Altlasten

Jahrzehnte nach ihrer Schließung entpuppt sich die ***Terrero-Mine*** in der *Pecos Wilderness* als **Altlast**. Im Abraummaterial, das für Straßenbeläge der Region verwendet wurde, fand man hohe Konzentrationen an **Blei** und **Zink**. Regenwasser löst nun die Schwermetalle und führt sie in die Bäche. Auch das bereits erwähnte ***Los Alamos National Laboratory*** sorgt selbst 50 Jahre nach Entwicklung der Atombombe noch für Probleme, vor allem, was Handhabung und Entsorgung radioaktiven Materials angeht.

Bedrohte Arten
Salamander und Adler

Der *Santa Fe National Forest* bietet elf gefährdeten und bedrohten Tierarten *(threatened and endangered species)* Lebensraum. *Jemez mountain salamander*, eine Salamanderart, *Lellejeborg's pea clam* (Sand- oder Klaffmuschel) und *Say's pond snail*, eine Teichschnecke, kommen alle nur an einer Stelle im Forst vor. Des weiteren finden sich die *meadow jumping mouse* (Wiesenhüpfmaus), *Mississippi silvery minnow*, eine Elritzenart, *pine marten* (Fichtenmarder) und *white-tailed ptarmigan* (Weißschwanz-Schneehuhn). Trotz der weniger bekannten Namen und ihres unscheinbaren Wesens sind sie genauso ein Teil des Ökosystems wie *wolves, grizzlies* oder andere Berühmtheiten auf der roten Liste. Obwohl Lebensraum existiert, fehlen der *bald eagle* (Weißkopfseeadler) und das *black-footed ferret* (Schwarzfuß-Iltis). *Whooping cranes* (Schreikranich) scheinen das Gebiet lediglich zu überfliegen. Zu den gefährdeten Pflanzenarten des Südwestens, die hier noch vorkommen, gehören der *gramma grass cactus* (Gramagras-Kaktus) und die *mountain lily* (Lilienart).

Wenn Sie Herr über 6000 km² Wald wären …

Stellen Sie sich vor, Sie wären der Chefförster im *Carson National Forest.* Wie in jedem der Staatsforste üblich, haben Ihre Mitarbeiter einen *Forest Plan* ausgearbeitet, ein dickes Buch, das verschiedene mögliche Nutzungspläne des Waldes beschreibt und analysiert. In den nächsten zwei Wochen sollen Sie sich für einen der Nutzungspläne entscheiden. In der Öffentlichkeit ist zur gleichen Zeit eine heftige **Diskussion um die *Mexican spotted owl*** ausgebrochen, den gefährdeten Fleckenkauz.

Soll nun ein Plan realisiert werden, in dem die Ausbeutung der Holzresourcen an erster Stelle steht, oder eine alternative Nutzung, die in erster Linie den Schutz des Lebensraums bedrohter Tierarten in den Vordergrund stellt?

Bei Ihrer Entscheidung müssen Sie die Interessen vieler Gruppen berücksichtigen:

- Die Holzindustrie droht mit Entlassungen, falls Sie zuwenig Holzschlag zulassen
- Umweltschützer stellen den Lebensraum bedrohter Arten vor den Erhalt von Arbeitsplätzen
- Lokale Wanderclubs wollen mehr *Trails*, was bedrohten Tier- und Pflanzenarten auch nicht gerade hilft
- Rancher bestehen darauf, weiterhin Tausende von Rindern grasen zu lassen, Prospektoren haben Molybdänvorkommen entdeckt, eine Naturschutzgruppe schlägt die Ausdehung von *Wilderness Areas* vor, in der jeglicher Holzschlag verboten wäre usw., usw. ...

Bevor Sie eine Entscheidung fällen, lesen Sie zunächst die folgenden Aussagen. Wir konfrontierten einen *District Ranger* (Förster), eine Umweltschützerin und die Vertreterin einer *logging company (*Holzschlagfirma) mit denselben Fragen (einige Antworten gekürzt):

1. Frage: Ist der *Carson National Forest* gesund?

Ranger

"Der *Carson National Forest* befindet sich in einem Pseudo-Klimax[1]-Zustand. In großen Gebieten gibt es zuviel Klimaxvegetation und brennbares Holz. Holzschlag und Beweidung über nun mehrere Jahrhunderte und die Unterdrückung von Feuern in den vergangenen 90 Jahren haben den natürlichen Zyklus von Pionier-, Übergangs- und Schlußgesellschaften verändert. Ohne Bodenstabilität und -deckung durch eine vielfältige Pflanzendecke drohen dem Wald übermäßiger Bodenverlust, verheerende Feuer, Insektenbefall und Krankheiten. Aus diesem Grund ist der Wald in einem **unnatürlichen, ungesunden Zustand** mit abnehmender Produktivität und ohne eine `Versicherung´, die eine vielfältige, gemischte Vegetation vor Katastrophen bietet."

Umweltschützerin

"Ich glaube, ein Wald ist gesund, wenn er als Ganzes, als Lebewesen funktionieren kann. Dies würde natürliche Störungen wie Feuer, Insekten und Krankheiten einschließen, sowie tote und verfaulende, den Boden nährende Bäume und alle einheimischen Tiere inklusive der Raubtiere, Pflanzen und Bodenorganismen. Ich würde sagen, daß

1) Klimax = Schlußgesellschaft: Letztes Stadium einer Pflanzensukzession

Teile des *Carson* weitgehend gesund sind, während sich große Teile eher in einem **degradierten Zustand** mit abnehmender Gesundheit befinden ... Vor allem Viehzüchter sind verantwortlich für die Ausrottung vieler Raubtiere. Die Beweidung hat auch das Grundwasser absinken lassen und intensiver Holzschlag Schlüsselarten eliminiert: *ponderosa pine* und *Douglas fir old-growth-forest*. Dieser Verlust hat alles beeinflußt, einschließlich Grundwasser, Boden und Tiere."

Logging Company
Trotz Zusage traf eine Antwort nie bei uns ein.

2. Frage: Sollten wir den Holzschlag stoppen, um bedrohte Tierarten wir die *Mexican Spotted Owl* zu schützen?

Ranger
"Dies ist eine sehr interessante Frage, speziell da sie die *spotted owls* betrifft. Der *Carson National Forest* investiert viel Zeit und Geld für die Beobachtung und das "Management" der *Spotted Owl*. In einer Aufnahme auf 485 km^2 im *Camino Real Ranger District* konnten – mit Kosten von $150.000 über die letzten 7 Jahre – **keine *spotted owls* gefunden** werden. Das Schreiben biologischer Berichte und Evaluationen und die Umsetzung des *National Environmental Policy Act* (Umweltschutzgesetz) würden die Ausgaben für die *Spotted Owl* verdoppeln ($300.000). *Spotted owls* wurden (also) nicht gefunden und auch die historische Existenz ist fragwürdig. Deshalb könnte man folgern, daß **der Holzschlag etwas, das nicht existiert, nicht beeinträchtigt**. Das Geld der Steuerzahler könnte besser für die Pflege des Habitats aller Tiere ausgegeben werden."

Umweltschützerin
"Die *Mexican spotted owl*, deren Überleben von intakten, gesunden und alten Nadelwäldern abhängt, kann sich nicht mehr ausbreiten, da der Wald, von dem sie abhängt, verschwunden ist. ... **Kommerzieller Holzschlag entfernt wichtige Elemente**, die für das Überleben vieler Arten, nicht nur der *spotted owl*, wichtig sind. Deswegen macht das Fällen großer Bäume in den Misch-Nadelwäldern des Südwestens einfach keinen Sinn, weder ökologisch noch ökonomisch. Die *National Forests* von New Mexico und Arizona liefern nur noch etwa 0,4% oder weniger des Holzbedarfs unseres Landes!! Lediglich 0,4% Holz rechtfertigen es nicht, die letzten unserer Urwälder abzuholzen, und dies für nur etwa 200 Arbeitsplätze! ... Diese Wälder sind Lebensquell für uns alle, nicht nur für Eulen. Sie verdienen unseren Schutz und unseren Respekt."

Logging Company
Trotz mehrerer Zusagen haben wir keine Antwort erhalten.

Wandern - Die besten Wanderungen ab Santa Fe und in der *Pecos Wilderness*

#1-#2 ab Santa Fe; #3 ab Santa Fe Ski Basin; #4-#6 *ab Cowles*

No	Trailbezeichnung	Länge	Schwierigkeit	Kurzbeschreibung
1	***Randall Davey Audubon Center***	8,9 km	leicht	Abwechslungsreicher Stadtspaziergang; durch das Mekka der Kunstliebhaber zu einem Zentrum für Vogelfreunde.
2	***Atalaya Mountain***	11,3 km	mittel	Kurzer, steiler Aufstieg durch *piñon-juniper* & *ponderosa pine*-Wälder; fantastische Aussicht über *Santa Fe* und das *Rio Grande Valley* hinüber zu den fernen *Jemez Mountains*
3	***Nambe Lake***	9,7 km	anstrengend	Durch Wälder und am rauschenden Bach entlang zu einem klaren, von schroffen Felswänden umgebenen Bergsee.
4	***Stewart Lake***	16,4 km	mittel	Schöner, leichter Weg durch montanen und subalpinen Wald zu einem Bergsee; durch Wiesen und abwechslungsreichen Forst zurück
5	***Pecos Baldy Lake***	20,0 km	anstrengend	Durch Canyons, über Flüsse und Blumenwiesen zum Fuß des *East Pecos Baldy* (3.819 m/12.530 ft). Gut geeignet in erweiterter Form für eine Mehrtageswanderung.
6	***Stewart Lake – Pecos Baldy – Cowles – Aspen Basin***	63,0 km	anstrengend	Mehrtageswanderung zusammengesetzt aus Wanderungen #4, #5 und #3 mit Erweiterung

Wanderungen #3-#6
➪ Karte übernächste Seite

WANDERUNG 1 ***Plaza – Randall Davey Audubon Center***

Highlights	Kunstgalerien, Naturlehrpfad, Picknick
Länge	8,9 km (Rundweg)
Auf-/Abstieg	101 m
Höchster Punkt	2.225 m
Gesamtdauer	2,5-3,5 Stunden (ohne ausdauernde Aufenthalte)
Ausgangspunkt	Plaza in Santa Fe

0,0 km - Plaza

Von der Plaza hinüber zum Santa Fe River, und dann via Delgado St zur **Upper Canyon Road** voller Kunstgalerien und Restaurants. Nach der belebten Zone endet der Asphalt und geht über in Schotterbelag.

4,4 km - *Randall Davy Audubon Center*

Am Straßenende steht das ehemalige Heim des Künstlers *Randall Davy*, heute regionaler Hauptsitz der *Audubon Society*. Durch das Gelände führt ein interessanter *Nature Trail (*Lehrpfad); im *Shop* des *Audubon Center* ist dafür ein kleiner Führer erhältlich.

Zurück geht es zunächst auf derselben *Gravel Road* bis zur Kreuzung mit der Straße Cerro Gordo, der Sie bis zur East Alameda Street folgen. Am Weg liegt der ***Cerro Gordo Park*** mit einem gut versteckten Eingang. Dort läßt sich sehr schön picknicken. Am Fluß entlang (Alameda St) geht es zurück ins Zentrum:

8,9 km zurück auf der Plaza

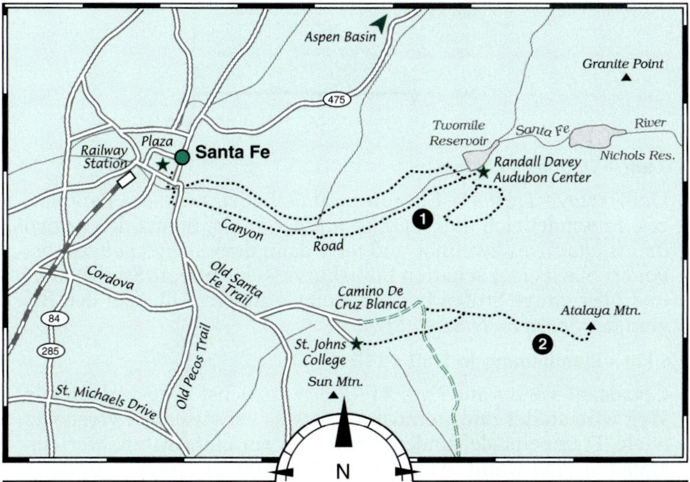

1 km *Santa Fe, Atalaya Mountain* 0.5 mi

WANDERUNG 2	***St. John's College – Atalaya Mountain***
Highlight	Panoramablick über Santa Fe und Umgebung
Länge	5,6 km (*one-way*)
Auf-/Abstieg	543 m
Höchster Punkt	2.780 m
Gesamtdauer	5-7 Stunden
Ausgangspunkt	*St. John's College* (dorthin *Eastside Route Bus* oder Auto/Bike *Camino Cruz Blanca*). Ab *Bus Stop*/Parkplatz zum Schild *Atalaya Trail* (174).
Hinweis	Kein Wasser unterwegs.
Variante	Etwas kürzerer *Trail* #170: Ausgangspunkt beim *Wilderness Gate* (Ende des *Camino Cruz Blanca* hinter *St. John's College*). Durch das *Gate* gehen, dann entlang der Adobe-Mauer; beim Tor *Ponderosa Ridge Subdivision* links, der Straße nach und in den Wald hinein. Steile Serpentinen. Nach ca. 1,2 km Vereinigung mit *Trail* #174.

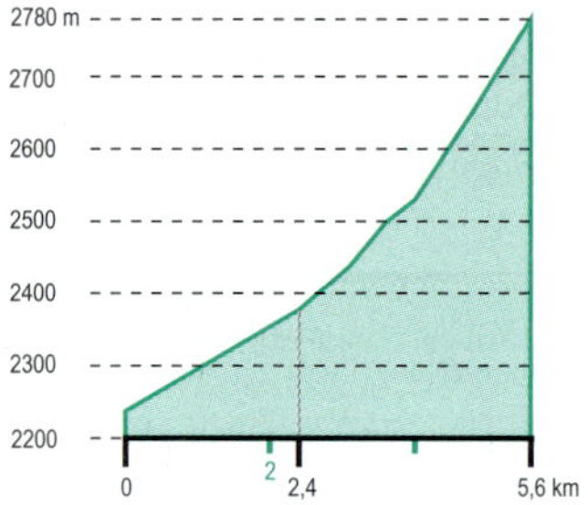

0,0 km - *St. John's College*

Der *Atalaya Trail* #174 beginnt am östlichen Ende des Parkplatzes. Er windet sich durch *piñon-juniper forest*, kreuzt den *arroyo de los chamisos* zweimal und folgt dann dem *arroyo cabezo*, bevor er – nach einer scharfen Linkskurve – eine private Straße quert und über einige Stufen bergauf steigt. Bald erreicht man den Beginn des *Santa Fe National Forest*.

2,4 km - Einmündung in Trail #170

Geradeaus weiter auf *Trail* #170. Der zunächst eben verlaufende Weg wird steiler und steiniger. Im etwas verwirrenden Wegenetz (viele Trampelpfade) findet den Gipfel am einfachsten, wer den steilsten Pfad wählt. Mit der Höhe nimmt die Anzahl größerer Bäume wie *ponderosa pine* (Gelbkiefer) und *Douglas fir* (Douglastanne) zu, eine Folge der hier höheren Niederschlagsmengen.

Wanderungen - Karte Seite 501

5,6 km - *Atalaya Mountain*

Vom *Atalya Mountain* bieten sich fantastische Ausblicke über das breite Tal des *Rio Grande, Santa Fe* und die *Sandia-, Jemez-* und *Ortiz*-Bergketten. Bei guter Sicht ist in der Ferne sogar der *Mount Taylor* zu sehen, einer der vier heiligen Berge der Navajos.

Auf gleichem Weg zurück.

WANDERUNG 3	***Aspen Basin – Nambe Lake*** (Karte umseitig)
Highlights	Alpine Landschaft, Bergsee
Länge	4,8 km (*one-way*)
Auf-/Abstieg	451 m/116 m
Höchster Punkt	3.475 m
Gesamtdauer	4,5-6 Stunden
Ausgangspunkt	*Trailhead* beim *Aspen Basin*-Parkplatz, Ende der *Hyde Park Road #475.*
Variante	*Puerto Nambe - Lake Katherine*: Bei der Wegverzweigung nach 2,7 km geradeaus auf *Trail* #254 bis *Puerto Nambe*, ein breites Grasplateau mit Aussicht über das gesamte Tal des *Rio Grande*. Weiter auf *Trail* #254 zum *Lake Katherine*. Gleicher Weg zurück oder Abstecher zum *Spirit Lake* (1-2 Tage).

0,0 km - Aspen Basin

Am unteren Ende des Parkplatzes beginnt hinter der Holzbrücke über den *Rio en Medio* der *Winsor Trail #254*. In kleinen Kurven schlängelt er sich durch Mischwald sanft auf eine Kuppe hinauf.

1,0 km - Beginn *Pecos Wilderness*

Hinter dem Holzzaun führt der Weg durch dichten Nadelwald und fällt leicht ab. Kurz danach bei einer Abzweigung rechts halten. Bald zeigt sich zum ersten Mal der Gipfel des *Santa Fe Baldy* (3.847 m). Im Herbst leuchten die goldgelben Blätter der Espen im grünen Nadelwald besonders attraktiv. Auf dem dunklen Waldboden gedeihen vereinzelte kleine rosa-weiße *lady's slipper* (Frauenschuhe).

2,7 km - *Rio Nambe,* Abzweigung

Der bisherige Weg läuft weiter zum Paß *Puerto Nambe*. Nehmen Sie rechts den *Trail* #400 den Rio Nambe entlang in Richtung *Nambe Lake* (Süden). Eine Bergwiese mit vereinzelten Nadelbäumen lädt zur Rast ein. Zunächst geht es am westlichen Ufer entlang; man muß aber bald auf die andere Seite wechseln (an mehreren Stellen möglich). Der *Trail* verläßt den Fluß vorübergehend, wird steiler und führt über einen sonnigen Südhang auf eine morastige Ebene. Dann läuft er wiederum in einem steilen Anstieg am Fluß entlang über

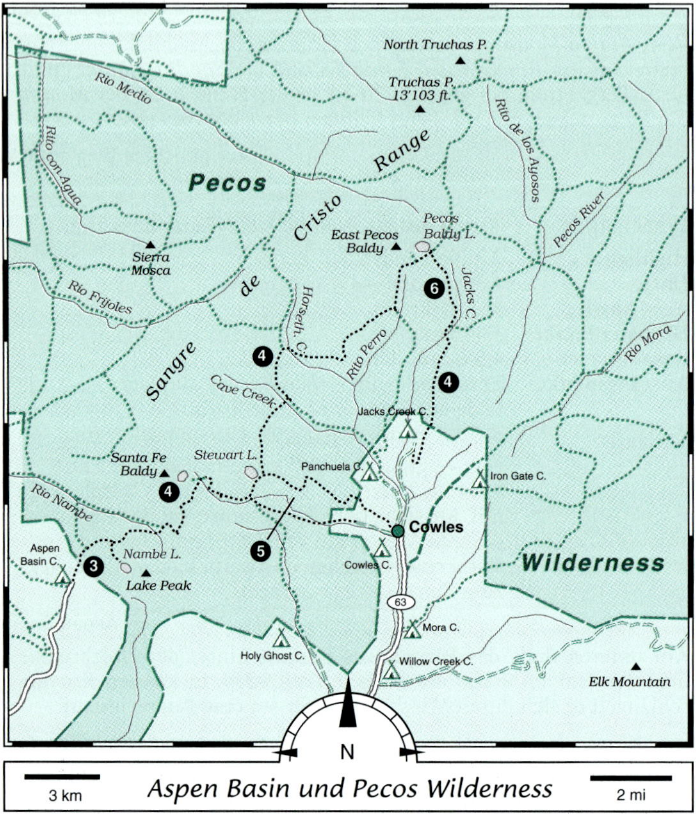

Aspen Basin und Pecos Wilderness

eine Geröllhalde und durch lockeren Wald zum *Nambe Lake* (nach der Schneeschmelze ist der *Trail* ggf. auf diesem Abschnitt schwer zu identifizieren).

4,8 km - *Nambe Lake*

Der Nambe Lake ist ein glasklarer Bergsee mit felsigen Flanken. Hier lassen sich oft Murmeltiere und manchmal sogar die scheuen *pikas* (Pfeifhasen) beobachten.

Auch die Vogelfreunde werden auf ihre Kosten kommen, beschreibt doch eine Liste des *National Forest Service* nicht weniger als 260 hier lebende Vogelarten.

Zurück auf gleichem Weg

WANDERUNG 4	***Cowles – Stewart Lake***
Highlights	Schöne Wald- und Seenlandschaft
Länge	16,4 km (Rundweg)
Auf-/Abstieg	622 m
Höchster Punkt	3.121 m
Gesamtdauer	7-9 Stunden
Ausgangspunkt	*Trailhead* beim Park-/Picknickplatz in Cowles. Anfahrt über die I-25 östlich bis Glorieta, dort geht es auf die #50 bis Pecos, dann die #63 weiter nach Norden.
Variante	Zum *Lake Katherine* und *Spirit Lake*: auf dem Weg zum *Stewart Lake* nach 6,6 km links auf Trail #251 abbiegen. Weitere Abzweigung nach 1,2 km; linker Weg führt zum *Spirit Lake*, rechter, steiler Weg zum *Lake Katherine*. Retour via *Stewart Lake* oder zum *Aspen Ski Basin*, auch als **Mehrtageswanderung** geeignet.

0,0 km - *Cowles Picnicground*

Der *Winsor Trail #254* führt am nördlichen Ufer des *Winsor Creek* entlang zum *Winsor Creek Campground* und danach durch offenen Wald und wunderschöne Wildblumenwiesen.

1,6 km - *Winsor Creek Campground*

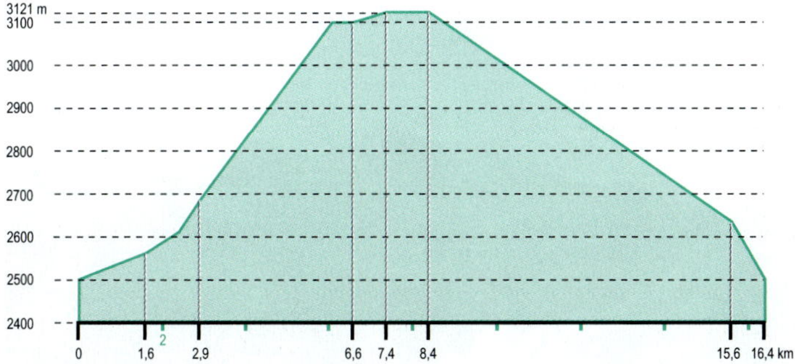

2,9 km - Wegverzweigung

Bei der Weggabelung geht es auf dem *Trail* #261 weiter nach Westen. Dieser führt in kontinuierlichem Anstieg durch dichten Nadelwald mit Douglas-Tannen und Engelmannsfichten, aber auch mit einigen Zitterpappeln. Nach 3,2 km mündet dieser Weg wieder in den bereits bekannten *Winsor Trail*.

6,6 km - Überquerung *Winsor Creek*

Gleich nach der Bachüberquerung zweigt *Trail* #251 links zum *Lake Katherine* und *Spirit Lake* ab. Gehen Sie geradeaus weiter (Richtung Norden) durch lockeren subalpinen Wald zum

7,4 km - *Stewart Lake*

Der See liegt wunderschön mitten im Wald am Fuße des *Santa Fe Baldy*-Massivs. Das Seeufer ist stark erodiert; trotz mehrjährigen Zelt- und Feuerverbots hat sich die empfindliche Pflanzenwelt noch nicht vollständig erholt. Im weiteren Verlauf führt der Weg an einer Lichtung und einem langsam verlandenden See vorbei.

8,4 km - Wegverzweigung

Rechts abbiegen (nach Osten) auf den abwechslungsreichen *Trail* #271, der am Südhang der *Winsor Ridge* durch ein Mosaik unterschiedlichster Pflanzengemeinschaften führt. *Douglas fir forest* und *aspen*-Gruppen wechseln sich mit großen Lichtungen voller Wildblumen ab. Diese geben den Blick frei auf Berge und Hügel der östlichen *Pecos Wilderness*, die mit unendlichen Wäldern bedeckt sind. Der Weg führt langsam bergab. Je tiefer Sie kommen, um so trockener und heißer wird es; ideales Klima für die *ponderosa pine* (Gelbkiefer). Steile Serpentinen schließen die Wanderung ab.

15,6 km - Wegverzweigung; rechts abbiegen

16,4 km - Cowles Picnicground

Die höchsten in der Pecos Wilderness: die Truchas Peaks (bis 3994 m), hier von der Flanke des East Pecos Baldy.

Wanderung 5	***Jacks Creek Campground – Pecos Baldy Lake***
Highlights	Alpine Landschaft, Bäche und Seen
Länge	10,0 km (*one-way*)
Auf-/Abstieg	799 m/12 m
Höchster Punkt	3.499 m
Gesamtdauer	8,5-11,5 Stunden (gut für **2-Tage-Wanderung**)
Ausgangspunkt	*Jacks Creek Campground*, einige Kilometer über *Cowles hinaus* (Anfahrt ➪ Wanderung #4).
Variante	***East Pecos Baldy*** (ab 10 km): Südlich des *Pecos Baldy Lake* über den *Trail* #251 auf den Rücken im Westen, von diesem auf Trail #275 zum Gipfel. Zurück nach *Cowles* geht es auf *Trail* #251 via *Horsethief Meadow.*

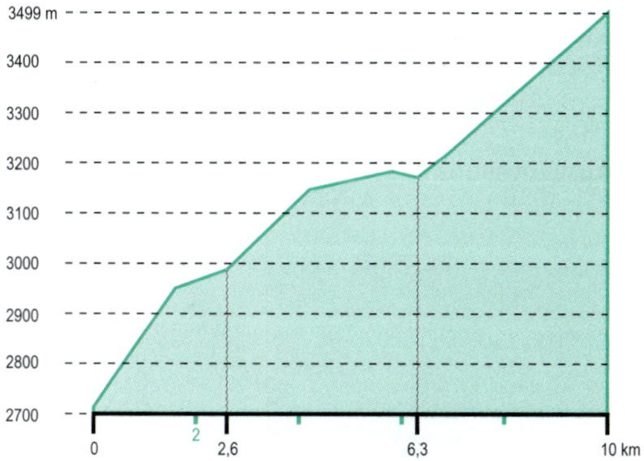

0,0 km - *Jack's Creek Campground*

Trail #25 führt zunächst steil in Serpentinen die östliche Talseite hinauf. Wo es flacher wird, wachsen *wild geranium* (Storchschnabel-Art), *strawberries* (Erdbeeren), *Jakob's ladder* (Jakobsleiter), *golden pea, thimbleberry* (Brombeerenart) und andere Wildblumen.

2,6 km - Wegverzweigung

Auf *Jack's Creek Trail* #257 (links abbiegen) geht es nun über saftige Bergwiesen mit vereinzelten Espen links am *Round Mountain* vorbei. Im Westen sieht man Gipfel wie *Penitente, Lake Peaks* und *Pecos Baldy*. Der Weg führt weiter Richtung Norden.

6,3 km - *Jacks Creek*

Der Weg läuft nun nordöstlich am *Jack's Creek* entlang und überquert ihn. Die Umgebung des Baches ist beliebt bei Backpackern als Zeltplatz. Geradeaus weiter bergauf durch einen subalpinen Wald.

10,0 km - *Pecos Baldy Lake*

Am Ziel: Der *Pecos Baldy Lake* liegt in einem Becken unterhalb des Gipfels *East Pecos Baldy*. Vom Paß nördlich des Sees läuft ein mehrere Kilometer langer, baumloser Rücken, die *Trailrider's Wall*, auf den *Truchas Peak* (3.993 m) zu, den zweithöchsten Berg in New Mexico. Hier sieht man oft *bighorn sheep*.

Auf gleichem Weg zurück

WANDERUNG 6 — *Aspen Basin – Stewart Lake – Pecos Baldy – Cowles – Aspen Basin*

Highlights	Das gesamte landschaftliche Spektrum der *Sangre de Cristo Mountains*
Länge	63,0 km (Rundweg)
Auf-/Abstieg	2.173 m (kumuliert)
Höchster Punkt	3.819 m
Gesamtdauer	25-33 Stunden (mindestens **4-Tage-Wanderung**)
Ausgangspunkt	*Trailhead* beim *Aspen Basin*-Parkplatz, Anfahrt ➪ Wanderung #3.

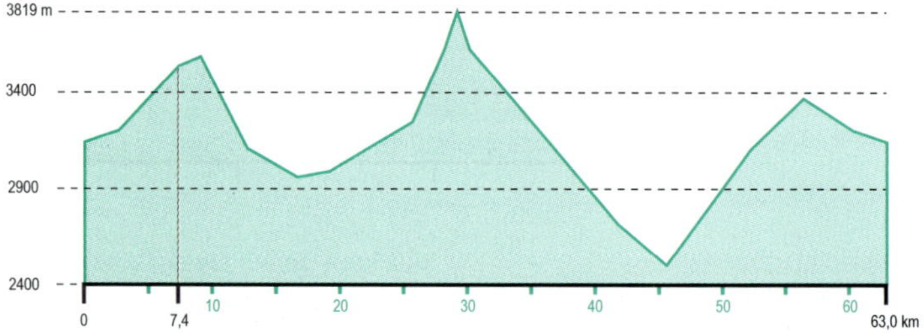

Auf dieser abwechslungsreichen, aber auch ziemlich anstrengenden **4-Tage-Wanderung** erleben Sie die ganze Vielfalt der Landschaftstypen in der *Pecos Wilderness*.

Der **1. Tag** führt über *Puerto Nambe* zum *Lake Katherine* und zum Stewart Lake (*Trails* #254/#251, ➪ Wanderung #4).

Ziel am **2. Tag** ist der *Pecos Baldy Lake* (*Trail* #251) mit einem Abstecher auf den *East Pecos Baldy* (Trail #275, ➪ Wanderung #5).

Am **3. Tag** geht es etwas gemächlicher nach Cowles (Trail #257, ➪ Wanderung #4).

Und am **4. Tag** führt der Weg über den Spirit Lake zurück zum Ausgangspunkt *Aspen Basin* (*Trails* #261/#254, ➪ Wanderung #3).

Ziele in der Umgebung von Santa Fe

Bandelier National Monument und Wilderness Area

Kennzeichnung

Das *Bandelier National Monument* schützt die sehenswerteste von zahlreichen Hinterlassenschaften vorkolumbischer Kulturen in der Santa Fe Region. Ähnlich wie im Fall des *Mesa Verde National Park* (➪ Seite 478) handelt es sich bei den Höhlenwohnungen und Grundmauern dieses Nationalmonuments um Reste von Behausungen und Kultstätten der ***Anasazi*-Indianer**, die im 12. Jahrhundert die fruchtbaren Canyons des *Pajarito-Plateau* besiedelten. Kurz vor dem Auftauchen der Spanier verließen sie – aus ungeklärten Gründen – diese Dörfer und bauten *Pueblos* am Rio Grande. Der schweizerisch-amerikanische Gelehrte ***Adolph F.A. Bandelier*** entdeckte die Ruinen im "Tal des Bohnenflusses" (*Rio de los Frijoles*) 1880. Seine Novelle *The Delightmakers* beschreibt das Alltagsleben der Indianer.

Bereits **1916** wurde ein großes Areal von ca. 133 km^2 auf der Hochfläche und in den Tälern zum *National Monument* erklärt und nach dem Entdecker benannt. Gut zwei Drittel der Fläche genießen seit **1977** besonderen Naturschutz als ***Wilderness Area***.

Hinter dem *Visitor Center* mit Museum beginnt der ***Frijoles Ruins Trail*** (2,5 km) vorbei an freigelegten Relikten von *Kivas* (unterirdischen Zeremonienräumen) und mehrstöckigen Lang- und Rundbauten zu Höhlenwohnungen, die hier mit Anlehnhäusern kombiniert

Pictogramme in der Painted Cave, im "Backcountry" des Bandelier National Monument.

wurden. Stufenpfade und hölzerne Leitern erlauben das Durchklettern der überwiegend gut erhaltenen kleinen Quartiere in und an den Felswänden aus porösem Tuffstein. Zwei Stunden sollte man dort mindestens einplanen, am besten spätnachmittags, wenn der Betrieb nachläßt und besonders schöne Lichtverhältnisse herrschen.

Trails

Das wilde ***backcountry*** hat Archäologen (z.B. die *Painted Cave* oder der *Stone Lions Shrine*) und Wanderern einiges zu bieten. Mehr als 100 km Wanderwege führen zu kaum besuchten *Canyons*, zum Rio Grande und über die *Mesa* voller *piñon-juniper*-Bestände. Empfehlenswert sind besonders der rauhe ***Tsankawi Ruins Trail*** zu *Cave Dwellings* abseits der Hauptruinen und der (ruinenlose) ***Falls Trail***, der an zwei Wasserfällen vorbei bis ans Ufer des *Rio Grande* läuft.

Anfahrt

Das *Bandelier National Monument* liegt 42 mi nordwestlich von Santa Fe. Anfahrt auf den autobahnähnlichen Straßen #*285* und #502 Richtung Los Alamos. Ca. 6 mi östlich vor Los Alamos abbiegen auf die Straße #4 Richtung White Rock. Auf schöner Strecke sind es dann noch ca. 12 mi in südwestliche Richtung. Das ***Visitor Center*** befindet sich im *Frijoles Canyon*; die Zufahrt ist asphaltiert.

Permits

Für Tageswanderungen benötigt man kein *Permit*, wohl aber für mehrtägige Ausflüge ins *backcountry* – erhältlich im *Visitor Center*.

Infrastruktur

Oberhalb des *Canyon* liegt der sehr schön angelegte, aber relativ einfache ***Juniper Campground***. Von dort gibt es einen 2,5 km langen ***Trail*** hinunter in den *Frijoles Canyon*. Ein sporadischer Busservice sorgt für den Rücktransport (Zeiten an der *Entrance Station*).

Informationen

Bandelier National Monument, HCR 1, Box 1, Los Alamos NM 87544, ***Visitor Center*** im *Monument*, © (505) 672-0343.

Chama River Canyon Wilderness (*Santa Fe National Forest*)

Kennzeichnung

Wälder, Canyons und Flüsse bestimmen den Charakter der erst 1978 dazu erklärten *Chama River Wilderness* (204 km^2); 8 Jahre später erfolgte die "Beförderung" des Flusses zum ***wild and scenic river***.

Sagebrush (Beifuß) bedeckt den Boden der Canyons, *cottonwoods* (Baumwollpappel) und *willows* (Weiden) säumen den Fluß. Die Vielfalt an Pflanzengesellschaften bietet dort Lebensraum für *mule deer*

(Maultierhirsche), *black bear*, *elk* (Wapiti-Hirsche), *mountain lion* (Puma), *badger* (Dachs) und weitere Tiere. Das Gebiet beherbergt ca. 80 Vogelarten, u.a. *bald* und *golden eagle* (Weißkopfseeadler und Steinadler). Eine mehrtägige Wanderung mitten durch die *Wilderness* am Fluß entlang verbindet *Heron Lake*, *El Vado Lake* (an beiden *State Park Camping*) und *Abiquiu Reservoir*.

Für erfahrene **Wassersportler**: der *Chama River* kann fast von seinen Ursprüngen ab der Grenze Colorado/New Mexico (bei Chama an den Straßen #84/#17) bis zum *Rio Grande* mit Kanus und Schlauchbooten befahren werden.

Wer der *Forest Road #151* (⇨ unten) bis zum Ende folgt, gelangt zum ***Christ of the Desert Monastery***, einem Kloster in der ruhigen Abgeschiedenheit des *Canyon*, in dem mehrmals täglich gregorianische Gesänge erschallen. Respektvolle Besucher sind willkommen.

Anfahrt und Zugang

Der Chama River fließt im Nord-Süd-Verlauf östlich der *Continental Divide* (Wasserscheide) von Colorado durch New Mexicos zentralen Norden und mündet in den Rio Grande bei Espanola ca. 27 mi nördlich von Santa Fe. Die Straße #84 folgt zunächst seinem Verlauf bis über das Nest Abiquiu hinaus (ab Santa Fe 47 mi). Nördlich von Abiquiu zweigt die *Forest Road #151* nach Westen ab. Von dort sind es nur noch wenige, teilweise rauhe Meilen bis zur *Wilderness Area*.

Camping

Entlang des *Chama River* gibt es einfache *Campgrounds*.

Informationen

Santa Fe National Forest, *Coyote Ranger District*, PO Box 160, Coyote, NM 87012, ✆ (505) 638-5547.

Ein Traum für erfahrene Kanu- und Schlauchbootfahrer: Der Chama River nordwestlich von Santa Fe.

Von einst weniger als 1.000 hat sich ihre Zahl wieder auf etwa 60.000 erholt: der bison (Büffel). Die meisten allerdings leben in Gehegen

Pawnee National Grassland

Vogelparadies am Rand des einst grössten Ökosystems Nordamerikas

Wo die *Rocky Mountains* jäh nach Osten abfallen, beginnt das einst größte zusammenhängende Ökosystem (➪ Seite 514ff) der Vereinigten Staaten, das über Tausende von Kilometern über die Flußebenen des Mississippi hinaus bis an die Großen Seen reicht.

Prärien

Gräser, die vor ca. 70-80 Mio. Jahren entstanden, waren so erfolgreich, daß man sie heute auf jedem Kontinent außer in der Antarktis finden kann. Prärien, Steppen und Pampas, wie man sie auch nennen mag, bedecken ein Viertel der Erdoberfläche. Im Osten von Colorado und New Mexico, am Westrand der sog. *Great Plains*, reicht der Regen nur für die Ausbildung einer ***shortgrass prairie*** (Kurzgrasprärie). Erst weiter im Osten, wo die Niederschläge höher sind, findet man die *tallgrass prairie* (Langgrasprärie) mit Gräsern bis zu 3 m Höhe. Dazwischen liegt die *mixed prairie* (gemischte Prärie).

Kennzeichnung *Pawnee Grassland*

Das *Pawnee National Grassland*, rund 100 km Luftlinie östlich der *Rockies* und ebensoweit nördlich von *Denver* entfernt nahe an der Grenze zu Wyoming, besteht überwiegend aus *shortgrass prairie.* Nur 781 km^2 seiner Gesamtfläche von 3.136 km^2 sind öffentliches Land, der größere Rest befindet sich in Privathand. Die aus anderen Gebieten unter Verwaltung des *National Park Service*` gewohnte Infrastruktur fehlt fast ganz: kein aufwendiges *Visitor Center*, keine *Viewpoints*, nicht ein einziger *Campground* und auch kein Wanderwegnetz. Und so zieht denn dieses *Grassland* ganz andere Besucher an als die dramatischen Landschaften weiter westlich.

Auf den ersten Blick mögen die endlosen, nur von Gras und Büschen bewachsenen Flächen langweilig erscheinen. So weit ist das Land, daß es kaum einen Horizont gibt, so weit der Himmel, daß keine noch so gewaltige Gewitterwolke ihn abdecken könnte. Dort kann man nacherleben, was die ersten weißen Siedler gefühlt haben müssen, als sie – auf dem Weg nach Oregon oder Kalifornien – mit ihren Karren durch diese Weiten zogen und manche sich niederließen.

Für die Siedler waren die Prärien ein hartes Land, trocken vor allem, denn Regenwolken entladen sich meist über den *Rocky Mountains*. Fällt aber einmal ein starker Regen, wird das Wasser kaum vom Boden gehalten und fließt schnell ab. Kein Hindernis bremst den stetig blasenden Wind. Während einer Dürreperiode in den 30er-Jahren erwarb sich die Region (westliche und mittlere Prärien) denn auch den Ruf einer *dust bowl* (Staubschüssel). Trotzdem wurde und wird sie nach wie vor landwirtschaftlich genutzt.

Pawnee National Grassland - Karte Seite 517

Pawnee Buttes

Dominantes Landschaftselement im flachen Terrain sind die *Pawnee Buttes*, zwei knapp 100 m hohe Felsformationen, die nach einem früher dort ansässigen Indianerstamm benannt wurden. Sie bilden zentrale Orientierungspunkte für alle, die abseits der Straßen und Wege das *Grassland* auf eigene Faust erkunden. Die *Buttes* gehören zu den reichhaltigsten Fundorten der Welt für Wirbeltier-Fossilien.

Flora und Vogelwelt

Im *Pawnee National Grassland* wachsen 25 Sorten Gräser, zahlreiche Büsche sowie Kakteen und unzählige Wildblumen. Entlang vereinzelter Wasserläufe halten sich auch einige Bäume. Das *Grassland* beherbergt außerdem über 230 Vogelarten und ist besonders bekannt für seinen Bestand an Raubvögeln – es gehört in den USA zu den ***top ten* der Vogelbeobachtungsgebiete**.

Die landschaftsdominierenden Pawnee Buttes ragen etwa 250 m aus der Prärie. Sie bieten wichtige Nistgelegenheiten für Greifvögel.

Prärie - Welt im Untergrund

Die nordamerikanische Prärie: Ziel vieler Auswanderer, Symbol des amerikanischen Westens. Für die europäischen Immigranten war die Prärie wahrgewordener Traum. Alles, was sie sich erhofft hatten, wurde ihnen dort gegeben: Fruchtbarkeit, Produktivität und viel Platz für neue Siedlungen. Dank der unglaublichen Ergiebigkeit der Böden gehörten und gehören die **Nahrungsmittelpreise in den USA** (im Verhältnis zur Kaufkraft der Bürger) **zu den niedrigsten der Welt**. Der Anteil an Zeit und Energie, der in die Produktion von Lebensmitteln investiert werden muß(te), war und ist deutlich geringer als in vielen anderen Ländern dieser Erde.

Amerika konnte sich daher über lange Jahre intensiv anderen Herausforderungen stellen, etwa der Technologieentwicklung. Dies erst ermöglichte es den USA, zur globalen Supermacht aufzusteigen. Es erscheint kaum übertrieben, zu sagen, daß die heutige Bedeutung der Vereinigten Staaten zu einem wesentlichen Teil buchstäblich in der Prärie wurzelt.

Das sichtbar wogende Meer aus Gras stellt nur den kleineren Teil der **Biomasse** der Prärie dar; 75%-85% liegen unter der Erdoberfläche. Eine einzige Graspflanze kann ein Wurzelwerk ausbilden, das so groß wie ein Wigwam ist und bis zu 6 m tief reicht. Diese Wurzeln durchdringen den Boden derart dicht, dass die Siedler "**lebende Ziegel**", *sods*, aus dem Boden stechen und damit in der baumlosen Prärie Häuser bauen konnten. Dieses unterirdische Wurzel-Leben überdauert lange Trockenheiten, Beweidung, Tritt und Feuer. An ihrem Ende bilden die Wurzeln ein Netzwerk feinster Haarwurzeln. An deren mikroskopischen Spitzen wiederum wächst ein noch feineres Netzwerk von Pilzen (*Mykhorriza*). Gegen ein paar Kohlehydrate als Entgelt extrahieren diese Pilze Mineralien und Wasser aus Rissen, in die nicht einmal die Haarwurzeln der Pflanzen zu dringen vermögen.Die Wirksamkeit des Wurzelsystems wird durch diese Symbiose um den Faktor 5 erhöht.

Der riesige, unsichtbare **Wurzel-Dschungel** ist indessen nur ein Teil des Lebensraumes "Prärieboden". Myriaden von Tieren tragen zu dieser erstaunlichen Gemeinschaft und ihrer Produktivität bei. Unzählige Milben, andere Insekten, Würmer und Bakterien "streifen" durch die dunkle "Unterwelt". Zusammen erreichen sie fast das

Im Regenschatten der Rockies gedeiht "lediglich" die shortgrass prairie, erst weiter im feuchteren Osten, in der Zone der tallgrass prairie, ist intensivere Landwirtschaft möglich.

das Gewicht ihrer fernen Verwandten über dem Boden (inklusive solcher Riesen wie der Bisons). Pausenlos graben die kleinen Kreaturen Tunnel, lockern den manchmal betonharten Boden auf, belüften, vertilgen und scheiden ihn – angereichert mit Harnstoff und Aminosäuren – wieder aus.

Wenn man das Mikroskop auf stärkere Vergrößerung stellt, entdeckt man noch kleinere Lebewesen. **Cyanobakterien** (blaugrüne Algen), uralte, einzellige Lebensformen, bereichern den Boden mit verwertbarem Stickstoff, der sich bei Gewittern bildet und mittels Regentropfen in den Boden dringt. Um den Kreislauf zu schließen, verspeisen Nematoden (Würmer) die Bakterien. Diese wiederum werden von anderen Bewohnern des verschlungenen Labyrinths in Schach gehalten.

Während 10.000 Jahren speicherte die Prärie die Kraft der Sonne in Form von Biomasse. Studien schätzen, daß die Prärie (bezogen auf die gleiche Fläche) doppelt soviel Kohlenstoff speichert wie Wald. Die Menschheit hatte zwar schnell gelernt, diese Fruchtbarkeit zu nutzen, aber Jahrzehnte intensiver Bewirtschaftung führten zum Verlust der Pflanzen- und Tiervielfalt.

Unvorstellbare Mengen des Bodens wurden weggeschwemmt. Heute muß immer mehr Dünger und Herbizid eingesetzt werden, um die Erntemenge stabil zu halten. Es überrascht nicht, daß Forscher und Bauern vermehrt zu den Rezepten der Natur greifen. Z.B. werden Grasmischungen verwendet, die Trockenheiten besser überstehen als Monokulturen. Auch stellte sich heraus, daß die ursprüngliche Fauna am besten an die Prärie angepaßt ist und am meisten Ertrag bei geringstem Schaden liefert. So entstehen immer mehr Ranches, die sich der Zucht von Tieren widmen, die dort einst heimisch waren, etwa von Büffeln. Auch wenn dadurch der Mythos des wilden und freien Tieres verloren gehen mag, könnte es für den Bison ein Comeback bedeuten.

Reiseplanung

Anreise

Zug

Nächste Bahnstation ist **Denver** an der Strecke San Francisco–Chicago, die in jeder Richtung einmal täglich bedient wird.

Von der *Amtrak*-Station verkehrt – koordiniert mit der Zugankunft/-abfahrt – ein Bus der *Powder River Transportation Services* im Auftrag der Eisenbahngesellschaft über **Fort Collins**, 62 mi nördlich von Denver, nach Cheyenne und Laramie/Wyoming. Von dort geht es dann nur noch per Taxi, Mietwagen oder Bike weiter, ➪ unten.

Bus

Greyhound fährt zweimal täglich auf der Route Denver–Cheyenne/ Wyoming über **Greeley**, 55 mi nordöstlich von Denver, und **Ault** noch 15 mi weiter (dort *Flagstop* – Bus muß abgewinkt werden). Auch von dort nur weiter mit Bike, Mietauto oder Taxi, z.B. *Shamrock Yellow Cab*, ✆ (970) 686-5555.

Flugzeug

Der *Denver International Airport ist* nicht weit. Von dort sind es mit Mietwagen ca. 10 mi weniger zum *Pawnee Grassland* als von *Downtown*. Per *Amtrak* oder *Greyhound* geht es immer über die City.

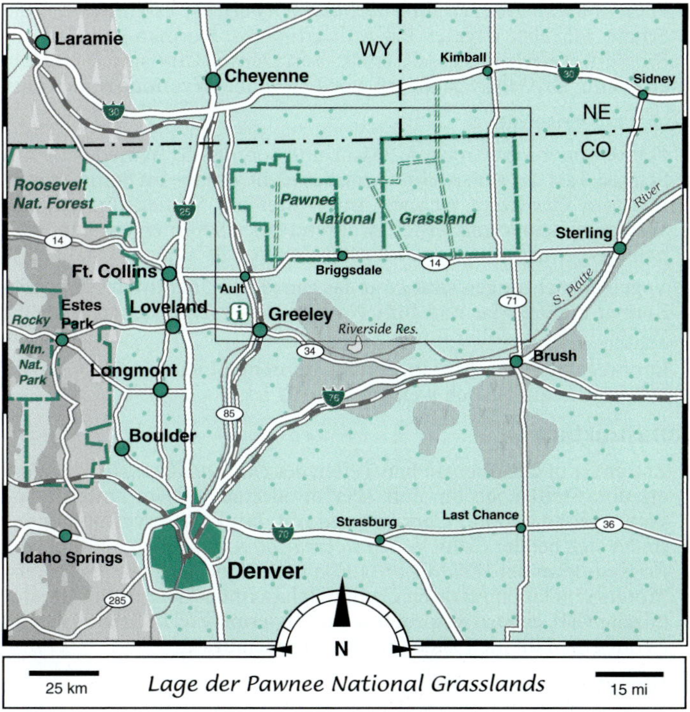

Lage der Pawnee National Grasslands

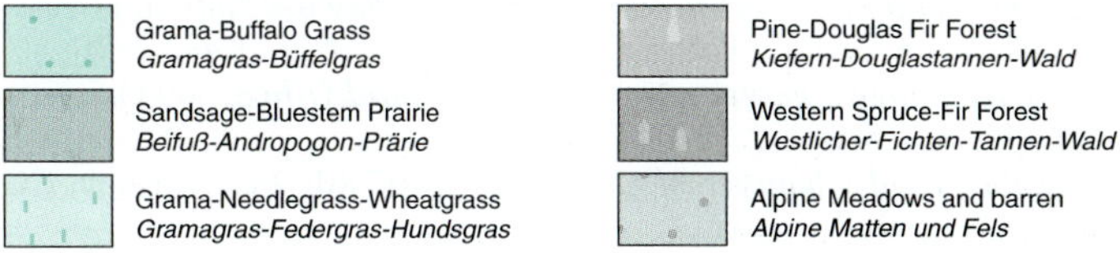

Pawnee National Grassland - Karte Seite 517

Mietwagen

Alle bekannten Autoverleiher sind in *Denver* vertreten; in Fort Collins bzw. Greeley ist das Angebot begrenzt. Wer nicht gerade sein Bike dabei hat, kommt ohne Mietwagen nur schwer und unter Zeitverlust und Inkaufnahme höherer Kosten zum *Pawnee Grassland*.

Anfahrt

Von *Downtown Denver* führt der rascheste Weg zunächst auf der *Interstate* #25 nach Norden (Fort Collins/Cheyenne), ab Exit #269 auf der Straße #14 über Ault nach Osten/Briggsdale, dem Ausgangspunkt für Ausflüge in die Prärie.

Fährt man ab ***Denver International Airport***, ist es sinnvoller, der Straße #85 über Greeley bis Ault zu folgen, wo man dann auf die Straße #14 nach Briggsdale stößt. Von Denver-City sind es dorthin ca. 95 mi, ab *Airport* ca. 85 mi, von Cheyenne/Wyoming rund 55 mi.

Klima und Reisezeit

Die Sommer sind trocken, warm und sonnig, die Winter kalt mit Schnee. Fast das ganze Jahr über ist es recht windig. Im Sommer muß man mit Gewittern rechnen, im Winter mit Schneestürmen. Das Wetter ist sehr veränderlich; während eines Sommergewitters können die Temperaturen in kürzester Zeit von 35°C auf 5°C fallen.

Vogelbeobachtungen sind zwar das ganze Jahr über interessant, aber Kenner ziehen Mai und Juni vor – in dieser Zeit stehen auch die Wildblumen in voller Blüte.

In unregelmäßigen Abständen tritt immer mal wieder ein Dürrejahr auf, in dem ein Besuch weniger ergiebig ist.

Infrastruktur

Zelten ist in den öffentlichen Teilen des *National Grassland* überall erlaubt. Stellen Sie Ihr Zelt aber mindestens 500 m entfernt von Wassertanks auf. Ein ***Campground*** mit Trinkwasserversorgung befindet sich bei der *Crow Valley Recreation Area*, 400 m nördlich von *Briggsdale* an der *Weld County Road* #77. Eine ganze Reihe **Hotels/ Motels** und einen privaten Campingplatz findet man in/bei **Greeley** (Straße #34), ebenso Restaurants und Supermärkte. In **Briggsdale** gibt es nur einen kleinen Laden für das Notwendigste.

Informationen

Arapaho and Roosevelt National Forest und Pawnee National Grassland, 1311 S College, Fort Collins, CO 80524, © (970) 498-2770

District Ranger, Pawnee National Grassland Office, 660 O-Street, Greeley, CO 80631, © (970) 353-5004

Greeley/Weld Chamber of Commerce, 1407 8th Ave, Greeley, CO 80631, © (902) 352-3566.

Kurzinfos Outdoors

Wandern

Im *Grassland* ist der Geist der Pionierzeit ist dort noch allgegenwärtig. Verlassene und verfallene Farmhäuser zeugen vom harten Leben in der Prärie. Solange man auf öffentlichem Land bleibt, darf man querfeldein durch die Prärie wandern. Ein kurzer populärer Wanderweg führt zu den *Pawnee Buttes*, ➪ Seite 528.

Permits

Permits irgendwelcher Art werden für den Besuch des *Pawnee Grassland* nicht benötigt. Jedes Jahr ab 1. März bis 30. Juni ist jedoch der Zugang zu den Klippen bei den *Pawnee Buttes* eingeschränkt, um brütende Greifvögel zu schützen. Weitere Schließungen betreffen bestimmte Zonen zwischen April und Juli zum Schutze der *mountain plover* (Berg- oder Prärieregenpeifer). Wegen hoher Brandgefahr dürfen keine offenen Feuer gemacht werden.

Von der Front Range der Rocky Mountains erstreckt sich die Prärie etwa 1.500 km bis Chicago. Natürlich kann man auch kürzere Wanderungen unternehmen.

Radfahren, Mountain Biking

Mountain Biking ist zwar nicht gerade der treffende Ausdruck für Radsport in der Prärie, wird aber dessenungeachtet immer beliebter. Im Büro des *National Forest* in Greeley gibt es eine Broschüre zu einer 58 km langen Vogelbeobachtungstour (***36 mi Pawnee Self Guiding Birding Tour***). Querfeldeinfahrten empfehlen sich nur, wenn Sie gerne Fahrradreifen reparieren (Kakteenstacheln). **Fahrräder** können in Greeley gemietet werden.

Pawnee National Grassland - Karte Seite 517

Besondere Tips

Relaxing

Erholung pur: Nehmen Sie Ihr Fernglas, eine Kühlbox mit Getränken und einen Sonnenschirm, suchen Sie sich einen bequemen Sitzplatz und machen Sie für ein paar Stunden Safari in der Prärie.

Einen interessanten Einblick in das entbehrungsreiche Leben der einstigen Pioniere bietet in Greeley das ***Centennial Village Museum*** mit fast 30 Gebäuden aus der Zeit von 1860 bis 1920; 1475 A-Street, © (970) 350-9224.

Für Kids (aber nicht nur)

Hier geht es um alle Sinne. Man nehme ein lichtundurchlässiges Tuch, und binde es der ausgewählten Person, der/die bequem sitzt, um die Augen. Um den **Tastsinn** zu testen, reicht man dem "Opfer" verschiedene Objekte: wie fühlt sich z.B. ein Yuccablatt an? Rauh, glatt, scharfe oder runde Kanten, trocken, feucht, glitschig etc.? Vielleicht sollte man zur Erprobung des Fingerspitzengefühls nicht gerade mit einem stacheligen Kaktus beginnen ...

Als nächstes kommt der **Geruchssinn** an die Reihe; wie riecht ein zerdrücktes Beifußblatt? Ist sein Geruch leicht von anderen Pflanzen zu unterscheiden? Wie riecht ein Stein?

Den **Gehörsinn** in der windigen Prärie zu testen, stellt eine besondere Herausforderung dar. Sie werden erstaunt sein, welche Vielfalt von Geräuschen Sie wahrzunehmen beginnen, z.B. den Schrei eines Habichts oder das Heulen eines Kojoten.

Mit solchen Übungen bringen Sie intensive und lang anhaltende Erinnerungen mit nach Hause, quasi multimedial.

Für Gourmets

Geheimtip von *Jeff Losche*, *Ranger* im *Pawnee National Grassland*: ***Potato Brumbaugh's***, benannt nach einer Figur in *James Mitcheners* epischen Roman *Centennial* (spielt in der Gegend), spezialisiert auf *Steaks und Potatoes*, 2400 17th Street, Greeley, © (970) 356-6340.

Literatur und Karten

The Audubon Society Nature Guides: Grasslands, Lauren Brown, Alfred A. Knopf, Inc.

Colorado: The Place of Nature, the Nature of Place, Thomas P. Huber, University Press of Colorado

From Grassland to Glacier, The Natural History of Colorado, Cornelia Fleischer Mutel, John C. Emerik, Johnson Publishing Co.

Pawnee National Grassland, 1:126.720-Karte (nicht topographisch), *US Department of Agriculture, Forest Service*

Natur im Grassland

Geologie

Fossile Pferde und Nashörner

In der **Kreidezeit**, vor 70 bis 90 Mio. Jahren, war das heutige *Pawnee National Grassland* von einem großen Meer bedeckt. **Sedimente** lagerten sich Schicht über Schicht auf dem Meeresgrund ab. Später, als die Erdkruste sich hob und das Meer zum Verschwinden brachte, deponierten Flüsse weitere Ablagerungen (*Layers*). Die Sedimente verdichteten sich zu Sandstein und Ton. Sie sind heute noch in den *White River, Arikaree* und *Ogallala Layers* im *Pawnee National Grassland* gut erkennbar.

Vor etwa 5 Mio. Jahren wurde die Erdkruste ein weiteres Mal mehrere hundert Meter angehoben. Die verstärkte Erosion trug aber rasch Schicht um Schicht wieder ab – nur vereinzelte Felstürme, ***Buttes***, widerstanden und markieren heute die Höhe der ehemaligen Erdoberfläche, unter ihnen die ***Pawnee Buttes***.

Das Gebiet um die *Pawnee Buttes* gehört zu den **ergiebigsten Fundstätten für Fossilien in der Welt**. In den *White River*-Schichten wurden Überreste von mehr als hundert Wirbeltierarten entdeckt, z.B. mehrere Arten von Pferden (einige davon mit drei Zehen) und Zwergpferden, Nashörnern, ausgestorbene Schweine- und Kamel-Arten, von einem flußpferdähnlichen Tier, Schildkröten, großen Geiern und Kormoranen. (Fossilien dürfen untersucht, aber nicht mitgenommen werden.)

Der Himmel über den Grasslands

Neben dem Boden und der Erdoberfläche gibt es noch einen dritten Lebens-Raum in der Prärie – den Himmel. Unter Ornithologen gilt das *Pawnee National Grassland* – wie schon erwähnt – als eines der ***Top Ten*** **Gebiete** in den USA für die Vogelbebachtung. Einer der gefährdetsten und am meisten umsorgten Vögel des *Pawnee National Grassland* ist der ***mountain plover*** (Berg- oder Prärieregenpfeifer, *Charadrius montanus*), ein langbeiniger, sandbrauner Vogel, der Rücken dunkler als der Bauch, 20-24 cm lang, mit einem taubenähnlichen Schnabel. Seine ruckartigen Bewegungen sind charakteristisch für die ganze Vogelfamilie. Was den *mountain plover* jedoch nicht davor bewahrte, eine ganze Reihe von irreführenden Namen zu erhalten: der englische Name *plover* leitet sich zwar vom lateinischen Wort für Regen (*pluvia*) ab, sein Habitat ist jedoch die trockene Prärie. "*Charadrius*" wurde von Aristoteles geprägt und beschreibt einen Wasservogel, obwohl man den *mountain plover* in der Nähe von Wasser gar nicht antrifft. Und "*montanus*" will auch nicht recht zur Prärie passen.

Wie auch immer, der *mountain plover* ist ein neotropischer Zugvogel (*neotropical migratory bird*), der in Nordamerika brütet, den Winter jedoch in Mittel- oder Südamerika verbringt. 1991 lebten nur noch einige tausend dieser Vögel auf dem nordamerikanischen Kontinent, und das *Pawnee National Grassland* ist **eines der wenigen verbliebenen Rückzugsgebiete**. Sein Nest ist unauffällig – ein wenig Scharren auf einer ebenen Fläche hinterläßt eine kleine Mulde, die mit Wurzeln und Gras ausgelegt wird. **Brütende Vögel der Art reagieren extrem empfindlich auf Störungen durch Menschen**. Selbst ein sehr behutsamer, relativ distanzierter Fotograf genügt schon, um die Mutter vom Nest fernzuhalten. Hat der Fotograf sein Bild geschossen und entfernt sich wieder, kehrt die Vogelmutter zwar zum Nest zurück, aber auch eine Abwesenheit von nur wenigen Minuten kann bereits zu lang gewesen sein: die Jungvögel halten die pralle Sonne nur kurz aus. In solchen Fällen ist die Kamera so tödlich wie ein Gewehr! Benutzen Sie deshalb Ferngläser und nur Teleobjektive großer Brennweiten. Falls Sie mit dem Auto unterwegs sind, verlassen sie es nicht. Forschungen haben ergeben, daß sich *mountain plover* bereits durch eine Annäherung auf 200 m gestört fühlen! Aus diesem Grund sind Teile des *Pawnee National Grassland* in der kritischen Nistzeit zwischen April und Juli geschlossen.

Killdeer (Keilschwanzregenpfeifer): Nähert sich ein Räuber seinem Nest, täuscht er eine Verletzung vor, schleppt sich über den Boden, oft mit nur einem Fuß und scheinbar gebrochenem Flügel. Wirkt es, fliegt er davon.

Neotropische Zugvögel wie der *mountain plover* benutzen oft vorbestimmte Flugrouten, sog. ***flyways***, um zwischen ihren Wintergefilden in Mittel- und Südamerika und ihren Brutgebieten in Nordamerika hin- und herzufliegen. Von den wichtigsten vier *flyways* benutzt der *mountain plover* den *central flyway* im Westen der Prärie (die anderen drei sind *Atlantic, Mississippi* und *Pacific flyway)*. Die Vögel fliegen häufig in der Nacht und machen von verschiedensten

Navigationstechniken Gebrauch: Sterne, sichtbare Geländemarken, die Sonne, polarisiertes Licht, das Magnetfeld der Erde, und möglicherweise sogar *Infrasound*, Schallwellen extrem niedriger Frequenz, wie sie von Brandung oder von Wasserfällen ausgehen. Einige Zugvögel sind wahre Langstreckenflieger: Der *Swainson's hawk* (Präriebussard) legt auf seiner Reise vom Nordwesten Nordamerikas nach Argentinien (retour) bis zu 27.000 Kilometer zurück!

In den letzten 10 Jahren haben die **Bestände der neotropischen Zugvögel in Nordamerika um 75% abgenommen**. In New Mexico findet sich der *mountain plover* auf Platz zwei der Liste der bedrohten neotropischen Zugvögel. Hauptgrund ist der Verlust ihres Lebensraumes in Nord- und Südamerika durch Landwirtschaft, Straßen und Verstädterung. In speziellen Projekten sollen jetzt Netzwerke geschaffen werden, um kritische Habitate zu schützen. Das ***Western Hemisphere Shorebird Reserve Network*** etwa ist ein neues Projekt unter Führung der *National Audubon Society*, des *Monomet Bird Observatory*, des *World Wildlife Fund*, und der *International Association of Fish and Wildlife Agencies*. Es versucht, wichtige Ruheplätze entlang den Flugrouten der Küstenvögel *(shorebirds)* wie z. B. Strandläufer oder Regenpfeifer zu schützen.

Nur wenn es gelingt, unseren Planeten mit allen Tier- und Pflanzenarten fair zu teilen, haben wir eine Chance, auch in Zukunft derart unterschiedliche und vielfältige Lebensräume wie Prärien, Feuchtgebiete oder Küsten zu bewundern und zu genießen.

Pflanzen und Tiere: Nur Gras?

Wurzelsysteme

Im *Pawnee National Grassland* leben über **400 Pflanzen- und 230 Vogelarten**. Dominierend unter den etwa 25 Gräsern sind das *blue grama* (Blaues Haarschotengras) und das *buffalo grass* (Büffelgras), zwei nahrhafte Futterpflanzen. Wind spielt eine entscheidende Rolle in diesem Ökosystem: er verbreitet Feuer und entzieht der Vegetation Feuchtigkeit. Ein weiteres wichtiges Element ist Feuer: es bewahrt die Prärie vor Verbuschung und führt die Nährstoffe aus den abgestorbenen Pflanzenteilen wieder dem Boden zu, was ein kräftiges Graswachstum fördert. Dank eines weitreichenden **Wurzelsystems** überleben die Gräser selbst dann, wenn große Teile der oberirdischen Pflanzenmasse durch Feuer oder Beweidung zerstört werden. Neues Wachstum wird durch die im Wurzelsystem gespeicherte Energie ermöglicht. Trotz dieser Vitalität und Anpassungsfähigkeit hat die langanhaltende Überweidung aber große Teile der Prärie zerstört; ⇨ im einzelnen auch das Essay ab Seite 514ff.

Pawnee National Grassland - Karte Seite 517

Präriefauna

Da nur wenige Bäume Lebensraum und Schutz bieten, haben sich viele Tiere buchstäblich **in die Erde zurückgezogen**, z.B. *prairie dogs* (Präriehunde), *ground squirrel* (Erdhörnchen), *weasel* (Wiesel), *ferrets* (Frettchen), *badger* (Dachs), und sogar ein Vogel, die *burrowing owl* (Kanincheneule). Von den gewaltigen Büffelherden, die einst über die Prärie streiften, blieben nur noch kleine Reste. Viele Beutetiere haben eine ähnliche Entwicklung durchgemacht wie ihre Verwandten in der afrikanischen Steppe und Savanne: sie verlassen sich auf ihren Sehsinn, um Räuber auszumachen, und auf ihre Geschwindigkeit, um ihnen zu entkommen. Dazu gehören *pronghorn antelopes* (Gabelböcke), das schnellste Tier Nordamerikas, *jackrabbits* (kalifornische Eselshasen), *swift fox* (Swiftfuchs) und andere Tiere.

Praire dogs (Präriehunde) sieht man am ehesten in den kühlen Morgen- und Abendstunden; während der Hitze des Tages ziehen sie sich in ihre Bauten zurück.

Umwelt

1,6 Mio km² Prärie - einst und jetzt

Vor der Ankunft der europäischen Siedler bedeckte die Prärie rund **1,6 Mio km²** zwischen *Rocky Mountains, Mississippi* und den *Great Lakes*. Dazu kamen noch Prärien in Kalifornien, zwischen den Bergketten der *Rocky Mountains* und weitere Bereiche im Osten. Heute sind davon nur noch klägliche Reste übrig – oft in Blöcken von nur wenigen Quadratkilometern! Und da die ursprüngliche Fauna (wie Bison, Gabelbock, Frettchen etc.) in keinem der Refugien integral erhalten ist, muß das Prärie-Ökosystem der USA weitgehend als **funktionell verschwunden** angesehen werden.

Conservation Reserve Program

Nicht zuletzt, weil man sich zu lange auf besonders attraktive Landschaften konzentrierte, wenn es um die Errichtung von *National Parks* oder *Wilderness Areas* ging, vernachlässigte man andere, ebenfalls schutzwürdige Gebiete wie zum Beispiel die *Grasslands* in den Prärien. Erst in den 80er-Jahren hat man deren Einmaligkeit wieder erkannt. Seither wendet sich u.a. das *Conservation Reserve Program (CRP)* vor allem an Farmer. Sein Ziel ist es, die Bodenerosion zu stoppen, den Einsatz von Herbiziden und Pestiziden zu reduzieren, die Bodenfruchtbarkeit langfristig zu schützen und Lebensraum für Tiere und Pflanzen zu erhalten bzw. zu schaffen. Zwischen 1986 und 1992 konnten 143.000 km^2 Farmland in 10-Jahresverträgen ins Programm aufgenommen werden, und 85.000 km^2 Land wurden neu mit einheimischen Gräsern bepflanzt.

Migration und andere Probleme

Die jüngere Geschichte der Region des *Pawnee National Grassland* illustriert deutlich, wie stark die **Landwirtschaft von einem intakten Ökosystem abhängig** ist. Dessen heutiges Gebiet war von den Europäern nicht weniger als **dreimal besiedelt** worden: Die erste Welle von Einwanderern kam in der zweiten Hälfte des 19. Jahrhunderts. Unzureichende Agrartechniken, Dürreperioden und ungünstige wirtschaftliche Rahmenbedingungen führten zu zwei Massenauswanderungen (und anschließender Wiederansiedlung) in der Zeit von 1890 bis 1900 und während der ***dust bowl*** (Dürre) in den 20er- und 30er-Jahren des 20. Jahrhunderts. Viele Familien standen jedoch auch diese schwierigen Zeiten durch und bewirtschaften noch heute das Land.

Außerdem wird an Dutzenden von Stellen Öl und Gas gefördert, um unsere petrochemisch betriebene Gesellschaft in Gang zu halten. Und ein gutes Dutzend Abschußbunker für – auch nach Ende des Kalten Krieges – immer noch einsatzbereite ***Minuteman*-Atomraketen** sind stumme Zeugen einer Gefahr, die die Menschheit erst noch bannen muß.

Bedrohte Arten
Warteliste oder Rote Liste?

Nicht alle Tiere und Pflanzen, die in ihrer Existenz gefährdet sind, werden in den offiziellen Listen der bedrohten Arten, der ***threatened and endangered species***, geführt. Eine Art kann kurz vor dem Aussterben sein, ohne daß wir davon wissen. Andere Arten werden für viele Jahre auf eine "Warteliste" gesetzt, während der die Politiker diskutieren, ob der Schutz dieser Arten die damit verbundenen Ausgaben wert ist. Nur ein paar wenige "Glückspilze" gelangen in die Listen und gewinnen so Schutz auf (einzel-)staatlicher oder sogar gesamtnationaler Ebene der USA.

Unter diesen geschützten Arten finden sich im *Pawnee National Grassland* der ***bald eagle*** (Weißkopfseeadler), der ***eskimo curlew***, ein Brachvogel, und die ***Ute Lady's Tresses***, eine Orchidee. Einige Arten, die als gefährdet betrachtet werden (auf der "Warteliste") und im *Pawnee*-Gebiet leben, sind ***mountain plover*** (Bergregenpfeiffer), ***burrowing owl***, ***Swainson's hawk*** (Präriebussard), ***ferruginous hawk*** (Königsbussard) und ***swift fox***.

Auch viele der neotropischen **Zugvögel** besuchen zu bestimmten Jahreszeiten das *Pawnee National Grassland*.

Stets auf der Hut vor Raubvögeln: die burrowing owl (Kanincheneule).

Von 60 auf 0,001 Millionen in 30 Jahren

Bison (*Bison bison bison*). Die dreifache Wiederholung (!) im lateinischen Namen scheint fast die riesigen Herden zu veranschaulichen, die einst das Gebiet zwischen Alaska und dem Golf von Mexico und zwischen dem östlichen *Oregon* und den *Appalachen* bevölkerten. 1853 schrieb ein regionaler Verwalter:

"Ungefähr 5 Meilen vom Camp bestiegen wir einen Hügel, und über einen weiten Bereich schien jede Quadratmeile ihre Büffelherde zu haben. Ihre Zahl wurde von den Leuten der Gruppe verschieden hoch geschätzt, einige nannten eine halbe Million. Ich glaube, eine Zahl von 200.000 ist nicht übertrieben."

Innerhalb von 30 Jahren wurde in der zweiten Hälfte des 19. Jahrhunderts eine Population von etwa **60 Mio. Bisons von weißen Sport-Jägern fast vollständig abgeschlachtet**. Kaum 1.000 Tiere überlebten – dank der Weitsichtigkeit einiger weniger vernünftiger Leute. Heute gibt es wieder etwa 60.000 Bisons in Nordamerika, wenn auch verstreut auf kleine, meist eingezäunte Areale.

Büffel waren ein **integraler Bestandteil des Ökosystems Prärie**. Ihr Appetit hielt das Gras kurz und stimulierte es zu neuem Wachstum. Wo sie zu eifrig ans Werk gingen und den Boden fast kahl fraßen (was manchmal vorkam), kehrte die Vegetation über verschiedene Phasen (Sukzession) zum ursprünglichen Zustand zurück. Jede Phase bot bestimmten Tieren Lebensraum, *pronghorn antelopes* (Gabelböcke) etwa fraßen die Büsche, die in einer bestimmten Phase wuchsen. Die heutigen **Rinder sind ökologisch kein gleichwertiger Ersatz** für die Büffel, die minderwertiges, proteinarmes Futter besser verwerten und in Biomasse umwandeln können. Mit anderen Worten: Rinder müssen mehr fressen, um an Gewicht zuzulegen. Und Büffelkadaver dienten als Nahrung für andere Tiere, oder wurden zersetzt und als Nährstoffe wieder dem Boden zugeführt.

Ein anderer berühmter Bewohner der Prärie, vor allem der Kurzgrasprärie, ist der ***black-tailed prairie dog*** (Schwarzschwanz-Präriehund, *Cynomys ludovicianus*). Als sehr geselliges Tier lebt er in großen Kolonien oder *towns*. Diese können sich aus kleineren Einheiten, *wards* (Viertel), zusammensetzen, die aus einzelnen Familien oder *coteries* bestehen. 1901 beschrieb ein Forscher in Texas (wo alles ein bißchen größer ist) eine Präriehundestadt, die aus 400 Mio. Tieren bestanden und sich über 65.000 km^2 erstreckt haben soll.

Präriehundbauten sind Bauwerke mit cleverem Design. Die kegelförmigen Erdhügel an den Eingängen dienen als "Wachttürme" und als Schutzwälle bei Überschwemmungen. Wenn trotzdem Wasser in den Bau eindringt, kommen Luftkammern im Tunnelsystem zum Zug. Dank der geschickten Anordnung von Tunneln und Eingängen entsteht eine natürliche Ventilation. Blinde Seitengänge werden mit Gras ausgelegt und dienen als Nistkammern.

Büffel bildeten einst die Lebensgrundlage der Pawnee Indianer

Die Bauten der Präriehunde sind gefragte Quartiere für manch andere Tierart. Die ***burrowing owl*** (Kanincheneule) zieht oft ihre Jungen in verlassenen Bauten auf. Die Vögel scheuen auch nicht davor zurück, junge Präriehunde zu verspeisen; diese wiederum laben sich ganz gern an einem Vogelei. Trotz dieser eigenwilligen Symbiose überleben beide Arten. Ein weiterer Untermieter ist die ***prairie rattlesnake*** (Präriеklapperschlange). ***Harvester ants*** (Ameisenart) häufen ihre Hügel mit Vorliebe auf den Erdhügeln der Präriehunde, diese wiederum benutzen manchmal die Ameisenhügel für eine neue "Grabung". In den Präriehundkolonien finden sich mehrere bodenbrütende Vögel wie z.B. der ***mountain plover*** (Bergregenpfeifer).

Auch **Büffel** halten sich gerne im Gebiet der Präriehunde auf. Dort grasen sie oder wälzen sich im Staub und Sand – dies soll Milben und Insekten abschrecken, sich in ihrem Fell niederzulassen. Gelegentlich zerstören die über 900 kg eines ausgewachsenen Büffelbullen auch Konstruktionen der Präriehunde. Diese nehmen es aber ihren größeren Freunden nicht übel und machen sich meist schnell daran, Schäden wieder zu beheben.

WANDERN IM *PAWNEE NATIONAL GRASSLAND*

WANDERUNG 1 — Zu den *Pawnee Buttes*

Highlights	Prärielandschaft, Vogelbeobachtung, Geologie
Länge	2,4 km (one-way)
Schwierigkeit	leicht
Auf-/Abstieg	30 m/98 m nur Hinweg; Rückweg umgekehrt
Höchster Punkt	1.652 m
Gesamtdauer	1,5-2 Stunden

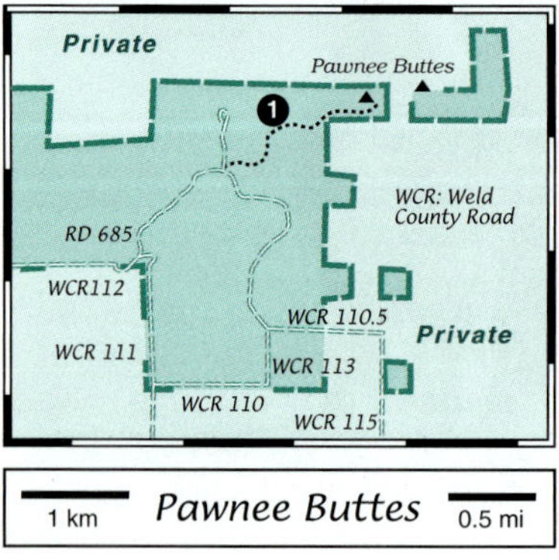

Ausgangspunkt
Von Briggsdale 12 mi weiter auf der Straße #14 nach Osten, dann auf die *Weld County Road* #103 (oder 1 mi weiter auf #105) Richtung Keota. Folgen Sie der Ausschilderung.

Variante
Eastern Butte: Der östliche Felsturm ist nur ca. 800 m vom westlichen *Butte* entfernt – der Weg führt über Privatland, siehe Karte.

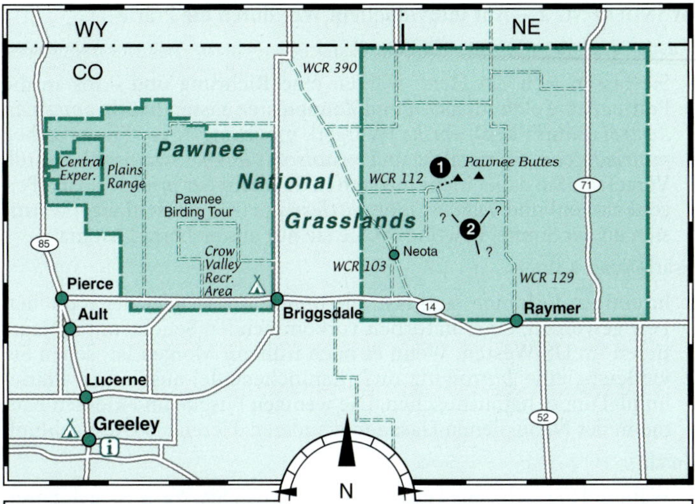

Pawnee National Grasslands

0,0 km - *Trailhead*

Zuerst senkt sich der Weg in ein kleines Tälchen und erreicht bald einen Zaun. Nach Durchquerung des Gatters verzweigt sich der Weg. Rechts können Sie einen Hügel des *Lips Bluff* erklimmen, von wo aus Sie einen guten Blick auf die *Pawnee Buttes* und über die endlose Prärie haben. Der linke Pfad führt weiter nach unten in eine Erosionslandschaft, steigt aber bald wieder auf die Ebene hoch. Im Osten taucht nun der westliche der beiden *Buttes* auf; der Weg führt direkt darauf zu.

1,2 km - *Gully*

Gullies sind tiefe Gräben, die reißende Fluten nach Gewittern in den Boden gekerbt haben. In New Mexico nennt man sie *Arroyos.*

2,4 km - *Western Pawnee Butte*

Die zwei Felstürme erheben sich ca. 90 m über die Prärie. In ihnen nisten Raubvögel wie *prairie falcons* (Präriefalken), *golden eagles* (Steinadler) oder *hawks* (Habichte). Das Besteigen der *Buttes* wird nicht nur deshalb, sondern auch wegen loser Felsbrocken nicht empfohlen, wiewohl nicht direkt untersagt. In den Gesteinsschichten finden sich Fossilien, die man jedoch nicht mitnehmen darf.

Zurück auf gleichem Weg

Wanderung 2 – Auf individuellem Weg durch die Prärie

Ausgangspunkt wie unter Wanderung 1

Sie fassen sich ein Herz, wählen eine Richtung und – los in die Prärie. Auf Telefonmasten und Zaunpfösten rasten häufig *american kestrel* (Buntfalken), *shrike* (Würger), *mourning dove* (Trauertaube), *prairie falcon* (Präriefalke) und *swainson's hawk* (Swainsonbussard). Vergessen Sie dabei nicht die starfen Stacheln der *prickly pears* (Feigenkakteen) und *Yuccas*. Eine *rattlesnake* (Klapperschlange) wärmt sich an der Sonne; bewundern Sie sie nur aus sicherer Distanz.

Präriehund-Kolonie

In einigen Kolonien sind fast alle *prairie dogs* Opfer der tödlichen Pest geworden, einer natürlich vorkommenden Seuche unter Nagetieren im US-Westen. Wenn es noch früh am Morgen ist, sehen Sie vielleicht eine *burrowing owl* (Kanincheneule) aus einem Präriehund-Tunnel heraushuschen. Die wenigen Büsche und kleinen Bäume in der Nähe dienen Hasen und anderen Tieren als Unterschlupf.

Teich

Während Sie sich dem Teich nähern, können Sie Wasservögel, Enten und Küstenvögel (*shorebirds*) wie den *killdeer* (Keilschwanzregenpfeifer) und den *sandpiper* (Strandläufer) beobachten. In der Ferne grast eine Herde *pronghorn antelopes* (Gabelböcke). Sie gehen weiter durch die offene Prärie zu einer

Windmühle

Das Wasser im Tank ist für Rinder bestimmt, aber auch Wildtiere nutzen diese Trinkgelegenheit. Die Zementblöcke im Tank sind als als Rettungsrampen für Nagetiere und Vögel gedacht, die beim Trinken ins Wasser gefallen sind.

Beim Durchqueren von ausgetrockneten Flußbetten entdecken Sie einen *rock wren* (Felszaunkönig). Das melancholisch gespenstische Heulen von Koyoten begleitet Sie auf dem Rückweg.

Die Pawnee Buttes sind auf Wanderungen gute Orientierungspunkte

Die Autoren

Heinz Staffelbach ist promovierter Biologe und war einige Jahre in der biophysikalischen Forschung in Los Alamos (New Mexico) tätig. Heute ist er Umweltberater und nebenbei Reisebuchautor. Seine Leidenschaft sind umständliche, schwere Großformatkameras, mit denen auch viele der in diesem Buch veröffentlichten Dias entstanden.

Magda Rüegg hat Ökonomie studiert. Sie arbeitet als Projektkoordinatorin und in der betrieblichen Ausbildung, wenn nicht gerade wieder das Colorado-Plateau oder die Rocky Mountains rufen.

Die Autoren verfügen über insgesamt sieben Jahre Reiseerfahrung in Nordamerika. Für diesen und einen weiteren Titel (in Vorbereitung) waren sie fast volle 3 Jahre in nahezu allen Nationalparks und Wildnisgebieten im Westen der USA unterwegs und haben dort jeweils Tage und Wochen verbracht. Nur Schneestürme, Bibliotheken (für die Arbeit an den Buchtexten) und gute Freunde (mit *good food* und *fine wines*) hielten sie dann und wann vom Wandern und Leben in den *Outdoors* ab.

Die ersten Manuskriptfassungen (in zunächst englischer Sprache) legten sie Rangern in den jeweiligen Parks und *Wilderness Area*s zur Überprüfung vor. Damit wurden Fehler vermieden und eine Kompetenz gesichert, die schwer zu überbieten sein dürfte.

Zur Zeit leben Magda Rüegg und Heinz Staffelbach – wieder – in der Schweiz auf einem Bauernhof bei Winterthur; ohne Auto, aber mit Haustieren.

REISEPRAXIS
Planung, Vorbereitung und Durchführung einer Reise in die USA

Reiseplanung und -vorbereitung

Einreisebestimmungen, Visa, Führerschein

Reisen bis 90 Tage Dauer

Seit Ende der 80er-Jahre besteht für Bürger der meisten westeuropäischen Länder und einiger weiterer Staaten bei **USA-Reisen bis zu 90 Tagen keine Visumpflicht** mehr, sofern der Aufenthalt in der USA nur besuchsweise erfolgt und ein Ticket mit reserviertem Rückflug innerhalb dieser Frist vorgelegt werden kann. Wer diese Bedingungen erfüllt, braucht zur Einreise in die USA nur noch seinen Reisepass. Dieser muß allerdings noch mindestens 6 Monate Restlaufzeit nach dem Rückflugtermin aufweisen.

Wenn Sie **länger als 90 Tage** reisen wollen, benötigen Sie ein Visum:

Visum für längere Reisen

Beim Visum, von den Amerikanern ***Visa*** genannt, handelt es sich um eine Art "Unbedenklichkeitsbescheinigung", die in den Pass des Antragstellers geklebt wird. Die Prozedur der **Visa-Beschaffung** ist im folgenden beschrieben. **Sie gilt auch für Reisen unter 90 Tagen Dauer von bei uns lebenden Bürgern jener Staaten, die nicht ausdrücklich von der Visapflicht ausgenommen sind**.

Das Visum wird gegen eine vom Dollarkurs abhängige **Gebühr in der jeweiligen Landeswährung** (ca. 75-90 DM; entsprechend in SFr und öS) von den US-Generalkonsulaten erteilt. **Antragsformulare** gibt's in größeren Reisebüros oder

- beim **Visa-Informationsdienst der USA, 63062 Offenbach**, telefonische Anforderung unter © **0190/915000**.
- als **Faxabruf** unter der Nummer **0190 92 110 111** (2,42 DM/min)
- im **Internet** zum Herunterladen: **http://www.us-botschaft.de**.

Telefonauskunft, d.h. Ansagen in erschöpfender Breite für alle denkbaren Reisezwecke unter © **0190/270789** (1,21 DM/min).

Visumantrag Deutschland/Österreich/Schweiz

Ausgefüllter Antrag, Foto, Pass und ggf. Unterlagen sind – unter Beifügung eines frankierten Rückumschlags – an das zuständige Konsulat zu senden (trotz des sensiblen Inhalts nicht als Einschreiben):

Konsularabteilung der US-Botschaft in Berlin
(zuständig für norddeutsche und neue Bundesländer)
Clayalle 170, 14195 Berlin

Generalkonsulat Frankfurt
(zuständig für Hessen, NRW und süddeutsche Bundesländer)
Siesmayerstr. 21, 60323 Frankfurt

Persönliche Beantragung in **Deutschland** nur nach Terminvereinbarung unter © **190/882211** (3,63 DM/min).

Botschaft der Vereinigten Staaten in der Schweiz
Visa-Abteilung, Postfach bzw. Jubiläumsstraße 93, 3001 Bern,
✆ **031/357-7011**; Visa-Information: ✆ **0900 555154** (2,50 SFr/min)
Internet: http://www.US-embassy.ch
Persönliche Visabeantragung und -erhalt an einem Tag möglich.

Botschaft der Vereinigten Staaten in Österreich:
Boltzmanngasse 16, 1091 Wien IX
✆ **01/31339-0**, Visa-Information: ✆ **0900-970092** (23 öS/min)
Internet: http://www.usembassy-vienna.at

Bearbeitung

Sind alle Unterlagen vollständig, erfolgt die Bearbeitung ohne Rückfragen. Verweigern wird man das Visum bei finanziell abgesicherten Plänen nur aus Gründen, die in der Person des Antragstellers liegen (z.B. bei Vorstrafen) und in Fällen, in denen die Notwendigkeit für ein Visum nicht plausibel erscheint (Reisepläne unter 90 Tagen). Die **Bearbeitungsfrist** beträgt **in Deutschland 2-3 Wochen**, in der Hochsaison mehr. In der **Schweiz** geht`s auch persönlich, dann nur 1 Tag.

Maximale Aufenthaltsdauer

Mit Visum beträgt die **maximale (zusammenhängende) Aufenthaltsdauer** in den USA 180 Tage. Die im Einzelfall eingeräumte Besuchszeit hängt vom Einwanderungsbeamten ab. Eine **Verlängerung** (nur möglich bei Visuminhabern) kann ggf. ohne Aus- und Neueinreise, aber mit etwas bürokratischem Aufwand und Gebühren, auf schriftlichem Weg beim INS/Immigration Office erlangt werden (Formblatt I-539). Auskunft dazu unter ✆ 1 800 755-0777. Ebenfalls möglich ist die **persönliche Vorsprache** in einem größeren *Immigration Office* (in Städten mit internationalen Flughäfen). Dabei ist es nicht nur wichtig, einen guten Eindruck zu machen, sondern auch Bankauszüge bzw. Reiseschecks über Summen vorzuweisen, die für die geplante Aufenthaltsverlängerung ausreichend erscheinen.

Departure Record

Alle US-Touristen müssen vor der Einreise ein – für Visainhaber und Reisende ohne Visum etwas unterschiedliches – **Einreiseformular** ausfüllen. Dessen unterer Abschnitt, der ***Departure Record***, wird mit Ein- und spätestem Ausreisedatum versehen in den Paß gelegt. Üblicherweise wird die Maximalzeit gewährt, also 90 bzw. 180 Tage. Bei der Ausreise wird der ***Departure Record*** wieder entnommen.

Abstecher nach Canada/Mexico

Wenn im Zeitrahmen der genehmigten USA-Aufenthaltsdauer ein vorübergehender **Grenzübertritt nach Canada** oder **Mexico** erfolgt, verbleibt das Papier im Pass. Für beide Länder ist kein Visum erforderlich. Die Einreise wird an der Grenze beantragt und genehmigt.

Reiseplanung und -vorbereitung

Führerschein

In Nordamerika genügt offiziell der nationale Führerschein, dennoch sollte man zusätzlich den **Internationalen Führerschein** dabeihaben. Bei Kontrollen und Unfall kommt eine amerikanische *Highway Patrol* mit einer ***International Driver's License*** besser zurecht als mit einem rein deutschsprachigen Papier. Die neueren Führerscheine im Euroformat bieten mit ihren Angaben auch in Englisch in dieser Beziehung jedoch keine Probleme.

Versicherungen

Auslandskrankenversicherung

Eine USA-Reise ohne ausreichenden Krankenversicherungsschutz anzutreten, wäre leichtsinnig. Denn ärztliche Behandlungs- und Krankenhauskosten sind in Amerika sehr hoch. Nur private Krankenversicherer bieten ihren Versicherten weltweiten Vollschutz. Wer nicht mit der Erstattung von in Übersee angefallenen Behandlungskosten rechnen kann – das sind vor allem die in gesetzlichen Kassen Versicherten – ist dringend der Abschluß einer eigenen **Auslandskrankenversicherung** anzuraten. Unterlagen dazu gibt es in allen Reisebüros und direkt bei den Vertretungen privater Versichungsgesellschaften.

Kreditkartenunternehmen und **Automobilclubs** offerieren ihren Mitgliedern durchweg Vorzugstarife beim Auslandsversicherungsschutz. Im Jahresbeitrag für **Kreditkarten**-Edelversionen ist oft ein (befristeter) Versicherungsschutz für Auslandsreisen bereits enthalten.

Ein **wichtiger Punkt** bei Auslands-Krankenversicherungsverträgen ist der **maximal versicherte Zeitraum** bei ununterbrochener Abwesenheit. Insbesondere über bestimmte Mitgliedschaften "automatisch" Versicherte sind **meist nur bis zu sechs Wochen** geschützt. Bei längeren Reisen muß in derartigen Fällen ein gesonderter Vertrag über die **gesamte Reisezeit** abgeschlossen werden.

Da Kosten und Leistungen der verschiedenen Unternehmen erstaunlich unterschiedlich sind, lohnt sich immer ein **Tarifvergleich**.

Zahlung von Behandlungskosten

Im Krankheitsfall wird in Nordamerika häufig **vor** der Behandlung ein **Nachweis der Zahlungsfähigkeit** verlangt. Eine **Kreditkarte** ist dabei hilfreich. Ohne ausreichende Mittel und/oder Kreditkarte muß man sich bei teuren Behandlungen ggf. per Fax oder Telefon an seine Auslandskrankenversicherung wenden und um Vorschuß bzw. Kostenübernahme bitten. Die **Kopie des Vertrags** und die Rufnummer der Versicherung sollte man daher vorsorglich mitführen. Unsere Krankenkasse stellte uns darüberhinaus eine Bestätigung (in Englisch) aus, daß sie alle anfallenden Kosten übernehmen würde.

Kostenersatz

Falls man Arzt- oder Rezeptgebühren vorstreckt, sind für die spätere Erstattung in der Heimat **detaillierte Aufstellungen** mit Datum, dem Namen des behandelnden Arztes, einem kurzen Behandlungsbericht etc. notwendig.

Weitere Reiseversicherungen

Inwieweit man über die Krankenversicherung hinaus weiteren Schutz benötigt, hängt von den bereits in der Heimat bestehenden Versicherungen und dem individuellen Risikoempfinden ab. Vor einem Abschluß von **Reiseunfall-** oder **Reisehaftpflichtversicherungsverträgen** sollte man prüfen, ob nicht die vorhandenen Versicherungen auch außerhalb Europas Deckung gewähren.

Über den Nutzen der vergleichsweise teuren **Reisegepäckversicherung** sind die Meinungen geteilt. Bei sorgfältiger Lektüre des "Kleingedruckten" erkennt man, daß die Fälle des Haftungsausschlusses regelmäßig ziemlich zahlreich sind. Etwa gilt **Camping** versicherungstechnisch als ein besonders riskantes Unternehmen.

Eine **Reise-Rücktrittskosten-Versicherung** ist bisweilen im Reisepreis schon enthalten. Sie kann, sollte das nicht der Fall sein, aber auch separat abgeschlossen werden. Die Prämien sind erträglich. Man sollte darauf im Fall langfristiger Vorbuchung nicht verzichten.

Zahlungsmittel

Kreditkarten

Wer noch keine Kreditkarte besitzt, sollte erwägen, sich anläßlich der Reise eine zuzulegen. Im täglichen Zahlungsverkehr der USA spielt sie eine weitaus stärkere Rolle als bei uns. Mit den international bekannten Kreditkarten, insbesondere ***Master-/Eurocard*** und ***Visa*** kann ein Großteil der laufenden Ausgaben ohne Geldwechsel oder Vorwegbeschaffung von Reiseschecks bestritten werden. Eine übliche Frage in Läden und Tankstellen ist denn auch ***Cash or charge?***, "Bargeld oder Kreditkarte?" An vielen ***Gas Stations*** kann man direkt an der Zapfsäule mit der Karte zahlen; lästiges Anstehen an der Kasse, Kartenabfrage und Belegunterschrift entfallen.

Zur Frage, welche Karte man sich zulegen sollte, sind **Kreditkartenvergleiche** der bekannten Wirtschaftsmagazine (Capital, Impulse, DM u.a.) aufschlußreich. Die Zeitschrift **"Finanztest"** der Stiftung Warentest veröffentlicht ebenfalls in regelmäßigen Abständen aufschlußreiche Übersichten (z.B. Heft 4/1999).

Mit Kreditkarten läßt sich auch Bargeld beschaffen. Mit ***Euro-/Master*** und ***VISA-Card*** erhält man *Cash* unter Vorlage des Reisepasses bei allen angeschlossenen Banken, die man bis ins letzte Dorf findet.

Ist die Geheimzahl bekannt, kann man sich auch an den zahlreichen **Bargeldautomaten** bedienen. Das ***Cashing*** kostet allerdings hohe Gebühren (3%-4% der Summe), sofern nicht ein Guthaben bei der Kartenorganisation gehalten wird. **Barentnahmen** werden im Gegensatz zu allgemeinen Ausgaben **umgehend** dem heimischen Konto belastet. Die häufige Entnahme kleiner Beträge ist nicht ratsam, wenn unabhängig von der Summe eine Minimumgebühr anfällt.

Bei **Verlust einer Kreditkarte** ist die Haftung in allen Fällen auf nur 100 DM beschränkt, gleichgültig, welcher Schaden zwischen Verlust und Benachrichtigung der Organisation effektiv eintritt. Nach der Verlustmeldung entfällt jede Haftung.

Folgende Telefonnummern können in den USA gebührenfrei angerufen werden, sollte eine Kreditkarte verlorengehen oder ein sonstiges Problem auftauchen:

American Express:	✆ 1-800-528-4800
Mastercard:	✆ 1-800-826-2181 und 247-4623
VISA:	✆ 1-800-847-2911

Generell gilt: **Kreditkarten sind für eine USA-Reise außerordentlich hilfreich, in manchen Situationen unabdingbar**. Ihr Vorhandensein sichert darüberhinaus die Zahlungsfähigkeit im – wenn auch hoffentlich nicht eintretenden – Notfall.

Bargeld

Trotz der Dominanz des Plastikgeldes ist Bargeld in den USA noch lange nicht abgeschafft. Wegen der Provisionsabzüge bei Kreditkartengeschäften gibt es sogar hier und dort Barzahlungsrabatte. Mit Kreditkarten oft nichts anfangen kann man in ***Fast Food Restaurants*** und auf **Campingplätzen**, bisweilen auch nicht bei **Billigtankstellen**.

US-Dollar-Noten – die Scheine lauten auf 1, 2, 5, 10, 20, 50, 100, 500 und 1.000 Dollar – **unterscheiden sich nicht in der Größe** und weisen **dieselbe Farbe** auf: Zahlseite grauschwarz, Rückseite grün

Münzen gibt es zu 1, 5, 10, 25 und 50 Cents. Die 50-Cents- und $1-Münzen sind im täglichen Zahlungsverkehr allerdings recht selten. Folgende Münzbezeichnungen haben sich eingebürgert:

Nickel	5 Cents
Dime	10 Cents
Quarter	25 Cents

Die wichtigste Münze ist der *Quarter*, man benötigt ihn zum Telefonieren und für Automaten jeder Art.

An Bargeldautomaten kann man seit kurzem auch mit einer **EC-Scheckkarte** Dollars ziehen. Die Kosten sind etwas niedriger als bei Bargeld per Kreditkarte.

Reiseschecks

Da es kaum ratsam ist, größere Barbeträge mit sich herumzutragen, sind **auf US-$ lautende Reiseschecks** ein sicherer Bargeldersatz. Zumal **$-*Travelers Cheques* in nahezu allen Geschäften** wie Bargeld akzeptiert werden. Unterschrift genügt. Wechselgeld gibt`s als *Cash* zurück. Nur bei Einreichung bei Banken wird oft auch noch um Vorlage des Reisepasses gebeten.

Bei **Verlust** oder Diebstahl erhält man relativ leicht Ersatz, sofern die Seriennummern bekannt sind und Empfangsbestätigung bzw. Kaufbeleg vorgelegt werden können. Beim Kauf der Schecks erhält man auch die im Verlustfall zun kontaktierende ***Emergency Number***.

Gelddisposition für die Reise

Reisen Sie mit einer Mischung aller drei Zahlungsmittel, dann sind Sie gegen Eventualitäten gewappnet. Neben Kreditkarte(n) sollten etwa 10%-15% der kalkulierten Ausgaben in bar und weitere 20% in Reisechecks genügen.

Ein kleiner **Vorrat an $1-Noten** darf dabei nicht fehlen. Die braucht man für den Gepäckkarren am Airport, für Trinkgelder und andere kleine Ausgaben vom ersten Moment in den USA an. Ebenfalls wichtig sind ein paar ***Quarters*** für Telefone und Automaten.

Der Transatlantikflug

Situation

Die gängigen Transatlantiktarife gibt's in jedem Reisebüro. Wer aber Wert auf ein preisgünstiges Ticket legt, sollte sich umschauen. Flugreise-Agenturen findet man in allen größeren Städten; außerdem inserieren sie up-to-date-Tarife in **Reisezeitschriften** und Wochenendausgaben überregionaler Zeitungen. Die **Zeitschriften *Reise* & *Preise*** und ***fliegen* & *sparen*** listen die günstigsten Anbieter auf dem deutschen Markt; in der Schweiz geht nichts über den ***Globetrotter Travel Service***. Direktbuchungen im **Internet** sind ebenfalls möglich.

Vor einer der Buchung ist folgendes wichtig zu wissen:

Charter- bzw. **Sonderflüge** gehören zwar zu den kostengünstigeren Angeboten, unterbieten aber nicht unbedingt alle **Linientarife**.

Eine **mögliche Problematik** des Sonderfluges liegt bei der Rückreise. Vor Reiseantritt kann man den Flug gegen Gebühren noch umbuchen. Einmal in Amerika, läßt sich am Rückflugtermin aber kaum mehr rütteln. Auch das niedrige **Gepäcklimit** einiger Gesellschaften (z.T. nur 20 kg/Person und/oder ein Gepäckstück) ist ggf. nachteilig.

Bei den **Linienflügen** gibt es fast immer mehr und gleichzeitig flexiblere Verbindungen, das **Gepäcklimit liegt bei 2 Gepäckstücken bis je 32 kg**. Dennoch unterbieten manche Linien- die Chartertarife.

Reiseplanung und -vorbereitung

Viele Infos zu Flugreisen gibt`s im Internet: **http://www.traxx.de**.

Last Minute

Bestimmte Firmen sind auf die Vergabe von **Restplatzbeständen** spezialisiert. Dort machen Kunden bei *Last-Minute*-Angeboten ein gutes Schnäppchen, vorausgesetzt, sie warten etwa bis 4-6 Wochen vor dem gewünschten Abflug, und es gibt schlecht gebuchte Flüge. Auch direkt auf den größeren Flughäfen findet man Restplatzschalter. Der größte **Anbieter** mit Filialen in Deutschland, Österreich und der Schweiz ist die Firma **l'tur**. Aktuelle Auskünfte gibt es

in **Deutschland** unter ✆ 0180/5858585

in **Österreich** unter ✆ 0662/1574

in der **Schweiz** unter ✆ 01/3156666

***Last Minute*-Angebote** kann man auch übers **Internet** abfragen:

http://www.ltur.de oder **http://www.lastminute.de**

Unter den folgenden Adressen z.B. lassen sich neben Flügen auch **alle weiteren Leistungen** (Hotels, Mietwagen etc.) online buchen:

http://www.travel-overland.de
http://www.skyways.de
http://www.usareisen.com

Die Telefonnummern (in Deutschland) der wichtigsten **Fluggesellschaften im USA/Canada Luftverkehr** findet man in der folgenden Liste, ebenso die **Internet-Adressen**, über die einige Gesellschaften nicht nur allgemeine und Flugplan-Informationen, sondern auch noch kurzfristig **freie Plätze zu Sondertarifen** anbieten.

In diese Seiten hineineinzuschauen, kann sich besonders für Leute mit kurzfristig flexiblem Zeitrahmen bezahlt machen:

Airline	Telefon in D	in CH	Internet-Adresse
Air Canada	069/27115111	01/2110777	www.aircanada.ca
Air France	069/2566244	01/2110594	www.airfrance.com
American	0180/3/242324	01/2251616	www.americanair.com
British	0180/3/340340	01/2114090	www.british-airways.com
Canadian	069/66583089	01/2113794	www.cdair.ca
Continental	06102/78375	01/2955960	www.flycontinental.com
Delta	0180/3/337880	01/8100202	www.delta-air.com
KLM	0180/5/214201	01/8748844	www.klm.nl
Lufthansa	0180/3/803803	01/2867000	www.lufthansa.com
Northwest	0180/5254650	01/2682300	www.nwa.com
Swissair	069/242350	01/2583311	www.swissair.com
United	069/605020	–	www.ual.com
USAirways	069/67806298	–	www.usair.com

Transport in den USA

Situation

Im Westen der USA **läuft fast nichts ohne Auto**. Unübersehbare Beweise sind achtspurige *Freeways, Drive-thru-Restaurants, -Banks, -Pharmacies* und andere "Annehmlichkeiten", die es erlauben, das Leben im und aus dem Autositz heraus zu organisieren. Neue *Shopping Malls* entstehen weit außerhalb der Stadtzentren ohne Bus- oder Bahnanschluß, und Lebensqualität scheint u.a. von der Anzahl der Parkplätze in der Innenstadt abzuhängen. Viele Sehenswürdigkeiten und Naturschönheiten sind ohne Auto nur schwer oder gar nicht zu erreichen; selbst manche – nach eigenem Verständnis dem Umweltschutz verpflichtete – Nationalparks sind konsequent auf den Autotouristen ausgerichtet.

Wir haben bei der Auswahl der in diesem Buch beschriebenen Gebiete darauf geachtet, daß sie auch mit **Eisenbahn** oder **Bus** zu erreichen sind oder daß die nächste Station zumindest nicht extrem weit entfernt liegt. In solchen Fällen muß man improvisieren und z.B. ein Taxi nehmen, um die Lücke im öffentlichen Verkehrsnetz zu überbrücken. Immerhin lassen sich eine ganz Reihe der vorgeschlagenen Wanderungen direkt am Zeltplatz beginnen, oder es existiert (in einigen Nationalparks) ein kostenloser ***Shuttle Bus***, der Wanderer zu den *Trailheads* bringt.

Eine kostengünstige und umweltfreundliche Alternative ist auch in den USA die **Kombination Fahrrad und Bus/Bahn**. Für längere oder langweilige Strecken kann man das Fahrrad im Bus oder im Zug mitnehmen und ist damit vor Ort schnell, flexibel und ungebunden.

Greyhound Bus

Alleinreisende finden – abgesehen vom Fahrrad und dem weniger empfehlenswerten Trampen (⇨ unten) – keine preiswertere Transportmöglichkeit als den Bus.

Viele Jahre stand der Name ***Greyhound*** als Synonym für preiswertes Busreisen in Nordamerika. Und noch immer gelten recht attraktive Tarife für vor der Reise im Ausland gekaufte sog. **Ameripässe**.

Fürs Jahr 2000 berechnet *Greyhound* für in Deutschland gekaufte Ameripässe in Abhängigkeit von der Geltungsdauer:

4 Tage (nur Mo–Do)	**220 DM**
5 Tage	**260 DM**
7 Tage	**330 DM**
15 Tage	**500 DM**
30 Tage	**680 DM**
45 Tage	**820 DM**
60 Tage	**1000 DM**

Die Pässe gelten nicht nur für eine unbegrenzte Nutzung der *Greyhound* (und *Trailways)* Busse, sondern auch für Busse kooperierender Regionallinien, gelegentlich mit Zuzahlung.

Die deutsche Vertretung von *Greyhound* liegt bei der Firma **ISTS Interkontinental Reisen**, © 089/2727191, Fax 089/2723700, die Vertretung in der Schweiz bei der **Promar AG** in Zürich, © 01/295 59 60, Fax 01/295 59 61. Beide senden auf Anfrage Unterlagen zu. Buchung direkt über ISTS bzw. Promar oder im Reisebüro.

Zum regulären Tarif, d.h., zu etwa 15%-25% höheren Preisen kann in den USA jedermann Ameripässe erwerben. Vergleichsweise teure **Einzeltickets** lassen sich bis kurz vor Abfahrt lösen.

Aktuelle **Informationen zum *Greyhound*** gibt`s übers Internet unter **http://www.greyhound.de** (deutsch: ISTS) und **com**, telefonische Fahrplaninformationen vor Ort auch *toll free* unter © **1-800 231 2222**.

Die **Karte in der Umschlagklappe hinten** zeigt das Routennetz von *Greyhound* und assoziierten Buslinien im Westen der USA.

Alternative Buslinien

Wer unterwegs stärker den **Kontakt zu anderen** – Amerikanern wie Touristen aus aller Herren Länder – sucht, ist mit den Bussen von ***Green Tortoise*** (sprich: Tortis) und ***Adventurebus*** vielleicht noch besser, sicher aber origineller bedient als mit *Greyhound*. Im hinteren Teil der Busse sind statt der Sitze Matratzen (während längerer Fahrten entfällt damit das Übernachtungsproblem) und im vorderen Bereich Tische installiert. Musizierende Passagiere sind erwünscht. Halt macht der Busfahrer dort, wo die Mehrheit es wünscht. Einkauf und Essenszubereitung erfolgen gemeinschaftlich. Allerdings handelt es sich dabei um keinen Linienverkehr, sondern es müssen bei diesen Gesellschaften (mit Ausnahme weniger Strecken) ganze Trips gebucht werden. Sie sind hier deshalb aufgeführt, weil die Angebote von *Green Tortoise* und *Adventurebus* sich teilweise auf Ziele konzentrieren, die in diesem Buch ausführlich behandelt werden.

Green Tortoise

Die **"Grüne Schildkröte"** verkehrt regelmäßig auf der Route Los Angeles–San Francisco ($35) –Seattle ($59) und *Coast-to-Coast* auf verschiedenen Routen (10-14 Tage für $349-$389). Außerdem gibt es Trips durch die **Nationalparks des Westens**, z.B. 3 Tage ***Yosemite*** für $119, den ***Southern Park Loop*** durch die Nationalparks des Südwestens (16 Tage, $529) oder den ***Desert Loop*** (9 Tage, $299).

Detailliertere Informationen bei ***Green Tortoise Adventure Travel***, 494 Broadway, San Francisco, CA 94133, © (415) 956-7500 oder *toll-free* © 1-800-867-8647 bzw. 1-800-TORTOIS. Originell und informativ zugleich ist die ***Website***: **http://www.greentortoise.com**.

Alternative Buslinien/Eisenbahn

Adventurebus

Ähnliche Touren zu den schönsten Südwest-Nationalparks (***Best of National Parks***, 15 Tage, $489) und zu spezifischen Zielen (z.B. Moab /Arches Park: ***Slickrock Express***, 9 Tage, $329) bietet die Firma ***Adventurebus*** ab San Diego und Los Angeles.

Informationen unter *toll-free* © **1-888-73PLANET** oder auch *e-mail* info@adventureplanet.com, ***Website***: **http://www.adventurebus.com**.

Lokale/regionale Busse

Im Bereich der Westküste und rund um Großstädte wie Denver, Salt Lake City oder Tucson ist das regionale Busnetz noch relativ gut ausgebaut, in den Staaten mit geringer Bevölkerungsdichte abseits der Küste und in mittelgroßen Städten ist die Versorgung mit öffentlichen Verkehrsmitteln auch auf der Kurzstrecke indessen dürftig.

Eisenbahn - Amtrak

Nur dank vieler Eisenbahnlinien konnte der Westen einst innerhalb weniger Jahrzehnte besiedelt werden. Doch mit der Massenproduktion des Autos begann der Niedergang der Bahn. Heute gibt es nur noch **wenige Passagierrouten in den US-Weststaaten**. Automobil- und Erdölkonzerne sollen in einigen Regionen einst sogar gezielt Zug-, Straßenbahn- und Busgesellschaften aufgekauft haben, um sie dann vergammeln und schließlich einstellen zu lassen.

Neben den Busverbindungen zeigt die **Karte in der Umschlagklappe hinten** auch das dünne Amtrak-Routennetz. Man erkennt daraus leicht, daß sich die Eisenbahn nur ausnahmsweise für den Transport zu Naturzielen im US-Westen eignet. Darüberhinaus sind Einzeltickets der Bahn unverhältnismäßig teuer

Unter Umständen lohnt sich aber der Kauf eines der diversen ***Rail Pässe*** (nur für Ausländer), ausgestellt von der Dachorganisation amerikanischer Eisenbahngesellschaften **Amtrak**.

Der Preis für einen – im Rahmen dieses Buches ggf. interessanten – ***Western Pass*** (Gesamtnetz im Westen, ⇨ Karte) beträgt in der **Hauptsaison** (2000: 01.06.-06.09) **$315 für 15 Tage** und **$395 für 30 Tage**. In der **Nebensaison** reduzieren sich diese Preise auf **$195/$260**. Der noch günstigere ***Far West Pass*** (ohne die Verbindung Salt Lake City–Denver und Seattle nach Osten) kostet **$240/$310** bzw. **$185/$240**. Außerdem gibt`s noch einen ***West Coast Pass*** für **$275/$225**.

Vertreter für **Amtrak in Deutschland**: Deutsche Bahn AG, © 0211/17496659, sowie MESO Amerika-Kanada Reisen, © 0180-525 4350.

Vertretung in der **Schweiz**: Kuoni Travel Ltd., 01/277 45 80, SSR-Reisen, © 01/2971111, oder Travac © 01/2675757, alle in Zürich.

Amtrak in **Österrreich**: Austria Reiseservice, Wien, © 01/310 74 41.

Es gibt auch in den USA für jedermann zu kaufende ***Rail Passes*** und Sondertarife zu wechselnden Bedingungen. Ob das eine oder andere aktuelle Angebot sich für die eigenen Pläne eignet, entnimmt man am besten dem **Internet**: **http://www.amtrak.com**.

Fahrplaninformationen vor Ort *toll-free* unter © 1 800 872-7245.

Spezialzüge, wie z.B. die lohnenswerte *Durango-Silverton Narrow Gauge Railroad* können mit einem *Amtrak Railpass* nicht benutzt werden. Leider kann man auch nicht einfach auf den Bahnhof gehen und in den nächsten Amtrak-Zug springen. Man benötigt eine Platzreservierung und muß sich 30-60 min. vor Abfahrt einfinden. Das ganze Prozedere ähnelt dem im Flugverkehr.

Fahrrad

Das Fahrrad bietet sicher die **billigste und zugleich intensivste Art, Amerika zu entdecken**. Außerhalb der Städte warten noch zahlreiche relativ einsame Straßen, die z.T. durch beeindruckende Landschaften führen. Als Biker findet man oft auch auf "eigentlich" vollen *Campgrounds* noch ein schönes Plätzchen. Und "wildes Zelten" ist in den *National Forests* und auf BLM-Land generell erlaubt, ➪ Seite 554.

Mit Glück darf man auch mal in privaten Gärten die Nacht verbringen oder erhält ein Einladung zur Übernachtung im Gästezimmer. Pannen sind selten ein Grund zu Aufregung; meist kommt früher oder später ein hilfsbereiter Amerikaner vorbei, der Sie mitsamt dem Fahrrad ins nächste Dorf befördert.

Die großen Distanzen erfordern jedoch **durchdachte Routenplanung und gute Kondition**. In Wüstengebieten sollte man wissen, wo sich das nächste "Wasserloch" befindet; und in den Bergen sind die Steigungen und die dünne Luft auf über 2000 m Höhe zu berücksichtigen. Detaillierte Informationen zu Radreisen durch die USA findet man im praxisnahen Reise Know-How-Titel **Das USA/Canada Bikebuch** von Raphaela Wiegers.

Hitchhiking

Trampen ist **schwierig geworden**. Einerseits haben viele Autofahrer/innen Angst, von einem mitgenommenen Autostopper überfallen zu werden, die Bedrohung besteht aber auch umgekehrt. Besonders in den Großstädten und ihren Einzugsbereichen besteht tatsächlich für beide Seiten Anlaß zu Vorsicht. Hitchhiking auf *Freeways* (Autobahnen) und Auffahrten ist – genau wie bei uns – verboten.

Kurze Strecken in "sicheren" Gebieten, etwa zwischen Zeltplatz und *Trailhead* in einem Nationalpark, sind weniger problematisch, man sollte allerdings lange Wartezeiten einkalkulieren.

Gut organisiert ist das System der **Mitfahrgelegenheiten** – sie werden vorzugsweise in *Hostels* und in *Colleges/Universities* (am Schwarzen Brett) angeboten bzw. gesucht.

Fahrzeugmiete

Auf unserer fast 3-jährigen Reise waren mir meist mit **Auto und Zelt** unterwegs. An regnerischen, windigen oder kalten Abenden schauten wir zwar schon einmal neidvoll zu den hell erleuchteten, behaglich eigerichteten und beheizten *Motorhomes* hinüber. Aber für unseren Reisestil überwogen die Vorteile des Zeltes. Ein wesentlicher Punkt war dabei natürlich der Benzinverbrauch – ein Campmobil schluckt selten unter 20 l/100 km. Und bei Mehrtageswanderungen hatten wir im Fall des Pkw auch wenig Bedenken, den Wagen unbeaufsichtigt am *Trailhead* stehen zu lassen. Einige der schönsten Zeltplätze sind für *Motorhomes* gesperrt bzw. gar nicht erreichbar. Letzteres gilt auch für manche reizvolle Route auf unbefestigten Straßen in Nationalparks und anderswo. Im Großstadtverkehr, der sich ja nicht immer vermeiden läßt, ist das Fahren mit einem Campmobil außerdem ziemlich stressig.

Wenn Sie aber den Komfort schätzen, mit kleinen Kindern unterwegs sind, eine vorgegebene Reiseroute haben, die erheblichen Mehrkosten (finanziell und ökologisch) nicht scheuen, oder auch den feuchteren Nordwesten besuchen möchten, dann ist ein (kleines) ***Motorhome*** sicher keine schlechte Idee.

Die Pkw-Miete

Grundsätzliches

Voraussetzung der Fahrzeugmiete ist allgemein ein Mindestalter der als Fahrer vorgesehenen Personen von **21 Jahren**. Für Fahrer unter 25 Jahren berechnen die international anbietenden Pkw-Vermieter Zuschläge von $10-$15 pro Tag und Fahrer. Lediglich ***Budget*** **verzichtet ganz auf Zuschläge**, während die Firma ***Hertz*** Fahrer unter 25 Jahren gar nicht erst akzeptiert. Junge Leuten **von 19/20 Jahren** können zur Zeit bei ***Alamo*** Autos mit einem Aufpreis von $21 (pro Tag!) plus Steuern mieten.

Für Interessenten **ab 19 Jahren** bietet ***Adventure Travel*** (© 06147/93276) die Miete von Pkw, Kombi und älteren Campfahrzeugen.

Die Buchung in Europa kann außer in Reisebüros auch bei den Automobilklubs oder direkt bei den **Leihwagenunternehmen** erfolgen, soweit sie hier vertreten sind. Detailinformationen und Direktbuchungsmöglichkeit findet man auch **Internet**, z.B.:

Firma	Toll-free ©	Internet-Adresse
Alamo	1-800-GO ALAMO	www.goalamo.com
Avis	1-800-331-1212	www.avis.com
Budget	1-800-527-0700	www.budget.com
Dollar	1-800-800-4000	www.dollar.com
Enterprise	1-800-325-8007	www.enterprise.com

Firma	Toll-free ✆	Internet-Adresse
Hertz	1-800-654-3131	www.hertz.com
National	1-800-CAR RENT	www.nationalcar.com
Payless	1-800-PAY LESS	www.paylesscar.com
Thrifty	1-800-FOR CARS	www.thrifty-car.com
Value	1-800-468-2583	www.value-car-rental.com

Pkw und Vans können nur nach **Größenklassen** von ***Economy*** bis ***Fullsize*** und nach **Gattungskriterien** wie ***Convertible*** (Cabriolet), ***Jeep*** oder ***Minivan*** gebucht werden. Amerikanische Kraftfahrzeuge sind nach wie vor komfortabler als europäische Wagen vergleichbarer Größe. Leihwagen besitzen fast immer ein **Automatikgetriebe** und **Klimaanlage** (*Air Condition*). Dennoch hält sich ihr **Treibstoffverbrauch** nicht zuletzt wegen der Tempobeschränkungen in Grenzen. Dies und niedrige Benzinpreise sorgen dafür, daß Pkw der Oberklasse **geringere Spritkosten** verursachen als sparsame Kleinwagen bei uns.

Vorausbuchung

Bei **Vorausbuchung** sind mit der Zahlung normalerweise die **Fahrzeugkosten** (inklusive lokaler Steuern und unlimitierter Meilen), **Haftpflicht- und Vollkaskoversicherung** (in den Weststaaten ohne Selbstbeteiligung) abgedeckt. Allerdings entspricht die Haftpflichtdeckungssumme in vielen Fällen gerade der gesetzlichen Minimaldeckung des jeweiligen Staates (ab $20.000 (**!**) für Personenschäden) und ist bei fehlender Vorschrift ggf. gar nicht vorhanden.

Die **deutschen Reiseveranstalter** bieten daher eine **Zusatzversicherung inklusive**, die ihre Kunden bis zu **2 Mio. DM** absichert, sollte die Deckung bei Eintritt eines Haftpflichtschadens nicht ausreichen.

Bei **Zusatzkosten**, die vor Ort zu entrichten sind (z.B. Einweggebühr, Aufpreis für junge Fahrer o.ä.), kommen **immer *Taxes*** hinzu: In den Weststaaten **bis zu 11,3%** mit Sonderaufschlägen bei Airportmiete.

Miete vor Ort

Automiete vor Ort läuft ohne **Kreditkarte** so gut wie nie. Die wenigsten Firmen sind bereit, anstelle der *Credit Card* Bargeld zu akzeptieren, speziell nicht als Kaution. Läßt ein Vermieter sich dennoch darauf ein, wird diese ziemlich hoch ausfallen. Für eine verbindliche telefonische Reservierung benötigt man immer eine Kreditkarte.

Für die **kostengünstige Wagenmiete** meidet man besser die Schalter im Airport. Billigvermieter sind meist nicht weit. Lokale Telefonnummern finden sich rasch (Telefonbuch unter *Car Rental*), sofern nicht sogar ein **Gratistelefon für *Off-Airport* Vermieter** unweit der Gepäckausgabe vorhanden ist.

Fast überall gibt es **Wochenendtarife** (manchmal ab Donnerstag Mittag) und **Wochenpauschalen** zum 4-5fachen Tagessatz.

Die telefonische Vorausreservierung spart Mühe und mitunter auch Kosten. Ein Anruf beim nationalen Reservierungs-Service des jeweiligen Vermieters (auch der *Discounter*) einige Tage vor der geplanten Miete sichert in der Regel die gewünschte Wagenklasse und gelegentlich auch einen besseren Preis als direkt vor Ort. Die **gebührenfreien Telefonnummern** der wichtigsten Vermieter ⇨ oben.

Noch billiger als bei "normalen" Discountern leiht man Gebrauchtwagen von Firmen, die sich ***Rent-A-Wreck, Rent-A-Used-Car, Ugly Duckling***, ***Rent-A-Junk*** oder ähnlich nennen. In ganz Nordamerika gibt es die Franchise-Filialen der Firma ***Rent-A-Wreck***. Unter der gebührenfreien Nummer © **1-800-944-7501** erfährt man die Adressen der Stationen, ***Website***: **http://www.rentawreck.com**

Die Problematik der ggf. zu niedrigen **Haftpflichtdeckungssumme** bei vor Ort gemieteten Fahrzeugen darf man nicht vergessen. Man kann sich bei großen Vermietern eine solche Aufstockung "kaufen". Sie heißt ***LIS*** (***Liability Insurance Supplement***) oder ***ALI*** (***Additional Liability Insurance***) und kostet ab ca. $10/Tag (plus Steuern) für die Erhöhung auf $1 Mio, kein preiswerter Spaß also.

Inhaber einiger **Gold-Kreditkarten** genießen eine automatische Aufstockung der **Kfz-Haftpflicht-Versicherung** auf meistens 2 Mio. DM, wenn sie die Mietkosten per Karte zahlten. Die **Europäische Versicherung** bietet für unterschiedliche Zeiträume **ab 10 bis zu 93 Tagen** eine Zusatzversicherung für eine Haftpflichtdeckung auch als separate Leistung für Mietverträge, die nicht von vornherein mit einer derartigen Deckung ausgerüstet sind (die man also individuell vor Ort abschließt) – die Unterlagen hat jedes Reisebüro. Voraussetzung solcher Zusatzdeckung ist, daß eine Basisversicherung besteht. Es gibt in den USA tatsächlich Mietfahrzeuge, die legal unversichert sind! Wenn mit denen etwas passiert, hilft kein Zusatzvertrag.

Fazit

Vergleicht man die Möglichkeiten der Automiete vor Ort mit Angeboten in hiesigen Katalogen, ist man mit der Vorausbuchung im allgemeinen gut beraten, soweit die Mietzeit ab einer Woche beträgt.

Die Autoren würden daher bei festen Reiseplänen und zusammenhängender Reisezeit(en) von mindestens (jeweils) 5-7 Tagen bereits vor der Reise bei einem heimischen Veranstalter bzw. direkt bei einem der internationalen Vermieter buchen.

Bedenkenswerte Angebote gibt es für gekoppelte Buchung von Flug und Automiete (***Fly & Drive***). Rechnet man die jeweiligen Normaltarife für die Automiete heraus (in gesonderter Tabelle der Veranstalterkataloge), ergeben sich – soweit ersichtlich – gegenüber einer separaten Buchung erfreuliche Rabatte auf die Flugkosten.

Reiseplanung und -vorbereitung

Campermiete

Camper dürfen mit **Pkw-Führerschein** von Fahrern **ab 21 Jahren** bewegt werden. Im Gegensatz zum Pkw gibt es im allgemeinen keinen Aufschlag für Fahrer unter 25 Jahren. Kleine Camper-Typen dürfen in Ausnahmefällen auch von 19-jährigen Fahrern gesteuert werden.

In den USA gelten Camper vom kleinsten Modell bis zum Riesen-*Motorhome* als ***Recreational Vehicles – RV*** (sprich: "Arwí"). *RVs* verfügen über großvolumige 6-10-Zylinder-Motoren, Getriebeautomatik, Servolenkung und -bremsen, eine vom Motor abhängige und zusätzliche mit 110 V betriebene Klimaanlage sowie über einen ausgeprägter Benzindurst. **Dieselmotoren** in Mietcampern gibt`s nicht.

Camper gibt es vielen Varianten und Ausführungen. Im Prinzip unterscheidet man aber nur drei Hauptkategorien:

- ***Van Camper*** sind – der Name sagt es – zum Campmobil ausgebaute, kompakte Kastenwagen bis maximal 19 Fuß Länge, die sich angenehm fahren lassen und zur Not auch auf schlechten Nebenstraßen noch ganz gut zu bewegen sind.
- ***Motorhomes*** gibt es ab 6 m Länge bis zur Größe von Überlandbussen. Die gängigen Typen besitzen große Alkovenbetten, kompletten Küchen- und Badkomfort und Schlafplätze für mindestens 4 Personen. Sie fahren sich zwar komfortabel, sind aber bei Breiten ab 2,50 m, weicher Federung und sehr indirekter Lenkung gewöhnungsbedürftig. Auf schlechten Straßen und im dichten Verkehr bereitet das Fahren mit Ihnen wenig Freude.
- ***Pick-up-*** bzw. ***Truck-Camper*** (***"Camperhomes"***) zeichnen sich durch die Trennung von Campingzelle und Fahrzeug aus, einem (kleinen) Lastwagen, dem *Truck*. Der – manchmal unglaublich große – Campkasten ist auf der Ladefläche des *Truck* befestigt und kann bei Mietfahrzeugen nicht separiert werden. Die Fahrerkabine verfügt meist über 2+2 Plätze und eignet sich daher auch für zwei Erwachsene und 2 Kinder. Ein Durchgang zum Wohnbereich existiert nicht. Der ist zwar überwiegend recht geräumig mit typischen Komfortmerkmalen der *Motorhomes*, besitzt aber u.a. den Nachteil einer schlechten Sicht nach draußen. Für den *Truck Camper* spricht am ehesten seine Preiswürdigkeit.

Camper sind außer in der Wintersaison (Mitte Oktober bis Ende März) ein durchweg **teures Vergnügen**. Zum Basis-Tagestarif kommen Übergabegebühren und Endreinigungskosten (***Preparation Fee***), Pauschalen für den ***Convenience-Kit*** (Bettwäsche, Geschirr, Bestecke), Zusatzversicherungen und Wochenendgebühren.

Tagestarife mit unbegrenzten Meilen werden für Campmobile – soweit ersichtlich – direkt nirgends angeboten. Der Standardtarif bezieht sich auf 0 mi, 60 mi oder 100 mi/Tag. Mehrmeilen kosten extra.

Vorbucher können 500-Meilen-Pakete dazukaufen, die pro Meile billiger sind als Zusatzmeilen, oder unbegrenzte **Meilenpauschalen** (ab 1.400 DM pro Miete). **Weder Meilenpakete noch Pauschalen für unbegrenzte Meilen sind vor Ort verfügbar**.

Die **Haftpflichtdeckungssumme** ist ein wichtiger Punkt auch bei den Campern, die ebenfalls oft nur mit der gesetzlich minimalen Summe abgesichert sind. Wie bei der Pkw-Miete schützen deutsche Reiseveranstalter daher ihre Camper-Kunden automatisch durch die Aufstockung der Haftpflicht auf 2 Mio. DM. Nur die Campmobile der Schweizer Firma Moturis sind von vornherein mit $1 Mio. versichert. Sie kann durch Zuzahlung auf $5 Mio. erhöht werden.

Wenn keine Zusatzdeckung existiert, insbesondere bei **Miete vor Ort**, muß der Mieter selbst für eine bessere Absicherung sorgen. Ein Verzicht könnte fatale Folgen haben, ➪ Seite 547.

Faktisch ist **Vollkasko** in allen Campertarifen enthalten, beinhaltet aber eine Eigenbeteiligung von $2.000-$3.000. Der Abschluß einer **VIP-Versicherung** reduziert die Selbstbeteiligung bei Schäden am Fahrzeug auf $100-$200. Im Fall von "Fahrlässigkeit" haftet der Mieter aber auch mit VIP voll.

Fazit Campermiete

Die relativ komplizierten **Miet-, Versicherungs- und Haftungskonditionen sprechen mehr noch als beim Pkw für eine Buchung vor der Reise**. Insbesondere bei Reiseabsichten während der gesamten amerikanischen Hauptsaison (Anfang Juni bis *Labor Day*) kann man im übrigen nicht darauf setzen, irgendwo auf die Schnelle das passende Fahrzeug schon zu finden – und das möglichst auch noch zu einem niedrigen Tarif. Die Erfahrung lehrt außerdem, daß die Tarife in den USA bei identischen Vermietern meist deutlich über denen liegen, die bei uns an die Veranstalter zu zahlen sind. Ein wenig ermunternder Gedanke ist auch, daß bei Mängeln des Fahrzeugs und eventuellen Schäden eine daraus folgende Auseinandersetzung im fremden Land geführt werden müßte.

Autokauf

Bei mehrere Monaten Reisezeit lohnt sich eventuell der **Kauf eines Fahrzeugs** oder aber die Mitnahme des eigenen Wagens über den Atlantik. Alle Aspekte und Details dazu werden im **Reise Know-How Band USA/Canada** behandelt, ➪ Werbeseiten hinten. Für einen Transport, der gar nicht so teuer ist, macht die **Firma Seabridge** zur Zeit die besten Angebote: © 0211/2108083 und Fax 0211/2108097.

Fliegen in den USA

Das Flugzeug als Transportmittel ist immer dann zu erwägen, wenn man **weit auseinanderliegende Ziele** besuchen will und wenig Zeit hat. Bei mindestens 2 Teilstrecken, die innerhalb der USA geflogen werden sollen (mit *America West Airlines,* ab drei Teilstrecken auch andere *Airlines*), könnten sich vor der Reise hier beschaffte Rundreise- bzw. **Coupontickets** bezahlt machen. Jeder Coupon gilt dabei für eine Flugstrecke und ist erheblich billiger als das entsprechende Einzelticket für dieselbe Route. Denn inneramerikanische Flüge gehen heute bei Einzelbuchung ziemlich ins Geld, kauft man Tickets drüben kurzfristig und erwischt keinen Spezialtarif. Kostspielig sind besonders Anschlußflüge zu entlegenen Orten, die nur von einer einzigen regionalen Gesellschaft bedient werden.

Wer ohne aus der Heimat mitgebrachte Flugcoupons in den USA ins Flugzeug steigen möchte, muß zudem wissen, daß in Nordamerika **jede Fluglinie ihr eigenes Tarifsystem** besitzt. Praktisch alle Gesellschaften offerieren für Flüge am Abend oder in der Nacht sogenannte ***Night Coach Fares***, die je nach Strecke und Luftlinie um bis zu 25% Ermäßigung bieten.

Es kostet nichts, die Gesellschaften unter ihren ***toll-free*** **800-Nummern** selbst anzurufen und das preisgünstigste Ticket für die gewünschte Verbindung – so vorhanden – zu erfragen. Eine Buchung am Telefon ist nur mit Kreditkarte möglich:

Alaska Airlines	1-800-426-0333
America West	1-800-235-9292
American Airlines	1-800-433-7300
Air Canada	1-800-4CANADA
Canadian Airlines	1-800-426-7000
Continental	1-800-525-0280
Delta & Delta Connection	1-800-221-1212
Northwest	1-800-225-2525
TWA	1-800-221-2000
United Airlines	1-800-241-6522
US Air	1-800-428-4322
Southwest	1-800-I FLY SWA

Die Airlines informieren indessen nur über eigene (offizielle) Tarife; um den günstigsten herauszufinden, muß am rundtelefonieren.

Der bequemere Weg zum preiswerten Ticket ist im Prinzip das Flugreisebüro. Wer seine Automobilklub-Mitgliedskarte dabei hat, kann sich auch an die erfahrungsgemäß recht effizienten **Reisebüros des AAA** wenden, die es in jeder Mittelstadt gibt.

Günstige Tickets per Telefon bietet ***Cheap Tickets***, ✆ 1-800-377-1000. Sie werden aber nicht versandt, sondern müssen in Büros abgeholt werden, die es nur in größeren Städten gibt.

Einzelheiten und viele Hinweise zum Fliegen in den USA finden sich im Reise Know-How-Titel **Die USA mit Flugzeug und Mietwagen**, das der Flugexperte Martin Stoll verfaßt hat, ➪ Werbeseiten.

EINE AMERIKA-REISE - GESEHEN DURCH DIE CO_2-BRILLE

Nehmen wir an, Sie leben in Frankfurt und möchten Ihre Ferien in Kalifornien verbringen mit Besuchen im *Redwood* und im *Yosemite National Park*. So eine Reise belastet die Umwelt. Da ist einmal der Flug nach San Francisco (Luftverschmutzung, Lärm etc.), dann die Fahrt mit dem Mietwagen (dito), die Unterkunft (Wasser, Strom), oder das Essen (Herbizide, Import der Rohprodukte per Flugzeug).

Von alledem hat der **Transport** (Flugzeug und Auto) wahrscheinlich die stärksten Auswirkungen. Jeder Liter verbrannten Autobenzins hinterläßt rund 2 kg CO_2 in der Atmosphäre. Dazu kommen noch weitere Schadstoffe wie z.B. die Stickoxide (NOx). Beim Flugzeug ist die Sache nicht besser, nur wesentlich undurchsichtiger. Die Schadstofffrachten hängen dort von der Art der Triebwerke, dem Gewicht des Flugzeugs, der Auslastung und anderen Faktoren ab.

Da das **CO_2 der Hauptverursacher der globalen Erwärmung** ist, konzentrieren wir uns hier auf diese Substanz.

Da die meisten Parks in den USA ausschließlich oder mit Abstand am bequemsten per Auto erreichbar sind, entscheiden sich die meisten Besucher "naturgemäß" für dieses Verkehrsmittel. Damit ist immer unausweichlich eine größere CO_2-Emission verbunden. Schön wäre es jetzt, diese Menge an einem anderen Ort einzusparen, und damit die **persönliche Ökobilanz** unter dem Strich auf Null zu bringen. Die Berechnung ist kein besonderes Problem. Es funktioniert wie bei der \$- und DM-Bilanz der Reise. Deren Soll-Positionen sind die Ausgaben für Flug, Mietauto, Hotels, das neue Zelt, den Schlafsack etc. Aus dem Monatseinkommen könnte man das nicht finanzieren. Also spart man vorher und ggf. nachher, um das entstandene Bilanzloch wieder zu stopfen, sprich die Habenseite auszugleichen. Auf genau die gleiche Weise können wir auch mit den ökologischen Kosten der Reise umgehen.

Die CO_2-Belastung der Atmosphäre läßt sich anhand der zurückgelegten Strecken in etwa berechnen. Die **Einsparung** derselben Menge CO_2 **an einer anderen Stelle** können Sie natürlich nicht während der Kalifornien-Reise bewerkstelligen. Aber zu Hause. Beim **Auto** ist die Berechnung einfach. Für jeden "ausgegebenen" Ferienkilometer sparen wir in Frankfurt einen Kilometer ein (identische Passagierzahlen im Auto unterstellt). Bei 2.500 Autokilometern auf dem Kalifornien-Trip heißt das, 2.500 km in der Heimat **nicht** zu fahren (und z.B. mit dem abgaslosen Fahrrad zu ersetzen). Das hört sich schwieriger an als es ist. Bei einer täglichen Fahrstrecke Haus-Büro von nur 10 km (Hin- und Rückweg) sind diese 2500 km in 250 Tagen wieder "hereingeholt". Das dauert in der Regel ein gutes Jahr.

Beim **Flugzeug-CO_2** ist das Prinzip dasselbe. Wieviel CO_2 produziert ein Flugzeug pro km? Bei einem Langstreckenflugzeug beträgt diese Zahl rund das Hundertfache eines Autos. Da sich aber die Flugzeugemissionen auf viele Passagiere verteilen, ergibt sich ein Emissionswert pro Person, der dem des Autos entspricht (ca. 183 g/km und Person). D.h., man könnte auch in diesem Fall jeden Flugzeugkilometer mit einem **nicht** gefahrenen Auto-Kilometer kompensieren. Bei Kurzstreckenflügen liegt die Belastung um etwa zwei Drittel höher: 302 g/km und Person*). Der Einfachheit halber rechnen wir hier aber nur mit der Langstrecke.

Da man auf der Route **Frankfurt–San Francisco retour immerhin 23.000 km** zurücklegt, ist die Kompensation schwierig, und es ergibt sich für die Kalifornien-Reise (Flugzeug plus Auto) folgende, **eher ernüchternde Einspar-Bilanz**:

Zurückgelegte Strecken für die USA-Reise	CO_2-Produktion	Zu kompensieren durch Radfahren
Flug Frankfurt–San Francisco (23.000 km, 184 g CO_2/Pers+km)	4.230 kg	23.000 km
Mietwagen in Kalifornien (2.500 km, 2 Personen, 183 g CO_2/Person + km)	460 kg	2.500 km
Total	**4.690** kg	**25.500** km

Anmerkung: Die Zahlen stammen aus "Ökoinventar Transporte", Schwerpunktprogramm Umwelt, des Schweizerischen Fonds zur Förderung der wissenschaftlichen Forschung (1995)

Die Kalifornienreise produziert also fast 4,7 Tonnen CO_2! Theoretisch – so muß man wohl sagen – könnten Sie die mit der Reise verbundenen zusätzlichen CO_2-Emissionen über 25.500 per Fahrrad ersetzte Autokilometer ausgleichen. Zeit dafür ist bis zur nächsten Flugreise. Soweit die Fakten. Normalerweise liegt dieses Ziel außerhalb realistischer Möglichkeiten. Es sei denn, Sie suchen und finden **andere Einsparpotentiale**, z.B. indem Sie ganz auf eine geplante Flugreise verzichten, Ihr Auto endgültig abschaffen oder einen Quadratkilometer Urwald kaufen und vor der Abholzung bewahren.

Ein Co_2mputer

Mit der folgenden Tabelle können Sie den "CO_2-Ballast" Ihrer eigenen Reise aufgrund der zurückgelegten Kilometer mit verschiedenen

Verkehrsmitteln bestimmen. Sie könnten z.B. ein "**CO_2-Budget**" für die nächsten 5 Jahre aufstellen oder das umweltgünstigste Angebot im Reisebüro auswählen. Vielleicht entscheiden Sie sich auch, länger an einem Ort zu bleiben, statt jeden zweiten Tag wieder ins Auto zu steigen und zum nächsten Ziel zu brausen.

Transportmittel	**km**	**Faktor*)**	**kg CO_2/Person (Faktor x km)****
Kurzstreckenflugzeug	....	0,302	....
Langstreckenflugzeug	....	0,184	....
Schnellzug (E-Lok)	....	0,063	....
ICE	....	0,056	....
Bus	....	0,056	....
PKW (EU)	....	0,183	....
Van, Pick-Up Truck (doppelter Verbrauch PKW)	....	0,366	....
Motorhome (dreifacher Verbrauch PKW)	....	0,549	....
Fahrrad	....	0,001	....
Zu Fuß	....	0,0001	....
Total Reise			....
Dauer der Reise (Tage)			....
Umgerechnet auf **1 Tag**			....

*) Zahlen aus demselben Werk wie nebenstehend. Zahlen für *Van/ Motorhome* auf der Basis PKW, für Fahrrad und "zu Fuß" geschätzt.

**) Zum Vergleich: Soviel CO_2-Emissionen/Tag verursachen Bewohner folgender Länder im Schnitt (inkl. Wohnen, Essen, Konsum etc.):

CO_2-Emissionen

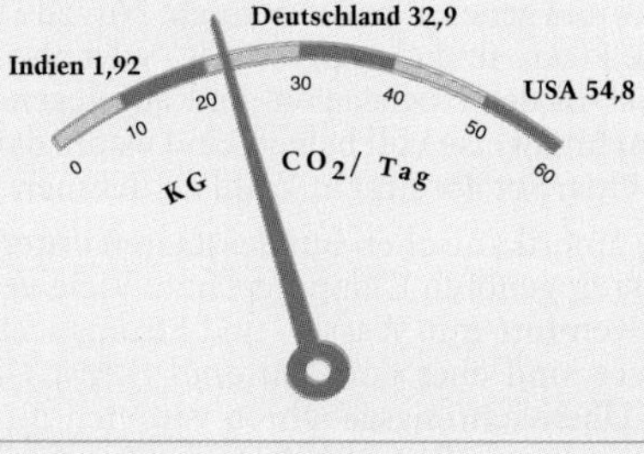

Camping

Situation

Die USA bieten dem Camper alles, was das Herz begehrt, sei es nun Komfortcamping im Wohnmobil oder eher ein Campieren unter einfachsten Bedingungen weitab jeder Zivilisation. Platz ist in den Weststaaten genug, und so sind die meisten Campingplätze großzügig angelegt. Der **Stellplatz** fürs Campmobil oder Zelt beschränkt sich nicht auf wenige Quadratmeter, sondern umfaßt ein eigenes **kleines Areal mit Picknicktisch**, **Grillrost** und (meistens) **Feuerstelle**.

Auf vielen **staatlichen Plätzen** (➪ weiter unten) geraten die Nachbarn mitunter regelrecht aus dem Blickfeld. Auf ihnen gilt überall eine **pauschale Einheitsgebühr (*fee*) pro Stellplatz** unabhängig von der Personenzahl. Die Gebühren werden überwiegend im ***Self-Registering*** Verfahren erhoben. Nach Eintragung einiger Daten steckt man die Gebühr in einen Umschlag und wirft ihn in eine ***Deposit Box***. Auf **kommerziell betriebenen *Campgrounds*** überwiegt die Berechnung einer Basisgebühr für 2 Personen plus Aufschlag für jeden zusätzlichen Gast. Die meisten und auch viele ***State Parks*** (➪ unten) verfügen über sog. ***Hook-ups***, 110 V-Steckdose, Wasserhahn und Abwasserloch an den Stellplätzen.

Public Campgrounds

Die Campingplätze in Einrichtungen des ***National Park Service*** verfügen mehrheitlich neben den üblichen Ausstattungsmerkmalen (➪ 1. Absatz) nur über einfache sanitäre Einrichtungen. Nur wenige Großanlagen (*Grand Canyon, Yosemite*) bieten mehr Komfort. Die Kosten liegen bei **$10-$18 je Nacht** und Stellplatz. Manchmal gratis sind ***Walk-in-*** und ***Backcountry Campgrounds*** abseits der Straßen.

In den riesigen Wäldern der USA hat der ***National Forest Service*** unzählige Campingplätze der sanitären Einfachkategorie angelegt. Unter ihnen findet man **traumhafte Anlagen** inmitten sonst unberührter Natur. Die Übernachtungskosten betragen zwischen **$0 und $16**. Am teuersten sind leicht erreichbare Plätze im Umfeld von Nationalparks und generell in Kalifornien. Nur zu Fuß, Pferd oder Boot zugängliche Plätze und *Campgrounds* "weit ab vom Schuß" sind oft gratis. Selbst in der Hochsaison sind abgelegenere ***NF-Campgrounds*** nur ausnahmsweise voll belegt. Und wenn, darf man legal und gebührenfrei Quartier abseits im Wald zu nehmen (***dispersed camping***).

Alle amerikanischen Bundesstaaten unterhalten ***State Parks***; zu den meisten gehören Campingplätze. Viele verfügen über hohen sanitären Komfort mit Wasser- und Stromanschluß an allen Stellplätzen, andere sind eher den *National Forest Campgrounds* vergleichbar. Die Übernachtungsgebühren variieren mit dem Komfort, mehrheitlich kosten sie $12-$18. Am teuersten sind kalifornische *State Parks*.

Das ***Bureau of Land Management*** (**BLM** ➪ Seite 32) unterhält in den Weststaaten ca. 240 sanitär einfache *Campgrounds.* Sie liegen vielfach in reizvoller Umgebung. Die **Gebühren** betragen $6-$12.

Das Buch ***Americas Secret Recreation Areas*** beschreibt alle Details dere BLM-Gebiete mit Wanderwegen und *Campgrounds* ausführlich.

Die Pioniertruppe der US-Armee (***Corps of Engineers - CoE***) ist im Frieden u.a. mit Staudammbau befaßt. Die von ihnen an ***Reservoirs*** (vor allem in Kalifornien) angelegten Plätze gehören überwiegend zur preiswerten Einfachkategorie.

Manche **Städte** und **Landkreise** unterhalten in eigener Regie Campingplätze unterschiedlicher Qualität zu meist geringen Kosten.

Campgrounds findet man auch in einigen Indianerreservaten, z.B. im ***Monument Valley*** *(Navajo)* oder bei den ***Mesas*** der *Hopi.*

Campingführer

Während alle ***State Parks*** und die ***NF-Campgrounds*** zumindest teilweise in Karten und Campingführern verzeichnet sind, findet man die Plätze des **BLM**, des **CoE**, der **Cities & Counties** und in den **Reservaten** seltener in gängigen Führern. Die **AAA-Campbooks** listen sie hier und dort, der weitverbreiteten ***Woodall's*** kaum. Ergiebiger sind in dieser Hinsicht gratis in ***Visitor Centers*** und *Ranger Stations* verteilte **regionale Übersichtskarten** und Info-Blätter/-Broschüren.

Kommerziell betriebene Plätze

Bei den kommerziell betriebenen Campinglätzen gibt es bezüglich Komfort und Lage alle denkbaren Kategorien. Es überwiegen Anlagen mit ***Hook-up*-Angebot** (➪ oben) und deutlich knapperem Zuschnitt der Stellplätze als auf staatlichen *Campgrounds*. Die **Preisgestaltung** orientiert sich an der Ausstattung und der Nähe zu touristischen Reiserouten und -zielen. Die **preisliche Untergrenze** für einfache und/oder abgelegene Privatplätze liegt bei ca. **$12**. Im Umfeld von Attraktionen (Nationalparks, Badeorte) und im Einzugsbereich der großen Städte kostet ein Stellplatz für 2 Personen **bis $30/Nacht und mehr**.

Die Mehrheit der *Campground*-Betreiber ist unabhängig. Aber es gibt mit **KOA** unds ***Good Sam*** auch Campingplatz-Ketten. ***KOA*** lockt Kunden der Campmobilvermieter gerne mit einer gratis ausgeteilten ***Value Card***, die einen Rabatt auf die Übernachtungskosten garantiert. Aber auch dann bleibt KOA meist in der Preisklasse **ab $20**. Bei KOA kann man ziemlich sicher sein, daß **Toiletten- und Duschanlagen** einen akzeptablen bis guten Standard nicht unterschreiten, und immer ein **Münzwaschsalon** vorhanden ist (***Coin Laundry***). Das gilt auch für ***Good Sam Campgrounds***, die ebenfalls nicht zu den billigsten gehören, wenngleich Qualität der sanitären Einrichtungen und die sonstigen Merkmale stärker schwanken als bei KOA.

Unterwegs in Amerika

Reservierung

Fast alle **privaten Campingplätze** lassen sich telefonisch reservieren. Die Nummern finden sich in Campingführern. Wie bei Hotels werden Reservierungen oft nur dann akzeptiert bzw. für eine Ankunft nach 18 Uhr garantiert, wenn der Anrufer eine **Kreditkartennummer** nennt, die auch bei Nichterscheinen belastet werden kann.

Für die **staatlichen Plätze** gilt überwiegend die Regel ***first-come-first-served***, d.h., jeder ersichtlich unbesetzte Stellplatz kann belegt werden. Die Anzahl der **Ausnahmen** steigt aber:

Schon seit jeher gehören dazu viele ***State Park Campgrounds***. Man reserviert sie durch Anmeldung direkt im Einzelpark oder über einen zentralen Service **per Kreditkarte**. Üblich ist eine ***Reservation/Storno Fee*** von $5-$7 pro Reservierung. **Zentrale Reservierungsnummern** im hier behandelten geographischen Bereich sind:

✆ **California** 1-800-444-PARK (7275)
✆ **Colorado** 1-800-678-CAMP (2267))
✆ **Utah** 1-800-322-3770

Für diese und weitere Staaten kann die Reservierung neuerdings auch übers ***Internet*** erfolgen:

http://www.park-net.com

Gleichzeitig bieten die ***Websites*** von ***park-net*** eine hervorragende Informationsmöglichkeit. Alle Parks sind genau beschrieben samt einer **Karte der *Campgrounds*** mit Stellplatzübersicht.

Der ***National Park Service*** läßt **einen Teil** seiner Campingplätze in den populärsten Parks zentral über die Firma ***Biospherics*** vergeben. Im Südwesten sind das ***Death Valley, Grand Canyon, Joshua Tree, Rocky Mountain, Sequoia/Kings Canyon, Yosemite*** und ***Zion.***

Wer sichergehen möchte, in den zentral gelegenen (**in keinem Fall** sind **alle Plätze** dieser Parks betroffen) und/oder besonders komfortablen Plätzen unterzukommen, kann **ab dem jeweils 15. eines Monats bis zu 5 Monate im voraus reservieren**:

Toll-free ✆ **1-800- 365-CAMP, aber für *Yosemite NP* 1-800-436-7275**
Reservierungsanfrage per Fax: 001 301 722-1174
Reservierungsanfrage per e-mail: nprs@biospherics.com
Internet: http://reservations.nps.gov

Die Mehrheit der ***National Forest Campgrounds*** und der ***CoE*-Plätze** bleibt der Reihenfolge der Ankunft vorbehalten. Aber besonders populäre Plätze lassen sich reservieren. Zentrale *toll-free*-Nummer:

✆ **1-877-444-6777** und ✆ **518-885-3635**

Auch dafür gibt es seit 1999 einen ***Internet Service***:
National Recreation Reservations: **http://www.reserveusa.com**

Campground Full!?

Was tun, wenn man nicht reserviert hat und statt des romantischen Plätzchens einen bei Ankunft das Schild ***Campground Full*** empfängt, und der nächste Platz weit oder es sowieso schon spät ist. Hier **die vielfach bewährten Tipps der Autoren** nach unzähligen Nächten auf amerikanischen Campingplätzen:

1. Trotzdem `reinfahren und sich umsehen. Manchmal wurde nach dem Raushängen des Schildes wieder etwas frei, keiner hat`s registriert, oder der Ranger hat den letzten freien Platz übersehen.
2. Platzinhaber mit viel freier Stellfläche (relativ zur Wagen- bzw. Zeltgröße) fragen, ob man sich dazustellen darf und gleich volle Gebührenübernahme anbieten (klappt fast immer!).
3. Beim *Camp Host* (Aufsicht) oder im *Visitor Center* erkunden, ob es ein *overflow camping* gibt (Reserveplatz ohne Tische/Grill, oft vorhanden, aber nicht immer als solcher erkennbar markiert).
4. Wenn gar nichts hilft, auf öffentlichen Ländereien (des *BLM* und in *National Forests*, nicht in *National* oder *State Parks*) besteht die Möglichkeit eines gebührenfreien ***dispersed camping***, des "wilden" Campens, wobei man sich aber nicht gerade in der Nachbarschaft eines offiziellen Campground niederlassen darf.

Wild campieren auf BLM-Land. Der Preis: Tische, Stühle, Trinkwasser und WC müssen selber mitgebracht werden. Der Lohn: Einsamkeit und Stille (meistens). Hier: Gelände an der Straße #313 zum Island-in-the-Sky-District des Canyonlands National Park.

Motels, Motor Inns, Hotels und Lodges

Kennzeichnung

Touristen wird die Suche nach einer geeigneten Unterkunft in den USA leicht gemacht. Hotels und Motels konzentrieren sich **unübersehbar** an den Ausfallstraßen von Städten und Ortschaften, an typischen Ferienrouten, in der Nähe der Flughäfen und in bestimmten Bereichen der großen Cities. *Motels* und *Motor Inns* zeigen mit

Vacancy/No Vacancy, Welcome/Sorry oder ganz einfach **Yes/No**

in Leuchtschrift meist deutlich an, ob die Frage nach einem freien Zimmer lohnt.

Motels verfügen über ebenerdige oder mehrstöckige – von außen unkontrolliert zugängliche – Zimmertrakte und eine Rezeption, **nicht aber über eine eigene Gastronomie**. Auf dem Lande besteht manches Motel aus einer Ansammlung sogenannter ***Cabins***, zimmergroßen Holzhäuschen mit Bad.

Motor Inns unterscheiden sich prinzipiell kaum vom Motel. In den etwas besseren *Inns* erfolgt der Zutritt zu den Zimmern wie im Hotel über die Rezeption oder Nicht-Gästen verschlossene Eingänge, nicht über ungeschützt außenliegende Türen. *Motor Inns* der gehobenen Klasse verfügen oft über Restaurant und Bar.

Im Fall der **Hotels** liegen zwischen "Absteigen" und Luxusherbergen aus Glas und Marmor Welten. Gemeinsames Merkmal ist die zum Haus gehörende Gastronomie und die Erhältlichkeit von Alkoholika. Letzteres gibt`s nie im Motel, selten im *Motor Inn*.

In landschaftlich reizvollen Gebieten und Nationalparks nennen sich Hotels gerne ***Lodges*** und signalisieren damit, daß neben dem Hotelkomfort **Aktivitäten** wie Reiten, Fischen, Kanufahren, *Whitewater Rafting* etc. geboten werden oder im Umfeld möglich sind.

Austattung und Kosten

Die **Innenausstattung** amerikanischer Hotel- und Motelzimmer zeichnet sich durch große **Uniformität** aus. Je nach Größe des Raums ein breites Bett oder auch zwei davon, in einer Ecke Sessel/Stühle plus Tischchen. **Eigenes Bad und Farbfernseher** gehören noch zum preiswertesten Raum, in heißen Regionen überall und in besseren Hotels immer eine **Klimaanlage**. Unterschiede im Preis drücken sich weniger im grundsätzlich vorhandenen Mobiliar und der Zimmergröße als durch Qualität der Ausstattung und Grad der Abnutzung aus. Neuere Häuser der Mittelklasse bieten für $60-$90 einen Raumkomfort, der denen in weitaus teureren Hotels kaum nachsteht.

Die Preise für die Übernachtung unterliegen erheblichen regionalen und saisonalen **Schwankungen**. Sieht man ab von großen Cities und Brennpunkten des Tourismus (Umgebung populärer Nationalparks!)

kommt man in den **Weststaaten einigermaßen preiswert** unter. Es gibt immer noch eine große Zahl einfacher Motels, die bei Belegung mit 2 Personen auch in der Hochsaison noch unter $50 pro Nacht und Zimmer fordern – vor allem an Wochentagen auf dem Land und in kleinen Ortschaften. **Die Mehrheit der Unterkünfte in der durchaus akzeptablen unteren Mittelklasse liegt im Tarifbereich $50-$80**.

Da es keine echten Einzelzimmer gibt (mindestens steht ein Bett der Größe *Queensize* – ca. 1,50 m x 2 m im Raum), liegt der Preis für eine Person nur wenig unter dem für 2 Personen oder ist sogar identisch. In ***Twin Bedrooms*** (mit zwei großen Betten) können **bis 4 Personen** übernachten, ohne daß dies immer extra kostet.

Alle Preisangaben sind netto; hinzu kommt die *Sales Tax*. Ein **Frühstück** ist grundsätzlich nicht im Zimmerpreis enthalten. Zwar wird mehr und mehr mit ***free Continental Breakfast*** geworben, das besteht aber oft nur aus *Donuts* und Kaffee aus dem Styroporbecher.

Hotelverzeichnisse

Die gratis ausgegebenen ***Tourbooks*** des **Automobilklubs AAA** enthalten ziemlich umfassende Unterkunftsverzeichnisse mit aktuellen Preisen und Daten für Hotels und Motels ab unterer Mittelklasse mit zahlreichen Discount-Angeboten für Mitglieder.

In den meisten Touristeninformationen liegen zur freien Bedienung sog. ***Travelers*** oder ***Exit Guides*** aus, Hefte voller ***Discount-Coupons*** für Hotels und Motels. Ein Anspruch auf Einlösung der *Coupons* besteht nicht. Bei Anrufen nicht zu spät am Tage hat man aber gute Chancen, zu den Vorzugstarifen der *Exit Guides* unterzukommen.

Die Vielzahl der **Hotel-/Motelketten** in allen Kategorien, deren Häuser weitgehend identisch sind, erleichtert die Unterkunftswahl. Man kommt zur Not auch **ohne Hotelverzeichnis** aus, wenn man sich im wesentlichen an die Ketten hält.

Reservierung von Unterkünften

Dank der gebührenfreien ***(toll-free)*** **800/888-Nummern** fallen bei Reservierungen keine Telefonkosten an. Über diese Nummern verfügen nicht nur Hotelketten, sondern auch viele Einzelunternehmen. Unter den auf Seite 561 genannten 800-Nummern erreicht man die Reservierungszentralen der bekannten Ketten.

Die **Preisgestaltung variiert stark**; die Tarifintervalle in Klammern geben nur einen Anhaltspunkt. An Brennpunkten des Tourismus, in Innenstädten und Airportnähe wird die genannte $-Grenze bisweilen überschritten. Auch ein Budgetmotel kann in einigen Städten und/oder zur Hochsaison über $50 kosten. Andererseits sind Preise in der Nebensaison unter $40 nicht selten. "**Senioren**" erhalten häufig schon ab 55 Jahren einen – teilweise substantiellen – **Rabatt**.

TELEFONISCH RICHTIG RESERVIEREN UND STORNIEREN
(generell zum Thema "Telefonieren in Amerika" ➪ Seite 572)

Damit bei der Reservierung per Telefon alles klappt, sind einige Punkte **zu beachten**:

- Bei einem **Direktanruf** im Haus der Wahl sind zunächst Art des Zimmers (*Single/Double/non-smoking* etc) und die Daten (*tonight only, 2 nights October 15-17* etc.) zu nennen.
- Ist man mit dem angebotenen Tarif einverstanden, wird nach der Ankunftszeit gefragt. Ohne weitere Formalitäten erhält man normalerweise eine Zusage bis 6 pm. Ist nicht sicher, daß man vorher eintrifft, muß das Zimmer per Kreditkarte "garantiert" werden. Dazu müssen ***Credit Card Number*** und Verfalldatum der Karte (***Expiration Date***) zur Hand sein. Der Preis wird dann der Karte belastet, egal wann – oder ob – man letztlich eintrifft.

Notieren sollte man sich (ggf. nachhaken):

- die ***Reservation Number*** (meist nur bei Ketten)
- die genaue Adresse mit Anfahrt und **lokale Rufnummer**.

Bei Absagen – *sorry, we are completely booked for that day* – kann man es mit einer oft guten Chance auf Buchung **am Tag selber ab spätem Vormittag** wieder probieren. Denn spätestens bis *Noon* müssen abreisende Gäste ihre Zimmer geräumt haben, oft werden dann Zimmer frei, die ursprünglich länger gebucht waren. Selbst in knallvollen Nationalpark- und anderen beliebten Ouartieren bestehen kurzfristig bessere Chancen als bei Anfragen mehrere Tage vorher. Allerdings muß man dazu in kurzen Abständen mehrmals anrufen.

Ob man nun eine bessere/preiswertere Unterkunft entdeckt oder das Ziel nicht erreichen wird, eine **feste Reservierung muß rechtzeitig storniert werden**, sollen unnötige Kosten vermieden werden.

Zu diesem Zweck ruft man unbedingt **vor *6 pm*** an (in Einzelfällen früher). Bei einer Kette benötigt man nun die Reservierungsnummer, damit nichts schiefläuft. Man erhält eine Stornierungsnummer (ggf. nachfragen), die aufbewahrt werden sollte. Falls wider Erwarten doch die Kosten einer stornierten Übernachtung vom Konto abgebucht werden, läßt sich ohne sie schlecht reklamieren. Sicherheitshalber notiert man auch Datum und Uhrzeit der Stornierung.

Die kostenfrei mögliche telefonische Reservierung und ggf. Stornierung läßt sich bei zeitiger Ankunft am Zielort zur **Quartieroptimierung** nutzen: Zur Sicherheit reserviert man zunächst eine passende Unterkunft, schaut aber nach der Ankunft noch ein wenig (Hotelwand im *Airport*, *Tourist Information*, Ausfallstraßen usw.), ob sich nicht eventuell ein besseres Quartier findet. Ist das der Fall, storniert man die Reservierung.

Die wichtigsten Hotel-/Motelketten soweit sie auch im Westen der USA vertreten sind

Obere Preisklasse ($120-$200 und mehr)	**Doubletree**	1-800-222-TREE
	Hilton	1-800-HILTONS
	Hyatt	1-800-233-1234
	Marriott	1-800-228-9290
	Park International	1-800-437-PARK
	Radisson	1-800-333-3333
	Residence	1-800-331-3131
	Sheraton	1-800-325-3535
Mittlere Preisklasse ($60-$100)	**Best Western**	1-800-528-1234
	Budgetel Inn	1-800-4BUDGET
	Comfort Inn	1-800-228-5150
	Courtyard	1-800-321-2211
	Days Inn	1-800-DAYS-INN
	Drury	1-800-325-8300
	Econo Lodges	1-800-55ECONO
	Fairfield Inn	1-800-228-2800
	Hampton	1-800-HAMPTON
	Holiday Inn (mit **Holiday Inn Express**)	1-800-HOLIDAY
	Howard Johnson	1-800-I-GO-HOJO
	La Quinta	1-800-531-5900
	Quality Inn	1-800-228-5151
	Ramada Inn (mit **Ramada Limited**)	1-800-2RAMADA
	Red Lion	1-800-547-8010
	Shilo Inn	1-800-222-2244
	Shoney`s	1-800-222-2222
	Super 8	1-800-800-8000
	Travelodge	1-800-578-7878
	Vagabond	1-800-522-1555
Untere Preisklasse ($30-$50)	**Budget Host**	1-800-BUD HOST
	Friendship Inn	1-800-453-4511
	Hospitality Int`l (Master Host/Scottish/Red Carpet/Passport u.a.)	1-800-251-1962
	Motel 6	1-800-4MOTEL6
	Rodeway Inn	1-800-228-2000
	Sleep Inns	1-800-62 SLEEP
	Thriftlodge	1-800-525-9055
	Western Host	1-800-648-6440

Neue 800 ✆ Sollte sich die Nummer einer Motelkette geändert haben, erfährt man die neue Nummer von der ***Toll-free Information***: ✆ **1-800-555-1212**.

Bed & Breakfast

Wenn man das Besondere und auch gerne Kontakt zu anderen Reisenden sucht, sind *B&B's* ideal. Im Gegensatz zu Europa, wo *B&B* meist gleichzusetzen ist mit schlichten Zimmern bei einer Familie, findet man in den USA professionell geführte Häuser mit bis zu einem Dutzend oder sogar mehr Zimmern, einen gemütlichen Aufenthaltsraum und anderen Einrichtungen. Die Zimmer sind oft sehr individuell eingerichtet, es gibt meist ein ausgezeichnetes, *homemade breakfast* und in besseren Häusern sogar einen *afternoon tea*. ***Bed & Breakfast Guides*** finden sich in größeren *book stores*, manchmal gibt es auch Listen bei der *Tourist Information*.

Auffällig ist die **Zunahme hochwertiger *Bed & Breakfast*-Angebote im Umfeld von Touristenattraktionen des Südwestens**. Rund um die Nationalparks und an den typischen touristischen "Rennstrecken" findet man viele reizvolle Quartiere, darunter auch manche Ranch. Neuere *Inns* besitzen häufig ganz separate Gebäude für die Gästezimmer und unterscheiden sich damit kaum noch vom Motel.

***B & B* ist nicht die billige Alternative zum Motel**; das Preisniveau liegt überwiegend im Rahmen der Mittelklasse und oft weit darüber, also ab ca. $60 bis über $200 fürs DZ.

Genug von anonymen Hotelzimmern oder vom Zelt?
B&B Inns bieten Komfort und oft eine gemütliche Atmosphäre.

Das traditionelle Herbergswesen ist in Nordamerika im Vergleich zu Europa zwar unterentwickelt, aber dafür befindet sich manches ***Hostel*** in zentraler Lage in den Städten oder in besonders schöner Umgebung in oder in der Nähe von *National* oder *State Parks.* Die Kosten in ***American Youth Hostel Federation*** (***Hostelling International=HI***) variieren zwischen $8 und $20 pro Nacht. Das Verzeichnis ***Hostelling North America*** für die ca. 225 Hostels in den USA und Canada kann man beim DJH, Bismarckstr. 8, 32756 Detmold, beziehen. Hilfreicher und sogar preiswerter ist jedoch ein Führer für alle *Hostels* inklusive der freier Träger, ➪ folgende Seite.

Im ***World Wide Web*** findet man im ***Internet Guide to Hostelling*** ebenfalls alle Informationen zu *AYH-Hostels* und weiteren alternativen Unterkünften samt Kommunikation mit Rucksacktouristen (*Backpackers*) weltweit: **www.hostels.com**. und **www.hiayh.org**.

***HI-Hostels* müssen** insbesondere in den Cities und in der Nähe populärer touristischer Ziele (Nationalparks/Küstenorte) Wochen **im voraus reserviert werden**, entweder direkt oder über eine

zentrale Reservierung von 60 USA-Hostels: ✆ **1-800-909-4776**

Eine Alternative zu den konventionellen *Hostels* bieten zahlreiche ***Independent Hostels*** unter freier Trägerschaft. Sie verfügen über Mehrbettzimmer ab $10 bis $18 pro Bett und private Räume ab $25. Bei ihnen geht es legerer zu als in den *Hostels* der Herbergsorganisation. Um sie zu finden, ist das ***Hostel Handbook*** für die USA und Canada unschlagbar, das über **600 *Hostels*** und Billighotels ***for the International Traveler*** listet und **jedes Jahr im März** neu erscheint. Es enthält Adressen, Telefon, email- und Internetadressen und Tarife sowohl der *Hostelling International Hostels* (Jugendherbergen AYH) als auch aller Häuser in freier Trägerschaft.

Leser der Reise-Know-How-Amerika-Reiseführer erhalten es exklusiv in Deutschland gegen **Voreinsendung von 8,00 DM**/4,00 Euro als Euroscheck oder in Briefmarken (jeweils neueste Auflage inkl. Versand und Verpackung):

Reise-Know-How Verlag
Dr. Hans-R. Grundmann GmbH
Heinrich-Schwarz-Weg 36

27777 Ganderkesee-Steinkimmen

Information im Internet: **http://www.reisebuch.com**

Versorgung unterwegs

Fast Food

Selbst im letzten Winkel Amerikas findet man noch die Filialen der großen ***Fast Food***-Ketten. Um die Gunst der eiligen Kunden konkurrieren außerdem viele lokale Snackbars, Cafeterias und *Coffee Shop*s.

Allen gemeinsam ist das moderate Preisniveau und der weitgehend identische Geschmack der gängigen Gerichte. Ausnahmslos erfolgt **kein Alkoholausschank**. Dafür kann man sich Kaffee und den *Soft Drink*-Becher meist kostenlos wieder auffüllen lassen: ***Free Refill***!

Unabhängig von ihrer Spezialisierung bieten viele *Fast Food Restaurants* morgens 6–10/11 Uhr ein preiswertes *Breakfast*, was nicht nur von Motelgästen wahrgenommen wird.

Family Restaurants

Obwohl der Begriff des *Family Restaurant* durchaus auch auf die *Fast Food Places* ausgedehnt wird, bezieht er sich doch eher auf ein Zwischending zwischen *Fast Food* und *Full Service Restaurants* mit Alkohollizenz, wie sie im folgenden Abschnitt beschrieben sind. Ein Familienrestaurant ist gekennzeichnet durch ein Preisniveau, das sich auch Familien mit Kindern leisten können, eine große Auswahl "amerikanischer" *Items*, eine gehobene Plastikeinrichtung und die weitgehende Abwesenheit von Alkoholika.

Die am weitesten verbreitete *Family Restaurant*-Kette ist ***Denny's***. Ihre Filialen gibt es überall. Die meisten haben Tag und Nacht geöffnet und servieren die volle Palette des *Menu* vom Frühstück bis zum Nachtisch jederzeit. Bei *Denny's* gibt es eine Theke für den eiligen Gast und die in den USA so beliebten Tischabteile. Dort wird normal bedient wie im richtigen Restaurant, aber schneller.

Ähnliche, wenn auch nicht so häufig anzutreffende Restaurants dieser Art sind ***Stuckey's, Shoney`s, J.B's, Boston Market, Perkins, Steak`n Shake***. Für ein preiswertes, gutes Steak geht nichts über das ***Sizzler Steakhouse***, das nebenbei eine riesige Salat- und Obstbar samt Suppen, Tacos und sonstwas bietet. ***Pizza Hut*** steht für riesige Pizzas und Pasta. Gut und Günstig sind dort die *lunch specials*, mit Pizzabuffet und ebenfalls *salad bar* und sogar Alkohol.

Full Service Restaurants

Sogenannte *Full Service Restaurants* (mit Alkohollizenz) entsprechen unserer Vorstellung eines "richtigen" Restaurants. In den Cities ist die Auswahl unter den verschiedenartigsten ethnischen Küchen oft enorm, während sich in Kleinstädten und auf dem Lande das gastronomische Angebot nicht selten auf die typischen Hamburger- und Steakgerichte beschränkt, äußerstenfalls noch erweitert um Pizza, Spaghetti und *Mexican Food*.

Gemessen an dem, was hinsichtlich Ausstattung, Ambiente und Küchenqualität im allgemeinen geboten wird, sind amerikanische Restaurants kein preiswertes Vergnügen. Gutes Essenund guter Service in angenehmer Umgebung wollen bezahlt sein. Am günstigsten ißt man in asiatischen und mexikanischen Restaurants. Italienische und amerikanische Restaurants sind meist teurer. Dabei gelten mittags und abends häufig unterschiedliche Karten, ein ***Lunch***-Gericht kostet weniger als die identische Speisenfolge als ***Dinner***.

Folgendes ist wichtig zu wissen:

- In den USA werden Restaurantbesucher "platziert". Ist kein Tisch frei, werden die **Namen** der ankommenden Gäste **notiert** und der Reihe nach aufgerufen. Bis dahin kann man sich die Zeit mit einem *Drink* an der Bar vertreiben, so vorhanden.
- Die Speisenkarte heißt ***Menu;*** sprich: "Mänjuh". Vorspeisen sind ***Appetizers*** oder ***Starters***, Hauptgerichte ***Entrees***. Die Beilagen heißen ***Side Dishes***. Getränke stehen unter der Rubrik *(Alcoholic)* ***Beverages***. Nur feine Restaurants führen eine ***Wine List***.
- Vor allem ***Steak Restaurants*** verfügen oft über eine ***Salad Bar***, an der unbegrenzt nachgefaßt werden darf, meistens sogar ohne ein Hauptgericht zu bestellen für relativ wenige Dollar.
- Vorsicht bei ***Sweets*** oder ***Dessert***. Zur Vermeidung übersüßter Farbüberraschungen sollte man den Nachtisch nie ausschließlich nach Karte bestellen.
- **Kaffee** wird in den meisten Fällen beliebig nachgeschenkt, aber nur einmal berechnet. Kännchen gibt es nicht.
- **Alkoholika** gibt es nur in Verbindung mit einer Mahlzeit. Wer nach dem Essen weitere Getränke konsumieren möchte, geht dazu in die Bar oder in die *Cocktail Lounge* ggf. desselben Hauses, sonst in ein anderes Lokal.
- Kurz: Ein **Restaurantbesuch** in den USA ist **keine abendfüllende Veranstaltung**. Nach – und gelegentlich schon vor – dem letzten Bissen hat es die Bedienung eilig, dem Gast zu signalisieren, daß das Vergnügen nun beendet seit. Nach einem knappen *Anything else?* (als eher rhetorische Frage) wird die Rechnung präsentiert.
- Die **Rechnung** (*Cheque*) weist neben den Nettopreisen des *Menu* zusätzlich die Umsatzsteuer aus (5%-8%). Da der ***Service*** nicht im Preis enthalten ist und das Personal nur ein niedriges Fixum erhält, wird ein recht **hohes Trinkgeld** erwartet. Üblich sind **12%-15%**, bei guter, freundlicher Bedienung auch mehr nicht ungewöhnlich. Den ***Tip*** hinterlassen die meisten Amerikaner selbst bei Rechnungsbegleichung per Kreditkarte bar am Tisch, man kann das Trinkgeld aber auch auf dem Beleg vermerken.

Selbstversorgung: Lebensmittel

Die Selbstversorgung auf Reisen bereitet in den USA bekanntlich keine Schwierigkeiten. Supermärkte (***Food Marts***) von regelmäßig kolossalen Ausmaßen und einem breiten Angebot findet man bis hinunter ins kleinste Nest. Die meisten sind Filialen nationaler oder regionaler Ketten wie ***Safeway, Albertsons, Fred Meyer*** (!) u.v.a.m. Sie haben fast ausnahmlos **bis mindestens 21 Uhr, nicht selten Tag und Nacht geöffnet**. Eine kleinere, aber oft interessantere Produktpalette (biologischer und/oder lokaler Anbau) gibt es in neueren Ketten wie ***Wild Oats***, ***Farmers Market*** und ***Trader Joe's***.

Außer in Supermärkten gibt es Lebensmittel, aber kaum Obst, Gemüse und Frischfleisch, in teilweise rund um die Uhr betriebenen ***Mini-Marts***, die mehrheitlich mit Tankstellen kombiniert sind und vor allem **Autofahrer** mit Kaffee, Cola und Snacks versorgen.

Weitab des modernen *American Way of Life* stößt man noch auf den ländlichen ***General Store***, der von Milch bis zum Angelhaken alles führt, was die Kunden im Einzugsbereich nachfragen. Zu dieser Kategorie gehören auch die meisten Läden in Nationalparks, die voll auf die Touristenversorgung eingestellt sind.

Nahrungsmittel kosten in den USA bei einem Kurs über 1,80 DM für den Dollar mehr als bei uns. Preiswerter sind Tiefkühlprodukte und Steaks, aber vielfach auch Obst und Gemüse, besonders zu Erntezeiten im Anbaugebiet. Wer Wert auf gesunde Ernährung legt, muß für ***Health Food***, Yoghurt, Fruchtsäfte etc. ohne Chemie jedoch relativ viel Geld ausgeben.

5-Gang Menü im Regen.

Das gilt auch für akzeptable **Brotsorten**, Das pappige Einfachbrot, ob weiß, braun oder "schwarz", ist dagegen billig.

Bei uns im Supermarkt unbekannt sind ***Salad Bars***, an denen man sich selbst auflädt und an der Kasse pfundweise abrechnet. Sogar **Suppentöpfe** stehen häufig zur Selbstbedienung bereit.

Die Nettopreisauszeichnung bezogen auf die englische Maßeinheit *lb* (= *pound*; ein Pfund entspricht etwa 450 Gramm) läßt Preise leicht niedriger erscheinen, als sie in Wirklichkeit sind. Um den Endpreis für ein Kilo zu erhalten, müssen der *lb*-Preis verdoppelt, 10% aufgeschlagen und ggf. weitere 5%-8% für die Umsatzsteuer (*sales tax*) addiert werden.

In einigen Staaten sind Grundnahrungsmittel umsatzsteuerbefreit.

Getränke

Bei nichtalkoholischen Getränken muß man aus der Vielfalt farben- und chemieprächtiger Sprudel- und Brausearten erst herausfinden, was genießbar ist. Der natürliche Fruchtgehalt von Fruchtsäften ist vielfach extrem niedrig. Hundertprozentige **Fruchtsäfte** sind teuer, außer man kauft sie als tiefgefrorenes Konzentrat. Mit Kohlensäure versetztes **Mineralwasser** gibt es als ***Soda*** oder ***Seltzer Water*** in 1-2-Quart-Plastikflaschen halbwegs preiswert nur in Supermärkten.

Alkoholische Getränke jeder Art werden in den meisten Weststaaten der USA in Supermärkten **und** Schnapsläden (*Liquor Stores*) verkauft. In mehreren Staaten gibt es hochprozentige Alkoholika ausschließlich im *Liquor Store*. In Utah führen Supermärkte nur Bier und Wein, soweit ihr Alkoholgehalt 3,2% nicht übersteigt. Die meisten Staaten untersagen den Alkoholverkauf nach einer bestimmten Zeit am Abend und/oder an Sonn- und Feiertagen. Verboten sind Abgabe und Konsum von Alkohol an/durch Personen **unter 21 Jahren**.

Öffentlicher Alkoholgenuß gilt als Ordnungswidrigkeit (Geldstrafe!) und unterliegt obendrein sozialer Ächtung. Man sieht oft **Verbotsschilder** in *State* und *National Parks* und auf Campingplätzen.

Eine weitere Vorschrift besagt, daß sich **im Passagierraum von Autos keine geöffneten Alkoholika** befinden dürfen. Strenggenommen bezieht sich diese Regelung sogar auf den ja während der Fahrt zugänglichen Innenraum eines Campmobils. Bei Fahrten durch Indianerreservate ist (theoretisch) das Mitführen alkoholischer Getränke selbst im **nicht** angebrochenen Zustand untersagt.

Bier gibt es in den **USA** nur in **Einwegflaschen oder Dosen**, die allerdings mit einer Abgabe belegt sind (durchweg 10 Cents). Kinder und Obdachlose sammeln oft die ***Aluminum Cans*** in Plastiksäcken. Fast nur in *State* und *National Parks* stößt man auf separate **Abfall-Container für Getränkedosen**.

Unterwegs in Amerika

Alles Weitere von A-Z

Apotheken

Reine Apotheken findet man relativ selten. Meistens ist bestimmten *Drugstores* und großen Supermärkten eine *Pharmacy* zugeordnet, wo es rezeptfreie Medikamente (viel mehr als bei uns) in Selbstbedienung gibt. Verschreibungspflichtige Medikamente werden an einer Sondertheke für *Prescriptions* ausgegeben. Um Arztbesuche zu vermeiden, sollte man benötigte rezeptpflichtige Medikamente besser mitbringen. Eine eigene Reiseapotheke kann nicht schaden.

Ärzte und Zahnärzte

Für den Eventualfall einer auf Reisen notwendigen Behandlung sollte unbedingt vorgesorgt sein (➪ Seite 536). Trotz hoher Dichte bei der ärztlichen und zahnärztlichen Versorgung, ist es in den USA für Touristen nicht ganz einfach, kurzfristig einen Termin beim Arzt (***Physician***) oder Zahnarzt (***Dentist***) zu erhalten. Meistens nicht erfolgreich ist der Versuch, ohne Anmeldung in einer Praxis (***Doctor's Office***) vorzusprechen. Eine Ausnahme bilden ***Walk-in Clinics***, auf "Laufkundschaft" eingestellte Gemeinschaftspraxen (in Städten ab mittlerer Größe). Mit **akuten Beschwerden** und **Verletzungen** kann man sich direkt zum ***Emergency Room*** (Notaufnahme) des nächstgelegenen Hospitals begeben. Bei Problemen hilft die lokale ***Visitor Information*** (*Chamber of Commerce*) ggf. weiter. In *National* und *State Parks* sind die ***Ranger*** Ansprechpartner und sehr hilfsbereit.

Die im ganzen Land gültige
Telefonnummer für Notfälle aller Art *(Emergencies)* ist 911.

Banken

Eine Bankfiliale findet sich noch im kleinsten Ort. Die meisten akzeptieren die gängigen **Reiseschecks** und zahlen den Nennwert ohne Abzug aus. Gelegentlich gibt es eine **Summenbegrenzung** bei der Entgegennahme. Oft muß der Pass vorgelegt werden. Das gilt ausnahmslos für die Auszahlung von Bardollars gegen Kreditkarte. Die Mehrheit der Banken honoriert ***Master-*** bzw. ***Eurocard*** und ***VISA***. Banken öffnen ihre Schalter üblicherweise von montags bis freitags (manchmal auch samstags) um 9 Uhr und schließen bei durchgehender Geschäftszeit bisweilen schon um 14 Uhr, spätestens 16 Uhr.

Botschaften und Konsulate

Die diplomatischen Vertretungen in den USA sind für Touristen normalerweise nur von Interesse, wenn Not am Mann ist, in erster Linie bei Verlust der Finanzen und der Papiere. Ist der **Pass verloren gegangen**, läßt sich der Gang zur heimischen Botschaft bzw. zu den Konsulaten nicht vermeiden. Die Adresse des nächstliegenden Konsulats erfährt man durch Anruf in Washington:

Deutschland:	4645, Reservoir Road NW, PO Box 71998 Washington DC 20007 ✆ 202-298-4000; Fax 4245
Schweiz:	2900 Cathedral Ave NW Washington DC 20008 ✆ 202-745-7900
Österreich:	3524 International Court NW Washington DC 20008 ✆ 202-895-6700

Sehr hilfreich in einem solchen Fall sind **Fotokopien** der abhanden gekommenen Unterlagen. Mit einer Hilfeleistung verbundene finanzielle Aufwendungen holt sich der Staat in der Heimat zurück.

Elektrischer Strom

Die USA verfügen über ein Wechselstromnetz mit nur 110-125 Volt Spannung und einer Frequenz von 60 Hertz. Adapter für die amerikanischen Steckdosen bringt man bei Bedarf am besten mit (bei uns in Kaufhäusern und Travel Shop, in den USA schwer zu finden).

Feiertage (Übersicht auf Seite 571) und Ferien

An Feiertagen bleiben Banken, Postämter und öffentliche Verwaltungen geschlossen. **Private Geschäfte brauchen ein Feiertagsgebot nicht zu beachten** und locken ihre Kunden gerade dann mit Sonderangeboten zum ***Family Shopping***.

Während der Feiertage und in den Ferien sind die bekannten Nationalparks schnell mal überfüllt. Größter Festtag ist der **4. Juli**, der mit Paraden und Feuerwerken ausgiebig gefeiert wird. Die **"offizielle" Reisezeit** beginnt am *Memorial Day* (letzter Montag im Mai) und dauert bis zum *Labor Day* (erster Montag im September). Speziell an den Wochenenden - vor allem den sog. ***long weekends*** (Samstag bis einschl. Montag), zu denen speziell *Memorial Day* und *Labor Day* gehören, ist bei allen populären Zielen mit beträchtlichem Andrang zu rechnen. Erfahrungsgemäß beginnt aber der Ferienboom erst richtig im Juli, nimmt in der zweiten Augusthälfte schon wieder spürbar ab und endet nach dem *Labor Day* schlagartig.

Kartenmaterial

Bewährt hat sich der – jedes Jahr neu erscheinende – **Rand Mc Nally Road Atlas** für USA und Kanada. Das Original und die deutschsprachige Ausgabe des Hallwag-Verlages sind bei uns in geographischen Buchhandlungen und in Globetrotter-Shops erhältlich. In den USA ist er wesentlich günstiger zu haben. Für Automobilklubmitglieder kostenlos sind die Straßen- und Campingkarten der ***American Automobil Association AAA*** (Triple A), ✆ 1 800 222-4357.

Unterwegs in Amerika

In den *Visitor Information*-Büros der Bundesstaaten gibt es die ***Official Highway Map*** des jeweiligen Staates meist gratis. Großformatige dicke Hefte mit recht genauen Topo-Karten aller Staaten werden von der Firma *DeLorme* hergestellt, z.B. der ***Colorado Atlas and Gazeteer***, der sogar in *grocery stores* zu finden ist.

Die **beste Einzelkarte** für das Gebiet Süd-Utah, Süd-Colorado, Nordwest-New Mexico, Nord-Arizona ist ***Guide to Indian Country***, die Automobilclub-Mitglieder gratis beim AAA erhalten. Es gibt sie auch für ein paar Dollar in Tankstellen und Supermärkten der Region.

Topographic Recreational Maps, sehr detaillierte Topo-Karten zu Einzelstaaten, in denen u.a. Zeltplätze und Sehenswürdigkeiten eintragen sind, werden durch ***GTR Mapping*** hergestellt: P.O.Box 1984, Canon City, CO 81215, USA, © (719) 275-8948. Sie sind in *book stores* und manchmal auch in Tankstellen zu finden.

Klimaanlagen

Klimaanlagen sind weit verbreitet und kolossale Energieverschwender. **Hotelzimmer** besitzen fast ausnahmslos ***Air Conditioning***. Die Mehrheit aller **Mietfahrzeuge** verfügt ebenfalls über Klimaanlagen; ihr Betrieb schluckt aber mindestens einen Extraliter Benzin pro 100 Kilometer. Oft fährt man mit ein bißchen Fahrtwind angenehmer und gesünder. Besonders mit Kindern ist Zurückhaltung beim Umgang mit *Air Conditioning* anzuraten. Erkältungen sind oft die Folge eines allzu extremen Wechsels zwischen Backofenhitze draußen und vergleichsweise niedrigen Temperaturen im Wagen.

Maße & Gewichte

Nur in Broschüren und auf Wegweisern der Nationalparks findet man hier und dort so exotische Angaben wie Kilometer, Meter und Liter. Ansonsten gelten *Miles, Gallons, Pounds* usw.:

1 inch	2,54 cm	
1 foot	12 inches	30,48 cm
1 yard	3 feet	91,44 cm
1 mile	1760 yards	1,61 km
1 acre	4840 square yards	0,40 ha
1 square mile	640 acres	2,59 km^2
1 fluid ounce	29,57 ml	
1 pint	16 fluid ounces	0,47 l
1 quart	2 pints	0,95 l
1 gallon	4 quarts	3,79 l
1 barrel (Öl)	42 gallons	158,97 l
1 ounce	28,35 g	
1 pound (lb)	16 ounces	453,59 g
1 ton	2000 pounds	907,19 kg

Feiertagsbezeichnung	Datum	Bemerkungen
New Years Day	1. Januar	Neujahrstag
Martin Luther King Day	3. Montag im Januar	Gedenktag an den ermordeten Prediger wider den Rassenhaß
President`s Day	22. Februar	Washington`s Geburtstag, heute Feiertag zu Ehren aller ehemaligen Präsidenten
Good Friday	Freitag vor Ostern	Karfreitag
Memorial Day	Letzter Montag im Mai	Tag zur Ehrung aller Gefallenen. Das Wochenende läutet den Sommer ein.
Independence Day	4. Juli	Unabhängigkeitstag, wichtigster Feiertag der USA, Umzüge und Paraden, Feuerwerk
Labor Day	1. Montag im September	Tag der Arbeit, wie bei uns der 1. Mai. Ende der Feriensaison.
Columbus Day	12. Oktober	Gedenktag an die Entdeckung Amerikas
Veteran`s Day	11. November	Ehrentag für die Veteranen der US-Armee
Thanksgiving	4. Donnerstag im November	Erntedankfest
Christmas Day	25. Dezember	Nur **ein** Weihnachtstag

Notfälle

- **Notfall-✆ für deutschsprachige Touristen 1-888-222-1373**
- **für Krankheit/Unfall generell gilt die *Emergency Number* 911**

Polizei

Der amerikanische Arm des Gesetzes ist mit mehr Vollmachten ausgestattet und greift in der Ausübung seiner Pflichten bei Bedarf härter durch als sein europäisches Pendant. Kurz, in den USA ist mit

Polizisten, sofern man etwas angestellt hat bzw. in Verdacht gerät, nicht gut Kirschen essen. Bei **Verkehrskontrollen** und **Gestopptwerden** nach Übertretungen bleibt man mit Händen auf dem Lenkrad im Auto sitzen und wartet auf den Polizisten.

Post

Die amerikanische Post funktioniert meist zuverlässig, aber nicht unbedingt besonders schnell. Brief- und Postkartengebühren bewegen sich deutlich unterhalb des bei uns gewohnten Niveaus. **Post nach Übersee** geht (mit der Ausnahme von Paketen) automatisch per Luftpost, wenn dafür ***Air Mail Stamps*** benutzt werden. Für Briefe nach Europa ist mit Laufzeiten von **bis zu 1 Woche** zu rechnen. Postämter befinden sich auch noch im kleinsten Nest und sind dank der zu den Schalterstunden (Zeiten ungefähr wie bei uns) immer aufgezogenen **Nationalflagge** meist nicht schwer zu finden. **Briefmarken** gibt es auch in **Automaten** in Supermärkten und Einkaufszentren.

Radio

Radiostationen sind überwiegend **Lokalsender** mit geringer Reichweite. In dünner besiedelten Regionen ist das Radio daher 10 Autominuten außerhalb einer Ortschaft mehr oder weniger tot. Zumindest gilt das für **FM**. Auf **AM** (Mittelwelle) findet man zur Not immer noch einen *Country* & *Western*-Sender, Stationen mit religiösen Botschaften und ebensolcher Musik sowie Sender, die landesweit *Talk Shows* zu zwischenmenschlichen Problemen und voller politischer Polemik ausstrahlen.

Telefon

Nordamerika und Mexico verfügen über ein einheitliches Telefonsystem. Jeder Bundesstaat besitzt eine dreistellige Vorwahl, den ***Area Code***, einige dicht besiedelte Staaten mehrere davon (im Südwesten Kalifornien, Arizona und Colorado). Der ersten Vorwahl folgt eine **zweite dreistellige Ziffer**, die sich auf das Dorf, einen Landkreis oder einen Stadtteil bezieht. Die **Apparatnummer ist vierstellig**. Bei Gesprächen über den regionalen *Area Code* hinaus muß eine "**1**" vorgewählt werden, ebenfalls bei gebührenfreien 800-/888-Nummern.

Mit **Vorwahl 011** öffnet man den Zugang zum internationalen Netz. Mit **49** für Deutschland, **41** für die Schweiz, **43** für Österreich und die um die Null reduzierte Ortsvorwahl sind Verbindungen in die Heimat (von Privattelefonen aus) leicht hergestellt.

Mit Münzfernsprechern (***Pay-Phones***) ist eine direkte Durchwahl nicht möglich. **Ferngespräche** einschließlich solcher im Nahbereich lassen sich nur mit Hilfe eines *Operator* führen, sofern der Anrufer nicht Inhaber einer Telefonkarte ist. Ohne sie benötigt man für Ferngespräche in *Pay Phones* jede Menge Kleingeld und für Anrufe nach Europa gleich rollenweise *Quarters.*

Solche Komplikationen sind mittlerweile Schnee von gestern dank überall (Supermärkte, aber besser in *Mini Marts von Tankstellen oder Truck Stops* etc.) zu kaufender ***Calling Cards*** (ab $10), deren Minutentarife sich verblüffend stark unterscheiden.

Calling Cards

Die ***Calling Cards*** funktionieren in Apparaten ohne Einsteckschlitz (das ist die große Mehrheit) wie folgt: 800-Nummer für die gewünschte Sprache wählen, dann nach Anweisung die Codenummer der Karte eintasten, die Nummer wählen und fertig. Interessant ist auch die ***TravelTel-Calling Card von IDT***. Sie wird automatisch wieder aufgeladen, sobald das Restguthaben unter $10 fällt, Abbuchung vom Kreditkartenkonto. Nähere Erläuterungen dazu und zum Erwerb der **Karte** finden sich im ***Internet*** unter **http://www.idt.net**; Telefon-Service in den USA: ✆ 001 800 786-8438.

Bei der Vorwahl **1-800/888/877** schaltet sich auch von ***Pay Phones*** aus kein *Operator* ein; die Kosten gehen zu Lasten des Angerufenen. Vom Ausland aus sind 800/888/877-Nummern zwar zu erreichen – zunächst Vorwahl 001 – aber sie kosten dann normale Gebühren.

Temperaturen

In den USA werden Temperaturen in °Fahrenheit (**F**) gemessen. Die Formel für die Umrechnung von Celsius (**C**) in Fahrenheit und umgekehrt lautet:

°F = 32° + 1,8 x°C bzw. **°C = (°F – 32°) : 1,8**

Näherungsformel: °F = 30° + 2 x°C bzw. **°C = (°F – 30°) : 2**

Celsius	–15°	–10°	-5°	0°	5°	10°	15°	20°	25°	30°	35°	40°
Fahrenheit	5°	14	23°	32°	41°	50°	59°	68°	77°	86°	95°	104°

Trinkgeld

In den USA ist das Trinkgeld (***Tip***) ein fester Bestandteil des Entlohnungssystems nicht nur in der Gastronomie oder im Taxigewerbe. Ein *Tip* wird auch im Hotel von den diversen dienstbaren Geistern erwartet, bei einer Stadtrundfahrt vom Führer und im Supermarkt, wenn der höfliche junge Mann, der hinter der Kasse den Einkauf in Tüten verpackt, beim Transport zum Wagen behilflich ist. So klare Regeln für die Höhe des *Tip* wie im Fall des Restaurants, ➪ Seite 565, gibt es ansonsten nicht, außer daß Münzgeld selten ausreicht. Eine **Dollarnote** muß es selbst bei kleinen Handreichungen heute schon sein. Im Hotel etwa erhält der *bellhop* (Hotelpage) fürs Koffertragen $1 pro Gepäckstück und die *room maid* $1-$2 pro Tag, die im Zimmer hinterlassen werden.

Unterwegs in Amerika

Trinkwasser

Das **Leitungswasser** in Amerika ist zum Trinken häufig ungenießbar und eignet sich dann auch nicht sonderlich für Kaffee- oder Teegenuß. Amerikaner kaufen deshalb ***Drinking Water*** im Supermarkt in 1- bis 2-Gallonen-Behältern oder füllen dort eine Spezialkaraffe auf.

Wäschewaschen

Auch auf Reisen kommt man (außer in teuren Hotels) um gelegentliches **Wäschewaschen** kaum herum. Münzwaschautomaten gibt es auf den meisten privaten Campingplätzen und bisweilen auch auf den stark frequentierten staatlichen *Campgrounds*. In Dörfern und Städten sind die ***Coin-Laundries*** oder ***Laundromats*** (Münz-Waschsalons) kaum zu übersehen. Die Einstellung "hot" heißt nicht etwa Kochwäsche, sondern entspricht der Temperatur des zulaufenden Heißwassers. Nach etwa 20 Minuten ist der Vorgang beendet und das Ergebnis selten befriedigend. Bei höheren Ansprüchen an den Grad Sauberkeit fügen Amerikaner dem Waschmittel (*Detergent*) die bei uns kaum noch bekannte Bleiche (*Bleach*) hinzu.

Zeitverschiebung, Zeitzonen

Die **Zeitumstellung** (12 Uhr in Denver = 20 Uhr in München) bereitet manchmal Mühe. Um sie besser verdauen zu können, geht man nach der Ankunft in den USA am besten erst bei Dunkelheit schlafen. (Die biologische Uhr tickt lieber zu langsam als zu schnell). Aufpassen muß man bei der Einnahme von zeitabhängigen Medikamenten (z.B. Antibaby-Pille).

Im US-Südwesten gelten zwei Zeitzonen: ***Mountain*** und ***Pacific Time***, die letztere, 9 Stunden nach MEZ, für Kalifornien und Nevada. *Mountain Time* liegt 8 Stunden hinter MEZ und gilt für Utah, Colorado, New Mexico und Arizona. Die meisten Staaten kennen, wie wir, die **Sommerzeit**, hier ***daylight saving time*** genannt: die Uhren werden bei Beginn um 1 Stunde vorgestellt. Nicht aber in Arizona mit Ausnahme der *Navajo Reservation*. Hinweisschilder an den Übergängen von einer Zone in die andere gibt es selten. Also legt man am besten die Uhren weg und genießt die Ferien "zeitlos".

Zeitungen und Zeitschriften

Die einzige landesweit verbreitete Zeitung ist ***USA Today***. Sie besitzt ein relativ gutes Niveau. Bei Interesse dafür, was in den USA vorgeht, lohnt sich ihr Kauf (überwiegend in Automaten für $0,50). **Internationale Nachrichten** findet man nur, soweit sie die Politik der USA irgendwie betreffen und/oder Sensationswert besitzen. Die **lokalen Zeitungen** beschränken sich auf die Neuigkeiten der Region und sind darüberhinaus reine Werbeträger.

Bei den **Zeitschriften** existieren ein Riesensortiment für zahllose Spezialbereiche und jede Menge Blätter der seichten Unterhaltung.

Ein akzeptables Niveau besitzen nur eine Handvoll politischer und Wirtschafts-Magazine. **Internationale Publikationen** gibt es nur in spezialisierten ***News Shops*** der großen Städte (Gelbes Telefonbuch unter *News*; Liste der Spiegel-Verkaufsstellen in Nordamerika). Für viel Geld ergattert man dort schon mal den "**Spiegel**", den "**Stern**", "**Die Wel**t" und natürlich auch die "**Bild Zeitung**".

Zoll

Bei der **Einreise** sind Mitbringsel nur im **Wert bis $100** erlaubt und bei hochprozentigen Alkoholika nur 1 Flasche/Person ab 21 Jahren. Wichtig: beim Ausfüllen der schriftlich Zollerklärung (wird im Flugzeug verteilt) beim Punkt "Ich habe Früchte, Gemüse, Fleischwaren u.a.m. dabei und war kürzlich auf einem Bauernhof" unbedingt (und wahrheitsgetreu) "NO" ankreuzen. Die genannten Produkte dürfen unter keinen Umständen eingeführt werden.

Rückkehrer brauchen in Deutschland/in der Schweiz bis zu folgenden Werten/Mengen weder Zoll noch Umsatzsteuer zu zahlen:

Mitbringsel im Wert bis zu 350 DM bzw. SFr 200

Zigaretten:	200 Stück
Alkoholika:	D: 2 l bis 22% Vol., 1 l über 22% Vol.
	CH: 2 l bis 15% Vol., 1 l über 15% Vol.
Kaffee	D: 500 g
Parfüm	D: 50 g

Besucherinformation in den USA

Tourist Information der Bundesstaaten und Städte

Die ***Tourist Information Offices*** oder ***Visitor Information Centers*** der einzelnen Bundesstaaten in Großstädten und an wichtigen Verkehrsadern in Grenznähe zum Nachbarstaat verfügen durchweg über eine Fülle von touristischem Informationsmaterial einschließlich Straßenkarten; letztere werden überwiegend gratis ausgegeben.

Noch in kleinsten Ortschaften findet man regelmäßig ein lokales ***Visitor Center*** oder ein Büro der ***Chamber of Commerce*** (wörtlich: Handelskammer), das die örtliche bzw. regionale Toursteninformation übernommen hat.

Generell ist die *Tourist Information* überall gut ausgeschildert und leicht zu finden. Das Personal ist meist sehr hilfsbereit; man trifft aber oft auch Mitarbeiter, die schon bei einfachen Fragen passen.

Wer sich bereits vor der Reise umfassend informieren möchte, kann sich Prospekte, Karten, *State Park*-Listen, Camping- und Hotelverzeichnisse etc. auch schicken lassen.

Die meisten Weststaaten verfügen über einen speziellen Versandservice für Europa in Deutschland:

(✆/Fax-Vorwahl für die USA: 001)

Arizona, The Grand Canyon State

Arizona Office of Tourism
2702 North 3rd Street, Suite 4015
Phoenix AZ 85009,
✆ 1-888-520-3434 oder ✆ (602) 230-7733,
Internet: http://www.arizonaguide.com

Versandservice: *Tourism Marketing Group*
✆ 02204/85051, Fax 02204/85063,
email: TMGIBiging@aol.com

California, The Golden State

California Division of Tourism
PO Box 1499, Sacramento, CA 95812,
✆ 1-800-862 -543, Fax (916) 322-3402
Internet: http://gocalif.ca.gov

Versandservice: *Marketing Services International*
✆ 01805/313531, email: MSI-Germany@t-online.de

Colorado, The Centennial State

Colorado Tourism Board
PO Box 3524, Englewood, CO 80155,
✆ (303) 296-3384 oder ✆ 1-800-265-6723,
Internet: http://www.colorado.com

Nevada, The Silver State

Commission on Tourism
Capital Complex, Carson City, NV 89710,
✆ 1-800-638-2328 oder (702) 687-4322, Fax (702) 687-6779,
Internet: http://www.travelnevada.com

New Mexico, The Land of Enchantment

Department of Tourism
Lamy Building, 491 Old Santa Fe Trail, Santa Fe, NM 87503,
✆ 1-800-545-2040 oder ✆ 1-800-733-6396,
email: enchantment@newmexico.org;
Internet: http://www.newmexico.org
Versandservice: *Winkelhoch GmbH*, ✆ 02261/979056, Fax 979055

Utah, The Beehive State

Utah Travel Council
Capitol Hill, Salt Lake City, UT 84114
✆ 1-800-200-1160 oder ✆ (801) 538-1030, Fax (801) 538 1399,
Internet: http://www.utah.com
Versandservice: *Motivators*, ✆ 0032 2/6532607, Fax 0032 2/6521063

Information in National Parks, Monuments, Forests u.ä.

Überwiegend sehr gut ausgestattet sind die ***Visitor Center*** der *Parks* und *Monuments* der Nationalparkbehörde (➪ Seite 30)und teilweise auch des *National Forest Service*` (➪ Seite 31). Dort und in ***Ranger Stations*** und ***Regional Offices*** des NFS und des BLM (➪ Seite 32) erhält man kompetent Auskunft zu Geographie, Flora und Fauna, Campingmöglichkeiten, den Zustand von Wanderwegen (*Trails*), das Wetter und – sofern für das eigene Vorhaben nötig – auch das entsprechende ***permit*** (➪ Seite 42). Neben Gratis-Infomaterial werden auch Bücher und Karten über die Region, den Park usw. verkauft. Zumindest in den *Visitor Centers* des *National Park Service*, aber auch in größeren Besucherzentren anderen Organisationen gibt es immer eine kleine Ausstellung, manchmal sogar eine Art Museum, oft eine Diashow oder ein Video über das jeweilige Gebiet.

AAA (*Triple A*)

Mitglieder eines europäischen Automobilclubs erhalten unter Vorlage ihres Mitgliedsausweises beim amerikanischen Automobilclub ***AAA*** (*Triple A*) kostenlos Straßenkarten, *Tourbooks* (Sehenswürdigkeitenlistung nach Staaten/Orten mit Hotel- und Motelverzeichnis ab Mittelklasse) und *Campbooks*, brauchbare, wenn auch unvollständige Campingverzeichnisse mit Betonung kommerziell betriebener Plätze. **Vertretungen des AAA** gibt es in allen Städten ab mittlerer Größe, in Großstädten oft in jedem Stadtteil. Die jeweilige Adresse kann man gebührenfrei unter ✆ 1-800-222-4357 erfragen.

Nützliche Internetadressen

Neben den im Text an geeigneter Stelle bereits eingefügten Internetadressen und den vorstehend genannten *Web Sites* der US-Staaten gibt es speziell in den USA mittlerweile eine enorme Dichte an Internetinformationen:

Natur und Umwelt

Wilderness Society http://www.wilderness.org
Hervorragend mit aktuellen News und Artikeln.

High Country News http://www.hcn.org
Eine der besten Quellen für aktuelle und kritische News zur Umwelt im Westen mit guter Link-Liste.

Envirolink http://www.envirolink.org
Sehr umfangreicher Ausgangspunkt für Umweltinfos aller Art. Mit Bibliothek und Liste der Umweltschutzgruppen in den USA

Amazing Environmental Organization Web Directory http://www.webdirectory.com
Ausgangspunkt zu zahlreichen Umweltinfos.

Biodiversity Conservation Info-System http://www.biodiversity.org
Startseite zum Thema Artenvielfalt

Environment Online http://www.environmentonline.org
Nach Themen und Medien gegliederte Web Site.

Regionales und Lokales

Canyon Country Zephyr http://www.canyoncountryzephyr.com
Kritisch-witzige Zeitung aus Moab mit Archiv der alten Ausgaben

Headwaters News http://www.headwatersnews.org
News aus den Rockies vom *Center for the Rocky Mountain West*

Tidepool, News for the Rainforest Coast http://www.tidepool.org
News zu den Regenwäldern von Kalifornien bis Alaska

Nationales

Green Line http://www.defenders.org/gline-h.html
Umweltnews aus den Staaten, täglich aktualisiert.

Sierra Club Magazine http://www.sierraclub.org/Sierra
Die Zeitschrift des Sierra Club (6 mal jährlich) mit Archiv

Environmental News Network http://www.enn.com
Täglich aktualisiert, auch internationale News

E-Magazine http://www.emagazine.com
Zeitschrift mit Umweltnews (6 mal jährlich)

Econet http://www.igc.org/igc/econet
Wöchentliche News aus den Staaten und dem Rest der Welt

Earth Vision http://www.earthvision.net
Aktuelle News zu Umwelt, Politik, Business

Ökotourismus

ECoNETT http://www.wttc.org
Startpunkt zum Thema "nachhaltiger Tourismus" des WTTC (World Travel & Tourism Council)

Ecotourism Society http://www.ecotourism.org
US-Non Profit-Gruppe. Fokus liegt stark auf exotischen Destinationen. Anschrift: P.O. Box 755, North Bennington, VT 05257 FAX 802 447 2122

The Ecotravel Center http://www.ecotour.org
Infos zu Ökotourismus von Conservation International, Fokus auch eher auf exotischen Destinationen...

forum anders reisen http://www.forum-anders-reisen.de/start.htm
Ein Zusammenschluß von Reiseveranstaltern für ökologisch und sozialverträglichen Tourismus. Anschrift: Bundesverband *forum anders reisen,* Hirschberger Str. 48, 90473 Nürnberg

Tourism Concern http://www.gn.apc.org/tourismconcern
Englische Gruppe für natur- und sozialverträglichen Tourismus. Anschrift: Stapleton House, 277-281, Holloway Road, London N7 8HN, FAX 0044 71 753 3331

National Park Service, Forest Service, BLM, State Parks u.a.

Bureau of Land Management http://www.blm.gov

National Park Service http://www.nps.gov

U.S. Forest Service http://www.fs.fed.us

U.S. Fish and Wildlife Service http://www.fws.gov

National Wildlife Refuges http://www.fws.gov/movie/index.html

***California State Park**s* http://cal-parks.ca.gov

Nevada State Parks http://www.state.nv.us/stparks
oder http://www.travelnevada.com/activities/parksrec_index.html

Utah State Parks http://www.nr.state.ut.us/parks/utahstpk.htm

Arizona State Parks http://www.pr.state.az.us

Colorado State Parks http://www.parks.state.co.us

New Mexico State Parks http://www.emnrd.state.nm.us/nmparks

Campingreservierung in *State Parks* http://www.park-net.com

Info-Anhang

Outdoors

Alle ***Public Lands*** http://www.recreation.gov
Outdoor-Infos zu Parks etc. auf Staatsland

American Park Network http://www.americanparknetwork.com
Infos zu allen bekannten Nationalparks (kommerziell orientiert)

Great Outdoor Recreation Pages http://www.gorp.com
Eine Unmenge von Informationen für Outdoor-Enthusiasten: Parks, Aktivitäten, Ausrüstung etc.

Vogelbeobachtung http://www.birder.com
Checklisten, Beobachtungsplätze, Wissenschaftliches etc.

Wilderness http://wilderness.net
Infos zu Gebieten des *National Wilderness Preservation System*

Hiking & Backpacking http://www.thebackpacker.com/index.cfm

Wandern, *Wildlife*,
***Biking*, Kanu etc.** http://www.gorp.com/gorp/activity/wildlife.htm
Ausführliches Programm von *Great Outdoor Recreation*

Volunteering - Freiwilligenprogramme

Volunteer America http://www.volunteeramerica.com
Startpunkt für Einsätze aller Art, ✆ (530) 836 415

Student Conservation Association http://www.sca-inc.org
Vermittelt Arbeitsaufenthalte in Nationalparks etc. (ab 16 Jahren) (*SCA Headquarters and Northeast Office*, FAX (603) 543 1828)

U.S. Forest Service
http://www.volunteeramerica.com/usfs/PIT Home.htm
Einsätze beim Forest Service: Clearinghouse FAX (520) 298-704. Ein Newsletter, *PIT Traveler*, ist auf *Ranger Stations* erhältlich.

National Park Service http://www.nps.gov/volunteer
Volunteering-Programm für die Nationalparks. Kontaktieren Sie direkt den gewünschten Park oder das Monument etc.

Wilderness Volunteers http://www.wildernessvolunteers.org
Gruppe, die Einsätze beim Park & Forest Service etc. vermittelt.

Nationale Umweltschutzgruppen (alphabetisch)

American Rivers http://www.amrivers.org
Audubon Society http://www.audubon.org
Friends of the Earth http://www.foe.org
Greenpeace http://www.greenpeace.org

National Parks and Conservation Association http://www.npca.org/home/npca
National Wildlife Federation http://www.nwf.org
Sierra Club http://www.sierraclub.org
The Nature Conservancy http://www.tnc.org
The Wildlands Project http://www.wild-lands.org
Wilderness Society http://www.wilderness.org
World Wildlife Fund http://www.panda.org

Regionale Umweltschutzgruppen

Die meisten der großen nationalen Organisationen besitzen lokale und regionale *Chapters* (Sektionen) in den einzelnen Staaten.

Colorado Environmental Coalition http://www.cecaction.org
Setzt sich für *Wilderness* und *Wildlife* in Colorado ein.

Forest Guardians http://www.fguardians.org/index.html
Kämpft für die Wälder im Südwesten. Eine Gruppe mit Power.

High Uintas Preservation Council http:/www.hupc.org
Kämpft für den Schutz der Wilderness und in den Uinta Mountains

Save-the-Redwoods-League http://savetheredwoods.org
Die Pioniere im Redwood-Schutz, immer noch *strong and going*

Sky Island Alliance http://www.lobo.net/~skisland
Setzt sich für Schutz und Artenvielfalt der Sky Islands im Südwesten der USA und im Nordwesten Mexicos ein.

Southern Rockies Restoration Project http://www.earthisland.org/srrp/srrp.html
Naturschutz im Westen Colorados und im nördlichen New Mexico

Southern Utah Wilderness Alliance http://www.suwa.org
Ist mit-"schuldig" am *Grand Staircase-Escalante National Monument*. Ziel ist eine 5,7 Mio acres große *Red Rock Wilderness*.

Southwest Center for Biological Diversity http://www.sw-center.org/swcbd
Bedrohte Arten und Habitate im Südwesten

Southwest Forest Alliance http://www.swfa.org
Diese Allianz vereinigt 50 Umweltschutzgruppen im Südwesten

The Marine Mammal Center http://www.tmmc.org
Pflegt verletzte und verwaiste Meeressäuger
(➪ Kapitel zur *Point Reyes National Seashore*, Seite 102)

Utah Public Lands http://users.aol.com/utahplr/index.htm
Outdoor und Umwelt in Utah

Allgemeine Reiseinfos für die in diesem Buch beschriebenen Regionen

Boulder und Escalante	http://www.boulderutah.com
(***Grand Staircase-Escalante NM***)	http://www.escalante-cc.com
Durango (*Weminuche Wilderness*)	http://www.durango.com
Estes Park (*Rocky Mountain NP*)	http://estes.on-line.com http://www.estes-park.com http://www.estespark-colorado.com
Great Basin NP	http://www.great.basin.national-park.com http://www.nps.gov/grba
Greeley (*Pawnee Nat. Grasslands*)	http://www.greeleycvb.com
Moab (*Canyonlands und Arches NPs*)	http://moab-utah.com http://www.moab.net
Point Reyes National Seashore	http://www.pointreyes.org http://www.tomalesbay.com
Redwood Parks	http://www.arcata.com http://www.redwoodvisitor.org
Salt Lake City, Kamas (*Uinta Mountains*)	http://www.saltlake.org http://www.ci.slc.ut.us http:/www.utahreach.usu.edu/summit
San Francisco	http://www.sanfrancisco.com (auch in Deutsch) http://www.sfguide.com
Santa Fe (*Pecos Wilderness*)	http://www.ci.santa-fe.nm.us/sfpl/nmlink.html#Sfe
Silverton (*Weminuche Wilderness*)	http://www.silverton.org
Tucson (*Saguaro NP*)	http://www.pima.com http://www.tucson.com/tucson http://www.itucson.com
Twentynine Palms (*Joshua Tree NP*)	http://www.redshift.com/~hj/29palms.html
Willcox (*Chiricahua NM*)	http://www.pinkbanana.com/willcoxchamber
Yosemite NP	http://www.yosemite.com http://www.yosemitepark.com

Lexikon Flora & Fauna für Pflanzen und Tiere im Südwesten der USA

amerikanisch	deutsch	lateinisch
Abert's squirrel	**Pinselohr-Hörnchen**	**Sciurus aberti**
acacia	Akazie	Acacia sp.
acorn woodpecker	Eichelspecht	Melanerpes formicivorus
agave	Agave	Agave sp.
aggregating anemone	Seeanemonenart	Anthopleura elegantisima
Alaska fur seal	nördl. Pelzrobbe, Seebär	Callorhinus ursinus
alcids, auks	Alken	Alcidae
alder	Erle	Alnus sp.
alligator juniper	Wacholderart	Juniperus deppeana
alpine laurel	Berglorbeer	Kalmia microphylla
alpine louse-wort	Läusekrautart	Pedicularis sp.
alpine shooting star	Berggötterblume	Dodecatheon alpinum
alpine sunflower	Sonnenblumenart	Helianthus sp.
alpine willows	Weidenart	Salicaceae
alumroot	kein deutscher Name	Heuchera sp.
American badger	am. Dachs, Silberdachs	Taxidea taxus
American avocet	Säbelschnäbler	Recurvirostra americana
American bistort	am. Drachenwurz, Natternwurz, Wiesenknöterich	Polygonum bistortoides
American bittern	nordam. Rohrdommel	Botaurus lentiginosus
American cliff swallow	Fahlstirnschwalbe	Petrochelidon pyrrhonota
American coot	nordam. Blässhuhn	Fulica americana
American coot	Indianerblässhuhn	Fulica americana
American dipper	Grauwasseramsel	Cinclus mexicanus
American flamingo	Flamingo	Phoenicopterus ruber
American goldfinch	Gold-/Trauerzeisig	Carduelis tristis
American kestrel	Buntfalke	Falco sparverius
American robin	Wanderdrossel	Turdus migratoria
American white pelican	Nashornpelikan	Pelecanus erythrorhyn.
American woodcock	am. Waldschnepfe	Scolopax minor
anhinga	Schlangenhalsvogel	Anhinga anhinga
anoles, lizards, iguanas	Leguane	Iguanidae
antelope jack rabbit	Antilopenhase	Lepus alleni
apache pine	Apachenkiefer,	Pinus Engelmannii
arctic loon	Prachttaucher	Gavia arctica
Arizona coral snake	am. Korallenschlange	Micruroides euryxanthus
ash	Esche	Fraxinus
ash-throated flycatcher	Graukehltyrann	Myiarchus cinerascens
aspen	am. Zitterpappel, Espe	Populus tremuloides
atlantic harbor porpoise	Schweinswal, kleiner Tümmler	Phocoena phocoena

amerikanisch	deutsch	lateinisch
Audubon's warbler	Kronwaldsänger	Dendroica coronata
Badger	**Silberdachs**	**Taxidea taxus**
Baird's sparrow	Bairdammer	Ammodramus bairdii
bald cypress	Sumpf- oder Eiben-zypresse, Sumpfzeder	Taxodium distichum
bald eagle	Weißkopfseeadler	Haliaeetus leucocephalus
baleen whale	Bartenwal	Mysticeti, Mystacoceti
balsam fir	Balsamtanne	Abies balsamea
Banana slug	Nacktschnecke	Gastropoda
band-tailed pigeon	Bindentaube, Schuppenhalstaube	Columba fasciata
barberry	Berberitze	Berberis sp.
barefoot gecko	Geckoart	
barn owl	Schleiereule	Tyto alba
barn swallow	Rauchschwalbe	Hirundo rustica
barnacle	Entenmuschelart, Seepockenart	Balanus sp., Pollicipes sp.
barred owl	Streifenkauz	Strix varia
barrel cactus	Faßkaktus	Ferocactus sp.
bat	Fledermaus	Chiroptera
bat star	Seesternart	Patiria miniata
bay laurel	Gemeiner Lorbeer	Laurus nobilis
beach pea	Stranderbse	Lathyrus sp.
bear grass	Bärengras	Xerophyllum tenax
beaver	Biber	Castor canadensis
beavertail cactus	Kaktusart	Opuntia basilaris
bellflower	Glockenblume	Campanula sp.
belted kingfisher	Gürtelfischer (Eisvogel)	Ceryle alcyon
big sagebrush	Beifuß, Wermutstrauch	Artemisia tridentata
bigelow coreopsis	Wanzenblumenart, Mädchenaugenart	Coreopsis sp.
bighorn sheep	Dickhornschaf	Ovis canadensis
bigleaf maple	Großblättriger Ahorn	Acer macrophyllum
birch	Birke	Betula sp.
birchleaf mahogany	Mahagoniart	Meliaceae
bishop pine	Bischofs-/Stachelkiefer	Pinus muricata
bison, buffalo	Bison, Büffel	Bison bison
bittern, egret, heron	Reiher, Dommeln	Ardeidae
black ash	Schwarzesche	Fraxinus nigra
black bear	Schwarzbär	Ursus americanus
black brant	Ringelgans	Branta bernicla
black fly	Kriebelmücke	Simulium sp.
black guillemot	Gryllteiste	Cepphus grylle
black locust	Robinie, Scheinakazie	Robinia pseudoacacia
black phoebe	Schwarzkopfphoebe	Sayornis nigricans

amerikanisch	deutsch	lateinisch
black rosy finch	Rosenbauch-Schneegimpel	Leucostice atrata
black skimmer	Scherenschnabel	Rynchops nigra
black spruce	Schwarzfichte, -kiefer	Picea mariana
black tern	Trauerseeschwalbe	Chlidonias niger
black vulture	Rabengeier	Coragyps atratus
black-billed magpie	Elster	pica pica
black-chinned hummingbird	Schwarzkinnkolibri	Archilochus alexandri
black-footed ferret	Schwarzfußiltis	Mustela nigripes
black-headed grosbeak	Schwarzkopf--Kernknacker	Pheucticus ludovicianus
black-headed gull	Lachmöwe	Larus ridibundus
black-shouldered kite, white-tailed kite	Weißschwanzaar	Elanus leucurus
black-tailed deer	Schwarzwedelhirsch	Odocoileus hemionus columbianus
black-tailed prairie dog	Schwarzschwanz-Präriehund	Cynomys ludovicianus
black-throated sparrow	Schwarzkehlammer	Amphispiza bilineata
blackberry	Brombeere	Rubus sp.
blackbrush	Wüstenbuschart	Coleogyne ramosissima
blacktailed jack rabbit	Kalifornischer Eselhase	Lepus californicus
blue columbine	Colorado-Akelei	Aquilegia
blue grama	Blaues Haarschotengras	Bouteloua gracilis
blue oder dusky grouse	Felsengebirgshuhn	Dendragapus obscurus
blue jay	Blauhäher	Cyanocitta cristata
blue quail, scaled quail	Schuppenwachtel	Callipepla squamata
blue spruce	Blautanne, Stechfichte	Picea pungens
blue whale	Blauwal	Balaenoptera musculus
blue-gray gnatcatcher	Blaumückenfänger	Polioptila caerulea
blue-throated hummingbird	Blaukehlnymphe	Lampornis clemenciae
blue-winged teal	Blauflügelente	Anas discors
bluebell	Rundblättrige Glockenblume	Campanula rotundifolia
bluebird	Bläuling	Sialia
boat-tailed grackle	Bootschwanzgrackel	Quiscalus major
bobcat	Rotluchs	Felis (Lynx) rufus
bobwhite	Baumwachtel	Colinus virginianus
bonytail chub	Döbel, Rohrkarpfenart	
boreal owl	Rauhfußkauz	Aegoluis funereus
boreal toad	Krötenart	
bowhead and right whale	Glattwale	Balaenidae
box elder	Eschenahorn	Acer negundo

amerikanisch	deutsch	lateinisch
brewer's blackbird	Purpurstärling	Euphagus cyanocephalus
bridled titmouse	Zügelmeise	Baeolophus wollweberi
brine fly	Fliegenart	
brine shrimp	Garnelenart	
bristlecone pine	Borsten-/Grannenkiefer	Pinus aristata (longav.)
brittlebush	kein deutscher Name	Encelia farinosa
broad-tailed hummingbird	Dreifarbenkolibri	Archilochus platycerus
broom	Buschgoldregen, Besenginster	Cytisus sp.
broom snakeweed	kein deutscher Name	Xanthocephalum saroth.
brown/grizzly bear	Braunbär	Ursus arctos horribilis
brown booby, white-bellied booby	Brauntölpel, Weißbauchtölpel	Sula leucogaster
brown creeper	Andenbaumläufer	Certhia americana
brown trout	Europäische Forelle	Salmo trutta
brown-headed cowbird	Braunkopf-Kuhstärling	Molothrus ater
buckwheat	Buchweizen	Erigonum
buffalo grass	Büffelgras	Buchloe dactyloides
buffalo, bison	Bison, Büffel	Bison bison
buffaloberry (roundleaf)	Büffelbeere	Shepherdia sp.
bufflehead	Büffelkopfente	Bucephala albeola
bullfrog	Ochsenfrosch	Rana catesbeiana
bunch wheatgrass	Hundsgras, Quecke	Agropyrum sp.
buntings	Ammern	Emberizidae
bur sage	kein deutscher Name	Ambrosia sp.
burrowing owl	Kanincheneule	Athene cunicularia
bushtit	Meise	Paridae
buteos (hawks)	Bussarde	Buteo
buttercup	Hahnenfuß, Butterblume	Ranunculus sp.
Cactus ferruginous pigmy owl	**Strichelkauz**	**Glaucidium brasilianum**
cactus wren	Kaktuszaunkönig	Campylorhynchus brunneicephalus
Californian ground squirrel	Kalifornisches Ziesel	Spermophilus beecheyi
California clapper rail	Klapperralle	Rallus longirostris
California condor	Kalifornischer Kondor	Gymnogyps californian.
California ditaxis	kein deutscher Name	
California horned lark	Ohrenlerche	Eremophila alpestris
California leaf-nosed bat	Kalifornische Blattnase	Macrotus californicus
California mastiff bat	Fledermausart	Eumops perotis
California mussel	Miesmuschelart	Mytilus californianus
California poppy	Kalifornischer Goldmohn, Morgenröschen	Eschscholzia californica

amerikanisch	deutsch	lateinisch
California quail	Schopfwachtel	Callipepla californica
California/valley quail	Kal. Schopfwachtel	Lophortyx californicus
California red-legged frog	Froschart	
California treefrog	Baumfroschart	
California Washingtonia	Fächerpalme, kalif. Palme, Washingtonie	Washingtonia filifera
Californian sea lion	Kalif. Seelöwe	Zalophus californianus
calliope hummingbird	Sternelfe	Stellula calliope
Canada goose	Kanadagans	Branta canadensis
Canadian lynx	Kanadischer Luchs Nordluchs	Felislynx canadensis
canvasback	Prärie-/Riesentafelente	Aythya valisineria
canyon wren	Schluchtenzaunkönig	Catherpes mexicanus
cardinal (northern)	Rotkardinal	Cardinalis cardinalis
catclaw acacia	Akazienart	Acacia gregii
cattail	Rohrkolben	Typha spp.
cattle egret	Kuhreiher	Bubulcus ibis
cave swallow	Höhlenschwalbe	Petrochelidon fulva
cedar waxwing	Zedernseidenschwanz	Bombycilla cedrorum
chainfruit cholla	Opuntienkaktus	Opuntia fulgida
cheat grass	Dachtrespe	Bromus tectorum
chihuahua pine	mexik. Gelbkiefer	Pinus leiophylla var. chihuahuana
chinook, king salmon, pacific salmon	Königslachs	Oncorhyn. tshawytscha
chipmunk	Streifenhörnchen	Tamias striatus
Chiricahua fox squirrel	Chiricahua-Schwarzhörnchen	Sciuridae
cholla	Opuntienkaktusart	Opuntia sp.
chuckar	Chuckarhuhn (Steinhuhn)	Alectoris chuckar
chuckwalla	Chuckwalla	Sauromalus obesus
claret cup cactus	Kaktusart	Echinocereus triglochidiatus
Clark's nutcracker	Kiefernhäher	Nucifraga columbiana
cliff swallow	Schwalbenart	Hirundo pyrrhonota
cliffrose	kein deutscher Name	Cowania mexicana
clubmoss	Bärlappgewächs	Selaginella spp.
coachwhip	Schlangenart	Masticophis flagellum
coast redwood	Küstensequoie	Sequoia semervirens
Coati, Coatimundi	Südamerik. Nasenbär	Nasua nasua
coho/silver salmon	Silberlachs	Oncorhynchus kisutch
collared lizard	Halsbandleguan	Crotaphytus collaris
collared peccary, javelina	(Halsband-) Pekari, Neuwelt-Wildschwein	Dicotyles tajacu

amerikanisch	deutsch	lateinisch
Colorado columbine	Colorado-Akelei	Aquilegia caerulea
Colorado squawfish	Colorado Squaw-Fisch	
Col. ground squirrel	Columbia-Ziesel	Spermophilus columb.
columbine	Akelei	Aquilegia spp.
common bushtit	Buschmeise	Psaltriparus minimus
common chokecherry	(Rote) Traubenkirsche	Prunus virginiana
common crow	Krähe	Corvus brachyrhynchos
common eider	Eiderente	Somateria mollissima
common grackle	Gemeiner Stärling	Quiscalus quiscula
common iguana	Grüner Leguan	Iguana iguana
common loon	Eistaucher	Gavia immer
common merganser	Gänsesäger	Mergus merganser
common monkeyflower	Gelbe Gauklerblume	Mimulus guttatus
common murre	Trottellumme	Uria aalge
common nighthawk	Falkennachtschwalbe, Nachtfalke	Chordeiles minor
common puffin	Papageitaucher	Fratercula arctica
common rabbitbrush	Wüstenbusch	Chrysothamnus naus.
common raven	Kolkrabe	Corvus corax
common redpoll	Birkenzeisig	Acanthis flammea
common snipe	Bekassine	Gallinago gallinago
common teal	Krickente	Anas crecca
common tern	Flußseeschwalbe	Sterna hirundo
Cooper's hawk	Rundschwanzsperber	Accipiter cooperii
cormorant	Kormorane, Scharben	Phalacrocoracidae
Costa's hummingbird	Costa-Kolibri	Archilochus Costae
cottonwood	Baumwollpappel	Populus tremuloides
cougar, mountain lion, puma	Berglöwe, Puma	Felis concolor
cow parsnip	Pastinak, Wiesenbärenklau	Heracleum sp.
coyote	Kojote	Canis latrans
coyote brush	Busch	Baccharis pilularis
crane	Kraniche	Gruidae
creeper	Baumläufer	Certhiidae
creosote	Kreosotbusch	Larrea tridentata
crested caracara	Karakara	Caracara plancus
crossbill	Kreuzschnäbel	Loxia
cuckoo, anis, roadrunner	Kuckuck	Cuclidae
curlew	Brachvogel	Numenius
curlleaf mountain mahogany	Berg-Mahagony	Cercocarpus ledifolius
curve-billed thrasher	Krummschnabel-Spottdrossel	Toxostoma curvirostre
cutthroat trout	Purpurforelle	Oncorhynchus (Salmo) clarki

amerikanisch	deutsch	lateinisch
Daisy	**Berufskraut**	**Erigeron sp.**
dandelion	Löwenzahn	Taraxacum sp.
dark-eyed junco	Junko (Winterammer)	Junco hyemalis
deer fern	Rippenfarn	Blechnum spicant
deer mouse	Hirschmaus	Peromyscus maniculat.
Del Norte Salamander	Salamanderart	
desert cottontail	Audubonkaninchen, Wüstenhase	Sylvilagus audubonii
desert marigold	Dotter- oder Ringelblumenart	Baileya multiradiata
desert night lizard	Yucca-Nachtechse	Xantusia vigilis
desert/Gambel's quail	Gambel-/Helmwachtel	Lophortyx gambelii
desert shrimp	Garnelenart	
desert tortoise	Wüstenschildkröte	Gopherus agassizii
desert willow	Weidenart	Chilopsis linearis
dipper	Wasseramsel	Cinclus mexicanus
dogwood	Hartriegel, Hornstrauch	Cornus sp.
dolphin, porpoise	Delphin	Delphinidae
double-crested cormorant	Ohrenscharbe	Phalacrocorax auritus
Douglas fir	Douglas-Tanne,	Pseudotsuga menziesii
dove, pigeon	Taube	Columbiadea
downy woodpecker	Dunenspecht	Picoides pubescens
draba	Hunger-/Felsenbümchen	Draba sp.
dropseed	Fallsame, Schleudersamengras	Sporobolus sp.
dune grass	Dünengras	Elymis mollus
dunlin	Alpenstrandläufer	Calidris alpina
dwarf clover	Kleeart	Trifolium nanum
dwarf juniper	Zwerg-/Bergwacholder	Juniperus comm. ssp. alpina
Eagle	**Adler**	**Aquila**
Eagle Mountain scrub jay	Buschhäher	Aphelocoma caerulescens
eared grebe	Schwarzhalstaucher	Podiceps nigricollis
earless lizard	Taubleguane	Hoolbrokia spp.
eastern bluebird	Rotkehl-Hüttensänger	Sialia sialis
eastern kingbird	Königstyrann	Tyrannus tyrannus
eastern meadowlark	großer Wiesenstärling, Lerchenstärling	Sturnella magna
eider, sea duck	Eiderente	Somateria
elegant trogon	Kupfertrogon	Trogonurus elegans
elephant head	Läusekrautart	Pedicularis groenlandica
elephant seal	See-Elefant	Mirounga angustirostris

amerikanisch	deutsch	lateinisch
elephant tree	Balsambaumart, Weißgummibaumart	Bursera microphylla
elf owl	Elfen-/Kaktuskauz	Glaucidium whitneyi, Micrathene whitneyi
elk, wapiti	Wapiti-/Rothirsch	Cervus elaphus (canad.)
elm	Ulme	Ulmus sp.
emory oak	Eichenart	Quercus emoryi
Engelmann spruce	Engelmannfichte	Picea engelmannii
short-tailed weasel	großes Wiesel, Hermelin	Mustela erminea
Eskimo curlew	Eskimobrachvogel	Numenius borealis
European beach grass	Dünen- oder Sand--hafer, Sandhalm	Ammophila arenaria
European starling	Star	Sturnus vulgaris
European wild boar	europ. Wildschwein	Sus scrofa
evening bat	Glattnase (Fledermaus)	Vespertilionidae
evening grosbeak	Abendkernbeißer	Hesperiphona vespert.
evening primrose	Nachtkerze	Oenothera spp.
Fairy shrimp	**Garnelenart**	
fairy slipper	Norne	Calypso bulbosa
falcon	Falken	Falco
fallow deer	Damhirsch	
fan palm	Fächerpalme, kalif. Palme, Washingtonie	Washingtonia filifera
feather boa	Tangart	Egregia menziesii
ferruginous hawk	Königsbussard,	Buteo regalis
fig	Feige	Ficus spp.
fin whale	Finnwal	Balaenoptera physalus
finback whale	Furchenwal	Balaenopteridae
finch	Fink	Fringillidae
fir	Tanne	Abies
fireweed	Weidenröschen	Epilobium angustifol.
fishhook cactus	Kakteenart	Mammilaria microcar.
five-finger fern	Fünffinger-Farn	Adiantum pedatum
flicker (common, north.)	Goldspecht	Colaptes auratus
flowering dogwood	Blumenhartriegel	Cornus florida
flycatcher, kingbird, phoebe	Tyrann	Tyrannidae
flying squirrels	Gleithörnchen	Glaucomys
four-winged saltbush	Graumelde, Melde	Atriplex canescens
foxtail cactus	Kaktusart	
foxtail pine	Fuchsschwanzkiefer	Pinus balfouriana
free-tailed bat	Bulldoggfledermaus	Molossidae

amerikanisch	deutsch	lateinisch
fremont barberry	Berberitzenart	Berberis sp.
Fremont cottonwood	Fremonts Pappel	Populus fremontii
Fremont mahonia	Mahagoniart	Meliaceae
french broom	Buschgoldregen, Besenginsterart	Cytisus sp.
galleta, galleta grass	Galletagras	Hilaria jamesii
Gambel oak	**Utah-Weißeiche**	**Quercus gambelli**
Gambel`s/desert quail	Gambel-/ Helmwachtel	Callipepla gambelii Lophortyx gambelii
gannets, boobies	Tölpel	Sulidae
giant chain fern	Farnart	
giant dagger yucca	Yucca-Palmlilienart	Yucca cernerosana
giant green anemone	Seeanemonenart	Anthopleura xanthogrammica
giant sequoia	Mammutbaum, Riesensequoie	Sequoiadendron gigant.
Gila monster	Gila-Krustenechse	Heloderma suspectum
Gila woodpecker	Gilaspecht	Centurus uropygialis, Melanerpes uropygialis
gilded flicker	Goldspecht	Colaptes auratus
gilia	Gilia	Gilia sp.
glaucous-winged gull	Beringmöwe	Larus glaucescens
globe mallow	Kugelmalve	Sphaeralcea sp.
Globose dune beetle	Käferart	
gnatcatcher, kinglet	(Neuwelt-) Grasmücke	Sylviinae
Godding willow	Weidenart	Salicacea
godwit	Uferschnepfe	Limosa sp.
golden eagle	Steinadler	Aquila chrysaetos
golden pea	Erbsenart	Thermopsis montana
golden-mantled ground squirrel	Goldmantelziesel	Spermophilus lateralis
goose	Gans	Anserinae
goose barnacle	Entenmuschelart	Lepas anatifera
gooseberry	Stachelbeere	Grossularia sp.
goosefoot violet	Veilchenart	Violaceae
gopher snake	Gopherschlange	Pituophis melanoleucus
goshawk (northern)	(Hühner-) Habicht	Accipter gentilis
grama grass cactus	Gramagras-Kaktus	
grand fir	Große Küstentanne	Abies grandis
gray (timber) wolf	Wolf	Canis lupus
gray catbird	Katzenvogel	Dumetella carolinensis
gray fox	Graufuchs	Urocyon cineroargent.
gray jay	Grau- oder Kanada-, auch Meisenhäher	Perisoreus canadensis

amerikanisch	deutsch	lateinisch
gray partridge	Rebhuhn	Perdix perdix
gray squirrel	Grauhörnchen	Sciurus carolinensis
greasewood	Wüstenbuschart	Sarcobatus vermiculatus
great auk	Riesenalk	Pinguinus impennis
Great Basin pocket mouse	Kleine Taschenmaus	Perognathus parvus
great blue heron	Kanadareiher, am. Graureiher, Blaureiher	Ardea herodias
great egret	Silberreiher	Casmerodius albus, Egretta alba
great grey owl	Bartkauz	Strix nebulosa
great horned owl	Virginia oder am. Uhu	Bubo virginianus
greater roadrunner	Erdkuckuck	Geococcyx californianus
greater scaup	Bergente	Aythya marila
grebe	Lappentaucher	Podicipedidae
green anole	Rotkehl-Anolis	Anolis carolinensis
green heron	Grünreiher	Butorides virescens
green kingfisher	Grünfischer	Chloroceryle americana
green-winged teal	nordam. Krickente	Anas crecca carolinensis
greenback cutthroat trout	Cutthroat-Forelle	
greenleaf manzanita	Grünblättrige Bärentraube	Arctostaphylos patula
grizzly bear, brown bear	Braunbär	Ursus arctos horribilis
grosbeak	Kernknacker	Pheucticus sp.
ground squirrel	Erdhörnchen, Ziesel	Spermophilus sp., Ammospermophilus sp.
grouse, ptarmigan	Rauhfußhuhn	Tetraonidae
Guadalupe fur seal	Pelzrobbenart	Artocephalus townsendi
gull	Möwe	Laridae
gyrfalcon	Gerfalke	Falco rusticolus
Hair seals	**Hundsrobben**	**Phocidae**
hairy woodpecker	Haarspecht	Picoides villosus
hammond`s flycatcher	Tannentyrann	Empidonax hammondii
harbor (common) seal	gemeiner Seehund	Phoca vitulina
Harding's grass	kein deutscher Name	Phalaris tuberosa
harlequin duck	Kragenente	Histrionicus histrionic.
Harris' hawk	Wüstenbussard	Parabuteo unicinctus
harvester ant	kein deutscher Name	Pogonomyrmex rugosus
hawk	Bussard, Habicht, Falke	Accipitridae
hawthorn	Weißdorn	Crataegus sp.
hedgehog cactus	Kaktusart	Echinocereus engelmannii
hellbender	am. Riesensalamander	
hermit crab	Meeres-Einsiedlerkrebs	Pagurus samuelis
hermit thrush	Einsiedlerdrossel	Catharus guttatus
hermit warbler	Einsiedelwaldsänger	Dendroica occidentalis

amerikanisch	deutsch	lateinisch
herring gull	Silbermöwe	Larus argentatus
hickory	Hickorynuß	Carya (Juglandaceae)
hoary marmot, rockchuck, whistler	Bergmurmeltier, eisgraues Murmeltier	Marmota caligata
holly	Stechpalmenart	Aquifoliaceae
honey mesquite	Mesquitestrauch	Prosopis glandulosa
honeycreepers	Honigfink	Drepanididae
hooded oriole	Masekentrupial	Icterus cucullatus
horned grebe	Ohrentaucher	Podiceps auritus
horned lark	Ohrenlerche	Eremophila alpestris
horned lizard	Krötenechse	Phrynosoma spp.
horsetail	Schachtelhalm	Equisetum spp.
house sparrow	Haussperling	Passer domesticus
house wren	Hauszaunkönig	Troglodytes aedon
huckleberry	Buckelbeere	Gaylussacia sp.
hummingbird	Kolibiri	Trochilidae
humpback chub	Döbel, Rohrkarpfenart	
humpback whale	Buckelwal	Megaptera novaengliae
Incense cedar	**(Weih-) Rauchzeder**	**Calocedrus decurrens**
indian paintbrush	Indianer-Kastillea	Castilleja spp.
indian ricegrass	Indianer-Federgras, Pfriemengras	Stipa hymenoides
indigo bunting	Indigofink	Passerina cyanae
iris	Schwertlilie, Iris	Iris sp.
ironwood	Eisenholzbaum	Olneya tesota
ivory-billed woodpecker	Elfenbeinspecht	Campephilus princip.
Jackrabbit (black-tailed)	**Eselhase (oder kal. Schwarzschwanz)**	**Lepus californicus**
Jacob`s-ladder	Blaues Sperrkraut, Jakobsleiter	Polemonium coeruleum
jaguar	Jaguar	Felis onca
jaguarundi	Jaguarundi	
javelina	Halsbandpekari	Dicotyles tajacu
jay, nutcracker	Häher	Corvidae
Jeffrey pine	Jeffrey-Kiefer	Pinus jeffrevi
Jemez Mt. salamander	Salamanderart	
Jones cycladenia		Cycladenia humilis var. jonesii
Joshua tree	Joshuabaum	Yucca brevifolia
juniper	Wacholder	Juniper spp.
Kangaroo mouse	**Känguruhmaus**	**Microdipodops**
kangaroo rat	Känguruhratten	Dipodomys
kelp crab	Krabbenart	Pugettia producta

amerikanisch	deutsch	lateinisch
killdeer	Keilschwanz-regenpfeifer (Schreiregenpfeifer)	Charadrius vociferus
king salmon, chinook, pacific salmon	Königslachs	Oncorhynchus tshawytscha
kingfisher	Eisvogel	Alcedinidae
kinglet	Goldhähnchen	Regulus
kit fox	Grossohr-Kitfuchs	Vulpes macrotis
kite	Milan, Weihe	
Kokanee salmon	Blaurückenlachs	Oncorhynchus nerka
koret checker spot	Schmetterlingsart	
Labrador duck	**Labradorente**	**Camptorhynchus labradorius**
ladder-backed woodpecker	Texasspecht	Picoides scalaris
lady's slipper	Frauenschuh	Cypripediium sp.
lake lily	Lilienart	
lanceleaf cottonwood	Andrew-Pappel	Populus acuminata
larch	Lärche	Larix sp.
lark	Lerche	Alaudidae
larkspur	Rittersporn	Delphimium sp.
laughing gull	Aztekenmöwe	Larus atricilla
laurel	Lorbeer	Kalmia, Laurus sp.
lazuli bunting	Lazulifink	Passerina amoena
leaf barnacle	Entenmuschelart	Pollicipes polymerus
least bittern	am. Zwergrohrdommel, Indianerdommel	Ixobrychus exilis
lechuguilla	Agavenart	Agave lecheguilla
Lelleborg's pea clam	Sand- oder Klaffmuschel	
leopard lily	Lilienart	Lilium sp.
leopard lizard	Echsenart	
lesser golden-plover	Wanderregenpfeifer	Pluvialis dominica
lesser long-nosed bat	Langnasen-Fledermaus	Leptonycteris sp.
lesser nighthawk	Texasnachtschwalbe	Chordeiles acutipennis
Lewis monkeyflower	Lewis-Gauklerblume	Mimulus lewisii
Lewis woodpecker	Blutgesichtsspecht	Melanerpes Lewis
limber pine	Nevada-Zirbelkiefer	Pinus flexilis
little blue heron	(Kleiner) Blaureiher	Egretta caerulea
little San Bernardino Mountain gilia	Giliaart	Gilia sp.
live oak	Virginische Eiche	Quercus virginiana
locoweed	Tragant, Bärenschote	Astragalus sp.
lodgepole pine	(Langnadelige) Drehkiefer	Pinus contorta

amerikanisch	deutsch	lateinisch
loggerhead shrike	Louisianawürger, am. Raubwürger	Lanius ludovicianus
long-eard owl	Waldohreule	Asio otus
long-tailed weasel	Langschwanzwiesel	Mustela frenata
loon	Seetaucher	Gavidae
lousewort	Läusekraut	Pedicularis sp.
Lucy's Warbler	Rotbürzel-Waldsänger	Vermivora luciae
lupine	Lupine, Wolfsbohne	Lupinus spp.
lynx	Luchs	Felis lynx
Madrone	**Madrone**	**Arbutus (Ericaceae)**
magnificient hummingbird	Dickschnabelkolibri	Eugenes fulgens
magnolia	Magnolie	Magnolia
magpie, black-billed	Elster	Pica pica
mahogany	Mahagoni	Swietiana mahagoni
maidenhair fern	Frauenhaarfarn	Adiantum spp.
mallard	Stockente, Wildente	Anas platyrhynchos
manzanita	Bärentraube, Manzanita	Arctostaphylos spp.
maple	Ahorn	Acer spp.
marbled murrelet	Marmelalk	Brachyramphus marmoratus
margay	Langschwanzkatze	
marmot	Murmeltier	Marmota sp.
marsh (hen) harrier	Kornweihe	Circus cyaneus
marsh hawk	Kornweihe	Circus cyaneus
marsh marigold	Sumpfdotterblume	Caltha leptosepala
marsh sandpiper	Wasserläufer	Tringa
marten, pine marten	Marder, Fichtenmarder	Martes americana
meadow-jumping mouse	Wiesenhüpfmaus	Zapus hudsonius
meadowlark	Wiesenstärling	Sturnella sp.
merlin	Merlin	Falco columbarius
mesquite	Mesquitestrauch	Prosopis sp.
Mexican (gray-breasted) jay	Graubrusthäher	Aphelocoma ultramar.
Mexican beaded lizard	Skorpions-Krustenechse	Heloderma horridum
Mexican free-tailed bat	Guano-Fledermaus	Tadarida brasiliensis mexicana
Mexican piñon	Mexikanische Nuß-kiefer, Steinkiefer	Pinus cembroides
Mexican spotted owl	Fleckenkauz	Strix occidentalis
Mexican wolf	Mexikanischer Wolf	Canis lupus baileyi
midget-faded rattlesnake	Klapperschlangenart	Crotalus sp.
milkweed	Schwalbensschwanz, Seidenpflanze	Asclepias sp.

amerikanisch	deutsch	lateinisch
milo	kein deutscher Name	
mink	Nerz	Mustela vison
mint	Minze	Mentha sp.
Mississippi kite	Mississippiweih	Ictinia mississippiensis
mockingbird, trasher	Spottdrossel	Mimus polyglottos
Mojave yucca	Mojave-Yucca	Yucca schidigera
mole salamander	Querzahnmolche	Ambystomatidae
moles	Maulwürfe	Talpidae
monarch	Monarchfalter	Danaus plexippus
monkeyflower	Gauklerblume	Mimulus spp.
monkshood	Eisenhut	Aconitum sp.
Monterey cypress	Monterey-Zypresse	Cupressus macrocarpa
Monterey pine	Drehkiefer	Pinus radiata
moose	Elch	Alces alces
mormon tea	Schachtelhalmstrauch	Ephedra viridis
mossy chiton	Weichtierart	Mopalia muscosa
Mount Graham red squirrel	Mount Graham Rothörnchen	Unterart von Tamiasciurus hudson.
mountain alder	Grauerle	Alnus incana
mountain aster	Asternart	Aster sp.
mountain beaver	Stummelschwanzhörnchen	Aplodontia rufa
mountain bluebird	Berghüttensänger, Bergbläuling	Sialia currucoides
mountain chickadee	Gambelmeise	Parus gambeli
mountain goat	Schneeziege	Oreamnos americanus
mountain hemlock	Gebirgs-Hemlocktanne	Tsuga mentensiana
mountain laurel	Berglorbeer	Kalmia microphylla
mountain lily	Lilienart	Lilium sp.
mountain lion, cougar, puma	Berglöwe, Puma	Felis concolor
mountain mahogany	Berg-Mahagony	Cercocarpus ledifolius
mountain plover	Bergregenpfeifer, Prärieregenpfeifer	Charadrius montanus, Eupoda montana
mountain quail	Bergwachtel	Oreortyx pictus
mourning dove	Carolina-/Trauertaube	Zenaidura macroura
mule deer, black-tailed deer	Maultierhirsch, Schwarzwedelhirsch	Odocoileus hemionus
murre (guillemot)	Trottellume	Uria aalge
muskrat	Bisamratte	Ondatra zibethicus
mute swan	Höckerschwan	Cygnus olor
myotis	Mausohrfledermaus	Myotis

amerikanisch	deutsch	lateinisch
Nailwort	**Mauerraute,** Nagelkraut	**Paronychia sp.**
nar whale	Gründel-/Narwal	Monodontidae
narrow-leaf yucca	Yuccaart	
needle grass	Federgras, Pfriemengras	Stipa sp.
Nevada primrose	Schlüsselblumenart	Primula sp.
New Mexico groundsel	Kreuz-, Greiskrautart	Senecio sp.
nine-banded armadillo	Gürteltier	Dasypus novemcinctus
northern (Steller's) sea lion	Stellers Seelöwe	Eumetopias jubatus
northern beardless tyrannulet	Chaparral-Fliegenstecher	Camptostoma imberbe
northern cardinal	(Rot-) Kardinal	Cardinalis cardinalis
northern elephant seal	Nördlicher See-Elefant	Mirounga angustrostris
northern flying squirrel	Nördliches Gleithörnchen	Glaucomys sabrinus
northern fur seal	Nördl. Pelzrobbe, Seebär	Callorhinus ursinus
northern goshawk	(Hühner-) Habicht	Accipiter gentilis
northern harrier, marsh hawk	Hudsonweihe, Kornweihe	Circus cyaneus
northern oriole	Baltimoretrupial	Icterus galbula
northern red-legged frog	Froschart	
northern shrike	Raubwürger	Lanius excubitor
nutcracker, jay	Häher	Corvidae
nuthatch	Kleiber, Spechtmeise	Sittidae
Oak	**Eiche**	**Quercus sp.**
ocelot	Ozelot	
ochre sea star	Seesternart	Pisaster ochraceus
ocotillo	Ocotillo, Kerzenstrauch	Fouquieria splendens
old-man-of -the-mountain	kein deutscher Name	Rydbergia grandiflora
oldsquaw	Eisente	Clangula hyemalis
one-seed juniper	Wacholderart	Juniperus monosperma
Ord's kangooro rat	Ord-Känguruhratte	Dipodomys ordii
oregon grape	Gemeine Mahonie	Mahonia aquifolium
organ pipe cactus	Orgelpfeifenkaktus	Cereus thurberi
osprey	Fischadler	Pandion haliaetus
owl	Eule	Srigidae
oystercatcher	Austernfischer	Haematopus

amerikanisch	deutsch	lateinisch
Pacific dogwood	**Pazifischer Hartriegel, Hornstrauch**	**Cornus nuttallii**
pacific giant salamander	Pazifischer Riesen-Querzahnmolch	Dicamptodon ensatus
pacific hemlock	Westamerikanische Hemlocktanne	Tsuga heterophylla
pacific salmon, king salmon, chinook	Königslachs	Oncorhynchus tshawyt.
pacific silver fir	Purpurtanne	Abies amabilis
pacific tree frog	Pazifischer Laubfrosch	Hyla regilla
pacific/western yew	Pazifik-Eibe	Taxus brevifolia
pack rat bushy-tailed woodrat,	Buschschwanzratte	Neotoma cinerea
painted bunting	Papstfink	Passerina ciris
pallid bat	Blasse Fledermaus	Antrozous pallidus
Palm Springs pocket mouse	Taschenmausart	Perognathus sp.
palo verde	Parkinsonie	Parkinsonia sp.
Parish's daisy	Gänseblümchen-, Maßliebchenart	Bellis sp.
parry nolina	Nolinaart	Nolina sp.
Parula warbler	Meisenwaldsänger	Parula americana
pasqueflower	Anemone	Pulsatilla, Anemone sp.
passenger pigeon	Wandertaube	Ectopistes migratorius
pelagic cormorant	Meerscharbe	Phalacrocorax pelagicus
pelican	Pelikane	pelecanidae
penstemon	Bartfaden	Penstemon sp.
peregrin falcon	Wanderfalke	Falco peregrinus
periwinkle	Strandschneckenart	Littorina sp.
phacelia	Bienenbrot, Büschelblume	Phacelia sp.
phainopepla	Trauerseidenschnäpper	Phainopepla nitens
pika	Pika, Pfeifhase	Ochotona princeps
pileated woodpecker	nordam. Schwarzspecht, Helmspecht	Dryocopus pileatus
pine	Kiefer, Föhre	Pinus sp.
pine grosbeak	Hakengimpel	Pinicola enucleator
pine marten	Fichtenmarder	Martes americana
pine siskin	Fichtenzeisig	Carduelis pinus
pink azalea	Rhododendronart	Rhododendron nudiflor.
pink lady's slipper	Frauenschuh	Cypripedium acaule
piñon jay	Nacktschnabelhäher	Gymnorhinus cyanocephalus
piñon pine	Nußkiefer, Steinkiefer	Pinus edulis

amerikanisch	deutsch	lateinisch
pintail	Spießente	Anas acuta
pinyon jay	Nacktschnabelhäher	Gymnorhinus cyanocephalus
pipit	Pieper, Stelzenart	Motacillidae
plainleaf buttercup	Hahnenfußart	Ranunculus sp.
plovers, banded plovers	Regenpfeifer	Charadriidae
pocket gopher	Taschenmaulwürfe	Geomyidae
pocket mouse	Taschenmäuse	Perognathus sp.
Point Reyes meadowfoam	Sumpfblumen-, Sumpfschnabelart	Limnanthes douglasii var. sulphurea
poison ivy	Gift-Sumach, giftiger Efeu	Rhus radicans
poison oak	Gifteiche, Giftsumach	Rhus toxicodendron
pond lily	Teichrose	Buphar sp.
ponderosa pine	Gelbkiefer, Goldkiefer	Pinus ponderosa
ponytail	Fischart	
porcupine	Baum-Stachelschwein, nordam. Baumstachler	Erethizon dorsatum
(greater) prairie chicken , pinnated grouse	großes Präriehuhn	Tympanuchus cupido
(lesser) prairie chicken	kleines Präriehuhn	Tympanuchus pallidicinctus
prairie dog	Präriehund	Cynomys
prairie falcon	Präriefalke	Falco mexicanus
prickly pear	Feigenkaktus, Opuntie	Opuntia spp.
primrose	Schlüsselblume, Primel	Primula sp.
pronghorn, american antelope	Gabelbock, Pronghorn	Antilocapra americana
puffin (tufted)	Gelbschopflund	Fratercula (Lunda) cirrh.
puma, cougar, mountain lion	Berglöwe, Puma	Felis concolor
purple aster	Staudenaster	Aster ledophyllus
purple finch	Purpurgimpel	Carpodacus purpureus
purple lupine	Lupine, Wolfsbohne	Lupinus sp.
purple martin	Purpurschwalbe	Progne subis
purple sea urchin	Seeigelart	Strongylocentrotus purpuratus
purple shore crab	Krabbenart	Hemigrapsus nudus
pygmy nuthatch	Zwergkleiber	Sitta pygmaea
pyrrhuloxia	Schmalschnabel-kardinal	Cardinalis sinuatus

amerikanisch	deutsch	lateinisch
Quaking aspen	**Zitterpappel, Espe**	**Populus tremuloides**
Rabbit, hare, cottontail	**Hase**	**Leporidae**
rabbitbrush	Wüstenbuschart	Chrysothamnus naus.
raccoon	Waschbär	Procyon lotor
racerunner, whiptails	Schienenechse	Teiidae
rail	Ralle	Rallus sp.
rainbow/steelhead trout	Regenbogenforelle	Salmo gairdneri
razorback sucker	Fischart	
red alder	Roterle	Alnus rubra
red algae	Rotalge	Rhodophyta
red crossbill	Fichtenkreuzschnabel	Loxia curvirostra
red finch	Karmingimpel	Carpodacus sp.
red fir	Prachttanne	Abies magnifica
red fox	Rotfuchs	Vulpes vulpes
red pine	Rotkiefer	Pinus resinosa
red spruce	Rotfichte	Picea rubens
red squirrel	Rothörnchen	Tamasciurus hudson.
red-backed vole	Rötelmäuse	Clethrionomys sp.
red-breasted nuthatch	Kanadakleiber	Sitta canadensis
red-breasted sapsucker	Feuerkopf-Saftlecker	Sphyrapicus varius
red-faced warbler	Dreifarbenwaldsänger	Cardellina rubrifrons
red-headed woodpecker	Rotkopfspecht	Melanerpes erythrocephalus
red-shouldered hawk	Rotschulterbussard	Buteo lineatus
red-spotted toad	Krötenart	Bufo punctatus
red-tailed hawk	Rotschwanzbussard	Buteo jamaicensis
red-throated loon	Sterntaucher	Gavia stellata
red-winged blackbird	Rotschulterstärling	Agelaius phoeniceus
redwood	Küstensequoie	Sequoia semervirens
redwood sorrel	Sauerklee-Art	Oxalis oregana
rhododendron	Alpenrose, Rhododendron	Rhododendron sp.
ribbed limpet	Napfschneckenart	
right/bowhead whale	Glattwal	Balaenidae
ring-necked pheasant	Fasan, Jagdfasan	Phasianus colchicus
ringtail	Ringelschwanz, nordam. Katzenfrett	Bassariscus astutus
Rio Grande cutthroat trout	Rio Grande cutthroat-Forelle	
Rio Grande leopard frog	Froschart	Rana berlandieri
river otter	nordam. Fischotter	Lutra canadensis
roadrunner	Erdkuckuck, Rennkuckuck	Geococcyx californ.
robin (american robin)	Wanderdrossel	Turdus migratorius

amerikanisch	deutsch	lateinisch
rock pennyroyal	Poleiminzenart	Mentha sp.
rock ptarmigan	Alpenschneehuhn	Lagopus mutus
rock squirrel	Felsenziesel	Spermophilus varegat.
rock weed	Seetang, Tang	Fucus sp.
rock wren	Felszaunkönig	Salpinctes obsoletus
Rocky Mountain bighorn sheep	Dickhornschaf	Ovis canadensis
Rocky Mountain juniper	R. M.-Wacholder	Juniperus scopulorum
rodent	Nager	Rodentia
Roosevelt Elk	Roosevelt-Hirsch	Cervus elaphus roosev.
roseate spoonbill	Rosalöffler	Ajaia ajaia
rosy finch	Rosenbauch-Schneegimpel	Leucosticte arctoa
rough-legged hawk	Rauhfußbussard	Buteo lagopus
rough-skinned newt	Rauhhäutiger Molch	Taricha granulosa
ruffed gourse	Kragenhuhn	Bonasa umbellus
rufous hummingbird	Zimtkolibri	Selasphorus rufus
rufous-crowned sparrow	Rostscheitelammer	Aimophila ruficeps
rufous-sided towhee	Grundammer	Pipilo erythrophthalm.
rushes	Binsen	Juncus sp.
Sacred datura	**Datura**	**Datura meteloides**
sage grouse	Beifuß-/Wermuthuhn	Centrocercus urophasianus
sagebrush	Beifuß, Wermutstrauch	Artemisia sp.
saguaro	Saguaro, Säulenkaktus	Cereus giganteus
salal	Salal	Gualtheria shallon
salmonberry	Prächtige Himbeere	Rubus spectabilis
salmons	Pazifische Lachse	Oncorhynchus spp.
saltbrush	Graumelde, Melde	Atriplex sp.
saltgrass	kein deutscher Name	Distichlis spicata
sand verbena	kein deutscher Name	Abronia villosa
sandhill crane	Kanadakranich	Grus canadensis
sandmats	kein deutscher Name	
sandpiper	Schnepfenvogel	Scolopacidae
Sangre de Cristo pea clam	Pilgermuschelart	
sassafras	Sassafras, Fieberbaum	Sassafras sp.
saxifrage	Steinbrech	Saxifraga
Say`s pond snail	Teichschneckenart	
scaled quail, blue quail	Schuppenwachtel	Callipepla squamata
scarlet gilia	Scharlachrote Gilia	Gilia aggregata
scarlet globemallow	Scharlachrote Kugelmalve	Sphaeralcea coccinea
scarlet monkey flower	Affen-, Gauklerblume	Mimulus sp.

amerikanisch	deutsch	lateinisch
scarlet tanager	Scharlachtangare	Vireosylva gilva
scissor-tailed flycatcher	Scherenschwanz-Fliegenfänger	Muscivora forfic
scotch broom	Buschgoldregen, Besenginster	Cytisus sp.
Scott's oriole	Scott-Trupial	Icterus (Pendulinus) parisorum
screech owl	Kreischeule	Otus asio
scrub jay	Buschhäher	Aphelocoma caerulesc.
scrub oak	Eichenart	
sea hare	Gefleckter Seehase	Aplysia sp.
sea otter	Seeotter	Enhydra lutris
sea palm	Seepalme	Postelsia palmaeformis
sedge	Riedgras, Sauergras, Segge	Carex sp.
sedum	Fetthenne, Mauerpfeffer	Sedum sp.
sego lily	Mormonentulpe	Calochortus nuttallii
sei whale	Seiwal	Balaenoptera borealis
sequoia	Mammutbaum, Riesensequoie	Sequoiadendron gigant.
service berry	Felsenbirne	Amelanchier sp.
shadscale	Wüstenbuschart	Atriplex confertifolia
sharp-tailed grouse	Spitzschwanzhuhn, Schweifhuhn	Pedioecetes (Tympanu chus) phasianellus
shooting star	Götterblume	Dodecatheon sp.
shore crab	Krabbenart	Hemigrapsus sp. oder
Pachygrapsus sp.		
short-horned lizard	Kurzhorn-Krötenechse	Phrynosoma douglassi
short-tailed albatros	Kurzschwanzalbatros	Diomedea albatrus
short-tailed weasel	großes Wiesel, Hermelin	Mustela erminea
shrew	Spitzmaus	Soricidae
shrike	Würger	Laniidae
side-blotched lizard	Seitenfleckenleguan	Uta stansburiana
silver fir	Silbertanne, am. Weisstanne	Abies concolor
silver/coho salmon	Silberlachs	Oncorhynchus kisutch
single-leaf ash	Eschenart	Fraxinus anomala
Sitka spruce	Sitkafichte	Picea sitkensis
skink	Skinke, Glattechse	Scincidae
skunk	Stinktier	Mustelidae
skunk bear, wolverine	Vielfraß	Gulo gulo
skunk cabbage	Stinkkohl	Symplocarpus sp.
skyrocket gilia	Giliaart	Gilia aggregata

amerikanisch	deutsch	lateinisch
small sandpiper, peep	Strandläufer, Limikole	Calidris, Limicola
smoke tree	Perückenstrauch	Cotinus coggygria
snail kite	Schneckenweihe	Rostrhamus sociabilis
snow goose (greater)	Schneegans	Anser caerulescens, Chen caerulescens
snowshoe hare	Schneeschuhhase	Lepus americanus
snowy egret	Schmuckreiher, am. Seidenreiher	Egretta thula
snowy plover	Schneeregenpfeifer	Charadrius alexandrin.
soaptree yucca	Yucca-/Palmlilienart	Yucca elata
solitaire	Drosselart	Turdidae
sorel	Sauerkleeart	Oxalidaceae
southwest willow flycatcher	Weidentyrann	Empidonax traillii
spade foot(toad)	Schaufelfußart	Scaphiopus sp.
Spanish moss	Louisiana-Moos	Tillandsia usneoides
sparrow (New world)	Ammern	Emberizidae, Genus Aimophila
sparrow (Old world)	Sperling	Passeridae
sparrow hawk, American kestrel	Buntfalke	Falco (Tinnunculus) sparverius
sperm whale	Potwal	Physeteridae
spotted bat, death`s head bat	Fledermausart	Euderma maculatum
spotted owl	Fleckenkauz	Strix occidentalis
spotted sandpiper	Drosseluferläufer	Actitis macularia
spruce	Fichte	Picea sp.
spruce grouse	Kanadisches Schnee-/ Tannenhuhn	Canachites canadensis
squawbush	Weißer Hartriegel	Cornus stolonifera
squirrel	Hörnchen	Sciuridae
staghorn cholla	Kaktusart	
starling	Star	Sturnus vulgaris
steelhead/rainbow trout	Regenbogenforelle	Salmo gairdneri
Steller's sea lion	Stellers Seelöwe	Eumetopias jubatus
Steller's jay	Hauben-/Diademhäher	Cyanocitta stelleri
storm petrel	Sturmschwalbe	Hydrobatidae
striped skunk	Streifenskunk	Mephitis mephitis
subalpine fir	Felsengebirgstanne	Abies lasiocarpa
surf grass	kein deutscher Name	Phyllospadix sp.
Surf scoter	Brillenente	Melanita perspicillata
Swainson's hawk	Präriebussard	Buteo swainsoni
swan	Schwan	Cygninae
sweet clover	Honig-/Steinklee	Melilotus sp.
swift	Segler	Apodidae

amerikanisch	deutsch	lateinisch
swift fox	Swift-Fuchs	Vulpes velox
sword fern	Schwertfarn	Polystichum munitum
sycamore	Platane	Platanus sp.
Tailed frog	**Froschart**	
talus ragwort	Kreuz-/Greiskraut	Senecio sp.
tamarack	Tamarack-Lärche	Larix laricina
tamarisk	Tamariske	Tamarix sp.
tan oak	Südeiche	Lithocarpus densiflorus
tanager	Tangaren	Thraupidae
teddy bear cholla	Kaktusart	Opuntia bigelovii
tern	Seeschwalbe	Sterninae
thimbleberry	Brombeerenart	Rubus parviflorus
thinleaf alder	Grauerle	Alnus incana
thinleaf huckleberry	Buckelbeerenart	Gaylussacia sp.
thistle	Kratzdistelart	Cirsium sp.
three-toed woodpecker	Dreizehenspecht	Picoides tridactylus
thrush	Drosselart	Turdidae
Tidestrom`s lupine	Lupinenart	Lupinus sp.
tidewater goby	Grundelart	
titmouse	Meise	Paridae
toad	Kröte	
torrey pine	Torrey-Kiefer/Yucca	Pinus torreyiana
torrey yucca	Palmlilie	Yucca torreyi
Toumey oak	Eichenart	
Townsend's (western) big-eared bat	Townsend's Großohr-Fledermaus	Plecotus townsendii
Townsend's solitaire	Bergklarino	Myadestes townsendi Plecotus townsendii
trasher, mockingbird	Spottdrossel	Mimus polyglottos
tree frog	Laubfrosch	Hylidae
tree squirrel	Baumhörnchen	Sciruruss sp., Tamiasciurus sp., Glaucomys sp.
tri-colored heron	Dreifarbenreiher	Egretta tricolor
trillium	Dreiblatt, Waldlilie	Trillium sp.
trumpeter swan	Trompeterschwan	Cygnus (Olor) buccinat.
trush, veery	Drossel	Turdus sp., Catharus sp.
tufted titmouse	Indianermeise	Parus bicolor
Tule elk	Tule-Hirsch	
turbinella oak	Eichenart	Quercus turbinella
turkey vulture	Truthahngeier	Cathartes aura
Uncompahgre fritillary butterfly	**Schmetterlingsart**	
Utah juniper	Utah-Wacholder	Juniperus osteosperma
Ute lady`s tresse	Netzblattart	Spriranthus diluvialis

amerikanisch	deutsch	lateinisch
Varied thrush	**Halsbanddrossel**	**Ixoreus naevius**
veery	Wilsondrossel	Catharus fuscescens
velvet ash	Samtesche	Fraxinus velunita
vermillion flycatcher	Feuerkopf-Fliegenfänger, Purpurtyrann	Pyrocephalus rubinus
violet cliff columbine	Akeleiart	Aquilegia sp.
vireo	Vireo	Vireonidae
virginia opossum	Opossum, Beutelratte	Didelphis virginianus
vultures	Geier	Cathartidae
Wagtail	**Stelzenart**	**Motacilidae**
walnut	Walnußbaum	Juglans sp.
walrus	Walroß	Odobenus rosmarus
warbler	Waldsänger	Parulidae (subfamilie)
warbling vireo	Sängervireo	vireosylva gilva
water arum	Drachenwurz	Calla palustris
water birch	Wasserbirke	Betula occidentalis
water pipit	Wasserpieper	Anthus spinoletta
wax myrtle	Gagelstrauch	Myrica sp.
waxwing	Seidenschwanz	Bombycilidae
weasel	Wiesel	Mustela sp.
Western rattlesnake	Prärieklapperschlange	Crotalus viridis
Western bluebird	Blaukehl-Hüttensänger	Sialia mexicana
Western diamondback rattlesnake	Klapperschlangenart	Crotalus atrox
Western gull	Westmöwe	Larus occidentalis
Western hemlock	am. Hemlocktanne	Tsuga heterophylla
Western kingbird	Arkansastyrann	Tyrannus verticalis
Western meadowlark	Wiesenstärling	Sturnella neglecta
Western pond turtle	Schildkrötenart	
Western redcedar	Riesenlebensbaum	Thuja plicata
Western tanager	Westliche Tangare,	Piranga ludovicianus
Western whiptail	Rennechsenart	Cnemidophorus tigris
Western white pine	Weymouthkiefer, Gebirgsstrobe	Pinus monticola
Western/pacific yew	Pazifik-Eibe	Taxus brevifolia
whale	Wal	Cetacae
whiptail	Rennechse	Cnemidophorus sp.
white alder	Weißerle, Sierra-Erle	Alnus rhombifolia
white egret	Silberreiher	Casmerodius albus
white fir	Silber-/Weißtanne	Abies concolor
white ibis	Weißibis, Schneesichler	Eudocimus albus
white pelican	Weiß-/Nashornpelikan	Pelecanus erythrorhyn.
white spruce	Weißfichte	Picea glauca
white wagtail	Bachstelze	Motacilla alba
white whale	Gründel-/Weißwal	Monodontidae

amerikanisch	deutsch	lateinisch
white-crowned sparrow	Dachsammer	Zonotrichia leucophrys
white-headed woodpecker	Nonnenspecht	Picoides albolarvatus
white-tailed deer	Weißwedelhirsch	Odocoileus virginianus
white-tailed kite, black-shouldered kite	Weißschwanzaar	Elanus leucurus
white-tailed prairie dog	Weißschwanz-Präriehund	Cynomys leucurus
white-tailed ptarmigan	Weißschwanz-Schneehuhn	Lagopus leucurus
white-throated sparrow	Weißbrustsegler	Zonotricha albicollis
white-throated swift	Weißbrustsegler	Aeronautes saxatalis
white-winged dove	Weißflügeltaube	Zenaida asiaticus
whitebark pine	Weißstämmige Zirbelkiefer	Pinus albicaulis
whooping crane	Schrei-/Schneekranich	Grus americana
wild geranium	Storchschnabelart	Geranium maculatum
wild turkey	Wildes Truthuhn	Meleagris gallopavo
Williamson's sapsucker	Kiefernsaftlecker	Sphyrapicus thyroideus
willow	Weide	Salicaceae
willow flycatcher	Weidentyrann	Empidonax traillii
willow ptarmigan, grouse	Moorschneehuhn	Lagopus lagopus
winged kelp	Tangart	Alaria sp.
winter wren	Zaunkönig	Troglodytes troglodytes
wolverine, skunk bear	Vielfraß	Gulo gulo
wood duck	Glanzente, Brautente	Aix sponsa
wood fern	Wurmfarn	Dryopteris sp.
wood rat, bushy-tailed (pack rat)	Buschschwanzratte	Neotoma cinerea
wood thrush	Walddrossel	Hylocichla mustelina
wood warbler	Waldsänger	Parulinae
woodchuck, groundhog, marmot	Waldmurmeltier	Marmota monax
woodland caribou	Karibu	Rangifer tarandus
woodpecker	Specht	Picidae
woodstork	Waldstorch	Mycteria americana
wren	Zaunkönig	Trogldytiade
Yellow pine	**Weymouthkiefer**	**Pinus strobus**
yellow warbler	Goldwaldsänger	Dendroica petechia
yellow-bellied marmot	Gelbbäuch.Murmeltier	Marmota flaviventris
yellow-bellied sapsucker	Feuerkopf-Saftlecker	Sphyrapicus varius
yellow-billed cuckoo	Gelbschnabelkuckuck	Coccyzus americanus
yellow-headed blackbird	Brillenstärling	Xanthocephalus
yellowleg	Gelbschenkel	Tringa flavipes
yew	Eibe	Taxaceae
yucca weevil	Yucca-Motte	Scyphophorus yuccae

ALPHABETISCHES REGISTER – INDEX

Im Register finden sich alle Ortsnamen, Sehenswürdigkeiten und geographischen Bezeichnungen ebenso wie alle wichtigen Sachbegriffe. Egal, wonach man sucht, alles ist hier unterschiedslos alphabetisch eingeordnet.

Abkürzungen: NF=National Forest, **NP**=National Park; **NM**=National Monument; **NRA**=Nat. Recreation Area; **SP**=State Park, **W'ness**=Wilderness
Kursiv geschriebene Seitenzahlen beziehen sich (auch) auf Fotos.

Fotonachweis

Burghard Bock, Marburg: Seite 188

Dr. Hans-R. Grundmann, RKH: Seiten 91, 146, 182, 299, 321

Kim Nelson, Oregon State University: Seite 123

Alle anderen Fotos von den Autoren

Reise Know-How

Reise Know-How Bücher werden von Verlegern gemacht, die Freude am Reisen haben und selbst Autoren sind. Wichtig ist uns, daß der Inhalt nicht nur im reisepraktischen Teil "Hand und Fuß" hat, sondern daß er unterwegs wirklich hilft, die Reise zum Erlebnis zu machen.

Unsere Bücher:
Wenn Sie mehr über unsere Bücher wissen möchten, fordern Sie unseren Katalog an:
Reise Know-How
Hauptstraße 198
33647 Bielefeld,
e-Mail: reise-know-how @t-online.de.
Oder schauen Sie in unsere Internet-Seiten:**www.reise-know-how.de**
und
www.reisebuch.com

RAD & BIKE
RKH Rad & Bike Bände sind Führer für wichtige Rad-Reiseländer und Reise-Stories von außergewöhnlichen Radtouren durch außereuropäische Länder und andere Kontinente.
Die Autoren sind bekannte Profis oder Newcomer, die mit ihrem Bike in weniger bekannte Länder und Regionen vorstießen.

Welt

Achtung Touristen
DM 16,80 ISBN 3-922376-32-0
Äqua-Tour (Rad & Bike)
DM 28,80 ISBN 3-929920-12-3
Auto(fern)reisen
DM 34,80 ISBN 3-921497-17-5
Die Welt im Sucher
DM 24,80 ISBN 3-9800975-2-8
CD-ROM Reise Infos im Internet
DM 19,80 ISBN 3-89416-658-4
Fahrrad-Weltführer
DM 44,80 ISBN 3-9800975-8-7
Motorradreisen
DM 34,80 ISBN 3-921497-20-5
Outdoor-Praxis
DM 32,80 ISBN 3-89416-629-0
Wo es keinen Arzt gibt
DM 26,80 ISBN 3-89416-035-7

Europa

Amsterdam
DM 26,80 ISBN 3-89416-231-7
Bretagne
DM 39,80 ISBN 3-89416-175-2
Budapest
DM 26,80 ISBN 3-89416-212-0
Bulgarien
DM 36,80 ISBN 3-89416-220-1
Costa Brava
DM24,80 ISBN 3-89416-646-0
Dänemarks Nordseeküste
DM 24,80 ISBN 3-89416-634-7
England, der Süden
DM 36,80 ISBN 3-89416-224-4
Europa Bikebuch
DM 44,80 ISBN 3-89662-300-1
Großbritannien
DM 39,80 ISBN 3-89416-617-7
Hollands Nordseeinseln
DM 24,80 ISBN 3-89416-619-3
Irland-Handbuch
DM 39,80 ISBN 3-89416-194-9
Island
DM 36,80 ISBN 3-89662-035-5
Kärnten
DM 29,80 ISBN 3-89662-105-x
Litauen mit Königsberg
DM 29,80 ISBN 3-89416-169-8
Lettland
DM 26,80 ISBN 3-89416-636-3

Europa

London
DM 26,80 ISBN 3-89416-199-x
Madrid
DM 26,80 ISBN 3-89416-201-5
Mallorca-Handbuch
DM 36,80 ISBN 3-89662-166-1
Mallorca, Wandern auf
DM 29,80 ISBN 3-89662-162-0
Oxford
DM 26,80 ISBN 3-89416-211-2
Paris
DM 26,80 ISBN 3-89416-200-7
Polens Norden
DM 29,80 ISBN 3-89416-613-4
Prag
DM 26,80 ISBN 3-89416-204-x
Provence
DM 39,80 ISBN 3-89416-609-6
Pyrenäen
DM 39,80 ISBN 3-89416-610-x
Rom
DM 26,80 ISBN 3-89416-203-1
Salzburger Land
DM 29,80 ISBN 3-89662-109-2
Schottland-Handbuch
DM 39,80 ISBN 3-89416-621-5
Sizilien
DM 39,80 ISBN 3-89416-627-4
Skandinaviens Norden
DM 36,80 ISBN 3-89416-191-4
Toscana
DM 39,80 ISBN 3-89416-664-9
Tschechien
DM 36,80 ISBN 3-89416-600-2
Warschau/Krakau
DM 26,80 ISBN 3-89416-209-0
Wien
DM 26,80 ISBN 3-89416-213-9

Edition RKH

Eine mallorquinische Reise, Mallorca 1929
DM 19,80 ISBN 3-89662-172-6
Geschichten aus dem anderen Mallorca
DM 19,80 ISBN 3-89662-171-8
Die goldene Insel (Mallorca)
DM 19,80 ISBN 3-89662-173-4
Please wait to be seated,
Stories vom Reisen in den USA
DM 19,80 ISBN 3-89662-164-5

Deutschlan

Berlin mit Potsdam
DM 26,80 ISBN 3-89416-22
Borkum
DM 19,80 ISBN 3-89416-63
Fehmarn
DM 24,80 ISBN 3-89416-68
Harz Ost
DM 19,80 ISBN 3-89416-22
Harz West
DM 19,80 ISBN 3-89416-22
Langeoog
DM 19,80 ISBN 3-89416-68
Mecklenburg/Vorp. Binnenland
DM 19,80 ISBN 3-89416-61
Mecklenburg/Brandb Wasserwandern
DM 19,80 ISBN 3-89416-22
München
DM 24,80 ISBN 3-89416-67
Norderney
DM 19,80 ISBN 3-89416-65
Nordfriesische Inseln
DM 19,80 ISBN 3-89416-60
Nordseeinseln
DM 29,80 ISBN 3-89416-19
Nordseeküste Niedersachsens
DM 24,80 ISBN 3-89416-60
Ostdeutschland individuell
DM 36,80 ISBN 3-89622-48
Ostfriesische Inseln
DM 19,80 ISBN 3-89416-60
Ostharz mit Kyffhäuser
DM 19,80 ISBN 3-89416-22
Ostseeküste/ Mecklenburg-Vorp.
DM 19,80 ISBN 3-89416-18
Ostseeküste Schleswig-Holstein
DM 24,80 ISBN 3-89416-63
Rügen, Hiddensee
DM 19,80 ISBN 3-89416-65
Sächsische Schweiz
DM 19,80 ISBN 3-89416-63
Schwarzwald
DM 24,80 ISBN 3-89416-61
Sylt
DM 19,80 ISBN 3-89416-68
Thüringer Wald
DM 19,80 ISBN 3-89416-18

P R O G R A M

Afrika

rikanische Reise
SE STORY)
26,80 ISBN 3-921497-91-4

xeabenteuer Afrika
D & BIKE)
28,80 ISBN 3-929920-15-8

rch Afrika
56,80 ISBN 3-921497-11-6

ypten individuell
36,80 ISBN 3-921838-10-x

nführer Ägypten: iro
32,00 ISBN 3-921838-91-6

nführer Ägypten: xor, Theben
34,80 ISBN 3-921838-90-8

adir, Marrakesh und Süden Marokkos
29,80 ISBN 3-89662-072-x

iro, Luxor, Assuan
29,80 ISBN 3-89662-460-1

merun
44,80 ISBN 3-89662-302-0

pstadt
26,80 ISBN 3-89416-234-1

yen
44,80 ISBN 3-89662-005-3

dagaskar,Seychellen, uritius, Réunion, moren
39,80 ISBN 3-89662-062-2

rokko
44,80 ISBN 3-921497-81-7

mibia
34,80 ISBN 3-89662-320-9

geria (REISE STORY)
26,80 ISBN 3-921497-30-2

nsania Handbuch
44,80 ISBN 3-89662-048-7

nesien
44,80 ISBN 3-921497-74-4

nesiensFerienzentren
29,80 ISBN 3-921497-76-0

estafrika stenländer
39,80 ISBN 3-89662-002-9

estafrika – Sahel
39,80 ISBN 3-89662-001-0

mbabwe
39,80 ISBN 3-921497-26-4

Asien

Auf nach Asien (BIKE)
DM 28,80 ISBN 3-89662-301-x

Arabische Emirate
DM 39,80 ISBN 3-89662-022-3

Bali & Lombok&Java
DM 39,80 ISBN 3-89416-604-5

Bali Paradies wird erfunden
DM 29,80 ISBN 3-89416-618-5

Bangkok
DM 26,80 ISBN 3-89416-655-x

China Manual
DM 44,80 ISBN 3-89416-626-6

China, der Norden
DM 39,80 ISBN 3-89416-229-5

Chinas Osten
DM 39,80 ISBN 3-89416-680-0

Hongkong, Macao&Kanton
DM 36,80 ISBN 3-89416-235-x

Indien, der Norden
DM 44,80 ISBN 3-89416-223-6

Israel-Ostsinai
DM 39,80 ISBN 3-89662-451-2

Jemen
DM 44,80 ISBN 3-89622-009-6

Jordanien
DM 39,80 ISBN 3-89662-452-0

Kambodscha
DM 36,80 ISBN 3-89416-233-3

Komodo/Flores/ Sumbawa
DM 36,80 ISBN 3-89416-060-8

Ladakh und Zanskar
DM 36,80 ISBN 3-89416-176-0

Laos
DM 36,80 ISBN 3-89416-637-1

Malaysia mit Singapur und Brunei
DM 39,80 ISBN 3-89416-640-1

Mongolei
DM 39,80 ISBN 3-89416-217-1

Myanmar (Burma)
DM 36,80 ISBN 3-89662-600-0

Nepal-Handbuch
DM 36,80 ISBN 3-89416-193-0

Oman
DM 44,80 ISBN 3-89662-100-9

Phuket (Thailand)
DM 29,80 ISBN 3-89416-182-5

Rajasthan
DM 36,80 ISBN 3-89416-616-9

Asien

Saigon & Südvietnam
DM 32,80 ISBN 3-89416 607-x

Singapur
DM 26,80 ISBN 3-89416-210-4

Sri Lanka
DM 39,80 ISBN 3-89416-170-1

Sulawesi (Celebes)
DM 36,00 ISBN 3-89416-635-5

Taiwan
DM 39,80 ISBN 3-89416-614-2

Thailand Handbuch
DM 39,80 ISBN 3-89416-625-8

Thailands Küsten und Strände
DM 29,80 ISBN 3-89416-622-3

Tokyo
DM 49,80 ISBN 3-89416-206-6

Vietnam-Handbuch
DM 36,80 ISBN 3-89416-620-7

Nordamerika

Canadas Osten/ USA Nordosten -
DM 44,80 ISBN 3-89662-151-3

Canadas großer Westen mit Alaska
DM 44,80 ISBN 3-89662-157-2

Durch die USA mit Flugzeug und Mietwagen
DM 39,80 ISBN 3-89662-150-5

Hawaii
DM 36,80 ISBN 3-89416-860-9

New Orleans+ Umgebung
DM 28,80 ISBN 3-89416-687-8

New York City
DM 26,80 ISBN 3-89416-686-x

San Francisco
DM 26,80 ISBN 3-89416-232-5

USA/CANADA
DM 44,80 ISBN 3-89662-170-X

USA/Canada Bikebuch
DM46,80 ISBN 3-929920-17-4

USA als Gastschüler
DM 24,80 ISBN 3-89662-163-7

USA für Sportfans
DM 32,80 ISBN 3-89416-633-9

USA Südwesten, Natur- und Wanderführer
DM 44,80 ISBN 3-89662-169-6

Westen der USA
DM 44,80 ISBN 3-89662-165-3

Lateinamerika

Argentinien mit Uruguay und Paraguay
DM 44,80 ISBN 3-89662-051-7

Chile&Osterinseln
DM 39,80 ISBN 3-89662-054-1

Costa Rica
DM 39,80 ISBN 3-89416-641-x

Ecuador/Galapagos
DM 39,80 SBN 3-921497-55-8

Guatemala
DM 36,80 ISBN 3-89416-214-7

Honduras
DM 36,80 ISBN 3-89416-608-8

Kolumbien
DM 44,80 ISBN 3-89416-058-4

Mexiko
DM 42,80 ISBN 3-89662-310-9

Panama
DM 36,80 ISBN 3-89416-225-2

Peru/Bolivien
DM 44,80 ISBN 3-89662-330-3

Radabenteuer Panamericana (RAD & BIKE)
DM 28,80 ISBN 3-929920-13-1

Traumstraße Panamericana
(REISE STORY)
DM 24,00 ISBN 3-9800975-3-6

Venezuela
DM 44,80 ISBN 3-89662-040-1

Karibik

Barbados, St. Lucia
DM 24,80 ISBN 3-89416-639-8

Dominik. Republik
DM 39,80 ISBN 3-89416-643-6

Tobago-Trinidad
DM 24,80 ISBN 3-89416-638-x

St. Lucia. St. Vicent und Grenada
DM 24,80 ISBN 3-89416-624-8

Ozeanien

Neuseeland
(REISE STORY)
DM 24,80 ISBN 3-921497-15-9

Bikebuch Neuseeland
(RAD & BIKE)
DM 39,80 ISBN 3-929920-16-6

Neuseeland Campingführer
DM 24,80 ISBN 3-921497-92-2

Amerikanisch sprechen

Sprachführer der Reihe Kauderwelsch

American Slang
das andere Englisch
112 Seiten, über 1000 Stichworte

More American Slang
mehr anderes Englisch
112 Seiten, über 1000 Stichworte

Canadian Slang
das Englisch Kanadas
96 Seiten, über 1000 Stichworte

Franko-Kanadisch Québécois
das Französisch Ost-Kanadas
96 Seiten, über 1000 Stichworte

Schulenglisch oder -französisch ist eine Sache, was man wirklich spricht, eine andere

Die Slang-Bände der Kauderwelsch-Reihe vermitteln die heute gesprochene Alltagssprache, ohne ein Blatt vor den Mund zu nehmen. Wörter, Sätze und Ausdrücke, die man in Kneipen, Discos, auf der Straße oder im Bett hört und sagt. Die Sprache der Szene und des "einfachen Mannes". Umgangssprache, die man kaum im Wörterbuch findet und garantiert nicht in der Schule gelernt hat. Alle Stichworte sind erklärt, ehrlich übersetzt und praxisorientiert geordnet.

Kauderwelsch: Reise Know-How Verlag Peter Rump GmbH, Bielefeld

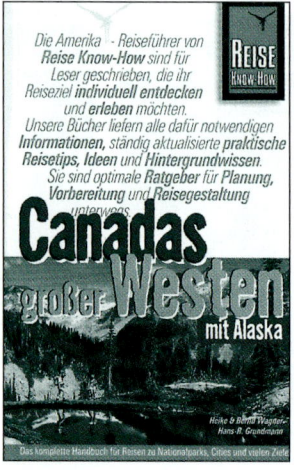

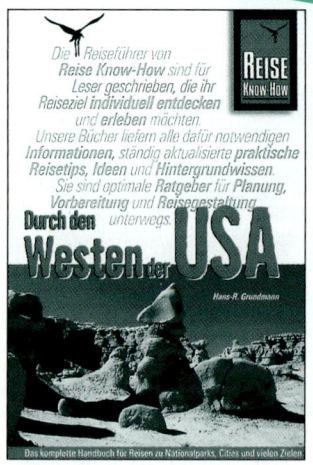

Kartenverzeichnis